我妻榮著

新訂 債權總論

（民法講義Ⅳ）

岩波書店刊行

新訂版の上梓に際して

民法講義ⅠからⅦまでを書こうとする私の仕事は、わが国の道路舗装工事に似ている。終点まで完成する前に、初めの方が破損して用をなさなくなり、乏しい予算で、補修工事と新設工事の両面作戦をしなければならない。貫通道路が完成するのはいつの日か。心細い限りである。

この債権総論の初版を書いたのは昭和十五年である。その時までは、総則・物権法・担保物権と仕事は比較的順調に進んだ。ところがその後、わが国の経済政策は異常な進路をとり、おびただしい特別立法が制定され、これを債権各論の中にどのように織り込むべきか、全く見通しがつかなくなって私の仕事も進まなくなった。終戦を迎えて後も、この債権各論をとりまく周辺の立法の混乱は容易に沈静しない。その上に、親族相続両編の大改正となった。民法講義は容易にできそうもない。ともかくも新らしい法律状態の変遷を記録しようとしたのが民法大意新訂版三巻の公刊であった。

その後、身辺の雑務が少しく整理されたときに、私はまず総則と物権法にやや本腰を入れた補修工事をするとともに、債権各論の新設工事を進めた。本来なら残された下巻をまず書いてこれを完成し、親族と相続に進むべきなのだ。ところが、焼失した紙型を復元するだけの目的で戦後に急いで改版した担保物権と債権総論とは、出版技術の上でも、内容の上でも、用をなさなくなった。新設工事を棚上げしてこの新訂版を書いた理由である。だから、この債権総論にだけ新訂版と肩書をつけることは、実質的には適当でない。しかし、とにかく戦後新たに組み直したものを更に改めた意味でこの肩書をつけることにした。

読者諸君は、この新訂版は、内容においても総則や物権法とやや調子が違うと感じられるであろう。私もそう思う。民法講義のそもそもの目的は大学の講義用テキストであった。それを一通り完成したら、さらに一層詳しいものを書くつもりであった。しかし、今日となっては、もはやその計画に従うことはできない。私の心の中にあるいろいろの野心がその時その時に私を動かして、一貫した調子を持ち続けることを妨げているらしい。わが国の道路補修工事が、時には穴を埋めるだけであったり、時には一部分のやり直しであったり、時には調子の違ったコンクリートやアスファルト工事であるのと似ている。

ともあれ、学者的生命の続く限り、一貫した本式の舗装工事の完成を最終の目的として、たゆまない歩みを続けるつもりである。

本書の校正と索引とは立教大学教授水本浩君にお願いした。心から感謝の意を表する。

昭和三十九年一月校正を終る日

我妻　栄

第一〇刷について　利息制限法の解釈と差押えられた債権の相殺に関する判例の変更を説明するために、巻末に補注をつけ、さらに全巻にわたって小さな修正を加えた。

序

本書は既刊の民法総則(民法講義Ⅰ)、物権法(民法講義Ⅱ)及び担保物権法(民法講義Ⅲ)の続編、民法各部について講義用テキスト・ブックを作ろうとする私の計画の第四の仕事である。民法第三編債権の第一章総則、すなわち講学上債権総論と呼ばれる部分を収めている。

民法債権編の規定は契約及びこれより生ずる債権関係をその主要な内容としているものであるが、この契約関係こそ近代の経済取引を支持する最も重要な支柱に他ならない。従って、近代の資本主義経済機構が民法制定の後においても益〻その進展の歩を進め、一方資本主義的取引の自由がいよいよ拡大すると共に、他方特殊の領域においては国家の積極的な干渉・統制が加わろうとしているということは、債権法の領域に対して最も顕著な影響を及ぼしたものである。誠に、債権法の中、一方、商品売買や生産信用の如き資本主義的取引に関する債権理論は民法に固有する契約自由の原理の線に沿って次第に成熟させられ、商法理論に接近・融合する傾向を示すと共に、他方、賃貸借や雇傭の如き日常生活に関する債権理論はこの線とはむしろ反対の方向に修正・改鋳され、独自の領域を樹立しようとしている。今や、契約の効力といい債権の性質というも、その種類の如何によって殆んど両極端に及び、これを統一的に説明することは極めて困難な状態にたち至っている。かような事情の下において、債権法を説かんとするには、新たな体系の下にこれを綜合しなければ、おそらくは完全にその目的を達しえないものであろう。然らば本書においてその試みがなされているであろうか。遺憾ながら、否、と答える他はない。その理由は、勿論主として著者の能力の乏しいことに存するのではあるが、なおその他にも客観的な理由がないでもない。

第一に、債権法の総論は、債権をその成立の原因から切離して抽象的に観察し、その性質や効力を検討するものである。しかもその理論や概念は、ローマ法以来最も形式論理的に醇化され整序されて一大殿堂を形成する。従って、今日この大殿堂の箇々の支柱や箇々の基礎石に疑を挿んでも、これを個別的に取換えこれを部分的に改造することは殆んど不可能である。おそらくは、債権発生の各種の原因に関する徹底的な研究によってそれぞれの部門における新たな指導原理が闡明された後において、これを帰納・綜合してはじめて新たな債権総論の体系が樹立されるものであろう。私は、本書に取扱うべき各種の制度や理論について、ローマ法以来の研究の示した成果を徒らに形式論理的に吟味することに終始せず、その今日において有する作用的意義を理解しようと努めたつもりであるが、そのことは、やがて債権法総論が新たな体系の下に構成されるために、多少なりとも役立つことがあろうと考えたわけである。

第二に、債権法の総論が債権をその成立の原因から切離して抽象的に取扱うということは、特殊の契約関係に対する近時の国家的干渉・統制からくる影響をして間接な従って又比較的緩慢なものたらしめる。現に、国家のかかる立場からする近時の特別法は多くは各種の契約法を直接に修正するものであって、債権法総論の理論を直接に修正するものは極めて少い。これ本書において近時の特別法殊に最近のいわゆる産業統制立法が直接には殆んど全く触れられていないゆえんでもある。これ等の特別法もまた債権各論において研究されなければならない。しかして、その成果がやがて債権総論に綜合的に摂取されるとき、われわれははじめて新たな債権総論の体系を持つことができるのであろう。私は次の機会に債権各論を民法講義の第五として上梓するときには、この点に留意して、能う限りの努力をしようと思っている。

私は昭和十二年に債権法講義案を公にした。それは専ら学生諸君の便宜のために、不本意ながら出版したものであったから、本書の出版とともにこれを絶版にする。又私の旧著岩波全書民法Ⅱ中の債権総論の部分のうちには本書によって説を改めたものが三、四箇所ある。それは同書の九刷(昭和十五年)からこれを訂正した。なお本書の校正と巻末の索引とは法学士福島正夫君、同伊藤真一君並に岩波書店渡部良吉君の協力によってできたものである。ここに三君に対して心から感謝の意を表する。

昭和十五年四月

東京帝国大学法学部
研究室にて

我妻　栄

略　語

一、大判昭和八・二・三民一七五頁……大審院判決昭和八年二月三日大審院民事判例集（大正十年以前は民事判決録）一七五頁。

最高判昭和三一・七・四（大法廷）民七八五頁……最高裁判所（大法廷）判決昭和三一年七月四日最高裁判所民事判例集七八五頁。

東高判昭和二八・一・三〇下民集四巻一号九四頁……東京高等裁判所判決昭和二八年一月三〇日下級民事裁判例集四巻一号九四頁。

一、新聞……法律新聞

評論……法律評論

判決全集……大審院判決全集（法律新報社発行）

裁判例……大審院裁判例（法律新聞社編纂）

新報……法律新報（法律新報社編纂）

法学……東北大学法学会雑誌

一、兼子判民昭和一四年度三八事件……判例民事法、昭和十四年度三八事件兼子教授評釈。

一、法協……法学協会雑誌

論叢……法学論叢

志林……法学志林

法曹……法曹会雑誌

一、石坂……石坂音四郎・日本民法（債権総論）〔明治四十四年—大正五年〕

池田……池田寅次郎・債権総論〔昭和九年〕

石田……石田文次郎・債権総論〔昭和二十二年〕

梅要義……梅謙次郎・民法要義（巻之三債権編）〔明治三十年〕

梅原理……梅謙次郎・民法原理〔明治三十六年〕

岡村……岡村玄治・債権法要論（総論）〔昭和二十六年〕

於保……於保不二雄・債権総論（法律学全集）〔昭和三十四年〕

勝本……勝本正晃・債権総論（上巻・中巻(1)(2)(3)）〔昭和五年—昭和十一年〕

川島……川島武宜・債権法総則講義第一〔昭和二十四年〕

近藤・柚木……近藤英吉・柚木馨・註釈日本民法（債権編総則上・中）〔昭和九年・十年〕

田島・柚木等……田島順・柚木馨・伊達秋雄・近藤英

吉・註釈日本民法(債権編総則下)〔昭和十一年〕

末弘……末弘厳太郎・債権総論(新法学全集)〔昭和十三年〕

鳩山……鳩山秀夫・増訂改版日本債権法(総論)〔大正十四年〕

柚木……柚木馨・判例債権法総論上巻〔昭和二十五年〕

柚木・下……柚木馨・判例債権法総論下巻〔昭和二十六年〕

総則……我妻栄・新訂民法総則(民法講義Ⅰ)

物権……我妻栄・物権法(民法講義Ⅱ)

担保……我妻栄・新訂担保物権法(民法講義Ⅲ)

債各……我妻栄・債権各論上巻・中巻一・中巻二・下巻一(民法講義V_1 V_2 V_3 V_4)

総合判例……総合判例研究叢書

一、Enneccerus,……Enneccerus—Lehmann, Recht der Schuldverhältnisse, 14 Bearb., 1954

Gierke,……Deutsches Privatrecht, Bd. III Schuldrecht, 1917

Larenz,……Larenz, Lehrbuch des Schuldrechts, Bd. I, Allgemeiner Teil, 3 Aufl., 1958

Oertmann……Oertmann, Kommentar zum bürgerlichen Gesetzbuch, 5 Aufl., 1929

Staudinger……Staudinger, Kommentar zum B. G. B, Bd. II, Recht der Schuldverhältnisse, Teil I, (Nr. で示したものは一一版(1958)、１２３で示したものは九版(1930)

Motive,……Motive zum Entwurfe (I) eines BGB

Protokolle,……Protokolle der Kommission für die zweite Lesung des Entwurfs des BGB

Oser,‥Oser, Kommentar zum Schweizerischen Zivilgesetzbuch. das Obligationenrecht, 2 Aufl., 1929

Colin et Capitant……Cours élémentaire de droit civil français, tome II, 1959

Planiol,……Ripert-Boulanger, Traité de droit civil(d'après le Traité de Planiol), tome II, 1957

目次

第一章　債権法総論

第一節　債権の観念

第一　債権の社会的作用

〔一〕一　債権は、他人をして将来財貨または労務を給付させることを目的とする権利である。かような権利が認められるためには、物権に比較して、更に一層高度の文化の発達が必要である。けだし、債権が権利としての実質的な効力をもつことができるためには、一面、債務者が将来の義務を履行する誠意を有し債権者がこれを信頼するという当事者間の信用がある程度まで発達することが必要であると同時に、他面、この関係を法律的に確保するために国家が相当に整備した法的秩序をもつことが必要だからである。

そして、債権が認められることによって、人類は、ただに現在の財貨の交換（物々交換、すなわち所有権と所有権との交換）をなすだけでなく、現在の財貨と将来の財貨との交換（一方が現在の財貨を交付して他方が将来の財貨を給付する、すなわち所有権と債権との交換）から、進んで将来の財貨と将来の財貨との交換（将来相互に財貨を給付すべき交換、すなわち純粋の双務的債権契約）をなしうるようになった。債権によって人類はその財貨の支配において時の障壁を打破し空間の隔りを征服した、といわれるゆえんである。

〔二〕二　債権は、本来の作用としては、物権に到達する手段である。物権は生活資料としての物資の利用を目る。

然し、近世法において個人の所有及び活動の自由の原則が確立するに及び、債権は所有権の支配的作用を完うさせる手段として重要な意義をもつことになった。近世法の下においては、一方、物に対する所有権は純粋に物的な支配権能であり、他方、個人はすべて独立の人格者と認められ、各個人間の結合は自由意思に基づく契約によらねばならないものであるから、所有者がその所有物を利用するに当っては、原則として債権関係に立つべきことになる。すなわち、工場その他の生産設備の所有者は、これを利用するために、雇傭契約によって労働者に対する債権を取得し、土地・家屋等の不動産の所有者は、これを利用するために、賃貸借契約(または用益物権の設定契約)によって対価を徴収する債権を取得し、商品所有者は、売買契約によって代金債権を取得し、金銭の所有者は、消費貸借契約によって利息を収受する債権を取得する。もちろん、この場合に、これらの所有者と契約関係に立つ相手方もまた債権その他の権利(賃金債権、賃借権・用益物権、商品給付を目的とする債権、金銭の上の処分権等)を取得する。そして、両者の権利は、形式的には平等な者の間の自由な契約によって定まるものと考えられる。然し、実質的にみるときは、前者すなわち所有権者の取得する債権が——絶対的支配権たる所有権の威力を背景とするために——後者の地位を圧迫しこれを経済的に支配するようになることは、否定することのできない事実である。近世法において所有権は資本たる作用を営むときに、物に対する支配権能たることから人に対する支配権能に変じたといわれるが、この所有権の人を支配する権能は、実に所有権と法律上または事実上結合する債権の作用として現われるものなのである（物権〔五〕一〔一一〕参照）。

〔三〕 **三** 債権は、元来は債務者から給付を受けることによってのみその経済的目的を達したものであるが、近世法における債権は、対価を取得してこれを他人に譲渡することによっても、ある程度までその目的を達することができる。このことは、債権がそれ自身として独立の財産たる性質をもつようになったことを意味する。そしてこの財産たる性質を最もはっきりと備えている債権は金銭債権である。殊にその紙片に化現した証券的債権は、その融通性において遙かに動産を凌駕する。その結果、金銭債権は容易に集中して強大な力となり、担保制度を利用することによって、次第に社会の全企業組織を支配する威力をもつようになった。ここにおいてか、かつて所有権の侍女としてその支配的作用の実現に務めた債権は、いまや所有権から社会の経済組織を維持する使命を奪い、かえってこれを頤使して自分の支配的作用を実現する手段たらしめようとしている、ということができるであろう。そして、このことは、実に、産業資本の支配から金融資本の支配に移行した資本主義発達の最後の段階に応ずる法律的変遷だとみることができるであろう（担保〔三一九〕参照）。

〔四〕 **四** 近世法における債権の以上のような社会的作用は、債権法の考察に当って注意すべき多くの事項を暗示する。

(イ) 第一に、債権は、資本としての所有権との関連の如何によっては、支配者の他人を支配する作用を営むこともあり、また被支配者の薄弱な地位を維持することもある。従って、人々の間に存する事実上の支配関係を除去し、各人に「人間らしい生活」を保障することをもって現代法律制度の理想とするときは、前者の抑制に努めると共に、後者の補強をも試みなければならない。すでに利息債権の抑制がなされるとともに、賃借権の強化と賃金債権の保護とが企てられていることは、これらの事情を示すものであろう。

(ロ)第二に、債権が所有権の支配的作用を営む手段となる場合には、その債権と所有権とは結合して一個の経済的地位を構成する。また、金銭債権が企業自体を担保とするために、その企業自体が単一体として取り扱われるときは、企業を構成する多数の物権と債権とは複雑な結合関係を示す。従って、物権と債権とは――その法律構成においてはっきりと区別すべき性格をもっていると説かれることは、ある程度まで真理ではあるが――その社会的作用においては、極めて緊密な結合をなすものであり、殊に近代の経済組織の下においては、その緊密の度がますます加わり、そのためにその法律的性格においても本来の区別が抹消される部分も少なくないものであることを、常に念頭に止めておくべきである。

(ハ)最後に、所有権は私有財産の王座を占めるものとされ、個人主義的私有財産制度の弊害を矯正する手段としては、常に所有権の絶対性を制限することが問題として取り上げられる。然し、今日の経済組織の下において支配的作用をほしいままにするものは、所有権と結合する債権であり、両者の結合たる法律的地位であり、また企業そのものなのである。更にはまた、その背後にひそむ金銭債権なのである。私有財産制度の適正な調節を企てるに当っても、社会の経済組織の合理的調整を試みるに当っても、この間の事情を忘れてはならない。そして、戦前から戦後におよぶ産業統制立法が単に所有権内容の統制に尽きるものでないことを思えば、その事情は容易に理解しうるであろう(債各〔一一四〕以下参照)。

第二　債権の本質

〔五〕 一 債権の本質は、「特定の人をして特定の行為をなさしめる権利である」といってよい。権利者（債権者）は、これによって、特定の行為（給付）をなすべきことを請求する権利を有し、義務者（債務者）は、これに対して、その行為をなすべき義務を負う。

(1)債権の目的は債務者の行為である。これを給付（Leistung）という。財貨または労務を供するという積極的な行為でも、一定の行為をなさずという消極的なもの（不作為）でも、いずれでもよい。終局において財産的性質のあるものであればよい。このことは、(イ)一面、債権と物権との差を示す。物権は、権利者が物を直接に支配して権利の内容を実現することができるものであるのに反し、債権は、常に債務者の行為を介しこれを通じてその目的を達することができるだけである。そして債権に排他性のないことの理由の一つはここにある（〔九〕以下参照）。(ロ)他面においては、債権と親族権との差を示す。親族権もまた人に対する権利であり、しばしば人に対して一定の行為をなさしめることを内容とする（夫及び妻の同居請求権、親族の扶養請求権の如し）。然し、親族権の本質は、常に、人と人との人格的な結合に基づくある程度の支配権であることであって、一定の行為をなさしめる権利は、その具体的な一顕現であるか、またはこれから流出する権能に過ぎないとみるべきものである（我妻・親族法三八五頁以下参照）。もっとも、親族権の中にも独立の請求権たる色彩の強いものもあり（親族の扶養請求権の如し）、債権の中にも人格的結合の色彩のある債権関係に包容されるものもある（雇傭契約上の債権の如し（債各〔七八八〕以下参照））。従って、両者を支配する法律原理にも共通性のあることを考えなければならないことはもちろんである。

〔六〕 (2)債務者が給付をしないときは、債権者はこれに対し給付をなすべきことを請求することができる。債権が権利とされることの実際上最も重要な作用はこの点にあることは疑いない。そのために、債権は債務者に対して給付を請求する権利だと説かれることが多い。然し、理論的にいえば、債権と請求権（Anspruch）とは同一のものではない。請求権の中には物権的請求権（物権〔三一〕―〔三五〕）、親族権的請求権などもある。のみならず、債権は債務者の給付を受領することを法律上正当視される点にその本体を認めるべきであって、債務者に対して請求することは、この本体的な権能に伴う作用とみるのが正当である。

〔七〕 (3)請求権をもって債権の作用とみて、これを債権の本体から区別するときは、この請求的作用を実現する手段は、更にこれを、債権及びその作用から区別することができる。債務者をして給付をなさしめることは、第一に、道徳・宗教・慣習その他の非法律的社会規範によってこれを強制する。契約は守らねばならないという強制は、法律以前の規範として存在する。第二に、国家に訴求し国家の裁判をもって債務者に対し給付を命じさせること（判決）によってこれを強制する。更に第三に、裁判に従わない債務者を国家権力をもって強制して給付内容を実現させること（強制履行）も可能である。そして、債権が右の第一の手段を有するだけである場合にも、債務者の給付を受領することが法律的に正当視される点において、その債権はなお法律的権能であることを失わない。もっとも、現代の法制においては、債権の請求的作用は常に右の最後の強制手段までもこれを有するのが本則である。第三の手段を欠き、または第三、第二の両手段を欠くものは例外である。然し、例外的にもせよ、かような債権が存在する以上、債権に伴う強制手段は、概念上これを債権自体と区別するのが至当である。のみならず、この区別をすることが現行制度を理解する上においても実益のあることは後述の通りである（〔八四〕以下・〔八九〕以下）。

〔八〕 **二**　債権者と債務者との間には、単に一個の現実の債権が存在するだけでなく、これを包容する一個の債権関係（Schuldverhältnis）が存在するとみるべきものである。このことは、契約から生ずる債権においてとくに顕著である。すなわち、契約から生ずる債権者・債務者の関係をみると、あるいは当事者が相互に債権債務を有し（売買その他の双務契約の如し）、あるいはその債権内容は将来の進展において多くの具体的な債権を発生させるものである（雇傭、賃貸借、当座預金その他の継続的契約の如し）。しかも、両者の関係は、単にこれらの債権債務の総和に尽きるのではなく、これに伴う多くの権能と義務（通知義務・担保責任・抗弁権・解除権・対価の減額請求権・買取請求権等）を包含し、それ以上に、当該契約によって企図された共同の目的に向って互に協力すべき緊密な、いわば一個の有機的な関係を構成する。然し、契約以外の原因によって発生する債権（事務管理はすでに契約的性質の強いものであるが、不当利得及び不法行為から生じた債権など）においても、本体たる債権に附属的な権能や義務の伴うことは決して絶無でないのみならず、当該債権発生の目的（原状の回復ないし損害の塡補）を達成させるために、両当事者がその債権の内容たる給付の実現に向って協力すべき関係に立つということができる。要するに、債権は、単に債権者に給付を請求しこれを受領する権能を与え、債務者にこれを給付すべき義務を課する関係として孤立するものではなく、当該債権を発生させる社会的目的の達成を共同の目的とする当事者間の一個の法律関係、すなわち、債権関係の一内容として存在するものと観念することができるのである。そして、債権をかように観念することにより、（i）一面においては、一個の社会的目的を有する債権債務の有機的結合を一個の法律的地位として取り扱うことが容易となるとともに、（ii）他面においては、債権者と債務者との間を単に形式的な権利義務の対立とみることなく、信義則（信義誠実の原則）によって支配される一個の協同体とみることができるようになる。

三　債権は物権と共に財産権を構成する。然し、両者は種々の意味において対立するものとされる。

〔九〕　(1)実質的にみるときは、物権は物資の利用をその作用とし、債権は物資の取引をその作用とする。かれは人と物との関係であり、これは人と人との関係である。かれは物資の保持を利益内容とし、これは物資の獲得を利益内容とする。然し、それは両者の本来の姿における対立であって、資本主義経済の発達とともにこの実質的対立は次第に抹消されつつあることはすでに述べた通りである（〔一二〕以下）。

〔一〇〕　(2)法律的にみるときは、排他性の有無が根本的の差異となる。物権は、物に対する直接の支配権能としてその物資の利用を確保する権利であるから、排他性がないときはその実効を収めることができない。これに反し、債権は、債務者の意思に基づく行為を目的とする権利であるから、排他性を認めるに適しないものが多いだけでなく、同一内容の債権の併存的成立を認め、その目的を達するかどうかはこれを債務者の意思による決定に任せることが、却って物資の取引をその作用とする債権の本質に適する。但し、現代法の下においては物資の利用もまた債権によって維持されることがある。かような場合には、その債権に排他性がないことは、権利者の立場を脆弱にし、ひいてはその債権を認めた法の目的に副わないようになるおそれがある。近時不動産賃借権が排他性を与えられつつあることは、右の欠陥の是正を意味する（物権〔一〕四参照）。なお、この排他性の有無の結果として、同一物を目的とする債権と物権とが成立するときは、物権が債権に優先することについては「物権法」を参照されたい（物権〔二〕八2）。

〔一一〕　(3)債権は特定人に対する権利であるのに反し、物権はすべての人に対する権利であるから、前者は相対権、後者は絶対権ないし対世権である、といわれることがある。然し、この対比は正確ではない。債権が特定人に対する権利であるとは、債権の内容についていうことである。これに対する物権の特質としては、物に対する直接の支配であることを挙げなければならない。また、物権がすべての人に対する権利であるとは、右の物権内容が法律上すべての人に対する関係において保護され、すべての人がこれを侵害してはならないという義務を負うことを意味する。従って、この点で債権をこれと対比するためには、債権者が債務者の給付を請求してこれを受領することが法律上すべての人に対する関係において保護されるか、いいかえれば、すべての人が債権を侵害してはならないという義務を負うかどうかを考察すべきである。然るときは、後に述べるように、第三者による債権の侵害ということが観念上可能であるだけでなく、法律がこれを禁じ侵害者に対して不法行為による損害賠償の義務を認めることは、債権の効力を確実にする上において至当なことである。従って、この意味における絶対性(対世的性質)は、すべての権利に共通の性質であって、物権の特有性となすべきではない。もっとも、物権を権利として認めようとすれば、すべての人に対して侵害を避止する義務を認めることは必然の要件である。これに反し、債権においては、債務者に対する請求権能だけを法律的効力のあるものとし、第三者の侵害はこれを不問に付しても、なお債権は権利たる性質を失わないであろう。また、第三者の債権侵害を不法行為とするに当っても、その侵害があるといいうるためには、債務者の自由意思との関連においてその要件を吟味する必要がある。この意味においては、絶対性は物権にとっては不可欠の性質であるが、債権にとってはそうではない、といってよいであろう。然し、それにしてもなお、現代法の下においては、絶対性の有無をもって債権と物権との差異とすることはできないのである(〔九四〕以下に詳述する)。

〔一二〕 (4)第三者が債権を侵害するときは、あたかも物権侵害の場合の物権的請求権と同様に、その侵害状態の排斥を請求する権利を生ずるであろうか。物権的請求権は物権が物に対する直接の支配権なることから生ずる特質であって、一般の債権については同様の結果を認めえず、ただ、賃借権の如く物権化する債権においてこれを認めうる。いいかえれば、物権的請求権は物権の特質であって、債権にはこれと対比すべきものはないと考える(〔一〇六〕以下に詳述する)。

〔一三〕 (5)物権が譲渡性を有することはその本質的のものであり、当事者の特約をもってこれを奪っても原則として絶対的効力を生じさせることはできない(物権〔四一三〕ハ・〔四六〇〕―〔四六二〕参照)。これに反し、債権の譲渡性はそのように本質的なものではないとされる(四六六条参照)。その理由として、一面においては、債権の内容たる給付には、人的色彩が強く、債権者の変更は給付の同一性に影響を及ぼすことが多いと考えられ(雇主の債権、賃借権等)、他面においては、債権が当事者の契約から生ずるときは、当事者はみずからその債権を創造するものであるから、譲渡性のないものとして成立させること(売買、請負、寄託などから生ずる金銭債権を譲渡性のないものとすること)も自由である、と考えられている。このことは、物権と債権の現行法上の性質の差を説くものとしては一応正当である。然し、債権が社会の企業の構成要素となり、また個人の財産を構成する重要な分子となるに及び、債権の譲渡性も次第に債権の本質に近いものとなろうとするとともに、一方には証券に化現して物権以上の融通性をもつ金銭債権の発生したことを忘れてはならないのである(〔三二〕参照)。

第二節　債権法の範囲及び特質

第一　債権法の範囲

〔一四〕　一　債権法の範囲は三個の方面に及ぶ。一は債権発生の原因たる法律関係に関するもの、二は債権の効力に関するもの、三は財産としての債権に関するものである。

(1)現代法における債権発生の原因として主要なものは、契約と不法行為とであるが、他に事務管理と不当利得も独立の原因とされる。債権のうちには、この他に、法律の規定から当然に生ずるものも少なくない。然し、その多くは、特定の物権または親族法もしくは相続法上の特定の地位から生ずるものとして規定されるのであって、債権法において特にこれを統一的に研究する必要はない。

〔一五〕　(2)債権の効力に関するものとは、要するに、債権の目的たる給付の実現を確保することに関する規定である。従って、債権者が債務者に対して給付を請求し、債務者がこれを履行し、債権者がこれを受領して債権関係が消滅するに至るまでの関係がその本体である。然し、その他これに附随して、債務者が履行しないときはこれを強制し(強制履行)、不履行によって損害を生じたときはその賠償を請求し、更に債務者の一般財産を維持してこれによって債権の終局的満足をうること(債権者代位権と債権者取消権)もまた、債権の効力に関するものである。また、債権の担保として特別の制度を利用することも、広い意味では、債権の効力に関することであるが、そのうちで、人的担保(保証と連帯)は債権法の中に包含されるが、物的担保は、担保物権として、物権法の中に包容されるのが常である。

〔一六〕　(3)財産としての債権に関するものとは、債権の譲渡・質入などに関する規定である。ここでは債権は一個の財産として取り扱われ、規定の内容は物権の譲渡・質入などと対比されることになる。

〔一七〕 **二**　民法は、第三編債権を五章に分け、これを総則、契約、事務管理、不当利得及び不法行為とする。後の四章は債権発生の原因に関するものであって、講学上これを「債権各論」と呼ぶ。契約が圧倒的に広い部分を占め、契約一般に関する総則的規定の他に十三種の典型契約に関する規定を収めている。最初の第一章総則は、債権の効力及び財産としての債権に関する規定(但し債権の買入を除く)であって、講学上これを「債権総論」と呼ぶ。本書は正にこの部分に関する講義である。但し、民法は、この「総則」において、債権の効力自体を規定することと、これを財産として取り扱うことを区別するという方法をとらず、債権の目的(給付の種類による特殊の効力を規定する)、効力(債権者側からの請求の実現として、現実的履行の強制、損害賠償の請求、債務者の一般財産の保全を規定する)、多数当事者の債権(主体が多数ある特殊の態様として不可分、連帯、保証の各債務を規定する)、債権の譲渡(主体の変更という立場からこれをみる)、及び債務の消滅(債務の側からみて、その消滅原因として弁済、相殺、更改、免除、混同を規定する)の各節に分ける。この態度は、債権を作用的にみることなく、専らこれを形式的にみているものである。本講義においては、作用的観察を加味し、人的担保制度と債権譲渡とはこれを最後に説くことにする。けだし理解に適すると思うからである。

第二　債権法の特質

〔一八〕 **一**　債権法は任意法規であることが原則である。けだし、現代法は財産関係については当事者の自由意思をできるだけ広く認めようとするものであるが、債権は、物権と異なり、第三者に影響するところが少ないから、法律は安んじて当事者の意思を尊重し、みずからは任意法規として当事者の意思の解釈と補充との作用に甘んじようとするのである。然し、債権法のこの特質も、仔細にこれを吟味すると、意外に小さいものであることを発見する。

(イ)第一、債権発生の原因に関する法規のうち、契約内容に関する規定については右の特質は最もはっきりと現われる。然し、ここでも、いわゆる契約自由の原則は決して無制限に行われるのではない。経済的な力の差の甚だしい当事者間の契約、例えば、企業経営者と労働者、地主と小作人・借地人、家主と借家人との間の契約などにおいては、契約自由の原則の作用する範囲は甚だしく狭い。のみならず、資本主義経済組織が高度化し、企業の集中独占の傾向を示すようになると、各国はこれに対して何等かの規整を加えようとしている。もっともその方法には、同業者の結合による自治的統制によって企業の合理化・組織化を促がし、独占の段階に達したときにこれを公共経済に移そうとする方向を進むものと、最初から集中独占を排除し、企業者間に常に公正な競争が活潑に行われるようにしようとする方向をとるものとの差異がある。然し、いずれの方法をとるにせよ、企業経営における契約の自由が制限されることには変りはない。そして、いかなる場合においても、契約の自由が制限されることは、他面からみれば、任意法規の範囲が次第に制限されることに他ならない(債各〔一四〕以下参照)。また、事務管理、不当利得、不法行為の規定の中には、特に任意法規であると強調する必要のあるものはない。却って、不法行為においていわゆる原因責任ないし危険責任が拡張しつつあることは、個人の意思活動(故意過失)に基づかない損害賠償債務の発生原因を拡張するものであって、その根本においては、契約法における強行規定の増加の現象と共通の基礎に立つものである。

(ロ)つぎに債権の効力に関する規定においても、債権の効力内容とされる種々の権能を当事者の意思によって変更し、これについて、絶対的効力を生じさせることができるかどうかは慎重に考慮されるべきであって、これを一概に任意法規だということは許されないであろう（第三者の弁済または相殺を禁止する特約については規定（四七四条・五〇五条）があるが、代位権、取消権、現実的履行の請求権などについての特約はいかなる効力を生ずるであろうか）。

（ハ）　最後に、財産としての債権に関する規定は、直接第三者に影響を及ぼすものであるから、その譲渡性の有無なども無条件に当事者の意思に任せることを許さないのみならず（〔一三〕参照）、譲渡の方法・効力などに関する規定は、少なくとも第三者に対する関係では、これを強行法規とみるのがむしろ当然であろう。

〔一九〕　**二**　債権法は普遍的性質を有する。地方的色彩は薄く、民族的特色も少なく、世界共通の内容をもとうとする。自由意思に基づく取引の進展は、債権法の内容を合理的にし、国際的取引の発達は、更にこれを普遍化させたからである。従って、（イ）売買を中心とする商品取引の契約関係においては、この性質が最も顕著であり、ますますその程度を高め、債権法はこの領域において最も商法に接近する（商品売買に関しては国際的立法の企てられつつあることを想起せよ）。そして、（ロ）企業労働関係のように国際取引の影響の強い部分にもこの特色が及んでゆく傾向がみえる（労働契約が国際条約によって規律される部分の多いことを想起せよ）。然し、（ハ）労働関係も家庭的労務や農業的労務の関係においては、その地方的・民族的色彩は容易に抹消されるものではなく（徒弟契約、僕婢契約などを考えよ）、また、（ニ）土地の利用関係においてはもとよりのこと、消費信用の関係においても、各国固有の慣習に根ざす特質がなお多く保存されて、容易に普遍的なものに移行しないものである。

〔二〇〕　**三**　債権法は信義則によって支配される。契約関係の成立に当っても、債権関係の存続中にも、またその消滅の後にも、およそ債権者と債務者との関係は信義則を最高の理念として規律されるべきものだ、というのである。元来第十八世紀中葉までの近世法は、道徳と法律との区別を強調したものであるから、信義則というような道徳的色彩の強い規範は法律の中に侵入する余地が少なかったはずである。それにも拘わらず、当時から債権法には信義則が包含された。すでにフランス民法も、契約は信義則(bonne foi)に従って履行されるべき旨を規定した(一一三四条三項、なお一一三五条参照)。思うに、契約自由の原則を強調し当事者の意思を尊重する法律の下においても、当事者の意思の表示は実際上極めて不充分・不明確であるから、債権者は、信義則の命ずるところに従って履行されるであろうと予期するのが当然であり、従ってこの予期が法律上保護されない以上、取引の円滑は期しえなかったのであろう。これ当時において信義則は主として債務の内容ないし履行の方法などを規律する標準とされたゆえんであり、また合理的な資本主義的取引の基準として要求されたゆえんなのであろう。しかるにその後、契約自由の原則を制限し債権関係の当事者間に実質的に公平な関係を設定しようとする理想が高唱されるに及び、信義則は、次第に転じて、債権者の恣意を抑制し、その権利の内容及び行使の方法を規律する作用を営むことを主とするようになった。ドイツ民法が債務者は(取引上の慣行を考慮し)信義則に従って履行すべき義務があることを規定するとともに(二四二条)、契約は(取引上の慣行を考慮し)信義則に従って解釈すべき旨を規定した(一五七条)ことは、右の思想の推移に応ずるものであろう。然し、更にその後の法律思想の進展によって、信義則の支配は次第にその範囲を拡張し、単に債権と債務とを規律するに止まらず、広くすべての権利と義務とに及ぶべきものと考えられるようになった。すなわち、正にスイス民法の規定するように、すべて権利を行使するにも義務を履行するにも信義則に従ってこれをなすべきである(二条)とされるに至った。わが民法が、新憲法の理想に従って「私権ハ公共ノ福祉ニ遵フ。権利ノ行使及ビ義務ノ履行ハ信義ニ従ヒ誠実ニ之ヲ為スコトヲ要ス」という規定を冒頭（一条）に掲げたことも、右の進展を示すものに他ならない。かように、信義則は、債権法を支配するに当ってその内容を変じたのみならず、今やその支配する範囲は債権法を超越してすべての法律関係に及んだのであるから、信義則をもって最高の理念とすることは、もはや債権法の独占すべきことではないといわねばならない。

然し、翻って考えれば、債権法は、前に述べたように、本来当事者間の信頼関係に立つものであるから（一二参照）、信義則に訴えることなしには、到底完全にその目的を達しえない本質を有する。また近時に至って、債権関係は、社会の経済組織を維持する重要な支柱となり、かつ所有権と結合して他人を支配する作用を営もうとするのであるから、これを信義則によって規律すべき必要は、他の私法の分野に比して一層緊切なものがあるであろう。更にまた、債権をもって孤立した権利義務の対立とみることなく、共同目的に向って協力する一個の協同体に包容されるものとみるときは、信義則はこの協同体を支配する理念として実質的な意義をもつことになるであろう（一二・一八参照）。そうだとすれば、たとい信義則は債権法の独占すべきものではないとしても、なお債権法において信義則を強調すべき必要はとりわけ大きいものであることを認識しなければならない。

但し、最後に特に注意すべきことは、信義則なるものは債権法を支配する最高の抽象的規範であるから、これを適用するに当っては極めて慎重でなければならないことである。右に述べたように、この規範は、実際にも、時には主として債務者の義務を定める作用をなし、時には債権者の権利を抑制する作用を営んだ。いまわれわれがこの原則を適用するに当っても、契約自由の原則のために不当な圧迫を受ける債務者または債権者の地位を保護しようとする場合と、社会の一般取引関係の安全を保護しようとする場合とでは、その内容は相当に異ならざるをえまい。殊に資本主義的取引の安全は、契約または債務の内容の形式的画一性を要求する場合が多いものであるが、かような場合における信義則の内容は、個別的常識的な判断によってはこれを定めえないことが多い。従って、われわれは各種の債権関係の有する社会的作用を考察し、各場合における信義則の具体的現われとしての内容を決定することに努めねばならない(契約と信義則の関係については各論に詳説する(債各〔三八〕以下))。

第三　債権法の法源と適用範囲

〔三一〕 一　債権について規定する法律の中で最も主要なものは、いうまでもなく、民法第三編である。然し、その他の法律にも、債権法の法源となるものが少なくない。主要なものを左に列挙する。

(1)民法の附属法規とみられる特別法

(イ)民法施行前からの利息制限法(明治一〇年)は、先年全面的に改正されて、新らしい利息制限法(昭和二九年法一〇〇号)となった。本書の内容と直接の関係をもつ。なお、これと並んで、出資の受入、預り金及び金利等の取締等に関する法律(昭和二九年法一九五号)、臨時金利調整法(昭和二二年法一八一号)、中小企業信用保険法(昭和二五年法二六四号)、信用保証協会法(昭和二八年法一九六号)、中小漁業融資保証法(昭和二七年法三四六号)なども、利息債権または保証債務に間接の関連をもつ。然し、それらの制度のもつ社会経済的な意義については、生産信用の助成・規整に関する多くの特別法とともに、債権各論において検討されるべきことである(債各〔五〇六〕以下参照)。

(ロ)民法施行直後の失火の責任に関する法律(明治三二年法四〇号)、供託法(明治三二年法一五号)、その後の身元保証に関する法律(昭和八年法四二号)なども、本書の内容と直接の関連をもつ。信託法(大正一一年法六二号)は、民法の講義では重要視されないが、その内容は特別に研究される必要があるだけでなく、そこに含まれる法理は、譲渡担保の理論構成において参考とされねばならないものである。債権の信託的譲渡においてもそうであろう。憲法第一七条に基づく国家賠償法(昭和二二年法一二五号)は、自動車損害賠償保障法(昭和三〇年法九七号)・原子力損害の賠償に関する法律(昭和三六年法一四七号)・原子力損害賠償補償契約に関する法律(昭和三六年法一四八号)などとともに債権各論の関係である。

(ハ)借地・借家の関係を規整する借地法(大正一〇年法四九号)・借家法(大正一〇年法五〇号)、罹災都市借地借家臨時処理法(昭和二一年法一三号)などの一連の立法、及び農地の利用関係を規整する農地法(昭和二七年法二二九号)も民法と直接の関係をもつものだが、主として、債権各論で取り上げられるべきものである。また、最近の建物の区分所有等に関する法律(昭和三七年法六九号)は、主として物権法に関係するものだが、区分所有者相互の関係は債権法と関連する。然し、主として組合の関係として債権各論の問題となる。

(2)労働立法――戦後のいわゆる労働関係三立法、すなわち労働組合法(昭和二〇年法五一号―昭和二四年法一七四号で全面改正)、労働関係調整法(昭和二一年法二五号)、労働基準法(昭和二二年法四九号)は、本来は民法の雇傭契約の特別法たる性質をもつものだが、その指導原理は著しく民法の原理と異なるので、民法の講義から除外されるのが常となった。然し、基本的な理論についての民法との関連は、民法の研究においても無視することはできない。もっともこれは、主として債権各論の領域である。

(3)商法及びその附属の特別法

(イ)商法は、民法とともに財産関係を規律するものだが、いわゆる商的色彩をもつ取引関係を規律するものとして、民法の特別法とされている。然し、両者は極めて緊密な関係にあり、規定の上でも彼此対照して研究されなければならないものが少なくない(総則〔五〕参照)。従って、商法典が昭和一三年に会社法の領域で大改正を受けたこと(法七二号)、戦後にも、今日まで、部分的に重要な改正を加えられていること(昭和二三年法一四八号、昭和二五年法一六七号、昭和三〇年法二八号、昭和三七年法八二号、昭和四一年法八三号など)、及び附属特別法として、手形法(昭和七年法二〇号)、小切手法(昭和八年法五七号)、有限会社法(昭和一三年法七四号)、担保附社債信託法（明治三八年法五二号）などが重要なものであることを記憶すべきである。本書の内容と直接の関連あるものも少なくない。

(ロ)広い意味での商事法として、銀行法（昭和二年法二一号）、貯蓄銀行法（大正一〇年法七四号）、信託業法（大正一一年法六五号）、倉庫業法（昭和一〇年法四一号（昭和三一年法一二一号で全面改正））、無尽業法（昭和六年法四二号）、割賦販売法（昭和三六年法一五九号）、証券取引法（昭和二三年法二五号）、証券投資信託法（昭和二六年法一九八号）、貸付信託法（昭和二七年法一九五号）なども、債権法と関連をもつが、主として債権各論で、各種の典型契約との関連において顧慮されるべきものが多い。

〔三二〕 二 民法債権編の規定は物権関係（例えば、物上請求権、入会権者や共有者の間に生ずる種々の請求権）、親族関係（例えば、夫婦間の同居請求権、親権者の子の引渡請求権、扶養請求権）、相続関係（例えば、相続回復請求権、受遺者の目的物引渡請求権）などから生ずる請求権についても、性質の許す限り準用される。けだし、請求権に関する規定として一般的性質を有するからである。なお民法債権編の規定が前段に列挙した特別法から生ずる債権についても一般法として適用されるべきことはいうまでもない。

第二章　債権の目的

第一　序　説

一　債権の目的とその要件

〔二三〕　(1)債権の内容たる債務者の行為すなわち給付（Leistung）を債権の目的という（〔五〕参照）。給付の目的となる物（物の引渡を目的とする債務における物）は、債権の目的物と呼ぶのが適当であろうが（四〇一条・四〇二条一項など）、民法の用例は一貫しない。目的物を目的という場合も少なくない（四〇二条二項・四一九条一項など）。債権の目的は当事者の意思によって自由に定めることができるものであるから、物権とは異なり（物権〔三六〕一、〔四〇〕参照）、法律上一定された種類に限るものではない。但し、つぎの三要件を必要とする。

〔二四〕　(イ)適法であり、かつ、社会的妥当性があること　単に給付自体が不法であり（例えば民法の認めない物権または身分関係を設定する債務）、または公序良俗に反する（例えば妾奉公をする債務）場合だけでなく、債権としての法律的効力を認めることが不法ないし公序良俗に反する場合（例えば結婚しない債務、営業をしない債務）にも、かような給付を目的とする債権は無効である（総則〔三〇〇〕一、〔三〇七〕参照）。

〔二五〕　(ロ)可能であること　不能とは、理論上絶対に不能な場合だけでなく、社会観念上不能と認められる場合をも含むものであることは、法律行為の不能と同様である（総則〔二九六〕。詳細は〔一六八〕・〔一六九〕）。ただ注意すべきことは、債権成立の要件としての給付の可能・不能は、債権成立の時（法律行為に基づく債権においては法律行為成立の時）を標準として定められることである。いいかえれば、債権成立の時に不能（原始的不能）であれば、債権は成立しない（例えば、売買の目的たる家屋が契約締結の前日に焼失したときは売主の債務は成立しない）。これに反し、債権が成立した後に不能（後発的不能）となったとき（例えば右の家屋が契約締結後履行前に焼失したとき）は、成立した債権の効力の問題となる（損害賠償債務に変ずるか、または債務は消滅する）。なお、原始的不能を目的とする債権は無効であるといっても、その不能が目的物の一部に止まるときは、担保責任の問題を生ずることがある（売買その他の有償契約について五六五条参照）。また全部不能の場合にも、その債権の発生を目的とした契約から何らの効力をも生じないかどうかは別問題であって、いわゆる契約締結上の過失として論じられる（債各〔四六〕・〔一二〇〕以下参照）。

〔二六〕（ハ）確定しうるものであること　給付の内容は債権成立の時に具体的に確定する（例えば土地の贈与においてどの土地何坪と定まる）必要はないが、履行までにこれを確定しうるだけの標準が定まっていなければならない（大判大正一四・一〇・二八民六五六頁〔〔六五四〕イ参照〕）。

（a）この標準は、第一に、当事者の意思によって定まる。その意思は、意思表示解釈の原則により、当事者の目的を合理的に解釈して定められなければならない（総則〔二八四〕以下参照）。従って、契約の場合には、その契約の社会的目的が重要な意義をもつ。相当の代価で売買するという契約では、取引上通常の価格を標準とすべきことはいうまでもない（大判大正八・一・二九民二三五頁）。また、例えば、分家の目的で財産を分与する契約では、当事者の社会的地位、贈与者の財産状態、当該地方における慣行、その他諸般の事情から、目的たるべき財産の種類や数量が決定されうるであろう（大判大正五・三・一四民三六〇頁はかような事例）。なおまた、当事者がその確定（指定）を特定の第三者に任せた場合には、原則として、第三者の合理的判断に任せたものとみるべきであり、従って、その第三者が自分で決定しないときは、できる限り他の方法で補充するように努めるべきである（大判大正九・六・二四民九二三頁は第三者の指定する担保を供すべき債務において第三者死亡するときは、原則として裁判所の定めるところに従うべしという）。

実際上問題となるのは、右のように合理的判断によるべしといい、また最終的には裁判所が決定するという場合に、現実に決定する手続をどうするかである。相手方または第三者に対して確定(指定)すべきことを訴求することは、訴訟上の利益を欠くであろう。また裁判所に対して指定を求めることも、現行訴訟制度のもとでは、許されまい。結局、債権者が履行を請求しようとするときは、みずから合理的と考える内容を定めて、その給付を訴求すべきである。例えば、分家の目的で適当な財産の分与を受ける債権を取得した者は、前記の標準で決定して訴求することになる(前掲大正五年の判決はかような例)。また、債務者が提供して不履行の責任を免かれようとするときは、同じく自分の判断で提供すべき給付の内容を定めてこれをなすべきである。例えば、第三者の合理的に決定する担保を供すべき債務を負うものは、第三者が決定しないで死亡したときにも、自分の判断で合理的と考える担保を提供しないと期限の利益を失う(前掲大正九年の判決の事例)。また、相当の代価で買った買主は、売主が目的物を提供したときは、売主から代金額の指示がなくとも、合理的判断による金額を提供しないと不履行の責任を免かれない(前掲大正八年の事例)。そして、債権者または債務者の判断が正しいかどうかは、その裁判において、先決問題として、裁判所の判断を受けることになる。これが、結局は裁判所の決定による、という意味である。

(b)給付の内容を確定する第二の標準は、民法の補充的規定である。種類債権(四〇一条)、金銭債権(四〇二条・四〇三条)、選択債権(四〇六条・四〇八条・四〇九条)などに関する規定は正にこの標準を定めるものである。

〔二七〕(2)給付は「金銭ニ見積ルコトヲ得ザルモノ」でも債権の目的とすることができる(三九九条)。ドイツ普通法時代に争のあった点を解決したものである。ドイツ、フランス両民法には明文はないが、通説はわが民法と同様に解している(但しド民法理由書は消極的見解であり、これを支持する者も相当ある。債権の範囲が不明となるという理由である(Oertmann, §241, 1b))。

(イ)この規定は、法律行為解釈の消極的一標準を示す。金銭に見積りえない給付を目的とする契約は、単に道徳・宗教などの規律を受けるだけで、法律的効力を生じないものと解すべき場合も絶無ではあるまい。然し、金銭に見積りえない給付については法律的効力を認むべからず、という一般的な原則は存在しない。かような給付も、これに対して法律的効果を認めることを至当とする限りにおいては、債権たる効力を認めるべきである(総則〔二七二〕2参照)。

(ロ)金銭に見積りうるというのは、債権者に金銭的価値を与える意味か、給付が一般的に金銭的価値を有する意味か、見解が分かれている。然し、民法の下においては、いずれの意味においてもこれを要件としないと解すべきである。

(ハ)金銭に見積りえない給付を目的とする債権も、その効力においては、他の債権と異ならない。まずこれについて給付の実現を訴求することができる。更に強制履行の手段に訴えることもできる。近代の法律が、金銭債権について強制執行を認めるだけでなく、特定物の引渡や債務者の行為についても強制執行を認めるようになったことが、金銭に見積りえない給付についても債権の成立を認めうる最大の理由である。また、その不履行の場合には、損害賠償を請求することができる。この賠償は金銭によってするのであるが(四一七条)、給付自体を金銭に見積りえない場合でも、その不履行によって債権者の被る物質的及び精神的損害を金銭に評価してこれを賠償させることは決して不可能ではない。例えば、寺院に土地を寄附し、祖先のために永代常念仏を唱えることを約する契約は、一般に、法律的効果を生ずるものというべく、寺償がこの債務を履行しないときは、贈与者は契約の解除または損害賠償の請求ができる（東地判大正二(ワ)九二二号新聞九八六号二五頁はかような事例だが、訴訟の内容は不明）。

（二）金銭に見積りえない給付を目的とする債権は財産権ではないという見解がある。然し、法律的強制を加え、その不履行について金銭賠償を請求することができるものである以上、これを財産権の一種といっても不都合はあるまい。ただその財産性の稀薄なことを注意すれば充分であろう。

〔二八〕

二　給付の種類　給付の種類には制限がないが、種々の立場から分類することができる。

(1)給付の実質的内容に従って分類すれば、物の引渡（交付）とその他の作為または不作為とに分けられる。

（イ）物の引渡は、特定物の引渡と不特定物の引渡とに分かれる。(a)特定物の引渡には、売主の債務のように一回の引渡で目的を達するものと、賃貸人の債務のように引き渡して用益させておくことを要するものとがあり、後者の場合には、当事者間の関係は一層緊密な継続的なものとなり、債権者の物に対する関係が密接になる。(b)不特定物の引渡には、種類によって示される商品の引渡と金銭の引渡とがあり、後者は物に対する関係が極めて稀薄であって、抽象的な価値の一定量の給付という観念に近づく。

（ロ）作為または不作為とは、物の引渡以外の債務者の作為（受任者、請負人、労務者、受寄者等の債務の目的たる給付）、または一定の不作為（一定の、建築をしない・競業をしない・演奏をしないなど）である。給付はすべて債務者の行為であるから、厳格にいえば、物の引渡もまた一の行為に他ならない。然し、物の引渡においては、その物が引き渡されることに重きがおかれ、債務者自身の行為によることはほとんど意味をもたないのに反し、その他の行為においては、債務者自身の行為に重きがおかれる結果、債権の強制履行の方法において著しい差異を生ずる（後に詳述する〔一一一〕以下）。のみならず、後者を目的とする債権関係においては、当事者間に緊密な関係を生じ、殊にその給付の継続的な場合には、その関係は身分的結合関係の色彩を帯びることになる。各種の典型契約の内容を定めるに当って注意すべき点である。

〔二九〕 (2) 与える債務と為す債務　フランス民法（一一三六条以下）の用いる区別である（l'obligation de donner ; l'obligation de faire ou de ne pas faire）。大体において、前段の物の引渡債務が与える債務に当り、それ以外の作為・不作為債務が為す債務に当る。強制履行の方法の差を説明するために、近時わが国の学者にもこの区別を用いる者が多い。

〔三〇〕 (3) 給付を分割的に実現しうるかどうかによって、可分給付（例えば米百キロの引渡、洋服十着の製作）と不可分給付（例えば馬一頭の引渡、競業の避止）に分けられる。そして、後者においては、その不履行の効果（例えば解除）は常に一体として取り扱われるに反し、前者にあっては、分割的に取り扱われることが多い。然し、その差は債権者または債務者が多数ある場合に顕著に現われるので、多数当事者の債権関係の章に述べる。

〔三一〕 (4) 給付を実現する態様によって、一時的給付（例えば家屋の売主の引渡）、回帰的給付（例えば牛乳・新聞等の配達交付）及び継続的給付（賃貸人・労務者などの為す給付）に分けられる。後の二者、殊に最後のものにおいては、当事者間に継続的関係を生ずる結果、信義則の支配する程度が強くなる。詳細はかような給付を目的とする債権を生ずる契約関係の特質として説く。

〔三二〕 **三**　民法は「債権ノ目的」と題して、特定物の引渡を目的とする債権、種類債権、金銭債権、利息債権、選択債権の五種について規定する。然し、その内容は、主として、給付内容を確定する標準に関するものであって、その種の債権の履行の方法全部に及ぶものでもない。民法のこの規定を中心としてこの種の債権の特質を明らかにすることは不可能である。本章では民法の規定の説明をするだけに止める。なお、民法に規定のない特殊の給付を目的とするものとして、損害賠償債権及び任意債権を説く学者が少なくない(ドイツ民法は二四九条以下に損害賠償債務の通則的規定を置く)。然し、後者は、選択債権との対比において、本章に説くのが適当であるのに反し、前者はその発生原因としての二大法律要件たる債務不履行と不法行為の本質を明らかにしないで共通の性質だけを説くことは適当でない。従って、本章においては後者を説くに止める。

第二　特定物の引渡を目的とする債権(特定債権)

〔三三〕 **一**　特定の物の引渡、すなわち占有の移転を目的とする債権である。所有権をも移転する場合と占有だけを移転する場合とを含む。民法は、贈与、売買、賃貸借、寄託などによって生ずることが多い。特定債権とも呼ばれる。民法は、かような債務を負担する者の保管義務の通則を定めたが、その意義は少ない。この種の債権を生ずる契約関係によって影響を受ける点が多いからである。

〔三四〕 **二**　債務者の保管義務　　特定物の引渡を目的とする債務を負担する債務者は「其引渡ヲ為スマデ善良ナル管理者ノ注意ヲ以テ其物ヲ保存スルコトヲ要ス」(四〇〇条)。

(イ)善良なる管理者の注意(善管注意)とは、債務者の職業、その属する社会的・経済的な地位などにおいて一般に要求されるだけの注意である(ドイツ民法に"in Verkehr erforderliche Sorgfalt"というに同じ)。自分の能力に応じた注意、すなわち民法のいわゆる「自己ノ為メニスルト同一ノ注意」(八二七条)、「自己ノ財産ニ於ケルト同一ノ注意」(六五九条・九四〇条)、「固有財産ニ於ケルト同一ノ注意」(九一八条)などに対する観念である。この一般的・客観的標準に基づく注意の程度を欠くことを軽過失という。軽過失について責任を負うのが民法の原則である。

(ロ)本条の適用によって、特定物の売主、使用借主、賃借人、有償の受寄者(無償の受寄者は例外(六五九条))などは、引渡または返還をなすまで、善良なる管理者の注意をもって目的物を保存しなければならない。これに違反して目的物を滅失・毀損したときは損害賠償の義務を負う(四一五条)。

(ハ)履行期の後にも引渡をなすまでは本条の義務を負う。但し、履行期を徒過したことが債務者の責に帰すべき事由に基づくときは、それから後は履行遅滞となり、債務者は不可抗力についても責任を負うことになる(〔二〇一〕ロ参照)。また、履行期に債務者が目的物を提供し債権者が受領遅滞に陥いるときは、それから後は、債務者はその注意義務を軽減される(〔三五〇〕参照)。従って、履行期以後にも本条の適用のあるのは、履行遅滞とも受領遅滞ともならない場合に限る。——債務者が本条の義務を負うのは履行期までだと解する説がある。然し、履行遅滞と受領遅滞によって本条が修正されることに注意すれば、文字通り「引渡ヲ為スマデ」と解するのが正しい(同旨於保二八頁)。

〔三五〕 **三** 債務者の引渡義務(目的物の増減変更) 債務者は善良なる管理者の注意をもって保存した上で、その目的物自体を履行期における現状で引き渡すことを要し、かつそれで足りる(四八三条)。従って、**(イ)**履行期までに毀損すれば、毀損のままで引き渡してよい。毀損が債務者の責に帰すべき事由によって生じたときは、第四〇〇条違反として損害賠償責任を生ずること右に述べた通りだが、そうでないときは、責任はない。**(ロ)**滅失したときも同様であるが、滅失したとみるべきかどうかは、目的物が取引観念上同一性を失ったかどうかで定められる。例えば、特定の生繭の売買において、売主がこれを乾燥して乾繭にしたことは、目的物の同一性を失わしめるものでもなく、また保管義務に違反するものでもない(大判大正七・七・三一民一五五五頁)。また、

(ハ)履行期までに果実を生じたときは、——果実は目的物とは別個のものだから——債務者が取得してよい。但し、寄託のように契約の趣旨から別な結果を認めなければならない場合があることを注意すべきである(六六五条・六四六条参照)。履行期以後の果実は引き渡すべきこともちろんであるが、ここにも売買について例外が定められている(五七五条参照)。なお、特定物の引渡を目的とする債権は履行地について特別の規定があり(四八四条)、その他、債権者代位権、債権者取消権等においても特に問題とされる(〔二三九〕・〔二五八〕)。

第三　種類債権(不特定物の引渡を目的とする債権)

〔三六〕一　一定の種類に属する物の一定量の引渡を目的とする債権である。商品売買における売主の債務がこれに属する最も主要な例だが、消費貸借の借主の返還債務、消費寄託・混蔵寄託の受寄者の返還債務などもこれに属する。この種の債務では、当事者は、債務の目的として引き渡されるもの自体の個性に着眼せず、一定の範囲に属するもののうちの一定量ならばどれでもよいと考えている。然し、その場合でも、定められた種類のうちのどの程度の品質のものを給付すべきかが問題となる余地がある。また、一定の時期から債務の内容を具体的に特定された物に限る必要がある。民法は、この二点について規定する(四〇一条)。

(1)「債権ノ目的物ヲ指示スルニ種類ノミヲ以テシタル場合」とは、具体的な個々の物を指示するのではなく(これを指示するときは特定債権または後述の選択債権となる)、各個の物の一群の一般的な特徴を指示してその群の中の一定量をもって債務の目的とすることである(浅井「種類債務の特定」(総合判例民法7)四頁は正確に示す)。従って——

(イ)一群の一般的な特徴さえ示されないときは、債務の目的物を確定しえないことになる。但し、当該契約において果してかような特徴も示されていないというべきかどうかは、当事者の意思と取引観念を検討して慎重に決しなければならない。古い判決に、無記名公債証書額面六〇〇円というのは確定しえない場合に当ると判示するものがあるが、すこぶる疑問である（大判明治三九・三・一〇民三四七頁。無記名公債のうちにも種々の種類があるという。然し、当事者の意思は、そのうちのどれでもよい趣旨なのではなかろうか）。孟買綿一定量の給付を目的とする債務は、種類債権であることはいうまでもない（大判明治三九・一二・二一民一六八七頁（四〇一条一項によって品質を定めて不履行の損害額を算定すべしという））。

（ロ）「種類」というのは、必ずしも取引上種類として取り扱われる客観的な標準であることを必要としない。当事者が特殊の標準に従って一群の範囲を定めてもよい。従って、種類債権の目的物は、代替物であることを必要とせず、不特定物であればよい（総則〔二四四〕・〔二四五〕参照）。

〔三七〕 (2)取引上同一種類とみられるものを更に特殊の範囲で制限したものを目的物とする債権を制限種類債権（限定種類債権）と呼ぶ。甲倉庫内の庄内米一、〇〇〇キロ、今年秋乙畑から収穫されるジャガ芋一、〇〇〇キロ、甲製材工場所在の朴丸太を製材した朴板一定量（大判昭和二・九・一二評論一六巻民一三二〇頁）などがその例である。種類債権の「種類」が取引上の観念ではなく、当事者が任意に定める一群の特色なのだから、制限種類債権もまた種類債権の一種とみてさしつかえない。但し、実際に認定するに当っては、普通の種類債権より一層慎重でなければならない。

（イ）例えば、某月某日某港出帆の某船舶に船積されたワイヤーロット五〇トンの売買は、普通には制限種類債権であろうが、その船があたかも五〇トンだけ運送し、その全部が売買の目的とされたものである場合には、特定物の売買となりうるであろう（大判大正一一・一一・二四評論一二巻商一頁はこの趣旨）。また、仲介業者と漁業組合の間の甲製鉄所産出の漁網用タールの一定量の売買は、甲製産以外のタールを排斥する趣旨なら制限種類債権となろうが、一応甲製産のものと指示するが、同一品質のものなら他から調達してもよい趣旨のときは、普通の種類債権とみるのが至当であろう(最高判昭和三〇・一〇・一八民一六四二頁はこれをはっきりさせない原判決を破棄する(後の〔三九〕後段参照))。さらにまた、仲介業者が一定量を自分の貯蔵槽に入れた上でその全部が売買の目的とされたときは、特定物の売買ともなりうるであろう。

(ロ) 例えば、特定の厩の中の三頭の馬のうち一頭の売買というように、当事者が債権の目的として終局において決定されるものの個性に重きをおくとき――従って、誰がそれを決定するか(選択権者は誰か)が重要な問題として意味をもつとき――は、種類債権ではなく、後に述べる選択債権といわねばならない。種類債権では、指定された種類の中から、執行官が、任意に一定量をとり上げてくることができ、その前に選択権者の選択によって目的物を決定する必要のないことが特色だからである。この点に関して問題となるのは土地である。判例は、某郡某村旧某領内の田地一町余の売買を不特定物の売買と認定したことがある(大判昭和二・三・一五評論一六巻民七七三頁。大判昭和二・一二・二一新聞二八一八号一五頁も同旨)。当事者の意思が、どの一町余でもよいという趣旨のこともありうるという理論には、反対すべき理由はない。これに反し、自分の所有する一〇町の田地のうちの一町を与えるという贈与契約において、当事者は個性に重きをおく場合だと認定しながら、なお制限種類債権の一種と解し、選択債権の規定を準用すべしということには賛成しえない(大判大正五・五・二〇民九九九頁、大判大正八・五・一〇民八四五頁。いずれも選択権者が選択しないので四〇八条・四〇九条によって選択権の移転を生ずるという)。結果はむろん妥当だが、端的に選択債権とするのが至当であろう(学説は一般にそう解する(於保三二頁註(四)、柚木五四頁など))。

〔三八〕 **二**　給付すべき品質　種類債権においていかなる程度の品質の物を給付すべきかは、(i)当事者の意思によって定まる場合が多い。上等品、中等品と指示するのが常だからである。また、(ii)法律行為の性質によって定まることも少なくない。例えば、消費貸借の借主の返還債務は、借りたものと同一の品質のものである(五八七条参照)。然し、これらの標準によって決定しえないときは、(iii)中等の品質を有する物を給付すべきである(四〇一条一項)。何が中等であるかも、主として取引慣行による。材木の品質が特上・上・中・並・下の五級に区別して取引される慣行があるときには、特上と下を除いた中間の三級が中等品に当るとした判決がある(大判大正五・一〇・七民一八五三頁)。この解釈規定によって中等品を給付すべき普通の場合に、上等品を給付することが債務不履行となるかどうかは、当該取引の目的によって決すべきであるが、債権者が特に中等品でなければならないような特殊の事情のある稀な場合を除いては、債務不履行とならないと解すべきである。但し、これは、債権者の反対給付と切り離して、債務者の給付すべきものだけについていうことである(同一の代価で上等品を給付すること)。種類で指示された売買契約においていかなる品質の売買契約とみるべきか(上等品を給付して上等品の値段を請求しうるかどうか)は、当該取引の諸事情によって決すべきであって、上等品でもよいということはできない。

〔三九〕 三　種類債権の特定(集中)　種類債権は、同種の物が市場に存在する限り、履行不能とはならない。このことは、債務者の責任を不当に重くする。そこで民法は、一定の時期を標準として、それ以後は債権の目的物は選定された特定物となるものとして、その時から以後の履行不能や危険負担について適用される規定に差異を生ずるものとしている。この種類債権の目的が特定のものに定まることを種類債権の特定または集中という。

(1) 特定の方法として民法は二つの標準を定める(四〇一条二項)。然しその他の方法もある。

(イ)「債務者ガ物ノ給付ヲ為スニ必要ナル行為ヲ完了シ」たるとき　取引界の慣行を顧慮して各場合について決すべき観念であるが、履行の場所と関連して重要な三つの場合が区別される。(a)持参債務(Bringschuld―民法の原則(四八四条))すなわち、目的物を債権者の住所において引き渡すべき債務にあっては、目的物を債権者の住所において提供することによって特定する。郵便、鉄道などの運送機関に託して発送しただけでは、特約または慣習がない限り、これによっては特定しないと解すべきである(大判大正八・一二・二五民一四〇〇頁、現時の通説(於保三六頁等))。(b)取立債務(Holschuld―ドイツ民法の原則)すなわち、債務者の住所において引き渡すべき債務にあっては、債務者が目的物を分離し引渡の準備を整えてこれを債権者に通知することによって特定する(債権者の住所不明のときは通知不要、また通知は不到達に終っても妨げないと解されている)。(c)債権者または債務者の住所以外の第三地において引き渡すべき債務を特に送付債務(Schick-schuld)という。然し、特定に関しては、独立の標準があるわけではない。すなわち、債務者が第三地において履行することを義務とするとき(第三地が履行地であるとき)は、持参債務と異なるところがない。これに反し、債務者が債権者の要請により好意で第三地において引き渡す場合には、第三地に向けて発送することによって特定する。けだし、後の場合にはこれによって債務者としてなすべき行為を完了したものだからである。

特定を生ずるための債務者の行為は、債務者をして履行遅滞の責任を免れさせるための弁済の提供(四九二条)とは、必ずしも同一ではない。持参債務において現実の提供をするときは、それによって特定するのが普通であろう。これに反し、口頭の提供でたりる場合(四九三条参照)には、債務者のなすべき「弁済ノ準備」は、後に述べるように、債権者の協力の必要の程度または受領拒絶の態様によって影響され、僅少の準備で足りることもある。さような場合には、口頭の提供としては十分だが、集中は生じないことがむしろ多かろう。

殊に、給付すべき目的物を分離しないときには、口頭の提供とはなりえても、集中は絶対に生じないといってよいであろう。前に挙げた漁網用タールの売買では、受渡の方法は、まず買主が必要の都度、売主に対して引き渡すように申し出で、これに応じて売主が引渡場所を指定し、買主が容器を持ってその場所に行って受領するというのであった。これについて判旨はいう。売主が引渡場所のタール槽所在地を指定し、そこでスチームを通して凍結を防ぎ積込人夫を配置するなど「引渡の準備」をしても、それだけでは集中は生じない、従って、買主が品質が悪いといって受領しないので、売主が人夫を引き上げた後、タール槽所在地の甲製鉄工場のストライキの際に、そのタールが労働組合員によって他に売却されても履行不能とはならない（最高判昭和三〇・一〇・一八民一六四二頁—集中を生じたとして履行不能を前提とする買主の損害賠償請求を肯認した原判決を破棄差戻）。事実関係に不明な点が多いが（種類債務か制限種類債務かについても疑問とされたことにつき〔三七〕イ参照）、興味ある問題を提供する。売主が買主に引渡場所を指定したときに、買主に引き渡すべき数量を分離したのなら、特定の可能性を生ずるが、そうでないとき（多量のタールの中から買主申出の数量を引き渡すつもりであったとき）は、特定の可能性はない。然し、いずれにしても、売主の行為が口頭の提供となるための準備として充分かどうかは別問題であって、買主が直ちに受領におもむかなかった理由と相関的に判断されるべきである（なお〔四二〕参照）。

〔四〇〕 **(ロ)**「債権者ノ同意ヲ得テ其給付スベキ物ヲ指定シタルトキ」　この意味について多少争があるが、債権者から指定権（一種の形成権）を与えられ、その行使として特定の物を分離指定することと解するのが通説である。

〔四一〕 **(ハ)** 民法の規定する二標準の他にも、（a）当事者が契約によって目的物を選定したとき、（b）当事者によって指定権を与えられた第三者が指定したとき、などに特定を生ずることは疑いない。

〔四二〕 (2) 特定の効果について民法は統一的な規定を設けているわけではない。その効果は、要するに、特定した後は、その債権はその特定した物だけを目的とする――すなわち特定物を目的とする債権となる――ことである（四〇一条二項）。主要なものを列挙する。

（イ）債務者は、特定の後は、特定した物についてだけ債務を負う。従って、滅失すれば履行不能となり、その滅失が債務者の責に帰すべからざる事由によるときは、債務を免かれ、責に帰すべき事由によるときは、損害賠償債務を負う（前掲タール売買事件で原審はこの場合に当るといった）。いずれにしても、他の物を給付する義務を負わない。特定する前には、その種類に属する物が市場に存在する限り、履行不能とはならない（前掲タール売買事件の最高裁はこの場合に当ることを暗示する）。特定この意味で、特定は種類債権の債務者の責任を軽減する。なお、制限種類債権では、その制限された範囲内の物が全滅すれば履行不能となるから、債務者の責任は初めから比較的軽い。

（ロ）売買その他の双務契約においては、特定の時から危険は債権者に移る（五三四条二項）。そして、特定と同時に債権者の受領遅滞を生ずるときは、債務者の注意義務は軽減されるから（四一三条参照）、軽微な過失があっても、なお反対給付を請求することができる（前掲タール売買事件で買主に受領遅滞があれば、売主は債務を免かれかつ代金を請求しうることもありうるであろう）。

（ハ）債務者は、特定した物を善良なる管理者の注意をもって保存し（四〇〇条―但し、受領遅滞を生ずれば注意義務は軽減される）、必ずこの物を給付しなければならない。但し、取引観念上相当と認められる場合には、他の物をもって代えることができる――変更権（jus variandi）あり――と解すべきである。例えば、売主が目的物を一度提供し、特定を生じたが買主が受領しない場合に、取引の必要上その目的物を他に売却し直ちに他の物を準備して置くことなどは、これを是認すべきである。買主が最初に特定した物を請求するについて何等正当な利益をもたない場合にこれを主張することは信義則に反するからである（大判昭和一二・七・七民一一二〇頁はこれを認め、現時の通説は支持する）。

(二)目的物の所有権は、特約のない限り、特定によって移転する。物権変動の意思表示の効力に関する問題である(物権〔八三〕参照―最高判昭和三五・六・二四民一五二八頁はこの理論を認めた)。

第四　金銭債権

〔四三〕 一　意義　(1)金銭債権は、一定額の金銭の給付を目的とする債権である。種類債権の一種とみることをえないでもないが、目的物の範囲を限定する抽象的・一般的な標準さえなく、数量をもって表示された一定の貨幣価値を目的とし、これを実現する物(貨幣)自体が全く問題とされない点で、債権の内容は、種類債権より更に一層抽象的である。その結果、普通の種類債権のように目的物の特定という観念はなく、また履行不能もない(その国の経済組織の変革によって私有財産制度が否認された場合は別問題)。

金銭債権は、現代の経済組織を支持する最も重要な支柱である。一方においては、資本を構成し、商品取引の支払手段となるために、担保制度と緊密に結合し(担保〔三一〇〕以下参照)、株式・社債・手形などの形において証券化して(商一九九条・二〇二条・二二九条、手形一条・七五条、小切手一条等参照)、複雑多岐な資本主義的法律関係に入り込む。他方においては、消費信用の中心となり、つとに利息制限法の規制を受け、ついで公益質屋法の援助を受け、更に金銭債務臨時調停法、農村負債整理組合法などによってその合理的調整を受けた(現時の事情の概略は債各〔五〇六〕参照)。金銭債権が資本主義経済組織の支柱であることは、いわゆる支払猶予令(moratorium)が金銭債務の支払を猶予することを目的とし、社会の経済組織の根本に触れる一大影響を生ずることを思えば、容易に知りうることであろう。わが国では、大正一二年の関東大震火災と大正末期の世界的恐慌の際に支払猶予令が出された(大正一二年緊勅四〇四号、昭和二年緊勅九六号〔一八九〕参照)。また、終戦直後のインフレーションのためにわが国の経済が破局の寸前においこまれたときに辛うじてこれを防止した金融緊急措置令(昭和二一年緊勅八三号)をはじめとする一連の立法が、金銭債権と金銭(通貨)の統制を目的とするものであったことも、右の事情を物語るものである(我妻・経済再建と統制立法一三三頁以下参照)。金銭債権の諸態様を探り、各態様に共通の性質と特殊の取扱とを究明することは、おそらくは、現在の経済組織の全容を明らかにすることになるであろう。然し、民法の取り扱う範囲は僅少な部分に限る。殊にここに金銭債権の特質として規定することは、最も基本的なことではあるが、金銭債権の有する具体的な作用には触れることの少ないものである。

〔四四〕 (2)債権の目的が金銭であるものをすべて金銭債権と呼ぶときは、その中につぎの諸種類を区別することになる。(i)特定金銭債権　陳列や装飾などの目的で、特定の金貨の貸借・売買などを目的とする契約や封金として運送・寄託などの目的とする取引から生ずる場合。これは特定物の引渡を目的とする債権(特定債権)であって、金銭債権としての特色は全くない。(ii)金種債権　特定の種類に属する金銭の一定量の給付を目的とするもの。このうちで、例えば収集の目的で、明治二十八年発行の一〇円の日本銀行兌換券一〇枚の売買契約がなされた場合に生ずる買主の債権などは、他の種類の金銭で給付することが許されないから、純粋の種類債権である。絶対的金種債権と呼ぶ。これに反し、一万円の金額を給付することを目的とするが、一〇〇円紙幣で、という場合には、当事者の意思は、一応一〇〇円紙幣を給付するが、もし法律の改正などで履行が不能となったときは別種の貨幣で、というのが普通であろう。これを相対的金種債権と呼ぶ。金銭債権の一種であって、後述のように、民法もこれについて規定する。(iii)以上に対し、最初に述べた本来の意味での金銭債権を金額債権と呼ぶ。――――金銭債権の特殊性を中心としてみるときは、金額債権が本来の金銭債権であり、相対的金種債権はその修正されたものであって、他の二つは金銭債権ではない、ということになる。

〔四五〕 二　金銭債権についての民法の規定は、いかなる貨幣で弁済すべきかに関する。

(1) 特約がない場合には、各種の通貨をもって支払うことができる（四〇二条一項本文）。

(イ) 通貨とは、強制通用力ある貨幣の意味であり、強制通用力の有無とは、この効力を有する範囲の貨幣をもってする弁済は本旨に従う弁済になるという意味である。現在では、貨幣法（明治三〇年法一六号）は、臨時通貨法（昭和一三年法八六号）によって修正され、臨時補助貨幣の一〇〇円は二、〇〇〇円まで、五〇円は一、〇〇〇円まで、一〇円は二〇〇円まで、五円は一〇〇円まで、一円は二〇円までを限り、強制通用力を有する（同法三条）。五百円、千円、五千円、一万円の貨幣（銀行券）には制限がない。金貨の国内流用は停止されている。なお、強制通用力の範囲内で、その貨幣の名価額で支払ってよい――物価の一般的騰貴によって貨幣価値が下落していても、それを顧慮する必要はない――ことは、いうまでもない（なお〔四八〕参照）。

(ロ) 僅少の額の支払に大きな金額の紙幣を出して釣銭を強要することができるかどうかは、強制力とは別の問題である。取引の慣行と信義則に従って決すべきである（鳩山「釣銭について」民法研究三巻所収）。また、金銭類似の支払手段（郵便為替、手形、小切手など）で弁済することができるかどうかは、主として、提供の適否として問題となる。後述する（〔三二六〕）。

〔四六〕 (2) 特約で、特殊の通貨で――例えば、金貨で、一万円札で――支払うべきものと定めたときは、その特約に従う（四〇二条一項但書）。但し、この場合にも、その特殊の通貨が弁済期において強制通用力を失うときは、債務者は他の通貨をもって弁済しなければならない（四〇二条二項）。強制通用力のなくなったものを集めて弁済する必要がないだけでなく、そうしても本旨に従った弁済にはならない。金銭債権は、一定額の貨幣価値を目的とするものであり、当事者が貨幣の種類を特定しても、それはあくまでも第二次的の意味を有するに止まることを示すものである。いいかえれば、特定の通貨で支払うべきものという特約は、前記の相対的金種債権の成立を意味し、絶対的金種債権を成立させるものでないと推定したことになる。

〔四七〕 (3)外国の通貨をもって債権額を指定した場合――例えば五万ドル、一万ポンド――にも、右(1)(2)の標準に従う。すなわち、特約のない限り、その外国貨幣の各種の通貨をもって弁済することができる（四〇二条三項）。のみならず、外国の通貨を給付せずに日本の通貨で弁済してもよい。その場合の換算率は、履行地における為替相場によるべきことは明文上明らかであるが（四〇三条）、履行期の相場か、履行をなす時の相場かは明らかでない。学説上多少争があるが、後の標準を採る説に従う（近時の多数説）。けだし、履行をする時に日本の通貨によるか外国の通貨によるかを決しうるのだからである。

〔四八〕 国際間の長期の貸借、とりわけ公債の発行などの際には、債務者の属する国の貨幣価値の暴落または平価切下によって、債権者は著しい損失を蒙ることがある。例えば、戦前に円価の公債をイギリスまたはアメリカで発行したと仮定すると、その公債を所有する英米人にとっては、戦後の下落した円で償還されることは甚だしい損失であろう。そこで、かような変動に対する防禦策として、しばしば、金約款（Goldklausel, clause d'or）なるものが定められる。その内容はいろいろあって、名称も必ずしも一定していないようであるが、二種に大別することができる。一は、債務者は金貨または金をもって支払う――一万円の債務を弁済期における一万円の金貨または金をもって支払う――べきことを約するもの（金貨約款・金貨債権約款）。二は、契約当時における純分量目を有する金貨またはこれと同一価値の他の通貨をもって支払う――一万円の債務を一グラム四〇〇円の割で計算した金二五グラムを含む金貨またはこれと同一価値の他の通貨をもって支払う――べきことを約するもの（金貨価値約款・金価値約款）。前者は、紙幣価値の暴落の対策とはなるが、平価切下の対策となりえないので、近時国際間の貸借においては専ら後者が利用される（一千磅の金貨に相当する金貨円というのもこの約款に属する）。これらの約款は、紙幣の強制通用力を制限し、または法律の定める各種の通貨間の割合を変更することになるという理由で、これを無効と論ずる者もある。然し、特定の種類の通貨をもって弁済すべしという約款は、民法もその効力を認めること前述の通りである（四〇二条一項但書）。金貨に限ることを無効とすべき理由はあるまい。また、平価切下は、過去に成立した特別の約款のある金銭債権の価値内容をも変更する効力を有するものとみるべきではあるまい。従って、金約款は、国際間の取引についてはもとよりのこと、国内の取引についても、一般に有効と解釈されている。但し、国際間の貸借において、果して、またいかなる約款が定められたかを決定することは、極めて難かしい問題である（実方・金約款論は権威ある研究）。

〔四九〕 **三** 金銭債権の不履行（履行遅滞）については、その要件にも、効果にも、特則があることを注意すべきである（四一九条。後に詳述する〔一八六〕以下）。なお、貨幣は価値の尺度であるから、それ自身の価値は容易に変動しないものであり、また多少の変動があっても、これを顧慮しないことが経済組織の安定を維持するゆえんである。前に強制通用力の範囲内で貨幣の名価額で弁済しうるといったのは、そのためである（〔四五〕イ）。然し、その変動の急激かつ甚大なときは、その名価額――殊に紙幣の表示する名目上の数額――は、社会の全商品の価値と均衡を失するようになる。従って、そのような事情の下においても金銭債権の形式的数量を維持することは、甚だしく公平を失する。第一次大戦後ドイツのインフレーションの時代において、立法的解決をはかる前に、判例学説が債権法を支配する信義則に訴えてその修正を試みたことは注目に値する(数年間の賃借料が紙幣マークで支払うときは一片の石炭の値さえしない。これを紙幣で支払うことはド民一五七条にも二四二条にも適しないというのが理論の出発点(債各〔二六五〕参照))。要するに、金銭債権は、社会のすべての商品との均衡の上に立つものであるから、その価値の変動に際しては、信義則から派生するいわゆる「事情変更の原則」(clausula rebus sic stantibus)の作用することが多いことを注意すべきである。借地法(一二条)、借家法(七条)が地代・家賃の増減請求を認めたのは、かような根本思想の現われである。但し、かような特別な規定をまたずに、戦後の貨幣価値の下落を理由として、戦前に成立した金銭債権(例えば公社債券)について一律にこの原則を適用すべきかどうかはすこぶる疑問である。各種の契約について慎重に決すべきであろう(最高判昭和三六・六・二〇民一六〇二頁は、昭和九年一〇月発行の割増金付割引勧業債券について券面額で償還してよいという)。

第五　利息債権

〔五〇〕　一　利息の意義　利息債権は利息の支払を目的とする債権である。消費貸借及び消費寄託に伴うことが最も多いが、売買代金の支払を猶予して利息をつけることなどもある。

(1)利息の実質的な意義ないし経済組織における作用は、経済学上の根本問題の一つである。法律政策上の問題としては、利息の許否が争われてきた。そして、利息を法律上禁止すべしという、主として宗教的な思想は、近世の契約自由の原則によって破れ、現代法の下においては、利息自由の原則が行われ、ただ、特定の種類の利息について一定率以上の高利を一律に制限するとともに、相手方の無思慮窮迫に乗ずる暴利行為を個別的に禁圧するという態度が採られている。然し、消費信用ないしは少額の生産信用における高利は、――公の統制ある資金の供給が充分でないこと、また融資者の方では担保なしに貸す危険を利息でカヴァーする必要があるなどの理由により――ある程度まで不可避の現象である。わが国の現在の制度では、利息制限法（昭和二九年法一〇〇号（明治一〇年法の全面改正））によって、一定率以上の利息の約束を無効とするが、債務者が任意に支払ったときはその返還を請求しえないものとして、いわばこれを法の保護の外に放任し、ただ更に一定率を超える高利（日歩三〇銭、すなわち年利約一〇割余）に対しては、出資の受入、預り金及び金利等の取締等に関する法律（昭和二九年法一九五号）で、刑罰をもって禁圧する態度をとっている（同法五条参照）。然し、高利禁止の真に実効ある政策は、合理的な資金の充分な供与以外にはありえないであろう。

なお、生産信用における利息は、一国の産業・金融の状態から必然に生ずるものであって、その調整は、国家の総合的な金融政策によらねばならない。わが国では、現在、臨時金利調整法（昭和二二年法一八一号）が直接にその任務を担当する。すなわち、大蔵大臣は、経済一般の状況に関し必要があると認めるときは、日本銀行政策委員会（日銀に設けられている（日銀法一三条ノ二以下参照））に対して、金融機関の金利の最高限度を決定・変更・廃止させることができるものとし（金融機関別・地域別に定めうる）、政策委員会は、それをするには、金利調整審議会（臨時金利調整法で設けられる大蔵大臣の諮問機関（同法六条以下参照））に諮問しなければならないものとする（同法二条一五条）。そして、金融機関（銀行・信託会社・保険会社・無尽会社・各種の金庫・協同組合など）は、かようにして定められ大蔵大臣によって公告される最高限度を守らなければならないことはいうまでもないが、違反に対して罰則がない。金融機関相互間の緊密な連絡と自治的制裁にまかせる趣旨であろうが、そこにも、金利統制に必要な柔軟性がうかがわれる。

〔五一〕 (2)民法上の利息の意味は、経済学上の理論に拘われずに、法律的特色によって定めるべきであるが、民法・商法の用例も必ずしも一貫していない。一般には、元本債権の所得として、その額と存続期間とに比例して支払われる金銭その他の代替物である、とされている。

(イ)元本債権の存在を前提とする。そして、元本債権は、特定物の返還を目的とするもの(固定資本)ではなく、同一種類の物を返還させるもの(流動資本)でなければならない。土地・家屋などの使用の対価たる地代・小作料・賃料などとの差である。もっとも、特定物の引渡を目的とするものでも、それを評価して、評価額に対する一定率の金銭を期間に応じて支払う場合(例えば不動産の売主が目的物の引渡を延期し、その期間だけ評価額の四パーセントを支払う契約)などは、利息と考えてもよいであろう。

(ロ)元本の収入である。元本の消却を含まない。年賦償還金は、この意味で利息ではない(利息が含まれているのが普通ではある)。

(ハ)金銭その他の代替物である。そうでなければ、利率が定められない。但し、元本と同一の物である必要はない。金銭の貸借で一定率の米を支払うのも利息である(大判明治三五・四・一二民四巻三四頁(利息制限法を適用する))。

(ニ)利率に従って計算されることを要する。

(ホ)元本からの所得である。所得というためには、債務者が元本を利用することを目的とする場合であるのが本則だが、債権者が元本を使用しえないことの対価も——厳密にいえば、これは損害賠償であるが——なおこれを利息とみるのが通例である。なお、民法は、このいずれにも当らないものも、これを利息と呼ぶことがある(四四二条二項・四五九条など)。便宜上利息の観念を広げたものとみるのが至当であろう(鳩山四二頁参照)。

以上、利息の法律的観念は、必ずしも明瞭ではない。然し、民法や商法が利息と呼ぶもののすべてに通じる要件を拾い上げることは、必ずしも実益あることではない。取引上の観念によって一応の意味を定めれば充分である。必要なことは、利息制限法や、いわゆる遅延利息に関する規定などを適用するに当って、そこに定められる利息の観念を明らかにすることである。

〔五二〕 **二　利息債権の意義**　利息を生ずるためには、元本に対して一定期に一定率の利息を生ずることを目的とする基本的な債権があり、この債権の効果として、一定期において一定額を支払うべき支分権が生ずるものと考えることが便宜である。この意味において、普通に、利息債権を基本権たる利息債権と支分権たる利息債権とに分ける。

(1) 基本権たる利息債権は、元本債権に対して附従性を有する。すなわち、——

(a) 元本債権なしでは成立しえない。

(b) 元本債権が消滅すれば利息債権も消滅する。従って、元本債権が消滅時効で遡及的に消滅すると、利息債権も遡及的に消滅し、時効期間中に発生した支分権としての各期の利息債権は発生しなかったことになる(総則〔四四〇〕2イ参照)。

(c) 元本債権の処分は利息債権の処分を伴うのを原則とする。例えば、元本債権が差押転付されるときは、利息債権も随伴し、その後の支分権たる利息債権は、転付債権者の許で発生する(大判大正一〇・一一・一五民一九五九頁等(総則〔一五五〕参照))。

〔五三〕 (2) 支分権としての利息債権は、弁済期に達した各期の利息を目的とするものであるから、元本債権に対する附従性が弱い。すなわち、——

（a）元本債権及び基本権たる利息債権なしで発生しないことはいうまでもない。但し、無記名債務証券に利札をつけたときは、弁済期前に元本が償還されても、その後の利札は効力を失わないものとして、特別の措置がとられる（商三一五条、ド民八〇三条参照）。

（b）一度発生した後においては、独立の存在を有し、元本債権と分離して譲渡されうるし、別個に弁済され、また別個に——元本債権が消滅しなくとも——時効によって消滅する（大判大正六・二・一四民一五八頁）。元本債権が弁済・相殺などによって消滅しても（弁済・相殺はまず利息に充当されるのだが（四九一条・五一二条参照）、利息債権を消滅させなければ元本債権を消滅させえない趣旨ではない）、すでに発生した利息債権は存続する。但し、元本債権が時効で消滅するときは、すでに発生した利息債権も当然に消滅するのだから（〔五二〕b）、債務者が元本債権について消滅時効を援用したときは、利息債権は、それについて特別の援用をまたずに消滅するといわねばならない。もっとも、債務者が元本債権の時効消滅を主張してこれを援用したが、元本債権が——承認その他の事由によって消滅時効が中断したために——消滅していないと認められる場合に、右の援用が延滞利息についての援用を含むと認めるべきかどうかは、別問題である。第一には、右の中断事由がそれまでの延滞利息債権についても中断事由となるかどうかが問題となるが、多くの場合、中断事由となるとみるべきであろう。然し、第二に、延滞利息債権だけは中断されずに消滅時効にかかった場合には、債務者の援用は利息債権についての援用を含むと解すべきである。けだし、債務者は、消滅時効によって元利とも何等の債務なし、と主張しているとみるべきだからである（大判大正六・八・二二民一二九三頁は、約定利息について常に独立の援用をなすべしというが、賛成しえない）。

（c）元本債権の譲渡は、特別の意思表示のない限り、この利息債権の譲渡を伴わない。利息を生ずる債権であることはその債権の交換価値に影響するが、すでに弁済期に達した延滞利息債権があることは、顧慮されないのが通例だからである（通説、判例（大判大正九・二・一四民一二八頁）。ド民四〇一条の解釈としても通説（Oertmann, §40, 1, 2; Enneccerus, §79, Ⅲ 2）。ス債一七〇条は延滞利息の随伴を推定するが、約定利息については適用なしと解されている（Oser, Art. 170, Nr. 10）。―但しいわゆる遅延利息については反対に解されている（〔一三八〕ⅳ））。

(d)然し、債権者が満足をうる立場からみれば、この利息債権も元本の拡張たる性質をもつものというべきである。従って、元本債権の担保は、当然にこの利息債権をも担保し（三二二条・三二三条（先取特権）・三四六条（質権）・三七四条（抵当権）・四四七条（保証））、利息を除外した元本だけの提供は、本旨に適した提供とはならない（四九一条参照）。

〔五四〕 **三**　利息債権の発生と利率　利息債権は、法律行為または法律の規定によって発生する。前者を約定利息、後者を法定利息という。(a)約定利息の利率は法律行為によって定まる（約定利率）ことが多いであろう。但し、これには利息制限法の制限がある（後述する〔六〇〕以下）。当事者が利息を生ずることだけについて合意して、利率を定めなかったとき（「制規ノ通リ」の利息という契約は、利息制限法の許す最高限の意味と判示する古い判例がある（大判明治三〇・三・二民三巻一八頁）。法律行為解釈の問題である）は、法定利率による。これは、民法上は年五分（四〇四条）、商法上（「商行為ニ因リテ生ジタル債務」）は年六分（商五一四条）である。(b)法定利息の利率は、常に法定利率による。但し、法律に別段の定めのある場合もある（供託金につけられる利息は年二分四厘である（供託法三条、同規則三三条））。

〔五五〕 **四**　重　利

(1)期限の到来した利息を元本に組み入れてこれを元本の一部として利息をつけることである。複利ともいう。期限の到来した利息に当然利息をつける場合と、債務者がその利息の支払を怠ったときに利息をつける場合との両者を含む。後者は実質上は遅延利息であるが、後に述べるように（〔五八〕）、利息は支払を遅延しても当然には遅延利息を生じないものであるから、この場合にもこれを前者と同視するのである。立法例によっては、重利を特殊の金融機関に限って許すものもある（ドイツ民法二四八条）。債権額が急激に増大して債務者に酷な結果となるおそれがあるからである。然し、わが国では一般にこれを禁じない。但し、利息制限法との関係で問題となる（後述〔五七〕・〔五九〕）。

〔五六〕(2)特別法によって、特約がなくとも、重利計算をなすべきものとされる場合がある。これにも二つの種類がある。一は、貯蓄銀行の預金債務のように（貯蓄銀行法一条参照）、債務者（銀行）が利息の支払を遅延することを条件とせず、一定期限の後に利息を当然元本に組み入れるものである。二は、債務者が利息の支払を怠ることを条件とし、その時から当然遅延利息を支払うものである。旧日本勧業銀行の貸付金債権がその例であった（旧日本勧業銀行法二二条（勧銀は戦後普通銀行となった））。年賦償還の各期の償還金の弁済を怠るときにこれに遅延利息をつけるべきものとされる場合には――各期の償還金は利息を含むから――重利となる。――この二つの場合は法定重利と呼ぶのに適するものと思われるが、普通には、民法の規定する組入権の行使の場合を法定重利という（〔五八〕に詳述）。

〔五七〕(3)重利の特約（約定重利）は、一般には有効と解すべきである。長期の貸付において、利息と元本の一部とを合算して各期に均一の額を支払うべきものとする年賦償還の契約において、各期の償還金の支払を遅延するときはこれに遅延利息を支払うべき特約などは、これを無効とすべき理由はない（前記の旧勧銀法の規定はこれに当る）。ただ、利息制限法との関係で問題とすべきである。

(イ)利息の弁済期が到来しても債権者に受領の義務はなく、当然その利息を元本に組み入れ、弁済期において元利を支払うというような特約では、――各期の計算上の額は利息と呼ばれただけで――最初の元本に対して弁済期に支払われるべき余分額が真の意味の利息であるから、この数額について利息制限法を適用すべきことはいうまでもない。例えば、九万円を年二割で一年間貸し、利息は毎月千五百円ずつ支払う旨の契約は利息制限法に違反しないが、利息は毎月末に支払うのではなく、当然元本に組み入れて一年の末に元利合計（一〇九、七一〇円）を支払う契約は、年二割を越える数額だけ利息制限法を超過することになる（利息額は一九、七一〇円となり二割一分九厘にあたる）。

(ロ)問題となるのは、利息が弁済期に支払われなかった場合には当然に元本に組み入れられるという特約――前例で、毎月末に利息千五百円を支払うべきものとし、怠られた場合には当然に元本に組み入れられるという特約――と利息制限法との関係である。判例は、複利の契約も原則として、有効であるが、ただ「複利契約自体が利息制限法ノ規定ヲ潜脱セントスル目的ニ出デタルモノト認ムベキ場合、例ヘバ利息組入ノ時期ヲ短期トナシ年数回ノ組入ヲ為スコトヲ約スルトキノ如キハ之ヲ無効ト解スベキハ論ヲ俟タズ」という（大判昭和一一・一〇・一民一八八一頁（事案は一年毎に組み入れる契約）。―大判大正六・八・八民一二八九頁その他従前からの判例である）。学説の多数はこれを支持する（鳩山四八頁、於保四八頁。昭和一一年の判決の山中評釈（判民一二七事件）に学説が詳説されている）が、反対説も少なくない（石田判批（民商五巻五号一〇六九頁）、柚木七三頁）。根本においては、判例の立場を是認すべきものと思う。ただ、右の判決にいう「例ヘバ利息組入ノ時期ヲ短期トナシ年数回ノ組入ヲ為スコトヲ約スル」という標準は不明確である。一方、第四〇五条は、後に述べるように、利息が一年分以上延滞した場合には、債権者は、特約がなくとも、催告をした上で組み入れることができるものとしていることを考え、他方、利息制限法が年利率をもって最高額を制限することを考えれば、一年以内に組み入れる特約は、利息制限法によって制限される、と解するのが正当であろう（前掲山中評釈は四〇五条の一年の要件を強行規定と解する。本書とほぼ同旨に帰する）。然るときは、前段所掲の例では――九万円につき年二割という最高の利率だから――債権者は、特約に拘わらず、単利計算による総計額を請求することができるだけである（但し、二年の後に請求する場合には、一年分の利息を催告なしに組み入れて計算してよい。その限りで特約の効力を認むべきだからである）。もし約定利率が年一割八分であるときには、右と同一額までは、重利の特約も効力をもつことになる。

〔五八〕　(4)重利の特約のない場合にも、民法は、債権者に、延滞した利息を元本に組み入れる権利（組入権）を認めた（四〇五条）。これを一般に法定重利という。

(イ)組入権行使の要件は、利息が一年分以上延滞し、債権者から催告をしても債務者がその利息を支払わないことである。

(ロ)右の要件を充すときは、債権者は延滞利息を元本に組み入れることができる。組み入れるとは、債務者に対してその旨の意思表示をすることである。これによって延滞した利息は元本の一部となり、その後はこれについても利息を生ずることとなる。この規定と第三七四条の関係は問題だが、法律の与えた権利だから、これを行使したときは、その旨の登記がなくとも、最後の二年分の利息は組み入れ計算によることができるであろう。ちなみに、特約による組入も、その特約の登記があれば、同様に解してよい（それ以前に組み入れられたものは元本となるが、対抗力を欠くことになろう（重利の特約も登記しうる旨を判示する大決大正二・六・二一民四六六頁はこのことを暗示する））。

(ハ)第四〇五条は、延滞されている利息、すなわちすでに履行遅滞となっている金銭債務について遅延利息（遅延賠償）を生じさせる要件を定めるものであるから、利息は支払を遅滞しても当然には遅延利息を生じないものと解さねばならない。そうでなければ、――延滞した利息は、遅滞の時から遅延賠償を支払うべきことになり（四一九条参照）――第四〇五条は全く無意味な規定となる（判例・通説）。従って、延滞した利息の支払を請求する訴において訴状送達の時から遅延賠償を支払うべき旨の請求も許されない（大判大正六・三・五民四一一頁）。

〔五九〕 ⑸弁済期の到来した利息を当事者の契約で元本に組み入れることは、無条件に有効であろうか。判例は、後述のように、その利息が利息制限法の制限を越える利率によって生じたものであるときは、その越える部分については無効——旧利息制限法の表現によれば「裁判上無効」——とするが、そうでない限りは、組入の結果支払うべき利息の総額が最初の元本に対し制限を越える額となる場合にも、有効とする（大判明治三五・五・一七民五巻七七頁、大判明治三九・五・一九民八七七頁（後の〔六四〕参照））。学説も同様に解しているようである（柚木七一頁も同旨?）。然し、前記の特約（予めなされる重利の契約）に関する判例理論に一歩を進め、一年以内に組み入れる契約は、たとい弁済期の到来した利息についてなされる場合でも、——前掲の例（〔五七〕ロ）で毎月末になって支払われない利息を元本に組み入れることにつき、債権者が債務者の承諾をえても——利息制限法によって制限される、と解すべきものと思う。けだし、かような契約をしただけでは制限外の利息を任意に支払ったことにはならないのみならず、そうでなければ、債権者は債務者を強要して組入を承諾させることは極めて容易であり、重利の特約を制限する目的は達せられないからである。

五　利息制限法

〔六〇〕 ⑴明治一〇年太政官布告第六六号として公布された利息制限法は、民法施行後にも効力をもつものとされ、約定利息を制限する作用を営んできたが、その制限利率は今日の経済状態に適さなくなった（大正八年の改正で百円未満は年一割五分、千円未満は年一割二分、千円以上は年一割を最高限とする）。そこで、昭和二九年に全面的に改正して、新法（法一〇〇号）を制定した。新法は、制限率を高め、旧法が制限を越える部分を「裁判上無効」と規定した文字を改め、天引について新たに規定を設け、かつ遅延賠償額の予定の制限内容を明確にするなど、現時の情勢に適応するものとなった。然し、その制限の効力については、なお疑問の余地がある（前田耕造「利息の制限」（契約法大系Ⅲ所収）は現行法の内容について学説判例を詳述する）。

〔六一〕　(2) 新法の制限の内容（新法中の賠償額予定の制限（四条）については後に述べる（〔一九三〕））。

(イ) 新法の制限する最高利率は、元本十万円未満は年二割、元本十万円以上百万円未満は年一割八分、元本百万円以上は年一割五分である（同法一条一項）。

(ロ) その適用されるのは、「金銭を目的とする消費貸借上の利息の契約」である（同上）。旧法は「金銀貸借上ノ……契約上ノ利息」と定めたが、同一趣旨と解すべきであろう。従って、売買代金に利息をつける場合などは含まれない（大判大正一〇・一二・二八民二〇五一頁）。然し、金銭の貸借に米を利息として支払う場合には適用される（大判明治三五・四・一二民四巻三四頁）。米の貸借には、いかに高率の利米を支払う場合にも適用されないとするのは（大判大正七・一・二八民六七頁、大判大正一〇・五・一八民九三九頁）疑問である。売買代金の場合には、売買契約の対価を決定する際に利息が考慮されるのだから、制限法に触れないのは当然だが、米や籾の貸借では、元本使用の対価なのだから、類推適用するのが正当であろう（同旨柚木七七頁、於保五〇頁。なお総則〔三〇六〕3参照）。なお、出資の受入、預り金及び金利等の取締等に関する法律の制限利率は利息制限法の制限よりは高いが、それは同法の処罰要件を定めただけで、利息制限法の適用を排斥するものでないことはいうまでもない（最高判昭和三四・五・八民五七一頁、なお〔五〇〕参照）。

(ハ) 旧法は、金銭貸借に関して債権者の取得する「礼金棒利」などの名目によるものも、制限を越えるものは無効として、脱法行為を禁じた。新法も「債権者の受ける元本以外の金銭は、礼金、割引金、手数料、調査料その他何らの名義をもってするを問わず、利息とみなす」ものとし、ただ「契約の締結及び債務の弁済の費用」だけは、利息の他にこれを取得することができるものとしている（同法三条）。従って、利息の他に報酬・手数料などを天引するときは、つぎに述べる利息天引の効果を生ずる（大判大正一一・九・一九新聞二〇五一号一九頁（一万五千円の貸借に年一割の利息の他四千七百円余の報酬を加算した公正証書を作成した例））。

〔六二〕　（二）利息制限法の利率が改正された場合には、改正前に締結された消費貸借についても、特別の規定がない限り、新法を適用すべきものと考える。判例は、大正八年の改正法につき、法律不遡及の原則を理由として否定する（大正七年中の契約により二千円につき一割二分の利息を生じているときに大正八年の改正があっても一割に制限されない（大判大正一〇・五・二三民九五七頁））。然し、利息制限法は、単に制限超過の利息契約をなすことを制限するに止まらず、制限超過の利息の生ずる法律状態そのものを禁圧する趣旨と解し、遡及効を認めなくとも、なお改正後における利息の発生を制限すると解するのが正当だと思う（判民大正一〇年度七七事件我妻評釈参照）。もっとも、新法は、新法施行前になされた契約については、新法を適用しない旨を明言するから（附則4項）、解釈上の疑問は残らないが、理論上は問題となる点である（総則〔一七〕参照）。

〔六三〕　(3) 利息制限法違反の効果

（イ）旧法は、利息制限法の最高率を越える約定利息は、その越えた部分は「裁判上無効」と定めた。判例は、この意味を、債権者から裁判によって請求することは認められないという趣旨であって、債務者が任意に支払ったときは、その返還を請求することはできないと解した（大判明治四二・七・三民六四九頁等多数―なお、返還請求のできない理由を七〇八条に求めたものもある（大判明治三五・一〇・二五民九巻一三四頁など））。最高裁もこの理論を踏襲したようである（最高判昭和二八・一二・一八民一四七〇頁、最高判昭和三〇・二・二二民二〇九頁など））。学説は、ほとんどすべてこれに反対し、返還請求を認むべきものと解した。債務者保護の目的を達しえないことを理由としたのである。しかるに、新法は、一方で、超過部分は「無効」と定め（同法一条一項）、他方で、債務者は、その超過部分を「任意に支払ったときは」返還を請求することができない、と定める(同法一条二項)。その根本的な態度において、旧法についての判例理論を立法化したものといってよかろう。すでにくり返して述べたように、高利の取締は一片の法令で目的を達しうるものではなく、かつ、あまりに強度の制限は、金融の途を閉ざすおそれもあるから、一定限度を越える暴利は刑罰をもって臨み、それ以下は、利息制限法に触れても、単に裁判による助力を拒否するだけで、当事者が任意になすところに放任する、という態度にも、相当の合理性を認めねばなるまい。但し、新法の右の規定は、あまりに簡単であって、裁判による助力を拒否する範囲をいかに解すべきか、疑問の余地を残す。私は、債務者が制限を受けるのは、文字通り返還を請求することだけであって、それ以外においては、すべて「無効」の原則を貫くべきものと思う。すなわち、債権者が、当該金銭貸借について裁判所の助力をえんとする場合には、常に、利息制限法の枠内で計算しなければならない。いいかえれば、延滞利息を当然組み入れる特約がある場合にも、さらには、延滞後に組み入れる契約に同意した場合にも、債務者は、前記のように、債権者の請求に対して、制限内の計算をなすべきことを抗弁しうる(〔五七〕ロ・〔五九〕参照)。また、後述のように、超過利息と指定して支払った場合にも、その指定に拘束されず、改めて制限内の計算をなすべき旨を主張することができる(〔六五〕に詳説する)。主要な場合を列挙する。

〔六四〕(a)弁済期の到来した制限超過の利息について、これを元本に組み入れる契約をしても(大判明治三九・五・一九民八七七頁)、これについて準消費貸借契約(大判大正六・四・一六民六四四頁)または更改契約(大判大正八・三・七民四〇五頁(債務者の交替による更改の例))をしても、超過部分については、効力を生じない。また、債権者から相殺をすることもできず、両当事者で相殺の予約をすることも無効である(大判大正二・三・二七民一七三頁)。なお、利息制限法を超過する利息を生ずる契約が公正証書によるときは、証書は制限内においてなお執行力を有する(最高判昭和三二・一二・一〇民二一一七頁)。――これらの旧法についての判例理論は、新法の解釈としても維持されることは当然であろう。但し、そこで無効というのは、そのような契約ないし意思表示があっても、それだけでは債権者の裁判上の請求を可能にしない、という意味である。それについて任意の弁済が行われれば、債務者が返還を請求しえないとされることはいうまでもない(前掲最高判昭和二八・一二・一八民一四七〇頁)。なお、私は、組入ないしは準消費貸借の契約は、単に制限超過の利息について効力を生じないだけでなく、――一年内の短期に行われたときは――これらの契約の結果として生ずる利息の総額について利息制限法を適用すべしと主張すること前記の通りである(〔五七〕・〔五九〕)。

〔六五〕 (b)最も問題となるのは、債務者が制限を越える利息に相当する金額を支払った後に、債権者が元金の請求をする場合である。判例は、これを充当の問題とする。すなわち、(i)債務者が利息である旨を指示して、もしくは異議を止めずに、支払ったときは、超過部分を元本に充当すべき旨の主張はできない(大判明治四二・七・三民六四九頁、大判昭一二・二・一三民一〇〇頁(判民一〇事件山中評釈は判旨反対を詳説する))。(ii)のみならず、例えば債権者が債務者の委託によって家賃を取り立て、これを制限超過利息に充当する予約をなし、それに基づいて充当をし、債務者がこれを承認したときは、同様の効果を生ずる(大判大正三・三・二七民二三八頁)。(iii)ただ、右のように債務者の積極的な意思によって利息に充当するのではなく、法定充当の規定による場合にだけは、超過利息に充当することはできないという(大判明治三五・一〇・二五民九巻一三四頁、大判昭和七・三・二五新聞三三九六号一〇頁)。そして、最高裁は、過般、大法廷判決によって、新法の下でも同様に解すべき旨を判示した(最高判大法廷昭和三七・六・一三民一三四〇頁)。然し賛成することができない(少数意見もある。我妻「債務者は、任意に支払った制限超過利息の元本充当を主張しえないか」ジュリスト二五四号参照）。充当の問題としてみるならば、制限超過部分については債権は成立せず、従って充当も無効というべきであろう（少数意見にこの主張がみえる）。のみならず、前記のように、利息制限法は高利の貸借を一切裁判による助力の外に放任するものと解するときは、債権者の制限外の利息の保有を前提とする元本の請求もこれを認めないことが当然であろう。かような解釈が、利息制限法に対し必要にして十分な効果を認めるものと信ずる。この判決に対する学者の批判には反対が多い（大阪谷「利息制限法における超過利息の任意支払と元本充当」（石田古稀記念論文集所収）は判例と同旨。その他の反対批判としては、末川民商四八巻三号、柚木判例時報三〇六号、谷口法律時報三四巻九号、民商四七巻二号の座談会記事など）。（この後の判例の変更につき巻末補注〔一〕参照）。

〔六六〕　（c）当事者が代物弁済によって元利を決済したときは、たといその利息が制限を超過するものであっても、債務者から返還を請求することはできないといわねばならない（大判大正一〇・一一・二四民二一六四頁はこの趣旨を含む）。利息の弁済と同視すべきだからである。代物弁済の予約のある場合にも、予約が完結されて清算の効果を生じた後は、同様である。これに反し、完結される以前に、債務者がすでに弁済した利息と元金の総額を制限内の利息に引き直して計算して元利が完済されたと主張するときは、利息の支払が高利の支払と明示してなされた場合でも、これを認むべきである。従ってそれを理由として代物弁済の予約についてなされた仮登記の抹消を請求することができる（最高判昭和三〇・二・二二民二〇九頁はこれを否定する）。さらに、流質の効果を伴わない譲渡担保において、債権者が目的物を処分したときは、制限内の利息によって清算し、余分は返還しなければならない（大判大正一〇・三・五民四七五頁（債務者が賃料名義で支払った部分の返還は請求しえないが、そうでない部分は返還を請求しうるという。債権者は任意に高利に充当しえないという〔六五〕に述べた理論の適用とする））。従って、債務者はその返還を訴求しうる。

〔六七〕　（ロ）天引　天引とは、消費貸借の締結に際し、利息を予め計算して元本からこれを控除するものである。任意に支払われたものと同視すべきではないからである。

例えば、一〇万円を年一割八分で貸すときに、利息一万八千円を控除して八万二千円交付し、期限に元本一〇万円を返還するなどである（手形貸付が割引の形式をとるときには天引となる）。新利息制限法は、これについて、後述のように、明文をもって解決したが、旧法時代の判例理論には、今日でも参考となるものがある。

（a）旧法時代に、判例は二つの点から問題にした。一は消費貸借の要物性に関し、二は利息制限法に関してである。第一の問題については、一般に天引もまた要物性を充し消費貸借は現実に交付しない部分についても成立しうると解していた（大判大正二・一・二二民四頁）。然し、第二の問題と関連させるに当り、制限外の利息を控除することはその部分については債務者に現金交付と同一の経済上の利益を与えるものではない、という理論をとり、制限外の利息を控除することは、消費貸借の要件たる要物性を欠くから無効であると解し（大判昭和五・一・二八民四九頁（判民五事件末弘）、大判昭和六・一二・三民一一五九頁（判民一二二事件我妻）。最高判昭和二九・四・一三民八四〇頁も同旨）、更に後には、利率そのものが利息制限法を超過しなくとも、あまりに長期間にわたる多額の利息を控除するときは、特殊の事情のない限り、要物性を充たさないと判示するに至った（大判昭和一〇・五・八民一二一一頁（判民七二事件川島）、五百円年一割の貸借で四年六カ月分の利息二二五円を天引する）。この判例の態度は、消費貸借の要物性理論に藉口して制限超過の高利の支払の効力を否定しようとしたものということができる。然し、要物性理論からみるときは、制限超過の利息を控除する場合にだけこれを欠くとすることは正当ではない。また利息の前払を特に否認すべき理由もない（但し元本の授受がなければ利息はありえないという者、勝本(上)二六八頁等がある（於保五三頁も同旨））。少なくとも、契約自由の原則上、天引契約自体を無効とすべき根拠はあるまい。必要なことは、利息制限法の趣旨を貫くことである。然るときは、天引契約においては、契約の通りに、全額について消費貸借が成立するものとなし、かつ天引は利息の前払だと認め、ただ利息制限法を適用するに当っては、現実に交付された金額について利息制限法の許す最高限の利息額を算出し、これを超過する天引部分は元本に充当されたものとみるのが至当である（前掲昭和一〇年の事案では現金授受は二七五円であるから、利息制限法によれば四年半の利息は一四八円余を超過しえない。然るに前払利息は二二五円であるから、五〇〇円の消費貸借が成立するが、四二三円余の返還を請求しうるだけである。本文と同旨川島前掲。――末川（民商三巻一三一頁）、於保（論叢三三巻一〇三五頁）は判例に賛成）。

〔六八〕（b）新利息制限法は、「天引額が債務者の受領額を元本として前条第一項に規定する利率により計算したる金額をこえるときは、その超過部分は、元本の支払に充てたものとみなす」と定めた（同法二条）。右の理論を認めたものといえる。前掲の一〇万円の貸借に一割八分（一万八千円）の利息を天引する事例では、債務者の受領した額八万二千円には二割までの利息（一万六千四百円）が許されるだけだから、天引額との差額千六百円は元本（一〇万円）の支払にあてたことになり、債務者は九万八千四百円の弁済をすれば足りる。それはあたかも八万二千円の貸借に最高限二割の利息をつけた場合と同一に帰する。利息制限法の趣旨はかようにして達せられる（旧法時代の判例理論によるときは一〇万円の一割八分は許容されるから利息制限法にふれないことになろう）。但し、債務者が天引契約に従って一〇万円を弁済したときには、差額の返還を請求することはできない。この点については直接の明文はない。然し、天引を利息の前払と解するときは、一条二項の適用があるといわねばならない。のみならず、この規定は利息制限法の趣旨を貫くために債権者の裁判上請求しうる額を制限したに過ぎない。従って、超過部分は「元本の支払に充てたものとみなす」とは、計算上の意味だけである。超過部分の支払を元本の支払として返還請求権を認むべきではない（於保五二頁註一四は反対。そして均衡を失する立法と非難する）。

第六　選択債権

〔六九〕一　甲馬または乙馬のいずれかを給付するとか、自分の所有する懐中時計か腕時計のいずれかを給付するというように、数個の給付中の選択によって決定する一個の給付を目的とする債権を選択債権という。数個の給付がそれぞれの個性に着眼され、個別的に予定される点で種類債権と異なる。その結果、いずれの給付について債権を実現すべきかを決定することは重要な意義をもち、この手続を経ないでは債権を実行することができず、強制履行も不可能である。民法が選択権者とその選択の方法とについて詳細な規定を設けたのはこのためである。

選択債権は、贈与契約によって生ずる例が多い。自分の所有する田地のうちから一定面積を贈与する契約（但し、判例はこれを制限種類債権と解し、選択債権の規定を準用して問題を解決していることは前述した〔三七〕ロ）、分家する者に対して所有の家具一通りを分与する契約（どの家具でもよいのではないから、選択して定めねばならない）などもこの例である。また、法律の規定によって選択債権を生ずることもある。無権代理人の責任（一一七条、但し判例は履行を第一次的内容とするものと解するようである。総則〔三八四〕3ハ、判民昭和二年度三〇事件（伊沢）参照）、占有者の費用償還請求権（一九六条、但し大判明治三五・二・二二民二巻九三頁はあくまでも債務者の選択によるものと解するようである）などがその例である。改正前の扶養義務についても同様の関係を生じた（旧九六一条、（東地判大正六・五・一一新聞一二七九号二六頁）—新八七九条参照）。なお、判例は、遺失物法によって、拾得者に対して、物件の価格の五分ないし二割の報労金を給すべき遺失者の債務（同法四条）は、遺失者が右の範囲内で自由に定めうるもので「一種ノ任意債権ニシテ選択債権者又ハ裁判所ガ其ノ範囲ヲ確定スベキ債権」ではない、という（大判大正一一・一〇・二六民六二六頁（判民九四事件穂積評釈））。然し、選択債権でないことはいうまでもないが、任意債権という用語にも合わない（〔七五〕参照）。のみならず、右の法文は所定の範囲内において合理的判断によって定めるべきものとする趣旨と解さねばならない。従って、その当否は結局において裁判所の判定によることになるのはいうまでもない（〔一二六〕a参照）。

〔七〇〕 二 選択債権の特定　選択権者の意思表示によって特定するのが普通であるが、数個の給付中の一部が不能であることによっても特定する場合がある。

(1)選択による特定　(イ)選択権者　(a)まず選択権者が何人であるかについて、民法は、この権利は債務者に属するものと規定した(四〇六条)。贈与の例では、贈与者が選択して与えればよいことになる。但し、これは推定規定に過ぎない。特約で債権者となし(受贈者が選んで請求しうる)、または第三者とすること(贈与の例で公平な第三者に決定させるなど)もさしつかえない。

(b)そして、つぎに、選択権者が選択をしないために不都合を生ずることを防ぐために、選択権の移動を定める。すなわち、第一に、当事者の一方が選択権を有する場合には、債権の弁済期が到来しても選択をしないときに、相手方が相当の期間を定めて催告をなし選択権者がその期間内に選択をしないことを要件として、選択権は相手方に移る(四〇八条)。選択権が債務者にあったときは債権者が好む方を請求しうるようになり、債権者にあったときは債務者が好む方を履行しうるようになる。第二に、第三者が選択権を有する場合には、その第三者が選択をなすことができずまたはこれを欲しないときは(このことが確定的に分明すれば履行期の到来を必要としない)、選択権は債務者に属する(四〇九条二項)。債務者が選択しないときは、第一の場合と同様にして、債権者に移る。

(c)民法が右のように選択権の移転を定めたのは、選択権を有する者が選択をしなくとも、履行の請求または提供に不都合を生じないようにするためである。従って、選択権者に対して選択をなすべき旨を請求する訴は認めない趣旨と解すべきものと思う。判例は、第三者が選択権を有する土地の贈与契約による選択債権の上に質権を有する者から――その第三者が選択することを欲しないために選択権が債務者(贈与者)に移転した場合において、――債務者に対する、選択して所有権を移転すべしという請求を是認するに当り、その第三者は単に選択権を有するだけでなく選択すべき義務をも負担する場合であり、その選択権を承継した債務者も同様の義務を負うことを理由とする（大判昭和一七・九・七新聞四七九九号一二頁）。然し、そのような迂遠な訴を認めることは民法の趣旨に反する（原告勝訴の判決が確定してもいかにして執行するのであろうか）。第四〇八条によって債権者に移転し、債権者が行使しないときは（質権が設定されても選択権を失わない）、質権者はその選択権を行使しうると解すべきであろう。債権質権者の直接取立権の内容とみることができるからである（三六七条参照）。

〔七一〕 **（ロ）**選択の方法　（a）選択は、当事者がするときは、相手方に対する意思表示による（四〇七条一項—債務者についての規定であるが債権者も同じ）。（b）第三者がするときは、債権者または債務者に対する意思表示による（四〇九条一項）。（c）選択は、一度したときは、相手方の承諾なしには取り消しえない（四〇七条二項）。この取消は撤回の意味である。けだし、選択は相手方の承諾を必要とするものではないが、一度選択すれば債権の目的はそれによって確定するものとなすべきであって、そうでなく、自由に変更することを許すときは、相手方に不利益を及ぼすおそれがあることを考慮した規定だからである。従って、詐欺・強迫などを理由とする取消は、一般原則に従ってこれを認めるべきである。なお、この撤回を許さない趣旨は、第三者の選択についても同様と解すべきであり、この場合には債権者・債務者の両方の承諾がある場合にだけこれを許すとなすべきである（通説）。

〔七二〕 **（ハ）**選択の効果　（a）選択によって目的物が特定することはいうまでもないが、その特定の効果は、債権発生の時に遡る（四一一条本文）。すなわち、債権発生の時から選択された給付だけを目的とする債権であったことになる。この選択の遡及効の主要な適用として、後発的に不能となった給付も、不能となることによって特定しない限り（特定すれば選択権も消滅する）、なおこれを選択することができる（甲馬か乙馬の選択債務において甲馬死亡後に甲馬を選択しうる）、ことになる。

すなわち、債権者が選択権者であれば、債務者の過失によって不能となった給付を選択して、履行不能による損害賠償を請求することができる。また、債務者が選択権者であれば、債権者の過失によって不能となった給付を選択して、責に帰すべからざる履行不能を理由とする債務の消滅を主張することができる。右の外の後発的不能――前例において債権者の過失により、後例において債務者の過失により、両例において第三者の過失により、また第三者が選択権を有する場合には、債権者もしくは債務者の過失によるときを除き、不能となったとき――においては、残部に特定するから(〔一七四〕ロ参照)、選択の問題はなくなり、債務者は残部を給付すべき債務を負う。その場合に、不能を生じさせた者に対して不法行為その他の理由に基づく損害賠償請求権を有することは、もとより別問題である。

〔七三〕　(b)選択の遡及効は「第三者ノ権利ヲ害スルコトヲ得ズ」(四一一条但書)。選択債権発生の後選択までの間に、選択された目的物について権利を取得する第三者――例えば、甲馬を選択する以前に債務者から甲馬の上の所有権または質権を取得した者――の地位を顧慮した規定であろう。然し、選択の効果が遡及しても、その債権的効果の遡及する限りにおいては、第三者の権利を害するということは、債権の性質上考えることができない(甲馬が最初から債権の目的であっても、第三者の所有権または質権には影響がない)。民法がこの規定を置いたのは、選択債権の特定とともにその目的物の所有権も移転するという前提に立ち、特定の効果に遡及効を与えるときは、その遡及はこの物権的効果を伴いながら生ずることとなり、債権者は第三者が所有権または質権を取得する前から甲馬の所有権を有したることとなるから、第三者の権利を害することになると考えたものであろう(梅三九頁参照)。そうだとすると、この規定は、物権変動に関し民法がいわゆる意思主義を採ったことを推断させる重要な意義をもつことになる（物権〔八〇〕参照）。但し、わが民法の下において物権変動に関し意思主義を排斥する学説は、この規定をもって無意味の規定となすのは当然である（石坂一八八頁、鳩山五七頁等）。――なお、この規定に右のような意義を認めても、実際上の適用においては、公示の原則に制限される結果、ほとんど特別の効果を生じない。例えば、甲乙二個の不動産のうちの一個を選択すべき債権において、選択の効果が遡及しても、仮登記のない限り、その間に物権を取得した第三者に対抗することはできない（物権〔一一〕参照）。

選択債権を差し押えた債権者は、第四一一条但書の第三者に該当するかどうかを問題にした判決がある。例えば、債務者の選択によって一定量の玄米または一定額の金銭を給付すべき債権を第三者が差し押えた場合に、債務者は、その後に金銭給付を選択し、差押前に弁済期に達していた反対債権で相殺することができるか。判例は、差し押えられた債権を受働債権とする相殺は、差押前に相殺適状にあった場合にだけ許されるという前提をとり、選択の遡及効を理由にして相殺を肯定し、差押債権者は第三者に該当しないという（大判昭和一四・九・五民一〇四七頁―但しこの判決の事実関係も理論的説明もすこぶる不明確であって、本文は推測に基づく一般理論である。判民六七事件四宮評釈参照）。然し、問題は専ら相殺の問題となすべきである。差し押えられた債権についての相殺の可能性に関し判例のような理論を前提とするときは、むしろ第三者に該当するというべきであろう。然し、その前提は是認しえないものである（〔四七八〕以下参照）。すなわち、第三債務者が差押前から反対債権を有するときは、選択の遡及効に関係なく、選択して相殺する権利を失わないが、その後に取得した債権によっては相殺することはできない。この理は、選択債権を選択して自働債権とする相殺についても同様である（差押前から選択債権を有する第三債務者は、差押後に選択して相殺ができることを説明するのに、選択の遡及効を問題とする必要はない）。いずれにしても、差押債権者を第四一一条但書の第三者に該当するかどうかを問題にする余地はない（四宮前掲評釈はほぼ同旨）。

〔七四〕 (2)給付不能による特定　(イ)給付の一部が原始的に不能なとき、例えば前例の甲馬が契約締結の前日死亡したときには、残部(馬乙)に特定する(四一〇条一項前段)。正確にいえば、選択債権として成立しないのである。(ロ)後発的に不能となるとき、すなわち契約締結後に甲馬が死亡したときは、(i)その原因が選択権を有しない当事者の過失に基づく場合、例えば債務者の選択すべき場合に債権者が殺したときには、特定しない(選択権者はなお甲馬を選択しうる(一七二)参照)。(ii)そうでないとき、すなわち、選択権を有する当事者の過失によって不能となったとき、例えば前例で債務者が殺したとき、または両当事者の過失に無関係に不能となったとき、例えば前例で第三者が殺し、または火事で死んだときは、残部に特定する(四一〇条一項後段・二項)。(ハ)右に給付不能によって特定するといったのは、正確にいえば、残部の給付が債権の目的となるという意味であるから、残部が数個あるときは、この部分についての選択債権として存続することになる。また、不能による特定には、選択による特定のように遡及効はない。

第七　任意債権

〔七五〕 一　一個の特定した給付を目的とするが、債権者または債務者が、他の給付に代える権利(代用権・補充権)を有するものである。契約によって生ずることもある。例えば、小作料は一定量の米で定められているが、弁済期の相場に換算して金銭で支払うことができる、というのがその例である(以前にはかような例が少なくなかったが現在は許されない(農地法二二条・二三条))。これに反し、一定量の米を支払うが、不能なときは一定額の金銭で支払うというのは、任意債権ではない。支払不能を条件とするものだから、不能を挙証しなければ他の給付をすることはできない(大判大正三・七・八民五九二頁、なお〔一六九〕後段参照)。なお、任意債権は、法律の規定からも生ずることもある(四〇三条・四六一条二項等)。

〔七六〕 二　一の給付が本来の目的であり、他の給付は補充的地位にあるに過ぎない点で選択債権と異なる。すなわち、本来の給付が債務者の責に帰すべからざる事由によって不能となるときは、債権は消滅する。また、補充的給付をなすべき旨を表示しても、それだけでは――債権内容を変更する契約をしない限り――特定しない。補充権のない債権者は、本来の給付を請求しうるだけであり、補充権のない債務者は補充給付の受領を強い、またこれに基づいて相殺の主張をするなどの権利はない。

第三章　債権の効力

第一節　総　　説

第一　債権の効力概観

〔七七〕一　債権は、債務者をして特定の給付をなさしめることを内容とし、その作用として債務者に対して給付を請求する権利であること、前述の通りである(〔五〕以下)。従って——

(1)債務者に対する関係においては、債務者が任意に給付をしたときにこれを受領することが法律的に是認され、非債弁済(七〇五条参照)としてその返還を請求されることのない点に最少限度の法律的な効果がある。もっとも、現代法の下では、債権者は、原則として、任意に給付をしない債務者を強制して給付またはこれに代る損害の賠償をなさしめるために、国家の権力的助力——給付の命令(判決)及びその命令の強制的実現(強制執行)——を受けることができる。然し、例外的にこの効力を欠く債権もある。そしてこのことに関連して、自然債務及び債務と責任の区別の問題を生ずる。

〔七八〕(2)給付の内容を実現するために国家がその公権力を用いるに当っては、できる限り給付内容をそのまま実現すること——物の引渡債務では物を引き渡さしめ、行為をなす債務ではその行為をなさしめること

――が債権者にとって有利であり、債権を権利と認めた趣旨にも適する。然し、特定の行為をなす給付は、債務者の意思を強制してやらせては――例えば演奏・講演をなす債務のように、債務者の精神的自由を必要とするために――その目的を達しえないことが多い。のみならず、現代法は債務者の人格もこれを無視すべからざるものとし、債務者の身体に直接の強制を加えることをさし控える結果、国家の強制力にもおのずから限界がある。これが現実的履行の強制の限界の問題である。そして、現実的履行を強制しえない場合には、債権者は、履行に代る損害の賠償をうることをもって満足するより他に方法がないことになり、この損害の賠償は金銭に評価して請求する。

〔七九〕 (3)債務者が債務の本旨に適した履行をしないときは、――債権者において現実的履行の強制をなしえない場合はもちろんのこと、これをなしうる場合にも――債権者は、これによって損害を被るのが常である。そして、債権者は、この不履行による損害をすべて金銭に評価して賠償させることができる。この債務不履行による損害賠償の請求は、債権の効力として実際上最も主要な問題である。

〔八〇〕 (4)右に述べたように、債務者が任意に履行しないときは、債権者は現実的履行の強制をなし、また不履行による損害の賠償をさせることができるが、その強制手段は、――後に述べるように、物の引渡を目的とする債務のように債務者の人格に直接の強制を加えないでできるものを除いては、――債務者に金銭の支払を命じて履行を強制することであり、また損害賠償はその損害を金銭に評価して塡補させることである。従って、債権の効力は、結局、金銭の支払を請求することに帰着する。いいかえれば、民法上、すべての債権は、結局において、債務者から金銭を請求することによってその目的を達するものだといってよい。ところが、現代法は、債務者をして金銭を支払わしめるためには、財産を処分してこれを金銭にかえる以外の手段を用いない。古代法にあったように、債務者を労務に服させまたはこれを奴隷として売却してその給料や代金をもって債務の弁済に充てることをしない。また、債務者を拘禁して親族知友が代って弁済することを促がすような手段もとらない。従って、現代法における債権の効力の最後の守りは、債務者の一般財産(強制執行によって換価処分しうる財産)である。民法がこの一般財産を維持するためには債権の効力が第三者にも及ぶものとして、債権者代位権と債権者取消権とを認めた理由である。

〔八一〕(5)債務者が任意に給付をしようとする場合にも、債権者がその給付の実現に協力しないときは、債務者だけで給付を実現しえないことがすこぶる多い。不作為債務の他はほとんど常に債権者の協力を必要とするといっても過言ではない。それなら、債権者がこの履行に必要な協力をしないときはどうすべきであろうか。これが債権者遅滞(受領遅滞)の問題であって、これまた債権の効力として説かれるのが普通であるが、この民法講義では、弁済の提供の方面から説くのが便宜だと考え、後章に譲った(〔三四一〕以下)。一般には、債権者には受領義務がないものとし、受領遅滞は義務違反ではないとされるが、私は、債権関係を支配する信義則に照し、債権者は債務者に協力して給付を実現させ債権存在の目的を達しさせる義務があるものと解することをここに一言しておこう。

〔八二〕二　債権は、債務者の給付を目的とするが、多くの場合、債務者が行為をするという過程に重きをおかず、給付がなされるという結果に重きをおくものである。従って、債務者自身がしない限り本旨に適した給付の実現という結果を生じえない比較的少数の債権にあっては、債務者自身の行為をまたずに債権がその目的を達することもありえないのはいうまでもないが、そうでない債権にあっては、第三者の給付、ないしは債権本来の内容から予定されるとは異なった過程で実現された給付によっても債権はその目的を達して消滅することがある。これらの点もまた、広義においては、債権の効力に関する事柄であるが、一般には債権の消滅として考察される。この講義においても同様である。

〔八三〕 **三** 債権の内容は債務者に対する法律的な力であるが、第三者がこれを不当に侵害するときは、これに対する損害賠償または妨害排除の請求が問題とされること前述の通りである(〔一〇〕・)。債権の対外的効力として、普通には前記の債権者代位権と債権者取消権とが挙げられるが、むしろこの不当の侵害をなす第三者に対する債権の効力をもって債権の対外的効力とするのが適当だともいえる。

第二 自然債務

〔八四〕 **一** 債務者が任意に給付をしない場合にも、債権者がこれを訴求しえない債務を自然債務(obligatio naturalis; Naturalobligation; obligation naturelle)という。

(1)債権によって給付すべき義務を負担した債務者を強制して給付をさせる力は、前記のように、第一次には社会の道徳ないし慣習の力であり、第二次には国家の力である。そして現代の国家は、ほとんどすべての債権について、債務者を強制するためにその力を貸すものであるから、第一次の強制力だけをもち第二次の強制力のない債権は極めて稀である(〔七七〕)。然し、国家は、その力をもって履行を強制することが倫理的ないし社会的見地からみて妥当でないと考える特殊の債権については、みずから強制力を用いることをさし控え、債務が履行されるかどうかを専ら道徳ないし慣習の力に任せることも決して絶無ではない。

そしてかような場合にも、国家は自分の力を待たずに履行されたものをもってなお債務の履行となし、債権者がこれを受領することを法律的に是認するのであるから、この種の債権もまた法律的関係であるといわねばならない。要するに、自然債務は、給付の強制手段としての社会的規範（非法律的規範）と法律的規範とのギャップから生ずるものであって、観念上これを認めうることには疑問の余地がない。

〔八五〕 (2)債権者は、前記のように、単に債務者を訴求して判決（給付すべき旨の裁判所の命令）をうることができるだけでなく、この判決に基づいて債務者に対して強制執行をすることができるのが通例である。従って、右のように訴求しえない債権の他に、訴求して判決を取得することはできるがこれに基づいて強制執行をすることのできない債権も存在する。そして、自然債務という概念は、この後者をも含めて用いられることもある。ひっきょう、用語の問題に過ぎないが、この講義では、強制執行力だけを欠くものは責任なき債務として、自然債務と更に区別しようとする。両者を包含する概念としては不完全債務という語が適当であろう。

〔八六〕 二　わが民法の解釈に当って自然債務という観念を認むべきであろうか。

(1)ローマ法においては、この観念は相当に広く認められた。訴権のない債権が比較的多数認められたことによるものであろう。これに反し、現代法の下では、訴権のない債権はその例が少ないので、かような統一的な観念を認める必要がないと考える余地がある。然し、フランス民法は、この観念を認め（一二三五条二項は任意に弁済された自然債務については返還請求権がない旨を定める）、判例はこれを適用すべき場合を次第に拡張し、学説もまた大体においてこれに従っている（民法が義務としない親族間における扶養についてこれを適用することが注目に値する。Planiol, t. 2, no. 1327 et suiv.; Colin et Capitant, t. 2, no. 1409 et suiv.）。ドイツ民法はこの観念について規定していないので、学説にはこれを否定するものも少なくなかった。民法に散在する自然債務的な規定を統一的に説明するためにこの観念を認めるべきかどうかとして、また訴権は債権の効力かどうかという訴権論に関連して、論じられた(Oertmann, Vorb. 5)。然し、近時においては、自然債務ないし不完全債務として統一的な説明をするのが普通なようである(Enneccerus, §3; Larenz, §2 III)。わが旧民法はこれについて詳細な規定をおいたが(財二九三条・五六二条以下)、民法には規定がない。学説としては否定説が多かったが(石坂四〇頁、鳩山一三頁、勝本(上)三二頁、石田一二頁等)、その後、肯定説が次第に多くなり(末弘四三頁、岡村四c、池田一八頁、穂積判民大正一〇年度九八事件評釈、於保六五頁、柚木二七頁等。但し、川島五四頁以下は反対)、現在では、判例もこれを認めている。そして、この判例の態度は、次段に述べる強制執行権を放棄する特約を認める新たな判例理論と共通の思想に立つものである。要するに、今日においては、通説・判例ともに、債権は原則として訴権と強制執行力をもつべきであるとしてこれを欠く債権を個別的・例外的に取り扱う態度をすて、債権の効力には――その実現を強制する規範の差異に応じて――差異のありうることを認識して、統一的な説明をしようとしている、ということができる。

〔八七〕 (2) 思うに、(a) 当事者の広い意味での契約ないし合意にいかなる法律的効果を与えるべきかは、法律がその理想からみて客観的に決すべきものである(総則〔二七〕二2参照)。従って、この理想からみて、当事者が非法律的規範に強要されて履行するに任せ、法律的には裁判によって履行を命ずることをさし控えるのが適当と考えられる場合には、自然債務が発生するに過ぎない、となすべきである。判例は、以前には、徳義上任意に支払を受ける債務という観念を否定した(大判大正一〇・六・一三民一一五〇頁(確定判決のあった債務について徳義上支払うという契約をしたのだから次段の問題と関連する。〔九〇〕参照))が、後にこれを肯定し、カフェーの女給に対し、馴染浅い客が相当多額の金を与えることを約しても、「諾約者ガ自ラ進デ之ヲ履行スルトキハ債務ノ弁済タルコトヲ失ハザランモ、要約者ニ於テ之ガ履行ヲ強要スルコトヲ得ザル特殊ノ債務関係ヲ生ズルモノト解ス」べき場合が多いと判示した（大判昭和一〇・四・二五新聞三八三五号五頁）。また、限定承認をした無資力な相続債務者とこれに同情した債権者の間に資力回復の時に誠意をもって弁済すべき旨の合意が成立したような場合には、債務は自然債務となり、将来資力が生ずることを停止条件として通常の債務となるのが普通だと説く（大判昭和一六・九・二六新聞四七四三号一五頁の傍論）。具体的な事案についての判断としての当否は別として、かような債務関係を認めるべきは当然である。もっとも、前者を自然債務と呼ぶのは適切だが、後者すなわち限定承認をした相続債務は、債務としては存在し、ただその責任が限定されているだけだから、自然債務ではなく責任のない債務とするのが適当だと考える（〔九一〕参照。但し右の判決は「自然債務」と「不完全債務」を同義に用いたものと解するのが適当であろうか（〔八五〕参照））。

（b）のみならず、わが民法その他の法律の規定からかような債権の生ずることもその例は少なくない。不法原因給付（七〇八条）、消滅時効を援用した債務（弁済は無効であろうが相殺の自働債務となしうる（五〇八条））、旧利息制限法についての判例理論とそれを承継した新利息制限法の制限超過の利息債権（〔六三〕参照）、債権者が勝訴の終局判決を受けた後に訴を取り下げた場合の債務（民訴二三七条二項）、破産手続において免責された債務（破三六六条ノ一三）、和議において一部免除を受けた部分の債務（和五七条・破三二六条）などがその例である。これらの場合に、自然債務という統一した観念を認めずに、各個について特殊の立法理由を求めてこれを説明することは、もとより不可能ではあるまい（否定説はいずれもそうする）。然し、その各個の理由は、要するに、当該債務について法律的強制を認めない特殊の事情であり、その反面においては、これを他の非法律的規範に任せようとする趣旨を含むものであろう。それなら、これを自然債務という観念に統一することは、極めて自然の推理である。のみならず、かような観念を認めることは、現代の整備した法秩序の下においても、国家は当該債権の社会的作用を考慮して、これを他の規範の強制に任せるべきものがあることを反省させる点において、実益もあるといわねばならない。殊に、社会関係における信義則の支配を高調するときは、信義則によって任意に履行せらるべき法律的義務を認めることは、立法論としてはもとより、解釈論としても重要なる意義があるものと考える（前述のフランスの判例が特殊の扶養関係についてこの観念を援用することと、ド民八一四条が道徳的義務の履行は不当利得とならないと規定することなどを注意せよ）。

〔八八〕 三 自然債務にどの程度の効力を認むべきかは、すでにローマ法の自然債務について問題とされたことであり、ドイツ、フランス両民法の解釈としても争われる点である。(i)任意の弁済は、贈与ではなく、債務の弁済であり、従って、非債弁済（七〇五条）とならないことは、自然債務の最小限度の効力である。然し、それ以上いかなる効力を認めるべきかは、むしろ各種の自然債務について決すべきものであろう。(ii)自然債務を基礎としてなされた更改契約や準消費貸借の効果は問題とされるが、当事者が弁済をなすべき旨を改めて契約したときにだけ――その契約が普通の契約としての法律効果を生じさせるだけの要件を備えることを前提として――普通の債務となると解すべきであろう（Colin et Capitant, op. cit., no. 1419; Planiol, op. cit., no. 1323（もっとも、旧民財五六四条は追認・更改を有効とする））。(iii)相殺の自働債権とすることはできない。けだし、強制的に弁済させたことになるからである（Colin et Capitant, op. cit., no. 1422; Planiol, op. cit., no. 1324; Enneccerus, §70 II）。但し、時効で消滅した債権は例外である（五〇八条）。(iv)自然債務について普通の効力を有する保証または担保物権を成立ないし存続させることは可能である（前掲破三六六条ノ一三及び和五七条で準用される破三二六条はこれを明言する。フ民の一般理論としては説が分かれている（Colin et Capitant, op.cit., no. 1423; Planiol, op. cit., no. 1325））。但し、当事者の合意に基づいて自然債務が生ずる場合（前掲カフェーの女給への贈与契約の例など）には、当該事情により、保証債務も自然債務として成立するか、または保証ないしは物的担保までつけたことによって主たる債務が普通の債務と認定されるか、いずれかになる場合が多いであろう。(v)最後に、自然債務は善意の第三者に譲渡されても自然債務性を失わないと解すべきである。けだし、債権そのものの性格とみるべきだからである(不存在確認の訴を認めるべきかにつき、巻末補注〔一〕参照)。

第三　債務と責任

〔八九〕 一　一定の財産が債務の「引き当て」(担保)となっていること、いいかえれば、債務が履行されない場合にその債権の満足をえさせるために一定の財産が担保となっていることを「責任」(Haftung)という。債務(Schuld)は一定の給付をなすべしという法律的当為(rechtliches Sollen)を本質とするのに対し、責任はこの当為を強制的に実現する手段に当る。元来かような意味での債務と責任とを区別することは、ゲルマン法において顕著であったといわれている。そこでは、債務自体としては、常に法律的当為だけを内容とし、この当為を実行しない者が債権者の摑取力(Zugriffsmacht)に服すること、すなわち責任は、債務とは別個の観念とされた。殊に最初は、契約その他の事由によって債務を生じても、責任はこれに伴なわず、責任は別に責任の発生自体を目的とする契約その他の原因によって始めて生じたものであり、またその責任も人格的責任(人格自体が債権者の摑取力に服する)と財産的責任とに大別され、それぞれ更に種々に区別されていた。然し、その後の進展により、一方、人格的責任は漸次その跡を絶ち、他方、財産的責任のうち、特定の財産による責任は担保物権の領域に入り、一般財産による責任は原則としてすべての債務に当然に伴なうようになり、ここに債務と一般財産による責任とは極めて緊密に結合されることになった。殊にローマ法の継受以来は、一般財産による責任は債権の効力ないし作用と考えられ、両者の区別を認めない思想が広く承認されるようになった。かような状態はおそらくすべての現代法に共通のものであろう。すなわち、一方では、債務に伴なう人格的責任はほとんど存在しない。債奴、民事拘束などの制度は、各地に存在したが、今はその跡を絶っている。破産者の人格的不利益が僅かにその名残を止める状態である。他方では、担保物権、保証などの特殊の財産的責任はそれぞれ独立の制度となり、純粋の責任としては債務者の一般財産をもってその引き当てとすることに限る（〔八〇〕参照）。しかもこの責任は、すべての債権に伴ない、債権者は平等の立場でこれに対して執行をなしその満足を受けることができる。要するに、現代法の下においては、責任は一般財産による責任としてすべての債務に伴なう普遍的属性のようにみえる。これ現代法の下においては債務と責任とを区別する必要がないとする説の多い理由である。然し、責任は債務の本体以外に存するものとして概念上これと区別することができるのみならず、仔細に観察すれば、現代法の下においても、債務と責任とが人的帰属を異にする場合は稀ではなく、また責任を伴なわないかあるいは制限される場合もその例は決して少なくない。従って、両者を区別して観念することは、現代法の債権関係を理解する上にも意義のあることである。学説もこの区別を認めるものが次第に多くなり（自然債務を認めるものは多くこの区別を認める。末弘一三頁、岡村四b、池田一六頁、近藤・柚木一二頁、——認めないもの鳩山一四頁、石田一〇頁、勝本(上)二五頁等）、判例もまたこれを認めるようになった（次段）。——なお、責任の観念中に債権者が訴求しうることをも加える学者もある。そのときは、自然債務はすべて責任なき債務となる。

二　現行法上いかなる場合に債務と責任の分離を生ずるか。

〔九〇〕　(1)第一に、当事者が強制執行をしない旨の特約をするときは責任なき債務を生ずる。判例もこの理論を認め、勝訴判決をえても執行をしないという条項を含む和解をしたにも拘わらず債権者が強制執行をしたときは、債務者は、これに対し、——右の条項は、請求権そのものを放棄ないしは制限したものではないから、請求に関する異議（民訴五四五条）ではなく、——執行の方法に関する異議（民訴五四四条）を主張することができると判示する（大判大正一五・二・二四民二三五頁（判民三二事件加藤正治評釈）、大判昭和二・三・一六民一八七頁（判民三三事件同評釈））。執行の方法に関する異議とした点に多少の問題はあるにしても（判例は執行の許否を方法と同視するもので、正当と思われるが、第三者異議の訴とすべしとの説もある（〔九一〕参照））、執行権を請求権と切り離した点においては、極めて正当と考える。この判決に対しては、強制執行を請求する権利は、訴権と同じく、公権であって放棄を許さないものであるから、右のような和解があっても債務者は執行を止めることができず、ただ契約違反を理由として損害賠償を請求しうるだけだとする反対論がある（前掲二つの加藤正治評釈及び同所所掲の論著）。然し、訴権ないしは強制執行請求権についてのかような伝統的理論そのものが、民訴法学者の間でも批判されていることを考えるべきである（三ケ月民事訴訟法（法律学全集）八頁以下参照）。

右のような特約の効力についてやや問題となるのは、かようにして生じた責任のない債務ないしは責任の制限される債務は、善意の第三者に譲渡されてもなおその性質を持続するかどうかである。債権の譲渡性制限に関する規定（四六六条二項）と対比するときは、やや疑問であるが、肯定すべきものであろう。けだし、当事者はかような効力の制限された債権を創造する自由を有するとみるべきだからである（〔七三三〕・〔七三四〕参照）。

〔九一〕　(2)第二に、相続の限定承認においては、債務は縮限されないが、責任は相続財産に限定されるというべきである。判例もこれを認め、給付判決には債務の全額を示し、その執行力を制限するために「相続財産ノ存スル限度ニ於テ之ヲ執行シ得ベキ旨ヲ表示スル留保」を附すべきものという（大判昭和七・六・二新聞三四三七号一〇頁—これに違反した相続人の固有財産に対する執行に対しては、第三者の異議（民訴五四九条）によるべきである。けだし、責任財産としては全く別個のものだからである）。そしてこの理論に基づき、相続人が限定承認をしても保証人または重畳的債務引受人には影響を及ぼさないと解する（大判大正一三・五・一九民二一五頁は後者についてこれを認めた）。この他、特定の財産に限る有限責任は、営業質屋の質権（担保〔二〇八〕参照）、受託者の受益者に対する責任（信託一九条）、委付した船舶所有者の責任（商六九〇条）などにその例がある。

〔九二〕 (3) 一定額を限度とする有限責任の顕著な例は、合資会社の有限責任社員及び株式会社の株主の責任である（商一五七条・二〇〇条）。もっとも、これらの場合には、責任だけが制限されるのではなく、債務もともに制限されるものと解することが、現行法の理論的構成に一層適するかもしれない。然し、かような有限責任を認めた立法の趣旨は、専ら責任を制限しようとすることにあるのだから、債務と区別する責任の観念を理解していることは、これらの制度の実質的な意味を知る助けとなるであろう。

〔九三〕 (4) 最後に、債務なしに責任だけ存する例としては、物上保証人、担保不動産の第三取得者などを挙げることができる。これらの場合にも、他に債務を負担する者があるのだから、全然債務のない責任とはいえない。然し、専ら責任のために独立の存在意義を有する制度であることを理解し、保証債務（現行法上は保証人みずからも債務を負うが、責任を負うことだけに存在意義がある）、将来の債務のための担保物権（債務のない間に設定される責任たる実質を有する（担保〔一六五〕—〔一六八〕参照））、根抵当（一定の状態における債務のための責任たる実質を有する（担保〔一七二〕・〔七一二〕以下参照））などの類似した制度の法律構成と対比すれば、責任制度ないし担保制度と債務との関係を一層よく理解しうるであろう。

第四　第三者の債権侵害

債権もまた第三者によって不法に侵害されるものであることはすでに述べた（〔二二〕・）。それなら、わが民法上これについて、いかなる要件の下にいかなる効果を認めるべきであろうか。

〔九四〕 一　第三者の債権侵害による不法行為の成立

(1)第三者が不法に債権を侵害するときは、不法行為として損害賠償の義務を生ずることは、今日の学説判例上ほとんど争がない。(i)判例としては、大正四年にあい次いでなされた民刑両部の判決が基本的な理論を認めて判例理論を確立した。刑事部の判決は、甲からその所有山林をできるだけ高値に売却するよう委任されたＡＢＣ三人が、買主Ｄの代理人乙と通謀して、実際の売買値段より廉く売れたように装い、差額を四人で着服したので、甲から四人を背任とその加功として告訴し、附帯私訴で、乙に対し、甲のＡＢＣに対する委任契約上の債権(善管注意をもって委任事務を処理させる債権(六四四条))を侵害する不法行為を理由として損害の賠償を請求する事件である。判旨は、「第三者ガ債務者ヲ教唆シ若クハ債務者ト共同シテ其債務ノ全部又ハ一部ノ履行ヲ不能ナラシメ」たときは不法行為は成立する、というのであった(大刑判大正四・三・一〇刑二七九頁(破棄差戻))。また、民事部の判決は、債権者甲が債務者Ｓの住所に行って仮差押をしようとしたら、第三者乙がすでにＳと通謀して虚偽の債権証書を作り、Ｓの動産を仮差押していたので目的を達することができなかった事案であるが、判旨は、傍論として、債権といえども、第三者が「故意過失ニ因リ違法ニ之ヲ侵害シタルトキハ不法行為ノ責」があるといった(大判大正四・三・二〇民三九五頁(但し事案では、乙の差押えたのはＳから他の者に担保として譲渡された動産であって、甲の債権を害するものではないとして乙の責任を否定した))。(ii)学説としては、それまで否定説が支配的であったが(末弘法曹記事二四巻四七頁(大正二年)が肯定説を唱え異彩を放っていた)、右の二判決を契機として漸次肯定説に傾き、一時両説が対立して論争を続けた(岡松、石坂などが否定説の代表)が、結局、肯定説の支配するところとなった(鳩山・債権総論新版(大正一四年)の改説が注目すべきものであった)。一方では、取引関係における信義則理念の強調が、債権者・債務者間の結合関係をとりまく一般人に対しても、これを違法に侵害すべからざる義務を課したこと、他方では、不法行為の成立要件たる「権利侵害」が違法の観念でおき代えられて柔軟性をもつようになったこと、などがあい応じてこの傾向を進めたものと考えられる(鳩山七頁に当時の学説が示されている。なお三島「第三者の債権侵害」(総合判例民法18所収)は、学説の推移についても相当詳細に伝えている)。

〔九五〕 (2)要件　もっとも、いかなる場合に第三者による債権侵害を不法行為となすべきかについては、今日でも、多少見解の相違がある。然し、問題の中心点は、いかなる侵害行為に違法性を認めるべきかである。然るに、違法性は、被侵害利益と侵害行為のそれぞれの態様を相関的に考察して決定されるべき価値判断である。債権は被侵害利益としては、——債務者の意思を媒介として成立する権利であるから——物権に比較して、弱いものである。従って、債権侵害が違法性をもつのは、侵害行為の違法性が特に強い場合でなければならない。この根本理論については学説に異論はない。学説の差異は、判断についての程度の差に帰するといってよいように見える。分説しよう。

〔九六〕 (イ)債権の帰属自体を侵害した場合　この場合に不法行為となることについてはほとんど異説がない。例えば、無記名債権証書を横領してこれを善意の第三者に取得させた者、債権の準占有者または受取証書の持参人として有効な弁済を受けた者(四七八条・四八〇条参照)などは、給付自体を破壊するのではないが、債権者をしてその債権自体を失わせるものであるから、債権の侵害として不法行為が成立する。債権者はこれらの者に対して——債務不履行または不当利得に基づく——別の救済手段を有することが多いであろうが、そのことは不法行為の成立を妨げない。但し、請求権の競合を認めないときはおのずから別問題である。

〔九七〕 (ロ)債権の目的たる給付を侵害して、債権を消滅させる場合　例えば、特定物の引渡を目的とする債権について第三者が債権の目的物を破壊すること(大刑判大正一一・八・七刑四一〇頁は、債権の目的たる山林を第三者が自分の物と偽って他人に売り買主をして伐採させた事案について不法行為の成立を認める)、債務者の行為を目的とする債権について第三者が債務者を拘禁すること（他人の雇傭する職工を拘禁して働かせないこと）などは、債務者の責に帰すべからざる履行不能となり、債務者は債務を免れるのであるから、不法行為は成立する。この点についてもほとんど異説をみない。

〔九八〕（ハ）債権の目的たる給付を侵害するが債権は消滅しない場合　例えば、第三者が債務者と共謀して債権の目的物を破壊し、または債務者をして債権者の信頼を裏切る行為をなさしめたような場合には、債務者は債務不履行の責に任じ、債権者はなお損害賠償の請求権を有するから、第三者の侵害行為は債権を消滅させない。従って、かような場合には不法行為は成立しないとする説がある（勝本（上）五三頁など）。然し、損害賠償請求権は、理論的には本来の債権に代るものに相違ないが、債権本来の内容を実現しえないようになることはすでに債権の侵害といって妨げない。従って、右のような場合にもなお不法行為の成立を認めるのが至当である（鳩山七頁の他現在の通説。前記大正四年の刑事部判決が実にこの事例に属することを注意せよ）。但し、債権者は債務者の信義を第一のよりどころとなすべきものであるから、第三者の加担によって債務者自身がこの信頼を裏切った場合に、債権者がその第三者に対しても不法行為の責任を追及しうるためには、第三者の行為の違法性が特に問題とされなければならない。第三者の債権侵害による不法行為の成否に関する今日の問題はこの一点に帰着する、といっても過言ではない。

〔九九〕（a）主観的要件としては、故意を要する（イとロの場合は過失で足りる）。しかも、その故意は、単に債権の存在とその侵害される事実を知るだけでなく、債務者を教唆するか少なくとも債務者との通謀を要する。けだし、債権者として当該債務者に対して正当にもつべき信頼が、その第三者の積極的な関与によって裏切られることを必要とする。そうでない限りは、債権者は、当該債務者の不信を問うことで満足すべきである。前記大正四年の刑事部判決は、債務者を「教唆し」もしくは債務者と「共同して」といい、その後の判決もこの線を維持しているといいうる（三島前掲もこの要件を強調し、判例の一貫した態度だという（前掲八五頁以下））。

〔一〇〇〕 (b)客観的要件としての侵害行為の違法性については、画一的な標準を立てることは困難である。一般的標準としていいうることは、違法性の一般理論、すなわち、第三者が権利の行使としてなす行為は、原則として違法性はなく、ただその行為が全体として公序良俗に反するときにのみ違法性を帯びるという理論を債権侵害行為に適用するに当っては、特に注意を要するということである。なぜなら、他人の債権を侵害する結果となる行為でも、債権としては成立を認められる場合が少なくないからである。

〔一〇一〕 (i)例えば、すでに債務過重の債務者に対して更に債権を取得することは、他の債権者の弁済資力を減少させる結果となるが、法律は後の債権の有効に成立することを認めるのみならず、債権の効力を成立の先後に拘わらず平等のものとする（債権者平等の原則）。さらに、他人が雇傭している労働者を重ねて雇傭し、他人が演奏させる契約をした音楽家と自分も同日同時刻で演奏させる契約をすることも有効である（〔一〇〕参照）。従って、第三者がかような債権を取得した上でその履行を実現する場合には、それによって他人の債権を侵害することになっても、その行為は原則として違法性を欠く。ただ、その債権の取得が詐欺・強迫に類する手段に訴えた場合や不正競争として排斥される場合にだけ、違法性を帯びるというべきである。前例の二重の雇傭や二重の演奏契約では、正にこの点が吟味されるべきである。他人が一手販売特約を結んでいる生産者から購入する契約なども同様である。営業の自由・独占の禁止・公正な競争の諸原理のからみ合う重要困難な問題に当面する（総則〔三〇六〕5参照）。

〔一〇二〕（ii）他人のすでに譲り受けた不動産または指名債権を、その対抗要件を備えない先に二重に譲渡を受け、対抗要件を備えてしまうことは、前の譲受人の債権を侵害することになる。然し、民法は、対抗要件を備えない譲受人は、第三者の善意悪意を問わず、これに対抗しえないものとする（一七七条・四六七条）。それは、対抗要件を備えない譲受人は、そのために被る損害については、譲渡人の信義だけを頼りとすべきものとする趣旨と解さねばならない。従って、第二の譲受人の行為は、原則として違法性を帯びないというべきである。但し、例えば、第二の譲受人が、譲渡人の第一の譲受人に対する移転登記義務の履行を引き受けている場合（最高判昭和三〇・五・三一民七七四頁（単に悪意であるだけでは不法行為とならない、とするとともに、かような事情があれば不法行為の成立する可能性があることを暗示する））、第二の譲受人が単に第一の譲受人を不当に苦しめる目的で売主と共謀して二重に譲り受けた場合（最高判昭和三六・四・二七民九〇一頁は、第二の売買を公序良俗に反するとして無効と判示する。無効とすることは相当問題だが、不法行為は成立するであろう。ことに第二の買主が転売した場合には不法行為として解決すべきであろう）などのように、極めて違法性の強いときには、不法行為が成立する。

〔一〇三〕（iii）不動産の賃借人は、賃借地の不法占拠者に対し、賃借権に基づいて妨害排除の請求ができるかどうかは、次段に述べるように、学説の分かれる重要な問題だが、不法占拠者の行為が不法行為となることについては、一般に承認されている。ただそれに関連して、第三者が賃貸人の承諾をえて占有しているのであり、従って賃貸人がそれを立ち退かせて賃借人に使用させる意思がない場合にも不法行為が成立するかどうかが問題とされる。判例はこれを否定する。そして、賃貸借成立以前からの占拠者については、原則として不法行為の成立を認めない（大判大正一三・一一・一七新聞二三三八号一五頁、大判昭和二・二・二六裁判例（二）民二六頁）。正当だと思う。けだし、前記のように第三者の積極的関与によって履行が侵害されることを要するからである（〔九九〕参照）。

〔一〇四〕 (iv) 最後に、債務者を教唆しまたはこれと通謀して、債務者の一般財産を減少させる行為は不法行為となるか。第三者が、債務者との右のような共同行為によって、虚偽の債権証書を作って差し押えたり(前掲大正四年の民事部判決(〔九四〕)参照)、強制執行を免れるために財産の隠匿、損壊、仮装譲渡をする行為(刑九六条ノ二参照)は、不法行為となりうる(大判大正五・一一・二一民二二五〇頁(家資分散の際に債務者と通謀して債務者の唯一の財産を隠匿した行為))。然し、債務者の財産を贈与し、もしくは廉価に譲渡し、または、責任財産中の債権を放棄する行為などが真実・有効になされた場合に、これに加担する行為が不法行為となるかどうかは、最も微妙な問題である。けだし、債務者の責任財産は、債権の目的としては最後の守であって、その減少は、債権の侵害行為としては間接的なものであるばかりでなく、一般責任財産の不当な減少行為は詐害行為としてその回復の途が認められているからである(〔八〇〕参照)。債務者の財産を横領したために債務者から返還請求の訴を受けて敗訴した親族の者が、債務者に借財が多く返還を受けても直ちに債権者に差し押えられる事情を説いて、債務者をして確定判決による返還請求権を放棄させた事案について、判例は、その放棄が債権者の権利の行使を阻害する目的のための手段に過ぎないときは、親族らの行為は不法行為となりうると判示する(大判昭和一八・一二・一四民一二三九頁(判民六九事件川島))。一般論としては、必ずしも不当とは思われないが、かような場合には、債権者は、まず詐害行為取消の途を採るべきものとし、行為の違法性が特に強い場合にだけ不法行為の成立を認めるべきものと考える(前掲川島評釈は判旨反対、末川民商二〇巻三号は賛成。―三島前掲九七頁も賛成だが、その論旨は、全体的にみて、不法行為の成立を認めるのにいささか性急に感じられる)。

〔一〇五〕 (3) 効果　不法行為が成立する場合の効果は、不法行為の一般の場合と同一である。すなわち、債権者は、被った全損害の賠償を請求することができる(七〇九条・七一〇条)。但し、債権者が履行を完成させるために債務者を監視する信義則上の義務を負うとみるべき場合にそれを怠り、第三者に乗ずる隙を与えたときは、過失相殺の理論(七二三条二項)が適用されなければならない。

二　債権侵害行為の排除請求権

〔一〇六〕 (1)債権が第三者によって侵害された場合に、不法行為として損害の賠償を請求しうるだけでなく、その侵害の排除を請求することができるか。物権についての物上請求権(返還請求権・妨害排除請求権・妨害予防請求権)(物権〔三一〕以下参照)に対応するものを認めるべきかどうかの問題である。主として不動産賃借権について論議される。判例は、変遷を重ねながら、最高裁によって、排他性ある債権(賃借権)についてだけ認めるべきものとする理論がほぼ確立されたが、学説は、認めるべき範囲と根拠について、なお一致しない(三島前掲は判例の事案と学説を詳細に伝える。古山「不動産賃借権の対外的効力」(綜合判例民法1所収)は判例の理論を簡明・正確に分析する。なお、舟橋・物権法(法律学全集)二七頁以下は物上請求権と対比して論ずる)。

〔一〇七〕 (イ)大審院は、専用漁業権の賃借人が、すでに施業中の海面で不法に漁猟をする第三者に対して、賃借権に基づいて妨害の排除を請求した事案について、大正一〇年に、これを肯定するに当り、「権利者ガ自己ノ為メニ権利ヲ行使スルニ際シ之ヲ妨グルモノアルトキハ其妨害ヲ排除スルコトヲ得ルハ権利ノ性質上固ヨリ当然ニシテ、其権利ガ物権ナルト債権ナルトニヨリテ其適用ヲ異ニスベキ理由ナシ」といった(大判大正一〇・一〇・一五民一七八八頁(判民一四八事件末弘))。そして、その後しばしば同様の理論をくり返えした(大判大正一一・五・四民二三五頁(河川占用権)、大判大正一二・四・一四民二三七頁(寺院境内地使用権〔判民四五事件平野〕)、大判昭和五・九・一七新聞三一八四号七頁(土地賃借権)、大判昭和六・五・一三新聞三二七三号一五頁(同上)など)。かような判例理論は、右の大正一〇年の画期的判決の直前になされた判決のとった理論、すなわち、「賃借人ハ其占有ニ係ル賃借物ヲ他人ノ為メ不法ニ占有セラレタル場合ニ於テモ占有権ニ基ク訴ニ依リ其物ノ返還ヲ請求スルハ格別、賃借権若クハ損害賠償請求権ニ依リ之ガ引渡ヲ請求スルコトヲ得ベキニアラザルナリ」（大判大正一〇・二・一七民三二一頁（判民二一事件我妻）—事案は東京都から土地を賃借した者が従前からの不法占拠者に対する請求であって、原審の「賃借権物権論」を破毀したもの）という理論を修正するかにみえた。然し、その後にも、これと同旨の判決が現われている（大判昭和五・七・二六新聞三一六七号一〇頁）。

以上の判例理論のうち、前者は、すべての権利に普遍的な絶対性を根拠とするものであって、理論としては後者と矛盾する。然し、諸判決の取り扱った事案に即してみるときは、妨害排除請求権を肯定するものは、いずれも、不動産賃借人が占有を取得した場合であり、否定した二つの事例はこれを取得しない場合である。従って、前者の理論を支持する学説もあったが（末弘前掲、平野前掲など）、不動産賃借権が占有を伴なうことによって物権的効力を与えられるときにだけ妨害排除請求権を生ずるという理論の下に判例の統一的理解を試みようとする説を生じた（本書の旧版など）。但し、物権と債権とを区別する現代法体系の下では、妨害排除は物権の特性とすべし（賃借権も占有訴権によって妨害排除を請求しうるのみ）とする説もあったことはいうまでもない（川島七六頁、同・所有権法の理論一五七頁以下、来栖・各論六三頁以下など）。

〔一〇八〕 (ロ) ところが、戦後に至って、最高裁は、問題を専ら賃借権の排他性から解決すべきものとする理論を明らかにした。すなわち、(i) 登記を備えた不動産賃借権（六〇五条）、借地上の建物の登記を有する宅地賃借権（建物保護法一条）、目的家屋の占有を取得した建物賃借権（借家法一条）などだけでなく、罹災都市借地借家臨時処理法第一〇条の対抗力をもつ借地権（最高判昭和二八・一二・一八民一五一五頁、同昭和三〇・四・五民四三一頁など）及び同法第一二条の優先賃借権（最高判昭和二九・六・一七民一一二一頁、同昭和三〇・二・一八民一九五頁など多数）なども、排他性をもち、その点で物権と同一の効力を有するから、従って妨害排除請求権を生ずるという（債各〔七二八〕・〔七五四〕参照）。(ii) これに反し、排他性を認められない場合には（占有を取得しこれに基づくなら格別、債権によっては）妨害排除請求権はないという（最高判昭和二八・一二・一四民一四〇一頁（石灰石山の地下を採掘する債権による妨害排除請求を否定）、同昭和二九・七・二〇民一四〇八頁も同旨（土地の賃借人であるというだけではバラック除去請求権なし）。なお債各〔六五九〕参照）。

以上の判例理論に対し、学説は、大いに分かれている。もっとも、(i)排他性を有する賃借権について妨害排除請求権を認める結論には、多くの学説は賛成する(但し、前記の債権について妨害排除請求権を一般的に否定する説を除くことはいうまでもない)。然し、(ii)占有を取得しても排他性のない場合には否定すべしとする結論には、むしろ反対説が多く、さらに、(iii)占有を取得しない場合にも、判例のように債権者代位権による迂路を通らずに(〔一三二〕参照)、直接に妨害排除請求権を認める場合がある、と主張する説もある。そして、これらの説は、判例が妨害排除請求権の根拠を排他性に求めることを不可とし、違法な侵害行為そのものに求めるべきものとし、ただその違法性の存否を認定するに当っては、不法行為の成否を決する場合に比し更に一層慎重にすべしといい、かつ、あるいは、賃借権の公示方法または認識可能性の存在が必要だといい(柚木二一頁以下など)、あるいは妨害排除請求を認めることによって生ずべき侵害者の犠牲の程度とこれを否認することによって生ずべき被害者の不利益の程度を相関的に判断すべきだという(舟橋前掲物権法三六頁以下、三島前掲一四三頁以下など)。

〔一〇九〕　(ハ)思うに、(i)排他性ある賃借権について妨害排除請求権を認める判例理論は肯定すべきであろう。なるほど物上請求権の根拠は、物権が目的物に対する直接の支配権であることに存する(物権〔三一〕参照)。これに反し、排他性は、両立しない権利の成立を否定する観念的なものである(物権〔一四〕参照)。従って、排他性から直ちに妨害排除請求権を導くことは正確ではあるまい。然し、物権の通有性として排他性が認められるということは、外界の物資の直接的な利用を——これと両立しない権利がその後に成立することを否定しながら——一層強固にするもの、ということができるであろう。それなら、不動産賃借権が一定の要件の下に排他性を認められる場合には、単にこれと両立しない権利の成立を否定するだけでなく、さらにその目的物に対する直接的な利用権能についての妨害排除の請求をも認められるに至ったといって妨げあるまい。最高裁の理論の前半(〔一〇〕〔八〕i)はかような意味に解すべきものであろう。

(ii)これに反し、最高裁の理論の後半に対しては、大きな疑問を抱く。けだし、一面からいえば、排他性を有する場合には妨害排除請求について物権と同視して妨げない、という理論を右のように解するときは、排他性の認められない場合には常に否定すべし、という結論にはならない。また、農地の賃借権と建物の賃借権は目的不動産の引渡(占有の取得)によって排他性を生ずる(農地法、借家法)のに対し、宅地の賃借権は地上建物の登記によって排他性を生ずる(建物保護法)とされるのは、不動産の上の権利関係をできるだけ登記に反映させようとする考慮に基づくものであって、そのことから、後者が占有を取得しただけでは第三者の不法な侵害を排斥する力もないものとすることは、不動産利用者の立場を保護しようとする近時の法理想に忠実なものとはいえまい。さらにこれを他面からみるときは、すべての土地の賃借権が目的物の占有を伴うようになった場合には、その目的物と緊密な事実上の関係を生じ、第三者からもこれを認識することができるようになるのだから、これを根拠として——排他性を認められなくとも——違法な侵害を排斥する力だけはこれを取得すると解することが、不動産利用権を保護する理想に適するというべきではあるまいか。もっとも、このことは、特定物、とりわけ特定の不動産に対する債権についてどの程度の物権的効力を認むべきか、という根本的な問題と関連することであるから、なお一層の研究を要する(好美「債権に基づく妨害排除請求についての考察」(一橋大法学研究2)同「Jus ad rem とその発展的消滅」(同上3)、同「賃借権に基づく妨害排除請求権」(契約法大系3)はこの問題についての優れた研究である)。

(iii)おわりに、占有を取得しない不動産賃借権についても妨害排除請求権を認めるべきものとし、その標準をこれを認める結果の利害衡量に求める説には、賛成しえない。けだし、それでは、標準はあまりにも不確実になる。不法行為の成否は各場合の違法性の有無・強弱の判断による。然し、その効果も柔軟性をもつ(〔一〇五〕参照)。これに反し、妨害排除の請求は認否いずれかに画一的に定めなければならない。同一に論ずることはできまい。かような場合に債権者代位権による迂路を認めるなら同一の結果を是認することになるというが、債権者代位権によるときは、債務者(賃貸人―多くの場合土地所有者)との間の一切の債権的関係――その黙認をえているとか、その者との間の利用関係が断絶していないとか、その他すべての事情――を主張することができる(〔二四二〕参照)のに反し、直接の排除請求においてはこれを主張することができない。第三者に対する影響は決して同一ではない。「迂路」はなお必要なものというべきである。もっとも、不法行為の効果として、一般的不作為請求(generale Unterlassungsklage)を認めることは、かつてヘーデマンの暗示した大きな問題である(Hedemann, Fortschritte des Zivilrechts im xix Jahrhundert, Bd. 1, S. 140)。今後の研究にまつべきものであろう。

〔一一〇〕　(2)不動産賃借権以外の債権では、未登記の商号の貸主の債権、雇傭契約上の使用者の債権などが問題とされる。前者については、判例は、昭和一三年の商法改正以前に、借主と通謀して約旨に反して商号を譲り受けて登記した第三者に対して、債権侵害を理由とする登記の抹消請求を肯定したことがある(大判昭和八・七・八新聞三五八六号一一頁)。然し、少なくとも右の改正後は、未登記商号の対外的効力(商二一条(右の改正によって新設))の問題となすべきであろう(大隅・商法総則(法律学全集)二〇〇頁以下参照)。また、雇傭契約上の債権については、人身保護法など特別の制度によって被用者の意思と行動の自由を回復することを努むべきである。債権侵害の一般理論を応用することは、債務者の自由を侵害するおそれがあるだけでなく、第三者に対する妨害排除の請求を認めても、その強制執行と関連して、実効ありとも思われない（三島前掲一四四頁、好美前掲「債権に基づく妨害排除請求についての考察」二九四頁以下参照）。

第二節　現実的履行の強制（強制履行）

第一　現実的履行の請求とその方法

〔一一一〕一　国家の裁判機関によって強制的に債権の内容を実現することを現実的履行の強制という。国家が判決その他これに準ずべきものによって、債務者に対して債務の履行を命じたにも拘わらず、債務者がなお任意にこれを履行しないときは、国家は更に進んでその履行を強制して債権の内容たる給付を実現させない以上、債権を権利として保護する目的が達せられたとはいえない。然し、債権は債務者の行為を本体とするものであるから、これを強制的に実現させることは、往々にして債務者の人格に不当の強制を加え、近代法の理想にもとることになる。ここにおいてか、債務者の人格の尊重と債権の保護との調和点に現実的履行強制の手段とその限界とが定められなければならないことになる（〔一七八〕、なお、我妻「作為又は不作為を目的とする債権の強制執行」（加藤先生祝賀論文集所収）参照）。

二　近世法の認める現実的履行の強制手段は三つある。

〔一一二〕(1)直接強制　国家機関の権力をもって債務者の意思に拘わらず債権の内容を実現すること。金銭債権につき、国家機関の手によって、債務者の財産を処分して一定の金額を調達してこれを債権者に与え、動産の引渡または不動産の明渡を目的とする債権につき、国家機関の実力をもって、債務者の占有を解いて債権者の占有に移すなどである。この手段によって債権が満足させられるときは、債権の保護として極めて効果的であるのみならず、債務者の身体や意思に圧迫を加えない点で人格尊重の理想にも合する。但し、この手段は、いわゆる「為す債務」(〔一一九〕参照)については用いることができない。

〔一一三〕(2)代替執行　債権者にみずから給付を実現する権限を与えてこれをなさしめ、それに要する費用を債務者から取り立てること。建築物を取り除くべき債務につき、債務者から取り立てた費用をもって債権者が人夫を雇ってこれを取り除かせるなどである。債権は債務者の行為を請求する権利であることを厳格に解するときは、この方法は債権内容自体の強制的実現ではない。然し、債権は債務者の行為自体よりもむしろこれによる結果の実現に重きを置くものであるから(〔八二〕参照)、右のような手段で給付がなされたと同一の結果を実現することは、なおこれを債権内容の強制的実現とみることができる。のみならず、債権者が右の手段をとるときは、債務者は債権者の行為——建築物の取毀及びこれに必要な土地の立ち入りなど——を忍容すべき義務を負うものであるから、債権者が単に金銭的賠償をえて損害を塡補するのとは結果においても異なるのである。但し、この手段は、債務者自身でするのでなければ実現しえない給付(不代替的給付)、例えば債務者自身の特殊の技能またはその独占的地位を必要とするものなどについては用いえないものである。

〔一一四〕(3)間接強制　損害賠償の支払を命じ、罰金を科し、または債務者を拘禁するなどの手段をもって、債務者を心理的に圧迫して給付を実現させること。独占的地位を有する電力会社の配電装置をなす債務につき、一定期間内にこれをしないときは罰金を科する旨を命じてこれをなさしめるなどである。不代替的給付についてはこの手段があるだけである。但し、この手段は、債務者の自由な意思でするのでなければ目的を達しえない債務については効果がないだけでなく、債務者に対する不当の圧迫となり人格尊重の理想に反するおそれがあることを注意しなければならない。

〔一一五〕 **三** 人格尊重の理想を強調したフランス民法においては、現実的履行の強制を認める範囲は狭い。すなわち、いわゆる「与える債務」については直接強制を認めたが（但し明文がないため、金銭債務以外は損害賠償の請求をなしうるのみとする説もあった）、「為す債務」については「作為及ビ不作為ノ債務ハ、債務者ノ履行ヲ為サザル場合ニ於テ、スベテ損害賠償ニ帰ス」と規定した（一一四二条）。但し、同法も、代替的給付についての代替執行はこれを認めたのであって（一一四三条・一一四四条）、ただ不代替的給付について間接強制をすることだけはこれを認めなかったのである。しかるにドイツ（旧）民事訴訟法の制定に際しては、人格尊重もさることながら、不代替的給付のすべてについては何らの強制手段なしとすることは、権利の実現に努むべき法の文化的任務に反するという説が勝利を占め、不代替的給付のうち「債務者ノ意思ノミニヨツテ実現シ得ルモノ」（特殊の設備、第三者の行為などを必要とするものを除く意味）はなおこれについて間接強制を加えうるものとした。しかもその強制手段は、罰金または拘留という強力なものである（八八八条・八九〇条）。そして、この傾向は、フランスの判例・学説に影響し、そこでも近時は予め不履行に因る損害賠償を命ずることによって不代替的給付の実現を間接に強制することを認めるようになった（債権のl'astreinteの効力という。但しその基礎づけについては説が分かれている）。

〔一一六〕 **四** わが法制においては、旧民法は、フランス民法にならい（財三八一条・三八二条・三八六条）、民事訴訟法によってドイツ民事訴訟法の主義に移り、更に民法によって両者を綜合した。然し、その変遷において、「強制履行」という文字の使用につき民事訴訟法と民法との間に充分な連絡が保たれなかったようにみえるため、解釈上甚だしい学説の分裂を導いた（沿革につき我妻前掲、学説につき勝本(中2)八五頁参照）。私は、債権の強制履行的効力の進展に関する右の沿革に即し、かつ制度の作用的意義を考えて、つぎのように解釈するのが正当だと考える。この説は、判例と同旨であり、ドイツ民事訴訟法の明文と内容において一致するものだが、今日のわが国の多数説も、大体において、同調している。

(イ)第四一四条第一項に「強制履行ヲ裁判所ニ請求スルコトヲ得」と定めるのは、債権は性質の許す限り直接強制をなしうる、という意味に解する。――本項の強制履行をすべての方法による強制履行の意味に解するときは、債務不履行に対する債権の効力は損害賠償に尽きず、という近世法の大原則を宣明したものとみることになり、あるいは旧民法以来の沿革に一層適するかも知れない。然し、そう解することは、第二項と衝突することになる。

(ロ)第四一四条第二項が代替執行を規定するに当り「債務ノ性質ガ強制履行ヲ許サザル場合ニ於テ」というのは、第一項と同様の直接強制を許さない場合の意味と解する。但し、前述のように、沿革上も理論上も、代替執行は強制履行の一手段なのであるから、民法がこれをもって強制履行を許さざる場合の手段とすることは正当ではないといわねばならない。

(ハ)民事訴訟法第七三四条が間接強制を規定するに当り「債務ノ性質ガ強制履行ヲ許ス場合ニ於テ」というのは、特に間接強制を許す債務の意味に解する。けだし、間接強制はすべての強制履行を許す債務について認められるものではなく、強制履行の最後の手段とされるべきものだからである。但し、民訴第七三四条と民法第四一四条とがともに強制履行という文字を用いたことから、民訴第七三四条に種々の地位を与える学説を生じたことは後に述べる。

第二　直接強制を許す場合

〔一一七〕 一　直接強制は「債務ノ性質ガ之ヲ許サザルトキ」を除いて許されるものである(四一四条一項)。然し、近世法の人格尊重の理想からみるときは、前に述べたように(〔一二〕)、この方法は、いわゆる「与える債務」についてだけ許されるものと解すべきである。従って、例えば特定の舞台において演奏しないという債務に違反する者があっても、債務者の身体に直接の強制を加えて演奏を中止させることはできない。親権に服する意思能力のない子を不法に手許におく者に対する親権者の幼児引渡請求については、直接強制を認める下級審判決もあり、民訴学者中にはこれを支持する者も少なくないが、間接強制を認めるに止めるべきである。けだし、不法に手許におくといっても、その者と幼児との間には人格的なつながりがあり、これを無視して強制的実現をはかることは許されないからである(我妻・親族法(法律学全集)三三二頁d参照)。

〔一一八〕 二　直接強制を許す債務については、代替執行も間接強制も許されない。引き渡すべき目的物が、代替物である場合には、債権者は他から購入してその代金を債務者から取り立てる方法も考えられるが、それは損害賠償として請求すべきであって、そのためには、まず、債権の内容が損害賠償請求権に転化したことが裁判によって確認されなければならない。また、その目的物が特定物であるときには、間接強制によって目的を達しうるにしても、これを許すべきではない。けだし、直接強制は債務者の人格尊重の理想に適し、しかも最も効果的なものであって、これを許す場合に他の強制履行を認めることは、訴訟経済上甚だしく不当だからである(於保一二〇頁、柚木九四頁など現時の通説)。判例も同趣旨である。すなわち、一定量の玄米の引渡を請求する債権（大決昭和五・一〇・二三民九八二頁）、恩給証書の返還を請求する債権（大決昭和七・七・一九新聞三四五三号一三頁）などについて間接強制を否定する。

〔一一九〕　**三**　直接強制の方法は、民事訴訟法に規定してある。金銭債務の直接強制については極めて詳細な規定がある（五六四条—七二九条）。債務者の財産を換価してその金銭を債権者に交付することである。もっとも、債務者の財産中の金銭債権については、これを債権者に転付しまたは取立権能を与えるという一層簡便な方法が認められている（六〇〇条以下）。また、金銭以外の動産の引渡及び不動産の明渡についてもそれぞれ規定がある（七三〇条・七三一条）。前者は、執行吏が債務者から取り上げて債権者に交付するのであり、後者は、執行吏が「債務者ノ占有ヲ解キ債権者ニ其占有ヲ得セシム」るのである。なお、民事訴訟法は、「強制執行」というが、強制履行の手続の面をみているのであって、結果は同じ意味に帰すると考えて支障がない。

第三　代替執行を許す場合

〔一二〇〕　**一**　直接強制を許さない債務（「為す債務」）のうち、第三者が代ってしても債権の目的を達することのできるもの、すなわち代替的給付を目的とするものについてだけ、代替執行が許される（四一四条二項本文）。例えば、家屋を取り毀す債務、新聞紙上に謝罪広告をする債務などがその適例である。もっとも、後者のような場合には、給付の内容（どの新聞にいかなる内容の広告をすべきかなど）が確定していることを要する（大決昭和一〇・一二・一六民二〇四四頁。—最高判昭和三一・七・四（大法廷）民七八五頁は、民七二三条の合憲性を論じ、広告の内容が単に事態の真相を告白し謝罪の意を表明する程度ならば民訴七三三条によりうるという）。なお、この場合に、相手の新聞社が債権者の広告申込に応諾する義務を負うものでないことは、改めていうまでもあるまい。

なお、民法は、債務者の一定の意思表示を請求する債権については、一層簡易な方法を認めている（四一四条二項但書）。また、民法が債務者の一定の不作為を目的とする債権の強制執行の方法とするものは、代替執行の一種である（四一四条三項）。いずれも後に述べる（〔一二六〕・〔一二九〕）。

〔一二一〕 **二** 代替執行を許す場合には、多くは、間接強制によってもその目的を達しうるであろう。従って、両者の関係について学説が分かれた。あるいは、かような場合には両者を許すと解し（石坂七五頁、石田一八八頁）、あるいは、間接強制を許すときは代替執行を許さないと解する（鳩山一一八頁、勝本（中2）一〇一頁。この説によれば代替執行を許す場合は極めて僅少となる）。然し、いやしくも代替執行によって目的を達しうる場合には、まず専らこれによるべきものとすることが、人格尊重の理想に適しかつ沿革に合するものと考える（加藤・破産法研究二巻八〇頁、兼子・増補強制執行法二八五頁以下など現時の通説。後掲大決大正一〇・七・二五民一三五四頁は傍論として同旨を述べる）。

〔一二二〕 **三** 代替執行の方法は民事訴訟法に規定してある（七三三条・七三五条）。第一審の受訴裁判所が、決定をもって、債権者に給付を実現する権限を与えるとともに、必要な費用を予め支払うよう債務者に命ずることである。

第四　間接強制を許す場合

〔一二三〕 **一** いわゆる「為す債務」のうち代替執行を許さないもの、すなわち、不代替的給付を目的とするものについてだけ間接強制を許す（〔一一六〕八参照）。但し、かような債務についても、間接強制を許すためにはつぎの諸要件を必要とする。

(イ) 債務者の意思を強制してなさしめたのでは債権の内容に適した給付となりえないものについては、間接強制は許されない。債務者の芸術的操作を必要とする給付のようなものは多くこれに属する。判例は妻の同居義務についても、この理由を挙げる（後ハに掲げる昭和五年の決定）。

(ロ) 債務者が給付を実現しようとする意思を持ちさえすればやれるという種類の給付であることが必要である。特殊の設備・技能または第三者の協力を必要とする給付については間接強制は許されない。心理的強制を加えただけでは目的を達しえないものだからである。判例は、この要件を「債務ノ履行ガ債務者ノ意思ノミニ係ル」ものという。例えば、財産管理の清算を請求する債権は含まれるが（大決大正一〇・七・二五民一三五四頁）、株主が会社から焼失した株券の再発行を求めてこれを質権者に交付すべき債務などは含まれない（大決昭和五・一一・五新聞三二〇三号七頁）。

（八）間接強制をすることが人格の尊重という現代の法律理想に反する場合には許されない。判例が、幼児引渡の債務については、これを肯定し（大判大正元・一二・一九民一〇八七頁、大決昭和五・七・三一新聞三一五二号六頁）、妻の同居義務については、これを否定する（大決昭和五・九・三〇民九二六頁（同居が一日遅延すれば五円ずつの賠償を支払うべき命令を出してくれと申し立てたのを否定））のは正当である。

〔一二四〕 **二**　間接強制と他の強制履行との関係に関しては、前記のように、右と異なる説が多かった。「為す債務」に限る説のうちにも、代替執行に優先させるものがあり（鳩山）、競合させるものがあり（石坂・石田）、また、与える債務のすべてにも認めるとともに代替執行に優先させるものもあり（勝本）、与える債務中金銭債務を除外したものについてだけ認めるものもあった（末弘・近藤・柚木）。

〔一二五〕 **三**　間接強制の方法は民事訴訟法に規定してある（七三四条・七三五条）。第一審の受訴裁判所が、決定をもって、相当の期間を定め、その間に履行しないときは、遅延の期間に応じて、または直ちに、損害の賠償をなすべき旨を債務者に命ずることである。その強制手段は損害の賠償だけであるから、前記のようにドイツ民事訴訟法が罰金・拘留を命じうるものとするのに比較すれば、甚だしく弱い（〔一一五〕）。裁判所は、その損害賠償の額を決定するに当り、制度の作用を考え、精神的損害をも適宜に加算することによって、強制手段としての実を挙げることを努めるべきであろう。

第五　法律行為の強制履行

〔二二六〕　一　意思表示ないし準法律行為——法律行為の成立に必要な同意もしくは承諾、債権譲渡の通知、法人登記の申請など（総則〔二六六〕参照）——をなすべき債務は、債務者が、実際にかような行為をすることが必要なのではなく、かような行為をしたと同一の法律効果を生ずればその目的を達するものである。従って、民法は、かような行為をなすべきことを命ずる裁判があるときは、これによって右の意思表示ないし準法律行為があったと同一の効果を生じさせることにして、これらの行為の強制履行に代えることにした（四一四条二項但書）。民法はこの便法の認められるものを「法律行為ヲ目的トスル」債務といっているが、広い意味に解し、それによって法律効果を生ずる債務者の意思または認識の表現——民訴第七三六条によれば「権利関係ノ成立ヲ認諾」し、または、「其他ノ意思ノ陳述」をなすこと——を含むとみるべきである。例えば、官有地の借地権や立木共有権の譲渡に官庁の許可を要する場合におけるこれらの権利の譲渡人のなすべき許可の申請（大判明治四一・一二・二三民一三二八頁、大判明治四三・五・二四民四二六頁）、農地を譲渡した者がなすべき知事の許可申請（農地法三条参照—下級審判決が多い）、電話加入名義の変更に両当事者の協同申請を必要とする場合における譲渡人のなすべき名義変更申請（大判大正六・一二・一二民二一九八頁）、合名会社が解散した場合の社員のなすべき登記申請（非訟一八一条一項、大判大正一五・一一・一三民一頁（判民一事件小町谷））、などがその例である。

但し、（i）債務者のその行為によって法律効果を生ずる場合であるから、現に一定の法律関係の存在することの承認を求める場合——例えば、袋地所有者が隣地を通行するために通路を開設するについての隣地所有者の承認を求めること（二一〇条—二一二条参照）——などは含まれない（大判明治三四・五・二七民五巻一三〇頁—確認訴訟によるか、権利者の判断で通路を開設し、隣地所有者がこれを妨げれば妨害排除の訴をなすべきであろう）。（ii）債務者の意思の表示が、例えば手形行為として手形の署名を必要とするように、あくまでも債務者の事実上の行為を必要とする場合には、この便法は許されない。(iii)また、本来債務者の協力を要することでも、判決そのものによって債権者が単独でなしうるものとされる特殊の場合には、本条による必要はない(不動産の登記がこの例である(不登二七条、物権〔九五〕イ参照))。(iv)おわりに、法律が請求することをうると定める場合でも、権利者の意思表示だけで法律効果を生じ相手方の承諾を必要としない趣旨であるときには、本条は適用されない(借地法・借家法の地代・家賃の値上げ請求、建物・造作買取請求などがこの例である)。また、反対に、承諾をあくまでも相手方の自由意思にまかせ、権利者からの強制を許さない場合には、本条の適用がないこともいうまでもない(いわゆる婚姻の予約がこの例である。我妻・親族法一九〇頁、一九四頁参照)。

〔一三七〕 **二**　この種の便法の認められる債務については、他の強制履行(実際上可能なのは間接強制に限るであろう)は許されないものと解すべきである。けだし、最も簡便な方法だからである。

〔一三八〕 **三**　この強制履行の方法も民事訴訟法に規定してある(七三六条)。すなわち、「債務者ガ権利関係ノ成立ヲ認諾スベキコト又ハ其他ノ意思ノ陳述ヲ為スベキコトノ判決ヲ受ケタルトキハ、其判決ノ確定ヲ以テ認諾又ハ意思ノ陳述ヲ為シタルモノト看做ス」(民訴七三六条本文)のだから、債権者は、その裁判の正本を官庁など必要なところに提出すれば、債務者自身がしたと同一の効果を生ずる。もっとも、債務者が「反対給付ノアリタル後認諾又ハ意思ノ陳述ヲ為ス可キ場合ニ於テハ」、債権者は、まず反対給付をして、執行力ある正本を受けなければ右の効力は生じない(民訴七三六条但書)。

第六　不作為債務の強制履行

〔一三九〕 **一**　第四一四条第三項は不作為債務の強制履行の方法として「債務者ノ費用ヲ以テ其為シタルモノヲ除却シ且将来ノ為メ適当ノ処分ヲ為ス」ことを認めた。一種の代替執行を認めたものである。

(イ)この方法は、純粋の不作為債務、例えば、一定の場所に建造物を設けない債務などだけでなく、認容すべき債務、例えば通行・汲水・落水などを妨げない債務にも適用される。然し、いずれの場合にも、不履行の結果として有形的な状態が継続して存在する場合に限る。すなわち、前者においては、建造物が作られていること、後者においては、通行を妨げる柵を設け、落水を妨げる水留などを作ったこと(大判明治三四・五・二七民五巻一三〇頁はかような事例)などである。

(ロ)「債務者ノ……為シタルモノヲ除去シ」とは、不履行の原因となっている物的施設の除去である(高地所有者の余水排泄を妨げる低地所有者の建設物の除去などがその例(二二〇条参照))。また「将来ノ為メ適当ノ処分ヲ為ス」とは、不履行を予防するために必要な物的施設をすること(土砂の崩壊を防止する設備などがその例)、将来の損害について担保を供さしめることなどである。

〔一三〇〕**二**　この種の強制履行を許す場合にも他の強制履行は許されないものと解さねばならない。けだし、訴訟経済上の理想に合すること一般の代替執行と同様だからである。

〔一三一〕**三**　不作為債務に関するこの強制履行の方法も民事訴訟法に規定してあるが、他の代替執行と全く同様に取り扱われている(七三三条・七三四条)。

〔一三二〕**四**　不作為債務の不履行が有形的状態の継続を生じないでただ無形の違反状態を継続させるものであるとき、例えば、競業を継続し、許されない程度の騒音を継続するとき(その程度の音以外には出さない設備なら除去を請求しうるが、そうでないときは、除去の請求はできない)などについては、直接の規定はない。然し、間接強制を許すと解すべきであろう。けだし、この不作為債務の内容は一種の不代替的給付だからである。これに反し、無形の違反状態がただ一回生じただけなら、強制履行の方法はない。それは当然であろう。

第七　強制履行の請求と損害賠償の請求との関係

〔一三三〕一　第四一四条第四項は強制履行の請求は「損害賠償ノ請求ヲ妨ゲズ」と定める。その意味は、強制履行を許すことは、これに代えて損害賠償を請求することを禁ずる趣旨でもなく、また強制履行を請求してもなお損害があればこれを請求することを許さない趣旨でもない、ということである。当然のことだが、民法は誤解を避けようとしたのである。

〔一三四〕二　但し、強制履行に代え、または強制履行とともに損害賠償を請求するには、一定の要件を必要とすることはいうまでもない。次節に述べる。

第三節　債務不履行（損害賠償の請求）

第一款　序説

〔一三五〕一　債務者が、正当な事由がないのに債務の本旨に従った給付をしないことを債務不履行という。債務者が任意に履行しないときは、債権者は、前節に述べたように、現実的履行の請求をなしうるのが原則だが、債務の性質上この請求をなしえないとき（不代替的作為債務のうち間接強制を許さないものなど）、または、給付の実現を請求することが不能となったとき（家屋の給付債務において家屋が焼失した場合など）には、給付に代る損害の賠償を請求する他はない。また、本来の給付内容の実現を求めうる場合でも、その実現が期限に遅れたときは、本来の給付とともにその遅延による損害の賠償を請求することができ、また可能な給付に代えて損害賠償を請求することもできないではない。かように、いやしくも債務者が債務の本旨に従った履行をしないときは、債権者は本来の給付に代る賠償(塡補賠償)、または本来の給付とともにする賠償(遅延賠償)を請求することができる。そして、この賠償は金銭に見積ってこれをするのであるから、債権者にとって軽易かつ有力な救済手段となる。これ、損害賠償の請求が債権の効力として実際上最も重要な問題となっている理由である(〔七九〕・〔一二一〕・〔一三二〕参照)。

〔一三六〕 二 債務不履行は、債務者が債務の本旨に従った給付をしない、ということであるが、その中には、(i)履行が可能であるにも拘わらず期限を徒過して履行しないこと(履行遅滞)、(ii)履行が不能なために履行しないこと(履行不能)、及び、(iii)不完全な給付をしたこと(不完全履行)の三つの態様が含まれる。最後のものは、民法の明らかに認める観念ではない。わが民法と同様に履行遅滞と履行不能だけについて規定するドイツ民法の下でも比較的後になって問題とされたものである(一九〇二年のスタウブの「積極的契約侵害論」Staub, Positive Vertragsverletzung und ihre Rechtsfolgen に端を発し、後に修正され積極的債権侵害(positive Forderungsverletzung)または不完全履行(Schlechterfüllung)と呼ばれる)。債務者が、単に履行をしないという消極的な場合ではなく、不完全なものを給付するか、または給付行為をなすに当って不注意で損害を与えた(例えば家具商が注文主の室に運んで備えつける際にカーペットを損傷したとき)ような場合である。かような場合は、履行遅滞でも履行不能でもない。のみならず、その要件及び効果に差異がある。従ってこれを債務不履行の第三の類型とするのが適当である。今日におけるドイツの通説であり、わが国でも、かような観念を認めることは、通説といってよい(四一五条の「本旨ニ従ヒタル履行ヲ為サザルトキ」という表現はかような場合を含むと解することができる)。但し、その効果、とりわけ瑕疵担保責任や不法行為責任との関係に関して説が分かれ(具体的には後述する)、その関連において本質的研究がなされ、なお多くの問題を残している(於保一〇一頁以下及び同所引用の諸論著、とりわけ松坂「積極的債権侵害の本質について」(債権者取消権の研究所収)、川島八六頁以下など参照)。

〔一三七〕 **三** 債務不履行によって、損害賠償請求権を生ずるためには、本旨に従った履行がないという客観的状態があるだけではたりない。更に主観的要件と客観的要件とを必要とする。

(イ) 主観的要件は、債務の不履行について、債務者の責に帰すべき事由があることである。ゲルマン法では、債務者は、最初は絶対的責任を負わされたが、後には外部的な事故(äusserer Zufall)についての責任はないものとされた。これに反し、ローマ法では、故意または過失がある場合に限って責任を負わされた。そして、両者を調和させるために、最軽過失(culpa levissima)の理論が構成されて、債務者は、普通の不法行為の場合などよりも重い責任を負わされるようになった(ALR I 3 § 17 ff. は Versehen に grobes, mässiges, geringes の三種を認める)。現行の諸民法では、この影響を受けて、いずれも責に帰すべき事由(Verschulden)を必要とし、その範囲は普通の過失より広いものとされている(BGB. § 278, 280, 285; OR. Art. 97, 98, 101; Cc. Art. 1137, 1146 et suiv. (cas fortuit, force majeure については責任なし))。わが民法は、履行不能についてだけ責に帰すべき事由を必要とする旨を定めているので、履行遅滞についてはこれを必要としないと解する余地がある(四一五条、なお五四一条、五四三条参照—梅・民法原理二八八頁及び要義(四一五条の註)は、そう解している。履行不能については、原則として債務は消滅すべきものとの前提に立つ)。然し、近時の判例及び通説は、履行遅滞も履行不能もともに責に帰すべき事由を必要とするとなし、その内容は、後に述べるように、普通の過失よりも広いものと解している。けだし、一方からいえば、履行遅滞について絶対責任を負わせることは、履行不能と権衡を失し、かつ民法の基本的な態度と調和しない。と同時に、他方からいえば、すでに給付をなすべき義務を負っている債務者の責任は、何らの関係のない者の間の不法行為としての責任よりも加重されて然るべきものだからである(具体的には後に述べる)。

なお、過失があっても責任を負わない旨の特約（免責約款）は、原則として有効だが（ス債一〇〇条は、被用者のした免責の特約や独占的免許事業者を免責する約款の効力を制限する。参考に値する）、故意について免責する特約は無効である。重過失の責任を免除する特約の効果は疑問だが、過失の軽重についての紛争を避けることを目的とし、債務者が不当に責任を免かれる意図を有するものでない場合には、有効と解してよいと思う（ド民二七六条は故意についてのみ無効と定める（Oertmann, §276, 2a）。ス債一〇〇条は重過失についても無効と定める）。

（ロ） 客観的要件は、債務の不履行が違法なことである。然し、この違法は、本旨に従った債務の履行のないことを正当ならしめる特別の事由――留置権・同時履行の抗弁権など――が存在しない、という形で現われる。後に述べる。

〔一三八〕 **四** 債務不履行による損害賠償請求権は、本来の債権の拡張（遅延賠償の場合）または内容の変更（塡補賠償の場合）であって、本来の債権と同一性を有する。従って、（i）本来の債権の担保は、この損害賠償請求権にも及ぶ（三四六条（質権）・四四七条（保証）。―三七四条（抵当権）が制限を加えたのは、登記との関係で第三者を保護しようとする特殊の理由による）。（ii）時効期間は本来の債権の性質によって定まる（大判明治四一・一・二一民一三頁（商行為たる売買債務不履行による損害賠償請求権の消滅時効期間は五年））。（iii）本来の債権が時効で消滅した後にその債権について債務不履行による損害賠償請求権を生ずることはない（大判大正八・一〇・二九民一八五四頁）。のみならず、本来の債権が時効で消滅する以前に、目的物の滅失によって損害賠償債権に変じても、時効期間は、これによって更新されるものではない、と解すべきである。（iv）問題となるのは、本来の債権が譲渡される場合に、すでに生じている遅延賠償債務が原則として移転すると解すべきかどうかである。判例は――弁済期に達した約定利息とは反対に（これについては〔五三〕c参照）――原則として移転すると解する（大判昭和二・一〇・二二新聞二七六七号一六頁（弁済期到来後約一年後に譲渡された事例））。反対説があるが（柚木一六〇頁など）、判例を支持する。遅延賠償（遅延利息）は、約定利息と異なり、本来の債権の拡張たる性質を有するだけでなく、すでに弁済期の過ぎている債権が譲渡される場合には、その時までの遅延利息も伴っていると考えるのが取引界の通念に適するからである（ドイツの通説であり、ス債一七〇条は主としてこの場合に適用されると解されている（ドイツ、スイスの文献について〔五三〕c所掲参照））。

第二款　履行遅滞

第一　履行遅滞の要件

履行遅滞の要件は、(i)履行の可能なこと、(ii)履行期を徒過したこと、(iii)債務者の責に帰すべき事由に基づくこと、(iv)履行しないことが違法なこと、の四つである。

〔一三九〕 **一**　履行の可能なこと　履行期に履行が可能であるにも拘わらず履行しない場合に履行遅滞を生ずる。履行不能との差である。もっとも、この要件を厳格に解するときは、不作為債務や厳格な定期行為のように履行期の経過と共に不能となる場合も、履行期徒過の後に不能となる場合も、すべてこれを履行遅滞とすることになる（鳩山一三〇頁など）。然し、履行遅滞には履行が「延びている」という観念を含むものとして、右のような場合には、その時から履行不能となる、とするのが常識的であろう（ドイツの多数説（Ennec-cerus, § 51））。但し、実際上の結果に差異は生じないと思われる。

〔一四〇〕 **二**　履行期を徒過したこと　履行遅滞を生ずるには、履行期が到来することを絶対に必要とするが、履行期の到来だけでは、必ずしも常に遅滞を生ずるのではない。履行期の種類によって異なる。

(1)確定期限ある債務　(イ)昭和三十七年十二月三十一日に支払うというような確定期限（総則〔四二一〕2参照）のある債務は、期限の徒過によって当然に遅滞となる（四一二条一項）。一定の確定的な期間をもって期限とする債務（今月末までに、または、八月中に、支払うべき債務など）にあっては、期間の終末が確定期限たる意義を有することはいうまでもない（終末までに履行すれば遅滞とならず（大判昭和四・二・九新聞二九六二号一一頁）、終末徒過によって当然遅滞となる）。請求の時から一定期間（例えば三ヵ月）内に履行するという債務も、請求があれば、それから一定期間を徒過することによって、当然遅滞となる（ド民二八四条二項後段はこの趣旨を定める）。賃料は毎月前払というような債務は、原則として、その前払すべき一ヵ月の開始する日が確定期限たる意義を有する（特約によってそれより以前に支払うべき場合があることはいうまでもない（大判大正五・五・二七新聞一一四四号二八頁））。なお、地代・家賃の支払時期について確定期限がある場合に、増額請求がなされたときは、正当に増額される範囲内において、右の期限後は遅滞を生ずる（最高判昭和三二・九・三民一四六七頁（債各〔七三七〕参照））。

〔一四一〕 (ロ)確定期限のある債務でも、つぎのものは例外である。

(a)取立債務その他履行について債権者が協力をなすべき債務については、その確定した期限に、債権者が必要な協力をしなければ、遅滞とはならない。従ってまた、例えば五月六日までに登記手続をなすべしという催告がなされても、――債権者がそれまで毎日登記所の執務時間中協力体勢をとっている趣旨ではないから――確定期限を定めたことにはならない（大判昭和五・四・一九評論一九巻民一三〇三頁）。契約解除の要件たる催告について常に問題となる点である（債各〔一二三一〕以下参照）。

(b)証券に化現した債務は、確定期限のある場合にも、証券を呈示して催告しなければ遅滞は生じない（商五一七条）。但し、請求訴訟の訴状の送達による催告（大判昭和二・一二・一〇民六八一頁など多数）、支払命令の送達による催告（最高判昭和三〇・二・一民一三九頁）などの場合には、呈示は不要とするのが判例の態度である（商法学者には反対が多い（昭和二年の判決評釈判民一〇三事件解良参照））。

〔一四二〕 (2) 不確定期限ある債務 (イ)不確定期限――到来することは確実だが何時到来するか不確実な期限（総則〔四二一〕2参照）――のある債務は、期限が到来し、かつ債務者がこれを知った時から遅滞を生ずる（四一二条二項）。不確定な期間をもって期限とする債務（甲の生存中に支払う、甲の死亡後一年間に支払うなどという債務）にあっては、期間の終末が不確定期限たる意義を有する（甲の死亡を知った時、またはそれから一年後に遅滞となる）。いわゆる出世払債務が期限たる意義を有し、一定の事実が生じた時または生じないと確定した時が期限の到来とされる場合（総則〔四一三〕2参照）に、その事実が生じないと確定することによって期限が到来したときは、債務者がそのことを知った時から遅滞となる（大判大正四・一二・一民一九三五頁）。

（ロ）不確定期限の到来した後に債権者が催告したときは、――それが到達することを要するのはいうまでもないが――債務者が期限到来の事実を知らなくとも、なお遅滞を生ずると解されている。第四一二条二項は、債務者が期限到来の事実を知れば催告がなくとも、という意味に解すべきだからである（通説―ド民二八四条、ス債一〇二条ともに催告だけを要件とする）。

〔一四三〕　(3)　期限の定のない債務　（イ）期限の定のない債務は、債権者は何時でも請求しうるのが原則である（ド民二七一条一項、ス債七五条は、債権者は直ちに請求し、債務者は直ちに履行しうると定める）。そして、「履行ノ請求ヲ受ケタル時」すなわち催告のあった時から遅滞を生ずる（四一二条三項）。催告は、債権者が債務者に対してその債務の履行を欲する意思を通知することであるから（総則〔二六七〕2参照）、示された債務の数額が過大または過少であっても、その履行を欲する債務の同一性がわかれば、催告としての効力をもつ（契約解除の要件として、実際上は重要な問題となる（債各〔二二五〕参照））。また、何らかの方法でその意思が債務者に到達すれば足りる。訴状の送達はもとより催告の効力をもち、その訴が不適法であっても、取り下げられても、催告としての効力は影響を受けない（大判大正二・六・一九民四六三頁、―支払命令についても同じ（大判昭和一一・七・二〇新聞四〇三九号七頁））。なお、催告による遅滞は、催告の到達した翌日から生ずる（請求を受けた日に履行すれば遅滞による賠償責任なし（大判大正一〇・五・二七民九六三頁〔判民七八事件我妻〕等））。

（ロ）消費貸借による債務について返還の時期の定がないときは、普通の債務とは異なり、貸主は相当の期間を定めて催告すべきものであるから（五九一条）、第四一二条三項の例外である（債各〔五四三〕参照）。なお、法律の規定によって生ずる債務は、別段の規定のない限り、期限の定のない債務として成立するものと解されている。善意の不当利得者の返還義務（七〇三条―大判昭和二・一二・二六新聞二八〇六号一五頁）、脱退組合員の持分を払い戻す債務（六八一条―大判大正四・五・二八民八二四頁（合資会社に関する））、強制競売の競落人から、配当を受けた債権者に対する代金の返還請求（五六八条二項―大判大正一二・五・二三民三一六頁）などがその例である。ただ、不法行為による損害賠償債務は、成立と同時に当然に遅滞にあるものと解されている。主として沿革と公平の観念によるものである（大判大正一〇・四・四民六一六頁（判民四八事件末弘参照）など判例の一貫した理論であり、今日の通説といってよい（加藤・不法行為（法律学全集）二一九頁参照））。

〔一四四〕

三　債務者の責に帰すべき事由に基づくこと

(1) 前に述べたように、民法の条文を形式的に解釈するときは、履行遅滞には故意過失を必要とせず、ただ不可抗力によって遅延した場合にだけ責任を免かれる（金銭債務に関する四一九条二項の反対解釈）と解すべきが如くである。判例は、最初はそう解した（大判明治四〇・一一・二民一〇六七頁はこのことを詳説し、その後同旨の判決が多い）。然し、その後、過失を推定すべきものとし、責に帰すべき事由に基づかないことを挙証すれば責任を免れうるものとするようになった（大判大正一〇・五・二七民九六三頁が最初のもののようである（判民七八事件我妻評釈参照）。なお同年の大判大正一〇・一一・二二民一九七八頁も同旨（判民一六九事件田中誠二評釈参照））。至当な態度であって、現時の通説はこれを支持する（〔一三七〕イ参照―同旨於保八五頁、柚木一〇八頁等）。

〔一四五〕 (2) 然らば、「責ニ帰スベキ事由」とはいかなる意味か。債務者の故意・過失または信義則上これと同視すべき事由と解してよいと思う（同旨鳩山一三六頁、石田二一一頁など）。同視すべき事由を含む点で、厳格な過失主義が緩和されている。その意味で、責に帰すべき事由は故意過失より広い概念といってよい（末弘五三頁、勝本（上）三二〇頁など参照。但し、債務者の人的事由は悉く含むとして、精神錯乱の場合にも責任ありという説（近藤・柚木一三一頁）には賛しえない）。

(イ)故意とは、債務不履行を生ずべきことを知って、あえて何事か(債務の目的物の破壊など)をすること、または何もしないでいること(債務の目的物を持参しないことなど)である。また、過失とは、債務者の職業、その属する社会的・経済的な地位などにある者として一般に要求される程度の注意(善良なる管理者の注意に同じ(〔三四〕参照))を欠いたために、債務不履行を生ずべきことを認識しないことである。

(ロ)信義則上債務者の故意過失と同視される事由として最も重要なものは、いわゆる履行補助者の故意過失である。

〔一四六〕(a)債務者は債務を履行するために補助者を使用する場合が多い(すべての債務に含まれる請負的性質から、このことはまた許されることである(〔八二〕参照))。個人主義的責任論の一貫したローマ法では、かような場合にも、不法行為の責任と同じく、債務者は、履行補助者の選任監督に過失があった場合にだけ責任を負うべきものとされた。然し、一定の給付をなすべき義務を負い、しかも必ずしも自身でやる必要なしとされる債務関係を不法行為責任と同一理論で律することは正当ではない。ことに、近代取引における運送業・倉庫業のように、多数の使用人を使用して営まれる企業においてこの理論を適用することは不合理である。そこで、まず商法において、かような業主は、債務者として、その使用人の過失についても、あたかも自分自身の過失と同様に責任を負うべきものとされ、ついで、債務の履行一般について民法にもその旨の規定が設けられることになり(ド民二七八条、ス債一〇一条など)、しかもその適用範囲は学説判例によって次第に拡張される傾向を示している。然るにわが民法には、かような規定はなく、商法に規定があるだけである(運送関係(商五六〇条・五七七条・五九〇条・七六六)、寄託関係(五九二条・六一七条)等)。従って、学説は、最初は不法行為の第七一五条を類推適用し、債務者に選任監督の過失ある場合にだけ責任を認めることができるとした（石坂・改纂民法研究下、鳩山一六〇頁等）。然し、判例は、昭和四年に二つの判決（大判昭和四・三・三〇民三六三頁（〔一四八〕i参照）、大判昭和四・六・一九民六七五頁（〔一五二〕後段参照））でこの理論を肯定し、近時の学説は一般にこれを支持する。但し、その適用範囲については、学説は必ずしも一致しない（松坂・履行補助者の研究は立法例に及ぶ好い文献であり、我妻「履行補助者の過失による債務者の責任」（法協五五巻一二九九頁）は解釈論を述べる）。

〔一四七〕　(b)履行補助者とは、債務者が債務の履行のために使用する者である。一時的に使用する者と継続的に使用する者とを区別せず、また、債務者の指揮命令に従って手足のように使用されるものに限らず、独立の企業者をも含む（債務者が送付義務をも負う場合の運送業者を含む。但し郵便・鉄道のようにすべての人に対して一律のサーヴィスをする者は除くべきである）。但し、債務者の手足として使用する者（真の意味の履行補助者）と債務者に代って履行の全部を引き受けてする者（履行代行者・履行代用者）との間には、つぎのような差異を認むべきものと思う（履行遅滞に限らず、すべての債務不履行を一緒にして述べる。適用は履行不能に多いが理論は同一である）。

〔一四八〕　(i)第一に、真の意味の履行補助者については——給付の性質が債務者個人でなすべきものであっても、債務者はなおこれを使用することができるものであるが（名画伯でも機械的な作業には補助者を使用してよい。つぎの(ii)の場合も同様である）——債務者は、その者の故意過失について、常に責任を負う。例えば、船舶の転借人の使用する船員の過失で坐礁難破した場合には、転借人は責任を負う（前掲大判昭和四・三・三〇民三六三頁（判民三二事件小町谷）はかような事例である。この判決が賃借人も責任を負うとすることについては後の〔一五二〕後段参照）。艀船の賃借人の使用する積卸し指揮者の過失で艀船が沈没したときも同様である（大判昭和一六・一二・一九新聞四七五〇号八頁）。また、診療をなすべき医師は、代診の誤診については——代診を使用することが社会の普通の観念として禁じられない場合でも——責任を負う（大判昭和一五・三・二〇法学九巻一三六三頁）。医師が処方して作った薬を患者に渡すことを命じた者の過失についても同様である（大判昭和二・六・一五民四〇三頁は七一五条の問題とされたものであり、命じられた者が医師の父の使用人であったことを理由として責任を否定した事例。七一五条の解釈としても問題だが、債務不履行としては当然責任を認むべきものである（判民六一事件田中和夫評釈参照））。

〔一四九〕（ii）第二に、明文上履行代行者を使用しえないものとされる場合（受任者（一〇四条、債各〔九八四〕参照）、労務者（六二五条二項）、受寄者（六五八条一項）、遺言執行者（一〇一六条一項）など）に、違法に履行代行者を用いたときには、そのことがすでに債務不履行であるから、——代行者を使用しなくても債務不履行となったことを挙証しない限り——履行代行者に故意過失がなくとも、責任を免れない。特約で履行代行者を使用しないことに定めた場合（例えば下請負人を使用しない特約あるときなど）にも同様である（ドイツ学者はこの場合は二七六条をまたず一般原則で責任を生ずるという（Enneccerus, §44 Ⅲ））。

〔一五〇〕（iii）第三に、明文上積極的に履行代行者の使用を許される場合——法定代理人に止むをえない事由があるとき（一〇六条）、受任者が委任者の許諾をえたときまたは止むことをえない事由あるとき（一〇四条（債各〔九八四〕参照））、労務者が使用者の承諾をえ（六二五条）、また受寄者が寄託者の承諾をえたとき（六五八条一項）、遺言執行者に止むことをえない事由があるか遺言に履行代行者を許す趣旨が示されたとき（一〇一六条一項）など——には、債務者は、履行代行者の選任監督に過失があった場合にだけ責任を負うことが明文で定められている場合が多い（一〇五条・六五八条二項・一〇一六条二項）。明文のない場合（労務者については明文なし）にも同様と解する。このことは、債務者が履行補助者について責任を負うのは、履行の一部を協力してやらせた場合に限る意味ではない。然し、民法が一定の要件の下に履行代行者に履行の全部をまかせることを許容している場合には、債務者の責任は軽減されると解するのが妥当と考える。但し、この点については、後述の転借人の過失についての賃借人の責任との関連で学説は分かれている（責任を認むべしと強調するもの柚木一一四頁参照—ドイツ民法にも委任、寄託、遺言執行者などにつきわが民法と同様の規定があるので、それと同法二七八条との関係について学者は慎重な説明を試みている（Oertmann, §278 2 b ε; Enneccerus, §44 Ⅳ））。そして、右のような解釈に対しては、近代企業の経営者たる債務者の責任を不当に軽減するものとの非難がある。然し、近代企業者の企業上の債務については、あたかも不法行為の第七一五条の解釈におけると同様に、あるいはそれ以上に、企業責任としての拡大を試みるべきであって、(例えば大病院と患者との委任契約や倉庫業者と寄託者の間では一〇四条・一〇六条・六五八条は文字通りの適用をみないことになろう)、履行補助者の責任一般としてその拡大を試みることは、却って不当な結果を導くことになるであろう。

〔一五一〕 (iv)第四に、特に明文上または債権者との特約で履行代行者の使用が禁じられているのでもなく、また特に一定の条件の下に許されているのでもなく、給付の性質上履行代行者を使用してもさしつかえないという場合(請負その他一身専属でない給付にはこの例が多い)には、第一と同様の責任を負う。

〔一五二〕 (v)以上の諸標準は、債務者が契約上の権利を享受する場合――例えば賃借人が賃借物を使用収益する場合――にも適用される。けだし、かような場合には、賃借人の使用収益権能は、目的物の保管義務と密接不可分の関係にあるからである(判例・通説―ス債一〇一条は契約から生ずる義務の履行と権利の行使の両方について規定であるが、明文のないドイツ民法でも同様に解されている(Larenz, § 19 IV))。すなわち、賃借人は、同居する家族・同居人・来客などの故意過失について責任を負う(最高判昭和三〇・四・一九民五五六頁(妻に関する)、最高判昭和三五・六・二一民一四八七頁(住込みの職人に関する))。病院の賃借人は入院患者の過失について同様に責任を負う(大判昭和一五・一二・一八新聞四六五八号八頁(失火に関する))。問題は、転借人の過失について賃借人が責任を負うかどうかである。判例はこれを肯定し(前掲大判昭和四・六・一九民六七五頁(転借人の失火に関する)、前掲大判昭和四・三・三〇民三六三頁、も賃借人について責任を認める)、賛成する学者が多い(判民三二事件小町谷評釈、同六三事件吾妻評釈、小町谷志林三二巻二号、柚木前掲など)。然し賛成しえない(同旨石田論叢三五巻二号、末川論叢二四巻三号)。転貸に関する賃貸人の同意は賃借人の責任免除の意味でないことはいうまでもないが、独立して目的物の利用をする転借人の過失について賃借人に責任を負わせることは妥当ではあるまい。企業責任の理論が援用されるべきでないこともいうまでもあるまい。もっとも、ドイツ民法(五四九条二項)、スイス債務法(二六四条二項)ともに賃借人は転借人の過失について責任を負うべき旨を定める。然し、前者は賃貸借についての特殊の政策的理由によるものであり（ドイツ学者の説も一致してはいない。Oertmann, §549, 6 は責任の拡張とするが、Larenz, §19 VI(S. 167) はそうは見ていないようである。）、後者は譲渡転貸を原則として自由とすることと関係あるものと思われる（Oser, Art. 264 Nr. 14）。

〔一五三〕　(vi) 債務者の法定代理人は履行補助者と同視すべきであろうか。ドイツ民法は、明文で肯定し（二七八条は「法定代理人及ビ債務ノ履行ニ使用シタ人」と定める）、スイス債務法には規定はなく、通説は否定している（Oser, Art. 101 Nr. 6）。わが民法の解釈としては肯定すべきものと思う。けだし、法定代理人は債務者の私法的自治の補充または拡張をする制度であって（総則〔三三七〕参照）、債務者がこの制度によって債務の履行をする場合には、自分でする場合と同様の責任を負うことが信義則に適するからである（わが国の通説といってよいであろう）。

〔一五四〕　(c) 債務者が履行補助者の故意・過失について責任を負うのは、債務の履行についての故意・過失から生ずる損害である（一定の室内装飾をなすべき場合には、材料の操作や取付けの不完全から生ずる損傷など）。単に履行に際しての故意・過失ある行為（前例で、履行補助者が室内の物を盗んだとき）には及ばない。この問題は、不法行為における使用者の責任の範囲（七一五条の「事業ノ執行ニ付キ」）と同様のものだが、ここでは、債務者の履行としてなすべき行為が具体的に定められているので、不法行為におけるほど困難な問題を生じないようである（前掲最高判昭和三五・六・二一民一四八七頁は、賃借家屋で家具製造をする者の住込職人の居室における過失で家屋が焼失した場合に賃借人の責任を認めたもので、もとより当然であろう。ドイツ民法の解釈として学説は細かな議論をしている(Oertmann, §278, 3 e β)）。

〔一五五〕　(d) 債務者が責任を負う履行補助者の過失の程度は、債務者自身におけると同様である。すなわち、一般には軽過失について責任を生ずるが、債務者が例外的に注意義務を軽減される場合（例えば、無償の受寄者（六五九条）、相続人の相続財産の管理義務（九一八条・九二六条・九四〇条））には、履行補助者の注意義務も軽減される。スイス債務法の規定は、履行補助者の故意過失を必要としないようにみえるが、学説はなおこれを必要とする（同法九七条の一般原則で補充されるという(Oser, Art. 101 Nr. 12)）。普通の債務不履行については、そう解するのが妥当であろう。なお、債務者は履行補助者の故意または過失について責任を負わない旨の特約をすることは、信義則に違反しないから、さしつかえないであろう(ド民二七八条、ス債一〇一条ともにこの趣旨を定める。なお債務者自身については〔一三七〕イ末段参照)。

〔一五六〕 (八)債務者の責に帰すべき事由があるというためには、債務者に責任能力を必要とすると解すべきである。けだし、過失責任の当然の内容であり(七一二条・七一三条参照)、債務不履行の責に帰すべき事由についても別異に解すべき理由はないからである(ド民二七六条は不法行為の責任能力の規定(同法八二七条・八二八条)を準用する。ス債九九条三項は責任の程度について不法行為の規定を一般に準用するが、責任能力の規定(五四条)も含まれる(Oser, Art. 99 Nr. 14))。

〔一五七〕 (3)履行遅滞が債務者(または履行補助者)の責に帰すべき事由に基づくかどうかの挙証責任は債務者にある。いいかえれば、債権者が確定期限の到来、不確定期限の到来について債務者が知っていること、または期限の定のない債務について催告したこと(四一二条)を証明して、履行を請求したときは、履行していない債務者は、その遅延が自分の責に帰すべからざる事由に基づくことを挙証しない限り、責任を免れることはできない。債務者は一定の給付を義務づけられているものであることからいっても、信義則からいっても、当然のことであろう(ス債九七条は明言する。ドイツ民法の規定は履行不能の場合(二七五条)ほど明瞭ではないが、学説は当然とする(Staudinger, § 284, D, § 285, 3)。わが民法の解釈としては四一九条も一つの根拠となろう)。判例もこれを認め(大判大正一〇・五・二七民九六三頁(過失を推定すべしという)、大判大正一四・二・二七民九七頁(事案は履行不能だが、債務不履行一般について説く))、通説も支持している。

〔一五八〕 四 履行しないことが違法であること　債務者に留置権(二九五条)、同時履行の抗弁権(五三三条)など履行の遅延を正当ならしめる事由がある場合には、履行遅滞は生じない(判例の採る理論であり、多数の支持があるが、反対説も有力である)。この問題は、双務契約の一方の当事者が解除をする際に、その前提として相手方を遅滞に陥し入れなければならない——従って自分の債務の履行の提供をして相手方の同時履行の抗弁権を封じなければならない——ことと関連して論じられる問題である（債各〔一三九〕八参照）。

第二　履行遅滞の効果（損害賠償の請求）

〔一五九〕 一　履行遅滞の効果として、（i）債権者が損害の賠償を請求しうることが最も重要である。（ii）なお、遅滞を生じている間に給付が不能となるときは、それが不可抗力による場合でも、原則として債務者の責任を生ずるものとされる（〔一七二〕ロ参照）。これも履行遅滞の一効果といえる。（iii）さらに、その債権が契約から生じたものである場合には、契約解除権を生ずること（五四一条）が、実際上極めて重要な作用をする（債各〔二一四〕以下）。――なお、履行を遅延したことが債務者の責に帰すべからざる事由に基づく場合でも、債権者が本来の給付を請求する権利に影響を及ぼさないことはいうまでもない。

二　履行遅滞による損害賠償の内容

〔一六〇〕 (1)履行遅滞によって生ずる損害賠償責任は、履行が遅延したために生じた損害の賠償（遅延賠償）であるのを本則とする（金銭債務についての遅延利息がその典型である）。債権者がこの賠償を請求する場合には、本来の給付を請求することができるのはいうまでもないから、遅延賠償は本来の給付とともに請求することになる。なお、この賠償を請求するために契約を解除する必要のないことはいうまでもない。判例は、履行遅滞による損害賠償の請求には解除を必要としないと明言することがある（大判昭和二・四・二八民二一四頁（判民三八事件杉之原）、大判昭和二・五・一九新聞二七二一号一一頁等）。然し、それは、次段に述べる履行遅滞を理由として塡補賠償を請求する場合について重要なことであって、遅延賠償については意味がない（学説にも反対はない）。

〔一六一〕 (2)履行遅滞を理由として、（本来の給付の受領を拒絶して）給付に代わる損害の賠償（塡補賠償）を請求することができるか。学説・判例の分かれる問題である。

(イ)遅延と同時に(定期行為の場合)、もしくはその後に、履行不能となるか、または遅延後の履行が債権者にとって殆んど利益のない場合には、契約を解除しないで、塡補賠償を請求することができる。判例は、最初はすべての場合に塡補賠償の請求もできるとしたが(大判明治三二・一〇・一四民九巻九九頁、大判明治三四・三・三〇民三巻九三頁等)、後にこれを右のように制限した。すなわち、例えば、特定の山林の三分の一を分筆譲渡すべき債務の履行遅延を理由として相当代価を請求すること(大判大正四・六・一二民九三一頁(原審が請求を認めたが破棄差戻。もっとも、この事件は、債権者は二〇日の期限を定めて催告した後に、但し契約を解除せずに、請求したもの))、米穀の売買で売主の履行期徒過の後に買主が直ちに塡補賠償を請求すること(大判大正七・四・二民六一五頁(米穀商の間の売買も必ずしも定期行為とは限らず、そうでないときは解除せずには請求しえないと判示))などは許されないという。学説も、大体において、判例の変更に応じて変遷した(於保九三頁註(二)(三)所掲参照)。もっとも、学説は、つぎに述べるように、更に進展したが、判例の示す制限された範囲で、直ちに(催告も解除もしないで)塡補賠償を請求しうることについては、今日の学説もこれを認めるものと思われる。

〔一六二〕 (ロ)問題は、遅滞の後の履行が債権者にとって殆んど利益のないような特殊の場合でなく、普通の場合に、一定の期間を定めて催告して、その後は、解除をせずに、塡補賠償を請求することができる、という理論を認むべきかどうかである。判例は、これを肯定し、木材の買主が代金を提供して引渡を請求したが売主が応じないので、給付はもはや利益なしとして、契約を解除せずに木材に代る損害の賠償(塡補賠償)を請求する事案において、――給付は利益なしということができないから、塡補賠償をするには解除すべきだとして請求を棄却した原審判決を肯定するに当り、傍論として、――一定の期間を定めて催告すれば、塡補賠償を請求することができるようになる、という理論を示した(大判昭和八・六・一三民一四三七頁(判民一〇〇事件山田))。そして、多数の学説は、この理論を支持する（柚木一一九頁など―もっともこの理論は、前掲大判昭和二・四・二八民二一四頁の杉之原評釈（判民三八事件）に提唱されている）。かような理論は、ドイツ民法第三二六条（催告期間徒過の後は、塡補賠償の請求または契約の解除ができる。本来の給付を請求する権利はなくなる（双務契約に関する））及びスイス債務法第一〇七条（期間徒過後遅滞なくその旨を表示することによって、塡補賠償の請求または契約の解除ができる）と類似の趣旨を含むものである。

思うに、解除をしたときは自分の債務を免れるだけで債務不履行による損害賠償を請求することができない、とする立法例の下では、右の理論は、極めて重要な意義をもつ。然し、わが民法の解除による損害賠償（五四五条三項）を債務不履行による損害賠償と解するときは、それほど重要な意義をもたない。けだし、一定の期間を定めて催告したときは、塡補賠償を請求するためには、期限徒過の後に解除をすればよいのであって、強いて解除を避けることによって塡補賠償を請求するという必要は殆んどないからである（債各〔一一九四〕・〔一一九六〕参照）。果して、右の理論を強調する判例も（前掲昭和八年の判決は、解除すれば「消極的利益」の賠償を請求しうるだけだという。もっともこの点は、判例理論と調和しない異質のものを含む（債各〔二九五〕・〔三一一〕参照））、学説も、契約の解除は、債権の遡及的消滅の結果、債務不履行による損害賠償の請求はできないという理論をとっている（杉之原前掲、柚木一一九頁等）。私は、従来、かような理由の下に、履行遅滞を理由として塡補賠償を請求しうるのは、前段（イ）の場合に限る、と説明してきた。然し、今は、改めて、債権者は、一定の期間を定めて催告した上で、期限徒過の後は、解除によって自分の債務を消滅させることなしにも塡補賠償を請求する権利を取得する（但し、債務者は本来の給付をなすことによってこの権利を消滅させることができる）と解する点で、右の理論に賛成しようと思う。けだし、遺贈による債務のように契約に基づかないものや、継続的契約の毎期の反対給付が現物であるとき（例えば収穫物で支払うときにも、将来に向って解除しなければ金銭で請求しえない、としては不都合であろう）などには、債権者にとって妥当な結果となるのみならず、次段に述べる判例理論を認めるために重要な意義を有するからである（五四一条の類推を根拠としてよい）。――かような解釈は、契約、とりわけ双務契約から生ずる債務の履行遅滞については、一定の期間を定めて催告すれば、その期限徒過の後に解除をするという意思表示をすると否とは、殆んど差異がないことになる。なぜなら、私は、解除の効果として、債務不履行を理由とする塡補賠償の請求権はなくならないが、債権者は解除によって免れた自分の債務の価格を賠償額から控除して清算すべきものと解するのだから、解除をしないで塡補賠償を請求する場合(この場合には自分の債務は消滅しないが相殺によって清算しうる)と結果において殆んど差異がないことになるはずだからである(債各〔二九四〕参照)。なお、念のためにつけ加えれば、私が右の理論を認めるのは、解除しないで塡補賠償を請求することもできる、という点に限るのであって、右に掲げた説が解除をすれば債務不履行による損害賠償の請求ができなくなる(信頼利益の請求はできるとしても)、という点では、これに従うのではない。

〔一六三〕 (ハ)債権者が、一定の物の引渡を請求するとともに、執行の不能なときは判決に定める一定の金額を損害賠償(塡補賠償)として支払うべき旨の判決を求めることができるか。ドイツ民法は、債務者に一定の給付を命ずる確定判決をえた債権者は、一定の期間を定めて催告し、その後は金銭による塡補賠償を請求しうるものと定める(同法二八三条)。しかも、債権者は本来の給付を請求する訴で右の一定の期間をその判決で定めることを請求しうるものとする(ドイツ民訴二五五条・五一〇条b)。わが民法には規定がないので疑問とされ、判例は否定していた(大判大正一五・一〇・六民七一九頁等)。履行が不能となるか債権者にとって利益のないものとなる場合以外は契約を解除しなければ塡補賠償は請求しえないとする理論(〔一六二〕イに限り口を認めない理論)と、口頭弁論終結の時にはまだ塡補賠償額を決定しえない(価格の騰落のほとんどない特殊の物は除くとしても)という考慮によるものと思われる(関「何々を引渡すべし、能はざれば金幾何を支払ふべし」との判決に就て(志林四二巻三・四号)は、かような理論が実際上甚だ不便であり、下級審の実務はこれを無視していることを述べ、肯定説を提唱する。つぎの連合部判決直前の稿であり、余論でこれに言及する。すこぶる示唆に富む)。然るに、その後連合部判決でこれを是認することになった。すなわち、特定の株券の一定数量の買主が、代金を支払った後に、株券の引渡請求とともに、引き渡しえないときは、口頭弁論終結の時を標準として評価された一定の金額の支払を求める旨の請求をしたのを肯認した（大連判昭和一五・三・一三民五三〇頁―この判決の批評、判民二七事件兼子、村松民商一二巻三号、関前掲余論など）。そして、最高裁もこれを支持する旨を明らかにしている（最高判昭和三〇・一・二一民二二頁（線材の買主の請求））。

右の判例理論には、訴訟法上の問題もあるが（予備的併合というべきかどうか、訴訟物は何かなど（関前掲、兼子前掲評釈、三ヶ月・民事訴訟法一三一頁参照））、実体法上三つの問題を含む。第一は、執行が不能な（効を奏さない）場合には――履行不能といえないことはもちろんだが――なお塡補賠償の請求ができるとすることであって、前段に述べた判例理論の承継である。然し、第二に、その理論では、一定の期間を定めて催告しその間に履行がないとき、という条件がつけられていたのに対し、ここではこの条件を要求しない。そして、第三は、口頭弁論終結当時の目的物の価格によって塡補賠償を定めてよい、とすることである。これについて、学説は、あるいは、不特定物の給付を目的とする債務についてだけ判例を是認し（兼子前掲評釈（特定物については、一定の期間を定めることを必要とするのみならず、価格の一定している物でなければ予め賠償額を定めえないとする。従って、特定物についてはかような便法は殆んど認めえないことになろう））、あるいは、常に一定の期間を定めて履行を促がす措置をとるべきだとして反対する（柚木一二一頁）。私は、判例理論を是認してよいと考える。けだし、かような内容の訴が提起されたときは、本来の給付についての債務者に対する強力な催告を含む。のみならず、訴の申立の中に一定の期間を定めることを要求しても、その期間は訴訟の係属中に経過するのが常であろう。しかも債務者は、敗訴しても、債権者が執行不能として塡補賠償について執行するまでの間に本来の給付をすれば、塡補賠償についての執行を免れることができる（〔一六二〕（後段参照））。かような事情を考慮すれば、この場合には、前段の理論に一歩を進めて、一定の期間を定めて催告するという要件を省略しても、債務者にとって酷なことはあるまい。つぎに、損害賠償の額についても、債権者は確定判決によって目的物自体の引渡を求めうるのだから、その価格を口頭弁論終結の時に決定してもそれほどの不都合は生じないであろう。ただ懸念される一事は、判決の確定した後に目的物が債権者の責に帰すべき事由で滅失し、そのことが判決に定められた目的物に代る賠償額に影響を及ぼすことがありうることである（不可抗力で滅失しても影響はないが（〔一〇一〕ロ参照）、債権者の故意過失は過失相殺の理由となろう）。かような場合に、請求異議の訴（民訴五四五条）を認むべきか、債務者は別に損害賠償の請求をなすべきものというべきか、なお検討の余地がある。然し、かような稀な事例のために判例理論を否定することは妥当ではあるまい。

〔一六四〕 **三** 損害賠償の方法　履行遅滞による損害賠償は、遅延賠償であるのを本則とするが、右に述べたように、債権者が一定の期間を定めて催告するときは、解除の有無を問わず、塡補賠償を請求することができるのだから、本段以下には両者を含めて説明する。債務不履行による損害の賠償とは、債務不履行によって債権者に生じた損害（債権者の有する法益に生じた損害、詳しくは次段参照）を補塡することであるが、その方法には二つある。一つは、損害の生じなかった原状（責任原因たる事実がなかったとしたら存したであろうと推測される事実上の状態）を復旧すること（原状回復）であり、一つは、損害を金銭に評価して賠償すること（金銭賠償）である。民法は、後者を原則とする（四一七条―不法行為にも準用されている（七二二条））。立法例によっては、原状回復を原則とするものもあるが（ド民二四九条―二五一条（一定の条件の下に金銭賠償に変更させうるものとする））、普通の場合には、金銭賠償の方が便宜かつ有効であろう。

四 賠償すべき損害の範囲

〔一六五〕 (1)債務不履行の事実があっても、債権者に損害を生じないときは、損害賠償の請求をなしえないことはいうまでもない（株券が滅失しても株主権は消滅しないから、株券の市価をもって損失とすることはできない（大判昭和二・二・一六評論一六巻商四八五頁））。債権者が損害の発生を挙証しないときも同様である（大判大正五・一〇・二〇民一九三九頁（債務者の不履行のために第三者との請負契約ができなかったというだけでは損害を生じたことの挙証にはならない））。然し、いやしくも損害を生じたときは、（イ）その損害が財産上のものであっても、精神上のものであっても、賠償を請求することができる。後者は、精神的苦痛であって、立法例によっては、原則としてその賠償を認めないものもある（ド民二五三条）。民法は、不法行為の損害賠償についてだけこのことを明言し（七一〇条・七一一条）、債務不履行については規定していないが、判例は同様に解し（大判大正五・一・二〇民四頁（鉄道事故で死亡した旅客の子からの慰藉料請求を認める）。最高判昭和三二・二・七裁判集民二五号三八三頁は債務不履行と不法行為の両方について慰藉料請求をなしうるのが通例と判示する）、通説はこれを支持する。但し、その賠償額（慰藉料）の算定は困難な問題である。各場合について、判例法によって一般的な標準を形成する他はない（不法行為で論ずるのが適当である。谷口「損害賠償額の算定」、千種「慰謝料額の算定」（ともに総合判例民法4）は優れた文献）。また、（ロ）積極的損害（damnum emergens）（既存財産の減少）であると、消極的損害（lucrum cessans）（得べかりし利益）であるとを問わない。但し、後者については、その債務不履行がなかったとしたら果してそれだけの利益をうることができたといいうるかどうかは、結局つぎに述べる相当因果関係の有無として、慎重に検討されなければならない。

〔一六六〕 (2) 賠償すべき損害の範囲は、債務不履行と相当因果関係に立つ全損害であるとするのが近時の通説である。

（イ）相当因果関係に立つ損害とは、当該の債務不履行によって現実に生じた損害のうち、当該の場合に特有な損害を除き、かような債務不履行があれば一般に生ずるであろうと認められる損害だけ、という意味である。元来、自然界の因果関係——二つの事実の間の前者（原因）がなかったなら後者（結果）は生じなかったはずだという結びつき——は無限に進展しうるものであるから、一つの債務不履行を原因として生ずる損害は意外な範囲に進展することが少なくない。相当因果関係説は、当該の債務不履行からそれに伴う特殊の事情を除き、これを類型化して、その損害を普通に予想される因果関係の範囲に局限しようとするものである。因果関係は公私法を通じてしばしば問題とされるものであるが、要するに、これを問題とする制度の目的に従って、事実上意外な進展を示す因果関係に一定の局限を与えようとするところに法律上の問題が存在する。そうだとすると、損害賠償は、一方の被った損害を他方に塡補させ、もって当事者間の公平をはかろうとする制度であるから、通常の場合に生ずべき損害を塡補させることが最もよくその制度の目的に適する。これ、相当因果関係説が損害賠償の通則と認められるゆえんである。

〔一六七〕

(ロ)相当因果関係の内容に関して更に問題がある。すなわち、当該債務不履行において特殊の事情だとして除去すべきものの範囲である。例えば、家屋の売主が引渡を数ヵ月遅延したという場合に、買主がそれをどのように利用する者であったか、――家族で居住するのか(その場合には家族の生活状態をも含めて)、他人に賃貸するのか(賃貸借契約に違約金その他の定めがあったかどうかを含めて)、他に転売するのか(転売の契約はすでにあったかどうか、あったときにはその内容はどうだったのか、などの事情を含めて)など――事情は千差万別である。そのときに、当該の債務不履行という中にその事情をいかなる程度まで加えて判断するかによって、通常生ずべき損害の範囲に大きな差異を生ずることは、容易に想像することができるであろう。そして、近時の因果関係説をとる者は、一般に、債務者の知りまたは知りうべかりし事情は、その特別のものもなおこれを加えて因果関係の基礎とすべしという。けだし、最も公平に合し、制度の目的に適するからである。もし客観的に存在するすべての事情を加えるとすれば、自然的因果関係のほとんどすべての結果（損害）に及ぶことになり、また、もし債務者の事実上知っている事情に限れば、不注意な者が利益をうることになり、いずれも公平に反するであろう。

〔一六八〕（ハ）民法第四一六条は、損害賠償の範囲を定める。その内容は、右に述べた相当因果関係の範囲に関する近時の多数説の説くところと合致するとみることができる。すなわち、第一項は、相当因果関係の原則を立言し、第二項は、その基礎とすべき特別の事情の範囲を示すものである（同旨鳩山七四頁、柚木一四一頁等）。従って――

（a）債務者が予見しまたは予見しうべきであったもの、というのは、当該債務不履行に関連して存在した事情であって、生じた損害ではない。その事情を加えて、その前提の下に通常生ずべき損害が決定されるのである（大判昭和四・四・五民三七三頁（転売するという事情だけが予見しうべきときは、その当時転売によって通常生ずる利益だけが賠償の範囲となる））。

（b）債務者が予見しまたは予見しうべきであったかどうかは、債務不履行の時を標準とする。けだし、その時に損害の拡大する事情を予見しまたは予見しうべきに拘わらず不履行をなす者は、その賠償をなすべきのは当然だからである。すなわち、契約締結の時に予見しえなくとも、履行期までに予見しうべきであればもとよりのこと（大判大正七・八・二七民一六五八頁（欧州戦乱が起きたためにマッチが暴騰した事情））、遅滞中に特別の事情を生じたことを予見しうべきであれば、その事情も加えるべきである（大判昭和一五・二・二八新聞四五四三号七頁、大判昭和一五・五・八判決全集七輯一七号一三頁（履行期後債権者が転売し遅延賠償の特約をしたことを知ってなお遅滞を続けた事例））。

（c）特別の事情を債務者が予見しまたは予見しうべきであった、ということは、債権者が挙証しなければならない（大判大正一三・五・二七民二三二頁（次段に述べる最高価格を生じた時期まで目的物を保有したという特別事情に関する））。

〔一六九〕（3）相当因果関係の理論を実際に適用するに当っては、多くの困難に出会う。一方においては、一定の事情の下に生ずることを通常とする類型化された損害を判定すると同時に、他方においては、該当の債務不履行に伴なう具体的な損害を認定して、両者の調和をはかることは、実際問題として極めて困難なことだからである。経済界の状勢・物価変動の傾向・取引慣行などの正確な認識を必要とすることはいうまでもないが、結局においては、信義公平の理念に訴えて結論を導く他はない。スイス債務法は、不法行為について、損害及び賠償の範囲と方法は、終局的には裁判官の自由裁量によるものとし、これを債務不履行に準用する（同法四二条・四三条・九九条）。法の画一性からみて、立法としての当否は疑問だが、理念としては正当なものを含むというべきである。問題となる主要なものを考察する。

〔一七〇〕 （イ）純粋の遅延賠償、すなわち、本来の給付とともに請求される損害賠償は、その履行の遅延したことによる損害の賠償であって、問題は比較的少ない。

（a）金銭債務にあっては、遅延した期間に応じたいわゆる遅延利息が損害であって、最も遅延賠償の名に適するものだが、その額は定型化されている（後に述べる〔一九一〕・〔一九二〕）。動産の引渡を目的とする債務にあっては、その動産が債権者の普通の生活上の使用を目的とするもの（衣類・家具・調度など）であれば、遅延の間だけ使用しえなかったことによる損害であるが（その間他から特別の賃料を払って賃借しなければならないことなどは、多くは特別の事情となろう）、営業用のもの（原材料または営業用設備など）である場合には、その間だけ営業に支障を生じ収益を挙げえなかったこと、または他所から高い対価で調達しなければならなかったことが損害となる。さらに、その動産が、債権者が転売するもの（主として商品）である場合には、債権者は契約を解除して塡補賠償を請求するのが常であろうが、そうでなく、催告して目的物に代る賠償を請求する場合でも、転売によってうることができた利益の喪失が損害となりうる。然し、いかなる時点を標準として転売利益を算定すべきかが重要な問題となる。後に詳述する（〔一七一〕・〔一七二〕）。なお、遅延して履行されたために転売利益が減少したとき(価格が低落の傾向をとっていたとき)は、履行期にえたであろう転売利益と現実に履行された時にえられるであろう転売利益との差——結局は、履行期の市価と現実に履行された時の市価との差額——が遅延による損害額となることはいうまでもない(最高判昭和三六・一二・八民二七〇六頁(履行期の市価と買入価格の差を損害額とした原審判決を破棄差戻))。

(b)建物の引渡を目的とする債務(請負人が建造する場合、売主または賃貸人が引き渡すべき場合、賃借人が明け渡すべき場合など)にあっては、債権者がみずから居住するものである場合には、その間に居住しえなかったことが損害である(その間従来の居住について特別に高い賃料を払ったこと、従来の居住を明け渡しえないために特別の損害賠償をしたことなどは、特別の事情となろう)。また、それを他に賃貸し、またはそこで営業を営むものである場合には、賃貸料、またはその営業によって普通に収めうる営業収益も損害となる(最高判昭和三二・一・二二民三四頁は、土地の明渡を遅延した債務者に対し、債権者がそこに建物を建てて営業を営む確実な計画がある場合(そのことは債務者に通知された)には、遅延した期間における相当の収益を損害とすることができるとした注目すべき判決である)。また、債権者がその家屋を他に売却するものである場合に、債務者の遅延のためにその売買契約に支障を生じたときは(例えば手附を倍戻したときなど)、それによる損害も原則として含まれるであろう(最高判昭和三〇・一二・一裁判集民二〇号六五三頁(建物の買主が収去を遅延したため、敷地を更地として売った売主の手附倍戻の損害について賠償を認める(債務者は更地売却手附授受の事実を知っている)。建物についても同様であろう))。但し、売却によってえられるはずであった利益を失った場合については、後に述べる塡補賠償についてと同様の問題を生ずる(〔一七一〕・〔一七二〕)。

(c)土地の引渡を目的とする債務(土地の売主・賃貸人が引き渡し、賃借人が明け渡すべき場合など)にあっては、前段に述べた建物と同様に取り扱うべき場合が多い(そこに引用した昭和三〇年及び三二年の最高判は土地に関する)。特に問題となるのは、借地権であるが、賃貸人が、一定期間借地権者の使用収益を妨げたとき(借地の交付が遅延したとき、借地期間中に使用不能の状態を生じさせたときなど)は、借地権者がその期間内使用収益しえなかったことによる損害を計上すべきである(大判昭和五・七・二六民七〇四頁(判民六九事件我妻))。これに反し、履行不能となったときは、さような損害がどれほど継続して生ずるかを(借地権の存続期間、更新の可能性の有無・大小などを基礎として)算定して損害額を定めることも不可能ではあるまいが（大判昭和一〇・四・一三民五五六頁（判民四〇事件内田）参照）、むしろ借地権の交換価格によって算定するのが適切であろう（大判昭和八・七・五民一七八三頁（判民一二五事件我妻）参照）。

（d）船舶の引渡を目的とする債務にあっては、建物や土地と同様に取り扱ってよい。すなわち、自家用船であれば、遅延された期間使用収益しえなかったことが損害であり、賃貸を目的とするものであれば、その期間中の普通の傭船料が損害である（大判昭和二・七・七民四六四頁（判民七二事件末弘）、但し傍論。この事件では、船舶の注文主が履行期に転売する契約をしていたことを理由として、傭船料の請求は否定された）。船舶の価格を塡補賠償として請求する場合は次段の問題となる。

〔一七二〕 （ロ）履行遅滞を理由として——契約を解除し（または一定の期間を定めて催告して）（〔一六一〕・〔一六二〕参照）——目的物に代る損害の賠償を請求する場合には、どの時点における目的物の価格を基準とすべきか。例えば、売主が商品の給付を遅延しているので、買主がこれを理由として解除して目的物の価格と契約した代金との差額をえて満足しようとする場合に、履行期から催告、解除、訴提起を経て判決に至るまでの間に目的物の価格が変動したときに、どの時点を基準とすべきか。はすこぶる重要困難な問題である。

（a）判例はこの問題について大きな変遷を示している（柚木一四二頁以下は判例の変遷を巧みに要約している）。最初は、債権者は右の期間中の任意の時点を選んでこれを基準とすること（中間最高価格の請求）ができるとし（大判明治三七・一二・七民一四〇四頁以下多数（不法行為の損害賠償についても同旨多数））、その時点以前を履行期とする転売契約をしていても妨げない、とした（大判明治三八・一一・二八民一六〇七頁）。然し、これは明らかに不当である。けだし、——右の期間中に価格が一度高騰しついで下落することさえある（欧州戦争の際の船舶・鉄材などにその例が多かった）にも拘わらず、——常に最高の価格を標準とすることは、債権者に神の如き明察果断ありと前提することであって、極めて公平に反する。また、転売の事実を無視することは、債権者は転売契約に違反して巨利を博することを前提するものであって、極めて信義に反する。学者からかような非難を受け、判例は、まず、買主が転売の契約をしているときは、その履行期を標準とすべく、その後の騰貴を考慮すべきでないとし（大判大正一〇・三・三〇民六〇三頁（判民四七事件平野評釈・末弘附記）（マッチ軸木の売買））、ついで、債務者が履行期後に目的物を他に譲渡し履行不能となった事件につき、原則として履行不能となった時の価格を標準とすべく、その後の騰貴した時期を標準とするためには、債権者が履行期に引渡を受けてもその時まで保有して処分したであろうという事情が挙証されなければならないと判示した（大判大正一三・五・二七民二三二頁（判民四八事件鳩山）（目的物は立木））。そして、最後に、相手方の過失によって沈没させられた船舶の所有者から不法行為を理由とする損害賠償の請求事件について、大正十五年五月二十二日の民刑連合部判決（民集三八六頁、（判民五三事件末弘））で、原則として目的物の滅失した当時の価格（船舶の交換価格）を基準とすべく、その後の騰貴した価格によるべきではないとなし、また、滅失した時以後の傭船料は別に計上すべきではなく（それは滅失時の船価に含まれている）、ただ債権者が特別の技能・施設などによって特殊の収益を挙げえたという特別の事情があれば（それは右の船価に含まれないから）、その挙証と債務者の予見可能性とを条件として、これを請求しうるに過ぎない、という大方針を示した。なお、この判決は、不法行為による損害賠償の範囲は第四一六条を類推適用して定むべきものとなし、右の理論は同条の解釈の結果だとしたのだから、債務不履行についても基準を示すものとなったのである。

〔一七三〕　（b）右の連合部判決は、中間最高価格の請求を否定したことその他極めて正しい理論を含んでいる。然しなお問題は残されている。

（i）第一に、転売に関する理論は正しい。債権者が転売契約をしているときは、その転売価格以上のうべかりし利益は認めるべきではない。そして、物価が騰貴の傾向を示しているときは、相当な利益をえて転売することは通常の損害といいうるが、転売価格がこれを越えているときは、特別の事情による損害となる（大判昭和四・四・五民三七三頁（判民三三事件末弘）転売価格が買価の三倍の事例）。

（ii）第二に、目的物の価格相当額の賠償を請求する場合には、その価格算定時期以後の通常の収益は原則として請求しえないとすることも正当である。

（iii）第三に、然し、債務の目的物が滅失し、その他履行が不能となり、塡補賠償に代る場合における価格算定の標準時期については、場合を分ける必要がある。すなわち、履行期の後に不能となるときは、原則としてその不能となった時期が標準となる。けだし、履行期に給付されたとしても債権者の許でそれだけの価格を有するとみるのが妥当だからである。これに反し、履行期の前に不能となるときは、原則として履行期が標準となる。けだし、その時に目的物が給付されるはずであったからである。判例は、かつて、譲渡担保権者が被担保債権の弁済期前に目的物を第三者に譲渡した事案について、賠償額は弁済期における目的物の価格によるといった（大判昭和六・四・二四民六八五頁（判民七一事件平井）担保設定者が弁済期後に請求した事例）。然るに、最高裁は、同じく譲渡担保権者が目的山林を被担保債権の弁済期前に理由なく伐採した事案について、担保権者の目的物返還債務の履行不能が確定的となった伐採の時を標準とすべし、という（最高判昭和三五・一二・一五民三〇六〇頁。なお最高判昭和三五・四・二一民九三〇頁（二重譲渡人の賠償額は他方に移転登記をした時の不動産の価格とする）にも同様の趣旨がうかがわれるが、事案は履行期後の売却である）。おそらく、譲渡担保設定者（目的物の返還についての債権者）が直ちに期限の利益を放棄し、弁済の提供をして目的物の返還を請求しうることを考慮したものであろう（事実そうした事案である）。譲渡担保権者の目的物返還債務という特殊の債権については、最高裁の態度は必ずしも不当ではあるまい。然し、これを一般化し、履行期の前後を問わず不能となった時を標準とする、というべきではない。

(iv)第四に、履行が不能となるのではなく、債権者が、一定の期間を定めて催告して、契約を解除し、または解除せずに、目的物に代る塡補賠償を請求する場合には、解除または催告が効力を生ずる時が価格算定の一応の標準といってよかろう。然し、債権者がかような手段に訴えるのは、目的物の価格高騰の傾向があるとか、その他履行の遅延によって損害が拡大するときに、債務者との間は金銭賠償で打ち切り、目的物を他所から高価に求めるか、転売の利益を断念しようとする場合が多い。さような場合には、右の標準時以後相当期間における騰貴した価格を算入することが許されなければならない（大判昭和九・八・一〇判決全集一輯(第九)一四頁は米穀商間の売買では、履行期後の相当額の騰貴価格の賠償を請求することができると判示し前掲大正一三年の判決(一七一)a)を援用する）。また、解除後の損害も、必ずしも特別の事情によるものといえない場合もある（大判昭和七・一二・二四裁判例(六)民三六頁）。

要するに、右の連合部判決は不法行為による物の滅失に関するものであるから、これを債務不履行に適用するに当っては、履行期を考慮に入れ、滅失と解除を区別し、然る上で、特に当事者の職業（商人かどうかなど）、目的物の種類（有価証券、商品、建物、山林、土地、船舶など）、契約の目的（転売、原材料・営業設備として使用、普通の生活上の使用など）、当時の物価騰落の傾向、取引慣行など諸般の事情を考慮し、公平の理念に訴えて判断しなければならない。

〔一七三〕（ハ）賠償を請求しうる損害の範囲に関する特殊のものとして、債務不履行による損害の賠償を請求する訴訟を提起するために弁護士を依頼しこれに支払った費用（弁護士費用）が問題となる。主として、不法行為の問題として――すなわち、不当な訴または不当な応訴・抗争そのものが不法行為となるかどうか、また、不法行為者が不当に争う場合に請求訴訟を提起する者の支払う弁護士費用が不法行為と相当因果関係のある損害といいうるか、などの観点から――問題とされた。そして、判例は、最初は一般的これを否定していたが（大判大正四・五・一九民七二五頁は債務不履行の例（買主は、売主に対して追奪担保責任を問う訴訟に要した弁護士費用を請求しえない））、後に次第に肯認するようになり、最後に不法行為について民刑連合部判決で確認した（大連判昭和一八・一一・二民一一七九頁（判民六六事件川島）。それまでの判決につき、判民同年度五一事件及び判民昭和一六年度七九事件の川島評釈参照）。正当だと思う。けだし、不当な訴または不当な応訴・抗争そのものが不法行為となりうることを否定すべき理由はない（加藤・不法行為（法律学全集）一三三頁参照）。また、わが国の法制では弁護士強制主義をとらず（当事者自身で訴訟をしてもよい）、弁護士の報酬について画一的な定めもないが、事件の如何により、弁護士に依頼するのが普通かどうか、その報酬が一般に何程かは、相当因果関係の範囲として決定されうることはいうまでもないからである。もっとも、右の連合部判決は、不当に損害賠償請求訴訟を提起された者は、応訴のために弁護士に支払った費用も、不法行為による損害として、一定の範囲でその賠償を請求することができる、というものであって、債務者が任意に支払わないために弁護士に依頼して訴を提起せざるをえなかった場合に及ぶかどうかは、必ずしも明らかではない。然し、債務者が応訴して争うのも当然だと認められる事情がない場合には、債権者の右の費用も責に帰すべき債務不履行から生ずる損害とみるべきものと考える。

〔一七四〕 (4)損害賠償債務の遅滞　債務不履行による損害賠償請求権は、遅延賠償も塡補賠償も、期限の定のない債権として成立し、催告によって遅滞を生ずる（四一二条三項）。従って、催告の翌日から遅延利息を附すべきである。この点は不法行為による損害賠償請求権とは異なるものと解されている（〔一四三〕ロ参照）。なお、金銭債務の履行遅滞による遅延賠償（遅延利息）については別の理論による。後述する（〔一九二〕）。

〔一七五〕 (5)損益相殺　債務不履行は、債権者に損害を与えると同時に利益を与え（または出費を免れさせ）ることがある。その場合には、その利益が債務不履行と相当因果関係に立つものである限り、これを控除した残額をもって賠償を請求しうる損害の範囲としなければならない。これを損益相殺という。例えば、運送契約の不履行によって旅客を死亡させた運送人が被害者の生存してうべかりし収益を賠償する場合には、生存中の生活費などを控除しなければならない。けだし、債務不履行と相当因果関係に立つ損害とは結局右の残額に限るべきことは当然だからである(五三六条二項はこの思想を示す)。

〔一七六〕 (6)相当因果関係に従って損害賠償の範囲を定めるべき原則に対して三箇の例外がある。第一は金銭債権の不履行(四一九条一項)、第二は過失相殺(四一八条)、第三は賠償額の予定(四二〇条・四二一条)である。第一のものは後に譲り、つぎに第二、第三について説く。なお、ここでも、履行遅滞に限らず、債務不履行の三つの形態を一緒にして述べる。

五　過失相殺

〔一七七〕 (1)意義　「債務ノ不履行ニ関シ債権者ニ過失アリタルトキハ裁判所ハ損害賠償ノ責任及ビ其金額ヲ定ムルニ付キ之ヲ斟酌ス」(四一八条)。これを過失相殺という。損害賠償制度を指導する公平の原則と債権関係を支配する信義則との具体的な一顕現である。けだし、自分の不注意によって生じた損害を他人に転嫁することは、損害賠償理論の許さないところであるのみならず、債務の履行が完全に行われるように債権者もまたこれに協力すべきことは、信義則の要求するところだからである。過失相殺は不法行為に基づく損害賠償においても適用される原理である(七二二条二項)。そこでは損害賠償制度を指導する公平の原則と社会生活を支配する協同の精神との具体的な一顕現となすべきであるが、その要件及び効果には、両者の間にさまで差異を認めるべき理由はない(藪「過失相殺」(総合判例民法12)は、両者についての判例の周到な分析を試みるだけでなく、学説についても要領のよい紹介をする)。

〔一七八〕 (2)過失相殺の要件　(イ)債務の「不履行ニ関シ」債権者に過失があるとは、広い観念である。

(a)債務不履行自体について債権者にも過失のある場合に適用あることはいうまでもない。例えば履行期前に債権者が転居しこれを債務者に通知せず、債務者もなすべき調査を怠ったために遅滞を生じたとき、または債権者の過失と債務者の過失とが競合して目的物が滅失して履行不能となったときなどがその適例である。銑鉄を継続的に給付すべき売主が、価格の騰貴している時期には給付せず、下落してから一時に給付したために買主が代金を一時に支払いえなかったような場合には、売主の遅延中に買主が代金を提供して履行遅滞に陥いらせる措置をとらなかったとしても、買主の代金支払の遅滞には売主にも過失があるとするのもこの例といえる(大判大正一二・一〇・二〇民五九六頁(判民一〇九事件鳩山))。

(b)のみならず、債務者だけの責に帰すべき事由によって債務不履行を生じた後に、損害の発生または拡大に債権者の過失が加った場合にも適用される。例えば、履行遅滞が生じた後に債権者が転居しこれを通知しないために遅延の期間が延びたとき、または、債務者の責に帰すべき事由によって目的物が滅失した後に、債権者が損害を軽減するための通常の処置をとることを怠ったときなどである。収去すべき第三者の建物の存在する土地を更地として買った買主が、建物を収去させるために当該の事情の下に普通に予期される以上の移転料を支払ったときは、売主が移転料を負担する旨の了解があっても、その全額を売主の債務不履行による損害とすることができない、というのもこの例とみることができる(大判昭和一六・九・九民一一三七頁)。

〔一七九〕 (ロ)債権者に過失があるとは、債権関係を支配する信義則に違反するものと認められる過失(不注意)があることである。過失は単なる注意の欠缺の他に義務違反を必要とする観念であるが過失相殺における過失には義務違反がないから普通の過失と性質を異にする（自分自身に対する過失、自己過失である）と説く者が多い（藪前掲一七三頁所掲参照）。然し、過失における義務違反とは、要するに、違法な不注意ということに帰着する。しかもこの違法性は、必ずしも法律上の義務違反に限るべきではなく、むしろ、社会生活における協同の精神または債権関係における信義則に違反することをも含むと解するのを至当とするから、過失相殺の過失をもって特異の観念とする必要はないものと思う（鳩山九三頁、於保一三四頁、藪前掲等参照）。なお、過失相殺においても債権者自身の過失の他に、受領補助者の過失のように取引観念上債権者自身の過失と同視すべきものを含むこと、及び、責任能力を前提とすること、ともに債務者側の過失（責に帰すべき事由）と同様である（通説。不法行為について重要な適用を示し、肯定する判例が多い（藪前掲二三九頁以下参照））。

〔一八〇〕 (3)過失相殺の効果　裁判所は債務者の賠償額を軽減しうるだけでなく、場合によっては賠償責任を否定することもできる。否定すべきかどうか、またいかなる範囲に軽減すべきかは、債権者債務者両方における故意過失の大小、その原因としての強弱、その他諸般の事情を考量し、公平の原則に照して、これを決定すべきものである。但し、いやしくも債権者に故意過失があることを認定したときは、多少の程度において斟酌しなければならない。それをしない裁判は違法である。――不法行為における過失相殺の規定（七二二条二項）は、その文理上、二つの点でこれと異なるとされる。その一、賠償額を軽減することはできるが、責任を否定することはできない。その二、被害者に故意過失があることを認定しても、斟酌しなくともよい（大判大正九・一一・二六民一九一二頁等）。然し、債務不履行における過失相殺と不法行為におけるそれとは、理論上その効果を異にすべき充分な理由のないものであることは前に述べた通りであるから、かような区別をすることは、立法として妥当でない。立法者は、債務不履行の責任は債務者に過失のない場合にも生ずるものとなし、従って責任が否定されることもありうるが、過失責任を原則とする不法行為はこれと異なる、と考えたものらしい（梅・要義七二二条参照）。然し、債務者の責任も責に帰すべき事由のあることを要件とすると解するときは、この区別は存在意義を失う。適用の上で両者を接近させるように努めるべきである。なお、過失相殺に関する第四一八条と第七二二条第二項との関係を右のように解するのが通説であるが、異説がある。前者は債務不履行自体すなわち責任原因自体の発生に債権者の過失がある場合の規定であって、後者は不法行為の成立した後における損害の発生または拡大のみについて被害者の過失がある場合であるとし、不法行為自体の発生について被害者に過失があるときは前者を準用し、債務不履行のあった後における損害の発生または拡大について債権者に過失があるときは後者を準用すべしという（勝本(上)四二三頁、石田一二八頁）。民法の不備を是正しようとする試みとして一応巧妙なものであることを認める。然し、両法条をかように解すべき文理上の根拠は、必ずしも充分ではない。のみならず、債権者または被害者の過失が責任原因自体の発生に関与した場合には必ず斟酌すべしとすることも、損害の発生または拡大に関与したに過ぎないときは責任を否定しえないとすることも、共に、公平の原則に基づく制度の内容を不当に硬直にする欠点を伴なう。

六　損害賠償額の予定

〔一八一〕 (1)意義　(イ)当事者は、債務不履行のあった場合には一定の損害賠償をなすべきものとして、債務の履行を確保するとともに、万一不履行の場合には、損害賠償に関する挙証の煩を避けようとすることが少なくない。これを損害賠償の予定という（民法は損害賠償額の予定というが、同様に解すべきことは後述する）。一定額の金銭を予定する場合が多いであろうが、債務の額に対する一定率で定めることも、もとより妨げない。金銭債務については、かような例がむしろ多い。また、金銭ではなく、他の代替物の一定量（大判大正八・三・一民三五二頁は白米を給付する例）と定めること、さらに、原状回復その他の方法を予定することもあろう。民法は、金銭を普通の場合とし、金銭以外のものの場合はこれに準ずるものとするから、効果においては両者の間に差異がない（四二一条）。

(ロ)債務不履行について損害賠償の予定をすることは、契約自由の原則からみて、当然許されるはずであるが、「民事罰の自由」として、利息の自由とともに、近世取引法の獲得した契約自由の原則の具体的な一内容であって、歴史的な意義がある。フランス民法及びわが民法が、裁判所は損害賠償として予定された額を増減しえない旨を定めたのは、かような意味をもつ。しかるに、その後の立法の傾向は、この制度が債務者を不当に圧迫する手段に用いられることをおそれ、あたかも利息の自由におけると同様に、その不当に多額な賠償額の予定は裁判所において適当に減額しうるものと定めるようになった。ドイツ民法（三四三条）、スイス債務法（一六三条三項）がその例である。注目すべき立法の変遷である。

〔一八二〕　(2)賠償額予定の効果

(イ)民法は損害賠償額の予定と規定しているので、債権者がこれを請求しうるための要件について学説が分れている。然し、当事者の普通の意思は、責に帰すべき事由の有無も、損害の有無及び額についても、一切の紛争を避ける趣旨と解するのが適当である（通説といってよいであろう）。すなわち、(a)債権者は、債務不履行という客観的な事実の生じたことを証明すれば、債務者の責に帰すべき事由によることも（少数の反対説がある）、損害の発生したことも（多少なりとも損害の生じたことを挙証すべしとする少数説がある）、証明しないで予定賠償額を請求することができる（大判大正一一・七・二六民四三一頁（判民六三事件平野）

炭鉱試掘事業のための土地賃借人が、復旧を遅延するときは地代相当額を賠償する旨の予定）。（b）また、債務者において実際の損害額の少ないことを挙証して減額を請求することができないのみならず、実際の損害が絶無であることを挙証しても賠償責任を免れることができないと解すべきである（反対末弘六五頁等）。同様に、債権者において実際の損害額が更に大であったことを挙証しても増額を請求することはできない。（c）以上は賠償額予定の普通の趣旨を解したものである。当事者がこれと異なる契約をすることは可能であり、そのときにはそれに従うべきことはいうまでもない。のみならず、右の解釈が著しく信義則に反する結果を導く特殊の事情がある場合には、適当な範囲の減額または責任の否定を認むべきである（次段参照）。

〔一八三〕 **（ロ）**民法は、前に一言したように、損害賠償の予定額は裁判所においてこれに増減を加えることをえないものとし（四二〇条一項）、ただ、利息制限法で、金銭の貸借については、弁済期に履行しない場合に支払うべき「償金、罰金、違約金、科料」など一切のものは、損害の補償とみなして、裁判官が債権者の実際に受けた損害と比較して相当の減額をすることができる、という例外を定めた（旧五条）。然し、利息制限法のこの規定は、商事に関しては適用なく（商法施行法旧一一七条）、商事に関しては民法の原則によるものとされた。かような態度は、前記の立法の傾向に即してみるときは（〔一八一〕ロ）、契約自由の原則を過重するものである。今日においては、第四二〇条に対しても、公序良俗による制限を加え、賠償額の予定が暴利行為となるときはその全部または一部を無効とする理論を強調すべきである。なお、新利息制限法は、右の金銭債務の不履行についての賠償額の予定に関する規定を改めたが、後に述べるように（〔一九三〕）、裁判官の自由裁量による減額について画一的な規制を設けただけである。しかも、その適用される債務の範囲は限られているのだから、第四二〇条第一項の適用される範囲は決して狭くないことを注意すべきである（〔一九四〕参照）。

〔一八四〕　(ハ)損害賠償額の予定は「履行又ハ解除ノ請求ヲ妨ゲズ」（四二〇条二項）。（a）この規定は、賠償額の予定をしても、そのことだけでは、本来の給付の履行を請求することができなくなるものでもなく、また契約の解除権を失うものでもない、という意味である。その限りでは、もとより当然のことである。然し、本来の給付の請求や解除による損害賠償の請求と予定賠償額の請求との関係は一律には決しえない。思うに、賠償額の予定として当事者間で契約されるものには、およそ三種の内容がある（大判大正一〇・九・二四民一五四八頁の我妻評釈（判民一三一事件）参照）。第一は、履行の遅延に対する賠償額（建築の請負において、期日に完成しなければ一日千円の割で賠償すべしという場合、その他金銭債務について遅延の期間だけ一定の日歩を支払うべしという場合など）、第二は、本来の給付に代る賠償額（家屋の贈与において、家屋が滅失すれば百万円を賠償すべしという場合など）、第三は、主として双務契約において、債権者側の反対給付を履行せず、これによって契約関係を清算しようとするための賠償額（売主が履行しないときは代価の半額を賠償すべしという場合など）である。そして、（i）第一の場合には、これと共に本来の給付の履行を請求しうることはいうまでもないが、履行不能となったとき、または解除したときの損害賠償額についてはこの予定額は標準とならない。もっとも、無尽の落札金を月賦弁済すべき債務について、怠納のために解除されて残額を一時に弁済しなければならなくなった場合などには、延滞日歩四銭の賠償予定率は全額について適用される（大判昭和八・二・二四民二五一頁（判民二〇事件戒能））。けだし、この場合の解除は、要するに期限の利益を失わせる意味をもつだけだからである。（ii）第二の場合には、これと共に本来の給付を請求することができないのはいうまでもない。のみならず、遅延賠償についてはこの予定額は標準とならない。履行不能となるときは直ちにこの予定額を請求することができる。あえて解除を必要としない（但し自分の給付義務を免れない）。然し、解除をした場合にも、この予定額を基礎として（解除した債権者のなすべき給付

（の価格をこれから控除して）損害賠償額を算定すべきことになる。――この解除との関係は、解除による損害賠償の性質に関する問題である（債各〔三一二〕参照）。解除した場合の損害賠償は、信頼利益の賠償である、とする説によるときは、解除をすれば予定賠償額は請求しえないことになろう（柚木一六七頁参照）。（iii）第三の場合には、債務不履行があれば（履行遅滞でよいか、履行不能となることを要するかは約旨による）、直ちにこの予定額を請求することができる。解除をする必要はない。しかもこの請求によって債権者の反対給付の義務も消滅する。例えば、徒弟が雇傭期間中に逃亡したときは全期間中の飲食料を賠償すべしという契約などはこの例に属する（大判大正七・一・三〇民一二四頁。――なお大判大正八・四・一四民六八〇頁は石材の売主がほしいままに他に売却したので買主から千円の予定賠償額を請求する事案について同旨）。但し、かような場合に解除をしても、その賠償額は同じく予定額によるべきである。けだし、民法の解除の効果は、右に述べたように、結局右のような清算をすることに帰すると解すべきだからである。例えば炭鉱主の継続的石炭供給契約において、中途で遅滞するときは残数量の代価の二倍相当額を支払うべしという契約にあっては、買主は、解除してもなお予定賠償額を請求することができる（前掲大判大正一〇・九・二四民一五四八頁（判民一三一事件我妻）参照）。なお、この種の契約において、予定賠償額と本来の給付とを合せて請求しえないことはいうまでもない。――以上三種のうち、当事者の特約したものがどれに当るかは、その数額その他を考量して慎重に決すべきものである。（b）なお、労働基準法は、使用者が労働契約の不履行について違約金を定めまたは損害賠償額を予定することを禁ずる（同法一六条・一一九条、船員法三三条・一三〇条も同旨）。この趣旨は、同法の適用を受けない雇傭契約についても考慮されなければならない（債各〔八一三〕・〔八一四〕参照）。

〔一八五〕 (3) 違約金は賠償額の予定と推定される（四二〇条三項）。違約金とは、債務不履行の場合に支払うべきものと約定される一種の制裁金であるから、その内容は種々ありうる。ことに、損害賠償の請求は別に一般の理論に従ってすることができるものとし、それとは無関係に違約金を支払うという場合もありうる。かような場合にも、必ずしも常に公序良俗に反するとはいえないであろう。然し、これを賠償額の予定と推定することは、契約の解釈に関する紛争を避けるだけでなく、普通の場合の当事者の意思にも適するであろう(なお新利息制限法は違約金を損害賠償額の予定とみなすことにつき〔一九三〕参照)。金銭以外のものをもって違約金となす場合も、その効力は金銭をもって定めた場合と同様である(四二一条)。なお、自主的統制を目的とする組合にあっては、組合員の規約の遵守を確保するために、過怠金の制裁を定める例が多い。かような場合にも、違反者に対して組合から別に損害賠償を請求しうるかどうかの問題については、なおこれを損害賠償の予定と推定してよいであろう。然し、かような過怠金について問題となるのは、制裁として許される程度のものかどうかである。結局は公序良俗を基準として判断することになるであろうが(総則〔三〇〕六5参照)、その前に当該組合の性格を吟味することを怠ってはならない(大判昭和八・五・二六民一三七二頁(判民九五事件)、大判昭和九・四・一七民五三〇頁(判民四七事件)、大判昭和一〇・一〇・二三民一七五二頁(判民一一四事件)についての戒能評釈及び引用の論著参照)。

第三　金銭債務の履行遅滞に関する特則

〔一八六〕 一　金銭債権(〔四九〕参照)の遅滞については、その要件にも効果にも特則がある。一言にしていえば、一方において、いやしくも期限に履行しないときは直ちに遅滞の責任を生ずるものとし、他方において、その責任の範囲を画一的にする。現代社会における金銭の万能的作用と、極度の融通性とに基づくものである。

二　要件についての特則

〔一八七〕 (1)「債務者ハ不可抗力ヲ以テ抗弁ト為スコトヲ得ズ」(四一九条二項後段)。すなわち、債務者は、履行を遅滞したことが不可抗力によるものであることを証明しても、責任を免れることができない。債務不履行や不法行為の責任要件として、不可抗力という観念は、賠償義務者に無過失責任を認めようとする場合に、その責任のあまりに過重となることを制限するために用いられたものである（いわゆるレセプツムの責任においても不可抗力による損害については責任を免除する（商五九四条参照））。然し、金銭債権については、この制限をも撤廃して、絶対的責任を認めようとするのである。立法例としては特異のものであるが（大判昭和一七・一一・一三民九九五頁の林評釈（判民五一事件）参照）、その当否――ことに消費貸借による金銭債務に限らず、物の使用の対価としての金銭債務にも適用すること――は疑問である（右の判決は、地代値上げ請求があれば、有効な範囲で、その時から遅延利息を生ずるとするもの）。農地法が金納小作料の遅延を理由とする解除についても一定の制限を加えている（同法二〇条（信義に反したときでなければ解除は許されない））こととも関連して、考慮の余地がある。

〔一八八〕 (2) 「債権者ハ損害ノ証明ヲ為スコトヲ要セズ」（四一九条二項前段）。この点は他の立法例にも同旨のものが多い（林前掲参照）。金銭の性質からみて妥当であろう。

〔一八九〕 (3) 金銭債務の履行遅滞の違法性に関連して注意すべきものは、モラトリウム――緊急時に当って、債務者のために、法令によって一定期間の支払猶予を認めること――である。わが国においては大正十二年の関東大震火災（同年九月六日勅四〇四号）と昭和二年の金融恐慌（同年四月二二日勅九六号）との両度に、緊急勅令によってこれを行なった。ともに、少数の特殊の債務（公共団体の債務、給料債務、ある種の銀行預金）を除き、勅令公布の日以前に成立し、一定期日（前者は九月三〇日、後者は五月一二日）までの間に支払をなすべき一切の私法上の金銭債務について、一定の期間（前者は三〇日、後者は二一日）、支払を猶予した。支払猶予の利益を受ける債務は、その期間内は支払をしなくとも違法ではないとされるのであるから、債務者は、その期間中は履行遅滞の責任を負わない。然し、支払猶予の利益を受ける範囲については疑問がある。判例は、勅令公布以前にすでに遅滞にあった債務は原則としてその期間内は遅延利息の発生を停止するが(大判昭和二・一一・二一民六一一頁(無利息債務がすでに遅滞して遅延利息を生じていた例))、その遅延利息が約定利率によっていた場合には、その発生を停止しないという(大判昭和三・五・一五民三六五頁(一割二分の約定利率ある借金がすでに遅滞にあった例))。然し、支払猶予はその期間内に弁済期の到来する債務の支払を猶予すれば目的を達しうるものであるから、その以前にすでに遅滞にあった債務はその利益を受けないと解するのが簡明であろう(約定利息が停止しないのは勿論である)。

〔一九〇〕 (4)利息債権は単に期日を徒過しただけでは遅滞の責任を生じないこと(利息について遅延賠償をする必要がないこと)は、前述の通りである(〔五八〕ハ)。

三　効果についての特則

〔一九一〕 (1)金銭債務の遅滞による損害賠償の額は、法定利率(四〇四条)によるのを原則とし、もしこれより高い約定利率が定められている場合には、約定利率による(四一九条一項)。すなわち、無利息債務は、確定期限徒過の時、不確定期限の到来を知った時、または催告を受けた時から(四一二条)、法定利率(民事五分、商事六分)による遅延賠償を支払わねばならない。然し、例えば年一割五分の約定利息が定められている債務については、依然として一割五分の率による遅延賠償を支払えばよい(一割五分と五分の和ではない)。もっとも、法律に別段の定があるときは、債権者の挙証を要件として、それ以上の損害を賠償しなければならない(六五〇条(受任者の返還債務)、六六九条(組合員の金銭出資義務))。

(イ)右の結果として、特別の規定のある場合を除いては、債権者はそれ以上の損害を生じたことを挙証しても賠償を請求することはできない(四一九条一項は、通常生ずべき損害に限るとなし、特別の損害は挙証してその賠償を請求しうるとする説があるが、解釈論としては無理である(於保一三八頁註八参照))。民法のこの規定は他の立法例と異なる(ド民二八八条は法定利率は当然、それ以上も挙証して請求しうる。ス債一〇六条は法定利率以上は債務者において無過失を挙証して免れうる。フ民一一五三条四項は一九〇〇年の改正で債務者の悪意を挙証して法定利率以上を請求しうるものとする)。民法の規定は債権者に不利だと非難する者が多いが、一般の消費信用における原則としては、なお合理性を認めうるのではあるまいか。立法論としても、必要に応じ特別の規定を設けることが妥当だと考える。なお賠償額の予定については次段に述べる。

〔一九二〕（ロ）金銭債務の不履行による損害賠償の額は、右に述べたように、法定利率によって算出され、ことにこの率より高率の約定利息が定められているときは、その利率によるものとされるので、遅延利息と呼ばれることが多い。法律でもこれを利息と呼ぶことがある（六六九条はその一例）。従って、その性質が遅延賠償であることは疑ないが、民法の利息に関する規定を遅延利息に適用ないし類推適用すべきかどうかは、立法の趣旨に照して、慎重に決すべきである。とりわけ問題となるのは、第四〇五条との関係である。遅延利息債務も、一般の遅延賠償債務と同じく（〔一七四〕参照）、催告によって遅滞となり、その時から、それについての遅延利息を支払うべきものか、それとも、第四〇五条を適用して、元本に組み入れることができるだけ、とみるべきか。判例は、後の説をとる。すなわち、無利息債務の債権者が、約定遅延利息について第四〇五条の要件の下に組み入れた行為を有効と判示し、そう解釈しないと遅延賠償債務を遅滞に陥いらせることができず、約定利息と権衡を失すると説く際に、各期の遅延利息は催告だけでは遅滞とならないことを前提する（大判昭和一七・二・四民一〇七頁（判民八事件吾妻））。正当と思う（同旨吾妻前掲、於保一三八頁）。もっとも、これについては、反対説がむしろ多い（柚木一五八頁、石田四四頁など）。遅延利息は、催告によって、何時からでも（一年分以上延滞とならなくとも）、さらに遅延賠償責任を生ずると説く。然し、民法が金銭債務の遅延賠償の額を法定利率より高い約定利率によって算出することにしたのは、確定期限の到来ないしは催告の前後を通じてその額の支払をすれば足りるものとする趣旨――いいかえれば、金銭債務については、単なる遅滞では複利計算にはならないとする趣旨――とみるのが妥当であろう。わが国の取引界の慣行もそうしている（弁済期後の損害金の日歩を高くするときにも、催告によってその損害金に日歩がつくとは考えていない）ように思われる（ス債一〇五条三項は遅延利息（Verzugszinsen）には遅延利息を生ぜずと定める。ド民二八九条が利息について遅延利息を請求しえないとする利息には Ersatzzinsen を含むと解されている）。なお、遅延利息について一定の要件の下にさらに遅延利息を生ずるものとする特約については後に述べる（〔一九三〕c）。

〔一九三〕

(2) 金銭債務についての遅延賠償の予定

(イ) 金銭債務については、弁済期を徒過したときは、一定率――約定利息の定があるときは、それより高い率――の賠償をなすべき旨の特約を伴なうことがすこぶる多い。この特約は、原則としては、不当となすべきではないが、債務者の窮乏に乗じて不当の利を収める手段に用いられることも稀ではない。この弊害を防止するために、旧利息制限法は、前に一言したように、裁判官に自由裁量の余地を与えたが、商事に関してはその適用がないものとされた（〔一八三〕参照）。然し、かような立法の態度は、一方では、多くの高利貸を制限の外に逸し（会社組織をもつものが多いので）、他方では、商取引の確実・迅速を害するおそれがある（個別的な自由裁量は、強制執行の際などには不都合が多いので）。そこで、新利息制限法は、（a）民事・商事を通じて、約定最高利率の二倍、（元本十万円未満は四割、百万円未満は三割六分、百万円以上は三割）まで許すことにした（同法四条一項）。但し、制限外の遅延賠償も債務者が任意に支払ったときは、その返還を請求することができない（同条二項で一条二項準用）。制限超過の約定利息におけると同様である（〔六三〕参照）。（b）なお、新利息制限法は、違約金は損害賠償額の予定とみなすことにした（同条三項）。従って、賠償額の予定以外の性質を有するものと定めても、これによって最高制限率を越える率の請求はできない。債務者保護の立法の趣旨からいって、当然の規定である。（c）金銭債務について遅延賠償を予定するときに、遅延賠償の支払時期を定め、それを怠るときは、それについてさらに遅延賠償を支払う旨を特約することは許されるか（遅延利息には、当然には遅延賠償責任を生じないと解する場合にだけ問題となる（〔一九二〕参照））。複利の特約と同様に解すべきである。すなわち、かような特約そのものは有効である。然し、債権者が遅延賠償を請求する場合には、通算して右の制限額を越えてはならない（〔五七〕ロ参照）。

〔一九四〕 （ロ）利息制限法は、金銭を目的とする消費貸借に限って適用される（同法一条）。従って、それ以外の金銭債務については、第四二〇条一項が適用され、裁判所はその額を増減することができない。然し、前記のように、第九〇条によって調整される。しばしば問題となるのは、手形債務についての遅延損害金である。手形の商事金融取引における特殊の作用を考慮して、各場合について決すべきである（総則〔三〇六〕3所掲の他、大判昭和一九・三・一四民一四七頁（判民九事件服部）—約手の日歩三三銭の特約を有効とした原審判決を破毀）。なお、手形債務者がすべて法定利息外の損害金を支払うべき旨の特約を手形面に記載し、手形署名者がその特約に従うことを承認する旨を表示しても（いわゆる「万効手形」）、その効力は損害賠償額予定の効力を生じないものとされる（大連判大正一四・五・二〇民二六四頁（判民四五事件松本評釈に詳説されている））。但し、直接の当事者間における特約としての効力は、手形面に記載することによって否定されるものではない（右の昭和一九年の判決は約手によって融資を受けた振出人に対する融資者（約手の名宛人）からの請求）。ただ、その際、その額があまりに巨額なときに、これを制限する途は、第九〇条によるべきか、それとも原因関係によるべきかは、疑問の余地が多い（右の判決に対する前掲服部評釈は後説を主張し、消費貸借として利息制限法を適用すべしという（但し、その消費貸借の商事性がさらに問題となる））。後説を正当と考えるが、手形理論に関することだから、詳論を避ける（新利息制限法の下では、消費貸借の商事性が問題とならないことを注意せよ）。

第四　履行遅滞の終了

〔一九五〕 一　債権が弁済、免除、混同などによって消滅するときは、その時以後は遅滞の状態も終了し、損害賠償責任を発生しない。然し、消滅の時までに生じた損害賠償責任がどうなるかは、場合によって異なる。

（イ）弁済・相殺の充当は、遅延利息を先にすべきであるから（四九一条・五一二条）、本来の債権が弁済・相殺によって消滅するときは、遅延利息も消滅している場合が多いであろう。然し、債権者が特に保留しまたは当事者の合意によって、遅延利息をそのままにして、本来の債権だけを消滅させることも、もとより可能である。

(ロ)免除(五一九条)についても、理論は同様だが、実際上遅延利息を残して本来の債権だけを免除することは稀であろう。

(ハ)混同(五二〇条)は、本来の債権と遅延利息とを消滅させる。

(ニ)遅滞の後には、目的物が不可抗力によって滅失しても、債務者の責に帰すべき事由によるものとして、債務者は、債務不履行の責任を免れない。然し、遅滞と滅失との間に因果関係がないときには、債権は消滅する(〔二〇一〕ロ参照)。そして、その場合には、遅滞による責任も生じない。

〔一九六〕 **二**　本来の債権が消滅しないで遅延の状態だけが終了することもありうる。

(イ)債権者が期限の猶予を与えたとき　この場合に、すでに生じた遅延賠償を免除する趣旨かどうかは、各場合の具体的事情によって定まるが、一般には、免除する趣旨でないと解するのが正当である(最高判昭和二九・一・二八民二六五頁(債務者の挙証を要する))。

(ロ)提供(四九二条)によっても遅滞は終了するが、原則として、遅滞による損害の賠償をも合せて提供しなければならない(判例・通説—提供が解除以前であることを要するのはいうまでもあるまい)。

第三款　履行不能

第一　履行不能の要件

履行不能の要件は、（i）履行の不能なこと、（ii）債務者の責に帰すべき事由によって不能となったこと、（iii）履行不能が違法なものであること、の三つである。（iv）履行期との関係は特に問題とする必要がない。

〔一九七〕 一　履行の不能なこと

(1) 債務不履行の要件たる履行の不能とは、債権成立の時（法律行為に基づく債権においては法律行為成立の時（債各〔一二一〕参照））に可能であってその後に不能となること（後発的不能）である。その前から不能なとき（原始的不能）は契約成立の問題となる（〔二一五〕参照）。

〔一九八〕 (2) 不能であるかどうかは、社会の取引観念に従って定められる。物理的不能に限らない。債権の目的物の取引が法律上禁止されたときは、もとより不能である（大判明治三九・一〇・二九民一三五八頁（煙草専売法の施行によって取引不能となった事例、但し〔二〇一〕参照））。実際上しばしば問題となるのは、不動産の売主が目的物を第三者に譲渡して移転登記をした場合である。判例は、最初は、第三者が買戻に応ずるかどうかを確かめ、その不能なことが判明したときにはじめて不能となると解した（大判明治三四・三・一三民三巻四一頁等）。然し、その後に態度を改め、原則として、直ちに不能となるものとなし（大判大正二・五・一二民三二七頁、大判大正一〇・一一・二二民一九七八頁、大判大正一一・一二・二民七四二頁（判民一一一事件我妻）等）、最高裁もこの理論を踏襲する（最高判昭和三五・四・二一民九三〇頁）。正当と考える（於保九六頁その他多数説といってよい。反対 柚木一二六頁（判例の以前の態度を支持する））。けだし、取引の実情に合致するからである。例外的に可能な場合には、債務者はそれを実現すればよい（柚木前掲は、債務者の責に帰すべからざる事由によるときは債務を免れて不都合だという。然し、さような場合は稀であろう。のみならず履行が可能なら、債権者がそのことを挙証して履行を請求すればよいから、不都合はあるまい）。但し、第一の買主が仮登記を有する場合には、第二の買主が移転の本登記を取得しても、第一の買主への履行が不能にならないことはいうまでもない（大判大正一一・一二・二民七四二頁（判民一一一事件我妻））。また、売主が第三者に譲渡する際に買戻の特約をするなど、第三者から取り戻して履行することができる特殊の事情がある場合には、履行不能にはならない（前掲大正二年の判決等は傍論として説く）。なお、売主の債権者が、目的物を仮差押すること（大判大正一〇・三・二三民六四一頁（判民五一事件我妻））、目的物について処分禁止の仮処分がなされること（最高判昭和三二・九・一九民一五六五頁（売主が責に帰すべからざる事由によって不能となったから解除は無効と主張する事例））などは、不能とはいえない。けだし、前の場合には、債務者は仮差押の解除を求めることは容易であり、後の場合にも、目的物の譲渡はなお可能だからである（但し、処分禁止の仮処分の効力と後の譲渡の効果との関係は疑問の多い問題だが、それは民訴で研究されることである）。

不能という観念については、これを種々の観点から分析して、その効果が論じられる。そのうち、特にここに関係のあるのは、主観的不能と客観的不能を区別し（前者は債務者の一身上の理由に基づく不能、後者はその他の不能とするのが多数説（鳩山一四七頁、勝本（中2）二九〇頁等参照））、履行不能は後者に限ると説くことである。然し、社会の取引観念を標準とし、本来の給付内容を目的とする債権を存続させることが不適当と考えられる場合に不能となる、と解して――かような区別をしなくとも――不都合がないように思われる（柚木一二二頁はこの区別を強調して、前記の反対論の根拠とする。区別の標準そのものは正当であろう。然し、その結論は必然的なものとは思われない）。

〔一九九〕 **二** 履行期との関係　履行不能と履行期との関係は特に問題とする必要がない。**(イ)**履行期の到来する前に給付がすでに不能となったかどうかを判断するには、履行期に給付することが可能かどうかを標準とすべきことは当然であるが、履行期に給付することの不能なことが確実となったときは、履行期の到来を待たずに履行不能となる（例えば請負工事が期限までに落成する可能性がなくなったときは、期限前に不能となる）。**(ロ)**履行期が徒過された後に不能となるときにも、この時から、これを履行不能とみて妨げないことは前述の通りである（〔一三九〕）。

〔二〇〇〕 **三** 債務者の責に帰すべき事由に基づくこと

(1)民法の条文の文字によるときは、履行不能においては、その債務者の責に帰すべき事由に基づくことを積極的要件とするようであるが（四一五条・五四三条）、履行不能と履行遅滞とを区別すべき充分の根拠はないので、近時の判例・通説が両者を同一に解していることは前述した（〔一三七〕イ）。従って、まず履行不能が債務者の責に帰すべき事由に基づくことを必要とする（この点は明文上も然りということになる）。

〔二〇一〕

(2) つぎに、責に帰すべき事由の内容は、債務者の故意・過失または信義則上これと同視すべき事由である。(イ) 故意過失の意義、同視すべき事由のうちいわゆる履行補助者の故意過失が重要なものであること、すべて履行遅滞についてと同様である（〔一四五〕）。(ロ) 履行不能について特別に問題となるのは、履行遅滞の状態にある間に債務者の責に帰すべからざる事由によって不能となることである（例えば、一日出帆の甲船に積み出すべきのを怠って五日出帆の乙船に積み出し、乙船が暴風のため沈没し貨物が全滅した場合）。かような不能は、遅滞と相当因果関係に立つものではないから、それによる損害をもって遅滞の損害とすることはできず、また遅滞について故意過失があっても、その後の不能についても常に故意過失があるといえないことも明らかである。然し、すでに責に帰すべき事由によって遅滞にある者はその後の履行について全責任を負うことが信義則に適する。従って、遅滞中に不能を生ずるときは、その不能は常に債務者の責に帰すべき事由に基づくものとして、その賠償責任を認むべきである。ドイツ民法（二八七条本文）、スイス債務法（一〇三条一項）は、明文でその旨を定める。明文のないわが民法の解釈としても、通説・判例の認めるところである（大判明治三九・一〇・二九民一三五八頁（葉煙草を給付すべき債務の遅滞中に煙草専売法が施行されて不能となる。債務者の責任を認む））。但し、遅滞しなくともなお不能を生ずべかりしことが確実なとき（前例で甲船も沈没し貨物が全滅したとき）は、責任を生じない。けだし、遅滞がなくともなお生ずべかりし損害は、遅滞との間に現実の因果関係がなく（「遅滞がなければ生じない」という関係がない）、債務者の責任を認むべきではないからである（通説—ド民二八七条但書はこの旨を定める）。

〔三〇二〕 (3)最後に、債務者の責に帰すべき事由に基づくかどうかの挙証責任は、債務者が負担する。すなわち、不能がその責に帰すべからざる事由に基づくことを挙証しなければ責任を免れることができない（通説、判例（大判大正一四・二・二七民九七頁、最高判昭和三四・九・一七民一四一二頁等）—この点は条文の文理に反することになる）。

〔三〇三〕 **四**　履行不能が違法なものであること　理論上この要件を必要とすることは当然であるが、実際上の適用をみる場合は稀であろう（他人の動物の保管者が緊急避難としてこれを殺した場合などがその一例であろう）。

第二　履行不能の効果（損害賠償の請求）

〔三〇四〕 **一**　履行不能の効果として、(i)債権者が損害の賠償を請求しうることが最も重要である。なお、(ii)債権が契約から生じたものである場合には、契約解除権を生ずること（五四二条・五四三条）は履行遅滞と同様である。——履行不能が債務者の責に帰すべからざる事由に基づくときは、債務者は債務を免れる（但し、債権者が代償請求権を取得することについては〔一〇九〕参照）。双務契約上の債務であるときは、さらに、他の債務もまた消滅するかという問題を生ずる（売買の目的物たる家屋が震災で滅失したときは代金債務も消滅するか）。危険負担の問題である（債各〔一四〇〕以下）。

〔三〇五〕 **二**　履行不能による損害賠償の性質　履行不能を理由として請求する損害賠償は、目的物に代る損害の賠償（塡補賠償）に限る。**(イ)**問題となるのは、給付の一部が不能な場合に給付のいかなる部分に代る塡補賠償を請求しうるかである。給付が不可分であるか、または、可分であるが可能な残部が僅少であって一部不能のために債権の目的を達しえないときは、債権者は残部の受領を拒絶して全部に該当する塡補賠償を請求することができるが、そうでない限り、不能の部分に該当する塡補賠償を請求しうるに止まると解すべきである（通説—ド民二八〇条二項はこの趣旨）。**(ロ)**解除との関係は、遅滞を理由として塡補賠償を請求しうる場合と同様である。すなわち、解除せずに塡補賠償を請求しうることはいうまでもないが（この場合には自分の債務を免れない。最高判昭和三〇・四・一九民五五六頁は塡補賠償の請求については解除の必要なしという（賃借人の失火による賃貸家屋焼失の事例））、解除して損害賠償を請求する場合にも、塡補賠償を請求することになる（この場合には自分の債務を免れるが、賠償額の算定の際に清算される）。いうまでもなく、解除の性質に関する問題である（〔一八四〕参照。詳細は債各〔三一一〕以下）。

〔三〇六〕 **三**　損害賠償の方法　損害を金銭に評価してその額を支払うものであることは、履行遅滞と同様である（四一七条〔一六四〕参照）。

〔三〇七〕 **四**　賠償すべき損害の範囲　前に債務不履行について述べた際には、履行不能も一諸にして述べたから、くり返えさない。すなわち、**(イ)** 損害の種類を問わない（〔一六五〕）。**(ロ)** その範囲は、履行不能と相当因果関係に立つ全損害である。そして、それは、第一に、その履行不能から通常生ずべき損害であって、一応目的物の有する交換価格（統制価格のある運送品については、原則として、統制価格による（最高判昭和二九・七・九裁判集民一五号八九頁））とみられるであろう（債権者の所有物を賃借しもしくは寄託された者または贈与者が、目的物を滅失した場合などを考えよ）。然し、第二に、債権者が目的物について特殊の利益を有するとき（例えば、債権者が右の賃貸物、寄託物に偏愛的価値をもつとき）は、特別の事情があるものとして、債務者が、履行不能を生じさせる時に、この特別の事情を知りまたは知ることをうべきであったかどうかを標準として問題を決する。そして、最後に、右の交換価格が暴騰し、債権者がこれを他から調達しようとすれば巨額の代価を支払わねばならないとき、またはこれを転売すれば巨額の利益をうることができたときなどには、いわゆる中間最高価格賠償請求の問題となる（〔一六六〕—〔一六八〕・〔一七一〕・〔一七三〕）。**(ハ)** 履行不能による損害賠償請求権も、催告によって遅滞となる（〔一七四〕）。**(ニ)** なおいわゆる損益相殺（〔一七五〕）は、履行遅滞についてよりもむしろ履行不能についてその適用が多いであろう。

〔三〇八〕 **五**　過失相殺・損害賠償額の予定　**(イ)** 過失相殺の理論は履行不能についても適用される（四一八条—〔一七七〕以下は履行不

能も一緒にして述べている）。（ロ）損害賠償額の予定（四二〇条）のうち、履行に代る賠償額の予定は履行不能の場合に効力を生ずるものであることはいうまでもないが、当事者の意思がその賠償額によって債務関係を清算しようとするものである場合には、これを一種の塡補賠償とみるべきである（〔一八四〕参照）。その他の効果などについては、履行遅滞について述べた（〔一八一〕—〔一八五〕）。なお、金銭債権については、履行不能はありえないから、それについての特則（四一九条）は、履行不能とは関係がない（〔一八六〕以下）。

〔二〇九〕**六**　代償請求権　　履行不能を生じたと同一の原因によって債務者が利益をえることがある。債権の目的物を第三者が故意・過失によって破壊し、債務者がこの者に対して不法行為に基づく損害賠償請求権を取得するような場合である。かような場合に、形式的に理論を適用すると、債務者にも過失があるときには、債権者は債務不履行として損害賠償を請求することができるが、債務者の責に帰すべき事由がないときには、債務者は債務を免かれる、——従って第三者も、債務者に損害なしとして賠償責任を負わない——と解さねばならないことになろう。然し、この結果は著しく公平を失する。ドイツ民法は、債務者が履行不能によって代償（Surrogat）（Ersatz oder Ersatzanspruch）を取得したときは、債権者はその引渡または譲渡を請求することができるものと定める（ド民二八一条）。民法には規定がないが、同様に解すべきである（通説）。

〔二一〇〕**七**　賠償者の代位

(1)「債権者ガ損害賠償トシテ其債権ノ目的タル物又ハ権利ノ価額ノ全部ヲ受ケタルトキハ、債務者ハ其物又ハ権利ニ付キ当然債権者ニ代位ス」（四二二条）。例えば、受寄者が寄託物を盗まれ、寄託者に対して目的物の価額を全部賠償したときは、盗品の所有権は、当然に受寄者に移転する。もしまた、第三者が寄託物を破壊した場合には、寄託者の第三者に対する所有権の侵害を理由とする損害賠償請求権は、当然に受寄者に移転する。かような場合に、その物または権利をなお債権者に帰属させておくときは、債権者は不当利得をすることになり、実際に生じた損害を賠償させようとする制度の目的に反する。かように、この制度は、損害賠償制度の目的から当然演繹されるものであるから、民法は債務不履行だけについて規定を設けたが、不法行為にもこの規定を準用すべきだとされ（加藤・不法行為（法律学全集）二六三頁）、両者を含めて損害賠償による代位または損害賠償者の代位と呼ばれる。

〔二一一〕 (2)賠償者の代位の要件　(イ)債権者が債権の目的たる物または権利（手形の保管者が紛失した場合などがその例。大判昭和一四・一二・二三民一六三〇頁（判民一〇二事件田中誠二）は、発起人が、会社設立無効の場合に、払込株主に賠償したときは、無効会社の準清算による残余財産の分配請求権に代位することを傍論として説く）の価額の全部について賠償を受けること。履行不能の場合を主とするが、履行遅滞によって填補賠償をする場合（〔一六一〕以下参照）をも含む。(ロ)全部の賠償を受けるとは弁済その他これと同視すべき事由（供託、代物弁済、相殺等）によって債権の満足をうることである。

〔二一二〕 (3)賠償者の代位の効果　「当然債権者ニ代位ス」とは、物または権利が当然に移転することである。(イ)物または権利とは、債権の目的物であったもの自体（受寄物を盗まれたときの所有権、手形を紛失したときの手形とその手形上の債権）及び取引上これに代るもの（受寄物を第三者に破壊された場合の第三者に対する債権者（寄託者）の損害賠償請求権）を含むと解されている。但し、賃借人が家屋を焼失して賠償しても、家主の保険金請求権には代位せず、却って保険会社は賃貸人の賠償請求権に代位する（商六六二条）。けだし、保険は被保険者の実際の損害を填補すべきものだからである（担保物権の物上代位と異なるのは制度の目的が違うからである（担保〔四一七〕参照））。(ロ)物または権利は、法律上当然債務者に移転する。譲渡行為を必要としない。従ってまた、譲渡に必要な対抗要件（動産の引渡、債権譲渡の通知または承諾）を必要としない。

第四款　不完全履行

第一　不完全履行の要件

不完全履行は、民法が明らかに認めた観念ではないが、債務不履行の第三の類型とされるものであることは前述した(〔一三六〕)。その要件は、(i)不完全な履行のあること、(ii)債務者の責に帰すべき事由に基づくこと、(iii)不完全な履行のなされたことが違法であること、の三つであるが、第一の要件が中心的なものであることはいうまでもない。なお、(iv)履行期との関係も問題となりうるが、理論的には、特別の要件ではない。

〔二一三〕　一　不完全な履行のあったこと

(1)履行があったこと　債務者の履行行為が全然ないときは、履行遅滞または履行不能である。履行として何らかの給付がなされることが不完全履行の特色である。

〔二一四〕　(2)給付が不完全なこと　債務者は債務の本旨に従って履行をしなければならない(四九三条参照)。本旨に従わない履行は、すべて広い意味での不完全な履行である。然し、債務不履行の第三の類型としての不完全履行は、(a)多くは、給付された目的物(債務者の行為を目的とする場合には給付の内容)に瑕疵がある場合――例えば、鶏の売主が病気のあるものを給付したとき、鉱山の調査を委託された者が不完全な報告書を交付したとき、ビールの継続的供給をなすべき者が、あるときに品質の粗悪なものを供給したとき、など――であろう。然し、この他に、(b)履行の方法が不完全な場合もありうる。例えば、運送人の運送方法が乱暴であったり、借主の返還方法が礼を失するような場合である。(c)更に、給付する際に必要な注意を怠る場合——例えば、注文主の室に運んで備えつける債務を負う家具商が、不注意でカーペットを損傷したときなど——も不完全履行とされる。但し、以上の三者は、当該の場合の債務の内容をいかに理解するかによることであって、必ずしも明瞭に区別しうるものではない。例えば、医師が治療に際して不注意で誤った処置をすることは、第二または第三の事例といえないでもないが、正当な診察・治療をすることが債務の内容と理解すれば、第一の事例となる(大判昭和一五・三・二〇法学九巻一三六三頁はかような事例)。同様に、不動産取引の仲介人が、売主の代理権をもたない者を、不注意にも、代理権があると誤信して委託者と契約を締結させた場合なども、むしろ第一の事例とみるのが適切であろう(東高判昭和二八・一・三〇下民集四巻一号九四頁はかような事例)。要するに、第三の類型としての不完全履行も、右のように分析することはもとより可能であろうが、その取扱においては、むしろ、履行遅滞・履行不能のいずれにも属さないものをすべて不完全履行と考えてよい。ただ、後に述べる瑕疵担保責任と関連を生ずるのは、第一の事例のうち目的物そのものに瑕疵のある場合に限ること、また、不法行為との競合が問題とされるのは、主として、第二第三の事例についてであることを注意する必要はある。

なお、債務の目的物と全然別種のものを給付したとき(例えば、米を給付すべきに炭を給付した場合など)には、給付が全然ないのだから、不完全履行ともいうべきではないとする説がある(判例が後述のように(〔二二一〕ロ)瑕疵担保の規定を不完全履行にも適用しようとする際にはかような考に立脚している)。然し、当該債務の履行としてなされたものである以上、同じく本旨に適さないものとして同一にとり扱って妨げないと考える。

〔二一五〕 (3)給付の目的物に瑕疵があるために履行が不完全であるとは、不特定物を目的とする債務についてだけいいうることである。特定物を目的とする債務にあっては、当該の特定物を給付することだけが債務の内容であり、履行期の現状で引き渡せば履行が完了するのだから（四八三条）、たといその目的物に当事者の予想しなかった瑕疵があっても、――錯誤の問題となるのは別として――本旨に反した履行というべきではない。従って不完全履行の問題とはならず、瑕疵担保の問題（五七〇条参照）となるだけである（但し、この点について判例多数説が反対であること〔二二二〕ロ参照）。

〔二一六〕 **二**　履行期との関係　**(イ)**不完全履行と履行期との関係は特に問題とする必要がない。（a）履行期の到来しない間に不完全な給付をすること（月末までに鶏を給付すべし、一カ月内に調査をなすべしという場合に、月の中旬までに病気のものを給付しまたは二十日内に不完全な報告するなど）も、不完全履行であることはいうまでもない。ただ、かような場合に、債務者がその瑕疵を履行期の到来するまでに追完するときは、遅滞の責任を負うことがないのに反し、追完のために期限を経過するときは、遅滞の責任をも負うことになる。（b）履行期に不完全な履行をすれば、それ自体としては遅滞はないが、追完をするために履行期を経過することになり、結局、履行遅滞と不完全履行との競合を生ずる。（c）履行期を徒過した後に不完全な履行をするときは、履行遅滞と不完全履行との競合を生ずること遅滞後の不能と同様である（いやしくも履行期を徒過するときは履行遅滞となり、その後の不能も不完全履行も悉くこれに包容されるものとするときは、不完全履行は履行期の到来までに給付した場合に限ることになる）。

(ロ)履行期と履行そのものとの関係だけについていえば、（a）期限前に履行することは、期限の利益が債務者だけのために存し、単純にこれを放棄しうる場合には、本旨に従った履行となることはいうまでもないが、そうでない場合には、なおこれを一種の不完全履行とみてもよいであろう。但し、損害賠償の義務があることは期限に関する規定からも明らかである（一三六条（総則）〔四二七〕参照）。これに反し、（b）期限後に履行することは、専ら履行遅滞として取り扱うべきであって、不完全履行となすべきではない。

〔二二七〕 **三**　不完全履行のその他の要件　不完全な履行が債務不履行として債務者の責任を生ずるためには、(i)債務者の責に帰すべき事由に基づくこと、(ii)その不完全履行が違法なものであること、などは、履行遅滞及び履行不能と全く同一である。くり返えして述べることを避ける((i)につき〔一三七〕イ・〔一四四〕以下、(ii)につき〔一五八〕・〔二〇三〕参照)。

〔二二八〕 **四**　不完全履行の終了　不完全履行をした者が改めて完全な給付をすることによってなお債権の目的を達することができる(追完の可能)場合に、債務者が完全な給付と共に前の不完全な給付によって生じた損害の賠償をも合せて提供するときは、不完全履行は終了する。履行遅滞におけると同様である(〔一九六〕ロ参照)。その他の終了原因についても、履行遅滞に準じて考えればよい(〔一九五〕・〔一九六〕)。

第二　不完全履行の効果(損害賠償の請求)

〔二二九〕 **一**　不完全履行の効果として、(i)履行の不完全なことから生ずる損害の賠償を請求することができる。(ii)本旨に従った履行がまだないことを理由として、改めて完全な給付を請求しうるかどうかは、売主の瑕疵担保責任との関係で学説が分かれている。(iii)この他、債権が契約から生じたものである場合には、契約解除権を生ずる。そのことは履行遅滞及び履行不能と同一だが、その要件はやや異なる(債各〔二五七〕)。

〔二三〇〕 **二**　不完全履行による損害賠償の請求と完全な給付の請求

(1) 追完の不能なとき　債務者が改めて完全な給付をしても債権の目的を達することができないとき――前に挙げた例で誤った鉱山の調査報告に基づいて債権者が鉱山を買収してしまったとき、ビールが粗悪なために顧客を失ったときなど――には、本来の給付を請求することは無意味であるから、給付に代る損害の賠償を請求することができる。そして、給付の全部に代る損害の賠償を請求しうるか(この場合には、瑕疵ある物が残存しておればこれを返還すべきことはいうまでもない）、または瑕疵に該当する損害の賠償を請求しうるだけかは、あたかも一部不能におけると同一である。すなわち、瑕疵ある給付によっては債権の目的を達しえないときは全部に代る賠償を請求することができる（二〇五〕イ参照）。

〔三二〕　(2)追完の可能なとき　(イ)債務者が改めて完全な給付をすれば債権の目的を達することができる場合のうち、債権の目的が債務者の一定の行為であるときには、改めて完全な給付をなすべきことを請求することができる。例えば、医師が債務の本旨に反する不完全な手術をした場合などには、――それによって生じた損害の賠償を請求する他に――改めて完全な手術をすることを請求しうる。この点については、おそらく反対説はあるまい。

(ロ)問題は、売主が瑕疵ある物を給付した場合――前に挙げた例で病気のある鶏を給付したとき、その他不特定物の売買で瑕疵ある物が給付されたとき――である。かような場合には、瑕疵ある物の給付は債務の本旨に従った弁済とはならず、従って、たとい債権者が一応これを受領しても、債権はなお履行によって消滅するには至らないから、債権者は瑕疵のない物の履行を請求することができる、というべきこと、あたかも履行遅滞と同様である。但し、この理論を貫くときは、債権者は、債権が時効によって消滅するまでは、瑕疵のない給付の請求権を失わないことになり、信義に反し不公平な結果となる場合のあることも否定しえない（購入した書籍に落丁があるときに、数年使用した後に新書を請求する場合など）。この結果を回避するために、債務の目的物と認められる程度のものの給付があり、かつ債権者が一度これを受領した後においては、専ら瑕疵担保の規定によるべきものと解する説を生ずる。この説によるときは、債権者は、受領の後には、損害賠償または――契約の目的を達しえない場合に——解除をすることができるだけで、瑕疵のないものの給付を請求することができない。しかもこの請求は、債権者が瑕疵を知った後一年以内にこれをしなければならない(五七〇条・五六六条)。この説は、一見妥当なようであるが、特定物を目的とする債務の原始的瑕疵に関する瑕疵担保の規定を不完全履行に適用しようとすることは、少なくとも現在の民法の理論構成に反する(〔二一四〕・〔二一五〕参照)。のみならず、瑕疵のないものの給付を請求しえないとすることは、結果においても妥当ではあるまい。むしろ不完全履行の理論を貫き、その結果として生ずることのある不当は信義則によって除去するように努めるのが妥当であろうと考える。しかるときは、第一に、債権者は、瑕疵を発見したときは、信義則上適当と認められる期間内にこれを債務者に通知するなど、適当な処置を講じなければ、瑕疵のない物の給付を請求することができなくなる。第二に、瑕疵のある目的物を使用した後に瑕疵のない新しいものを請求することが信義に反すると認められる場合には、瑕疵の修補を請求する(落丁のある書籍を相当使用した後には落丁の補充を求めることができるだけ)か、または損害賠償を請求しうるだけである(同旨末弘六三頁、石田二二七頁)。詳細は瑕疵担保責任の問題として論ずべきことだが(債各〔四六一〕以下)、一言すべきは、最高裁の近時の判決である。事案は、甲新聞社と乙電業株式会社との間の有線放送による街頭宣伝用放送機械(不特定物)の売買において、音質が不良で雑音が混入するので幾度も修理させたが遂に完全なものとはならなかったので、買主甲が解除したのであるが(甲が残代金支払のために振り出した約手の支払請求訴訟において甲の解除の抗弁の当否として争われている)、甲は、その解除の根拠として、乙の瑕疵担保責任と不完全履行の責任との両者を主張し、原審は前者を否定し(売買の目的を達しえないほどの瑕疵ではないという(五七〇条・五六六条参照))、後者を肯認した。最高裁は、これを認めるに当り、隠れた瑕疵のある不完全な物が給付された場合に、「債権者が一旦これを受領したからといって、……債権者が瑕疵の存在を認識した上でこれを履行として認容し債務者に対していわゆる瑕疵担保責任を問うなどの事情が存すれば格別、然らざる限り、債権者は、受領後もなお、取替ないし追完の方法による完全な給付の請求をなす権利を有し、従ってまた、その不完全な給付が債務者の責に帰すべき事由に基づくときは、債務不履行の一場合として、損害賠償請求権および契約解除権をも有するものと解すべきである」という（最高判昭和三六・一二・一五民一五巻二八五二頁）。この判決の趣旨は、売主が無過失の場合にも瑕疵担保責任を問うことができ、それをやれば債務不履行の責任を問うことはできなくなる、という点では、従来の大審院判例と異なるものではないともいえるが、その「一旦受領した以上」という意味はすこぶる厳格に解されているから、債権者が瑕疵担保責任を問いうるだけで、追完ないし完全な給付を請求することができなくなる場合は極めて稀となる。その意味では、判例理論の実質的な変更を含むように思われる。いずれにしても、不特定物の売買においても、不完全履行本来の効果を認められる範囲は相当広くなったといってよいようである。

三　損害賠償の方法・範囲

〔二二二〕　(1)不完全履行による損害賠償の方法は、金銭賠償であること（〔一六四〕参照）、過失相殺の理論が適用されること（〔一七七〕参照）などは、履行遅滞及び履行不能と同様である。とくに不完全履行について損害賠償額が予定されることは、実際上稀であろうが、債務関係を清算する趣旨の予定が不完全履行の場合にも適用されるかどうかは、各場合の事情によって決すべきである（〔一八四〕・〔二〇八〕参照）。

〔二二三〕　(2)賠償の範囲は、給付が不完全であったことと相当因果関係に立つ全損害である（〔一六六〕以下参照）。この損害のうち、給付に瑕疵があること自体の損害——給付された鶏が病気であること、書籍に落丁があることによって価値が減じたこと——と、そのことから他に拡大した損害——鶏の病気が債権者の他の鶏に感染したこと、書籍の落丁のためにこれを試験場に持参して受験し落第したことなど——とを分け、後者の生ずる場合を特に積極的債権侵害となし、普通の不完全履行と区別しようとする説がある（石田二二七頁など）。然し、——積極的債権侵害という観念をかような意味に用いることの当否はしばらくおいても（鳩山一六四頁は却って不完全履行を積極的債権侵害の主要な場合とする）、——右のような区別をしても、それは結局程度の差に過ぎないであろう。のみならず、履行遅滞にも履行不能にも、同様に損害の拡大することはありうる。後の損害は一般にこれを特別の事情による損害（四一六条二項）となし、相当因果関係の適用に当って注意すればたりると考える（同旨末弘六四頁）。また、債務者が給付をなすに当って用いるべき注意を怠り債権者の所有物を損傷する場合などは（〔二一四〕参照）、債務者の積極的な行為があるのだから不法行為が成立すると解する説もある。然し、それは不法行為と債務不履行一般についての請求権の競合の問題であって、不完全履行に特有の問題ではあるまい（賃借人の失火による履行不能でも同様の問題を生ずるであろう）。

第四節　債権の対外的効力（債務者の一般財産の保全）

第一款　序　説

〔三三四〕　一　債務者の一般財産は債権者の最後の守りをなすものであるから、民法は債権者のために債権者代位権（間接訴権）と債権者取消権（詐害行為取消権・廃罷訴権）とを認め（〔八〇〕、担保〔一一〕参照）、その不当な減少を防止しようとする。この二つの手段の中、前者は、債務者がその一般財産の減少するのを放置する場合に、債権者が債務者に代ってその減少を防止する処置を講ずるものであり、後者は、債務者がその一般財産を積極的に減少する行為をする場合に、この行為の効力を奪ってその減少を防止するものである。例えば、債務者がその財産に属する債権を取り立てず、または、抵当権を未登記のままに放置するときに、債権者が代って取り立て、または登記手続をするのが前者の例である。また、債務者がその財産を贈与しまたは債権を放棄(免除)したときに、目的物を取り戻しまたは債権を復活させるのが後者の例である。ともに、債権者が、その債権の効力として、債務者以外の者に対して一種の法律的効果を及ぼすものであるから、これを債権の対外的効力とする(フランス民法は両者をもって契約が当事者以外にその効力を及ぼさないことの例外とする(一一六五条―一一六七条))。但し、その第三者に影響する程度に至っては、後者が遥かに深刻である。

〔二三五〕 二　債権者代位権及び債権者取消権の右のような目的からみるときは、この制度は債務者の一般財産の保全に必要な場合、いいかえれば、債権が金銭の支払を目的として最後の効力を発揮する場合に限ってこれを認めるのが至当である。詳言すれば、例えばある動産が、甲乙丙と転売された場合に、丙が乙に代位して甲に引渡を請求しうるためには、乙が無資力であって損害賠償を請求しても効果のないことを要件とすべきである。また、例えば、乙がある動産を甲に贈与しながら、甲に引き渡さずに丙に売って引き渡した場合に、甲が乙丙間の売買を取り消しうるのは、乙が同様に無資力であることを要件とすべきである。然し、この制度本来の性質が、債権者代位権において著しく修正されつつあることは、次段に述べる通りである。

〔二三六〕　三　**債権者代位権**は、フランス民法（一一六六条（action subrogatoire, action indirective））にならったものである（松坂・債権者代位権の研究は、フランスの学説判例を詳細に紹介するが、わが国の判例も対比されている。なお松坂「債権者代位権」（総合判例民法7）がある）。強制執行制度の完備しないフランスにおいて特に実益のある制度であって、この点において遙かにこれを凌駕するわが法制の下ではその作用が比較的少ないといわれている。甲の債務者乙の下に現実の財産がなくとも、乙が丙に対して債権を有するときは、甲は直ちにこの債権を差し押えて自分の債権の満足をはかることができる。殊に乙の丙に対する債権が一定の要件を備える金銭債権であるときは、転付命令によって優先的弁済を受けることができる（民訴五九四条以下、ことに六〇一条・六〇二条・六一五条・六一六条参照）。従って、甲は、まず乙に代位して丙に対して履行を求めて強制執行の準備をする必要はほとんどない。ただ、代位権の行使のためには、強制執行と異なり、債務名義を必要としないこと、及び、取消権・解除権のような執行の目的とならない債務者の権利を代位行使してその財産を保存することができる点にその効用があるに過ぎない。

ところが、判例は、この制度を特定債権の保全のためにも適用あるものとなし、賃借人が賃貸人に代位して不法占拠者に対してその明渡を請求する場合や、不動産の転得者が自分への譲渡人に代位してその前の譲渡人に対して登記の移転を請求する場合などにも作用するものとしたため、この制度は、この点において重要な作用を営んでいる。けだし、これらの理論は、賃借権について第三者の妨害を排除する効力を認め（〔一〇六〕以下参照）、また登記請求権に関する困難な問題の一つを解決する結果となるものだからである（物権〔一二八〕参照）。然し、かようにかような判例理論は、制度本来の性質に反するものであること前段に述べた通りである。然し、かようにしてこの制度が特殊の債権について物権的効力を認め、その強化を図る作用を営むならば、これを制度の運用として是認すべきものであろう（後の〔二二九〕以下参照）。

〔二二七〕 四　債権者取消権は破産法上の否認権（破七二条以下）と同一の性質を有し、その効力がそれよりも弱いものであるが、破産手続を開始しないで債務者の財産隠匿行為の効力を奪うことができるので、他に多くの債権者のない場合に軽易に利用される。実際上行使される例がすこぶる多く、民法の条文が簡単過ぎるため、学説が分かれ、判例理論も複雑を極める（民法中に代位権と併べて規定したこともフランス民法にならったものである（一一六七条）。ドイツは特別法（Gesetz betr. die Anfechtung von Rechtshandlungen eines Schuldners ausserhalb des Konkursverfahrens）に規定する。なお、加藤正治「廃罷訴権論」（破産法研究四巻所収）、松坂・債権者取消権の研究、同「債権者取消権」（総合判例民法7）は、ドイツ及びわが国の学説判例を詳説する）。

第二款　債権者代位権

第一　債権者代位権の要件

一　債権者の「債権ヲ保全スル為メ」に必要なこと

〔二二八〕 (1)前に述べたように、判例は制度本来の趣旨を拡張する。

(イ)金銭債権及び損害賠償の請求によって満足する以外に強制手段のない債権は、これを保全するには、債務者の資力を維持する他に方法はない。従って、かような債権によって代位するためには、債務者の無資力を要件とする（大判明治四三・七・六民五三七頁は傍論としてこの趣旨を説く。大判昭和一〇・二・二二判決全集二輯七八四頁は、組合の金銭債権者は、各組合員が無資力の場合にのみ組合の債権に代位しうるという）。――金銭債権者が債務者の有する第三者に対する債権を差し押えるには、債務名義を必要とするが、債務者の無資力を要件としないことはいうまでもない。従って、かような場合には、代位権の実益は少ない。

〔二二九〕 (ロ)然し、債務者の第三者に対する特定の債権を行使することによって自分の特定債権（金銭債権以外の債権）を保全しうる場合には、債務者の無資力を要件としない。判例は、最初は反対であった（大判明治三一・一・二八民一巻三八頁（不動産の買主は、売主の買戻権を代位行使することはできない））が、まもなくこれを改め（前掲大判明治四三・七・六民五三七頁（不動産が甲乙丙と転売され登記が甲にあるときは、丙は乙に代位して、甲に対し乙への移転登記を請求しうる））、最高裁もこの理論を踏襲する（最高判昭和二九・九・二四民一六五八頁など）。判例のかような態度に対しては、以前から反対説が多く（中島六二七頁、末弘七四頁、戒能判民昭和四年度九一事件評釈その他）、今日でも、制度本来の立場に戻ることを要請する説が少なくない（松坂三三頁、四宮判民昭和一八年度七一事件評釈、川島五九頁）。然し、制度本来の趣旨を逸脱するものであっても、第三者に不当の損害を被らせるおそれもなく、必ずしも明文に反しないものであって（債権者取消権については特に四二五条の規定があるが、代位権についてはそうした制限がない）、しかもわが民法の適用において合理的な効果を収めうるものである以上、制度の転用としてこれを肯認することは、決して不当というべきではない（同旨鳩山一八六頁、柚木一八五頁、於保一四九頁など）。但し、判例はいささか安易に認め過ぎる傾向がある。これを合理的な範囲に制限することこそ正に解釈の任務である（例えば〔二三〇〕ⅳ・〔二三三〕参照）。

〔二三〇〕　かような立場から、判例理論の適用される主要な場合を挙げれば――

（a）最も主要な例は、債務者のなすべき登記手続を債権者が代位して行なうことである。すなわち――

（i）不動産が甲→乙→丙と譲渡され登記が甲にある場合に、丙は、乙を代位して、甲に対し、甲から乙への移転登記をなすべき旨を請求し、判決をえて登記することができる（前掲大判明治四三・七・六民五三七頁はかような事例。なお、大決大正四・五・二九民八六五頁は、右の乙の甲に対する権利が所有権移転請求権保全のための仮登記をなすことを請求する権利でもよいという）。なお、右の甲乙間の売買が虚偽表示で無効な場合にも、丙が善意ならば（九四条二項）、乙に代位して、甲に対し、右の請求ができるとなし（大判昭和一八・一二・二二民一二六三頁の傍論（〔二四一〕末段参照））、また、再売買の予約権利者は、予約義務者に代位して、その者と第三者との間の無効の譲渡行為に基づく移転登記の抹消を請求しうるという（大判大正九・八・二一民一二一七頁）のも、同旨のものとみることができる。

(ii)未登記不動産の譲受人は譲渡人に代位して保存登記をすることができる(大判大正五・二・二民七四頁)。また未登記不動産がA→B→C→Dと譲渡された場合に、Dから、Cに代位して、Bに対して保存登記とCへの移転登記を請求することができる(大判大正一五・一〇・四新聞二六一八号九頁)。

(iii)抵当権の目的である土地について地目反別等の修正があったり、同様の建物について構造の変更があったりしたために、変更登記をなすべき場合には、抵当権者は、抵当不動産の所有者に代位して、変更登記に必要な登記簿上の利害関係者(登記ある賃借人や永小作人など)の承諾を求めることができる(大判昭和九・九・二七民一八〇三頁(判民一二八事件野田)、大判昭和一二・六・一七民八四一頁(判民五九事件内田)。評釈はいずれも判旨賛成)。

以上の諸場合のうちには、代位によらなくとも目的を達しうるものもある。然し、いずれの場合にも、登記簿の記載をできるだけ実体的な権利関係または不動産の真実の状態と一致させる作用を営むことになる。すなわち、未登記不動産の譲受人は、みずから保存登記をすることも不能ではなく、その登記は対抗力をもつ(物権〔一二六〕ロ参照)。然し、譲渡人の保存登記をすることが望ましいものであることはいうまでもあるまい。また、不動産が甲→乙→丙と譲渡された場合に、三当事者の合意があれば、甲から丙への移転登記をすることができる(中間省略登記)(物権〔一二六〕イ参照)。然し、かような登記は望ましいものでないだけでなく、三当事者の合意がなければできない。そうだとすると、登記請求権ないしは登記手続を代位して行なうことができるとする右の判例理論は、登記簿の記載を登記法の理論に近づけようとする作用を営む、といってよいであろう。もっとも、前の例(未登記不動産の譲受人)では、譲受人は、代位権によらずに、譲渡人に対して、保存登記をなすべしという判決をえて、これによって保存登記をすることができるかもしれない。然し、後の例(転得者丙から甲乙間の移転登記を請求する場合）では、丙が甲乙両者に対して移転登記をなすべき旨の請求をなしうるかどうかは、疑問である。いずれにしても、債権者代位権の理論で解決しようとする判例理論が簡明なものということができる。

（iv）ただ、判例は、一般債権者についても右のような登記手続の代位を無条件で認めているのはすこぶる疑問である。すなわち、一般債権者は、差押をする準備として、債務者の未登記不動産の保存登記を代位して行いうるとする（大判昭和一七・一二・一八民一一九九頁（判民六〇事件野田評釈は判旨賛成））。また、債務者所有の建物の構造が変更された場合には、債務者に代位して変更登記をなし、かつ、その際にその建物の上の抵当権者の承諾を求めることができるという（大判昭和七・六・一八評論二一巻諸法六六三頁）。然し、前者は、一般債権者として未登記建物を差し押えることはもとより可能であり（競売裁判所が競売開始決定をすれば嘱託して保存登記をする。大判昭和一四・五・二四民六二三頁はかような例）、別に代位して保存登記をさせる必要がないだけでなく、債務名義のない一般債権者の代位登記を許すことはすこぶる疑問である（前掲昭和一七年の事案では債権者は代位登記後に差し押えたのだから結果は不都合でないが）。後者についても、債権者はまず差し押えるべきもの（構造に変更があっても同一性を失わない以上差押は可能であろう）とするのが妥当であろう。判例が右のような場合にも一般債権者の代位登記を許すのは不動産登記法第四六条ノ二（大正二年の改正）が代位による登記を広く認めるからであろう（代位原因を記載しかつ代位原因を証する書面を添附することを要すと定める）。然し、金銭債権による代位は債務者の無資力を要件とするという前述の判例理論（〔二二八〕参照）を貫き、金銭債権による代位登記には右の規定の適用を許さないとするのが正しいのではあるまいか（無資力を証明することを条件とするのは登記手続として妥当を欠く）。

〔二三一〕 （b）特定債権の保全のために代位権を認める判例理論の第二に重要なものは、不動産の債権的利用権者が貸主ないしは所有者に代位して、不法占拠者に対して、妨害排除の請求をすることである。すなわち、土地または建物の賃借人は、賃貸人に代位して、不法占拠者に対して、妨害物の除去と明渡を請求することができる（大判大正九・一一・一一民一七〇一頁、民九一事件戒能評釈は反対）、最高判昭和二九・九・二四民一六五八頁など）。転借人は転貸人（賃借人）の賃貸人に代位する権利に代位して不法占拠者に除去と明渡を請求することもできる（大判昭和五・七・一四民七三〇頁（墓地使用権の例））。そして、この理論は、宅地以外の土地の債権的利用権にも適用される（右の墓地利用権の他、土地から大理石を採取する収益権の例がある（大判昭和一四・五・一六民五五七頁））。

不動産の債権的利用権に基づいて妨害の排除請求権を認むべきかどうかは、争われる困難な問題であるが、今日の民法理論としては、なお債権者代位権を通じて妨害の排除を請求しうるに止まると解すべきものがあること、前述の通りである（〔二〇九〕iii）。そうだとすると、ここにも判例理論の存在意義を肯定すべきであろう。

〔三三二〕（c）不動産の登記請求ないし登記手続と不動産の債権的利用権による妨害排除請求の他にも判例理論の適用されるものがある。例えば、甲のSに対する債権が甲→乙→丙と譲渡されたが、Sに対して債権譲渡の通知がなされない場合には、丙は乙に代位して、甲に対し、乙への譲渡をSに通知すべき旨を訴求することができる（大判大正八・六・二六民一一七八頁（丙に移転した旨の通知をなすべき旨の請求を却けるに当っての傍論））。ちなみに、この判例理論は、債権譲渡の通知は、譲受人が譲渡人に代位してすることができないとする判例理論（大判昭和五・一〇・一〇民九四八頁。なお大判昭和一五・二・二四新聞四五四四号八頁（債権質権設定の通知は、質権者が設定者に代位して通知しえない）も同様の理論を示す）と混同してはならない。これらの理論は、債権の譲渡または質権設定はこれによって不利益を受ける譲渡人または設定者から通知することを対抗要件としたのであるから、譲受人または質権者の代位を許さないという趣旨である（四六七条・三六四条）。これに反し、前者は、譲渡人に対して通知を命ずる判決によって通知に代えようとするのである（四一四条二項但書）。それはともかくとして、判例は、債権の譲渡を通知すべき旨の請求権の代位行使を認めるに当って債務者（被代位者）の無資力を要件としていない。不動産が甲→乙→

丙と譲渡された場合の丙の立場と同視するのであろう。通知を対抗要件とするわが民法の立場においては、これを肯定して丙の地位を保護することが妥当であろうと思う。なお、訴訟上の行為の代位については後に述べる（〔二三九〕八）。

〔二三三〕 (2)債権を保全するための唯一の手段であることを必要としない。他に方法があっても妨げない。このことは、登記請求権や妨害排除請求権の代位について多くの例をみた通りである（〔二三〇〕・〔二三一〕）。但し、代位を認めることに合理的な理由のある場合に限るべきであって、安易にこれを認めるべきではない。その意味で、つぎの二つの事例などは疑問である。抵当権を担保にとった債権者は、自分の担保権の効力として抵当権を実行しうる他、債務者に代位して抵当権を実行することもできる（大決昭和七・一二・二〇新聞三五一八号八頁）というが、質権の目的となっている抵当権を実行するためには制限がある（担保〔五九〕六〕参照）。無用の代位といいたい。また、賃借人は、期間満了後に立ち退かない転借人に対し、賃貸人に代位して、明渡を請求することができる（大判昭和五・一二・一六民一一三一頁）というが、転借人に対する関係は、転貸人（賃借人）との間で解決するのが筋であって、賃貸人にかような権利があるかどうか疑わしい（判民昭和五年度一一三事件戒能評釈、柚木一八五頁参照）。

〔二三四〕 (3)保全される債権とは、広く請求権の意であって、物権的請求権のようなものも包含される。けだし、特定債権の保全のために利用しうるものとする当然の結果である。なお、債権の種類はこれを問わない。ただ代位によって保全するに適するものであることを要するだけである（但し、適しないもの（例えば不作為債権）も、損害賠償債権に変ずれば保全に適するようになる）。また、代位の目的たる権利より以前に成立することを必要としない（最高判昭和三三・七・一五新聞一一一号九頁）。抵当権がついていても、債権全額を満足させない場合には、代位権を行使しうる。但し、法定推定相続人の地位は、具体的な権利ではないから、これに基づいて被相続人の権利を代位することはできない（最高判昭和三〇・一二・二六民二〇八二頁（養子は養父の虚偽の財産処分行為の無効を主張して移転登記の抹消を代位請求しえない））。

〔二三五〕 **二**　債務者がみずからその権利を行使しないこと　　債務者がすでにみずからその権利を行使したときは、たといその行使が債権者にとって不利益であっても（不利益な代物弁済を受けるなど）、債権者はもはや重ねてその権利を行使しえないことはいうまでもない（但し、この不利益な行為が詐害行為として債権者取消権の目的となることがあるのは別問題）。なお、債務者が権利を行使しない理由はこれを問わない。債権者から行使を催告する必要もない（大判昭和七・七・七民一四九八頁）。

債務者がその権利について訴を提起しすでに判決を受けた場合はもとよりのこと（大判明治四一・二・二七民一五〇頁、大判大正七・四・一六民六九四頁（債務者が故意に敗訴したと主張する場合でも同じ））、訴を提起しただけでも、債権者は別に訴を提起することはできない（最高判昭和二八・一二・一四民一三八六頁（債権者は訴訟参加（民訴六四条以下）によってその利益を保護することができる））。

〔二三六〕 **三**　債権は原則として履行期にあることを要する。但し、例外が二つある（四二三条二項）。

（イ）裁判上の代位、すなわち、裁判所の許可をえて代位行為をすることは、履行期前でも妨げない。「債権ノ期限前ニ債務者ノ権利ヲ行ハザレバ其債権ヲ保全スルコト能ハズ又ハ之ヲ保全スルニ困難ヲ生ズル虞アルトキ」に、裁判所は、この要件の有無を判断して代位の許否を決する（非訟七二条―七九条）。

（ロ）保存行為は、裁判所の許可なしに、しかも期限前に、することができる。保存行為とは、債務者の財産の現状を維持する行為である。時効の中断、未登記の権利の登記などがこれに属する。

第二　債権者代位権の目的となりうる権利

〔二三七〕 **一**　「債務者ノ一身ニ専属スル権利」は、代位権の目的とはならない（四二三条一項但書）。代位権は、債権者が債務者の意思に無関係にその権利を行使する制度であるから、その権利を行使するかどうかを債務者の意思にまかせるべき権利（行使上の一身専属権）は除外される趣旨である。すなわち、（イ）純粋の非財産的権利はすべて除外される（親権、離婚・離縁請求権、改正前に存在した隠居取消権（大判明治三六・七・七民八九七頁）など）。（ロ）財産的意義を有する権利であっても、主として人格的利益のために認められる権利もまた同様である（夫婦間の契約取消権（七五四条）、改正前に存在した母たる親権者が親族会の同意をえなかったための取消権（旧八八六条、大判大正七・六・一九民一二〇九頁）、人格権の侵害による慰藉料請求権など）。——ちなみに、相続の例外となる一身専属権（八九六条）は帰属上の一身専属権であって、その範囲は同一でない（判例は右の母たる親権者の取消権は相続されるが、慰藉料請求権は相続されないという。前者に賛し、後者に反対する）。

〔二三八〕 **二** 民法に規定はないが、差押を許さない権利（民訴六一八条所定の債権、その他恩給請求権（恩給法一一条三項）など）も代位の目的とはならない。けだし、債権者の一般担保とすることができないものだからである（通説）。

三 以上の他の権利は代位の目的となる。

〔二三九〕 **（イ）**請求権（代金請求権・損害賠償請求権その他の債権、物上請求権等）であると、形成権（無能力または意思表示の瑕疵を理由とする取消権、解除権、買戻権（五八二条参照）等——大判昭和一六・九・三〇民一二三三頁は第三者のためにする契約における受益の意思表示の代位行使を認めた）であるとを問わない。代位権の代位行使も可なりと解する（大判昭和五・七・一四民七三〇頁（転借人が賃借人に代位し、その賃貸人に代位する権利に基づいて不法占拠者に明渡を求める））。

（ロ）厳格な意味の権利でないものについては疑があるが、権利でないという形式的な理由によって否定せずに、その実質的な性質に従って判断すべきである。すなわち、例えば、契約の承諾（第三者の債務者に対する贈与申込に対する承諾など）は債務者の意思に基づいてなされるべきものであることを理由として否定すべきである。債権譲渡の通知を譲受人が代位してすることができないこともまた同様である（大判昭和五・一〇・一〇民九四八頁は通知が権利でないことを理由とするが、譲渡人自身でなすべきものであることを理由とすべきである（〔二三二〕参照））。

(ハ) 訴訟上の行為を代位することができるかどうかは、しばしば問題となる。(a)実体法上の権利ないし利益を主張する形式としての訴訟上の行為を代位してなしうることはいうまでもない。すなわち、訴の提起(代位しようとする債務者の権利の相手方が任意に履行しないときは、債権者は代位して訴を提起することができなければならない)、強制執行の申立、請求異議の訴(民訴五四五条)、第三者の異議の訴(大判昭和七・七・二二民一六二九頁(判民一二八事件兼子)は、債務者の財産が他人の財産として不当に差し押えられた事例(民訴五四九条))、仮処分命令の取消申立(大判昭和一一・一一・二〇民二〇二四頁(判民一三七事件来栖)は、建物収去土地明渡請求権に基づいて仮処分をした地主が借地人と和解して仮処分を取り消す合意をしたにも拘わらず取消申立をしない場合に、建物の賃借人から代位して申立をする事例)などは、これに属する。(b)これに反し、債務者と第三者との間に訴訟が開始した後においてその訴訟を追行するための訴訟上の個々の行為――競売開始決定に対する異議(大決昭和五・七・一九民六九九頁(民訴五四四条))、換価命令に対する抗告(大決昭和七・六・三民一五七頁(民訴五五八条))、仮差押決定に対する異議(大判昭和一三・四・二〇民七二六頁(判民四七事件来栖)(民訴七四四条))など――は、代位することができないと解すべきである。けだし、これらは、実体法上の権利を行使するのではなく、専ら裁判上の手続進行のための制度として訴訟法上認められるものであるから、かような行為をなしうる者の範囲もこれに関する規定によって決すべきものだからである(今日の通説といってよいであろうが、以上の理論を説くものとして前掲の兼子、来栖両評釈を参照)。

第三　債権者代位権の行使

〔二四〇〕 **一**　代位権行使の方法　債権者は、債務者の財産権を管理する権限を取得するのである。従って――

(イ) 自分の名で債務者の権利を行使する。代理人として債務者の名でするのではない。

(ロ) 債権者取消権と異って、裁判上の行使を必要としない(但し相手方が応じないときは訴を提起する必要があることはいうまでもない)。

(ハ) 代位権の行使として相手方から物の引渡を求める場合に、債権者は、債務者に引き渡すべきことを請求しうることはいうまでもないが、直接自分に引き渡すべきことをも請求することができると解すべきである。けだし、これを認めなければ、債務者が受領しないときは代位権はその目的を達しえないからである(通説)。判例は、最初、代位権行使の結果は総債権者の共同担保となるべきことを理由として、反対に解したが(大判明治三六・一二・一一民一三八八頁、大判明治三九・三・二三民四四一頁等)、後にこれを改め、特定債権の保全のために不動産の明渡を求める場合などはもとより(大判昭和七・六・二一民一一九八頁(判民九六事件我妻)、最高判昭和二九・九・二四民一六五八頁(賃借人は、賃貸人に代位して、不法占拠者に対し、自分に引き渡すべきことを請求しうる))、金銭債権の履行を求める場合にも、これを認める(大判昭和一〇・三・一二民四八二頁(判民三四事件福井))。金銭の引渡においては、代位債権者が優先弁済を受ける結果となるであろう(債権者は受領した金銭を債務者に返還すべきであるが、他の債権者がこの返還請求権を差し押えない限り、債権者は自分の債権と相殺することができるであろう)。然し、それは、制度の欠陥であって、やむをえない(債権者取消権についての〔一八二〕b参照)。但し、債務者に代位して、第三者に対し登記の移転を請求する場合には、債務者の名義に移転すべきことを請求しうるに止まる(大判明治三六・七・六民八八四頁は直接代位債権者名義に移転すべき旨の請求を否定する)。けだし、この場合には債務者に移転することで充分に債権保全の目的を達するからである。債権者はこの判決をもってまず債務者名義の移転登記をなし(不登二七条)、ついで債務者から自分への登記を請求することになる。

〔二四一〕 二 相手方の地位　相手方は、あたかも債務者自身がその権利を行使するのと同一の立場に立つ。すなわち、相手方は、債務者に対して有するすべての抗弁権を行使することができる(債権者が代位して金銭債権を行使するときは、相殺の抗弁ができる(大判昭和一一・三・二三民五五一頁)。相殺の意思表示は代位債権者に対してする(大判昭和九・五・二二民七九九頁))。また、代位債権者は、第三者たる利益を有しない。すなわち、例えば、代位行使しようとする買戻権が消滅したときは、それについて登記がなくとも、相手方は消滅を主張しうる(大判明治四三・七・六民五四六頁)。また、不動産が甲→乙→丙と譲渡されたが移転登記をする前に甲乙間の売買契約が合意によって遡及的に解除されたときは、丙は、乙に代位しても、甲に対し、乙への移転登記を請求しえない(最高判昭和三三・六・一四民一四四九頁)。問題となるのは、右の甲乙間の売買が虚偽表示であって丙が善意の転得者である場合である。かような場合には、丙に対する関係では甲はその無効を主張しえないと解するのが妥当であろう。けだし、丙の債権を特定債権として保全するために代位を認める以上、他に適当な手段が見い出せないからである(九四条二項、大判昭和一八・一二・二二民一二六三頁(判民七一事件四宮)は傍論としてこの趣旨を述べる。事案は、丙は一般債権者なので、甲の無効の主張を認める。山木戸評釈(民商二〇巻三号)は、債権者代位権が差押の準備的制度であることを理由として判旨に反対する。一般債権者として直ちに差し押えることはできないものであろうか)。

〔二四二〕**三**　代位権行使の範囲　債権者が債務者の権利を行使しうるのは、債権の保全に必要な範囲に限るべきことはいうまでもないが、問題となるのは、代位の目的たる権利を処分しうるかどうかである。債務者の財産全体から観察してその財産を保全することになる場合ならば処分もできると解すべきであろう。例えば、債務者の有する債権で相殺することは、それによって債務者の資力を維持することになる場合(債務者の債権が無担保、相手方の債権が担保附のとき、または両債権とも無担保だが相手方が無資力のときなど)には相殺することができる(大判昭和八・五・三〇民一三八一頁(判民九六事件菊井)は、債務者が一番抵当権者に対して反対債権を有しながら相殺しないときに二番抵当権者の代位による相殺を認める。但し、大判大正八・三・七民四四九頁はやや異なる趣旨を含む)。

第四　代位権行使の効果

〔二四三〕**一**　債権者が代位権に基づいて債務者の権利の行使に着手し、これを債務者に通知したときは(通知がなくとも債務者が知ったときはその時から)、債務者は、その権利について、代位行使を妨げるような処分行為をすることができない。裁判上の代位についてだけ明文があるが(非訟七六条)、債権者に債務者の権利を管理する権限を与えたものである以上、理論として当然のことであるだけでなく、そう解さなければ、代位の目的を達することができないから、裁判外の代位にもこれを類推すべきである(大判昭和一四・五・一六民五五七頁はこの趣旨を詳説する。但し事案は債権者が代位して訴を提起した後は債務者は訴を提起しえないとするものであるが、そのことは判決の効力と関係して一層明瞭である（〔二四五〕参照））。

〔二四四〕 二 債権者が債務者の権利を代位行使したときは、その私法上の効果は、直接に債務者に帰属する。債権者が直接自分に引き渡させた場合（〔二四〇〕ハ参照）も同様である。すなわち、相手方は債務者自身に引き渡したと同一の効果を受け、債権者もまた債務者のために引渡を受けたことになる。

〔二四五〕 三 債権者が代位権の行使として提起した訴訟によってえた判決の既判力は債務者に及ぶであろうか。例えば不動産が甲乙丙と移転し、丙が乙に代位し、甲に対して、乙に移転登記すべき請求訴訟をしたときに乙はその判決の勝敗に拘束されるであろうか。判例は、以前には、債務者がその訴訟に参加しない以上は、判決の既判力は及ばない（勝訴となっても甲から乙に対して争いうる。敗訴となっても乙から甲に対して争いうる）と解していた（民訴七〇条・七六条—七八条参照）。例えば、不動産が、前記のように、甲→乙→丙と移転し、丙が乙に代位し、甲に対して、乙への移転登記をなすべき旨の訴を提起して勝訴判決をえた場合にも、乙はこの判決に基づいて移転登記の申請ができないとしたときには、かような理論を前提とした（大決大正一一・八・三〇民五〇七頁。判民七六事件鳩山評釈は既判力が及ばないとしても登記の申請はできるという）。その後、債権者が代位権に基づいた訴を提起した後は債務者は訴を提起しえないとする判決（前掲大判昭和一四・五・一六民五五七頁）においても、この点に言及しなかった。然し、この伝統的な訴訟理論に対しては、訴訟法学者に反対の主張が強くなり（判民昭和一四年度三八事件兼子評釈はこれを力説する）、判例もその態度を改めるに至った（大判昭和一五・三・一五民五八六頁（判民三一事件吾妻）は、代位による請求訴訟によって時効中断の効果を生ずるという事案だが、民訴二〇一条二項の適用を明言する）。かような効果を認めなければ、法律関係の確定しない不利益が大きいのみならず、裁判外の代位の効果が債務者を拘束する（形成権を代位行使した場合を考えよ）こととも権衡を失する（訴訟のやり方が適当でなかったときは損害賠償責任を生ずることは裁判外の代位行使が不適当な場合と同様である）。代位して訴訟をする債権者もまた債務者のために訴訟を管理する権限があるもの（民訴二〇一条二項参照）と解するのが適当である（柚木一九八頁、松坂一四六頁その他現在の通説といってよい）。

第三款　債権者取消権

第一　債権者取消権の法律的性質

〔二四六〕一　債権者取消権の法律的性質に関しては、以前に学説は大いに分かれた。債権者取消権は、要するに、債務者の一般財産を保全するために、これを不当に減少させる債務者の行為（詐害行為）の効力を否認して、債務者の一般財産から逸出したものを一般財産に取り戻すことを目的とする制度であるが（〔二二四〕参照）、その法律的性質を定めるに当って、詐害行為の効力を否認することをもってその本体とするか、逸出した財産を取り戻すことをもってその本体とするか、或いはまた、両者の合したものをもってその本体とするかによって説を異にしたのである。判例は明治四十四年三月二十四日（民一一七頁）の連合部判決以来第三の立場を採り、近時の通説も大体においてこれを支持する。私もこれを正当と考えるのだが、理解の便宜のために、主要な学説を一瞥する（この制度の沿革及びドイツでも学説の争があったことなどにつき松坂・債権者取消権の研究所収の二つの論文、下森「債権者取消権に関する一考察」（志林五七巻三号以下）、いずれも優れた文献。わが国の学説についても詳細である）。

〔二四七〕二　債権者甲の債務者乙が、他に資産がないにも拘わらず、A不動産を丙（受益者）に贈与し、丙は更にこれを丁（転得者）に売却し、それぞれ移転登記をしたとしよう。

(1)詐害行為の効力を否認することをもって取消権の本体とする説（主として石坂）は、取消権は詐害行為（乙丙間の贈与契約）を取り消す権利だとする（形成権説）。従って、（a）その訴は、取り消されるべき行為の当事者たる乙丙を被告とする。（b）その取消の効果は、丙をして不動産を保有する権限がないことにするだけである。従って、取消の結果、乙は丙に対して不当利得返還請求権を取得し、――乙がこれを行使すれば問題は解決するが、乙がそれをしないときには、――甲がこれを乙の財産に取り戻すためには、債権者代位権によって、乙に代位してこの権利を行使する他はない。(c)丁は、悪意の場合には右の取消の影響を受けるが、その場合にも取消の訴の被告とはならず、ただ取消の効果として、乙が返還を請求するか、甲がこれに代位して請求することができるだけである。――この説は、民法第四二四条が債権者取消権の効力として「法律行為ノ取消ヲ裁判所ニ請求スルコトヲ得」と定めた文理に最もよく適合するもののようであるが、取消の実効を収めるためには更に債権者代位権を援用しなければならないとすることは、すこぶる不便である。

〔二四八〕 (2)詐害行為によって債務者の一般財産から逸出した財産を取り戻すことをもって取消権の本体とする説(主として雉本)は、取消権は詐害行為の結果逸出した財産(丁の許にある不動産または丙の許にあるこれに代る利得)の取戻を請求する権利だとする(請求権説)。従って、(a)その訴は財産返還請求の相手方(丙または丁)だけを被告となすべきである。(b)また、その請求の効果は、乙丙、丙丁間の行為(贈与契約売買契約)には直接に影響を及ぼさないことになる。――この説は、制度の目的を直視するものであって、最も要領のよいもののようであるが、民法が取り消すことをもって取消権の効力と規定したのを全然無視することは妥当ではあるまい。のみならず、詐害行為の効力をそのままにして返還を請求することができるといっただけでは理論構成が不充分である。少なくとも、右の財産の返還を請求する基礎として詐害行為の効力を奪うことを取消権の一内容とするのが至当であろう。

〔二四九〕 (3)詐害行為の効力を否認することと財産を取り戻すこととの両者をもって取消権の本体とする説は、取消権は詐害行為を取り消しかつ逸出した財産の取戻を請求する権利だとする(折衷説)。然し、この説は、更にこの取消と請求のいずれかに重点を置くことによって、細分される。

(イ)前掲明治四十四年三月二十四日の連合部判決(民一一七頁)の明らかにした理論によれば、債権者取消権は、債務者の「法律行為(詐害行為)ヲ取消シ、債務者ノ財産上ノ地位ヲ其法律行為ヲ為シタル以前ノ原状ニ復シ、以テ債権者ヲシテ其債権ノ正当ナル弁済ヲ受クルコトヲ得セシメテ其担保権ヲ確保スルヲ目的トスル」ものである(この基本理論は連合部判決以前からのものといってよい。ただ、後述のように、その内容のうちの重要な点が連合部判決によって変更された)。従って、(a)債権者甲は、詐害行為の目的物またはこれに代る利得を保有する受益者丙または転得者丁に対して、その返還を請求することができる。(b)然し、債務者乙の詐害行為を取り消すこともこの権利の内容なのだから、右の場合にも、判決の主文において取消を命じなければならない((訴外)乙と丙の間の贈与契約を取り消す。丙(または丁)はA不動産の登記名義を乙に移転すべし(または金何円を甲に引き渡すべし)という趣旨の判決をする)。(c)のみならず、債権者甲は、丙または丁に対して返還を請求せずに、これらの者に対して、取消だけを訴求することもできる(判決主文は取消を命ずるだけとなる。訴外乙と(訴外)丙の間の贈与契約を取り消す。訴外乙の被告丙に対する債務免除を取り消す、など)。(d)然し、右bcいずれの場合にも、訴の被告は返還請求をする相手方(取消だけを訴えるときは、詐害行為によって利得をえた者)だけである。けだし、一般的な理論によれば、第三者がある法律行為の取消を訴求する場合には、その行為の当事者を被告とするのが通則であるが、詐害行為の取消は、債権者が相手方から詐害行為の目的たる財産またはこれに代るべき利得の返還を請求する基礎として必要な限りにおいて、債権者に対する関係においてだけ詐害行為の効力を否認するもの(相対的取消)――その他の者の相互の関係においては、詐害行為の効力は影響を受けずに存続するもの――だからである。

〔二五〇〕(ロ)判例に比してやや取消に重点をおく説(主として鳩山)は、(a)一方では、債権者取消権は、取消だけでなく詐害行為の目的たる財産またはそれに代る利得の返還請求を伴なうものであるとする点では判例と同一の立場をとりながら、(b)他方では、その取消はあくまでも詐害行為をその当事者間において効力のないものとする(取消の効果は絶対的)のでなければならないとし、従って、詐害行為の当事者をも常に被告とすべしという。判例も、前記明治四十四年の連合部判決以前には、同一に解し、債務者をも被告とする必要的共同訴訟であるとしていた(大判明治三八・二・一〇民一五〇頁。連合部判決は、原審がこの理論を踏襲しかつ取消のみの訴は許されないとした二点で破毀差戻したもの(我妻・聯合部判決巡歴(1)第三〇話参照))。

〔二五一〕 (八)これに反し、判例に比して一層請求に重点をおく説(主として加藤正治)は、(a)債権者取消権は、返還を請求すべき者だけを相手方とする訴であるとする点では判例と立場を同じくするが、(b)取消をもって財産や利得の返還を請求する訴の前提に過ぎないものだから、債権者は裁判上取消の意思を表示すれば充分であり、従って、判決主文をもって取消を命ずべきものではないという。

〔二五二〕 三 思うに、いわゆる折衷説は、形成権説と請求権説の欠点を補正する点において正当である。然し、この説のうち、判例理論をもって最も優れたものというべきかどうかについては、多少の疑いがないでもない。殊にその取消の効力を相対的とすることと(〔二四九〕d参照)、取消だけを目的とする訴も可なりとすること(〔二四九〕c参照)については、論議の余地を免かれないであろう。けだし、取消の相対的効力なるものは条文上の根拠なしという非難(加藤、鳩山両説から加えられる)は甘受するとしても、その相対的ということの内容は必ずしも明瞭ではなく、またその結果が果して妥当かどうかについても、疑問の余地がないとはいえない。また、債権者取消権は結局において財産の取戻を請求せずにはその目的を達することができないものであるにも拘わらず(詐害行為が債務免除である場合にも免除を取り消しただけでは目的を達せず、その履行を求めなければならない)、何らの制限なしに、まず取消だけを目的とする訴を許すことは、訴訟経済上果して妥当であろうか。疑問である。然し、判例の根本思想は、この制度の目的を考察し、その効力をこれに必要な範囲に限局しようとするものであって、全体的にみてその態度は正当なものといってよいであろう。しかも明治四十四年の連合部判決以来その理論は相当に強固な判例法を形成している。従って、今日の解釈論としては、この判例理論の本体を肯認し、その内容を整理して適用の妥当なことを期すのが穏当な途であろうと考える(同旨柚木二〇八頁)。

第二　債権者取消権の生ずる客観的要件(詐害行為)

〔二五三〕 一　債権者取消権が生ずるためには、まず、債務者が債権者を害する法律行為(詐害行為)をしたことが必要であり、つぎに、債務者、受益者(詐害行為によって利益を受けた者)、転得者(受益者から詐害行為の目的物を譲り受けた者)の悪意が要件である。前者を客観的要件、後者を主観的要件とする。ここには前者について分説する。債務者は種々の手段を弄して一般財産の減少隠匿をはかることは世上稀ではないから、債権者取消権を活用して債権者の保護に努める必要があることはいうまでもない。然し、この制度は、債務者以外の第三者に深刻な影響を与え取引の安全を害するおそれが大きいのみならず、あまりに広くこれを適用することは、債務者の財産整理を妨げ、その経済的更生を困難にする弊害を生ずる。詐害行為の要件を定めるに当ってはかような事情に留意しなければならない。判例は、しばしば、債務者と受益者の主観によって区別し(例えば、債権者間に不公平を生じさせることを目的として通謀して行われた弁済を詐害行為とするなど)、あるいは、行為の後の事情を標準とする(例えば、時価で不動産を売却する行為について、代金を弁済にあてたか他の財産を購入して保有するかどうかによって詐害行為の成否を決するなど)。然し、それでは取引の安全を害する。専ら債務者の行為の時を標準とし、主観的要件は、債務者の財産状態についての認識の有無と解すべきである(それぞれの個所に詳説する)。

二　詐害行為は債権者を害する債務者の法律行為である。

〔二五四〕 (1)債務者の法律行為のうち「財産権ヲ目的トセザル法律行為」を含まない(四二四条二項)。婚姻、縁組、相続の承認・放棄などは、たとい債務者の財産を悪化する場合でも、詐害行為とはならない。債権者保護の理想といえども債務者のかような行為にまで干渉することを許すべきではないからである(改正前の制度である隠居のように債権者詐害の目的に利用され易いものについては民法は別に考慮を払った(旧七五二条二号・七六一条・九八九条参照))。会社設立行為は財産を目的とする行為かどうか問題とされたことがあるが、財産出捐行為を要素とする行為であるから、詐害行為となりうると解すべきことはいうまでもない(通説・判例。大判大正七・一〇・二八民二一九五頁、大判昭和九・一一・三〇民二一九一頁(合資会社)、大判昭和七・一二・六新聞三五〇四号八頁(合名会社)―会社を相手として出資額(現物出資の場合には原則として現物)の返還を請求する)。

〔二五五〕 (2)法律行為に限るが(贈与を承諾しないというような不作為は含まれない)、その種類を問わない。契約を普通とするが、単独行為(債務免除(大判大正九・六・三民八〇八頁―免除された債権の債務者を相手方とすべしとの趣旨)〔二九四〕参照)、合同行為(前掲会社設立行為)でもよい。(a)但し、取消の判決が確定する前に詐害行為を合意解除するときは、詐害行為は存在を失うから、取消の判決は効力を生じないとされる(大判大正一一・六・二二民三四三頁(受益者が相殺契約を解除し現金で支払った事例))。(b)債務者は虚偽表示によって財産を隠匿することも少なくない。かような場合に、債権者が虚偽表示であることを理由として取消を訴求することはもとより許さるべきではない(大判明治四一・六・二〇民七五九頁等)。然し、債権者がこれを詐害行為として、その要件を挙証して、取消を求めるときは、被告は虚偽表示であることを理由としてこれを阻止することはできないと解すべきである。けだし、両制度が結局同一の作用を営む場合においては、被告にかような主張を許すべきではないからである(大判昭和六・九・一六民八〇六頁は、詐害行為が虚偽表示である場合にも、転得者に対する関係では取り消しうるという。然しかような制限を必要としない(受益者を相手とする場合も同様)と思う(判民八二事件我妻評釈参照))。(c)なお、債務者が第三者に登記を移転する行為が詐害行為に含まれるかどうかが問題とされることがある。然し、その登記をする実体的な法律行為を問題とすべきであって、登記をする行為だけを問題とすべきではない。けだし、登記は実体的な法律行為が取り消されたときにその効果として抹消されるにすぎないものだからである（後の〔二一五七〕参照）。

三　詐害行為は、債権者を害する法律行為である。

〔二五六〕 (1)詐害行為取消権は――破産のように、債務者の負担する債務の総清算を目的とするものではなく――特定の債権を保全することを目的とするものであるから、取消権を取得する債権は、詐害行為の前に成立していなければならない（通説・判例―大判大正六・一・二二民八頁（詐害行為以後の利息を加算して債権額を定めてはならない）、最高判昭和三三・二・二一民三四一頁（債権成立前の売買は取り消しえない）等）。この点に関し、つぎの諸点が問題となる。

(イ)詐害行為の前に成立した債権であれば、(a)詐害行為の時までに弁済期が到来することは必要でない（通説、判例（大正九・一二・二七民二〇九六頁））。(b)詐害行為の後に債権を譲り受けた者も取消権を取得しうる（通説・判例（大判明治三七・二・二四民二一三頁、大判大正一二・七・一〇民五三七頁等））。特定の債権について（債権者についてではなく）取消権が生ずるのだからである。(c)詐害行為前の売掛代金債権について行為の後に準消費貸借契約を締結した債権者が取消権を取得しうるかどうかは、準消費貸借の性質による。判例は、否定する（大判大正九・一二・二七民二〇九六頁（債権の同一性を失うという理由））が、正当ではないと思う（債各〔五三二〕ロ参照）。(d)保証人は、その求償権によって主たる債務者の詐害行為を取り消しうるか。取消権を取得しうる債権は詐害行為前に現実に成立していることを必要とすると解すべきであるから、保証人が予め求償権を行使しうる場合（四六〇条）の他は否定すべきである。なお、数人の共同保証人のうちの一人に対して他の保証人が絶対に負担をかけない旨（万一弁済するときは弁償する旨）を特約しているような特別の場合には、保証人と主たる債務者の間と同視してよいであろう（大判大正五・一〇・二一民二〇六九頁は、かような事例につき、取消権の成立可能を前提し、一人の保証人の財産処分行為に悪意のなかったことを理由として取消の訴を否定する）。そして、また、連帯債務者相互の間もこれと同様にとり扱ってよいと思う。

〔二五七〕 (ロ)詐害行為が、不動産所有権の移転などのように、対抗要件として登記を必要とするものである場合に、債権成立前の行為として取消権が及ばないものとするためには、登記も債権の成立前になされることを必要とすると解すべきものと思う。判例は反対である(大判大正六・一〇・三〇民一六二四頁(所有権の移転)、大判大正七・七・一五民一四五三頁(同上)、大判昭和一一・七・二三新聞四〇三九号一〇頁(抵当権の設定))。然し、登記のない間は、一般債権者は受益者の権利取得を無視して差し押えることができるのだから、詐害行為の要件がある場合には、登記がなされた後にも差押の前提として取り消すことが可能というべきであろう。いいかえれば、債権者に対する関係でも登記をしたときに移転行為が行われたことを対抗しうるに止まり、従って取消権の対象となりうるといわねばならない(差押によって一般債権者の債権の効力が強くなるものでないことにつき物権〔一五〇〕参照。なお、大判昭和一一・七・三一民一五八七頁は抵当権設定について本文と同旨を述べるが(〔二六七〕参照)、判例理論としてはむしろ特異の存在である)。もっとも、相当の値段で売却することや既存債権について抵当権を設定することが詐害行為とならないと解するときは(〔二六八〕・〔二六九〕参照)、問題となるのは債権成立前に行われ債権成立後に登記された無償譲渡または廉価な売買に限ることはいうまでもない。

〔二五八〕 (2)詐害行為取消権を取得する債権は、最初から金銭債権であることを必要としないが、取消権を行使しうるのは、損害賠償債権すなわち金銭債権としてその効力を保全するのに必要な場合に限る(〔二二五〕参照)。

(イ)大審院は、右の理論を示すために、動産(特定の木材)の二重譲渡において、第一の買主は、引渡を受けた第二の買主が悪意でも、詐害行為として取り消すことはできないと判示するに当り、大正七年十月二十六日の連合部判決(民二〇三六頁)で、特定物の引渡を目的とする債権によって詐害行為取消権を行使することはできないと明言した。そして、不動産の二重譲渡についても同様の判示をした(大判昭和八・一二・二六民二九六六頁(贈与者が目的不動産を悪意の第三者に譲渡して移転登記をした事例）。然し、他方では、不特定物の引渡を目的とする債権にあっては、目的物は直ちに金銭に代えることができまた何時でも金銭で購入しうるものだから、金銭債権と同視すべしといい（大判大正一一・一二・八評論一二巻民一七六頁（玄米の一定量を目的とする債権で不動産売却行為を取り消す事例））、さらに、特定の不動産の贈与者が、第三者に二重に譲渡する前に他の者のために抵当権を設定し、そのことによって受贈者に対する移転債務が履行不能となり損害賠償債務に変更するときは、第二の譲渡は詐害行為となりうると判示した（大判大正一一・一一・一三民六四九頁（判民九八事件鳩山））。学説は、これに対し、特定の不動産の二重譲渡の間に右のような事情が加わらなくとも、二重譲渡によって第一の譲受人に対する債務が履行不能となり、しかも譲渡人が他に資産がなく、第一の譲受人がその損害賠償請求権について満足をうることができない場合には――第二の譲受人がかような事情を知っていることを要件として――詐害行為の成立を認むべきだと批判した（鳩山二〇六頁、同志林一八巻三号五三頁質疑回答（研究三巻五八三頁所収）、本書旧版、柚木二一三頁等）。そして、最高裁は昭和三十六年七月十九日の大法廷判決（民一八七五頁）で学説に同調した。すなわち、丙のために八万円の抵当権のついている価格一〇万円以上の不動産を甲に三万二千円で売った乙が、その不動産を代物弁済として丙に移転することによって無資力となった、という事案について、右の代物弁済は買主甲に対する詐害行為となると判示した（なお後の〔二八七〕参照）。極めて正当である（この判決に対しては、三淵（法曹時報一三巻九号一二七〇頁）、柚木（判例評論四一号）、板木（民商四六巻二号）、板橋（法学研究四巻一号）、山崎（法と政治一三巻二号）など多くの評釈があるが、判旨の基本的態度にはいずれも賛成である。但し次段参照）。要するに、債権の目的を問わず、債務者の当該処分行為によって、その債権が債務者の一般財産から金銭で満足を受けることもできなくなる場合（必ずしも履行不能になることを必要としない。取消権を行使するまでに金銭債権に変ずればよい）には、詐害行為取消権は成立するというべきである。

〔二五九〕 （ロ）債務者の処分行為が、詐害行為として、金銭債権以外の債権によって取り消され、債権の目的物が債務者の一般財産に回復される場合に、債権者は、この目的物自体を自分の債権の弁済に充てることができるものであろうか。例えば、不動産の二重譲渡において第二の譲渡が取り消され、不動産の登記名義が債務者に復帰する場合に、債権者は――第二の譲受人を被告とする取消の訴と債務者を被告とする移転登記請求の訴を併合するなどの方法で――この不動産を自分の名義に移すことを請求する権利を有するものであろうか。肯定する学説がむしろ多い（柚木二一二頁・二五三頁、柚木・板木・山崎前掲評釈）。前掲大法廷判決ではこの点は必ずしも明瞭ではない（判決は、結局、相手方に対して抵当債権額との差額の賠償を命ずべしとするのである（柚木評釈は否定するものと解し、板木評釈は肯定するものと解する））。否定すべきものと思う。けだし、債権者は、この場合にも――補足意見のように第二の譲渡によって損害賠償債権に変更するから、とまでいう必要はないが――債務者の一般財産による価値的満足を受けるために取消権を行使しうるのであり（前段末尾参照）、従って、金銭債権としてこれを差し押え、競売することによってその満足を受くべきである（他の債権者、殊に取消の相手方の配当加入があればこれと平等の立場において弁済を受けうるに過ぎない（〔二九三〕参照））。肯定説は――あたかも債権者代位権の適用範囲を拡張したと同様に（〔二二六〕・〔二二九〕参照）――特定物を目的とする債権としてその効力を保全しうるというのであるが、たとい債務者の無資力を要件とするにしても、そこまで拡張するのは、詐害行為取消権の本来の趣旨をあまりにも逸脱するものであって、妥当でないと考える（〔二二七〕参照）。

〔二六〇〕 (3) 担保を有する債権についても詐害行為は成立しうるが、要件としては、担保の種類を分けて考察すべきである。

(イ) 物的担保についていえば、(a) 債権者が債務者の財産の上に抵当権・質権などの物的担保を有する場合には、担保物の評価額を越える債権額について債権者を害するかどうかを判断すべきである（通説・判例（大判昭和七・六・三民一一六三頁）。けだし、かような場合には、物的担保によってカヴァーされない額について債務者の一般財産が担保となるに過ぎないもの――いいかえれば、債務者の一般財産を評価するに当っては、当該担保権者によって把握されている価額はプラスから控除し、同時に、被担保債権はそのカヴァーされる限度においてマイナスから控除すべきもの――だからである。(b)これに反し、第三者(物上保証人)の財産の上に物的担保を有する場合には、これを考慮せずに、債権の全額について判断すべきである（大判昭和二〇・八・三〇民六〇頁）。けだし、この場合にも、債権者は物的担保によって優先的に弁済を受けうるには相違ないが、物上保証人がそれによって債務者に対して求償権を取得することを考慮するときは、債権者の把握している担保価値は、本来債務者の財産には含まれていないとみるのが妥当だからである。

〔二六一〕 (ロ)債権に人的担保、すなわち、(a)保証人がついていることは、考慮に入れるべきではない。けだし、債務者の一般財産を評価するには無関係だからである。(b)連帯債務者の一人であること（連帯債務者の債権者が連帯債務者の行為を取り消す場合）も考慮する必要はない（通説・判例（大判大正七・九・二六民一七三〇頁、大判大正九・五・二七民七六八頁等））。けだし、連帯債務者は、債権者に対して、各自全額弁済の義務を負い（四三二条）、債権全額が一般財産によって担保されるというべきだからである（連帯債務者の一人が全額を弁済するときは他の連帯債務者に対して求償権をもつのが普通だが（四四二条）、かような不確実な債権はプラスとして計上すべきではない）。

〔二六二〕 (4)保証人に対する債権についても詐害行為が成立しうること（保証人がその財産を処分することも詐害行為となりうること）はいうまでもない。但し、この場合には、保証人において、主たる債務者に十分の資力があって債権者が保証人に請求する必要がないことを挙証したときは、取消権は成立しないというべきである（大判昭和四・三・一四民一六六頁の傍論（判民一六事件杉之原評釈））。もっとも連帯保証人については連帯債務者と同視するのが適当であろう（四五二条―四五四条参照）。

〔二六三〕 **四**　詐害行為は、債権者を害する行為である。

(1)債務者の財産処分行為が債権者を害するとは、すでにしばしば述べたように、その行為によって、債権の最後の守りとなる債務者の一般財産が減少して、債権者が満足をえられなくなることである。正確にいえば、その行為の当時における債務者の財産のプラスとマイナスとを計算し、残額が、その処分行為によって（例えば一〇〇万円の不動産が三〇万円に売られると差し引き七〇万円のマイナスが増加して）一層小さくなり、債権者が全額の弁済をえられなくなることである。この計算に当っては、つぎの諸点が問題となる。

(イ)物的担保の目的となっている財産（例えば六〇万円の抵当権のついている一〇〇万円の土地）は、被担保債権額を控除した残額（四〇万円）がプラスとして計上される（抵当債権額が一二〇万円のときは二〇万円のマイナスとして計上される（〔二六〇〕参照））。

(ロ)保証債務（債務者が他の主たる債務者の保証人となっていること）や連帯債務（債務者が他の者とともに他の債権者に対して連帯債務を負担していること）はそのままマイナスとして計上すべきものであろうか。判例の態度は明瞭でない。保証債務については、取消権を行使しようとする債権者の方で、主たる債務者に弁済の資力のないことを挙証したときに限り、その範囲内でマイナスとして計上し（判民昭和四年度一六事件の杉之原評釈参照）、これに反し、連帯債務においては、債務者の方で他の連帯債務者に対する求償権が確実であることを挙証したときに限り、その範囲においてマイナスとして計上しない（判民昭和二〇年度七事件潮見評釈参照）のが妥当であろう。けだし、理論的にいえば、保証人の債務は全額求償権によって塡補されてゼロであり、連帯債務者の債務も負担部分を越える額はマイナスとならないはずであるが、実際上は右の要件と範囲内でマイナスとして計上することが関係当事者の利害を適当に調和させることになるからである。この解釈は、前述した保証人に対する債権者が保証人の行為を取り消す場合とは挙証責任が逆になり（〔二六二〕参照）、連帯債務者に対する債権者が連帯債務者の一人の行為を取り消す場合とは標準が異なる(〔二六一〕b参照)。債務者の行為を取り消す場合とその資産を評価する場合とでは、観点が異なるのは当然であろう(前掲杉之原・潮見両評釈はこの点を力説する)。

(ハ)単に債務を負担する行為が詐害行為となるかどうかはやや疑問だが、対価のない債務負担行為、例えば一定の金額を贈与する契約は、やはり詐害行為となりうると解すべきものと思う。けだし、債務者の一般財産のマイナスが増加し、他の債権者の弁済を受けうる額が減ずるからである(債務者が後に履行したときは、履行行為を詐害行為とせずに(〔二六六〕参照)、原因たる贈与行為を詐害行為とすべきである)。一定額の金銭の遺贈も同様である(但し、限定承認があればその必要はなくなるであろう(九三一条参照))。

〔二六四〕 (2)債権者を害するかどうかを判定する標準時期は、第一に、処分行為の時に害し、かつ第二に、取消権を行使する時にも害する状態が存在しなければならない。

(イ)処分行為が、その行為の時に債権者を害しないものであれば、その後の物価の値下りその他の事情で一般財産が悪化しても、――そして、当該の行為がなければ、債権者はなおそれだけ多くの弁済を受けえたという場合でも――詐害行為は成立しない(通説・判例(大判大正一〇・三・二四民六五七頁、大判大正一二・五・二八民三三八頁))。

(ロ)処分行為の時に債権者を害しても、その後に、債務者が資力を回復したり(大判大正八・一〇・二八民一九〇八頁、大判大正一五・一一・一三民七九八頁)、債務が減少する(大判昭和一二・二・一八民一二〇頁)などの事情によって、取消権行使の時(第二審の口頭弁論の終結の時)に債権者を害さなくなっているときは、取消権は消滅する(通説)。けだし、詐害行為取消権は懲罰的な制度ではなく、専ら債権の効力の保全を目的とするものだからである。但し、そうした事情の変更は取消の訴の相手方において挙証すべきである(通説・判例(大判大正五・五・一民八二九頁))。

〔二六五〕 (3)債務者の一般財産の減少といい、債権者が弁済を受けうる額が少なくなるといっても、前段(1)に述べた計数によって形式的に決定すべきではなく、債務者の信用（事実上有力な融資者があるということなど）をも考慮して判断すべきである。然し、判例が債権者間の平等な弁済を妨げる行為をも詐害行為の中に入れようとすることには賛成しえない。債権者間の平等な弁済（按分比例による弁済）は破産を申立て否認権によって達成する他はないというべきである（破七二条以下の否認権は相当に広い範囲に及ぶ）。問題となるものをつぎに列挙する。

〔二六六〕　(イ) 一部の債権者への弁済　判例は、債務超過の債務者が一部の債権者に弁済することは、原則として詐害行為とならないが、両者が通謀して他の債権者を害する意思をもってしたときは詐害行為となるという。もっとも、この理論は、後に述べる不動産を相当な代価で売却する行為と結びつけ、相当の代価による売却もその代価を一部の債権者への弁済に充てるために通謀してなされたものであるときは詐害行為となる、という理論の根拠とされる。単なる弁済そのものを詐害行為としたものは見当らないようである（下級審判決にはある。最高判昭和三三・九・二六民三〇二二頁は、手形債権者から弁済を強要され売掛代金を集金して弁済した行為を詐害行為とした原審判決を破棄したものである）。然し、いずれにしても、弁済は詐害行為にならず、というべきである。けだし、通謀して他の債権者を害する意思をもって、といっても、債権者が平等に（比例的に）弁済を受けることを強制されるのは、強制執行または破産において清算される場合に限るべきである。実際からいっても、債務者は、破綻しようとするときに、特別の関係ある債権者に弁済して再建のための支援をえようとすることは世上しばしばみるところであって、これを禁ずべき理由はあるまい。債権者の間に抜け駈けを禁ずる協定がある場合には、弁済を受けた債権者は協定違反の責任を負うことになろう。然しそれはもちろん別問題である。

なお、一部の債権者が、債務者に対して自分が負担する債務で相殺をすることは、もとより詐害行為とはならないが、相殺しない特約があるときにこれを合意解約して相殺することはどうであろうか。判例は詐害行為となるとする(大判大正一〇・六・一八民一一六八頁)。然し、弁済と同視して詐害行為とならないというべきものと思う。

〔二六七〕 (ロ)代物弁済　債権額以上の価格のあるものでする代物弁済が――不動産を時価より廉く売却する行為と同様に――詐害行為となることはいうまでもないが、債権額に相当する価格のものでする代物弁済は詐害行為にならずというべきである。けだし、前段に述べたように、一部の債権者への弁済は詐害行為とならず、また後に述べるように、相当の代価で売却することも詐害行為とならず(〔二六九〕)とすることの当然の帰結だからである。この点についての判例理論は、必ずしも一貫しない。(a)もっとも、物的担保を有する者に担保の目的物を代物弁済として譲渡することは、目的物の価格が被担保債権額に相応する場合には、詐害行為は成立しないという(大判大正一四・四・二〇民一七八頁(判民二八事件鳩山)、大判昭和一一・七・三一民一五八七頁(但しその抵当権はすでに登記あることを要すという。前の〔二五七〕参照))。もとより当然である。(b)然し、一般債権者に対してする代物弁済は、目的物の価格の如何に拘わらず――他の債権者を害する意思があれば――詐害行為となるという(大判大正八・七・一一民一三〇五頁、大判昭和一六・二・一〇民七九頁(判民六事件内田))。のみならず、債権を譲渡して代物弁済をする場合には、譲渡債権額が消滅する債権額より少ない場合にも(右の昭和一六年の判決(但し債務者の有する債権には回収困難なものが多く、譲渡されたものは優良なものと思われる))、譲渡された債権を取り立てて債務に充当して残額を返還する特約のある場合(実質的な取立のための譲渡)にも(最高判昭和二九・四・二民七四五頁)、詐害行為の成立を認める。債権額と代物弁済の目的物の価格がつり合う限り詐害行為の成立を認むべきではないと考える。

〔二六八〕 (ハ)一部の債権者に担保を供与すること　判例は、古くから一貫して、詐害行為となるという(大判明治四〇・九・二一民八七七頁、大判大正七・一〇・二九民二〇七九頁(抵当権が実行された後にも競売代金による弁済額を償還させうる)、大判大正八・五・五民八三九頁等多数)。最高裁もこれを踏襲する(最高判昭和三二・一一・一民一八三二頁)。一般財産がそれだけ減少することを理由とする（この理論と前段の一部の債権者への弁済についての理論を結びつけ、抵当権の設定を受け、ついで一部弁済を受けて抵当権を放棄した後にも設定行為を取り消しうるという（大判大正八・一〇・二八民一九〇八頁））。多数説もこれを支持する（鳩山二一〇頁、柚木二三五頁）が、賛成することはできない（右の最高判についての板木評釈（民商三七巻五号）は本文と同旨）。他の債権者の共同担保がそれだけ減少することは明らかだが、被担保債権額だけマイナスの数額も減少する。債務者の財産に増減はない（一〇〇万円の債権者五人と一〇〇万円の不動産があるときに一人のために抵当権を設定してもマイナス四〇〇万円という一般財産の状態に変更はない（〔二六三〕イ参照））。もちろん他の債権者が弁済を受けうる額は変更する（百万円の五分の一の弁済を受けえたのがゼロとなる）。然し、詐害行為取消権は平等の割合で弁済を受けうることを保障する制度でないこと前述の通りである（破七二条二号はこれらの行為についても否認権を認める）。一部の債権者への弁済も相当の価格の物でする代物弁済も詐害行為とならずとする学者まで判例を支持することは理解しえない。

〔二六九〕（二）不動産や重要な動産を相当の代価で売却すること　無償で譲渡すること（贈与）のみならず、廉価で売却することも、詐害行為となりうることはいうまでもない（大判大正九・一二・二七民二〇九六頁はこの例）。問題は、相当な価格で売却することである。判例は、（a）原則として詐害行為となるという。債務者の一般財産の計数上の総和に変更がなくとも、消費し易い金銭に変えることは共同担保としての効力を減ずるものであることを理由とする（大判明治三六・二・一三民一七〇頁（動産に関する）、大判明治三九・二・五民一三六頁、大判昭和三・一一・八民九八〇頁等（以下に掲げる判決も多くはこのことを述べる））。最高裁もこの理論を踏襲するもののようである（最高判昭和三三・七・一〇新聞一一一号九頁は、商品の売主が、債務者の資力不足を知って、代金債権の回収のために、商品を買い戻した行為について、たとい先取特権を有するとしても（三二二条）、なお詐害行為となるという）。（b）ただ例外として、売買代金が優先権を有する債権者への弁済に充てられたときや、有用な物の購入資金とされかつその物が現存するときに限り、取消権行使の相手方がそのことを挙証することを条件として、詐害行為の成立を否定すべしという（大判明治三七・一〇・三民五三八頁、大判明治四四・一〇・二一民一三四七頁、大判大正七・九・二六民一七三〇頁等）。そして、その理由として、多くは、かような場合には詐害の意思がないという（大判大正六・六・七民九三二頁、大判大正一三・四・二五民一五七頁（判民三一事件鳩山）―但し、大判大正八・四・一六民六八九頁は債務者の一般財産に増減のないことを理由とする）。

不動産と金銭とでは担保としての実質に差があることは判例の説く通りである（金銭を浪費する個々の行為を詐害行為として取り消すことは事実不可能に近い。（破産法三七五条一号は罰則を設けている））。しかもなお、これに賛成することができない。売却代金の使途によって詐害行為の成否を決するときは、受益者は売買契約後の債務者の行為を監視しなければなるまい。転得者はそれを見届けてからでないと取引しえないことになろう（数筆の土地を売って代金の一部を弁済にあてたときは、それに該当する部分の売買は詐害行為とならずという判決さえある（大判大正八・七・一六新聞一六二一号一六頁））。取引の安全を害すること甚だしい。のみならず、債務者がその財産を整理して再建を図ろうとする場合の不当な支障となるおそれがある。相当な代価による売買行為は債権者の干渉しえないものと解するのが正当である（鳩山前掲評釈にこのことを力説する。なお柚木二三二頁も同旨）。もしそれ、関係当事者の行為が全体として著しく信義に反するときは、無効とされる場合もあろう。然し、それは詐害行為取消権の問題ではない。

〔二七〇〕（ホ）新たに担保権を設定して借り入れること　判例は、多くの場合詐害行為の成立を否定するが、ここでも、その借財行為が債務者の事業の経営のための資金獲得の手段としてやむをえなかったものであること（大判昭和五・三・三新聞三一二三号九頁（譲渡担保）、但し、大判昭和三・五・一七裁判例（二）民八五頁は、譲渡担保目的不動産の価格を判定せずに詐害行為の成立を否定するのは不可なりとして差し戻す）、弁済資金を得るための適当な手段であったこと（大判昭和五・一〇・四新聞三一九六号九頁（譲渡担保）、大判昭和六・四・一八評論二〇巻民七七八頁（抵当権））などを理由とする。不動産の売却行為と同視し、抵当権（根抵当を含む）の設定は常に詐害行為とならず、譲渡担保は目的不動産の価格が被担保債権額を超過する場合にだけ詐害行為となる、とすべきものと思う（なお大判大正五・五・二四民一〇二三頁は不動産を購入し代金債務についてその不動産の上に抵当権を設定することは詐害行為にならないとする。いうまでもあるまい）。なお、不動産質権を設定することは、収益を債権者に優先的に帰属させるから、詐害行為となる、というのが判例の態度のようである（大判昭和一二・九・一五民一四〇九頁（判民九八事件山田評釈は賛成））。賛成することはできない。新たに負担した債務の弁済として適当なものである限り、詐害行為とはならないと考える（既存の債権者のために不動産質権を設定する場合も同様である）。

第三　債権者取消権の生ずる主観的要件（詐害の意思）

一　債務者の詐害の意思

〔二七一〕(1)詐害行為として取消権の対象となる債務者の法律行為は、「債権者ヲ害スルコトヲ知リテ」なしたものである。これを債務者の詐害の意思という。取消権の発生する絶対的要件であって、これを欠くときは、受益者に対しても転得者に対しても取り消し返還を請求することはできない。

〔二七二〕(2)詐害の意思の内容は、債権者を害する行為であること、いいかえれば、前段に述べた詐害行為となるものであることを知ることである。それ以上に、別段の意欲ないし害意を必要としない。この点に関する判例の態度も、前段に述べた詐害行為の客観的要件に対応して、必ずしも明らかではない。すなわち、一般的には、債務者の一般財産の減少することを「知る」ことであって特定の結果を意欲することではないという（大判明治三六・一一・二七民一三三〇頁など）。然し、一部の債権者と通謀してその者にだけ弁済する場合や、同様の目的で不動産を相当の代価で売却する行為を詐害行為と認める場合の判例の態度は、単なる「知」をもっては足らずとするものと解さねばなるまい。そのことを明言するものもある（大判昭和八・五・二民一〇五〇頁は、債権者に一泡吹かすとの邪念は必要でないが「積極的ノ心的状態」すなわち「意思」を要するという（判民七四事件有泉））。もっとも、最高裁は、一部の債権への担保の供与を詐害行為とするに当って、右の理論を排斥して「害することを意図しもしくは欲してこれをしたことを要しない」という（最高判昭和三五・四・二六民一〇四六頁（上告人の引用した右の昭和八年の判決の見解を採らないと明言する））。然し、一部の債権者への弁済を詐害行為にあらずとするに当っては、その債権者に強要されてやむをえず弁済したのだから、「通謀して他の債権者を害する意思をもって」したものではないという（最高判昭和三三・九・二六民三〇二二頁）。要するに、客観的要件について判例のように解するときは、その主観的要件たる詐害の意思の内容は、これに応じ、場合によって異なる、というのがむしろ当然であろう。

これに反し、担保の供与、弁済、相当の価格による売却などは詐害行為とはならず、不相当な値段での売却・代物弁済だけが詐害行為となりうると解するときは、詐害の意思は、それによって一般財産の価値が減少し債権者を満足させることができなくなる事実を知ること、といって充分である。

〔二七三〕 (3)悪意の挙証責任は債権者にある（判例・通説）。のみならず、債務者の過失の有無を問わない。いいかえれば、債務者が詐害の事実を知らないときは、それについて過失があっても取消権は成立しない（大判大正五・一〇・二一民二〇六九頁）。かように解することは、理論的にみると、債権者取消権の行使を困難にするように思われる。従って、無償行為や債務者と親族関係にある者との間の行為について主観的要件を軽減する立法例もある（破七二条三号・五号もそうである）。然し、実際問題としては、負債超過の状態にある債務者が無償または低廉な価格で処分するときは、その悪意は比較的容易に挙証しうるであろう。判例も同旨である（大判昭和一三・三・一一新聞四二五九号一三頁など（事実上の推定をする））。もっとも、判例が受益者と通謀して他の債権者を害する意思を要するとする場合には、事実上の推定は慎重でなければなるまい。

二　受益者・転得者の悪意

〔二七四〕 (1)受益者とは、債務者の法律行為（詐害行為）に「因リテ利益ヲ受ケタル者」すなわちその行為の相手方――不動産を廉価に買った買主、不相当な代物弁済を受けた債権者、免除を受けた債務者など――である。また、転得者とは、詐害行為の目的物の全部または一部（抵当権の取得を含む）を受益者からさらに取得した者である（大判昭和六・三・一七民一七〇頁は、債権の譲渡が詐害行為となるときに、その債権を転付命令で取得した（債権譲受人の）債権者も転得者に入るという（判民二〇事件戒能））。転得者から更に転得した者も転得者である（右の大判昭和六年の判決は、転付命令の前に債権が転々譲渡され、最後の譲受人の債権者が悪意で差押転付命令をえた事例）。

〔二七五〕 (2) 債権者取消権が生ずるためには、債務者に詐害の意思があることの他に、受益者または転得者が、それぞれ、詐害行為の当時または転得の当時に、「債権者ヲ害スベキ事実」を知っていることを要する。詐害行為の客観的要件を備えていることを知ることである。もっとも、判例のように、通謀して他の債権者を害する意図をもってなすことによって詐害行為の成立する場合のあることを認めるときは、受益者の悪意はかような積極的な意思となり、転得者は債務者と受益者にさような意思のあったことを知ることが必要となるであろう。

〔二七六〕 (3) 受益者または転得者の悪意の有無についての挙証責任は、これらの者が負担する。いいかえれば、受益者または転得者は、善意を挙証しなければ、取消権の行使を阻止することはできない。第四二四条一項が但書の形式によってこの要件を定めたことからいっても、実際上からいっても、妥当であろう（通説・判例（明治時代から多数の判決があるが、大判大正七・九・二六民一七三〇頁、大判昭和六・九・一六民八〇六頁などが主要なもの））。

〔二七七〕 (4) 受益者または転得者の悪意というのは、債権者が詐害行為を取り消して請求をする相手方とされる受益者または転得者の悪意である。両者の善意・悪意の関係は後述する（〔二八八〕）。

第四　債権者取消権の内容・取消の効果

〔二七八〕 一　債権者取消権の内容ないし効果は、前に述べたように（〔二四九〕イ）、詐害行為の効力を債権者に対する関係において否認し（取り消し）、受益者または転得者に対して、債務者の一般財産から逸出した財産の回復またはこれに代る賠償を請求することである。この理論の内容を明らかにするために、(i) 取消及び返還請求の主体は債権者であること、(ii)財産の回復請求が原則であって、賠償の請求は例外であること、(iii)受益者・転得者の善意・悪意の関係、(iv)受益者または転得者が詐害行為または転得行為について対価を支払った場合の損失の塡補の問題などを順次に考察する。そして最後に、(v)判例の相対的取消という観念について理論構成を試みる。

二　取消及び返還請求の主体は債権者である。取消権の主体は債権者であることは、改めていうまでもあるまいが、(i)債権額と取消の範囲、(ii)取消の結果として生ずる返還ないし賠償の請求権の主体などについて、考察しなければならない問題がある。

〔二七九〕 (1)債権額と取消の範囲　いかなる債権が詐害されうるかについては前述した(〔二五六〕―〔二六二〕)。ここには、更に一歩を進めて、債権額と取消の範囲について考察する。

(イ)前述のように、詐害行為の成否は、その行為のなされた時にすでに成立している債権によって決しなければならないのみならず、取消によって回復ないし賠償を請求する範囲を決定するのも、詐害行為の時を標準とした債権額である(〔二五六〕イ(行為後の利息を含まないことに注意せよ))。他に多くの債権者があっても、取消権を行使する債権者の債権額を越えることは許されない(大判大正九・一二・二四民二〇二四頁(三百円足らずの債権で五千円の賠償請求は許されない))。然し、その時に存在する債権全額を標準とする。債務者の一般財産が詐害行為の当時すでに債務超過の状態にあった場合でも、債権者がそれによって弁済を受けうるであろう按分比例額ではない(大判昭和八・二・三民一七五頁(判民一六事件我妻)、大判昭和一六・二・一〇民七九頁(判民六事件内田))。例えば、負債総額五〇〇万円、唯一の財産として一〇〇万円の不動産を所有する債務者が、その不動産を贈与したときには、一〇〇万円の債権者も贈与全部を取り消しうる(債務者の全財産を清算して弁済を受けうる二〇万円相当額ではない)。けだし、取消権は総債権者の利益のために認められる制度だからである（もっとも、金銭の賠償を請求するときは、他の債権者が配当加入の機会が事実上与えられない。右昭和八年の判決の事案はこれにあたる。右の我妻評釈及び後の〔二八二〕b参照）。

〔二八〇〕 （ロ）債権者取消権は、取消権を行使する債権者の債権の保全を目的とする制度である。従って——

（a）原則として、その債権額に相応する範囲で詐害行為を取り消しうるに過ぎない。例えば数筆の土地の売却が詐害行為となる場合にも、全部を取り消さなくとも取消権を行使する債権者の債権額だけを保全することができるときは、その範囲内で筆数を限定し、目的の土地を特定しなければならない（大判明治三六・一二・七民一三三九頁、大判大正七・五・一八民九九三頁等）。ことに、財産の回復に代えて賠償を請求する場合には、債権額を越えない範囲で詐害行為の取消をしなければならない（大判大正九・一二・二四民二〇二四頁—前掲最高大法廷判昭和三六・七・一九民一八七五頁も同旨を含む。但しこの点につき後の〔二八七〕参照）。但し、いかなる場合に財産の回復に代えて賠償を請求すべきかについては問題がある。後に説く（〔二八四〕—〔二八七〕）。

（b）然し、詐害行為の目的物が不可分の場合には、たとい債権額を超過しても、全部を取り消しうる。例えば、一棟の家屋の贈与が詐害行為である場合には、債権者は、その債権額が家屋の価格より低くとも、なお贈与全部を取り消すことができる（最高判昭和三〇・一〇・一一民一六二六頁（同旨の大審院判決を幾つか引用する））。抵当権の設定についても——判例のように詐害行為とするときは（〔二六八〕参照）——同様である（大判大正五・一二・六民二三七〇頁（抵当不動産の価額が取消権を行使する債権者の債権額を越えても抵当権全部の取消を請求しうる））。

(2) 取消の効果は債権者に帰属する。

〔二八一〕 （イ）債権者取消権は、債権者が自分の権利として行使するのであって、債務者の代理人となるのではない。また、取消は、相手方（受益者または転得者）と債権者との関係で詐害行為の効力を失わしめるだけであって、その他の者の間の法律関係には影響を及ぼさないものである（転得者に対して請求する場合にも受益者・転得者間の行為を取り消すのでないことはいうまでもない（大判大正五・三・三〇民六七一頁）。従って、取消の効果たる財産の回復またはこれに代る賠償を請求する権利も、債務者に帰属するのではなく、債権者に帰属する（大判大正八・四・一一民八〇八頁（取消の結果債務者が受益者に対して賠償請求権を取得したものとしてこれを差し押えることを認めた原審判決を破毀する））。

〔二八二〕　（ロ）債権者は、受益者または転得者に対して、財産の回復またはこれに代る賠償を請求する場合には、自分に引き渡すべきことを請求することができるか。

（a）詐害行為の目的物が登記または登録を伴なうものである場合には、その抹消——場合によっては債務者の名義に移転（〔二八六〕b参照）——を請求することになる（大判明治三九・九・二八民一一五四頁、大判大正六・三・三一民五九六頁、大判昭和七・八・九民一七〇七頁等多数）。そして、債権者は、この判決によって登記・登録をなしうることはいうまでもない（右の諸判決）。然し、債権者がこの回復された財産によって債権の満足をうるためには、改めてこれを差し押えて執行手続をとらなければならない。その際には、他の債権者は配当要求をする機会を与えられる。従って、この場合には、「取消ハ総債権者ノ利益ノ為メニ其効力ヲ生ズ」と民法が定める（四二五条）趣旨に適することになる。そして、特定物の引渡を目的とする債権に基づいて取消権を行使する場合にも同様に解すべきことは前述した（〔二一九〕五）。

（b）これに反し、取消の効果として金銭の支払を請求する場合には、直接債権者に引き渡すことを求めうると解さねばならない。けだし、そうでなく、債務者に引き渡すべき旨を請求しうるに過ぎないとするときは、債務者が受領しない場合に処置がないことになるからである（大判大正八・四・一一民八〇八頁、大判大正九・一二・二四民二〇二四頁、大判大正一〇・六・一八民一一六八頁等）。もっとも、かような解釈は、——債権者が受領した金銭について他の債権者が配当加入をする機会は事実上与えられず、——取り消した債権者が優先弁済を受けるような結果となることを阻止しえない。然し、これは立法の不備というべきである（同様の不備は、債権に対する強制執行の手段として取立命令をえた場合にも生ずる（民訴六〇二条参照））。立法論としては、債権者は、受益者または転得者に対して供託すべき旨を請求しうるに止まるとするか、少なくとも、引渡を受けた金銭を裁判所に提出すべきものとして、他の債権者に配当加入の機会を与えるべきであろうと思う。債権者甲が、その取得した譲渡担保が詐害行為として他の債権者乙によって取り消され、価額賠償をした後に、甲が支払った賠償額のうち自分に配当されるべき金額を計算して、乙に対してその返還を請求する事案につき、最高裁は、請求を却ぞけるに当り、価格賠償を取得した債権者は他の債権者に分配する義務がないと説き、その理由として、現行法に分配の時期や手続について規定のないことを指摘する（最高判昭和三七・一〇・九民二〇七〇頁）。右に述べたと同様の趣旨とみるべきであろう。

〔二八三〕 **三**　詐害行為を取り消した結果、債権者の取得するのは、原則として、現物の返還請求権であって、その不可能もしくは著るしく困難な場合にだけ、例外として、損害の賠償を請求する権利を取得する。けだし、総債権者の利益のための制度として適当であり、破産法の否認権が破産財団の原状回復主義をとること（破七七条—七九条）とも一致するからである。判例も一般的な態度としてはかような理論をとる。然し、前段に述べた、取消の範囲は取消権を行使する債権者の債権額に限るということと、目的物が不可分の場合には債権額を越えても妨げないということ（〔二八〇〕参照）と錯綜して、その適用は、必ずしも一貫しない。分説しよう。

〔二八四〕 (1) 転得者を生じない場合

(イ) 詐害行為の目的物が受益者の許に存し、まだ転得者を生じない場合には、原状回復（現物返還）の原則は広く適用される（大判昭和九・一一・三〇民二一九一頁（判民一五七事件山中）が現物出資による会社設立行為を取り消し評価額の賠償を請求することを認めた原審判決を破毀したのはその適例）。ことに、前段に述べたように、目的物が不可分なときは、取消権を行使する債権者の債権額を超過してもなお詐害行為全部を取り消しうるというのは、正に現物返還の原則に忠実であろうとする態度の現われである（〔二八〇〕b参照）。

〔二八五〕 **(ロ)**この点に関し、問題となるのは、抵当不動産である。判例は、抵当不動産は、その価格から被担保債権額を控除した残額だけが一般財産に含まれるという理論（〔二六〇〕a・〔二六三〕イ参照）から、抵当不動産の処分を詐害行為として取り消すときは、常に損害の賠償を請求しうるに止まると解するようである。もっとも、判例は、かような場合にも、取消の結果不動産を債務者に回復することが不能もしくは困難なときには取り消した限度において賠償を請求することができるのだ、ともいう。然し、いかなる場合に不動産そのものの回復を請求しえて、いかなる場合にそれができないのかは、必ずしも明らかではない（大判明治四四・一一・二〇民七一五頁、大判大正八・四・一二民六七四頁、大判大正九・三・六民二四一頁、（いずれも不動産の回復を認めない事例））。のみならず、その現物回復を認める範囲が狭過ぎるように思われる。場合を分けて考察する。

(a)他の債権者のために抵当権の設定してある不動産を当該債務者に対する債権者以外の者に抵当権つきのままで譲渡したとき（例えば六〇万円の被担保債権のある価格一〇〇万円の抵当不動産を一〇万円で売ったとき）は、抵当権つきのままで回復させて少しも支障はあるまい。判例の前提となっている理論からいっても、抵当不動産の価格から被担保債権を控除した残額という価値は、まだ現物の姿で存在しているからである。

(b)つぎに、売買と同時に代金の一部で抵当債権を弁済し、抵当権の登記を抹消した上で、移転登記をした場合（前例で七〇万円で売り、六〇万円で抵当債権を弁済したとき）はどうであろうか。かような場合にも、抵当権のない不動産として回復を請求することも不可能ではない（買主は代金七〇万円について、一般財産に対し、不当利得返還請求権をもつ（〔二八九〕参照））。然し、そう解することは、元来共同担保の目的でなかった部分の回復請求を認めることとなって、過ぎたものというべきであろう。従って、この場合には、賠償（被担保債権額を控除した四〇万円）を請求しうるにすぎないというべきである（前掲大正八年及び九年の判決はかような事例である）。但し、その抵当権が共同抵当である場合には、別異の解釈が至当と思われる。判例は、この場合にも、常に賠償の請求に帰着するという。その理由は、共同抵当権においては、目的たる数個の不動産のすべてが抵当債権全額の負担を受けるというのである（大判昭和八・三・一八新聞三五四三号七頁（つぎの明治四四年の判決を援用する））。然し、不動産の総価格が被担保債権を遙かにオーバーし、差額が一部の不動産の価格を越えるとき（それぞれ三〇〇万円、二〇〇万円、一〇〇万円の価額の三個の不動産の共同抵当債権額が四〇〇万円であり、全部が四〇〇万円で売却され、抵当債権が弁済されたとき）は、その額に相当する不動産（価格二〇〇万円の不動産）そのものの回復を請求しうるというべきであろう。けだし、共同抵当債権が弁済されることによって、一般財産に属する価値が一部の不動産に集中して現実化したとみることができるからである。

（c）おわりに、抵当債権者自身に代物弁済として譲渡する場合はどうであろうか（六〇万円の抵当債権者に一〇〇万円の価格の抵当不動産を代物弁済とし、抵当権の登記を抹消したとき）。後に述べるように、その不動産について転得者を生じたときは別だが（〔二八七〕参照）、そうでない限り、抵当権を復活させて現物の返還請求を認めるべきだと考える。文字通り詐害行為のなかった状態を回復することになるからである。但し、判例は反対である。ことに、共同抵当権者に代物弁済として交付する場合には、いかに残額が多いときでも、一部の不動産のそのものの回復を請求することはできないという（大判明治四四・一二・二〇民七一五頁）。然し、少なくとも共同抵当の場合は前条のように解すべきだと思うが、更に進んで、すべての場合に、抵当権を復活させて現物の回復を認めるべきだと考える。

〔二八六〕 (2) 転得者を生じた場合

（イ）受益者に対して請求する場合　転得者を生じた場合にも、常に受益者に対して請求することができる。転得者が悪意の場合には、転得者に対して請求することができるが、その場合でも、転得者に請求しないで、受益者に請求してもよい（前掲大連判明治四四・三・二四民一一七頁（〔二四九〕）によって明言されその後同旨を説くものが多い）。（a）この場合の請求の内容は、原則として、損害の賠償となる。受益者を相手とする請求訴訟において、転得者の悪意を主張して目的物の回復を請求しえないことはいうまでもない（大判大正九・五・二九民七七六頁（目的物を廉価で買った受益者（丙）が抵当権を設定し（丁）、その実行によって競落人（戊）を生じた場合に、丙を相手とする訴で丁戊の悪意を認めて目的物の返還請求を肯定した原審判決を破毀））。訴訟の係属中に転得者に転売された場合も同様である（大判昭和七・九・一五民一八四一頁（賠償請求に変更する他なし、登記の抹消請求は認められない））。（b）但し、転得者が目的不動産の上に抵当権を取得した者であり（受益者が自分の債権者に抵当権を設定したとき）、抵当権つきのままで回復しても債権を保全しうるときは、目的物の返還を請求することになる（大判大正六・一〇・三民一三八三頁）。

〔二八七〕　（ロ）転得者に対して請求する場合　転得者に対して請求する場合にも、原則として原状回復（現物の返還請求）であることは、受益者に対して請求する場合と同様である。但し、転得者から請求する場合の取消は、債権者と転得者との関係において詐害行為を取り消すものであること――いいかえれば、受益者が悪意でも、取消の効果はこれに及ばないものであること――の結果として、現物の返還を不能にする場合のあることを注意しなければならない。例えば、債務者の抵当債権者が抵当不動産を代物弁済として取得したことが詐害行為となる場合に、転得者が生じない限り、前記のように、抵当権を復活させて目的物を返還すべきであるが（〔二八五〕c参照）、転得者（例えばその不動産の譲受人）を生じたときは、――受益者に対する請求が賠償請求に変ずるだけでなく――転得者に対する請求も賠償請求となる。けだし、取消の効果の及ばない受益者の抵当権を復活させることはできないからである。しばしば引用した昭和三十六年七月十九日の最高裁大法廷判決（民一八七五頁）はかような事例である。判旨は、代物弁済の目的とされた抵当不動産が一棟の家屋であって不可分のものであることを理由として、価格賠償だけを許すべきだという（目的不動産の移転登記を命じた原審を破棄する）。然し、この理由は正しくないと考えること前段（〔二一五〕八c）に述べた通りである（少数意見及び柚木前掲（〔二五八〕末尾）は本書と同旨、同所に掲げた三淵・板木前掲は判旨を支持する）。

〔二八八〕 **四** 受益者と転得者の善意・悪意の関係

(イ)すでに述べたところから明らかなように、受益者・転得者の両者ともに悪意のときは、債権者は、受益者に対して賠償を請求することもでき、また、転得者に対して目的物の返還を請求することもできる（〔二八六〕）。例えば、他にめぼしい財産のない債務者乙が、時価一〇〇万円の不動産を受益者丙に五〇万円で売り、転得者丁がこれを丙から七〇万円で買ったとしよう。債権者甲（債権額一二〇万円）は、丙に対して、目的物に代る賠償として一〇〇万円（債権額六〇万円なら六〇万円だけ）を請求してもよく、また、丁に対して目的物の返還を請求してもよい。

(ロ)受益者が悪意で、転得者が善意のときは、債権者は、受益者から、右に述べた範囲内で賠償の請求をなしうるだけである。

(ハ)問題は、受益者が善意で転得者が悪意の場合（債務者が善意の中間者を介入させる場合などが考えられる）に転得者から請求できるかどうかである。学説は一般に否定する。これを肯定すると、善意の受益者が転得者から売主としての追奪担保の責任を問われることになって不当だというのである。然し、取消の効果は債権者に対する関係においてのみ生ずるとする判例理論を推及するときは、問題を肯定し、丙に対しては追奪担保の責任を問いえないと解すべきものと考える（梅・要義四二四条の註、原理三七四頁はこの趣旨を力説する。柚木二五〇頁も同旨）。

〔二八九〕 **五** 受益者または転得者の支払った対価

(1)受益者が債務者から無償で財産を取得した場合には、目的物自体を返還するときも、それに代る損害の賠償をするときにも、受益者に不当な損害はない。これに反し、多少の対価を支払ったとき(前例のように一〇〇万円の不動産を五〇万円で買ったとき)は、その対価はどうなるであろうか。債務者に対して損害賠償の責任を問うことはできないであろう。然し、債務者の一般財産がそれだけ不当利得をすることは否定しえない。もっとも、債務者がその対価として受けた金銭を浪費したような場合には現存利益はないというべきであろうが、それを弁済その他有利に利用したときは、その限りで不当利得返還請求権を認めねばなるまい。そして、――

(イ)取消権を行使した債権者が返還を受けた目的物から弁済を受けるときには、他の一般債権者と同一の立場で配当に加入することができるというべきであろう(〔二八二〕a参照)。

(ロ)目的物に代る賠償をする場合にも、理論は同一である。すなわち、受益者が支払った対価と返還する賠償額との和が目的物の価格を越えるときは、その額だけ(前段〔二八八〕イ所掲の例で、一〇〇万円を賠償するときは五〇万円、六〇万円を賠償するときは一〇万円)不当利得返還請求権を取得する。然し、この請求権をもって賠償義務と相殺することは許されないから、別に請求することになろう。

(ハ)なお、判例のように一部の債権者への弁済も詐害行為となりうると解するときは、弁済として受領した金銭を返還する債権者の弁済によって消滅した債権は復活するといわねばなるまい。

〔二九〇〕 (2)転得者から目的物またはこれに代る賠償を請求する場合にも、債務者の一般財産に生じた不当利得は、その利得の現存する限り、そして転得者の損失の限度で、これを転得者に返還しなければならない。すなわち、――

(イ)転得者から目的物そのものの返還を請求する場合には、転得者は、――受益者に対して追奪担保その他の請求はできないが――債務者の一般財産が受益者から対価を受けた上に転得者から目的物の返還を受けることによって生ずる不当利得の返還を、受益者を飛び越して債務者の一般財産から請求することができるといわねばなるまい(〔二八八〕イ所掲の例では、受益者から受けた五〇万円となる。転得者は七〇万円支払ったのだが二〇万円はその損失に帰する)。

(ロ)転得者が目的物に代る賠償をする場合の関係も前段に準じて考えればよい。

六　相対的取消の内容

〔二九一〕　(1)判例理論を中心として考察するときは、その相対的取消――詐害行為を債権者と、返還請求の相手方とされる受益者また転得者との関係で取り消すということ――は、結局、債務者の一般財産との関係で取り消す(否認して効力のないものとする)という意味に帰するように思われる。

(イ)債権者取消権は、債権者との関係で詐害行為の効力を否認するものだという理論は、この制度の目的は、債務者の一般財産から逸出した財産を復旧して、債権の保全をはかるものだから、取消の効果をこの目的に必要にして充分な範囲に止めようという基本的な思想に含まれることである。従って、債権者との関係というのは、債務者の一般財産との関係ということになるはずである。そのことは、更に具体的には、(a)債務者と受益者との間の詐害行為そのものを絶対的に取り消すのではないから、債務者を訴の被告とすべからずといい(明治四四年の連合部判決(〔二四九〕d))、(b)取消の効果として債務者が返還請求権を取得するのではないといい(〔二八一〕)、(c)転得者を相手とする場合にも、取り消されるのは詐害行為であって、受益者・転得者間の行為ではないといい(〔二八一〕)、(d)従って、その場合にも、受益者・転得者間の転得行為は影響を受けないという(〔二八六〕)点などに現われる。

〔二九二〕（ロ）つぎに、債権者との関係で取り消すといっても、取消権を行使する債権者ではなく、債務者の一般財産で保障されている総債権者に対する関係なのだから、結局、債務者の一般財産との関係と解すべきことになる。もっとも、この点は、不徹底といえばいえる。すなわち、取消権を行使しうる要件と範囲につき、一方では、取消の効果は総債権者の利益のためであって、取消権を行使した債権者に優先弁済を認めるものではない、としながら（もっとも、判例の中には、優先権を認めることを当然とするような説明をするものもある。然し、事案は、金銭を事実上優先的に弁済に充てた場合である（〔二八二〕b参照））、他方では、詐害行為以後に取得した債権では取り消しえないといい（〔二五六〕）、取消の範囲は、債権額に限るのを原則とするとして、按分比例額には限らないが、他に債権者のあることは考慮すべからずという（〔二七八〕）。のみならず、目的物の返還に代る金銭の賠償を請求する場合には、総債権者のためにということは、事実上空文に帰している（〔二八二〕b）。かような事情を考慮すると、債務者の一般財産に対する関係ということの意味は、厳格なものではありえない。然し、この制度が優先弁済のための制度でないことは明らかである。ただ、破産の場合のように、債務者の一般財産の総清算を行なうものではない関係上、債権を実行するかどうか不明確な他の債権者を考慮せずに（破産の場合には債権の申出を促がし、申し出でないものを除斥する）、取消権を行使する債権者のために必要な限度において取消権を行使させ、他の債権者には、これからの配当を主張する機会を与えるに止めるという、中間的なものとされているというべきである。

〔二九三〕(2)債権者取消権による「取消ハ総債権者ノ利益ノ為メニ其効力ヲ生ズ」と定められている（四二五条）。その意味は、前段に述べたことからおのずから明らかとなるであろう。すなわち、この規定は、第一に、債権者取消権は、債権者の最後の守りとなる債務者の一般財産を保全する制度だという基礎理論を宣言する。特定物の引渡を目的とする債権も損害賠償請求権として保全する必要のある場合にだけ取消権を行使しうる。その損害賠償請求権となるのは、債務者が目的物を処分することの結果であっても妨げない（その前に損害賠償債権に変更している必要はない）が、取消の効果としては、あくまでも金銭債権として弁済を受けることでなければならない、と解するのは、右の基礎理論に忠実であるべきだと考えるからである（昭和三六年の大法廷判決をかように解することに反対説が少なくないことは前述した〔二五九〕）。第二に、この規定は、取消の結果として、返還を受けたものから、取消権を行使した債権者が弁済を受けるに当っても優先権をもつものではないことを示す。もっとも、しばしば述べたように、債権者が金銭の交付を請求する場合には、事実上優先権をもつ結果となる。然し、それは、前述のように、制度として欠陥を含むというべきである（〔二一八〕二b）。

〔二九四〕

(3) おわりに、取消権の内容として、目的物またはこれに代る賠償を請求せずに、単に取消だけを訴求してもよい、とする判例理論は、以上の制度の本質からみて疑問である。

第一に、詐害行為が、例えば不動産の贈与であり、目的物自体の返還を請求しうる場合に、贈与契約の取消だけを訴求し、登記の抹消ないし登記名義の返還を訴求しなくともよい、とすることは、適当であろうか。債権者は改めて債権者代位権によって登記手続をせよ、というなら、訴訟経済上適当なことではあるまい。

第二に、目的物に代る賠償を請求する場合にはどうなるのであろうか。取消の結果として生じた請求権は、債務者が取得するのではないとされる（〔二一八〕一）。債権者は、再び一般債権者として請求するのであろうか。理解し難い。

ただ第三に、詐害行為が債務免除であるとき（大判大正九・六・三民八〇八頁は債務免除行為の取消のみを訴求する事例。免除された債務者を被告とすべく、取消の結果、免除行為は債権者に対する関係で無効となるという）、または債権の譲渡であるとき（大判昭和六・三・一七民一七〇頁は、債権譲渡行為の取消のみを訴求する事例。〔二七四〕所掲の戒能評釈参照）など、すなわち、取消の結果として債務者が金銭債権を有する状態となるときは、債権者は、これを差し押え転付命令を取得することによって、法律上も優先弁済を受けることができるとして、そのためには、取消だけの訴を認める実益があるというべきかもしれない。然し、この場合とても、債権が債務者に帰属するというのも、債権者に対する関係においてそうなるだけだとすると、債務者をその債権の主体として差し押え、転付命令を取得することが許されるかどうかは疑問であろう。

以上の諸事例を考えると、明治四十四年の聯合部判決以来、判例が取消だけの訴を無条件に認めていることには、大きな疑問を抱かざるをえない。然し、転付命令なるものが、すでに、差押によって優先権を生ずることとなし、とするわが国の執行制度の中で異色を帯びるものであり、債権者取消権の右の問題もこれとの関連において考察しなければならないものであるから、後日の研究にまつ他はない。

第五　債権者取消権の行使・消滅

一　債権者取消権の行使方法

〔二九五〕 (1)債権者取消権は、(a)訴によって行使しなければならない。第四二四条に「裁判所ニ請求スルコトヲ得」と定めるのは、その意味である。詐害行為の要件の有無を裁判所に判断させて、一挙に目的を実現させようとする趣旨である。(b)訴の性質は、普通には、詐害行為を取り消すことと、それを理由として受益者または転得者に対し目的物の返還またはこれに代る賠償を請求すること、すなわち形成の訴と給付の訴の合体したものであるが、取消(形成)だけを目的とする純粋の形成の訴でもよい、とするのが判例である。然し、これに対しては、今日においても反対説が少なくないことは前述した(〔二四六〕一〔二五二〕)。ことに、判例理論を根本において是認しても、取消だけの訴を認めることに疑問のあることもすでに述べた(〔二一九〕四)。

〔二九六〕 (2)訴の被告は、(a)債権者が返還または賠償を請求しようとする受益者または転得者である。但し、両者を被告として、転得者から目的物の返還を請求し、転得者の善意の挙証が成功したときは、受益者から賠償の請求をするという一種の予備的併合はもとよりさしつかえない。(b)債務者は、被告とはならない(〔二四九〕—〔二五二〕・〔二八一〕参照)。債務者の名義に回復される目的不動産をさらに債権者に引き渡すべき旨の請求はできないものと解するから(〔二五九〕・〔二九三〕参照)、これを併合して債務者を被告とすることもできない。債務者の名義に回復される目的不動産に対する執行は別にしなければならない。

二　破産及び和議との関係

〔二九七〕 (1)破産法の認める否認権(破七二条以下)は、しばしば述べたように、債権者取消権と性質及び目的を同じくし、更に一層強力なものである(否認の範囲が広く、かつ総債権者の清算をする)。従って、両者を併存させて行なうべきではない。総債権者のための破産が開始したときは、個別的債権者のための債権者取消権は存在意義を失う。すなわち、(a)債権者取消の訴の係属中に債務者について破産手続が開始するときは、訴訟は中断し、破産管財人が手続を受け継ぐことになる(破八六条・六九条、大判昭和三・五・一一民三三七頁)。また、(b)破産手続を開始した後には、——否認権の行使は管財人の独占するところとなり(破七六条)——債権者は債権者取消の訴を提起することはできない(大判昭和四・一〇・二三民七八七頁)。管財人もまた、専ら否認権を行使すべきであって、債権者取消権を行なうことはできない(大判昭和一二・七・九民一一四五頁)。

〔二九八〕 (2)和議との関係　詐害行為をした債務者について強制和議が成立し、一部の債権者が優先的に弁済を受ける条件が定められた場合（和四九条・破三〇四条（不利益を受ける債権者の同意を要する））には、後順位債権者の取消権は制限を受ける。すなわち、（a）一部の債権者への弁済または担保の供与も詐害行為となりうるという判例理論（〔二六六〕・〔二六八〕）によっても、その債権者が強制和議の条件として先順位債権者と定められた場合には、これに対して取消権を行使することはできない（大判昭和一〇・八・二七・民一四八三頁（判民九四事件加藤正治））。（b）右の場合に、第三者に処分した行為についてはどうであろうか。この場合にも、これを取り消した結果復帰する財産を加えてもなお先順位債権を完済しえないときは、後順位債権者は、取消権を行使しえないというべきである。それはあたかも、担保権の目的となっている財産の処分については、被担保債権額を超過する範囲でだけ詐害行為が成立するという理論（〔二六〇〕イ参照）と趣旨を同じくするであろう（但し、完済して余りあるときは詐害行為全部を取り消しうる）。もっとも、完済しえない場合にも、取り消して財産を回復し、先順位債権者への弁済額を増せば、先順位の債権額はそれだけ減少し、後順位債権者がやがて弁済を受けうる可能性が増すであろう。然し、これを理由に取消権を認めることは、個別的な債権の保全を目的とする債権者取消権の範囲を逸脱するものである（但し、加藤前掲評釈は、反対の立場をとり、判旨が本文と同旨に解されることを非難する）。

三　債権者取消権の消滅時効

〔二九九〕 (1)債権者取消権には、二年と二〇年の二つの消滅時効が定められている（四二六条）。とくに短期の消滅時効を認めたのは、取引の安全を考慮したものである。

（イ）「債権者ガ取消ノ原因ヲ覚知シタル時ヨリ二年間之ヲ行ハザルトキ」（四二六条前段）

（a）「取消ノ原因」を知るとは、詐害行為、すなわち、債務者の一般財産を減少して債権者を害するような行為がなされた事実を知ることである。単に債務者が財産を処分したことを知るだけでは足らず、当時の債務者の財産状態からみて債権者を害するものであることを知ることを要する（大判大正六・三・三一民五九六頁）。但し、債務者に詐害の意思のあることまで知る必要はない。右のような処分行為が行われたことを知る以上、詐害の意思の存在を後に知ったからといって、その時から時効が進行するというべき理由はない（右の判決及びつぎの昭和七年の判決が詐害の意思のあることまで知ったことを必要とするような説明をしているのは不正確である）。なお、債権者が詐害行為を知ってから二年を経過したことは、時効を援用しようとする相手方（受益者または転得者）において挙証すべきことはいうまでもない（処分行為について登記がされても、債権者が知ったものと推定すべきではない。行為の当事者でない者が登記を注意していると推測することはできないからである（大判昭和七・三・一二民三四六頁））。

（b）右の時効の起算点は、転得者に請求する場合も同様である。すなわち、転得者が悪意で転得したことを債権者が知った時からではなく、詐害行為の行われたことを債権者が知った時からである（大判大正四・一二・一〇民二〇三九頁、大判昭和九・四・一九新聞三七〇一号九頁）。そうでなければ、法律関係が長く確定されないことになって、短期消滅時効を定めた趣旨に反することになる。

（c）詐害行為の目的たる財産の回復を請求する債権者が相手方に対して現状変更禁止の仮処分をすれば、時効はこれによって中断されることはいうまでもない（一四七条二号）。けだし、債権者は、回復の請求をするための仮処分をしているのであり、債権者取消権は回復の請求をも内容とするものだからである（大判大正一四・一・二八民一九頁（判民四事件鳩山））。

〔三〇〇〕（ロ）「行為ノ時ヨリ二十年ヲ経過シタルトキ」（四二六条後段）

行為は詐害行為である。転得者に対する関係でもこれを起算点とする。

〔三〇一〕 (2)債権者取消権の相手方は、取消権の基礎とされている債権の消滅時効を援用しえないか。判例は否定する（大判昭和三・一一・八民九八〇頁（債権者が手形債権に基づき、債務者の不動産処分行為を取り消してその回復を請求する場合に受益者は手形債権の時効消滅を援用しえないという））。時効を援用しうる者の範囲を時効によって直接に権利を取得しまたは義務を免れた者に限るという判例理論の現われである（総則〔四四二〕ロ参照）。然し、賛成しえない。債権者取消権は債権者に対する関係で詐害行為を取り消すだけで、債務者の権利関係に影響を及ぼすものではない、という判例理論に立っても、取消権の基礎たる債権が時効で消滅していることは、なお債権者に対する関係では援用しうるというべきである（債務者は、援用せずに支払うことは自由である。判例のように解するときは、債務者が後に援用したときの関係をどうみることになるであろうか）。

第四章　債権の消滅

第一節　総　説

第一　債権消滅の原因

民法は、債権消滅の特殊な原因として、弁済、代物弁済、供託、相殺、更改、免除及び混同の七つを規定する。この他、債権法上の特殊な原因として、債務者の責に帰すべからざる履行不能も債権消滅の原因である（〔二〇四〕参照）。なお、債権が権利消滅の一般的原因で消滅することはいうまでもない。

〔三〇二〕　**一**　債権消滅の特殊の原因は、債権の目的との関係から、二種に大別することができる。債権の目的の消滅によるものとそれ以外のものとである。

(イ)債権は、一定の目的のための手段として存在するものであるから、その目的の消滅によって消滅することは当然である。然し、この目的の消滅は、更に二つの態様に分けられる。

(a)目的の到達　債権の目的たる給付が実現され、債権者がこれを受領するときは、債権はその存在意義を完うして消滅する。債権本来の消滅原因である。弁済はこれに属する。そして、代物弁済及び供託もこれに準じて妨げない。

(b)目的到達の不能　債務者の責に帰すべからざる事由による履行不能がこれに属する。

(ロ)目的の消滅以外の債権消滅の原因は、相殺、更改、免除及び混同である。相殺は、債権者の負担をも免じてこれに実質的利益を与えるものではあるが、給付の内容が実現されるのではない。また、更改は、債権者みずから新債権の成立によって旧債権の消滅することに満足するものではあるが、新債務が果して弁済されるかどうかは不確実であって、債権者に終局的な満足を与えるものではない。従って、いずれも目的の消滅とはいえない。免除は、債権者の意思による債権の放棄を認めるものであり、混同は、債権を存続させる理由がないとされるものである。

〔三〇三〕二　債権消滅の特殊の原因をその法律的性質によって分類すればつぎのようになる。

(イ)法律行為

(a)債権者の行為　免除

(b)債務者の行為　供託、相殺

(c)債権者債務者間の行為　代物弁済、更改

(ロ)準法律行為　弁済

(ハ)事件　混同、債務者の責に帰すべからざる履行不能

〔三〇四〕三　債権は、権利消滅の一般的事由によっても消滅する。時効、終期の到来などである。また、その債権を発生させた基本たる法律関係の消滅によっても消滅する。解除条件の成就、契約の解除、法律行為の取消などである。更に、債権の消滅を目的とする契約によっても消滅することはいうまでもない。但し、当

事者の合意で債権を消滅させる場合には、遡及効が問題となる。その債権を発生させる契約で、一定の事実が生じたときは遡及的に消滅する旨を定めることは妨げない。債権は遡及的解除条件附債権として発生するからである（大判昭和八・五・二四新聞三五六一号一六頁はこの例のようにみえる）。これに反し、無条件で成立した債権を当事者の合意によって遡及的に消滅させることはできない。第三者の利益を害するおそれがあるからである。いわゆる相殺契約で問題となる（後に述べる〔五一一〕）。

第二　債権消滅の効果

〔三〇五〕 **一**　債権は債権者債務者間の債権関係の中に包容されて存在するものであること前述の通りである（〔八〕参照）。右に述べた債権の特殊な消滅事由は、いずれも、債権自体の消滅原因であって、これを包容する債権関係そのものの消滅原因ではない。然らば、債権の消滅は、これを包容する債権関係にいかなる影響を及ぼすであろうか。その債権の消滅によってこれを包容する債権関係が存在意義を失う場合にだけ、その限りにおいて、その債権関係も消滅する。従って、その債権の他になお別個の債権を包容する債権関係においては、その債権の消滅は他の債権にいかなる影響を及ぼすかを別に考察しなければならない（危険負担はその重要な一問題）。また、その債権を中心として継続的かつ緊密な債権関係が構成されている場合においては、その債権の消滅後においてその債権関係をいかに処理すべきかを信義則に従って考慮すべき必要を生ずる（賃借権消滅後の諸関係がその適例）。要するに、債権をもって、孤立した権利とはなさず、債権者と債務者との間の信義則に支配される一個の法律関係であると観念するときは、債権自体の消滅は、債権関係の一構成要素の消滅にすぎないものとなすべきである。従って、その債権関係は、結局これによって終了するとしても、なお信義則によってその関係の妥当な処理を講ずべきことになる。

〔三〇六〕 二　消滅した債権の復活

(1) 一度消滅した債権を当事者間の契約によって復活させることはできない。債務者が従前の債権がなお存在すると同一の給付をなすべき契約をすることは、もとより可能であるが、第三者に対しては、債権復活の効力は生じない。そうでなければ取引の安全を害するおそれがあるからである（大判明治三七・一二・一民一五三五頁、大決昭和六・二・二八新聞三二四三号一一頁（抵当債務の一部弁済後に復活の合意をしても、債権・抵当権ともに復活せず。但し被担保債権の残額あらば競売は適法））。このことは担保物権との関係において重要な意義を持つ（担保〔三四七〕以下参照）。なお、公正証書の債務名義としての執行力は、債務者に対する関係でも復活しない（大判昭和一三・三・一六民四二三頁（転付命令をえた後に、債務者との合意で他の債権の弁済に充当することにしても、執行力は消滅する。判民二七事件兼子評釈参照））。

〔三〇七〕 (2) 但し、法律は、特別の目的のために、消滅すべき債権を特定の者のために存続させることがある。弁済者の代位がその例である（四九九条以下参照）。また、一度消滅した債権を消滅しなかったものと擬制することもある。債務者の異議なき承諾による債権譲渡の特例がそれである（四六八条参照）。なお、破産法上の否認権の行使によって復活することもある（破七九条。大判大正一一・七・一七民四六〇頁（消滅時効は復活の時から進行する）。なお、債権者取消権についても同様の関係を生ずることにつき〔二八九〕八参照。）。

〔三〇八〕 三　債権が消滅したときは、弁済をなし、その他債権消滅の原因たる事実を生じさせた者において、その債権の存在を証明する証書の返還を請求することができる。けだし、債権証書の所有権は債権者に帰属すると解されるのであるが、債権者が債権の消滅した後にもこれを保有することは、不当利得となるからである。民法は弁済の場合についてこれを規定したが（四八七条）、弁済以外の事由についても同様である。なお詳細は弁済の節に説く。

第二節　弁　済

第一款　序　説

弁済は債務の内容たる給付を実現させる債務者その他の者の行為である。これによって債権はその目的を達して消滅する。

第一　弁済の意義

〔三〇九〕一　弁済をなすべき者は債務者である。然し、債務者以外の者も弁済をなしうるのが原則である（第三者の弁済）。けだし、債権は給付の実現される結果に重きを置くものだからである（〔八二〕参照）。但し、この場合には、弁済者と債務者との間の関係を清算するために、弁済者は債務者に対して求償権を取得するだけでなく、民法はこの求償権を確保するために、弁済者は債権者に代位してその債権及びこれに伴なう担保を承継するものと規定した（弁済者の代位）。従って、この点からみるときは、第三者の弁済によっては債権の相対的消滅を生ずるにすぎないともいえる（本節第四款）。

〔三一〇〕二　弁済となる給付は、事実的行為であることもあり（一定の競業をなさず、注文の絵を描くなど）、法律行為であることもある。後者は、更に、単独行為であることもあり（特定の財団法人の寄附行為をする、特定の第三者に対する債務を免除するなど）、契約であることもある（債権者に金銭を交付する、特定の第三者と契約を締結するなど）。いずれの場合にも、これらの行為が債権者の利益に帰し、これによって債権の目的を達成させる場合に弁済としての効力を生ずる（但し、弁済者保護のための例外はある。本節第五款）。従って、弁済としての効力を生ずるためには、二つの要件が必要である。

（イ）第一に、給付が債務の内容に値するもの、すなわち本旨に従うものであることを要する。そして、何が債務の本旨に従うものであるかは、その債権の目的、法律の規定、慣習及び信義則によって定められることであるが、実際上多くの問題を生ずる（本節第二款）。

〔三二〕（ロ）第二に、給付がその債権についてなされることを要する。そして、果してその債権についてなされたかどうかは、客観的の事情、給付者の意思、法律の規定など、諸般の事情によって決せられる。このことは、（a）給付が事実的な行為である場合においてはほとんど疑問を生じない（一定の競業をしない事実があり、目的の絵を描き上げる事実があれば行為者の意思とは無関係に弁済となる）。（b）また、法律行為である場合にも、相手方のない法律行為または債権者以外の者に対する法律行為においては、ほとんど疑問を生じない（目的たる財団法人を設立し、その第三者に対する債務を免除し、その第三者と契約を締結する事実があれば行為者の意思と無関係に弁済となる）。（c）ただ、給付が債権者との間に契約を締結すべきものである場合には、多少問題となる。例えば、債権者に対して一定額の金銭を借金の支払として交付すべき債務を負担する場合に、債務者が同額の金銭を贈与する意思をもって交付しても弁済とならないことは明らかである。然らば、かような場合には、債務者が当該の債務を弁済しようとする積極的の意思を表示することを必要とするものであろうか。否定するのが正当である。けだし、金銭を給付すべき債務者がその債権者に金銭を交付するときは、これによって特定の債務を弁済しようとする積極的な意思を表示しなくとも、特に弁済以外の目的に供しようとする意思を表示しない限り、その債務の弁済としてなされたものとみる客観的事情があると判断して妨げがないからである。そして、例えばその債務者がその債権者に対して多数の債務を負担し、いずれの債務の弁済か不明であるような場合には、法律の規定その他の標準によってこれを決定することに少しの支障もない。後に述べる弁済充当の規定は、実にこの標準を定めたものである(本節第六款)。要するに、給付が或る債権についてなされたということを決定する標準は、債務者の意思表示があれば、原則としてこれに従うべきものであるが、これがなければ決しえないものではなく、結局、債務者の意思表示をも一要素として諸般の客観的事情によって決すべきものである。第三者の弁済においては、何人の債務の弁済であるかを決定するために、弁済者の意思はやや重要性をもつであろうが、根本の理論に差はない。

〔三一二〕 **三**　給付の完了のための債権者の協力　給付は債務者の行為だけで完了しうる場合もある。不作為給付(競業をなさず、騒音を発せずなど)はその例である。然し、多くの場合には、債権者の協力(受領)なしでは完了しえない。債権者の供する材料に加工すべき債務などは最も多くの協力を要するものであるが、金銭を交付すべき債務においても、債権者の受け取るという協力が必要である。かような場合には、債務者は、まずみずからなしうるだけの履行の準備を調えて、債権者の協力を待つべきである(弁済の提供)。そうすれば、債権者の協力がないために給付を完了しえない場合にも、債務者はこれによって債務不履行の責任を負わず、債権者が却って受領遅滞の責任を負うことになる。然し、この債務者の提供(準備)と債権者の受領(協力)との程度は実際上常に争となる。これを決定する標準は、弁済をもって債権者債務者間の協同行為であるとする理想を根本となし、取引慣習と信義則とに照してこれを定めねばならない(本節第三款、なお〔八〕参照)。

第二　弁済の法律的性質

〔三一三〕 一　弁済の法律的性質に関しては学説が分かれている。法律行為ではなく、準法律行為であると解する説が正当である（ドイツ学者の大いに論争した点であり、わが国でも論争されたもの だが、法律行為でないとするのが近時の通説といってよいであろう）。けだし、弁済が法律行為であるためには、給付をする者において、常に、その行為をすることによって債務の弁済をなそうとする意思（弁済意思）を有し、かつこれを表示することが必要である。然るに、給付がその債権についてなされたと認められるためには、必ずしも給付者のかような意思の表示を必要としないものであること、前段に述べた通りだからである。これを理論的にみても、弁済は、債権の目的が達せられたという事実によって債権を消滅させるものであって、給付者の効果意思の効果として債権を消滅させるものではない。給付者の意思は、給付と債権とを結合する一個の要素に過ぎない。判例の態度は、必ずしも明快ではなく、給付が法律行為であるときは弁済もまた法律行為であるとするようでもあるが（大判大正四・六・二四新聞一〇三八号二八頁（但し、「不作為債務の弁済は法律行為でないが」と傍論にいうだけ））、弁済意思を必要とするのではなく、従って、弁済の効果は必ずしも給付者や受領者の意思だけで決定されるものではない、という結論はこれを認めている（次に掲げる諸判決参照）。

〔三一四〕 二　弁済が法律行為でない、とする理論の実際上の適用として、つぎのような諸点が問題となる。

(イ)第一に、給付がどの債権のためになされたかを決定するのは、くり返えし述べたように、必ずしも当事者の意思だけによるのではないから、例えば、債務者が元利を弁済する際に、何時から何時までの利息である旨の表示を誤っても、実際に給付された金額に相当する期間の利息が弁済されたことになる（大判大正九・六・二民八三九頁（債務者が提供・供託した金額が供託の日の利息を含む以上、供託の日の前日までの利息と表示しても、供託は有効））。また、利息分として支払った金額が計算違いで多過ぎても、超過部分は、不当利得となるのではなく、元本に充当される（大判大正六・一・三一民七七頁（競売代金の配当でも同じ））。

(ロ)第二に、能力の問題。(a)給付が事実的な行為であるときは、無能力者も単独に有効な弁済をすることができる。(b)給付が法律行為であるときは、無能力者のした給付行為は取り消しうるものとなることがある。そして、取り消されたときは、給付がなかったこととなり、弁済たる効果も生じなかったことになる(かような結果を生ずるからといって、弁済を法律行為というべきでないことは、くり返えして説くまでもあるまい)。

(ハ)第三に、代理の問題。(a)給付が事実的な行為であるときは、代理人によって給付するということは考えられない。ただ他人の事実的な行為が給付としての価値がある場合に、この者をして給付をなさしめることによって弁済の効果を生じさせることができるだけである。いわゆる履行代行者による弁済である(〔一四六〕以下参照)。(b)給付が法律行為であるときは、代理人にさせることができる。然しこの場合にも、代理人は、その給付行為によって特定の債務を弁済しようとする意思まで代理する必要のないのはもちろんのこと、その給付がいかなる債務の弁済としてなされるものであるかについて少しも知らなくとも妨げない。債権と給付とを結合させる意思は債務者本人について考慮すれば足りる。

(ニ)第四に、物の所有権を移転する債務においては、債権者がその物の所有権を取得する原因が債務者の効果意思に基づくことを必要としない。例えば即時取得や混和によるのであってもよい(大判大正一一・一一・一四民八五一頁(債権者が転付命令によって供託金を受領したときには、転付命令が無効でも弁済の効力を生ずる。この鳩山評釈判民一二一事件は弁済の法律的性質を説く。なお後の〔三一七〕ロ参照))。

第二款　弁済の提供

〔三一五〕 **第一**　弁済の提供の意義とその基準

債務者が、単独で完了することのできない給付について、その給付の実現に必要な準備をして債権者の協力を求めることを弁済の提供という。弁済の提供は「債務ノ本旨ニ従ヒテ」これをなすことを要する(四九三条・四一五条)。本旨に従わない提供は、債務者はこれによって債務不履行の責任を免れることができず、債権者はこれに協力しなくとも、債権者遅滞の責任を負わず、そして、一度受領されても債務は消滅しない(但し不完全履行について多少問題となることにつき〔二二一〕参照)。提供が本旨に従ったものであるかどうかを決定するには、結局、信義則によるべきことは前に述べた通りであるが、民法は、提供すべき物、場所などについて、極めて具体的な補充規定を設け、また提供の程度については、一般的な基準を定めた。まず具体的な基準を述べ、ついで一般的基準について説く。

第二　民法の定める具体的な補充的基準

〔三一六〕 **一**　特定物の引渡を目的とする債務にあっては、引渡をなすべき時(履行期)の現状においてこれを引き渡すべきであり、かつそれで足りる(四八三条)。この基準は、債権の成立の時から後に目的物に増減変更を生じた場合にいかなる状態の物を引き渡すべきかを定めたものであるが、内容はすでに詳述した(〔三五〕)。

二　物の所有権を移転すべき債務についての特則　物の所有権を移転すべき債務について、有効な弁済をなしうるためには、弁済者がその物について所有権その他の処分権限を有しかつこれを譲渡する能力を有することを必要とする。民法は、この理論を前提として、二つの特則を設けた。フランス民法(同法一二三八条)にならったものであるが、実際上適用される場合は少ない。

〔三一七〕 **(1)**弁済者が他人の物を引き渡したとき　**(イ)**例えば米千キロ交付すべき債務の弁済として他人の米を交

付したときは、弁済者は、(a)更に自分の所有に属する米を引き渡さなければ、前に引き渡した物の返還を請求することはできない(四七五条――この場合の返還請求権は民法の特に与えたものとみるべきである。けだし、弁済者はその物を支配する権利をもたないからである)。(b)然し、債権者が受領した物を善意で消費し、または譲渡したときは、その弁済は有効となり、債務は消滅する(四七七条本文)。(c)もっとも、この弁済を有効とするのは、単に債権者債務者間の関係を簡易に決済しようとするに止まる。その物の所有者の地位はこれによって影響を受けるべきではない。従って、この所有者たる第三者が債権者に対して賠償の請求(不法行為または不当利得を理由とする)をなし、債権者がこれに応じて賠償をしたときは、――債権は復活するのではないが――債権者は弁済者に対して求償することができる(四七七条但書)。債権者の損失で債務を免れたことになるからである。

(ロ)債権者が債務者の所有に属しない物の交付を受けた場合にも、即時取得の要件を具備するときは、その目的物の所有権を取得する。従って、債権者は、これによって債権の目的を達成し、債権は消滅すると解さねばならない(通説・判例(大判大正元・一〇・二民七七二頁、大判大正九・一一・二四民一八六二頁、大判昭和一三・一二・一二民二二〇五頁等))。もっとも、これらの判決のうち、債務者が第三者を欺いて金銭を騙取し、その金銭で自分の債務を弁済した場合に関するものは、騙取された金銭の所有権は第三者に帰属しているが、債権者が即時取得によってその所有権を取得する、となすものであって、騙取された金銭の所有権がなお騙取された者に帰属するということにも、さらには、金銭について所有権を問題にすることにも、問題がある。不当利得の問題として論じられる重要な点である。然し、その点は別として、債権者が即時取得によって給付された他人の物の所有権を取得する場合にも第四七五条の適用がないとすると、同条の適用のある場合は極めて稀となろう。

（ハ）更に、特定物の所有権を移転すべき債務についても、第四七五条の適用はない、といわねばならない。けだし、債権の目的たる特定物が債務者の所有に属さないものである場合には、債務者は、できるだけの手段を講じて、債権者をしてその物の所有権を取得させるべきであって（五六〇条参照）、他の物をもって有効な弁済をするということはありえないからである。

〔三一八〕 (2)物の所有権を譲渡する能力のない者が弁済として物を引き渡したとき　（イ）この規定は、自分の所有に属する物を引き渡した場合に関する。（a）弁済は一応有効となるが、弁済者はこの給付行為を取り消しうることがあり、取り消したときは弁済がなかったことになる。然し、この場合にも、弁済者は、能力の補充を受けるなどの方法で、更に有効な弁済をしなければ、前に引き渡した物の返還を請求することはできない（四七六条――この場合の返還請求権は所有権に基づく）。（b）然し、債権者が受領した物を善意で消費し、または譲渡した場合に弁済が有効となることは、前段の所有権のない者の弁済と同様である（四七七条）。

（ロ）第四七七条の適用を受けて有効な弁済となる場合にも、弁済者たる無能力者がその債権発生の原因たる法律行為自体を取り消す権利を失うものではない（法定追認とはならない（一二五条参照））。そして、これを取り消すときは、結局債務がなかったことになるのであるから、有効となった弁済が非債弁済となることはいうまでもない（七〇五条参照）。従って、第四七七条が終局的に適用されるのは、完全に有効に成立した債務について、無能力者が法定代理人の同意をえないで自分の物を引き渡したというような稀な場合である。

（ハ）第四七六条もまた特定物の所有権を移転すべき債務について適用のないものであることは、第四七五条と同様である。

〔三一九〕 **三　弁済の場所**　弁済の場所は明示または黙示の意思表示やその取引についての慣行で定まることが多いが、これらの標準によって定まらない場合について、民法は補充的な基準を設けた（四八四条）。そして、弁済すべき場所以外の場所での提供は債務の本旨に従った提供とはならない。なお、弁済の場所は裁判籍（管轄）を定める基準としても重要な意義をもつ（履行地の裁判所に訴えることができる（民訴五条））。

(1) 特定物の引渡を目的とする債務は、債権発生の当時その物の存在した場所において弁済すべきである（四八四条前段）。但し、この債務も履行不能によって損害賠償債務に変じたときはつぎの原則に従う（大判昭和一一・一二・八民二一四九頁）。

〔三二〇〕 (2) 特定物の引渡以外の給付を目的とする債務は、債権者の現時（弁済をなす時）の住所において弁済すべきである（四八四条後段）。但し、売買代金について例外がある。目的物の引渡と同時に代金を支払うべきときは、その引渡の場所が支払地となる（五七四条）。

(イ) この規定は、普通に持参債務の原則を定めるものといわれるが（その内容は種類債権の特定の問題に関連して前述した〔三九〕）、金銭や不特定物の給付を目的とする債務には限らない。協議に応ずる債務などにも適用される（大判大正二・一二・二二民一〇五八頁（売買目的物値上りの場合は協議すべき債務を負う買主は、売主の協議申出があれば売主宅に赴くべし））。なお、補充的な契約、とりわけ主たる契約の不履行の場合の損害賠償義務を定める追加契約などは、主たる契約の履行地を履行地とする趣旨の場合が多いであろう。但し、婚姻予約不履行を理由とする損害賠償請求は、内縁の夫婦の住所とは無関係な独立の法律関係であるから、請求者の現時の住所を弁済地とすることはいうまでもない（大決昭和五・一二・二七評論二〇巻民訴三二六頁（実家に帰っている妻の住所地の裁判所に提訴しうる））。

(ロ) 弁済をする時の債権者の住所であるから、（a）弁済期前に債権者が住所を変更したときにも、新住所が弁済地となる。但し、そのために弁済費用が増加したときは、増加額は債権者の負担となる（四八五条但書）。（b）債権が譲渡された場合には、新債権者の住所地が弁済地となると解されている。債権が譲渡されても同一性を失わないこと、そして弁済地が弁済する時の債権者の住所であることを理由とする（大判大正一二・二・二六民七一頁（判民一五事件平井）―光沢紙の売買で目的物は買主の住所地（桐生町）で、代金は売主の住所地（伏見町）で履行する特約ある場合に、代金債権の譲受人の住所地（奈良市）の裁判所に提訴した事例）。一般論としては正当であろうが、債権者の住所地で弁済するという特約は、特約の当時の債権者の住所地を特定の地として指定している場合も少なくないことを注意すべきである。例えば、小作米の支払地を債権者（地主）の住所地とするなどは、多くはその特定の土地を履行地と定めるのであって、小作米請求権の譲渡に伴って変更するものでないと解すべき場合が多いであろう（大判大正九・三・一三民三一二頁はかような例だが、債務者は事実審で特約または慣行の存在を挙証しなかったので譲受人の住所地での提訴が適法とされた。なお平井前掲評釈参照）。なお、債権の譲渡によって弁済費用が増加したときも、増加額は債権者の負担となる（四八五条但書）。

〔三一一〕　**四**　弁済の費用の負担　**（イ）**特約のない限り、債務者の負担である（四八五条本文）。すなわち、債務者は、自分の負担で弁済の提供をしなければ、遅滞の責任を免れない。弁済の費用は、契約に関する費用とは異なる（これは当事者双方が平分して負担する（五五八条・五五九条））。のみならず、債権者が負担する慣行も少なくない（代金を送付する費用は買主の負担だが、商品の送料も買主（債権者）が負担するのが常である。不動産売買の移転登記料は、当事者双方平分して負担する例もあるが、むしろ債権者の負担とする例が多い）。

（ロ）債権者が住所を移転し、または債権が譲渡されて、弁済の費用が増加したときは、その増加額は債権者の負担となる（四八五条但書（〔三一〇〕ロ参照））。もっとも、この場合にも、債務者は、原則として（増加額がとくに大きい場合などを除き）、自分の負担で弁済し（金銭の給付の場合には増加額を控除してよいことはいうまでもない）、後に債権者から求償すべきであって、増加額の支払がないからといって弁済を拒むことはできない。

第三　弁済の提供の一般的基準

〔三二三〕 一　民法は提供を二種に分け、債務者は、原則として現実の提供（事実上の提供）をなすべきであり、ただ、債権者が予め受領を拒んだとき、または債務の履行について債権者の行為を要するときだけ、弁済の準備をした上でそのことを通知して受領を催告するといういわゆる口頭の提供（言語上の提供）をもって足りるものと定める（四九三条）。然し、この両種の提供は、結局、債務者のまずなすべき弁済の準備の程度の差である。現実の提供においても、債権者の受領がない以上は弁済とならず、しかもその受領行為の程度は信義則によって定まるのであるから、現実の提供とは、要するに、債務者が債権者の協力を待たずに給付の主要な部分をまずなしうる場合に債務者のなすべき弁済行為に他ならない。また、口頭の提供においても、債務者は、債権者の協力があればそれに応じて直ちに弁済をすることができるだけの準備をした上で、債権者の協力を催告すべきものであり、しかも債権者がその協力をしてもそれだけではなお弁済が完了しない給付にあっては、債務者はその協力をえた後更に進んで弁済の完了に努めるべきである。従って、口頭の提供とは、要するに、給付の主要な部分を完了するためにまず債権者の協力を求めるべき場合に債務者のなすべき弁済行為に他ならない（大判大正一〇・七・八民一四四九頁（判民一二四事件我妻）は、不動産売買契約の当事者が登記所で移転登記と代金の支払をなすべき事例について、両提供の関係を理論的に詳説する）。いずれの提供においても、債務者のなすべき準備の程度及び債権者の要求される協力の程度は、結局信義則に従って定めらるべきことは、すでにくり返し述べた通りである。判例もまたしばしば、提供について、信義則の支配すべきことを判示する。つぎに判例に現われた主要な例を示そう（長谷部「弁済の提供」（総合判例民法2所収）は数多い判決をよく整理している。柚木「弁済提供論」民商二巻一・二号も判例の総合的研究）。

二　現実の提供

〔三三〕 (1)金銭債務　債権者の住所に持参して支払うべき金銭債務にあっては、債権者の協力がなくとも、債務者自身で給付の主要な部分を完了する(現実の提供をする)ことができる。もっとも、債権者の指定する期日または場所で支払うべき場合には、債権者がまず指定という協力をしなければ給付はできない。然し、この場合でも、債権者が指定するときは、その期日または場所で現実の提供をすることができる。従って、金銭債務については、多くは、現実の提供の有無が問題となる。その場合に――

(イ)まず、その金額は、(a)原則として、債務の全額であることを必要とする(大判明治四四・一二・一六民八〇八頁(元利合計約五五〇円の債務に約二八五円を提供・供託しても、一部弁済の効果も生じない)、大判大正四・一二・四民二〇〇四頁(同旨、但し事案は利息・費用を別にする特約があるので元本だけの提供・供託も有効))。(b)但し、僅少の不足があっても、信義則上、なお有効な提供と認めるべき場合が多い(大判大正九・一二・一八民一九四七頁(買戻代金の提供(五八三条)に僅少の不足あり)、大判昭和九・二・二六民三六六頁(売買代金の提供に僅少の不足あるも買主の解除有効)、大判昭和一三・六・一一民一二四九頁(競落許可決定後競落人の代金支払前にした提供・供託に僅少の不足あるも有効))。

〔三四〕 (ロ)つぎに、金銭を持参して債権者の住所に行って支払をなすべき旨を述べれば、金銭を債権者の面前に呈示する必要はない(大判大正一一・一一・四民六二九頁(判民九五事件我妻評釈)、最高判昭和二三・一二・一四民四三八頁)。のみならず、債権者が不在でもさしつかえないというべき場合が多いであろう(大判明治三八・三・一一民三四九頁(在宅した妻に受領証を返還する用意がなかったので支払わなかった事例))。もっとも、かような場合には、債務者が不在を知っていたかどうか、不在の理由、その後の債権者側の行動(期日を指定して再来を求めたかどうか)などによっては、債務者の再度の提供を必要とする場合も少なくないといわねばなるまい。また、債務者が金銭を持参して約定の場所におもむけば、債権者が来会しなくとも現実の提供となる(大判大正七・六・八民一一六六頁(特定の倉庫で目的物と引き換えに支払う例))。さらに、債務者自身が金銭を持参しなくとも、同道した転買人が金銭を持参し、目的物の引渡と同時に支払うことが確実であれば、それで充分である（大判昭和五・四・七民三二七頁（判民三一事件吾妻））。なお、商品の売買では、目的物の引渡と引き換えに代金を支払う特約が多い。その場合に、引渡場所を債権者（売主）が指定すべきときは、代金債務についても、履行のために債権者の行為を要することになるが、債務者（買主）が指定すべき場合には、原則として、自分の指定の場所に金銭を持参して行かなければならない。もっとも、売主の不履行が明白な事情があれば、その理由で、買主の不出頭が是認されることもあるのは別問題である（〔三三二〕以下参照。—大判昭和六・四・一五彙報四二巻下民三〇五頁はかような場合には、代金支払について債権者の行為を要するものであって、常に言語上の提供で足る、というのは正当でない）。

〔三五〕 （八）支払をなすべき期日が具体的に確定しているとき（何月何日午前とか午後とか）は、問題はないが、一定の期間内とされているとき（何月何日までとか、何月何日から一週間内とか）はやや問題となる。債権者の住所または店舗で支払うべき場合には、原則として、その期間ならば何時でもよい（店舗なら営業時間内）というべきであろうが、その他の場所で支払うべき場合には、まずその期間内のさらに具体的な期日を定めなければならない。そして、それを指定する者が債権者である場合には、後に述べる、履行について債権者の行為を要する場合となるが（〔三三〕（八））、債務者が指定すべき場合には、まずみずから適宜に指定した上で、当日金銭を持参して現実の提供をなすべきである。

〔三六〕 （二）最後に、金銭に代るもので現実の提供をすることができるかどうかについては問題が多い。判例は、郵便為替の送付（大判大正八・七・一五民一三三一頁（三〇円の小作料につき）、大判昭和一五・七・二九評論三〇巻民二一頁（手附倍戻につき））、郵便振替貯金払出証書の送付（大判大正九・二・二八民一五八頁（二七円の地代につき）、大判昭和一九・三・六民一二一頁（判民七事件戒能）—銀行からの借金の分割払の事例。なお〔三三三〕参照）は現実の提供となるが、小切手の送付は、特約または慣習がない限り現実の提供とはならないといい（大判大正八・八・二八民一五二九頁（手附倍戻として四百円の小切手）、大判昭和三・一一・二八新聞二九四六号一一頁（延滞賃料の支払として提供したのを債権者が受領を拒絶して解除。確実に現金化しえたことを挙証しても不可という））、銀行振出の送金小切手についても同様とした（大判大正一〇・一一・三民一八八二頁（売買代金につき債務者は特約があると主張したが、事実審で主張なしとして却けられた）、大判昭和九・二・二一評論二三巻民三九二頁（とくに送金小切手でよい旨の特約の存在を強調する事例）。そして、取引界の実情に適さないとの批判を受け、最高裁は、過般、これを改め、銀行の自己宛振出小切手の送付は原則として提供となるといった（最高判昭和三七・九・二一民二〇四一頁）。さらに一歩を進めて、当事者と取引関係のある銀行の支払小切手は現実の提供となるという習慣が、少なくとも商人間では、相当に広く行われているとみてよいと思う（同旨長谷部前掲二九頁、柚木(下)二二一頁）。なお、預金証書と受領証に捺印したものを交付することも、場合によっては、金銭の交付となる（大判大正一五・九・三〇民六九八頁（判民九二事件我妻）―預って預金しておいた金の返還の事例）。

〔三二七〕　(2)金銭以外の物を目的とする債務の現実の提供については、一般的な基準は少ない。

(イ)不特定物の一定量を交付すべき債務では、数量の不足があってはならない。但し、僅少の不足があっても、信義則上、有効な提供と認められることがあることは金銭債務と同一であろう。なお、特定の不動産を移転する売主の債務の提供としては、移転登記手続を可能にすれば充分である。占有の移転の提供を必要としない（大判大正七・八・一四民一六五〇頁）。

〔三二八〕　**(ロ)**目的物を交付すべき場所が債権者の住所であるときは、そこに目的物を届ければ、債権者が不在のために持ち帰っても、原則として現実の提供となるであろう。目的物を交付すべき場所が特定の倉庫などである場合には、そこに目的物を現存させて債権者が直ちに受領しうるようにしておけば、現実の提供となることはいうまでもない。その場所が、債権者の方で指定すべき場合には、つぎに述べる、債務の履行につき債権者の行為を要するものとなるが、債務者の方で指定すべき場合には、場所を指定すると同時に、そこで同様の措置を講じておく必要がある。

〔三二九〕　**(ハ)**弁済をなすべき期日についても、前述の金銭債務におけると同様である。すなわち、具体的に確定した期日が定められておれば、その時に提供すべきである。これに反し、一定の期間内とか一定の期日までという場合には、――債務者の店舗で普通の商品を引き渡すべき債務などは別だが――一般には、さらに具体的な期日を定めることに両当事者が協力すべきである。

〔三〇〕 (二)最後に、目的物に代るもので現実の提供をなしうるかどうかも問題となる。倉庫証券や貨物引換証を交付することは、一般に、現実の提供となる。但し、これらの証券は――記名式のときは名宛人か被裏書人、選択無記名式のときは所持人として――売主に対して表示された貨物の自由な処分権を与えるものでなければならないことはいうまでもない(大判大正一三・七・一八民三九九頁(判民八二事件藤田)―但し事案は口頭の提供でもよい場合)。判例は、売主から荷為替を送付することは、同時履行の抗弁権を有する買主に代金の先履行を強いることになるから、現実の提供とならない、という(大判大正九・三・二九民四一一頁)。当否すこぶる疑問である(同旨柚木(下)二二二頁)。

三　口頭の提供

〔三一〕 (1)民法が口頭の提供で足りるとしているのは、(i)「債権者が予メ受領ヲ拒」んだとき、及び、(ii)「債務ノ履行ニ付キ債権者ノ行為ヲ要スルトキ」である。そして、その場合に必要な提供は「弁済ノ準備ヲ為シタルコトヲ通知シテ其受領ヲ催告スル」ことである(四九三条但書)。

右の二つの場合に、口頭の提供で足りるとした理由は同一ではない。第一の場合は、債権者が予め受領を拒んでいるにも拘わらず、債務者に履行としてなしうるすべてを要求することは、信義則に反するからである。従って、ここでは、現実の提供ができる場合が主として考えられている。これに反し、第二の場合は、債権者の協力がなければ、弁済が不可能だからである。従って、ここでは、まず債権者が行動を開始する必要があるにしても、債務者の方でも、これに応じて、必要な行為をなし、両者が歩みよって弁済を完了することが強く要請されるはずである。そうだとすると、同じく口頭の提供といっても、必要な「弁済ノ準備」の程度や「通知」の態様には、差異を生ずることも否定しえないであろう。

〔三三二〕 (2)債権者が予め受領を拒絶したとき

(イ)受領の拒絶は黙示にもなされる。例えば、賃貸人が増額賃料でなければ受領しないという場合(大判昭和一〇・五・一六新聞三八四六号八頁—但し従来の賃料額について口頭の提供を要するという(賃貸人から賃料不払を理由とする解除が有効とされた事例))、契約の存在を否認して債務者の弁済を受けつけない場合(大判大正一四・八・三新聞二四七五号一三頁(買戻の特約なしと主張するときは、売主は口頭の提供で買戻ができる。五八三条))、理由なく契約の解除を求め、自分の負担する反対給付の履行を拒む場合などがこの例である。但し、法律行為をなすべき債務について、債務者の代理人として弁済をしようとする者の代理権を否認するだけでは、必ずしも受領の拒絶とはならない(大判大正二・一一・二四民九八六頁—但し、否認する相当の根拠がなければならないと思う)。

〔三三三〕 (ロ)この場合にも、(a)債務者は、弁済の準備をしなければならない。何の準備もしないで、「弁済ノ準備ヲ為シタルコトヲ通知」すればよいのでないことはいうまでもない(大判大正一一・五・二新聞一九九五号八頁(拒絶した売主に対して送荷次第代金支払の準備があると通知しただけでは足りない。代金の準備を要する))。然し、この場合の準備は、債権者が翻意して受領しようとすれば債務者の方でこれに応じて給付を完了しうる程度で足りる。(i)金銭債務(代金債務)についていえば、銀行との融資契約があること(大判大正七・一二・四民二二八八頁)、転買人が代金支払の資力があること(大判大正八・六・二八民一一八三頁)、なども充分な準備となる(なお〔三三六〕i参照)。但し、借金債務の受領拒絶の場合に、債務者が、融資を承諾して振り出した個人の小切手を所持しても有効な準備とならないとすること(大判昭和三・一一・二〇新聞二九二三号七頁)は正当であろう(〔三二六〕・〔三三六〕参照)。(ii)金銭以外の物を交付する債務にあっても、理論は同様だが、債権者の受領拒絶の態度が強固であればあるほど、債務者の方でなすべき準備の程度が少なくなり、従って債権者が翻意した場合にそれに応じて弁済するために相当の期日を要することになってもさしつかえない、というべきである（大判昭和二・五・一六新聞二七〇二号六頁は、メリヤス三〇〇〇貫の売買で、毎月一〇〇〇貫受け渡すべき場合に、第一回に一五〇貫の受領を求めたのに、買主はそれさえ受領しなかったので、一五〇貫の準備をして催告して解除したのを無効という。大いに疑問である）。

〔三三四〕 （b）準備をしたことの通知が絶対に必要かどうかが問題とされる。思うに、（i）双務契約において、債務者が、受領を拒絶している債権者の負担する債務の履行を請求して解除しようとするとき――例えば代金の受領を拒絶している売主に対し、目的物の引渡を催告して解除するときなど――のように、債務者が積極的な行為に出る場合には、相手方の同時履行の抗弁権を封ずるために、自分の負担する債務の弁済の提供として、通知が必要であることに疑問はあるまい（前掲大判昭和二・五・一六新聞二七〇二号六頁は準備と通知がないから解除無効という理論を示すことになる）。但し、この場合には、債務者が相手方の負担する債務の履行を催告する際に、――一週間内に目的物を引き渡されたく、当方においては引き換えに代金支払の準備を調えている旨を――通知することになるから、実際上問題となることは少ないであろう（前掲大判大正一一・五・二新聞一九九五号八頁はかような例（〔三三三〕参照））。債務者が買戻権を行使する場合なども同様にみるべきである（前掲大判大正一四・八・三新聞二四七五号一三頁はかような例（〔三三二〕参照））。（ii）右に反し、債務者が消極的な立場にあるときは、やや疑問である。然し、例えば、債務者の弁済しようとする給付の受領を拒絶した債権者が、自分の主張する内容の給付を請求し、それを理由として解除するために催告をした場合――例えば、賃貸人が、賃料増額の正当なことを主張して従来の賃料額の受領を拒絶し、進んで増額賃料を請求して賃貸借を解除しようとして催告したとき――のように、債権者が受領拒絶の後に更に積極的な行為に出たときには、債務者は、それに応じて、その催告期間内に改めて通知をしなければ、自分の主張する内容の給付についての提供の効果も生じない、というべきである。けだし、かような場合にも、債権者にもう一度翻意する機会を与えることが妥当だからである（大判昭和一五・一〇・二五新聞四六四六号五頁（取立債務である賃料の不払を理由とする催告・解除の効力を阻止するためには、準備と通知を要する）。前掲大判昭和一〇・五・一六新聞三八四六号八頁（〔二三二〕）も同旨に帰する）。

(iii)これに反し、債権者が、受領拒絶の後、何ら積極的な行為に出なかった場合――従って債務者に改めて通知する機会を与えない場合――には、債務者から改めて通知をしなくとも、債務不履行の責任は生じないと解してよいであろう。例えば、割賦払債務で二回以上不履行のときは契約は当然解除されるという特約があっても、解除の効果は生じない（大判昭和一〇・八・五判決全集二輯一〇九九頁が、月賦弁済をなすべき譲渡担保契約に、二カ月分の滞納があれば所有権は完全に債権者に帰属する特約があっても、債権者の受領拒絶後は弁済の準備の通知をしなくとも失権の効果を生じない、というのは正当）。最高裁は、賃貸人が賃貸借の承継を否認し賃料の受領を拒絶しながら、一カ月でも滞納すれば解除しうるという約款に基づいて解除した事例について、債権者（賃貸人）の受領拒絶が強固なもので、たとい言語上の提供をしても無意味であることが明らかな場合だから通知も不必要だと判示し（最高判昭和二三・一二・一四民四三八頁）、昭和三十二年六月五日の大法廷判決（民九一五頁）で、この理論を確認した（一般論としては不可とする少数意見がある）。事案は、ビルディング貸室の賃貸人が、賃借人の電灯線引込工事を契約違反として解除して明渡を請求し、第一審で敗訴し、第二審で、敗訴判決後の前払すべき三カ月分の賃料の不払を理由として（その前の賃料は供託して通知もされている）、催告不要の特約に乗じ催告なしに解除したというのであるが、違法な工事を理由として解除を主張する以上、賃料の受領を拒絶する意思は極めて明白だという。結果は妥当であるが、債権者が履行の催告などによって債務者に提供の機会を与えない場合だから通知も不要というべきである。

なお、通知は、必ずしも履行すべき場所でする必要はない。直接債権者に向ってやればよい（大判大正八・二・一民二四六頁（代金の受領を拒絶している債権者の宿泊する旅館に持参した事例）。

〔三三五〕 (3) 債権者の行為を要するとき

(イ)「債務ノ履行ニ付キ債権者ノ行為ヲ要スルトキ」とは、債権者が債務者の住所に来て受領すべき債務（取立債務）、債権者の供給する材料に加工すべき債務、債権者の指定する期日または場所で交付すべき債務などがその適例であるが、登記をする債務のように両者の協同によってなしうる給付も含まれる。かような債務について口頭の提供でたりるものとされるのは、前に述べたように、債権者の協力がなければ、事実上弁済の本体的な部分を完了しえないからである。然し、さればといって、債権者の方で、自分の協力なしでなしうるすべてのことをまずなすべし、と要求することは信義則に反する場合が多い。また、債務者の方でも、債権者の協力があれば直ちに弁済を完了しうるだけの用意を講じなければならない。債務者のなすべき準備と通知は、結局、弁済の完了という協同行為に向っての信義則の要請を基準として決定されなければならない（〔三三二〕参照）。

〔三三六〕 (ロ) この場合の債務者のなすべき、(a) 弁済の準備は、債権者の協力があれば直ちにこれに応じて弁済を完了しうる程度のものであることを原則とする。(i) 金銭債務（代金債務）の準備の程度については、商人間の商品の売買代金の支払準備としては、受領拒絶の場合と大差はないであろう（〔三三三〕i所掲の例は、ここでも充分であろう。なお大判大正一〇・一一・八民一九四八頁（判民一六三事件我妻）は融資者との協定があれば充分だとする）。然し、比較的少額の賃貸料や売掛代金の取立債務においては、原則として、現金支払の準備をなすべきであろう。(ii) 金銭以外の物を交付する債務にあっては、理論としては、受領拒絶の場合に必要な準備と差異はないとしても、実際には、その程度が大きくなる傾向があろう。けだし、前の場合には、債権者が翻意するという新たな事実が生じたときに弁済しうる準備であるのに反し、この場合は、当然予期される債権者の協力があれば弁済しうるだけの準備だからである。例えば、買主の指定する場所で引き渡すべき債務を負担する売主が、買主の指定がないので催告して解除しようとする場合の目的物引渡の準備は、受領拒絶の場合の準備に比して程度が大きくなって然るべきであろう。また、例えば、当事者の指定する期日に代金と引き換えに登記手続をなすべき場合には、指定した当事者は、代金または登記手続に必要な書類を準備して、当日登記所に出頭しなければならない。自分が出頭しない以上、たとい相手方が出頭しなくとも、相手方の不履行の責任を問うことはできない（大判昭和一六・三・八判決全集八輯一二号一二頁は自分で出頭しなくともよいようにいっているのは不正確。事案は、相手方がすでに遅滞にあり提供の不要な場合である。なお〔二三八〕参照）。

〔二三七〕　(b)債務者のなすべき通知は、やや趣を異にするように思われる。(i)もっとも、債権者が必要な協力をしないとき、例えば売主の指定する場所で目的物を引き渡すべき売買で、売主が指定しないときに、買主（債務者）が解除しようとする場合には、履行の催告とともに、自分の方に弁済の準備のあることを通知しなければならないことは、受領を拒んだ場合と同様であろう（〔二三四〕i参照—大判大正九・一一・四民一六三七頁はかような例。代金を準備している旨の通知と催告で解除しうるという）。(ii)これに反し、債務者が解除その他積極的な行為をするのでなく、ただ債務不履行の責任を生ずるかどうかを問題とするときには、通知は必要でない。例えば、前例で、売主が引渡場所を通知しないときには、債務者（買主）は、代金支払の準備さえしておけば、その旨の通知をしなくとも、債務不履行の責任を負うことはありえない。取立債務において、債権者が取立に来ない場合も同様であろう。そして、債権者が協力すれば、債務者はこれに応じて現実の提供をなすべきことになり、通知は問題になるまい。

〔三三八〕 （八）最も問題となるのは、履行の場所や期日を当事者が指定する場合の指定の方法である。厳格にいえば、指定の内容が不明確な場合には、相手方は無視しても責任を生じないわけであるが、信義則の命ずるところに従って、進んでその内容を明瞭にすることに努めなければならない。例えば、肥料商の間の売買で「深川渡」と特約された場合に、売主が受渡と代金支払の催告をするに当って、深川所在の特定の倉庫を明示しなかったために、買主が履行場所を正確に知りえなかったとしても、買主（債権者）は問い合わせをするなどの方法でこれを明確にして契約の実現に努むべきであって、これを怠るときは、なお遅滞の責を免かれることはできない（大判大正一四・一二・三民六八五頁（判民一一一事件我妻）は信義則を強調する）。

弁済の期日が一定の期間で定められる場合――例えば五月中に登記手続と引き換えに残代金を支払うという場合――にも、同様の問題を生ずる。両当事者は、誠意をもって、その期間中の一定の期日を決定することに努めるべきであって、その期間中の任意の一日に提供すればよいのでもなく、また期間中連日提供しなければならないのでもない。解除の前提としての催告が右のような期間で定められた場合も同様である。例えば、引き換えに残代金を支払うから翌月の五日までに登記手続をせよという買主の催告は、――買主の代金債務の提供（弁済の準備をした旨の通知）としても不完全であり、売主の債務の弁済に対する協力としても不充分であるから――これを前提とする解除は、効力を生じない、と一応はいえるであろう（大判昭和五・四・一九新聞三一八四号一六頁（四月一三日に翌月一三日までに登記手続をなすべしという催告は無視して放置しても遅滞の責任なしという））。然し、多くの場合、催告を受けた売主の方から進んで一定の期日の決定に努力することが要請されるといわねばならない（右の昭和五年の判決が前記の「深川渡」の判決の趣旨を考慮しないのは不当である（同旨長谷部前掲一二頁））。

第四　提供の効果

〔三三九〕 一　提供の効果はつぎの通りである。

(イ)債務者は債務の「不履行ニ因リテ生ズベキ一切ノ責任ヲ免レ」る(四九二条)。すなわち、債務不履行を理由とする損害賠償、遅延利息または違約金の請求を受けず、また担保権を実行されない。提供の最も本質的な効果である。然し、債務を免れるのではないから、担保物の返還を請求することはできない(大判昭和六・五・二二評論二〇巻民六二八頁)。強制執行についてはやや疑問だが——開始した強制執行手続の取消または停止を求めうるのは債務が消滅した場合と解すべきであるから(民訴五四五条・五五〇条四項参照)——供託しない限り、単に有効な提供をしただけでは、その取消または停止を求めえないというべきであろう(大判明治三八・一二・二五民一八四二頁(受領を拒絶した債権者が言語上の提供にかかわらず強制執行に着手した事例。債務者の取消請求を認めず)(旧版を改める))。

(ロ)約定利息はその発生をとどめる。けだし、弁済期前の提供が本旨に従うものとみられるのは、債務者が期限の利益を放棄しうる場合であるが(一三六条参照)、かような提供があるに拘わらず、なお債務者をしてその後の約定利息を支払わしめることは、あたかも提供後における遅延利息を支払わしめると同一に帰するからである。——通説はそのいわゆる債権者遅滞の効果として右の理論を認めるのであるが(鳩山一八〇頁。大判大正五・四・二六民八〇五頁も同旨)、結果は同一となる。

(ハ)双務契約においては、相手方の同時履行の抗弁権を失わしめる(五三三条)。但し、提供を継続すべきか否かについては争がある(債各〔一三五〕)。

〔三四〇〕 二　右の他、債務者は供託することができるようになる(四九四条)。然し、後に述べるように、供託は提供しないでもなしうる場合があるから、供託をもって提供の効果とするのは正当ではない。また、多くの学説においては、提供の効果と債権者遅滞の効果とを同視し、債権者についての増加費用の負担、債務者についての注意義務の軽減などをも提供の効果とする。然し、私は、債権者遅滞とは、提供があるに拘わらず債権者が受領しないことがその責に帰すべき事由に基づく場合に限るものと解し、提供自体の効果と債権者遅滞の効果とを区別すべきものと思う。然るときは、提供自体の効果は右の(イ)(ロ)(ハ)三つの消極的なものに限る。そして、債権者の不受領がその責に帰すべき場合には、債権者遅滞として、債権者は債務不履行の責任を負うに至るのであるから、多数説が右の提供すなわち債権者遅滞の効果とするものの他になお損害賠償の請求権と契約の解除権とを生ずることになる(〔三四七〕・〔三四八〕参照)。

第三款　受領遅滞

第一　弁済の受領と受領遅滞（債権者遅滞）

〔三四一〕 一　弁済の受領とは、債権者の協力なしでは完了しえない給付について、債権者のなすべき協力行為である。債権者がこの協力行為を拒みまたは協力行為をすることができない場合に、いかなる効果を生ずるであろうか。民法は、一方では、かような場合には、債務者はいわゆる口頭の提供をなせば充分であるとし(四九三条)、これによって不履行の責任を負わないものと定めた(四九二条)。然し、これをもって満足せず、他方で、「債権者ガ債務ノ履行ヲ受クルコトヲ拒ミ又ハ之ヲ受クルコト能ハザルトキハ、其債権者ハ履行ノ提供アリタル時ヨリ遅滞ノ責ニ任ズ」と定めた(四一三条)。この間の関係をいかに解釈するのが妥当であろうか。結論をいえば、前者は提供、すなわち債務者の方でなすべきことをしたことを理由として、債権者の方の主観的事情を問わずに、債務者が不履行の責任を免れるという消極的な効果を認めたものであり、これに対し、後者は、これを債権者が受領すべき義務に違反したものとして、債務者の履行遅滞と同様に、責に帰すべき事由のあることを要件として、損害賠償の責任という積極的な効果を認めたもの、と解するのが適当だと考える。けだし、後に述べるように、わが民法の構成に適するのみならず、信義則の理念に合し、両当事者を公平に取り扱う（債権者の責任だけを重くしようとするのではない）ことになるからである。

〔三四二〕**二**　元来、受領遅滞（mora creditoris）は、履行遅滞（mora debitoris）とは別個の制度として発達したものだといわれる。すなわち、債権者は、権利を有するだけで義務を負うべき理由はないから、受領しなくとも、義務違反（債務不履行）の責任を負わない、という前提の下に、提供をした債務者の責任を軽減しようとしたものであって、供託と密接した制度である（ローマ法では目的物を放棄（derelictio）することを認めた。ド民三〇三条は不動産引渡債務について占有の放棄を認める）。然し、立法の傾向は、次第に債権者の責任を重くしようとするようにみえる。すなわち、フランス民法は提供・供託について定めるだけで、債権者遅滞という独立の制度を認めない（フ民一二五七条―一二六四条。わが旧民法も同じ（財四七四条―四七八条））。ドイツ民法は、受領遅滞（Verzug des Gläubigers）という制度を認めたが、受領義務なしとの前提をとり、その効果は、主として債務者の責任の軽減――注意義務の軽減（三〇〇条一項）、約定利息の停止（三〇一条）、収益償還義務の縮減（三〇二条）――に止まり、僅かに、双務契約における危険の移転（三〇〇条二項）、提供に要した費用とその後の保管費用の償還義務が債権者の不利益となるものである。然し、同法は、売買及び請負については、買主及び注文者の受領義務（Abnahmepflicht）を認めた（四三三条二項・六四〇条一項（なお債各〔四七〇〕参照））ことは、注目に値する。そして、スイス債務法は、ドイツ民法と同じく、債権者遅滞を独立の制度とし（九二条―九六条）、その効果として、例外的にではあるが、債務者が履行遅滞の規定に従って契約を解除しうるものとしている(物の引渡を目的とする債務以外の債務などについて(九五条・九六条)。但し、損害賠償の義務はないと解されている(Oser, Art. 95 Nr. 2)。なお債各〔四七〇〕参照)。但し、かような傾向にも拘わらず、立法例による受領遅滞の効果になお限度があるのは、理論的には、権利者(債権者)に受領義務を認むべきではない、という思想であり、実際的には、提供の効果という立場から規定するため、債権者の責に帰すべき事由を要件とすることができず、従って解除や損害賠償義務を認めえないという事情であろうと考えられる。

〔三四三〕 三 わが民法の解釈として、通説は、債権者の受領義務を認めず、従って、受領遅滞の効果は、ほとんど提供の効果と同一に帰するものとする(鳩山一七二頁、於保一〇八頁、柚木(下)一七二頁等)。もっとも、受領遅滞の効果は、信義則に訴えて次第に拡大されてきた(鳩山一七七頁以下に旧版を改めたことが注目される。なお鳩山・債権法における信義誠実の原則所収の論文は参照すべき文献)。判例も同一趣旨である(大判大正四・五・二九民八五八頁(買主の受領遅滞を理由とする解除を認めえずという))。但し、近時受領義務を認める下級審判決を生じつつあることは注目に値する(東地判昭和三〇・四・一九下民集六巻四号七六六頁(買主の受領遅滞を理由とする解除を認める)など)。学説にも債権者の受領義務を認めるものが多くなっている(梅四一三条註、原理二八九頁に続くものとして、末弘一七六頁を最初とするであろうか。なお三島「債権者遅滞」(総合判例民法18所収)は判例及び学説を極めて正確に詳説する。著者自身の結論は本書と同趣旨である)。

なお、買主の受領義務と買主の買い取るべき義務とは厳に区別しなければならない。例えば、――右の大正四年の判決の取り扱う事例のように――売主が、買主との間で、向う五ヵ年間、自分の考案にかかる一定の物品(事案では「衛生座椅子」と呼ばれる新案特許品)を製作して買主に給付し、買主は毎月平均少なくとも五百個を購入し、代金は毎月十五日と月末に支払う、という一手販売契約をしたような場合には、――基本的な売買契約と各個についての契約との関係をどうみるかは問題であろうが、とにかく――買主は現実に購入する義務を負うかどうか(締約の義務)の問題であって、単なる受領義務の問題ではない。そして、締約義務がないときは、受領義務は問題にならない（事案では衛生椅子の売れ行きが悪かったのであろう。買主がいかなる条件の下に買いとる義務を負ったのか、認定の困難な問題だが、おそらく買い取る義務がなくなったのであろうと想像される）。従って、判例が受領義務の問題としたのは正当でないといわねばならない。

思うに、（ⅰ）受領遅滞を提供とは別個に規定し、しかもこれを債務不履行の規定の中に挿入して、その効果について何も規定をしていない民法の構成の下では、債務不履行の一態様とすることがむしろ合理的であろう（梅・原理前掲は、四一二条に債務者の遅滞、四一三条に債権者の遅滞を定め、四一四条以下は両者に共通のものと考えているようにみえる）。（ⅱ）のみならず、前述の受領遅滞についての法制の変遷に一歩を進めて、債権者は受領義務あるものとし、その根拠を債権法を支配する信義則――債権をもって、当該債権を発生させる社会的目的の達成を共同目的とする一個の法律関係の中に包容されるものであり（〔八〕参照）、両当事者は信義則を規準として給付の実現に協力すべきものである（〔三二〕・〔三一五〕参照）という理論――に求めることも許されるであろう。

〔三四四〕 **第二　受領遅滞の要件**（四一三条）

受領遅滞の要件は、（ⅰ）弁済の提供があること、（ⅱ）債権者がそれを受領することを拒み（受領拒絶）、または受領することができない（受領不能）こと、（ⅲ）受領拒絶または受領不能が債権者の責に帰すべき事由に基くことの三つである。最後のものは、受領遅滞を債務不履行の一態様とみることによるものであって、通説と異なる点である。

(1)履行（弁済）の提供があること　第四一三条は、「提供アリタル時ヨリ遅滞ノ責ニ任ズ」と定めるが、提供が要件であることは疑いない。債権者に受領義務を認めるといっても、それは提供があれば受領すべき義務があるという趣旨だからである。いかなる場合にいかなる程度の提供をなすべきかは前款に述べた。

本旨に従わない提供については、受領遅滞を生じないことはいうまでもない。

〔三四五〕　(2)債権者が債務者の提供を受領することを拒みまたは受領することができないこと　(イ)受領拒絶の理由は問わないが、債権者が提供を不完全だと主張して受領を拒絶する場合には、真実そうであったかどうかにより、完全なものであれば受領遅滞となり、不完全なものであれば、受領遅滞の効果を生じない。

(ロ)受領不能の理由も関係がない。然し、履行の不能なために受領も不能だというときは、受領不能ではない。但し、その区別は困難なことが多い。雇主が労働者の就業を拒絶し、注文者が修繕すべき家屋を他人に修繕させた場合などは、受領拒絶として、受領遅滞であることは疑いない。然し、雇主の経営する工場で労働すべき場合に工場が焼失し、注文者の肖像を描くべき場合に注文者が病気となるなどは、履行不能か、受領不能か。以前には、多くの説は、受領不能は履行の可能なことを前提とするから、社会観念上給付行為の基本的要素が欠けると認められる場合には、履行不能であって受領不能でないと説いた。この説によるときは、右の二つの例は受領不能とはいえないであろう（鳩山一七六頁は右の第一の例を履行不能という。末弘一八〇頁は工場が警察命令によって営業停止を命ぜられたときは履行不能だという。同一標準によるものとみるべきであろうか）。然し、債務の目的たる給付は債権者と債務者との協力によって完了すべきものだという思想からみるときは、履行の可能をもって受領不能の前提とすることは一方に偏する。給付を不能ならしめる原因が債権者債務者いずれの支配に属する範囲内の事由に基づくかを標準とし、債務者のそれに基づくときは履行不能に過ぎないが、債権者のそれに基づくときは受領不能の効果をも生ずるものと解するのが正当である（わが国の近時の通説。於保一一〇頁、柚木(下)一七四頁等）。この標準によるときは、右の二つの例はいずれも受領不能となりうる（ドイツ学者間に論争があり、近時の学説はこれに近い。Sphärentheorie と呼ぶ(Oertmann, § 293, 3b)。労働法と関連して論議されるべき問題の多いことにつき八木・労働契約の研究一七三頁以下参照。なお債各〔八四六〕・〔八四七〕参照）。

〔三四六〕　(3)債権者の受領拒絶または受領不能がその責に帰すべき事由に基くこと　債権者遅滞をもって債権者の受領義務違反という一種の債務不履行とするときは、この主観的要件は当然である。なお、挙証責任は、債権者に存する——責に帰すべき事由に基づかないことを挙証しない限り責任を免れえないこと——も債務不履行と同一である（〔一五七〕参照）。ドイツ民法は債権者遅滞に過失を必要としない。学者はこれを債務者保護の政策的理由によると説く（Oertmann, §293, 3 und dort zitierte Vorbem.）。スイス債務法は「正当の事由なくして」という条件をつけているが、過失は必要でない、というのが通説である（Oser, Art. 91 Nr. 13-16）。わが国の通説も責に帰すべき事由を要しないものとする（鳩山一七七頁、柚木(下)一七四頁等）。これを要するものとするときは、その点では債権者の責任を軽減することになる。然し、他方債権者遅滞の効果として債務者に損害賠償請求権及び解除権を与えることは、債権者の責任を加重するものである。そして、私は、提供とは別な制度としての受領遅滞についての債権者の責任は、その要件を厳格にするとともにその内容を加重することが、両当事者を公平に取り扱い信義則に適するものと信ずるのである。

第三　受領遅滞の効果

〔三四七〕　債務者の提供そのものの効果（〔三三九〕・〔三四〇〕参照）の他に、受領遅滞の効果とすべきものは、(i)債権者の損害賠償責任、(ii)債務者の契約解除権の他に、(iii)受領遅滞後の不可抗力による履行不能は、なお債権者の責に帰すべき事由によるものとされること、及び、(iv)債務者の注意義務が軽減されることである。

(1)債務者は、受領遅滞によって生じた損害——債権者が遅滞なく受領すれば生じなかったであろう損害——の賠償を請求することができる（四一五条・四一六条）。債権者遅滞によって弁済費用を増加したときは、その、債権者の行為によるものと認めうるものは、債務者は、提供の効果として、常に増加額を請求することができるが(四八五条)、そうでないものは、損害賠償として――債権者の責に帰すべき事由あることを要件として――請求しうるとするのが至当であろう。保管費用の増加を生じた場合も同様である。通説はそのいわゆる債権者遅滞の効果として、すなわち、債権者の責に帰すべき事由がなくとも、常に弁済費用及び保管費用の増加額を請求しうるがその他の損害の賠償は請求しえないという(鳩山一七八頁参照)。

〔三四八〕 (2)債務者は、受領の可能なときは、相当の期間を定めて受領を催告し、受領の不能なときは、直ちに、契約を解除することができる(五四一条・五四三条)。もっとも、双務契約においては、この解除権の実益はそれほど多くはないであろう。けだし、多くの場合、受領を拒絶する債権者は、同時に、自分の反対給付の履行をも拒絶しているであろうから、債務者は、相手方の受領拒絶を理由とすることなく、債務不履行を理由として解除することができるからである。例えば、売主の提供する目的物の受領を拒む買主が、同時に代金の支払を拒んでいるときは、売主は、代金支払を催告して解除することができる。然し、売主がまず給付すべき場合――例えば、目的物を数回に分割して給付し、代金はすべての給付のすんだ後に全部について支払うという場合――や、代金支払がすでに済んでいる場合などは、受領遅滞を理由として解除する実益があろう(前掲東京地裁の判決(〔三四三〕)はかような例。なお債各〔四七一〕参照)また、物の引渡以外の給付を目的とする債務についても、受領遅滞を理由とする解除の実益が考えられる(供託ができないからである。鳩山・債権法における信義誠実の原則一七九頁は立法論としてス債九五条・九六条を推賞する(〔三四二〕参照))。なお、通説が解除権を認めないことは前述の通りである(鳩山一八二頁、柚木(下)二三〇頁、於保一一二頁等)。

〔三四九〕 (3)債権者遅滞の後に履行不能となるときは、不可抗力に基づく場合にも、なお債権者の責に帰すべき事由による履行不能となすべきことは、履行遅滞におけると同様である(〔二〇一〕ロ参照)。このことは、第五三六条第二項の適用において重要な意義をもつ。通説は、そのいわゆる債権者遅滞の効果としてこの結果をも認めようとする(鳩山一八一頁参照)。然し、債権者遅滞について故意過失を要しないとしながらこの効果を認めることは無理であるのみならず、その結果が果して妥当であるかどうかも疑わしい(債各〔一五五〕ロ参照)。

〔三五〇〕 (4)債務者は、債務の履行について、注意義務を軽減され、故意または重過失についてだけ責任を負うようになると解すべきである。通説は、そのいわゆる債権者遅滞の効果として、債権者に過失がなくとも、なお債務者の注意義務は軽減されるという(鳩山一七九頁は六五九条の趣旨を援用する)。然し、債権者の責に帰すべき事由に基づく場合にだけこの結果を認めることが、両当事者を公平に取り扱うことになるであろう。

第四款　第三者の弁済と弁済による代位

第一　第三者の弁済

〔三五一〕 一　債務者は弁済をなすべき者だが、その他に、第三者も弁済をすることができる。

(1)債務者は、いわゆる履行補助者を使用して、みずから弁済をなし、また、場合によっては、いわゆる履行代行者によって弁済することもできる(〔一四八〕・〔一四九〕参照)。また、給付が法律行為であるときは、代理人によってなしうることもいうまでもない。然し、これらは、いずれも、債務者の弁済であって、第三者の弁済ではない。第三者の弁済とは、第三者が、他人(債務者)の債務として弁済することである。

〔三五二〕 (2)給付が債務者でなければできない性質のもの(一身専属的給付)であれば、第三者が弁済しえないのはいうまでもないが、そうでない限り、ことに金銭債務では、第三者の弁済は、大きな経済的意義をもつ。債権者の方からいえば、給付の実現によって債権の目的を達しさえすればよいのであって、その給付が何人によってなされるかについては、あまり関心をもたない（〔三〇九〕参照）。第三者の方からいえば、債務者との間の種々の関係で――債務者に資金の援助をするとか、肩代りをするとか、債務者に対する自分の債務を清算するとか、自分に優先する他の債権を消滅させるとか、その他種々の目的のために――債務者に代って弁済する経済的な必要が多い。従って、債権・債務を特定の個人間の結合と考える思想が強い時代には、第三者は、債務者の承諾をえなければ、弁済ができないとされたが（旧民法は利害関係のない第三者についてこの主義（財四五三条二項但書））、その後次第に緩和され、ドイツ民法は、債務者が異議を述べても、債権者に弁済の受領を拒絶する権利を生ずるだけとし（二六七条。拒絶しても受領遅滞とならないだけで、受領すれば有効な弁済となる（Staudinger, § 267, III））、フランス民法は、利害関係のない第三者も債務者の意思に反して弁済することができ、ただ代位しないだけとし（一二三六条・一二三七条）、スイス債務法は、第三者の意思を全く無視する（六八条（Oser, Art. 68 Nr. 2））。民法の態度は、制限が強過ぎる。立法として適当でない。

〔三五三〕 **二　第三者の弁済を許さない場合**

民法は、第三者も弁済することができるという原則を掲げているが、これを制限する例外がすこぶる広い。すなわち、(i)債務の性質が許さないとき、(ii)当事者が反対の意思を表示したとき、及び(iii)利害の関係のない第三者については、債務者の意思に反するとき、である（四七四条）。(i)は当然として、(ii)は、その必要があるかどうか疑問であり、(iii)は、すこぶる妥当を欠く。

(1)「債務ノ性質ガ之ヲ許サザルトキ」（四七四条一項但書前段）　一身専属の給付を意味する。債務者が自身で給付をしなければその債権の目的たる給付とみることをえないもの（例えば名優の演技、学者の講演）は絶対的な一身専属的給付であり、債権者の同意があれば第三者もなしうるもの（労務者（六二五条二項）、受寄者（六五八条一項）の給付など）は、相対的な一身専属的給付である。いずれの場合にも、第三者が任意に弁済することができないのは、債権の性質から当然である。

〔三四〕(2)「当事者ガ反対ノ意思ヲ表示シタルトキ」（四七四条一項但書後段）　契約によって生ずる債権は契約によって、また単独行為によって生ずる債権はその者の単独行為によって、第三者の弁済を禁ずることができる。この意思表示は、債権の発生と同時にする必要はないが、第三者が弁済する前にしなければならないことはいうまでもない（大決昭和七・八・一〇新聞三四五六号九頁（二番抵当権者が一番抵当権者に弁済の提供・供託をしたときは、その後に第三者弁済禁止の特約がなされても、提供・供託は有効））。この例外は、利害の関係ある第三者の弁済も許さない。かような例外を定めたのは、債権の内容は当事者が任意に定めうる、という理論に基づくものであろうが、立法論としてその当否は疑問である（ドイツ・スイス・フランスの民法にはこの例外を定めていない（〔三五二〕参照））。

〔三五〕(3)「利害ノ関係ヲ有セザル第三者ハ債務者ノ意思ニ反シテ弁済ヲ為スコトヲ得ズ」（四七四条二項）。

(イ)利害の関係を有する者とは、物上保証人、担保不動産の第三取得者（大判大正九・六・二民八三九頁（譲渡担保目的物の第三取得者から被担保債権の弁済をする事例））、同一不動産の後順位抵当権者（先順位抵当債権を弁済する場合など（前段所掲の昭和七年決定参照））などのように、弁済をすることに、みずから法律上の利害関係を有する者である。従って、単に親族関係があるだけでは、利害関係があることにはならない（大判昭和一四・一〇・一三民一一六五頁（判民七四事件四宮）。なおこの判決が連帯債務者中の一部の者の意思に反するときは、その者に対する関係で弁済は無効という点については、後の〔五九九〕参照）。利害関係を有する者から委託されただけの者（代理人として弁済するのでない場合）も含まれない（大判昭和六・一二・二二新聞三三六五号一一頁）。以上の標準は正しいであろう。然し、利害の関係のない第三者の弁済を制限することは、立法として妥当でないことを考えれば、利害の関係をできるだけ広く解すべきである。例えば、同一の債務者に対する一の債権者が他の債権者に弁済する場合には、自分に優先する債権者でなくとも、一般に利害の関係ありというべきである（梅・原理一四九頁参照）。

利害関係を有する者は、債務者の意思に反しても、弁済することができる。なお、保証人はもとより、連帯債務者も（自分の負担部分以上の部分は）、その弁済は、実質的には、他人の債務の弁済であるが、これらの者は、債務を負担し、弁済をなすべき義務を負う者であるから、債務者の意思に反するかどうかを問題にする余地はない（保証人は債務者の意思に反して弁済しうるが、利害関係があるからではない。保証債務を負うからである）。

〔三五六〕（ロ）利害の関係を有しない第三者は、債務者の意思に反して弁済することができない。債務者のこの意思は、必ずしも表示されることを必要とせず、また弁済をする第三者にも受領する債権者にも知られていなくともよく、諸般の事情から認定されればよい（通説・判例（大判大正六・一〇・一八民一六六二頁―弁済者から債務者に対する代位・求償を否認する事例。予め意思表示を要するとする原審判決を破毀））。但し、挙証責任は、債務者の意思に反したことを主張する者が負担する。けだし、債務者の意思に反するのは異例に属するからである（右の大正六年の判決は反対だが、大判大正九・一・二六民一九頁（第三者が弁済を無効として債権者から償還を請求する事例）で改め、大判昭和九・九・二九新聞三七五六号七頁も同旨）。以上の理論は解釈論として正当であろう。然し、この規定が立法として当をえないものであることからいえば、債務者の意思は、第三者が弁済をする際に確定的なものであり、しかもこれを認識しうる客観的な事情も相当に顕著なものであることを必要とする、と解すべきものと思う。

〔三五七〕（ハ）要するに、債務者の必ずしも表示されない意思に法律効果を認めることは、異例に属するのみならず、第三者の弁済という経済取引関係についてこれを認めることは、前記のように、立法として当をえないものである。民法が、旧民法が債務者の承諾を要するとしたのを改めて、意思に反しなければよいとしたことは、一つの進歩といいうる。しかもなお、かような他の立法例にない制限を設けたのは、債務者が恩義を受けることをいさぎよしとしない第三者の弁済を認め、または、本来の債権者より一層苛酷に求償権を行使しようとする第三者の弁済を認めることは、不当に債務者を不利益にするものだというのである（梅・要義四七四条の註、原理一五〇頁は、いわゆる「武士気質」を尊重する一般通念だという）。然し、利益といえども、本人の意思に反して強いることはできない、という思想は、民法の中でも一貫していない。例えば、債務免除を単独行為としたこと（五一九条〔五二六〕参照）、債務者の意思に反する保証契約の成立を認めたこと（四六二条二項参照（利害の関係のない第三者が、まず保証契約をして、然る後に弁済すれば、債務者も阻止することはできない））などがその例である。のみならず、実際上も、不便であるだけでなく、不都合を生ずることもある。例えば、債権者も債務者の意思に反することを知らずに弁済を受け、担保物や証書を弁済者に返還したような場合にも、その弁済は無効であり、従って、債権者は弁済者に不当利得返還債務を負い、債務者に対して別に請求する他なしとするなどがその例である（大判昭和一七・一一・二〇新聞四八一五号一七頁（弁済者から債務者に対する不当利得の返還請求。債務者は意思に反したことを立証する）の上告論旨は、七〇七条の類推適用を主張するが、判旨はこれを認めない））。私は、従来、解釈論として判例理論に従うのが正しいとしてきたが、今は説を改めて、第七〇七条を類推適用すべきものと解する（債各〔一七〇九〕参照）。

〔三五八〕　**三　第三者の弁済の方法と効果**

(1)第三者は、自分の名において、第三者の債務として弁済する。自分の債務として弁済するときは、非債弁済となる（七〇七条参照）。他人の債務として弁済されたのかどうかは、第三者の意思だけで決するのではなく、諸般の事情によって客観的に決定する（〔三一一〕参照）。第三者がいかなる理由に基づいて弁済するのか、その理由は、第三者の弁済が弁済としての効力を生ずる点には影響を及ぼさない。ただ、それによって、債務を免れた債務者に対して求償権をもつかどうか、またその範囲がどれだけかという点に差異を生ずる（〔三六二〕ロ参照）。

〔三五九〕 (2)第三者の弁済が許されるものである場合には、その提供は、債務者が弁済する場合と同様の効果を生ずる。すなわち、債権者がこれを受領することを拒絶するときは、受領遅滞となりうる(提供の程度は債務者がする場合と同じ)。その他、受取証書の交付、債権証書の返還なども請求できる(四八六条・四八七条参照―民法も弁済者の権利とする)。また、本来の意味の弁済に限らず、代物弁済(大判大正七・一〇・一五新聞一五〇〇号一九頁)や供託もできる。但し、更改は、弁済と同視することはできない(当事者の交替による更改をなすべきである)。また、相殺もできないと解されている(〔四六六〕c参照)。

第三者の弁済が効果を生ずるときは、債権は消滅する。然し、この第三者が債務者に対して求償権を有する場合には、この求償権を確実にするために、弁済によって消滅すべきであった債権及びこれに伴なう担保権などは、悉く弁済者に移転するものとされる(弁済による代位)。従って、理論的に正確にいえば、第三者の弁済は、弁済者の代位を生ずる限度では、債権の相対的消滅を生ずる、というべきであろう。そして、実際には、この代位があるために、第三者の弁済の実益が多くなっている。

第二 弁済による代位(代位弁済)の意義

〔三六〇〕 一 第三者または共同債務者(保証人・連帯債務者など)の一人が弁済するときは、これらの者は、債務者に対して求償権を取得することが多い。民法は、この求償権の効力を確保するために、債権者がその債権について有する担保権その他の権利が、この求償権の範囲において、弁済者に移転するものとした。これを弁済者の代位または代位弁済という。保証人や連帯債務者は、厳格な意味では、第三者として弁済するものではないが(〔三五五〕末尾参照)、これらの者も、後述のように、その弁済によって代位するのであるから、代位を生ずる弁済の範囲は、厳格な意味での第三者の弁済より広い。

〔三六一〕　二　民法は、弁済による代位を二つに分ける。一つは、保証人・物上保証人・担保不動産の第三者取得者などのように、弁済することに直接の利害関係を有する者の弁済による代位であり、もう一つは、そうした関係のない者の弁済による代位である。前者は、弁済によって当然代位の効果を生ずる(法定代位)のに反し(五〇〇条)、後者は、債権者の承諾がなければ代位の効果を生じない(任意代位)(四九九条)。かように代位弁済を二種の類型に分けることは、フランス民法にならったものである(フ民一二四九条—一二五二条)。もっとも、フランス民法は、法定代位の生ずる場合を列挙している(旧民法も同様だが(財四七九条—四八八条)、列挙に洩れる場合のあることをおそれて修正したといわれる(民法修正案理由書四八六条の説明、梅・要義五〇〇条の註釈参照))。また、任意代位(subrogation conventionelle)については、債権者の承諾によるものの他に、債務者の意思によるものを認めた(わが旧民法も同様だが、弊害のおそれあることを考慮して改めたといわれる(理由書前掲、梅・要義四九九条の註釈参照))。これに比すれば、民法は法定代位に重点を置いたことになる。ドイツ民法は、第三者の弁済の効力として一般に代位を認める(二六八条三項—但し連帯保証人(四二六条二項)、保証人(七七四条)、第三取得者・物上保証人(一一四三条・一二四九条)などについてはとくに同旨の規定をおいている)。これに反し、スイス債務法は、法定代位の範囲が比較的狭く、任意代位については、債務者の意思によるものを認め、フランス民法に近い(ス債一一〇条)。思うに、弁済による代位が経済的に重要性をもつのは、いわゆる法定代位においてである。従って、この範囲を合理的に解すれば、右の諸立法例の態度の差は、実際的には、それほど大きな差異とはならないであろう。ただ、わが民法については、その前提として、かような弁済は債務者の意思に反しても有効になしうる、と解さねばならない。前に第三者の弁済の制限について述べたことは、このことに関連する(〔三五七〕参照)。

〔三六二〕　**第三**　弁済による代位(代位弁済)の要件

要件は、(i)第三者または共同債務者の一人が弁済をなし、債務者に対して求償権を有すること、(ii)

弁済その他債権者に満足を与えること、(iii)弁済をなすに正当の利益を有するか、これがないときには債権者の承諾をえること。最後の要件によって法定代位と任意代位に分かれるが、第一、第二の要件は両者に共通である。

(1) 第三者または共同債務者の一人が弁済をなし、求償権を取得すること

(イ) 第三者が有効に弁済をなしうる場合に限ることはいうまでもない(〔三五三〕―〔三五七〕参照)。保証人は、自分の債務(保証債務)を弁済するものであるが、実質的には他人の債務の弁済であるから、代位の利益を与えるべきことは当然である(五〇一条もこれを前提する。通説・判例(大判明治三〇・一二・一六民一一巻五五頁))。連帯債務者については、多少争があるが、連帯債務者は、内部関係において負担部分に応じて分担すべきものであり、従って、負担部分以外は他人の債務の弁済たる実質を有し、求償権(四四二条参照)はこの点を根拠とするものであるから(〔六〇三〕参照)、代位の利益を与えるのが正当である。沿革からみてもそうである(通説・判例(大決大正三・四・六民二七三頁、大判昭和一一・六・二民一〇七四頁〔判民七三事件山中〕等多数))。

(ロ) 求償権は、弁済者と債務者との関係によって定まる。(a)保証人、物上保証人及び連帯債務者が求償権をもつことについては規定がある(四五九条以下・三五一条・四四二条以下)。(b)その他の弁済者は、この者と債務者との関係により、あるいは委任事務処理の費用の償還請求(債務者の委託を受けて弁済したとき(六五〇条参照))として、あるいは事務管理の費用の償還請求(委託を受けないとき(七〇二条参照))として、求償権を取得する。担保不動産の第三取得者も求償権を取得するのが原則だが(五六七条二項参照(大判大正四・七・二八民一二五〇頁))、売主の被担保債務の履行を引き受けた場合には、求償権は生じない(債各〔四三六〕d・担保〔五五五〕参照)。但し、いずれの場合にも、弁済者が債務者に贈与する意思であるときには、求償権を取得しない(大判昭和一六・一・三〇新聞四六八一号一三頁)。また、弁済のために出捐した価値が弁済によって消滅した債権額より小さいときは、求償権は、

出捐の範囲に限られる（大判大正五・七・二七民一四二一頁（金銭で代物弁済した事例））。

〔三六三〕 ⑵弁済その他これと同視されるものによって債権者に満足を与えること　民法は弁済と規定するが（四九九条・五〇〇条）、代物弁済、供託はもとよりのこと、相殺（但し第三者が相殺をなしえない場合を除く（〔三五九〕参照））をも含む（四三六条一項参照）。また、弁済とみなされる場合、すなわち、連帯債務者の一人または連帯保証人と債権者との混同（四三八条・四五八条―大判昭和六・一〇・六民八八九頁（連帯保証人が債権を譲り受けた事例）、大判昭和一一・八・七民一六六一頁（連帯債務者の一人が債権者を相続した事例））なども含まれる。多少問題となるのは、債権者が執行によって満足をえた場合である。任意の弁済に限るとする説もある。弁済による代位は任意に弁済した者を保護する制度だというのである（大判大正一〇・一二・一八民一九六六頁は、抵当不動産の第三取得者は抵当権の実行を受けた場合には、求償権はあるが代位せずという。判民一六六事件末弘評釈は賛成）。然し、求償権を確実にするための制度とみれば、任意弁済に限る必要はあるまい（現時の通説といってよかろう）。判例は、後に、物上保証人について、任意弁済に限らないとした（大判昭和四・一・三〇新聞二九四五号一二頁、大判昭和一一・一二・九民二一七二頁（判民一五〇事件我妻）もこの前提をとる）。前の見解を改めたとみるべきであろう（我妻前掲評釈参照）。

⑶債権者の同意があるか、または弁済をするについて正当の利益を有すること　前に一言したように、この要件によって、代位弁済に二つの類型を生ずる。

〔三六四〕 （イ）任意代位（四九九条）　弁済をするについて正当な利益を有しない者が弁済しても、債権者の承諾がなければ、代位の効果を生じない（四九九条一項）。（a）この承諾は、弁済と同時になされることを要する。弁済によって債権が消滅すべきはずだが、それを弁済者に移転させるのだから、無条件に弁済した後になって代位の効果を生じさせることはできない。もっとも、弁済の前に承諾をえれば、それでもよい。（b）然し、この承諾は、代位を生ずること、すなわち債権の効力及び担保の移転することに対する同意であって、これらのものを譲渡する意思表示ではない。すなわち、この場合にも、代位は債権及び担保の法律上の移転であって、譲渡ではない。（c）但し、債権譲渡におけると同様に、通知または承諾をもって対抗要件とする（四九九条二項による四六七条の準用）。すなわち、債権者からの通知または債務者の承諾がなければ、代位の効果（債権及び担保の移転）を生じたことを、債務者その他の第三者に対抗することができず、またこれを確定日附ある証書によってしなければ、債務者以外の第三者に対抗することはできない。つぎに述べる法定代位では、かような対抗要件を必要としないのに、任意代位に必要としたのは、法定代位を生ずる場合は、弁済者の範囲はおのずから限定されるから、債務者その他の第三者に不測の損害を及ぼすおそれがないのに反し、任意代位は予測しえない弁済者によって生ずる場合もありうることを考慮したものであろう。もっとも、連帯債務者や保証人の弁済については、他の債務者に通知する義務が認められている（四四三条・四六三条参照）。また、不動産上の担保物権の代位については、後に述べるように登記が要求されている（〔三七二〕参照）。これらの規定は、法定代位について通知・承諾を要求しないことから生ずる不都合を防止するであろう。（d）前に述べたように、利害の関係を有しない第三者も、債務者の意思に反しない限り、弁済することができる（四七四条二項）。かような場合には、債権者はその弁済の受領を拒否することはできない。それにも拘わらず代位の生ずることは拒否しうることになる。然し、弁済をえて満足すべき債権者に、代位の効果だけを阻止しうる権能を認める民法の態度にいかなる合理性があるのか、理解しえない（但し、代位されることによって不利益を被らしめるべきでないことにつき〔三六九〕参照）。

〔三六五〕 **（ロ）**法定代位（五〇〇条）　弁済をするについて「正当ノ利益ヲ有スル者」は、債権者の承諾がなくとも、弁済によって当然に代位する。正当の利益を有する者とは、保証人・物上保証人・担保目的物の第三取得者・

連帯債務者などのように、弁済しないと債権者から執行を受ける地位にある者は当然含まれる。然し、その他にも、弁済しないと債務者に対する自分の権利が価値を失う地位にある者――例えば、同一の債務者に対する後順位担保権者(一番抵当権者による競売価格が低廉な場合に二番抵当権者が弁済するなど(大決昭和六・一二・一八民一二三一頁))、債務者の財産が他の債権者の執行によって価値を失う場合における一般債権者(大判昭和一三・二・一五民一七九頁(担保物が不当に低廉に処分されるとき)、大判昭和一七・五・二一法学一一巻一三五頁(連帯保証人から不動産を買った者が移転登記をする前に債権者が差し押えた場合))など――も含まれる。要するに、法定代位を生ずる場合の要件たる弁済についての正当の利益というのは、前に述べたように、旧民法の列挙主義を改めたものであること(〔三六一〕参照)、任意代位の要件たる債権者の承諾は、必ずしも合理的なものでないこと(〔三六四〕d参照)、さらに、債務者の意思によって、第三者の弁済を制限することも適当でないこと(四七四条二項の「利害ノ関係」と五〇〇条の「正当ノ利益」はほぼ同一に帰するであろう)などを考慮し、その範囲は適当に広く解すべきものと思う。例えば、連帯保証人の一人が主たる債務者に弁済資金を供与した場合にも、実際に弁済された以上、代位を認めるのが至当と思う。但し、判例は否定し(大判昭和六・四・七民三六九頁(割賦弁済債務の八人の連帯保証人のうちの五人の者が主たる債務者に弁済資金を供与する特約がある場合に、資金の調達ができずに他の連帯保証人が供与したときに、債権者に代位しないという))、これを支持する者が多い(この判決の戒能評釈(判民三八事件)、末川評釈(論叢二七巻一号)はいずれも判例支持。―間接の利益があるだけだという理由だが、連帯保証人の一人であることを考えるべきである。また債権者は格別不利益はないはずである)。

第四　弁済による代位の効果

弁済による代位の効果(内容)は、(i)代位者・債務者間、(ii)代位者相互間、(iii)代位者・債権者間の三つの方面から考察しなければならない。

〔三六六〕　一　代位者・債務者間

(1)代位者は、任意代位・法定代位を問わず、「自己ノ権利ニ基キ求償ヲ為スコトヲ得ベキ範囲内ニ於テ債権ノ効力及ビ担保トシテ其債権者ガ有セシ一切ノ権利ヲ行フコトヲ得」る（五〇一条本文）。

（イ）代位は、求償をなしうる範囲内に限られる。いかなる範囲で求償しうるかは、前記のように、弁済者と債務者の関係によって定まる（〔三六二〕ロ参照）。

（ロ）代位の効果として、（a）「債権ノ効力……トシテ其債権者ガ有セシ一切ノ権利ヲ行フコトヲ得」とは、履行請求権・損害賠償請求権・債権者代位権・債権者取消権などのようにその債権について債権者の有する権能のすべてを行いうるという意味だから、要するに、その債権自体が移転することに他ならない。債権者が債務名義を有するときは、代位者は、承継執行文の付与を受けてこれを行使することができる（民訴五一九条）。

〔三六七〕

（b）従ってまた、担保が移転することも当然である。担保には物的担保と人的担保とを含む。抵当権が移転したときは、弁済者は、それについて登記（代位の附記登記）（不登一二四条。但し、譲渡の附記登記でもよいと解されている（大判昭和六・一〇・六民八八九頁））を請求しうることはいうまでもない（弁済によって抵当権は消滅するから登記は許さず、というべきではない（大判大正八・一二・五民二二〇八頁）。なお大判昭和二・一〇・一〇民五五四頁は被代位者が取り下げた競売費用の取り扱いについて疑問を生ずる事例（判民八二事件杉之原評釈参照））。なお、被代位者が抵当権に基づいてすでに競売手続を開始した後には、代位弁済があっても、代位者は当然に申立人の地位を承継するから、代位の附記登記があっても手続は続行される（大決大正四・八・二〇民一三六五頁）。従って、これを中止するためには、代位者が申立を取り下げるか（競売法二三条）、取得した抵当権を放棄して手続の廃棄を請求しなければならない（大決昭和六・一二・一八民一二三一頁（判民一三一事件兼子）、大決昭和七・八・一〇新聞三四五六号九頁）。

（c）問題となるのは、債権の履行を確保するために債権者と債務者との間でなされた特約である。かような特約による債権者の権利も代位しうるというべきであろうが、その範囲は求償権の範囲を越えてはならない――遅延賠償について高率が定められていても、代位者は、法定の遅延利息を請求しうるに過ぎない――と解すべきである。同様に、代物弁済の予約があっても、予約目的物が弁済者の出捐額を越えるときは、差額は不当利得として返還すべきものと解するのが正当である。判例は反対であるが（大判昭和一三・二・一五民一七九頁は、抵当債務（二千円足らず）の不履行の場合には目的不動産（価格七千円余）で代物弁済をする予約のある場合に、目的不動産に仮差押をした一般債権者の抵当債務の代位弁済による予約の完結権行使を無条件で認める）、代位制度の目的を逸脱したものと思う（この判決に対しては、学者の賛否が分れている。判民一二事件東評釈及びそこに掲げられる学説参照。本文と同旨柚木（下）二六九頁）。

〔三六八〕　（ハ）代位の性質は、しばしば述べたように、弁済によって消滅すべきはずの権利が、法律上当然に、弁済者に移転するのであって、譲渡ではない。従って、対抗要件を必要としない（通説・判例（大判昭和二・七・七民四五五頁、判民七一事件小町谷）。但し、任意代位についてはとくに対抗要件を定めることにつき〔三六四〕c参照）。

〔三六九〕　(2)一部代位　（イ）「債権ノ一部ニ付代位弁済アリタルトキハ代位者ハ其弁済シタル価額ニ応ジテ債権者ト共ニ其権利ヲ行フ」（五〇二条一項）　この規定は弁済者が債権額の一部を弁済した場合――例えば一〇〇万円の抵当債権につき、保証人が一〇万円弁済した場合――を定めるものである。すなわち、債権及び抵当権は、弁済された割合だけ保証人に移転する。その結果、代位者は、その範囲で単独にその抵当権を行使することができ（大決昭和六・四・七民五三五頁（抵当債権が割賦払のもので保証人の弁済は一回分の弁済に該当する事例））、かつ債権者と平等の立場に立つ（抵当不動産の競売価格が七〇万円のときは、六三万円と七万円に分配する）と解されている。然し、かような結果は甚だしく債権者を害する。けだし、抵当債権者は、担保物の処分を強いられるだけでなく、担保物権の不可分的性質（被担保債権に残余のある限り担保物全部を支配する権利（二九六条・三〇五条・三五〇条・三七二条参照））にも反するからである（担保〔一九〇〕・〔三七九〕参照）。フランス民法は、一部の代位弁済によって債権者を害しえないものとし、債権者は一部代位者に優先する、と定め（一二五二条）、ドイツ民法は、これを承継して、代位によって取得する権利の行使は債権者を害することを得ないと定め（同法二六八条三項・四二六条二項・七七四条一項等）、学者は一部弁済によって移転する担保物権は後順位となると解している（Oertmann § 268, 7; Staudinger § 268, 4）。わが民法の規定は、これらの立法例にならわなかったものとして、長所だとする説もある（梅・要義五〇二条の註釈、債権者は一部弁済を受ける義務はないから、という。然し、右の理由は成立しない）。フランス民法については、立法論として非難する学者もある（右の例だと、保証人は競売代金から配当を受けえない。それよりも七万円与え、債権者が合計七三万円取得する方が公平だというのである（外国法典叢書フランス民法一二五二条参照））。然し、抵当権の性質からいって、かような見解に賛成することはできない。わが国の多くの学説も、立法論としてこれを非難しつつ解釈論としてやむをえないという（鳩山四二一頁、田島柚木二四五頁、──但し岡村一〇七頁は保証人・連帯債務者のように自己の債務を弁済した者に対しては債権者は優先するという）。然し、代位弁済制度の目的は求償権の保護に尽きるのであるから、債権者を害してまでこれを認めることはその目的を逸脱する。解釈論としても、第一に、その「共ニ其権利ヲ行フ」とは債権者と共同しなければ行使しえない趣旨と解し、かつ、第二に、その効力は債権者の有する担保物権の不可分性を害しえないもの、すなわちそれに優先されるものと解することができると思う（近時同調する説が多い、於保三五三頁、柚木(下)二七〇頁等。なお信用保証につき後の〔六六〇〕ロ参照）なお、銀行と保証人との契約には、一部弁済によっては代位しない旨の特約をする例が稀でない（特約は有効）。

〔三七〇〕 （ロ）一部の代位弁済がある場合にも、債務の不履行による解除は債権者だけが行うことができる。例えば、一万円の売買代金債務の保証人が五千円代位弁済をしても、残代金の不払による解除ができるのは売主だけである。そして、債権者が解除したときは、代位者にその弁済した価額及びその利息を償還しなければならない（五〇二条二項）。民法は明文に定めたが、言をまたないだけでなく、却って誤解を招くおそれがある。けだし、解除権は、契約当事者の地位に附属するものであるから、代位の目的となるべきものではなく、従って全部の代位弁済のあった場合にも、解除権の代位行使を許すべきではないからである。なお、一部代位における代位権と債権者との以上の他の関係は後述する。

二　代位者相互間

弁済をするについて正当な利益を有する者が多数あるときは、相互間の優劣を一定しておかないと、先に弁済した者が不当の利益をえ、法律関係を紛糾させるおそれがある。民法はつぎのように規定する。

〔三七一〕　(1)保証人と担保目的物の第三取得者との間　例えば、Aに対して債務を負担するBが、所有不動産に抵当権を設定し、かつCを保証人としたが、その後、Dが抵当不動産をBから譲り受けたとしよう。CDの弁済はともに法定代位を生ずるが、両者の優劣はどうか。

(イ)保証人Cは第三取得者Dに対して全額について代位する。すなわち、担保権を実行して全額の弁済を受けることができる。但し、担保目的物が不動産であるときは、「予メ」代位の附記登記をしなければ、Dに対して代位することができない(五〇一条一号)。「予メ」とは、何を標準とするか。第三取得者の取得以前の意味であって、弁済の前後を問わず(弁済前ならば代位の附記の仮登記、弁済後ならば同本登記)とする第一説と、弁済の前の意味であって、第三取得者の前後を問わず(常に代位の附記の仮登記)とする第二説とがある。近時の通説は前者であって、判例も、大体において、この見解をとる。すなわち、右の例で、抵当不動産がDから更にEに移転した場合に、連帯保証人CがDの取得後Eの取得前に債権を譲り受けて抵当権について移転の附記登記をした事案について、移転の附記登記は代位の附記登記に代る効力があり(〔三六七〕a参照)、かつEの取得前であるから、Eに代位しうるという(大判昭和六・一〇・六民八八九頁(判民九二事件戒能))。思うに、代位の附記登記を必要とする立法理由は、保証人の弁済によって消滅したと考えられた不動産上の担保物権(従って時には抹消登記がされたものもありうる。そうでなくともその登記は無効と考えられたもの)が、代位によって存続したものとされることは、第三取得者に不測の損害を及ぼすおそれがあるからである。従って、第三取得者の取得時期を離れて弁済の時期だけを標準とする第二説は正当ではない。然しまた、すべての第三取得者に対する関係においてその取得の前に登記すべしとする第一説も正当ではない。けだし、一方、担保物権がなお有効に存在する間(従って有効なる登記のある場合)に、この担保不動産を譲り受ける者(右の例のDがこれに当る)は、その負担を覚悟すべきものであるから、その取得の際に代位登記がなくとも、将来保証人に代位されることによって不測の損害を被るとはいえない。しかも他方、担保物権を伴なうから安全だと思っている保証人に対して、弁済をする前に代位登記をなすべしと要求することは実際上無理であり、従って、弁済前にこの担保不動産が譲渡された場合に、代位登記がなかったことを理由としてその代位権を失わしめるのは、保証人にとって甚だしく酷である。そうだとすると、「予メ」とは、第三取得者の取得以前の意味だとする第一説に制限を加え、保証人が予め登記をしないために代位しえなくなるのは、その弁済をした後に生じた第三取得者に限る――前例のDに対しては、その取得前に附記登記をする必要なく、Eに対してだけその取得前に附記登記をしなければならない――と解するのが正当である(同旨柚木(下)二七五頁、於保二五四頁)。この説は、結局第一七七条と同旨に帰するといってもよいであろう。けだし、代位による抵当権の移転は、その後の第三取得者に対しては、登記なしには対抗しえない、というのと同旨に帰するからである(於保前掲、後掲大判昭和一一・五・一九民八二三頁に対する野田評釈(判民五三事件)、同じく於保評釈(論叢三五巻一〇〇九頁)参照)。然るに、判例は、その後、保証人が弁済する以前に生じた第三取得者(前例におけるD)に対しても、その取得の前に附記登記をすることが必要だとし、その理由として、第三者が、保証人のあることを知らない場合や知っていても保証人が弁済して代位することはないだろうと信じた場合に、不測の損害(果してそうであろうか?)を与えるという(大判昭和一四・四・七新聞四四四八号八頁（附記登記を不要とした原審を破毀））。さらに、右の場合には、保証人は、少なくとも弁済前に附記登記をなすべしという（大判昭和一七・一〇・二七評論三一巻民五七七頁（保証人が抵当債権を譲り受けて附記登記をした事案だが、譲り受ける前に附記登記をしておかなければならないという（それをしておけばその前の取得者にも対抗しうる！））。前記昭和六年の判決に示された正しい理論が迷路に踏み入ろうとしていることは遺憾である。

なお、保証人が代位弁済をした場合には、抵当債権者に対して附記登記を請求しうることは前記の通りだが（〔三六七〕b）、弁済の後、附記登記前に、第三取得者を生じたときは、もはや代位の附記登記はできない（大判昭和一一・五・一九民八二三頁（判民五三事件野田））。

〔三七二〕 （ロ）第三取得者は、保証人に対して代位しえない（五〇一条二号）。第三取得者は、弁済をして担保権を消滅させたときは――自分の取得した財産を保全することになるほか――債務者に対して求償権を取得することが多い（〔三六二〕ロ参照）。然し、その場合にも、債権者の保証人に対する権利を代位行使して保証人に請求することはできない。第三取得者は、債務者が弁済しない限り担保権を実行されることを覚悟すべきであり、保証人があっても安心すべきではない。もっとも、第三取得者は、代価弁済や滌除などの方法で別にその地位が保護されている。

〔三七三〕 (2)第三取得者相互間　「第三取得者ノ一人ハ各不動産ノ価格ニ応ズルニ非ザレバ他ノ第三取得者ニ対シテ債権者ニ代位セズ」（五〇一条三号）。例えばBのAに対する六〇〇万円の債務につき、B所有のLMN三つの不動産、価格それぞれ四五〇万円、三〇〇万円、一五〇万円の上に共同抵当権がある場合に、L不動産がCに、M不動産がDに、N不動産がEに譲渡され、その後に、CがAに六〇〇万円弁済したとする。Cは、――債務者Bに対しては、六〇〇万円求償しうることはいうまでもないが、――DとEに対しては、三つの抵当不動産の価格に応じて、すなわち、Dに対しては二〇〇万円、Eに対しては一〇〇万円だけ、代位して抵当権を実行することができる。従って、(a)Aの抵当権は共同抵当権であったが、Cが代位するときは、その性質を失い、DEそれぞれに対する別個の求償権を担保する独立した二つの抵当権となる――D所有のM不動産を競売して三〇〇万円の弁済を受け、Dが一〇〇万について、E所有のN不動産の上の抵当権に、更に代位するのではない――と解すべきであろう。(b)なお、Cは、この代位について、Aの抵当権に代位する旨の登記をしなければ、その後にM・N不動産の譲渡を受ける者には対抗しえないといわねばなるまい。けだし、第一七七条の理論、前段に述べた保証人と第三者との関係についての第五〇一条但書一号、及び五号二項の趣旨からいってそうみるべきだからである。(c)右の例で、L不動産は依然として債務者の所有にあり、MとN不動産だけが、それぞれDとEに譲渡され、Dが六〇〇万円弁済したとすれば、Dは、L不動産については全額代位し、N不動産については、残額のうち五〇万円だけ代位しうると解すべきであろうが、L不動産に後順位抵当権者があったら、その者の第三九二条二項の代位との関係はどうなるであろうか。この問題は、第三取得者が一人しかない場合にも生ずるものであるから、担保物権法で考察するのが適当であろう。

〔三七四〕 (3) 物上保証人相互間　第三取得者相互間と同様に、「各不動産ノ価格」に応じて代位する(五〇一条四号)。前段所掲の例をCDEが物上保証人であったと変えて考えれば、関係は明瞭になろう。そして、(a)物上保証人の一人が全額を弁済して、他の物上保証人に対して債権者に代位する場合には、共同抵当権の性質を失うことも、第三取得者相互間と同一であろう(〔三七三〕a参照)。(b)なお、弁済した物上保証人が、他の物上保証人から抵当不動産を譲り受ける第三取得者に対して代位するためには、弁済後、その者の取得する前に、代位の登記をしなければならないことも同様であろう(〔三七三〕b参照)。(c)右の例で、L不動産が債務者の所有に属し、MとN不動産についてだけ、DとEが物上保証人となっている場合に、Dが全額の弁済をしたときの関係も、DとEだけが第三取得者となった場合と同様であろう。ただ、そのときに、L不動産の上に後順位抵当権者がある場合に、その者の第三九二条二項の代位との関係は、さらに一層困難な問題を提起する。これまた、担保物権で考察するのが適当であろう(担保〔六九七〕参照。新訂版で従来の説を改めている)。

〔三七五〕 (4) 保証人と物上保証人との間　これらの者の間では「其頭数ニ応ズルニ非ザレバ債権者ニ代位セズ」(五〇一条五号一項本文)。例えば、BのAに対する六〇〇万円の債務につき、CD二人は保証人となり、EF二人は、それぞれ価格二〇〇万円、一〇〇万円の各自の所有不動産の上に抵当権を設定したとする。C・D両保証人は、それぞれ一五〇万円ずつ、E・F両人で合計三〇〇万円について代位される。そして、E・Fの合計三〇〇万円は、それぞれの抵当不動産の価格に応じて、すなわち、それぞれ二〇〇万円、一〇〇万円ずつ代位される(五〇一条五号一項但書)。だから、保証人Cが全額を弁済すれば、D保証人の一般財産から一五〇万円、E・F両物上保証人の抵当権によってそれぞれ二〇〇万円・一〇〇万円の弁済を受けることができる(残りの一五〇万円は、債務者の一般財産から弁済を受ける他はない)。(a)この場合に、E・Fの抵当不動産が第三者に譲渡されても、Cは、この第三取得者に対しても、右の範囲でその抵当権を代位して行うことができるが、そのためには、Cは、弁済後、右の第三取得者が譲り受ける前に、代位の附記登記をしなければならない(五〇一条五号二項)。(b)保証人が物上保証人を兼ねる場合はどうであろうか。BのAに対する六〇〇万円の債務について、CD両人が保証人となり、Cは、さらに、その所有不動産の上に抵当権を設定した。Cが全額を弁済した場合に、Dに対して、代位しうるのは、三〇〇万円か、二〇〇万円か。判例は三〇〇万円とする。Bの一つの債務について担保する者が二人あるだけとみるべし（Cは担保の方法として一般財産の他に特定の財産の上に抵当権を設定したに過ぎないという趣旨であろう）というのである（大判昭和九・一一・二四民一一五三頁（判民一五四事件東））。賛成する学者が多い（本書旧版の他、前記東評釈、柚木(下)二七八頁）。然し、妥当でないと思う。共同担保者のうち、より重い負担を引き受けた者は、他の者に対しても、より重い出捐を忍ぶべし、とすることが却って公平であろう。単に保証人となっただけの者（D）からみれば、一部の保証人が不動産の上に抵当権を設定していることは、より重い出捐を忍ぶ関係と予期するのが自然であり、その予期を保護すべきである。ことに、物上保証人を兼ねる者が数人ある場合には、判例理論は不都合を生ずるように思われる。例えば、BのAに対する六〇〇万円の債務につき、C・D・E三人が保証人となり、さらに、C・Dがそれぞれ価格三〇〇万円・二〇〇万円の所有不動産に抵当権を設定したとする。Dが弁済したときの代位関係はどうなるであろうか。判例理論によると、単なる保証人Eに対しては二〇〇万円、——物上保証人を兼ねるC・Dの間では合計四〇〇万円を不動産の価格に応じて分けるとすると、——Cに対し二四〇万円だけ代位しうることになり、Dが代位されるのは一六〇万円となり、単なる保証人Eよりも、少なくなる。それは不合理であろう。それとも、判例理論は、かような場合には、C・D間でも二〇〇万円ずつとし、物上保証人であることは無視するのであろうか。そうだとすると、すべての保証人が同時に物上保証人を兼ねる場合にも抵当不動産の価格を考慮しない、といわねばならないことになり、到底妥当な解決とは考えられない。従って、保証人と物上保証人を兼ねる者がある場合にも、あくまでも二つの資格が独立して存在するような取り扱いをなすべきである。かようにすると、右の例では、頭数は五人、従って、全額を弁済したDは、Eに対して一二〇万円、Cに対しては、保証人として、一般財産から一二〇万円、物上保証人として、その抵当権については一四四万円（六〇〇万円から三六〇万円を引き、残額二四〇万円を不動産の価格に応じて三対二に分けた額）だけ代位行使しうることになる。

〔三七六〕　(5)連帯債務者相互間　弁済をした一人の連帯債務者は、他の連帯債務者に対して、各自の負担部分について求償することができるだけだから（四四二条）、その範囲で代位することができるに止まる（大決大正三・四・六民二七三頁（連帯債務者の一人が債権を譲り受け、他の連帯債務者に対して執行する事例））。もっとも、弁済した者が二人の連帯債務者中の負担部分のない者であるときは、他の者に対して、全額を求償し、全額についてその者の設定した抵当権を実行することもできることはいうまでもない（大判昭和一一・八・七民一六六一頁（抵当不動産が第三取得者に移転した後も同じ））。然し、負担部分を有する者が数人あるときは、各自に対して、負担部分の割合に応じて求償することができ、その範囲で債権者を代位することができるだけである。この点は連帯債務者の全員のための保証人と異なる（〔六一〇〕参照）。

〔三七七〕　(6)保証人相互間　数人の保証人ある場合（共同保証）における保証人相互間においては、共同保証人が分別の利益を有する場合とそうでない場合とで異なる。（a）分別の利益を有する場合には、負担部分以上の弁済をしたときに、その部分について、他の保証人に対して、委託を受けない保証人の主たる債務者に対すると同様の求償権を取得し、その範囲で代位する（四六五条二項（〔七一二〕参照））。（b）これに反し、分別の利益を有しない場合には、他の保証人に対して、連帯債務者相互間におけると同様の求償権を取得し、その範囲で代位する（四六五条一項（〔七一一〕参照））。

三　代位者・債権者間

〔三七八〕 (1)債権者は、代位者に対して、代位した権利の行使を容易にしてやる義務を負う。すなわち、（a）債権の全部について代位弁済をした者に対しては、債権に関する証書及びその占有にある担保物を交付しなければならない（五〇三条一項――例えば一部保証人が保証債務額を弁済しても、主たる債務に残額があれば、適用されないことはいうまでもない（大判大正五・一二・一六民二四三四頁））。（b）債権の一部について代位弁済をした者に対しては、債権証書にその代位をした旨を記入し、かつ代位者をしてその占有にある担保物の保存を監督させなければならない（五〇三条二項）。（c）なお、いずれの場合にも、担保財産が不動産であるときは、その代位の附記登記に協力すべき義務あることは、いうまでもない（〔三六七〕b参照）。

〔三七九〕 (2)債権者の担保保存義務

(イ)「第五百条ノ規定ニ依リテ代位スベキ者アル場合ニ於テ債権者ガ故意又ハ懈怠ニ因リテ其担保ヲ喪失又ハ減少シタルトキハ、代位ヲ為スベキ者ハ其喪失又ハ減少ニ因リ償還ヲ受クルコト能ハザルニ至リタル限度ニ於テ其責ヲ免ル」（五〇四条）。法定代位をなしうる者を保護するために、債権者をして、この者に対する一種の担保保存義務を負わしめたものである。例えば、BがAから一〇〇万円借りるために、所有の不動産（価格六〇万円）の上に抵当権を設定しかつCを保証人としたとする。保証人Cは、Aに対して、全額を弁済する義務を負い、まず抵当権を実行して残額についてだけ請求するように抗弁することはできない。然し、まず全額を弁済すれば、Aに代位して抵当権を実行し、六〇万円を確実に求償することができる。かようにして、確実な担保のあることに安心して保証人となったCは、その担保財産の価格だけは、結局損失を免れうることになる。これが代位制度の趣旨であること、すでに述べた通りである。ところが、Aは、Cの一般財産から充分に弁済を受けうる状態にあるからといって、まず抵当権を放棄し、然る後に

Cに対して請求したとしたらどうであろうか。Cの右の期待が裏切られることになる。そこで、右の場合には、保証人Cは、抵当権の放棄によって求償しえなくなった限度で、すなわち右の例では六〇万円だけ、責任を免かれる（Aの全額請求を六〇万円の限度で却けることができる）。債権者に対してかような拘束を加えることは、保証人について考えれば、すこぶる妥当である。従って、他の立法例には保証人に限るものもある（ド民七七六条、フ民二〇三七条、ス債五〇九条（新五〇三条））。然るに、民法は、法定代位をなしうるすべての者に拡張した。担保不動産の第三取得者や後順位担保権者などを含む点で——ことに本書のようにこれを広く解するときは（〔三六五〕参照）——いささか広きに失する感がないでもない。然し、一方、これらの者も、法定代位をなしうることについての予期を有するのであり、他方、強力な担保を取得した債権者は、その保存と行使について放恣な態度を許されない、とすることは、必ずしも不当とはいえないであろう（旧民債担四五条も保証人についての規定。これを拡張したのは、法定代位をなしうる者の間に保護の厚薄を設けるべきでない、という理由である（梅・要義五〇四条註釈参照））。

〔三八〇〕

（ロ）免責を生ずる要件

（a）第五〇〇条の規定によって代位弁済（法定代位）をすることのできる者、すなわち「弁済ヲ為スニ付正当ノ利益ヲ有スル者」（〔三六五〕参照）がある場合に限る。但し、かような地位にある者が保護されるのは、本来の債権者に対する関係だけとは限らない。例えば、連帯保証人の一人が全額を弁済し、債権者に当然に代位して主たる債務者の設定した抵当権を取得した後にこれを放棄したときには、他の連帯保証人は、その者からの求償（四六五条一項・四四二条参照）について、第五〇四条の保護を受ける。けだし、他の連帯保証人も、法定代位をなしうる者であり、全額を弁済した者は、本来の債権者の地位を承継した者だからである（大判昭和九・一〇・一六民一九一三頁（判民一三五事件福井）。連帯保証人の一人が全額を弁済した後に、主たる債務者から抵当不動産を譲り受け、然る後に他の連帯保証人に求償する事例。求償者に抵当権放棄の事実ありとの抗弁を認めなかった原審判決を破棄差戻）。

〔三八一〕　（b）「故意又ハ懈怠」とは、故意または過失と同義に解されている（判例・通説（旧民債担四五条の文字の承継））。法定代位の対象となる担保の喪失または減少に対する故意・過失があればよい。免責を生ずる関係の存在についての故意・過失は必要でない（通説・判例（大判明治四〇・五・二六民五一九頁等））。いかなる場合にかような故意・過失を認むべきかは、各場合について決する他はないが、当該債権に伴なうすべての担保について、債権者として一般取引上要求される適当な処置を欠くかどうかによって定めるべきであろう（大判大正五・二・一七民四〇八頁は、注文者が請負人の仕事を検査して受領し、担保を返還した後にかくれた瑕疵を発見して保証人に請求する事案で、注文者に過失なしとする事例）。最高裁も同様の趣旨を説く。すなわち、譲渡担保の目的動産が他の優先権ある債権者に差し押えられた場合に、異議の訴訟を提起しないだけでは、故意・過失ありとはいえないという（最高判昭和三〇・九・二七民一四三五頁）。最も問題となるのは、債権者が担保権の実行を躊躇している間に担保物の価格が下落した場合である。原則としては本条の適用を否定し、ただ債権者の態度が取引界の一般常識からみて著しく当を失し、法定代位をなしうる地位にある者の財産だけを目当とする信義に反したものとみられる場合にだけ例外的に適用すべきであろう。けだし、債権者は、債務の履行がなくとも、担保権を実行する義務を負うものではなく、また法定代位をなしうる者は、実行を促がす権利はないが、みずから代位弁済をして担保権を実行し担保物の値下りの損失を防止することも可能だからである。判例も大体かような理論をとるとみるべきであろう。すなわち、特別の事情のない限り、故意・過失による担保の喪失・減少とはならないという（大判昭和七・三・八評論二一巻民一一九一頁、大判昭和一一・六・九判決全集三輯二七二頁、大判昭和一三・六・七判決全集五輯六八七頁は特別の事情なしとする事例）。そして、特別の事情を認めたものに、弁済期にほぼ元利に充分であった抵当家屋が、その後七年も放置して実行されたために利息にも充たないものとなった場合（大判昭和八・九・二九民二四四三頁（判民一六八事件穂積）—保証人に請求する事例）や、根抵当を設定して当座貸越契約を締結した銀行が、新たな取引を行わなくなった後にも清算せずに放置し、四年ほど後に抵当不動産が公売処分を受け、銀行は利息の一部に相当する配当を受けただけであった場合(大判昭和一〇・一二・二八民二一八三頁(判民一四七事件東)—連帯保証人に請求する事例)などがある(学者は一般に判例のこの態度を是認するが、柚木(下)二八五頁は反対の趣旨を力説する。なお右昭和一〇年の判決にも反対の批判をする(民商三巻六号))。

〔三八二〕(c)担保は、特別担保に限る。債権者は、債務者の一般財産を差し押えても、わが法制の下では特別の権利(差押質権)を取得するのではないから、差押を解除しても保証人の免責を生ずることはない(大判大正元・一〇・一八民八七一頁)。然し、特別担保は、(i)譲渡担保を含み(最高判昭和三〇・九・二二民一四三五頁)、すでに完全に取得したものを放棄する場合(登記済みの抵当権の放棄、占有する質物の返還など)だけでなく、(ii)取得したものの保存を怠る場合、例えば、未登記の抵当権の登記を怠る間に設定者が処分したとき(大判大正六・七・五民一二九七頁、大判昭和六・三・一六民一五七頁(判民一九事件福井)など)、(iii)条件附に取得し、ないしは取得の予約のあるのに確実に有効なものとしなかった場合、例えば、質権設定の契約だけがあったが債権者が目的物の引渡を受けることを怠っている間に他に処分されたとき(大判昭和八・七・五民二一九一頁(判民一五〇事件穂積)など)、(iv)さらに——以上のように債権者の権利として完全な担保となしうるものについてだけでなく、——官庁の許可がなければ完全にならないものなどについても、その許可が軽易な条件でなされるものであるとき、例えば大林区署長の許可を要する部分林共有権についての担保権設定契約がなされたときなども、なおこれを同視すべきである(大判大正一一・三・六民八五頁は、かような場合に債権者が申請を怠たり、却って設定者が他人に処分することに同意を与えた事例だが、判旨は適用を否定する。判民一七事件末弘評釈は反対)。但し、以上のように第五〇四条の担保の範囲を広く解することについては、有力な反対説がある(柚木(下)二八三頁以下は、(i)(ii)を認め、(iii)(iv)に反対を強調する。五〇四条そのものが広すぎるとする教授の立場は理解しえないではないが、(ii)と(iii)を区別することはいささか理解し難い)。

〔三八三〕(d)債権者が多数の担保を有する場合に、債権の一部弁済を受けて担保の一部を解放する例が少なくない。かような場合に、担保物の値下りを生じ、債権者の予想に反して残存担保物の価格で残債務の完済をえられなくなったときには、常に債権者の故意・過失による担保の減少というべきであろうか。判例はこれを肯定するようである（大判明治四〇・五・一六民五一九頁、大判昭和一三・一二・一七判決全集六輯三号二六頁）。然し、一部弁済の額が債務全額に対して占める割合と解放された担保物の価格が担保物全体の価格に対して占める割合とが調和し、かつ債権者の予想が経済界の一般常識に反しない場合には、否定するのが至当であろう（同旨柚木(下)二八二頁）。

〔三八四〕 **(八)免責の効果**

担保の「喪失又ハ減少ニ因リ償還ヲ受クルコト能ハザルニ至リタル限度ニ於テ其責ヲ免ル」という効果については問題が少なくない。

(a)まず第一に、法定代位をなしうる者は、喪失または減少した担保物から償還を受けることができた額だけ免責されるのであって、債務者の一般財産から求償しそれが充分に行われない数額について免責されるのでないことは疑いない。喪失または減少した担保物から償還を受けうる数額については、弁済しなくとも免責の効果を受けうる趣旨だからである（大判昭和六・四・一七新聞三二六六号一二頁）。

〔三八五〕 (b)然らば、つぎに、責を免れるとはいかなる意味か。保証人や連帯債務者のように、債権者に対して債務を負担する者については、債務の全部または一部を免かれる意味に解してよい。従って、前に掲げた諸事例では、多くは、保証人に対する債権者の請求訴訟において、債務の全額または一部の不存在を理由に請求を拒否する主張となって現われているが、保証人の方から保証債務の全部または一部の不存在の確認を求めることもできることはいうまでもあるまい（但し、次段に述べるところにより免責額の確定した後）。これに反し、物上保証人や担保目的物の第三取得者のように、債権者に対して債務を負担しない者については、債務の全部または一部の消滅とはいえない。然し、その者の財産が担保となっているために負担している責任の全部または一部の消滅と解して妨げない。従って、債権者がその担保権を実行する場合には、責任の全部または一部の消滅を理由として異議を主張することができる（実際にはこの例が多い）だけでなく、責任の全部または一部の消滅の確認を求め、または、残存責任額を、第三者として弁済して、責任解除の確認（抵当権ならその抹消また訂正）を求めることもできるであろう（大判明治三九・六・二九民一〇五三頁は、第三取得者からの右のような請求に対し、抵当権の不可分を理由としてこれを否定するが、正当ではあるまい）。

〔三八六〕　（ｃ）おわりに、免責の額を決定する標準時期は何時か。判例は、動揺したが、今日では、大体において、（ｉ）担保の全部を喪失した場合には喪失が確定した時（大判昭和六・三・一六民一五七頁（判民一九事件福井）は、抵当権の登記を怠った事例について、設定者が第三者に譲渡した時期を標準とする（連帯保証人に対する請求））、（ii）一部を喪失（減少）した場合には、残部が実行された時（大判昭和一一・三・一三民三三九頁（判民一〇事件東）は、共同抵当権の一部を放棄し、残部を実行して不足額につき保証人に請求する事例、大判昭和一三・一二・一七判決全集六輯三号二六頁も同旨）とする。学説には、後者においても、減少の確定した時を標準とすべしと主張するものがある（柚木（下）二九一頁）。この時に免責を生ずるのだから、その後まで責任を存続させるべき理由なし、ということを理由とする。然し、免責を生ずる時期とその内容の確定する時期とは必ずしも同一でなければならないものではない。純理からいえば、むしろ、喪失または減少された担保が客観的にみて実行されるべきであった時期を標準とすべきであろう。けだし、その時の目的物の価格に相応する額だけの求償が不可能となったわけだからである。然し、判例の標準は実際的ではあろうから、これを支持してもよい。但し、弁済期前に全部を喪失した場合にも弁済期までに目的物の価格に変動があったときや、一部を喪失した場合にも残部の実行が著しく時期を失したときなどについて、特別の配慮を必要とすることに留意しなければならない。

第五款　弁済受領者

〔三八七〕 **第一**　弁済受領者の意義

ここに弁済受領者というのは、有効に弁済を受領しうる者、すなわち、その者の受領によって債権が消滅するものを指す。弁済受領者は債権者であるのを本則とするが、一方においては、債権者も有効に弁済を受領しえない場合があるとともに、他方においては、債権者以外の者に対する弁済が特に有効とされる場合がある。前者は、債権が差し押えられ、または、その上に質権が設定された場合であって、債権が債権者の独立した財産としてとり扱われる関係であり、後者は、債権の準占有者や受取証書の持参人がこれに当り、主として弁済者の保護を目的とするものである。従って、この二つの制度は、直接の関係のないものであるが、普通に、これを一括して弁済受領者として説明される。

第二　債権者が弁済を受領する権限を有しない場合

〔三八八〕 **一**　債権者は、(i)その債権が差し押えられた場合、(ii)債権者自身が破産した場合、及び、(iii)その債権の上に質権が設定された場合には、その債権を処分する権限を失い、従って、弁済を受領することができなくなる。然し、このうち、(iii)は、民法に直接の規定がなく、債権差押の規定を類推して同様に解されているのであるが、詳細は、担保物権法で説くのが適当である（担保〔二八三〕参照）。(ii)の破産は、破産の宣告によって一般的差押の効果を生じ、破産者の財産の管理権はすべて破産管財人に専属することとなるから（破一条・六条・七条参照)、破産者は、その債権についても弁済を受ける権限を持たなくなる。但し、債務者が破産宣告の後にその事実を知らずに弁済するときは、破産債権者に対抗することができる(破五六条・五八条参照)。詳細は破産法で研究すべきことである。ここには(i)について述べる。

二　債権の差押による債権者の弁済受領権限の制限

「支払ノ差止ヲ受ケタル第三債務者ガ自己ノ債権者ニ弁済ヲ為シタルトキハ差押債権者ハ其受ケタル損害ノ限度ニ於テ更ニ弁済ヲ為スベキ旨ヲ第三債務者ニ請求スルコトヲ得」(四八一条一項)。

〔三八九〕　(1)支払の差止の意義　乙の丙に対する債権を乙の債権者甲が差し押えたときは、――この差押は、裁判所が「第三債務者(右の丙)ニ対シ債務者(右の乙)ニ支払ヲ為スコトヲ禁ジ又債務者ニ対シ債権ノ処分殊ニ其取立ヲ為スベカラザルコトヲ命」じ、その差押命令は、職権をもって丙及び乙に送達され、かつ甲には送達した旨が通知される(差押の効果は丙への送達によって生ずる)のであるから(民訴五九八条)――債務者丙はその債権者乙に対する支払をなすことを禁じられる。これ、民法第四八一条にいわゆる「支払ノ差止ヲ受ケ」ることである(通説・判例(大連判明治四四・五・四民二五三頁以下多数))。この条項は、フランス民法にならったものである。同法は、「差押または支払差止」(d'une saisie ou d'une opposition)と定め(一二四二条)、わが旧民法は、「民事訴訟法ニ従ヒ正当ニ為シタル払渡差押ノ後」と定める(旧民財四五九条)。民法は民訴の用例に従ったものといわれている(民法修正案理由書四八〇条の説明参照)。なお、仮差押も同様の効果を生ずると解されている(民訴七五〇条三項参照、通説・判例(前掲連合部判決))。

〔三九〇〕　(2)支払差止の効果　第三債務者(丙)に対する支払差止の命令により、その債権者(差押債務者)(乙)は、完全な弁済受領の権限を失い、これに対する丙の弁済は完全な効力を生じないことになるのであるが、それについて右の規定に差押債権者(甲)は「其受ケタル損害ノ限度ニ於テ更ニ弁済ヲ為スベキ旨ヲ」第三債務者(丙)に請求しうるということの意味は明瞭でない。然し、制度の趣旨からみるときは、第三債務者(丙)の弁済は、その債権者(乙)に対しては有効であるが(差押が効力を失うときは絶対的に有効となる)、差押債権者(甲)に対抗しえず、従って、差押債権者(甲)は、差し押えた債権がなお存在するものとして、これについて転付命令または取立命令をえて、第三債務者(丙)に対して弁済を請求することができる(民訴六〇〇条参照)と解するのが正当である。もっとも、かように解するときは、第四八一条の「受ケタル損害ノ限度ニ於テ」というのは、差押によって弁済を受けることができなくなった限度というほどの意味しかなくなり、結局、この条文は、債権差押の弁済に及ぼす相対的無効の効果を規定するだけで、その他に特別の意義がないものとなる。然し、だからといって、差押債権者は民事訴訟法によって右のような手段をとりうる他に、本条によって(転付命令または取立命令なしに)第三債務者に対して損害の賠償を請求しうると解する(田島柚木等七四頁参照)必要はあるまい。近時の通説であり、判例もそうである(前記の明治四四年の連合部判決にこの趣旨が示されているが、大判大正一五・九・八新聞二六二一号一二頁は、仮差押中に弁済した第三債務者が、差押債権者がその後に本差押・転付命令をえて請求するのに対し、損害賠償の義務はあっても支払の義務なしと主張する上告論旨を却ける)。本条の模範となった前記フランス民法(一二四二条)は、支払の差止を受けた第三債務者が弁済をすることは、差押債権者に対する不法行為を構成する、という思想に立つものであるが、その効果は、わが民法と同様に、「更に弁済を請求することを得」というのであって(損害賠償を請求しうるというのではない)、その解釈も、わが民法の右の解釈と大差がないようである(ドイツ民法にはかような規定はない。民訴八二九条(わが民訴五九八条に該当)と権利処分の相対的無効に関する民法一三五条の一般的規定とによって、わが民法の右の解釈と同一の理論が認められている)。

〔三九一〕 (3)第三債務者丙は、差押が効力を生じた後にその債権者乙に弁済し、更に差押債権者甲から請求を受け、これに二重の弁済をしたときは、その債権者から、弁済したものの償還を請求することができる(四八一条二項)。

不当利得返還請求の性質を有するものであって、当然の規定である。もっとも、そこにいう「其債権者ニ対スル」というのは――第一項の「自己ノ債権者」の意味と関連して――第三債務者の本来の債権者乙だけを指すのか、それとも、その者の権利を行う者をも含むのかが問題とされている。然し、それは、重複差押の場合に問題となるのだから、後に述べる（〔三九四〕・〔三九六〕）。

(4) 第三債務者の差押債権者への弁済　第四八一条の正面の意味についての以上の理論には疑問は少ないが、これと関連して、種々の問題を生ずる。然し、民事訴訟法における債権の差押の理論構成を中心とするものだから、主要な点だけを述べる。

まず、差押債権者が転付命令をえたときは、差し押えられた債権が差押債権者に移転するのだから（民訴六〇一条参照）、第三債務者は、この者に弁済しなければならないことになり、本来の債権者に弁済する必要はなくなる。また、差押債権者が取立命令をえて取り立てるときは、国家の執行権限の委付を受けて当該債権を取り立てるのだから（第三債務者が任意に弁済しないときは訴によることができる（民訴六〇三条））、第三債務者は、これを弁済すれば、本来の債権者に弁済したことになる。ところで、右の転付命令または取立命令がその要件を欠くために無効であるにも拘わらず、第三債務者がこれを有効と誤信して弁済した場合はどうであろうか。理論としては、本来の債権の弁済とはならず、従って、その債権者（差押債務者）は弁済を請求することができるはずである（差押の競合の場合は後述するから、ここでは除外する）。然し、形式の整っている差押命令と転付命令・取立命令がある場合には、第三債務者にとってそ
〔三九二〕
れが無効であることを看破することは困難である。従って、そこに後述の準占有者に対する弁済（四七八条）の理論を適用し、第三債務者が善意無過失である場合には、その弁済を有効とし、第三債務者をして債務を免

れさせることが妥当である（本来の債権者から執行債権者に対して不当利得の償還請求ができることはいうまでもない）。判例にも無効な取立命令についてこの理論を認めたものがある。例えば、賃貸人たる地位が乙から丙に移転した後に、乙の債権者甲が賃料債権を差し押え取り立てたときは、賃借人の弁済は準占有者への弁済となり、丙の賃料不払を理由とする解除は効力を生じない（大判昭和八・五・二〇裁判例(七)民一二三頁）。転付命令についても同様である。例えば、乙の債権者甲が、乙の丙に対する賞与請求権を差し押えて転付命令をえ、丙が支払ったときは、転付命令が賞与金発令前で無効だとしても、準占有者への弁済となりうるであろう（後の〔三九五〕に挙げる昭和一二年の判決（川島評釈）はかような場合において他に重複差押債権者甲の存在する事例である。なお吉川・判例転付命令法一七七頁以下参照）。

〔三九三〕

(5) 重複差押と第四八一条

差押が競合するときは、問題は極めて複雑となる。元来、多数の債権者のうちの一人が差し押えたときは、他の債権者が重ねて差押をすることを認めず、専ら配当要求として処理するのが本筋である（民訴五八六条・五八七条・六四五条・七〇八条参照）。然し、債権の差押は敏速に行われる必要があるため（民訴五九七条参照）、二重差押を禁止しえず（民訴六〇九条一項三号参照）、実際上、二重差押がすこぶる多い。のみならず、転付命令という配当手続の枠外に出るものがあるので、それと取立命令とを同一に律することができない。ところが、現行法のこれについての規定が整備していない憾がある。判例・学説の分かれている根本の理由はそこに伏在しているように思われる。

〔三九四〕

(イ) 重複差押の場合における無効な転付命令による弁済

例えば、甲（差押債権者）が、乙（差押債務者）に対する債権に基づいて、乙の丙（第三債務者）に対する債権を差し押えた後に、乙に対する他の債権者丁がこの債権を重ねて差し押えて、転付命令を取得し、丙が丁に弁済した場合に、転付命令が無効であるときは、甲は丙に対して重ねて弁済を請求しうるか。

(a)一般論としては、これを肯定しなければならない。けだし、重複差押の場合には、発せられた転付命令は――その債権者が優先権を有する場合を除き――無効であり、しかも、転付命令を受けた差押債権者は、本来の債権の移転を受けて本来の債権者の承継人となり、自分の権利として請求してこれを独占し、つぎに述べる取立命令による弁済の受領の場合のようにこれを他の差押債権者に配当するものではないからである。そして、そうだとすると、二重に弁済した第三債務者が、転付命令を取得した差押債権者に対して、第四八一条二項によって、弁済したものの償還を請求しうることも当然といわねばならない。

前記の明治四十四年五月四日の連合部判決(民二五三頁)は、重複差押のために無効な転付命令に対して弁済した者は、他の差押債権者の請求に対して、重ねて弁済しなければならない旨を明らかにしたものである。ところが、判旨は、この理を説明するために、第四八一条一項に第三債務者が支払の差止を受けたにも拘わらず「自己ノ債権者ニ弁済ヲ為シタルトキ」というのは、本来の債権者(乙)自身に弁済した場合だけでなく、「債権者ノ権利ヲ行フ者(丁)ニ対シテ」弁済した場合を含むと説いた。然し、これは無用の理論構成である(前記のように本来の債権者の承継人だといえば足りる)。しかも、判例みずから、この構成に動揺を見せた(大判大正四・三・一九民三四六頁は、四八一条二項の適用のあるのは乙に対してだけとして、丁に対する償還請求を否認した)のみならず、つぎに述べる取立命令による差押債権者にまでこれを拡張する誤りの端を作った(〔三九六〕参照)。

〔三九五〕(b)問題となるのは、右の場合に、第三債務者丙の丁への弁済は、債権の準占有者への弁済として保護されないか、という点である。判例は、かつてこれを否定し、本来の債権者への弁済さえ他の差押債権者に対抗しえないのだから、この者の「権利ヲ行使スルニ過ギザル準占有者」への弁済が対抗しえないのは当然だといったが（大判大正一二・四・一二民二二四頁）、後には、準占有者への弁済として有効だが、それは、丁と乙との関係においてであり、甲に対する関係では債務を免れえず、従ってまずこれに弁済してからでなければ丁に対して償還を請求しえない、といった（大判昭和一二・一〇・一八民一五二五頁（判民一〇八事件川島）。丙から―甲に弁済する前に―丁に対する償還請求で、甲が参加した事例（〔三九二〕末尾参照））。いずれも妥当とは考えられない（前者は、本末顛倒の嫌いがあり、後者は、準占有者への弁済を肯定することの実質的意義を没却している（川島前掲評釈参照））。問題は、重複差押債権者を保護すべきか、第三債務者を保護すべきかを考慮することであろう。一方からいえば、重複して差し押えた債権者の地位を保護する必要があり、しかも、かような場合には、第三債務者は、債務額を供託する権利が与えられている（民訴六二一条―配当にあづかる債権者の請求があれば供託する義務を生ずる）。従って、前に述べた差押が重複しない場合とは、いささか趣きが異なる（〔三九二〕参照）。然し、他方からいえば、右の供託をする権利が認められているのは「配当要求ノ送達ヲ受ケタ」場合であって、重ねて差押命令の送達を受けた場合と明言していない。のみならず、かような執行法上の手続について、一般人にその有効・無効を判断する知識を期待することは、必ずしも妥当ではない。判例みずからも、この理を説いて、重複差押の場合の無効な転付命令に対して弁済した第三債務者を、債権の準占有者への弁済として、保護したこともある（大判昭和三・五・三〇新聞二八九二号九頁（仲買人の身元保証金返還請求権の重複差押において、仲買人の身分継続中に発せられたために無効な転付命令に対する弁済を有効として他の差押債権者の取立命令による請求を否定））。結局、最初の差押の時期と転付命令の時期、転付命令の無効な理由、第三債務者の職業その他一切の事情を考慮して、特別の事情がある場合には、準占有者への弁済として、第三債務者の免責を認めるべきものと考える。なお、その場合には、絶対的免責であって、他の差押債権者は弁済を受けた転付命令取得者に対して返還請求をなしうるだけとなることはいうまでもない（但し、右の昭和一二年の判決の事例のように、弁済者が、本来の債権者に弁済する前に、準占有者に対して不当利得返還請求をなしうるかどうかは別の問題である（〔四〇三〕参照））。

（ロ）重複差押の場合における無効な取立命令による弁済

例えば、甲（差押債権者）が、乙（差押債務者）に対する債権に基づいて、乙の丙（第三債務者）に対する債権を差し押えた後に、乙に対する他の債権者丁も重複して差し押え、甲が取立命令をえて丙から弁済を受けた場合に、その取立命令が無効であるときは、丁は丙に対して重ねて弁済を請求しうるか。

かような場合には、取立をする差押債権者は、全差押債権者のために、いわば一種の取立機関として取り立て、その金を全員のためにプールして、配当手続によって全員間の分配をなすべきものである。もっとも、現行法上、取り立てたものをプールすべき明瞭な規定はない（取り立てたことを裁判所に届け出る義務があるだけ（民訴六〇八条）。立法論としては、一応裁判所に提出させるべきであろう）。然し、差押について優先権を認めず、他の債権者の配当要求を許し（民訴六二〇条（重複差押は配当要求の効力をもつことを明定することが望ましいが、明文がなくとも当然であろう））、前の差押債権者が取り立てを怠るときは、配当要求をした債権者に、これを促進する権利を認め（民訴六二四条）、さらに、前の差押が取り消されたときは、これに便乗してなされた配当要求について、一定の要件の下に、差押の効力を認める（民訴六二〇条三項（立法論としては、これらの点につき、重複差押は配当要求と同視すべき旨を明示することが望ましい））。これらのことからみるときは、右のように解するのが当然であろう（つぎに掲げる昭和一五年の判決についての兼子評釈（判民四五事件）はこのことを力説する。同年の他の判決についての菊井評釈（判民四九事件）も同様の趣旨を説く）。そして、かように解するときは、取り立てた差押債権者の取立命令が取り消された場合や、差押債権者が取り立てた金銭を独占する場合にも、第三債務者の弁済は有効であり、他の重複差押債権者や適法に配当要求をした債権者は、取り立てた債権者に対して引渡請求権を行使して、取り立てた金が全員のためにプール
〔三九六〕すべきものであるという実効を収めることができるといわねばならない。

然るに、判例は、取立命令によって取り立てる差押債権者もまた「債権者ノ権利ヲ行フ者」として第四八

一条一項の適用を受けるとなし、甲が仮差押をしただけの場合に丁が取り立てたときは、甲は本差押をした後に転付命令を取得すれば、丙はこれに対して重ねて弁済しなければならないといい（大判昭和一五・五・二一民八七八頁（判民四九事件菊井））、また、甲が取り立てた後にその取立命令が取り消されたときには、丁は丙に対して重ねて弁済を請求しうるものであり、従って丁から甲に対して取り立てた金銭の引渡を請求することはできないという（大判昭和一五・五・七民八二七頁（判民四五事件兼子））。然し、かような解釈は、第四八一条について不当な拡張をなし、第三債務者の犠牲において重複差押債権者の保護をはかろうとするものであって、是認することはできない。要するに、第四八一条の「自己ノ債権者」というのは、第三債務者の本来の債権者及びその承継人である転付命令をえた債権者のみを意味すると解し、取立命令を中心とする重複差押債権者間の関係については、第四八一条の適用はなく、専ら執行手続上の問題として解決されるものとなすべきである。

第三　弁済受領の権限のない者への弁済

〔三九七〕 一　弁済が有効となるのは、弁済が、弁済を受領する正当な権限のある者に対してなされた場合に限られるはずである。これらの者は、債権者またはその代理人、もしくは債権者から弁済を受領する権限を与えられた者（例えば取立委任を受けた者）、及び法律上弁済を受領する正当な権限を認められる者——例えば、債権質権者（三六七条）・破産管財人（破七条）・その債権について取立命令を取得した差押債権者（民訴六〇二条）など——である。然し、弁済者を保護するために、(i)債権の準占有者、(ii)受取証書の持参人、または指図債権証書もしくは記名式所持人払債権証書の所持人に対する弁済は、特に有効とされる。これらの者は、受領したものを真正の債権者に返還することを免れないものであるから、正当な弁済受領権限を有するのではない。然し、これらの者に対する弁済が有効である――その債権は弁済によって消滅する――という意味においては、弁済受領の権限ある者ともいえる。右の三者のうち、最後のものは証券的債権の特質に基づくものであるが、前二者は、専ら債務の弁済という日常最も頻繁に行われる取引についてその安全敏速を図ろうとするものであって、その適用の範囲は極めて広く、取引の安全を保護する制度としておそらくは民法中最も徹底したものであろう（準占有者への弁済はフランス民法一二四〇条にならったもの。ドイツ民法にはない。但し同法においても取引上の主要なる場合にはそれぞれ特別の規定によって弁済者は保護を受ける（Oertmann, § 362, 3 b）。受取証書の持参人への弁済はドイツ民法三七〇条にならったもの）。

二　債権の準占有者への弁済（四七八条）

(1) 債権の準占有者への弁済が有効となる要件

〔三九八〕(イ) 債権の準占有者とは、取引観念の上からみて真実の債権者であると信じさせるような外観を有するものである（物権〔六三八〕参照）。債権の事実上の譲受人（大判大正七・一二・七民二三一〇頁（組合債権を前任組合長から事実上譲り受けた者））、表見相続人（大判大正一〇・五・三〇民九八三頁）、預金証書・恩給証書などとその弁済を受けるに必要な印を所持する者（この例はすこぶる多い。関係判例はつぎに引用する）、無効な転付命令・取立命令を取得した者（〔三九二〕・〔三九五〕参照）などがその適例である（なお受取証書との結合については〔四〇五〕c、無記名債権証書の所持人については〔四〇九〕b参照）。

〔三九九〕(ロ) 問題となるのは、準占有者が自分自身が債権者だといって受領する場合に限るか、それとも、債権者の代理人だといって受領する場合でもよいか、という点である。判例は、債権の準占有の成立するのは、「自己ノ為メニスル意思」をもって債権を行使する場合に限るから、代理人として他人（本人）のためにする意思をもってする場合を含まないといったが（大判昭和一〇・八・八民一五四一頁（判民九七事件穂積）。勲章年金証書と印を盗み、本人の代理人と称して年金を受領した事例））、過般、最高裁はこれを改めた（最高判昭和三七・八・二一民一八〇九頁（軍需品納入会社の代理人と詐称して、東京特別調達局から代金を騙取した事例））。占有の要件たる「自己ノ為メニスル意思」（一八〇条・二〇五条）は、広い観念であって、いわゆる占有代理人もまたこの意思をもち、その者のために占有が成立しうることについては、今日の学説・判例の疑わないところである（物権〔五五〇〕・〔五六七〕参照）。債権の準占有についても、同様に、代理占有関係を認めるべきである。然るときは、債権者の代理人だといって債権を行使する者に対する弁済も準占有者への弁済とみるべきことはむしろ当然であろう。判例も、後に述べる郵便貯金の払戻についても、代理人として受領する場合にも適用があるとしていた（大判大正一四・七・一五新聞二四七一号一五頁、大判昭和三・三・一〇新聞二八四九号一一頁）。

〔四〇〇〕 （八）準占有者に対する弁済が有効となるためには、（a）弁済者の善意（弁済受領の権限があると信ずること）を要する点は明文上疑いないが、（b）無過失を要するかどうかについては説が分れている。然し、個々の取引についてその安全を保護する制度であるから、無過失を要するというべきである（穂積前掲昭和一〇年の判決の評釈の他近時の通説といえる）。判例は反対であったが（大判明治三八・六・七民八九八頁、大判大正五・五・一五民九五三頁）、次第に見解を改め、最高裁に至り、無過失を必要とすると明瞭に判示した。ことに、官公署の支払手続の過失について基準を示したことは注目に値する（前段末所掲の最高判昭和三七・八・二一民一八〇九頁（支払手続に多数の者が段階的に関与する場合には、一部の者の過失も支払者の過失となる））。判例は、初めにも、郵便貯金法の類似の規定（通帳の印鑑と払戻金受領証の印影を対照するという成規の手続を経て払い渡せば正当の払渡とみなす（同法二六条、同規則五二条））の解釈については、無過失を要するものと解した（大判昭和一一・二・二七民二四九頁（判民一五事件穂積）、大判昭和一八・八・二〇民七七七頁（判民四九事件伊藤）。いずれも印影の対照に過失ありとして払戻を無効とする事例。大判昭和一六・六・二〇民九二一頁（判民六〇事件三宅）は対照に過失なしとする事例）。もっとも、そのときにも、法令に定める手続（印影の対照）以外の事情については、重過失を要件としたようである（大判大正一四・七・一五新聞二四七一号一五頁、大判昭和三・三・一〇新聞二八四九号一一頁。いずれも、通帳と印などが盗まれた旨の警戒電報を受領した宿直員のとるべき措置に関し重過失なくば払戻は有効という）。郵便法の規定は、同法の立法趣旨から解すべきであって、第四七八条の解釈規定とも特則ともみるべきではあるまい（前掲三宅、伊藤両評釈は判旨に賛成しつつ、四七八条の通説の解釈の広すぎることを批判する。示唆に富むが賛成しえない）。然し、取引の安全を保護する立法は本人の無過失を必要とする、という根本理論において共通のものがあることは疑いあるまい（なお、判例には、無効な転付命令による弁済について四七八条を適用するに当って、弁済者の無過失であることを強調したものもあった（前掲大判昭和三・五・三〇新聞二八九二号九頁。〔三九五〕参照））。

〔四〇一〕 (ニ)弁済は任意になされたものに限る。転付命令によって弁済とみなされる場合(民訴六〇一条参照)などを含まない。例えば、表見相続人甲が乙に対する債権に基づいて乙の丙に対する債権を差し押えて転付命令をえた場合に、甲が債権の準占有者であることは前記の通りだが(〔三九二〕参照)、基礎たる債権を欠く転付命令によって乙が真実の相続人丁に対して弁済したものとみなされる効果を生ずると考えることは妥当ではあるまい。けだし、第四七八条は、善意無過失で弁済した者を保護する制度であって、転付命令の送達を受けただけの者についてかような要件を考えることは適当でないからである。判例は、理論としてこれを肯定し(大判昭和一五・五・二九民九〇三頁(事案では乙は悪意だと認定)、判民五一事件四宮評釈は判旨反対)、これを支持する学者もある(村松民商一二巻六号の批評)。否定する立場をとれば、右の場合に、第三債務者丙が任意に弁済すれば、準占有者に対する弁済として乙に対する債務を免れるが、乙は真実の相続人丁に対する債務を免れず、甲から返還を請求する他ないことになる。乙のこの不利益を救うために、準占有理論によって丁に対して債務を免れる、としようとするのが肯定説の立場であろう。一応の理由があるが、個別的な取引保護の規定をそこまで拡張することには賛成しえない。

〔四〇二〕 (ホ)準占有を生じた理由は問わない。ことに、真実の債権者の意思によって生じた場合(例えば預金証書と印を預けておいた者がほしいままに利用した場合)に限らず、紛失したときや盗まれたとき、その他その意思に全く関係なく生じた場合でもよい。かように本人の意思を問題としないところに――即時取得においても、本人の意思に基づかずに占有を離れたもの(盗品または遺失物)については制限が加えられたこと(一九三条・一九四条(物権〔一九六〕・〔一九七〕参照)と対比して――取引の安全保護の思想が極めて徹底して現われる。

〔四〇三〕 (2)効果　準占有者に対する弁済が有効な場合には、債権は消滅する。(a)然し、準占有者は、弁済の利得を保有する実質的な権利を有するものではなく、真実の債権者の損失において利得したのであるから、これに対して不当利得返還の義務を負う（七〇三条の典型的な場合の一つとされる）。なお、債権の侵害として不法行為が成立しうることは前述した（〔九六〕参照）。（b）問題となるのは、弁済者が真実の債権者でなかったことに気がつき、非債弁済としてその返還を請求する場合にこれを認むべきかどうかである（七〇五条参照）。判例はこれを否定し（前掲大判大正七・一二・七民二三一〇頁（債権の事実上の譲受人に対して弁済した債務者の返還請求を否定する））、学説も一般に支持する（本書旧版、柚木（下）二五三頁、但し四宮前掲評釈（〔四〇一〕末尾）は疑問を述べる）。然し、債権の準占有者への弁済を保護するためには、弁済者に、真実の債権者の請求を拒否する権利を認めるに止め、弁済者みずから、この権利を行使しないつもりで、——いいかえれば、真実の債権者に支払うつもりで——準占有者に対して返還を請求する場合には、これを肯定してよいのではないかと考えられる（同旨、末川民商七巻四号一九一頁（〔三九五〕所掲の昭和一二年の判決の批評）—なお、判旨のようにいうと、この訴訟で準占有者への弁済として返還請求を否定され、後に真実の債権者から請求を受けて準占有者への弁済にあらずとされる危険もある）。

〔四〇四〕 三　受取証書の持参人への弁済（四八〇条）

⑴受取証書の持参人への弁済が有効となる要件

（イ）受取証書とは、弁済の受領を証する文書である。必ずしも債権者本人の名義であることを要しない。権限のある代理人名義でもよいというべきである。判例はこれを否定するようだが、正当でない（大判大正三・一二・二六民一二〇一頁は、子がほしいままに親の代理人として署名した受領証書は本条に含まれないというが、受領書作成の権限のないことを理由とすべきである）。

〔四〇五〕 （ロ）本条の適用の要件として、真正に成立した受取証書であることを要するかどうかが争われる。取引の安全を強く保護しようとする者は、弁済者に過失がなければ——いいかえれば、真実の受取証書と誤信したことについても過失がなければ——偽造でもよいと説く（末弘一六七頁、杉之原判民昭和二年度六二事件評釈等）。然し、真実の債権者の静的安全と調和させるために、受取証書は真正なものでなければならないとする多数説・判例（大判明治四一・一・二三新聞四七九号八頁など）が正当である。但し、（a）受取証書が真正なものであるとは、受取証書を作成する権限のある者が作成したものという意味であるから、弁済を受領する権限のある者が代理人として作成したものも真正の受取証書である（例えば、支配人が作成した受取証書を盗んで集金する者は真正な受領証書の持参人である）。のみならず、（b）真実その権限なくとも、表見代理（一〇九条・一一〇条・一一二条）の適用があるような関係にある者が作成した受取証書もまた真正なものとみなすべきである。判例もこれを認める（大判昭和二・四・一二民一五八頁（判民二九事件田中和夫）、大判昭和七・八・一七新聞三四五六号一五頁（かつて保険会社の保険料取立権限のあった者が会社の領収用紙と印を盗用して受取証書を作った事例））。（c）さらに、受取証書が偽造であっても、他の事情と総合して、債権の準占有者と認められる場合には、準占有者への弁済として有効となすべきである。例えば、他人の株式についてまず改印届をなし、この印によって利益配当受領証を偽造して弁済を受けたような場合には、準占有者への弁済とみるべきである（大判昭和二・六・二二民四〇八頁（判民六二事件杉之原）はかような事例）。

〔四〇六〕（ハ）弁済者の善意無過失を必要とすることは、明文上も疑いない（四八〇条但書）。但し、弁済者の悪意または過失のあることは、弁済の無効なことを主張する者が挙証しなければならない。

〔四〇七〕（ニ）受取証書を持参して弁済を求める者がその受取証書を入手した経路はこれを問わない。適用の実益があるのは、窃取・窃用の場合である。かように本人の意思を問わない点に、取引の安全保護の思想が極めて徹底して現われていること、準占有者に対する弁済に類似する（四〇二参照）。

〔四〇八〕(2)効果　「受取証書ノ持参人ハ弁済受領ノ権限アルモノト看做ス」（四八〇条本文）とは、その者に対する弁済は、弁済受領の権限ある者に対してなされたと同様に、有効となり、その債権は消滅することである。但し、正当な弁済受領の権限のない受取証書の持参人に対して、真正の債権者から、不当利得の返還請求ができること、及び不法行為を理由とする損害賠償の請求をなしうることは、準占有者に対する弁済におけると同様である。なお、受領の権限のなかった受取証書の持参人に対して善意無過失で弁済した者が、その弁済の無効を理由として弁済したものの返還の請求をするときには、これを認めるべきものと思う(〔四〇三〕参照)。

四　証券的債権の所持人への弁済

〔四〇九〕　(1)証券的債権、すなわち、無記名債権、指図債権及び記名式所持人払債権は、流通性の強いものであって、証券によって――無記名債権と記名式所持人払債権にあっては、その正当な所持人であると主張して、また指図債権にあっては、証券に指図された者は自分だと主張して――弁済を請求するときは、債務者は、果してその者が真正な債権者であるかどうかを確めることはすこぶる困難であるのみならず、これを確めて支払わなければ責任を免れないものとしたのでは、証券的債権の流通を害する。そこで、民法は、(a)指図債権と記名式所持人払債権については、特に規定を設け、弁済者に悪意または重大な過失がなければ、その弁済は有効となるものと定めた(四七〇条・四七一条、債権譲渡の章に述べる〔七九五〕)。(b)無記名債権については特別の規定がない。おそらく、無記名債権は動産とみなされるから(八六条三項)、準占有者への弁済の規定(四七八条)によって保護される趣旨であろう。然し、それでは右の二種の証券的債権に及ばないことになるので、別異の解釈をしなければならないものである(債権譲渡の章に述べる〔七九八〕)。

〔四一〇〕　(2)いわゆる免責証券(鉄道旅客の手荷物引換証、百貨店・劇場などの携帯品預証など)は、証券的債権ではないが、証券の所持人に弁済すれば債務者は責任を免れるものであるから、受取証書の持参人への弁済に類似する。然し、受取証書と異なり、真実の債権者を確知しえない不便を補う目的で利用されるものだから、専ら弁済者の保護のための制度だともいえる（債権譲渡の章に述べる〔八〇二〕）。

五　弁済を受領した者が何らの権限のない場合

〔四一一〕(1)以上の諸場合に該当しないために弁済が有効とならないときは、弁済者は、真正の債権者に対して債務を免れることができず、ただ弁済を受領した者に対して不当利得の返還請求をすることができるだけである（非債弁済となるから（七〇五条））。然し、正当な権限のない弁済受領者といえども、必ずしも常に不当な私利をはかる目的で弁済を受領するとは限らない。弁済受領の権限を有すると誤信することもあろう。また、真実の債権者のために事務管理者として弁済を受領し、これを真正の債権者の利益のために使用すること、例えばその者の自分または第三者に対する債務の弁済にあてることなど、もあろう。さような場合に、弁済者はなお弁済を受領した者から不当利得として返還を請求し、これを債権者に弁済すべきもの——そして、債権者と弁済を受領した者との間の関係は別に清算すべきもの——とすることは、すこぶる迂遠である。そこで、民法は、その弁済によって債権者が「利益ヲ受ケタル限度ニ於テ」弁済としての効力を生ずるものと定めた（四七九条—フランス民法一二三九条にならったもの）。

〔四一二〕(2)右のような趣旨からみて、債権者が利益を受けるとは、弁済として受領された物自体を取得する場合に限らないのは当然であって、弁済として受領したことと債権者の利益との間に因果関係があれば足りる（大判大正三・五・一八民五三七頁（事務管理者の締結した賃貸借の賃料を本人が取り立てて事務管理者の本人に対する賃料引渡義務を免除した事例））。弁済受領者が受領したもので債権者の第三者に対する債務を弁済した場合が適例である（大判昭和一八・一一・一三民一一二七頁（判民六三事件来栖）。船長が権限がないのに運送賃を受領して、船主の航海費の支払にあてた事例）。弁済受領者によって弁済される債権者の債務は、その者にとって比較的重要なものでなければならないが、そのことは「利益を受ける限度」の判定の際に考慮すべきであろう（来栖前掲評釈参照）。

第六款　弁済の充当

第一　弁済の充当の意義

〔四一三〕 一　債務者が同一の債権者に対して同種の目的を有する数個の債務を負担する場合（数口の借金債務・代金債務を負担するなど）、または一個の債務の弁済として数箇の給付をなすべき場合（数ヵ月分の賃料、数回分の月賦償還債務を負担するなど）において、弁済者の提供したものがその債務の全部を消滅させるに不足なときは、いずれの債務またはいずれの給付の弁済に充てるべきかを決定しなければならない。これを弁済の充当という（四八八条・四九〇条）。もし弁済が法律行為だとすると、充当もまた、その法律行為の内容として、意思表示によらなければならないことになろう。しかし、そうみるべきものでないことは前述した。民法が法定充当の規定を設けたのも、意思表示の補充ではなく、両当事者の立場を考慮して、公平妥当な標準を定めたものとみなければならない。

〔四一四〕 二　充当の方法として民法は二個の標準を定める。(i)一は、当事者の一方の指定——第一次に弁済者、第二次に弁済受領者——に従うことであり、(ii)二は、法律の規定に従うことである。後者は補充的に作用する。然し、この他に、(iii)当事者の合意によって定めることができることはいうまでもない。そして、この場合には、法律の定める標準と異なってもさまたげない点に重要性がある。

第二　当事者の一方の指定による充当

〔四一五〕 弁済をする当事者で、相手方の意思を問わずに充当すべき債務を指定しうるのは――

(イ)第一次に弁済者である。給付を提供する時に、受領者に対する意思表示(いずれの債務への充当かを指定すること)でこれをする(四八八条一項・三項)。弁済をする者は、最も利害を感ずるものであるから、これにこの権利を与えたのである。

(ロ)弁済者が充当すべき債務を指定しないときは、第二次に、弁済受領者が、「受領ノ時ニ」、弁済者に対する意思表示によって、これをすることができる(四八八条二項本文・三項)。(a)受領の時に、というのは、「受領の後遅滞なく」の意味に解すべきである(大判大正一〇・二・二一民四四五頁、債権者の留守中に弁済していったのに対し、数日後に証書を返送した事例。受領の時に充当の意思を決定した、と認定しているが、その必要はあるまい(判民三一事件我妻評釈参照))。(b)債権者が指定したのに対して、弁済者が「直チニ」(遅滞なくの意に解してよい)異議を述べたときは、この充当は効力を失う(四八八条二項但書)。その結果、弁済者において改めて充当しうるか、あるいは法定充当によるべきか、多少、争があるが、後説を正当とする。けだし、充当権を行使しなかった弁済者は、これを失ったものと解するのが公平に適するからである(通説)。

第三　法定充当

〔四一六〕 当事者が充当の指定をしないとき、または、債権者の指定に対して債務者が遅滞なく異議を述べたときは、法定充当をする。その順序は左の如くである(四八九条)。

(1)総債務中、または総給付中に「弁済期ニ在ルモノト弁済期ニ在ラザルモノトアルトキハ弁済期ニ在ルモノヲ先ニス」る(同条一号・四九〇条)。ここに弁済期にある、というのは、債権者がその時に弁済を請求することのできるもの、という意味である。従って――

(イ)確定期限のある債務については、原則として、期限の到来したものが、弁済期にあるものである。

但し、期限の猶予を与えられた債務は、その猶予期限が到来しない限り、弁済期にないことはいうまでもない（大判大正一〇・四・一三新聞一八五二号二一頁）。また、確定期限のある債務は、期限の到来によって遅滞を生ずるのが原則だが（四一二条一項）、ここで弁済期にある、というためには、債務者の遅滞を生じている必要はない。例えば、同時履行の抗弁権がついていても（一定の期日に目的物と引き換えに支払うべき売買代金債務など（但し、債務者にとって弁済の利益が少ないことにつき〔四一七〕b Ⅳ参照））、手形を呈示して請求しなければ遅滞とならないとされる手形債務（大判大正六・四・二六民六七五頁〔一四一〕b参照）なども、期限の到来とともに弁済期にあるものとなる。

（ロ）不確定期限ある債務についても、同様の理により、債務者が期限の到来を知らないために遅滞を生じていない場合（四一二条二項参照）でも、期限の到来によって弁済期にあるものとなる。但し、債務者が期限の到来を全然知らず、そして他に確定期限のある債務を負担する場合などには、別の債務に充当する指定があるものと認定すべき場合が多かろうと思われる。

（ハ）期限の定のない債務についても、同様に、遅滞を必要としないから、債権者の請求の有無または遅速は関係がない（四一二条三項参照）。その債権の成立した時から弁済期にあるものとされる。従って、かような債権が数個あるときは、弁済期を標準とする限り、先に成立したものに充当されることになる（大判大正六・一〇・二〇民一六六八頁（この判決については後の〔四一七〕e参照））。もっとも、一つの債務について請求があれば、その時から、その債務について遅延賠償責任を生ずるから、その債務が債務者にとって弁済の利益が多いことになる（〔四一七〕a参照）。なお、不法行為の損害賠償債務は、期限の定のないものであるのみならず、成立の時から遅滞にあるものとされる（〔一四三〕参照）から、他のその前に成立した期限の定のない債務よりも、——債務者にとって弁済の利益が多いものとして——先に充当される（大判大正五・一・二六民一二五頁（期限未到来の手形債務よりも、その前に発生した不法行為による損害賠償債務が先だ、という判旨だが、本文のことが推測される））。

〔四一七〕 (2)総債務または総給付が「弁済期ニ在ルトキ又ハ弁済期ニ在ラザルトキハ、債務者ノ為メニ弁済ノ利益多キモノヲ先ニス」る(同条二号・四九〇条)。債務者にとっていずれの債務の弁済に充てることが有利かは、画一的に定めることができない。各場合について判断すべき困難な問題である。判例を中心にして、一応の標準を述べる(三淵「弁済の充当」(総合判例民法2)は判例の周到な分析をする。破棄判決の多いことを指摘するのは注目に値する)。

(イ)個々の基準

(a)利息の有無と利率の高低　利息附債務の方が無利息債務よりも弁済の利益が多く(大判大正七・一〇・一九民一九八七頁(但し、訴の提起あると否とを問わず、という点につき、後のc及び次の〔四一八〕参照))、利率の低い債務より高い債務が弁済の利益が多い(大判大正七・一二・一一民二三一九頁(但し、担保の有無を問わず、という点につき次の〔四一八〕参照))ことはいうまでもない。なお、遅延利息の有無と率の高低は約定利息と同視すべきである(遅延利息を約定利息と同視することにつき〔四二二〕参照)。

(b)担保の有無　(i)人的担保すなわち保証人のついている債務とついてない債務とでは、弁済の利益に差はない(大判大正七・三・四民三二六頁(保証人に対する請求において、主たる債務に充当されたという保証人の抗弁を排斥))。保証人にとっては重要な意味があることだが、弁済の充当の問題としては、考慮すべきではあるまい。連帯債務と単独債務とでは、単独債務の方が弁済の利益が多い(大判明治四〇・一二・一三民一二〇〇頁)。連帯債務は実質的には負担部分だけの債務であり、全額を弁済するときは求償権を行使して出捐を回復する煩を忍ばねばならないものだからである(従って、自分一人だけが負担部分を有する場合には、保証債務がついているに過ぎないものと同視すべきことになろう)。(ii)なお、他人のために保証人となって負担している保証債務は、連帯保証の場合にも、自分が主たる債務者である債務または単純な債務よりも、弁済の利益の少ないことはいうまでもあるまい。(iii)物的担保のある債務とない債務とでは、物的担保のある方が弁済の利益が多い。担保物を自由に処分することができるようになるからである。物上保証人のついている債務と単純な債務とでは、――物上保証人は保証人と同視すべきだから――弁済の利益に差なし、というべきであろう。(iv)同時履行の抗弁権のある債務（例えば目的物と引き換えに支払うべき代金債務）は弁済の利益は少ない。けだし、弁済しなくとも相手方から無条件で請求を受けることはないからである（〔四一六〕イ参照）。

(c)債務名義のある債務（例えば公正証書による貸金債権）とそうでない債務とでは、前者の方が弁済の利益が多い。訴訟を提起された債務とそうでない債務とでは、前者が弁済の利益が多いというべきであり、従って、訴訟提起後になされた弁済は前者に充当されるのが至当と思う（大判大正七・一〇・一九民一九八七頁は否定する。訴訟を提起されたという「偶発の事情」は影響なし、というが、訴提起前ならそうだが、後の弁済はそういえまい、事案は訴提起後の弁済らしい）。

(d)手形債務と民事上の債務とでは、手形債務の方が弁済の利益が多いというべきである。けだし少なくとも不履行の事実上の損害（不渡り処分など）はこの方が大きいからである（ドイツの学者間に争あることにつき三淵前掲七〇頁参照）。

(e)例えば同種の商品の給付を目的とする数個の債務について対価が異なるときは、対価の大きい方が債務者にとって弁済の利益が多いこともいうまでもない（大判大正六・一〇・二〇民一六六八頁は、単価の僅少の差異は無視して成立の順によってよいというが、甚だしく疑問である）。

〔四一八〕 (ロ)個々の標準の錯綜

実際には、右の諸標準が錯綜する場合が多い。担保のある債務が低利率で、担保のない債務が高利率であることは、むしろ常態だからである。かような場合に、従来の判例のうちには、利率の有無・高低が決定的なものと解する傾向があった。然るに、最高裁は、過般、利息の有無及び担保の内容（譲渡担保の場合には、その効果の強弱なども）などすべてを総合的に考察して判断すべしといった（最高判昭和二九・七・一六民一三五〇頁（連帯保証人のある利息附債務と譲渡担保のある無利息債務とを比較する事例。後者が必ずしも常に有利とはいえないとする）。極めて正当であるが、然らば、総合的に考察した場合の積極的な標準を何に求むべきかについては、必ずしも明示されていない。経済取引の実情に即し、かつ公平の理念に従って、その基準が明らかにすることを努める他はないであろう。

〔四一九〕(3)債務者のために弁済の利益の同じものの間においては「弁済期ノ先ヅ至リタルモノ又ハ先ヅ至ルベキモノヲ先ニス」る（同条三号・四九〇条）。利息、担保その他の事情を総合して考察しても、なお債務者にとっての利益の多少を定めない場合である。かような場合に属するかどうかは、前述のところからおのずからわかるであろうが、同一物件によって担保される数個の債務は弁済の利益の同じものであるとされる（大判明治三七・五・一〇民六五一頁）。なお、弁済期の前後についてはすでに述べた（〔四一六〕）。

〔四二〇〕(4)以上の標準によって先後の定まらない債務または給付の間においては、各債務または給付の「額ニ応ジテ之ヲ充当ス」る（同条四号・四九〇条）。

第四　費用・利息・元本の間の充当

〔四二一〕「債務者ガ一個又ハ数個ノ債務ニ付キ元本ノ外利息及ビ費用ヲ支払フベキ場合ニ於テ」は、「順次ニ費用、利息及ビ元本ニ充当スルコトヲ要ス」る（四九一条一項）。

(1)債務者が、一つの債務を負担し、それについて費用及び利息を支払うべき場合には、まず費用、ついで利息、そして残額を元本に充てるべきである。また、数個の債務を負担している場合には、全部について費用・利息を支払うべきときだけでなく、ある債務については費用、ある債務については利息を支払うべき場合にも、まずすべての費用に、ついですべての利息に、そして残額があるときにのみ、元本に充当すべきである。費用もしくは利息の全額にも足りないときは、その間では、法定充当の規定に準ずる（四九一条二項による四八九条の準用）。民法がかような規定を設けたのは、両当事者の合理的な意思に適し、公平に合するからである。従って、一方の当事者の指定によってこの順序を変更することはできない（大判大正六・三・三一民五九一頁）。

〔四二二〕 (2)費用・利息と元本　(イ)ここにいう(a)費用には、債務者の負担すべき弁済費用（四八五条）・契約費用（五五八条）などの他、競売費用も含まれる（大判昭和二・三・九新聞二六八四号一四頁）。また、(b)利息には、遅延利息も含まれる。けだし、債務者が元本より先に弁済すべきものであることは約定利息と異ならないからである（大判明治三七・二・二民七〇頁、大判昭和一六・一一・一四民一三七九頁）。なお、利息制限法との関係は前述した（〔六五〕）。

〔四二三〕 (ロ)費用と利息は、前に一言したように、すべての元本より先に――その利息を生じた元本についての弁済期や弁済の利益の多少とは無関係に（次の〔四二四〕参照）――充当される（大判大正六・三・三一民五九一頁（支払の猶予を受けた利息も他の弁済期の到来した元本より先に））。従って、数個の利息附債務を負担する債務者が、数回に亘って一部弁済をしたときは、その度ごとに、その時までに発生しているすべての利息に充当し、残額を、弁済の利益の大小に従って、元本に充当すべきことになる（大判昭和一四・三・一二新聞四三九七号一五頁）。

〔四二四〕 (ハ)費用・利息・元本それぞれの間では、前に一言した通り、法定充当の規定に従う（四九一条二項による四八九条の準用）。くり返していえば、費用・利息・元本について法定充当の規定を準用した趣旨は、利息に充当するに当って、弁済の利益の多い元本の利息にまず充当する趣旨ではなく、いわんや、弁済の利益の多い元本については他の債務の利息より先に充当する趣旨ではない（前掲大判大正四・二・一七民一一五頁、最高判昭和二九・七・一六民一三五〇頁（原審はこの誤りを犯している））。利息相互の間では、利息についての弁済の利益の多少を比較すべきである。然るときは、利息債務について弁済の利益に差異のある場合は少ない。従って、一個の債務について弁済期の到来した利息債務(毎年末または毎月末に利息を支払う場合)が数個あるときは、発生の順序に充当されることになる(大判大正七・六・二八民一二九六頁)。また、数個の債務について多くの利息債務があるときは、同じく利息債権としての発生の順序に充当されることになる。もっとも、元本の弁済期に利息全額を一括して支払うべき場合は、利息債務の弁済期は、元本債務の弁済期と同一になるから、その時までの利息債務は、一括して、その前後によって充当の順序を定め、その後の遅延利息は、期間の経過とともに発生するものとして充当することになろう(前掲大判昭和一六・一一・一四民一三七九頁はかような事例らしい。三淵前掲八三頁参照)。但し、約定利息ないし遅延利息滞納何回分に及ぶときは流担保となる特約があるような場合には、この約定利息ないし遅延利息が他の元本から生ずる利息よりも弁済の利益が多いというべきであろう。

〔四二五〕

第五　合意による充当

(1) 弁済者と債権者との合意によって充当する場合には、(イ) 充当の順序に制限はない。弁済の利益の少ない債務を先にしてもよく、また、利息をさしおいて元本に充当してもよい。

(ロ) この合意は、予めすることもできる。例えば、債権者が債務者の有する債権を取り立てる委任を受け、取り立てた金銭を充当する順序を定めておくなどがその例である(かような合意が利息制限法の制限を受けるかどうかは別問題である(〔六五〕参照))。然し、多くは、弁済の時になされる。そして、充当についての黙示の合意を認定すべき場合が多い。すなわち、債権者が特定の債務の弁済を請求し、債務者がこれに応じて支払った場合(大決昭和三・三・三〇新聞二八五四号一五頁(利息の一部と元本の一部を請求した事例))だけでなく、債務者が特定の債務の弁済として提供したのを債権者が何の留保もなく受領したときにも、合意を認めるべき場合が多いであろう(大判昭和一六・一〇・二九新聞四七四三号一八頁(債務者が元本だけに相当する額を給付して債権者が異議なく受領した事例))。

〔四二六〕 (2)一個の債権の一部を弁済する場合に、主として担保との関係で、どの部分の弁済かが問題となることがある。例えば、百万円の債務について、六〇万円まで保証する保証人（一部保証）があったり、六〇万円だけ担保する抵当権（一部抵当）がついている場合に、債務者が百万円に充たない金額を弁済したときに、担保される部分の弁済かそうでない部分の弁済かという問題である。元来、一個の債権の一部という観念は、他でも問題となることがある。例えば、百万円の債権を甲乙二人の差押債権者がそれぞれ七〇万円と六〇万円の債権で差し押えたときに、——いずれにしても重複差押を生ずるであろうが、——重複差押となる範囲はどうか、委付命令を取得したときはどうなるか、などが問題とされる。そして、かような問題を解決するために、債権の個数と部分という観念を一般的に決定することができるかどうか、すこぶる疑問である。然し、前記のような担保との関係において問題とする限り、一部保証は保証契約の趣旨によって定まる（六〇万円残存する限り保証責任を負う趣旨か、それとも六〇〇万円の弁済だけは保証する趣旨か（〔六四九〕参照））。また一部抵当は、抵当権の性質によって定まる（不可分性により最後の六〇万円まで担保する）。いずれにしても——これを弁済の充当と呼ぶかどうかは別として——充当に関する第四八八条ないし第四九一条の適用はない。然し、当事者の契約で、保証契約の本来の趣旨に関係なく、保証される部分の弁済とし（保証人の保証する範囲は縮限する）、また抵当権の及ぶ範囲の弁済とする（但し第三者に対する関係では、被担保債権額についての登記の訂正を要する）ことは可能である。

同様の問題は根抵当についても生ずる。根抵当にあっては、これによって担保される債権発生の原因は特定される（当座貸越契約・手形取引・金融取引など）が、その範囲における個々の発生原因は独立のものであるから、被担保債権は多数になる。従って、その間では充当の問題を生じうる。然し、被担保債権の総額が根抵当の極度額を越えている場合に、極度を越える債権またはその部分と極度内の債権またはその部分とを分けて、極度内のものを弁済の利益の多いものとして充当の規定を適用することは許されない。それはあたかも一部抵当と同様というべきである。けだし、根抵当によって担保されるすべての債権は、根抵当の関係では、一括して極度額による一部抵当として成立しているものというべきだからである(大判昭和九・五・二二民七九九頁(数度の弁済があっても、全額の弁済あるまで根抵当の効力は存続する)。なお根抵当の成立には発生原因を特定する必要はないものと説を改めたが(担保〔七一三〕)、ここの理論には影響がない)。

第七款　弁済証明のための弁済者の権利

〔四二七〕

第一　弁済の証明

債務が弁済されたかどうかは、実際上しばしば問題となる。弁済を請求する者は、債権の存在を挙証しなければならないことはいうまでもない。然し、債権の成立には、具体的な特別の事情を伴い、その事実のあったことを挙証することは、必ずしも困難でないようである。これに反し、弁済は、当事者間で軽易に行われることが多いので、その証明は必ずしも容易ではない。そして、債権の成立が挙証されると、弁済その他の事由によって消滅したことは、債務者その他の弁済をした者の方で挙証しないと、債権がなお現存すると推定される。その結果、弁済を請求する訴訟においては、弁済の事実の存否がしばしば主要な争点となる(短期消滅時効制度の目的の一つはここにあることにつき総則〔四九四〕参照)。これらの事情にかんがみて、民法は、弁済者のために、弁済証明のための二つの権利を認めた。受取証書の交付を請求する権利(四八六条)と債権証書の返還を請求する権利(四八七条)とである。弁済者が受取証書または債権証書を保有していても、必ずしも弁済されたことの絶対的な証拠となるとは限らないであろう。然し、弁済の事実を証明する手段としては、最も強いものといえる。

第二　受取証書の交付を請求する権利

「弁済者ハ弁済受領者ニ対シテ受取証書ノ交付ヲ請求スルコトヲ得」(四八六条)。

〔四二八〕 **一**　受取証書の交付を請求しうるのは――

(イ) 弁済者であるが、代物弁済をした者をも含むことはいうまでもない。

(ロ) 債務を完済した場合だけでなく、一部を弁済した場合も含まれると解すべきである。

(ハ) まず弁済しその後に請求しうるだけだとすると、弁済者にとって危険である。のみならず、証拠となるものである趣旨からみても、弁済と同時に交付すべきものとするのが適当だから、弁済と受取証書の交付とは同時履行(五三三条参照)の関係に立つと解するのが正当である。ドイツ民法は、同時履行の旨を明言する(三六八条)。わが民法の解釈としても、通説であり、判例も認めている(大判昭和一六・三・一民一六三頁(金銭を持参したが債権者が受取証書を交付しないのでそれを渡さなかったときは、債務不履行とはならない))。

〔四二九〕 **二**　受取証書は、弁済を受領した事実を表示するもの(いわゆる観念の通知(総則〔二六七〕2参照))である。本条によって弁済者の請求しうる受取証書には、形式の制限はない。取引観念上適当なものであればよい。作成交付の費用については規定がないが、債権者の義務とされることからみて、債権者の負担と解するのが正当であろう(ド民三六九条は債務者の負担であって前払すべきものとする)。

第三　債権証書の返還を請求する権利

「債権ノ証書アル場合ニ於テ弁済者ガ全部ノ弁済ヲ為シタルトキハ其証書ノ返還ヲ請求スルコトヲ得」

（四八七条）。

〔四三〇〕一　債権証書とは、債権の成立を証する文書である。証券に化現する債権（証券的債権）においては、文書すなわち債権であるような観を呈するが（八六条三項参照）、そうでない普通の債権でも、債権を離れて独立の経済的な存在意義を有せず（債権を取得しないで証書だけ即時取得をすることなどは認められない（総則〔二五一〕参照））、債権者がこれを保有することは、債権のなお存在することを推定させる（大判大正九・六・一七民九〇五頁など）。反対に、債権者から債権証書が返還されたときは、債務が完済されたことを推定させる（大判昭和一三・一二・九判決全集六輯四号二七頁）。なお、債権証書の所有権は債権者に属する（大刑判明治四三・一〇・一三刑一七〇一頁（犯罪の用に供したものとして没収、刑一九条参照）。ド民九五二条は明定する）。

〔四三一〕二　債権証書の返還請求

(1)債権証書の返還を請求しうるのは——

(イ)債権の全部を弁済した者である。代物弁済を含むことはいうまでもないが、その他、相殺・更改・免除などの原因によって債権の全部が消滅した場合にも、債務者は同様の請求をなしうると解すべきことは、前に述べた通りである（〔三〇八〕参照）。通説であり、判例も認めている（大判大正四・二・二四民一八〇頁、大判大正一一・一〇・二七民七二五頁（ともに相殺に関する））。

(ロ)債権証書の返還を請求しうるのは、債権の全部が消滅した場合に限ることはいうまでもない。然し、一部を弁済した場合には、債権証書にその旨の記載をすることを請求しうると解すべきである（五〇三条二項類推）。もっとも、債権者が債権証書を保有し、それに一部弁済の記入がなくとも、債権の一部についても弁済がなかったと推定することは許されない。けだし、一部弁済の記入は広く行われる慣行ではないからである（大判昭和一五・一二・一四新聞四六五九号三頁（但し一部弁済の記入の問題には言及せず））。

（ハ）債権証書がない場合には、返還請求権もない。当初からかような証書のなかったときは問題はない。債権者が紛失したときにも、債務不履行の責任を負わない（不当利得の性質と解すれば当然である）。但し、債務者は、債権証書紛失の旨の記載ある文書（受取証書に記載してもよい）を請求しうると解すべきであろう（ドイツ民法三七一条は公の認証ある債務消滅承認書を請求しうるものと定める）。

〔四三二〕 (2)債権証書の返還

（イ）債権証書を返還すべき者は、債権者であった者に限らない。第三者が保有する場合には、この者も返還義務を負う（大判大正六・九・六民一三一一頁（債権譲渡通知前に供託した債務者から譲受人に対する請求を肯定））。けだし、この者についても、証書の保有は不当利得となるからである。

（ロ）債権証書の返還請求権も、受取証書と同様に、弁済と同時履行の関係に立つであろうか。肯定する説もあるが、否定する多数説に従う。けだし、法文に適するのみならず、弁済と受取証書の交付との同時履行の関係を認めれば、債務者の保護としては一応充分であり、債権証書紛失の場合などを軽易に解決しうるからである。

（ハ）債権証書返還の費用は返還者の負担とすべきである。けだし、不当利得返還債務の弁済費用だからである（四八五条）。

第三節　代物弁済

第一　意義とその性質

〔四三三〕　一　代物弁済とは本来の給付に代えて他の給付をなすことによって債権を消滅させる債権者と弁済者との契約である（四八二条）。民法は、債権者と債務者とでする普通の場合について規定したものであって、債務者に限らず、弁済者と債権者とですることができる。

（a）本来の給付と異なる対価を与えることによって債権を消滅させる点において、更改に似ている。然し、代物弁済は、本来の給付と異なる対価を現実に与える（例えば三〇万円の給付に代えて特定の自動車の所有権を与える）ものであるのに反し、更改は、かような対価を与える債務を負担する（三〇万円の給付に代えて自動車を給付する債務を負担する）だけのものである点で異なる。また代物弁済は、更改と同じく、本来の給付を目的とする債務を消滅させるものであるから、例えば既存の債務の履行の手段として、すなわち、いわゆる「弁済のために」（Leistung erfüllungshalber）手形・小切手を交付する場合には、代物弁済とはならない。ただ既存の債務を消滅させるために、すなわち、いわゆる「弁済に代えて」（Leistung erfüllungsstatt）手形・小切手を交付する場合にだけ代物弁済となる（普通はいずれとみるべきか、また更改との関係などにつき後の〔四四〇〕―〔四四二〕参照）。

（b）代物弁済は、一方、本来の債務を消滅させ、他方、これに代る対価を給付することによって成立する一個の有償契約である。これを即時に履行された更改とみること（フランス学者中にこの説が多い）は、当事者の意思に反する。物権行為について意思主義を採っても、かような説明をしなければならない理由はない（三〇万円の債務を消滅させ自動車の所有権を移転させる契約があれば、自動車の所有権は当然移転する。自動車の移転を目的とする債務をまず生じさせることを必要とするのではない。物権〔八〇〕d参照）。

〔四三四〕　二　代物弁済の予約

(1)代物弁済は、消費貸借の当事者間で、予約の形式で行われることが少なくない。五〇万円の貸借をするときに、期限に弁済しないときは、債務者の所有の特定の不動産の所有権を移転するというような例である。担保の目的をもつものであることは、説くまでもあるまい。また、消費貸借について抵当権を設定した上で、期限に弁済しないときは、その抵当不動産の所有権を移転するという例も稀でない。抵当権の実行手続を省略する目的を有することは明らかであろう。一般的にいって、前者の有効なことは問題ない。後者は、抵当権については、流抵当（抵当直流）の特約を認めることからいって、これまた有効とすべきことは疑いない（担保〔四四四〕以下参照）。これに反し、流質の特約を禁ずる民法（三四九条参照）の下では、質権について右のような予約を有効とすることには、やや疑問がある。然し、かような予約が譲渡担保の内容となっているときには、なおこれを有効とすべきことに、今日の判例・通説が一致している（担保〔八七〇〕参照）。詳細は担保物権に譲り、ここには、代物弁済の予約の一般的な効果について述べる。

代物弁済の予約は、窮迫した債務者を圧迫し不当の利益を獲得しようとする暴利行為となり易い。そのときには、公序良俗に反する契約として無効である（総則〔三〇六〕3参照）。判定の基準は、暴利行為一般に通じるものであるが、代物弁済の予約についていえば、代物の価格が債務額より著しく越えること、弁済期限が短期であること、などが重要なファクターとして考慮されなければならない（最高判昭和二七・一一・二〇民一〇一五頁（期間四ヵ月、債務額五千円、代物の時価二万六千円）、最高判昭和三二・二・一五民二八六頁（期間三〇日後、債務額三五万円、代物の時価三百万円余）、いずれも無効とする。これに反し、最高判昭和三五・六・二民一一九二頁は、期間一ヵ月後、債務額二〇万円、代物の価格八〇万円余を有効とする）。但し、代物弁済の予約の後に代物の価格が騰貴しても、原則として、不当というべきではあるまい（最高判昭和三一・五・二五民五六六頁）。

〔四三五〕　(2)代物弁済の予約の内容は同一ではない。大別してつぎのような類型がある。

(イ)期限に弁済しないときは、代物が当然に債権者に帰属するもの　この契約の法律的性質は、予約ではなく、停止条件附代物弁済契約である。この種のものは、譲渡担保のうちの近時「当然帰属型」と呼ばれる類型（判例が「内外部ともに移転」するものといい、私が「強い譲渡担保」と名付けたもの）とほぼ同一の効力をもつと考えてよい（担保〔九一七〕以下参照）。但し、この種のものは、債務者にとって一層不利益であり、担保の目的としては過大なものであるから、特にこの種のものであることが明示されない限り、つぎの狭義の代物弁済の予約と推定すべきである。殊に、抵当不動産について代物弁済の予約がなされたときはそうである。なぜなら、弁済期の徒過によって当然に所有権が移転するなら、その権利を仮登記によって保全しておけば、その後の第三者を排斥して担保の目的を達しうるのであり、抵当権を設定することは全く無意味となるからである（最高判昭和二八・一一・一二民一二〇〇頁）。もっとも、最高裁は、かような場合にも、当事者の特約が明瞭ならば、停止条件附代物弁済契約（これは予約ではなく本契約だという。理論として正当だが、登記は仮登記である）をすることもさしつかえないという（最高判昭和三六・三・三民三五四頁）。結局は当事者の意思解釈の問題に帰することだが、債権者が抵当権の登記をしただけで、別に移転登記に必要な書類の交付を受けているだけの場合などはもとよりのこと、移転の仮登記をもした場合にも、常にこれを代物弁済の予約と解し、債権者が移転登記をしたときは、予約完結の意思を表示してその途を選んだものとみることが合理的な解釈であろうと思う（次段参照。なお、右の昭和三六年の事案もそう解釈して少しも不都合を生じなかったものと思われる）。なお、この種の契約は、暴利行為となる可能性が多いことも当然であろう。

（ロ）期限に弁済しないときは、債権者が、予め定められた特定の物をもって代物弁済となしうる趣旨のもの（理論的には、債務者がかような権利をもつこともありうるだろうが、実際にはほとんどない）　この契約は、真の意味での代物弁済の予約である。従って、売買の予約に関する規定（五五六条）が準用される（五五九条）。すなわち、債権者は、期限が到来したときに、予約完結の意思表示をすることができるが、それをしないで、本来の給付を請求し、または担保権を実行することもできる（前掲最高判昭和二八・一一・一二民一二〇〇頁）。完結の意思表示をしたときは、代物は当然に債権者に帰属し、債務は消滅する。然し、弁済期が到来しても、債権者が完結の意思表示をする前に、本来の給付を提供すれば、債権者は完結の意思表示をすることができなくなる。その点で、債務者にとっての不利益は、前段の停止条件附代物弁済契約よりも幾分少なくなる。なお、不動産についてかような契約をする場合にその不動産の移転の仮登記をしておけば、その後に抵当権の設定があっても、第三者に譲渡されても、債権者は予約完結の意思表示をして本登記を取得することによって、仮登記以後の第三者を排斥して所有権を取得し、担保の目的を達することができる。抵当不動産についてかような予約をする場合にも、抵当権の登記は必ずしも必要でない。然し、両方の登記をすることも可能であろう。そして、抵当権を実行するときは、移転の仮登記を抹消し、移転の仮登記を本登記にするときは、抵当権の登記を抹消することになろう。なお、国税滞納のために差し押えられたときは、一定の範囲の例外が認められていることを注意すべきである（国税徴収法二三条）。

〔四三六〕 **第二** 代物弁済の要件

(1)債権の存在すること　自然債務についても、代物弁済をすれば、弁済として有効となる（〔八八〕参照―最高判昭和二八・五・八民五六一頁は、不法原因給付であるために返還を請求しえない前払代金についても、当事者が返還を約し代物弁済をするのは有効という）。債権が存在しなかったときは、いかなる効果を生ずるであろうか。目的物移転の効果を生じ、弁済者は不当利得の返還を請求しうることになるという説が少なくない。然し、代物弁済は、普通の弁済と異なり、特に債権の消滅をもってその内容とする契約であるから、債権の存在しなかった場合には、原則として（当事者が特に無因としない限り）、目的物移転の効果をも生じないものと解するのが至当だと思う（但し物権行為は常に無因だと解する説によれば、所有権移転の効力を生ずるとみるべきことは当然である（物権〔八七〕2参照））。

〔四三七〕 (2)本来の給付と異なる給付をすること　(イ)給付の種類を問わないが、単なる給付の約束（給付すべき債務の負担）だけでは足らず、給付が実現されることを要する。(a)特定の物の所有権の移転が最も多く行われる。この場合に目的物が不動産のときは、登記を完了したときに代物弁済の効力を生ずると解されている。債務を消滅させる対価だから、第三者に対する関係も完全に移転することを要するというのである(大判大正六・八・二三民一二九三頁、大判昭和四・七・六民六四五頁、大判昭和一三・二・一五判決全集五輯五号六頁)。趣旨においては正当であるが、登記を停止条件として、契約のときに効力を生ずる、というべきであろうと考える(物権〔八二〕参照)。(b)債権の譲渡も代物弁済となりうる(大判大正四・一一・二〇民一八七一頁、大判大正一五・九・三〇民六九八頁(判民九二事件我妻)。預金通帳による代物弁済の例)。(c)手形・小切手の交付も既存の債権の履行に代えてなされるときは代物弁済となること前述の通りである(〔四三三〕、なお後の〔四四〇〕—〔四四二〕参照)。以上に反し、(d)債務者が旧債務に代えて新債務を負担することは、原則として更改となり、ただ、特に無因債務を負担する場合にだけ代物弁済となる。けだし、この場合には、無因債務は一個の有価物とみられるからである。

〔四三八〕 (ロ)給付の価格を問わない。債権額より価値の少ない場合にも——特に一部についての代物弁済である趣旨が示されていない限り——超過額について債務免除などの行為がなくとも、債権全額が消滅することはいうまでもない。

〔四三九〕 (3)弁済に代えてなされること (イ)既存の債務のために特定の物の所有権を移転する場合にも、単に担保の目的でなされるときは、譲渡担保となり、代物弁済とはならない。然し、具体的の場合に、当事者がいずれの契約をしたかを判定することは、さまで困難ではないであろう。

〔四四〇〕 (ロ)問題となるのは、既存の債務のために、手形・小切手を交付する場合である。例えば、三〇万円の代金債務を負担する買主が約束手形を振り出すことは極めて多いが、その場合に、代金債務と手形債務との関係はいかなるものであろうか（為替手形の振出、他人の振り出した手形の裏書交付の例もあるが、理論は同一である）。二つの問題を生ずる。第一に、既存の債務が消滅するかどうか、という実際的な問題。第二に、消滅する場合に、それは代物弁済か更改か、という理論的な問題。

（a）既存の普通の債務（手形債務でない意味）のために手形を振り出しまたは裏書・交付する場合には、一般に、既存の債務を消滅させて手形上の債権だけにする意思（弁済に代えて）ではなく、まず手形上の債権で弁済にあて、それがだめなときは既存の債権を行使するという意思（弁済のために）と推定すべきである（ドイツ民法三六四条二項はかような推定を定める）。けだし、手形は有価物ではあるが、債権者は果して現実に金銭を取得しうるかどうか確実ではないからである（通説であり、現時の判例でもある。大判大正一一・四・八民一七九頁（判民二七事件我妻）等多数）。そして、かような趣旨で手形が交付されたときは、債権者は、まずその手形によって弁済をうるように努めるべきであり（直ちに既存債務を請求するときは、債務者は、まず手形によるべき旨の抗弁をなしうる）、これによって現実の弁済をえたときは、既存債務は消滅する。然し、手形が不渡となり、または効力を失うときは、債権者は、既存の債権についてその弁済を請求することができる。

なお、右の理論は、小切手についても同様である。小切手は、手形よりも現金性が強く、それを提供することは現実の提供となることが多いから（〔三二六〕参照）、弁済に代えてなされることが手形に比してやや多いとはいえるであろうが（大判大正八・四・一民五九九頁はそう認定した事例（手形に基づく利得償還請求、手形法八五条参照））、しかもなお、その交付をもって弁済に代えてなされるものと推定すべきではあるまい（現実の提供となる場合でも債権者の受領によって債務が消滅しなければならないものではない）。

〔四四一〕 （b）既存債務について手形・小切手を交付することが、例外的に履行に代えてなされる場合には、代物弁済となる。民法は、為替手形を発行する場合には更改となるものと規定するので（五一三条二項後段）、判例は、以前には、既存債務の履行に代えて手形・小切手を交付することは常に更改となるとし（手形・小切手は証券を要素とするから普通債務から手形債務に移ることは債務の要素の変更となるという（大判明治三八・九・三〇民一一三九頁等））、その後、当事者の意思により、あるいは代物弁済となり、あるいは更改となるといい、最後に、原則として代物弁済となると説くようになった（大判明治四二・二・一二新聞五五七号一六頁、大判大正六・六・九民九四九頁、大判大正八・一一・二八民二一八九頁、大判大正九・一一・二九民九四頁等）。然し、これ等の証券の交付を更改とすることは理論に反する。けだし、更改は、後に述べるように、更改契約自体によって新債務を生じさせ、旧債務が存在しないときは新債務も発生しないものである。然るに、手形・小切手の交付は、たとい旧債務を消滅させるために、すなわち履行に代えてなされる場合にも、これによって債権者が新たに取得する債権は、手形行為という別個の行為によって生じたものである。のみならず、旧債務が存在しないときは手形債権は不発生に終る、というようなことは手形理論として到底是認しえないものだからである。要するに、為替手形の発行に関する民法の右の規定は、手形理論の正当な理解を欠くものであって、不合理な規定としてこれを無視する他はないのである。そうだとすると、既存債務の履行に代えて手形・小切手を交付する場合には、常に代物弁済とみるべきである（近時はかような説が多い）。そして、かような場合には、既存債務はこれによって消滅するから、これに伴う担保もすべて消滅する。債権者は専ら手形・小切手によって弁済の目的を達すべきであり、その手形・小切手が不渡となっても既存債務は当然に復活するのでないことはいうまでもない（大判大正八・四・一民五九九頁、大判昭和二・一一・九新聞二七七七号一二頁）。

〔四四二〕　（c）旧手形債務の弁済期（満期日）に金銭で弁済せずに、弁済期を延期した新手形（延期手形）を交付すること、いわゆる手形の書換についても、新旧手形債務の関係が問題となる。判例は、以前には、常に更改となるといった(大判明治三八・九・三〇民一二三九頁)が、後には、旧手形債務が消滅する(更改となる)か、消滅しない(同一性をもつ)かは、当事者の意思によるのであって、——満期日の他、金額(一部弁済により少額となっても、利息を加算して多額となっても)、支払地などの変更があっても、当事者に変更がなければ、——一般に同一性を失わないとするようである(大判大正四・一〇・二六民一七七五頁、大判大正九・三・二四民三九二頁、大判大正一二・六・一三民四〇一頁(判民七六事件山尾)等)。然し、第一に、旧手形債務が消滅する場合を更改とするのは正当でないこと、前段に述べた通りである。消滅する場合には代物弁済とみなければならない。第二に、新旧手形債務の同一性の有無を抽象的・画一的に決定しようとするのは正しくない。書換の際に旧手形を回収したかどうか、及び手形債務としての同一性と実質的な関係における同一性とを区別しなければならない。手形が回収された場合には、旧手形債務は消滅する。然し、これは手形関係上のことであって、新旧両手形によって表象された債務は実質的に同一性をもち、旧手形についての抗弁権や担保は新手形にもそのまま移行するとみるべきである(大判昭和八・四・一〇民五七四頁(旧手形の保証人の相続人の母たる親権者も新手形の保証に親族会の同意を要しない、旧八八六条))。これに反し、旧手形が回収されなかったときは、新手形は旧手形の支払のために交付されたとみなければならない(新手形の譲受人からの請求に対し、旧手形の返還されなかったことを抗弁しえないのはいうまでもない)。従って、旧手形は当事者間でも効力を失わない(最高判昭和三一・四・二七民四五九頁(旧手形の保証人に対する請求も認められる))。但し、旧手形についても当事者間で支払の猶予があったものというべきであり、弁済を受けるときには、新旧両手形を引き換えなければならない(鈴木・手形法小切手法(法律学全集)二八七頁参照)。

なお、手形債務を普通債務に改めることは後述する(〔五二二〕参照)。

〔四四三〕 (4) 当事者間の契約があること (a) 民法は、「債権者ノ承諾ヲ以テ」と定めるが、代物弁済は債権者との契約によってなされるのである。また、(b) 民法は「債務者ガ」と定めるが、代物弁済をなしうるのは、債務者に限らない。弁済をなしうる第三者は代物弁済をもなしうると解して妨げない（通説）。

第三　代物弁済の効果

〔四四四〕 (1)代物弁済は弁済と同一の効力を有する（四八二条）。すなわち、代物の価格に関係なく、債務は全部消滅する（四三八参照）。もっとも、債権の一部について代物弁済をなしえないのではない。そのことを明示すれば一部についての代物弁済もありうる。なお代物弁済も弁済であるから、民法の弁済の規定は一般にこれに適用されると解すべきである。

〔四四五〕 (2)代物弁済として給付されたものに瑕疵があっても、債権者は瑕疵のないものの給付を請求することはできない。また、本来の給付を請求することができないのも当然である。けだし、代物弁済は、給付をなすべき債務を生ずるのではなく、契約によって、一方、直ちに給付をなし、他方、債権を消滅させるものだからである。債権者は、売買の瑕疵担保の規定の準用により（五五九条）、解除または損害賠償の請求をすることができるだけである（五七〇条・五六六条）。弁済に代えて交付された手形が不渡となるときは、手形上の救済を受けうるに過ぎない（大判大正九・五・一五民六六九頁（弁済がなかったものとして債権が復活するのではない））。但し、当事者間の契約で代物弁済がなかったこととして、旧債務関係を復活させるような法律関係を発生させることは、契約の効力として有効である（前掲大判大正四・一一・二〇民一八七一頁（代物弁済として債権を譲渡したときも、譲渡契約を合意によって解除して譲渡人に復帰させることができる））。

第四節　供　託

〔四四六〕　**第一**　意義とその性質

(イ)供託とは弁済者が弁済の目的物を債権者のために供託所に寄託して債務を免かれる制度である。債権者の協力なしに債務を免かれることができる点に実益がある。提供は、債務者をして不履行によって生ずる不利益を免かれさせるが、債務は消滅しない。債務を消滅させるには供託しなければならない。なお、供託は債権の担保のためにも利用されることの多い制度であるが、ここに問題とするのは、いわゆる「弁済代用としての供託」に限る。

(ロ)供託の法律的性質は、第三者のためにする寄託契約である(五三七条—五三九条・六五七条以下参照)。すなわち、供託者と供託所との契約は寄託であるが、これによって債権者をして寄託契約上の権利を取得せしめるものである。本来の債務者に代って供託所が債務者となるようなものであるが、供託所は国家の管理に属するから、これに対する債権は確実であり、これによって債務者の債務を消滅させても債権者に不利益はないのである。

第二　供託の有効となる要件

供託が有効となり、債務消滅の効果を生ずるためには、(i)供託原因が存在すること、及び(ii)供託によって債権者の取得する供託所に対する債権が、債務者に対する債権と同一内容のものであることを必要とする。

一　供託原因　　供託原因は、(i)債権者側の受領拒絶または受領不能、(ii)債務者側の過失なくして誰が債権者であるか確知しえないことである。

〔四四七〕　(1)「債権者ガ弁済ノ受領ヲ拒ミ又ハ之ヲ受領スルコト能ハザルトキ」(四九四条前段)。

(イ)債権者が受領を拒むときは、債務者は、口頭の提供で不履行の責任を免かれることができる(四九二条・四九三条)。そして、判例・通説によれば、口頭の提供をすることによって受領遅滞(債権者遅滞)を生ずる。本書の立場においては、債権者の責に帰すべき事由がなければ、受領遅滞とはならないが、口頭の提供によって、債務不履行から生ずる一切の責任を免かれる(〔三三九〕・〔三四一〕以下参照)。このことと供託原因との関係はどうであろうか。判例は、供託原因としての受領拒絶もまた受領遅滞の効果とする。いいかえれば、債権者が受領を拒絶したときは、債務者はまず口頭の提供をして、然る後でなければ供託することができないのを原則とし(提供しないで供託しても債務は消滅せず(大判明治四〇・五・二〇民五七六頁、大判大正一〇・四・三〇民八三二頁〔判民六五事件我妻〕等))、ただ、たとい口頭の提供をしても、債権者が受領しないであろうということが明瞭な場合にだけ、例外として、直ちに供託しても債務消滅の効力を生ずるという(大判明治四五・七・三民六八四頁、大判大正一一・一〇・二五民六一六頁〔判民九二事件我妻〕)。供託を受領遅滞の効果として規定する立法例が多いが(ド民三九二条、ス債九二条など)、そう明言していないわが民法の解釈としては、供託原因をそのように厳格に解する必要はあるまい。債権者の受領拒絶があれば、それだけで供託原因となる、いいかえれば、そのときに債務者は口頭の提供をして債務不履行の責任を免れるか(通説・判例によれば債権者遅滞を生じさせるか)、供託をして債務を免かれるかの選択をなしうる、と解するのが供託制度の目的に適するものと考える(同旨鳩山四三九頁、柚木(下)三〇二頁)。

(ロ)債権者が受領することができない、という事情は、判例も比較的広く解している。債権者の責に帰すべき事由を必要としないから、例えば債務者が弁済しようとして電話で在否を問い合わせたのに、家人が不在で受領しえない旨を答えた場合なども、これに該当するという(大判昭和九・七・一七民一二一七頁〔判民九一事件戒能〕。供託したのに拘わらず債権者が執行したので、損害賠償を請求する事例)。

〔四四八〕 (2) 「弁済者ノ過失ナクシテ債権者ヲ確知スルコト能ハザルトキ」 債権者が誰であるかを確知しえないことである。事実上の理由であると法律的な理由であるとを問わない。相続や債権譲渡の有無、効力などについて、事実上または法律上の疑問がある場合などがその例である。差押が重複した場合や譲渡禁止の特約ある債権が差し押えられた場合にも、第三債務者は供託することができる(大判大正一四・四・三〇民二〇九頁(判民三四事件杉之原))。けだし、重複差押の効果について判例・学説の分れていること前述の通りであり(〔三九三〕以下)、また、譲渡禁止の特約ある債権の差押・転付命令は有効と解すべきこと後述の通りであるが(〔七三四〕)、債務者としては、それらの効力を確知しえないものとして供託することを認めて然るべきだからである(民訴六二一条は重複差押についても適用すべきである)。

〔四四九〕 二 供託の内容

供託が債務の消滅の効果を生ずるのは、前に一言したように、債権者が供託所に対して債権を取得するからである。従って、債権者をして本来の債務と同一内容の債権を取得させるような供託をしなければならない。すなわち、(a)債権額の一部を供託したのでは、その部分についても供託の効力を生じない(大判明治四四・一二・一六民八〇八頁、大決大正二・七・一六新聞八八四号二八頁(次順位抵当権者が供託する額も最後の二年分の利息だけでは足りない。三七四条参照))。但し、費用と元本・利息を別個の債務として弁済する特約が成立した場合などは、その一方を供託すれば、その部分の債務は消滅することはいうまでもない(大判大正四・一二・二四民二〇〇四頁)。なお、債務総額に比して僅少な不足額があっても、有効となすべき場合があることは、提供におけると同様である(大判昭和一三・六・一一民一二四九頁)。また、(b)供託金を受領するのに、本来の債権についていない条件をつけること、例えば、抵当債権者が抵当権の登記を抹消しなければ受領しえないとすること、などは、許されない(大判昭和一八・九・二九民九八三頁(判民五七事件内田)二番抵当権者の代位弁済の事例)。

第三　供託の方法

供託については、供託法（明治三二年法一五号）及び供託規則（昭和三四年法務省令二号で「供託物取扱規則」（大正一一年司法省令二号）を全文改正したもの）に詳細な規定がある。弁済のための供託に限らず、すべての種類の供託に適用される。

〔四五〇〕一　供託の当事者

（イ）供託をなしうる者は、債務者に限らない。弁済をなしうる者は供託をすることもできる。

（ロ）供託を受ける者は、（a）原則として、「債務履行地ノ供託所」である（四九五条一項）。供託所は、金銭及び有価証券は、法務局・地方法務局・それらの支局・法務大臣の指定する出張所である（供託法一条）。その他の物は、法務大臣の指定した倉庫営業者、または、銀行であって、これらのものは、その営業の部類に属する物であれば、保管しうる数量だけは保管する義務を負う（供託法五条、非訟八一条）。そして、右の標準で供託所の定まらない場合には、裁判所は、弁済者の請求によって供託所の指定をする（四九五条二項）。（b）供託所に供託しえない場合には、弁済者は、裁判所に請求して「供託物保管者」を選任させ、これに供託することができる（四九五条二項・非訟同上）。不動産などもこの方法によって供託することができるであろう。但し、その作用は必ずしも大きくはない（ドイツ民法は不動産の供託を認めない。放棄を認めるだけである（〔三四二〕参照））。

〔四五一〕二　供託の目的物は動産に限らない。不動産でもできること右に述べた通りである。然し、実際には金銭の供託が圧倒的に多い。弁済の目的物自体を供託するのが原則であることは当然である。但し、供託に適さないか（例えば爆発物など）、滅失毀損の虞あるか（果物魚肉など）、または保存について過分の費用を要するとき（牛馬など）は、例外として、裁判所の許可をえて、目的物を競売して、その代価を供託することができる（四九七条、非訟八三条・八一条）。いわゆる自助売却の一場合である（商五二四条参照）。

〔四五二〕 三　供託者は遅滞なく債権者に供託の通知をなすべきものとされる（四九五条三項）。然し、供託規則によれば、供託する際に供託通知書を（郵券を付した封筒とともに）提出し、供託官が後にこれを被供託者に発送するから（同規則一六条・一九条・二〇条）、供託者みずから通知する必要はないであろう。また供託受領証書も送付すべしとされたが（被供託者の払渡請求に必要だから。但し、怠っても供託は有効（最高判昭和二九・二・一一民四〇一頁など））、現行の供託規則の下ではその必要はあるまい（払渡請求は供託官の発送した右の通知書だけでできる（同規則二四条）（第七刷で訂正））。

第四　供託の効果

一　供託の基本的な効果は、債務が消滅することである。

〔四五三〕 (1)もっとも、供託は、弁済者の便宜をはかりこれを保護する制度だから、弁済者が供託物を取り戻して債権者に直接に支払おうとする場合などには、一定の事由の生ずるまでは、供託を取り消して供託物を取り戻すことができるものとすることが適当である。そうだとすると、供託によって債務が確定的に消滅するのは、弁済者が供託物の取戻権を失ったときだということになる。この間の関係を理論的に構成すると、供託によって債務は消滅するが、供託者が供託物を取り戻すと、債務が消滅しなかったことになる（遡及効ある解除条件附消滅）とするか、あるいは、供託者が供託物の取戻権を失ったときに、供託によって消滅したことにする（遡及効ある停止条件附消滅）とするか、二つの立場がありうる。ドイツ普通法時代には前者が通説であったが、ドイツ民法は、第一草案が前者によったのを改めて、後者によった。すなわち、同法の下では、一定の事由を生じたとき（供託者が放棄したとき、債権者が受諾したとき、及び供託を有効とする判決が確定したとき（三七六条））に取戻権がなくなり、取戻権がなくなったときは、供託の時に債務は消滅したものとされ（三七八条）、取戻権がなくならない間は、債務者は、供託物から弁済を受けるように抗弁することができる（三七九条（…auf die hinterlegte Sache verweisen））ものとする（この規定の下でも解除条件附に説明しようとする説もないではないが、ほとんど顧みられない（Oertmann, §379, 1））。これに反し、スイス債務法は、供託によって債務を免れるとし（九二条一項）、従って、供託物を取り戻すときは、債権は復活すると定める（九四条二項（…tritt die Forderung mit allen Nebenrechten wieder in Kraft.））。わが民法と同様である。わが民法の解釈としてドイツ民法と同様にみようとする説がある（柚木（下）三〇八頁）。いささか無理であるだけでなく――理論構成がすっきりしている長所はあるにしても――格別の実益があるとは思われない。

〔四五四〕 (2)供託による債務の消滅が解除条件つきのものと解するときは、供託者は、債務が消滅したものとして、強制執行の手続の取消または停止を請求することができ（〔三三九〕イ参照）、また、競落人が競売代金を支払う以前なら、競落許可決定後でも、なお抵当権に基づく競売手続を中止させることができる（大判昭和三・六・二八民五三三頁（判民五二事件加藤正治）、大判昭和一三・六・一一民一二四九頁（判民七九事件穂積））。さらに、その債務についていた担保権の消滅――担保物の返還、抵当権の登記の抹消など――を請求することができることも当然である。この場合に、供託者は、解除条件の不成就――供託物取戻権が消滅したこと――を主張・立証する必要はない（大判昭和二・六・二九民四一五頁は、これと異なり、被担保債務を供託して譲渡担保目的物の移転登記を請求する権利は、取戻権の消滅を停止条件とするものであって、その執行には民訴五一八条二項の適用がある、という。然しこれは誤りだと思う。判民六三事件加藤正治評釈参照）。もっとも、実体法的にみれば、供託者が右のような供託による債務の消滅を前提とする請求をする場合には、取戻権の放棄があるとみるべきであろうから、停止条件附消滅と解しても不都合はないであろう。

〔四五五〕 二　債権者は、(イ)供託所または供託物保管者に対して供託物の交付を請求する権利を取得する。民法には規定はないが、債権者がこの権利を取得するから債務は消滅するのだと考えねばならない。前に供託は第三者（債権者）のためにする契約を包含するといったのはこのことである。もっとも、民法上、第三者のためにする契約によって第三者が債権を取得するためには、受益の意思表示を必要とする（五三七条二項）。然し、供託はこの要件を必要としない特例だと解さねばならない。（ロ）債務者が債権者の給付に対して弁済をなすべき場合（同時履行の抗弁権を有する買主が代金の供託をした場合など）においては、債権者は、まずその給付をした後でなければ供託物を受け取ることができない（四九八条、供託法一〇条）。

〔四五六〕 三 供託によって債務が消滅するのだから、（イ）債務者はその後の利息を支払う必要はない。

（ロ）供託物の所有権は何時債権者に移転するかは問題である。（a）金銭の供託のように不規則寄託（六六六条）の成立する場合には、供託によって供託所がその物の所有権を取得し、債権者が、これから同種同量の物の交付を受ける時にその所有権を取得すべきこと――従って、危険も供託の時に債権者に移転すること――に、疑問の余地はない。（b）問題は特定物の供託である。この場合には、供託所または供託物保管者は目的物の所有権を取得することなく、供託者から直接に債権者に所有権が移転すると解すべきであるが、何時に移転するかについて説が分かれている。然し、この問題は、物権の移転を目的とする意思表示の効力発生時期に関する理論の適用に過ぎない。従って、この点に関し意思主義を採るときは、供託契約によって所有権は債権者に移転すると解すべきである。けだし、第三者のために物権移転契約をするときは、一般には、第三者の受益の意思表示によって所有権は移転すると解すべきことは当然であるが（大判昭和五・一〇・二民九三〇頁（物権〔八二〕参照））、供託のように、債権者の受益の意思表示を必要としない特殊の第三者のためにする契約においては、所有権の移転についてだけ特に受益の意思表示を必要とすべき理由はないからである（末弘二〇四頁は意思主義を採りつつ受益の意思表示の時という。――意思主義を採らない説においては、常にまたは主として目的物の交付の時に所有権移転すとすることは当然である）。そして、供託契約によって所有権が債権者に移転すれば、供託所は債権者のために占有することになる（動産については対抗要件となる）。なお、供託物滅失の危険を債権者が負担することも当然である。もっとも、所有権の移転について別の解釈をとる説も、供託の効果として危険は債権者に移転するという（ド民三七九条、ス債九四条は明定する）。

第五　供託物の取戻

一　前に述べたように、一定の事由が生じた場合を除き、供託者は、供託物を取り戻すことができる。供託契約の取消（撤回）である。

(1)供託を取り消して供託物を取り戻すことができなくなる場合は左の如くである。

(イ)債権者が供託を受諾したとき（四九六条一項前段）　この受諾は供託所または債務者に対する意思表示によってこれをなすべきものと解されている（通説。なお、債務額に争あるときにも、何らの留保なく受領するときは、供託者の主張を認めたことになる（最高判昭和三三・一二・一八民三三二三頁））。

(ロ)供託を有効と宣告した判決が確定したとき（四九六条一項前段）　この判決は、供託の有効なことを確認することだけを目的とするものである必要はない。例えば、債権者から弁済を請求する訴において、債務者が供託した旨の抗弁をなし、これに基づいて訴が棄却された場合などをも含む。

〔四五七〕 (ハ)供託によって質権または抵当権が消滅したとき（四九六条二項）　供託によって債務は消滅するから、その債務に伴なう質権・抵当権・保証債務も悉く消滅する。そして、供託が取り消されるときは、債権は復活し、これらの権利もまた消滅しなかったことになるはずである。然し、質権・抵当権について右のような復活を認めることは、第三者に不測の損害を及ぼすおそれがある（供託後取消前に抵当権を設定した者など）。これ、民法が質権または抵当権の消滅を伴なう供託にあっては供託者に取戻権がないものとした理由である。従って、この場合は右

(イ)(ロ)両場合のように一度発生した取戻権が消滅するのではなく、取戻権の不発生である。

(ニ)民法に規定はないが、供託者が取戻権を放棄することもできる。供託所に対する意思表示によるだけでなく、債権者に対する意思表示によってもなしうると解してよいであろう(下民三七六条は供託所に対する意思表示によると定めるが、わが民法の解釈としてはその必要はあるまい)。

〔四五八〕 (2)供託を取り消したときは、供託をしなかったものとみなされる(四九六条一項後段)。従って、債権は消滅しなかったことになり、保証債務などは復活する。供託後の利息なども支払わねばならない。なお、特定物の供託においては、供託によって移転した所有権は当然に復帰することはいうまでもない。

〔四五九〕 **二** 供託法は、(**イ**)供託が錯誤によった場合、及び(**ロ**)供託をした原因が消滅した場合にも、供託物の取戻をなしうるものと定める(同法八条二項)。弁済供託についてもその適用があることはもちろんであろう。然し、この二つの場合は民法に定める供託の取消とはその性質を異にする。すなわち(イ)は供託の無効を原因とし、(ロ)は不当利得の思想に基づくものである。

第五節 相殺

第一 意義とその性質

〔四六〇〕 **一** 相殺とは、債務者がその債権者に対して自分もまた同種の債権を有する場合に、その債権と債務とを対当額において消滅させる意思表示である。甲から金を借りて五〇万円の債務を負担する乙が、甲に対して三〇万円の売掛代金債権を取得した場合に、乙から甲に対する意思表示によって、乙の債権を消滅させるとともに甲の債権を二〇万円に減ずるなどがその例である。乙の債権を自働債権（反対債権）、甲の債権を受働債権と呼ぶ。

相殺は、債務者の一方の意思表示（単独行為）によって債務を消滅させる独立の制度であるから、これを代物弁済その他の制度の変態とする必要はない。また、相殺は単独行為だが、相殺と同様の効果（対立する債権の対当額における消滅）を生じさせる契約も可能である。かような契約は、相殺契約（契約による相殺）などと呼ばれ、またその予約として行われることもある。然し、かような契約ないし予約の内容は種々であり、その要件と効果についても吟味しなければならない点がある。本節の最後に検討する。

二　民法が相殺を認める理由は何であろうか。

〔四六一〕 (1)甲乙別々に請求・履行することの不便と不公平を除くためである。別々に請求し執行する煩を避けえて便宜であることは説くまでもあるまい。更に公平であるという意味はどうか。例えば、右の例で甲が破産したと仮定する。乙の相殺を認めないときは、乙は自分の債務五〇万円は全額で請求されるに反し、自分の債権三〇万円は破産債権として配当に加入しうるに過ぎないことになるであろう。元来、甲乙相互に債権を有するときは、両者はその対当額においてはほとんどすでにその債務関係を決済したように信頼し合うものであるから、この間に右のような結果を認めることは公平に反するというのである。のみならず、甲の破産までを仮定しなくとも、財産状態が悪くて容易に取り立てえない場合でも、乙は、甲に対して債権をもっているときは、その限りでは安心しているのに、甲の債権が丙に譲渡されたり、甲の債権者丙によって差し押えられたりすると、乙は、丙に対しては弁済し、甲に対しては困難を忍んで取り立てなければならないことになりそうである。然し、それでは公平に反するであろう。そうだとすると、譲渡や差押の後にも相殺を認めねばならないことになるはずである。もっとも、債権の実質的な価値は、債権の数額だけで定まるものではなく、債務者の資力によって定まるものである。然るに、相殺は、債務者の資力に関係なく、数額の等しい債権は等しい効力があるとするものであって、不合理なものを含むように感じられるかもしれない。然し、相互に債権債務を有する当事者は相手方の資力に関係なく信頼し合うものであるから、一方の当事者の資力が悪化しても、右の信頼を裏切って相殺を禁ずることは、却って不公平となるのである。いいかえれば、債権の価値は、一般的には債務者の資力によって定まるものであるが、当事者間においてはその資力に関係なく数額の等しいものは等しい効力があるとすることが公平に適する。そこに相殺制度の基礎が存在するのである。

〔四六二〕 (2) 右のような取扱の結果として、相殺は、単に便宜と公平とをもたらすだけでなく、更に債権担保の作用をも営むことになる。前述の例で、乙は甲に対して五〇万円の預金債務を負担する銀行であって、預金者甲に三〇万円を融通したものと仮定しよう。銀行乙は、融資三〇万円については、甲に対する他の債権者が差し押えても、さらには、甲が後日破産しても、相殺によって損失を免れうることになるからである。そして、金融取引が盛になり、銀行が融資の相手方をして自行に預金をさせ、それを見返りとして融資（資金の貸付・手形の割引など）をする事例が多くなるに従って、相殺の担保的作用が一層重要視されるようになった。このことは、実質的にみて、相殺の主体の転換を意味する。民法は、相殺をもって債務者が自分の債務を消滅させる（免かれる）制度とみている（五〇五条参照。なお連帯債務者（四三六条二項）、保証人（四五七条二項）などについてもそうである）。ところが、右の銀行の例では、預金債務を免れる手段とすることが目的なのではなく、貸付債権に充当することが目的である。それはあたかも、銀行が融資の相手方の他の銀行に対する預金を担保にとり（債権質の設定）、取り立てて弁済にあてると同様である。このことに着目して、銀行が自行預金を見返りとする法律関係は債権質であり、相殺はその取立方法の一つだと説こうとする説もある（Weigelin, Das Recht zur Aufrechnung als Pfandrecht an der eigenen Schuld, 1904；石坂「預金担保は債権質として成立し得ざるや」（石坂・民法研究二巻所収）も類似の思想を含む）。然し――銀行が自行預金の上に質権を設定しうることはいうまでもないが（他行預金の上に質権を取得した銀行が、その銀行と合併しても質権が消滅しないことから考えても当然であろう）、――自行預金を貸付の見返りとしている場合には、質権設定の手続をとらなくとも、またこれを質権と構成しなくとも、それと同様の効果を認めて妨げない。けだし、(i)債務を負担する者がその債権者に対して同種の債権を取得する場合に、両債権が互に担保し合うものと予期する信頼関係は、そのまま保護されるべきであり、相殺制度は正にそれを目的とする制度である。(ii)預金債権の上に質権が設定されるときは、質権特有の成立要件（証書の交付（三六三条））と対抗要件（通知・承諾（三六四条））を必要とするに反し、預金債権が貸付債権によって相殺される可能性をもつことについては公示の必要はない。従って、預金証書を取り上げる必要のないこと、または貸付債権の成立が確定日附ある証書によって示される必要のないこと（三六四条によって準用される四六七条二項（銀行以外の第三者に対する対抗要件））などは、――預金債権が貸付債権の見返りとなっていることを不明とし――第三者に不測の損害を与えるおそれがないとはいえないかもしれない。然し、債権の成立や消滅については公示を必要としないのが本則である。債権質権に公示が要求されるのは――その方法が極めて不充分なものであること（担保〔二七四〕以下。なお〔七六二〕以下参照）はしばらくおいても――質権という別個の物権が成立するからである。然るに相殺は債権そのものの効力として認められるものである。前者との対比によって後者を制限しなければならないものではない。受働債権の債権者と取引をしようとする者は、受働債権に相殺によって消滅する可能性が伴っていないかどうかは、自分の危険において調査すべきものであること、あたかもその債権がすでに消滅していないかどうかと同様だといって妨げあるまい。

〔四六三〕 (3)相殺制度にも限界はある。それは当事者間に右のような信頼関係の存在する範囲に止めるべきことである。この範囲を越えてこれを認めるときは、却って不公平な結果を導く。例えば、破綻に瀕する銀行に対して債務を負担している商人が、ほとんど無価値な預金債権を買い集めて対当額において相殺する場合を想像せよ。銀行の資産を充実すべき債権はこれによって逸出し、他の債務者や一般の預金者との間に却って不公平な結果を導く。そして、この結果は、元来信頼し合った当事者でない者の間における対立債権について、債権の実質的な価値を無視してその数額によって効力を定めようとすることから生ずるものである。相殺制度がこれに当らないことはいうまでもない。破産法第一〇四条は、この原理の具体的な現われである（なお、時効消滅後の譲受人について五〇八条を適用しないのもそのためである（〔四六七〕c参照））。

〔四六四〕 **三** 相殺は、右に述べたように、単独行為によって対立する債権の対当額における消滅という効果を生じさせるものであるから——あたかも、存在する契約の効果を単独の意思表示で消滅させる解除をなしうる地位が解除権と呼ばれるように（五四四条二項・五四五条一項・五四七条・五四八条参照）——相殺しうる地位を相殺権（一種の Kann-recht）と呼んでよい。対立する二つの債権が相殺しうる要件を完備すると、当事者が知らなくとも、両債権は対当額において当然に消滅するものとする立法例もある（フランス民法はそうである（同法一二八九条・一二九〇条参照）。旧民法も同じ（財五一九条・五二〇条））。かような立法の下では、相殺権を考える余地はない。然し、かような立法は、——両当事者は当然に清算されたように考えるのが常だという趣旨には適合する面をもつが——実際上法律関係を複雑にする（知らないで支払った場合などについても規定をしなければならないだけでなく、一般的にいって相殺を認める範囲が狭くなる傾向をもつ）。近世の立法例には、意思表示によって消滅するとなすものが多い（ドイツ民法三八八条、スイス債務法一二四条ともにわが民法と同旨）。そして、かような立法例の下では、相殺権という権利を認めることが可能であり、また適当であろう。ドイツ民法にはこの語はないが（但し、Motive は「相殺する権利」(Recht…aufzurechnen) という表現を用いている。ワイゲリン前掲書は Recht zur Aufrechnung という観念を強調する）。スイス債務法は相殺の権利（Recht der Verrechnung）という語を用いる（同法一二四条（相殺の意思表示をすることを「相殺の権利を行使することを知らせる」という））。

思うに、相殺は単独の意思表示で法律関係の変更を生じさせる権能であるから、解除権と同じく、一種の権利であることは疑いなく（ドイツ民法学者も相殺可能性を生ずれば一種の Kannrecht を生ずることを認めている）、また相殺制度の目的の範囲内で相殺しうる者の地位を保護する必要がある。少なくとも説明の便宜として、この観念を用いることが適当であろう。ただ、その際特に注意すべきことは、保護されるべき相殺権の内容は、現在相殺することができる者の地位に限らず、将来相殺によって清算すると予期しうる者の地位を広く含むべきだということである。銀行が自行預金を見返りとして預金者に融資する場合を例にとろう。貸付債権の弁済期未到来の間は相殺はできない。然し、預金債権の弁済期が貸付債権の弁済期より後に到来するものであるときは、銀行としては、将来貸付債権の弁済期が到来しても執行その他の手段に訴えることなく、預金債権の弁済期の到来を待って清算しうるという確実な期待をもつことができる。そして、その期待は相殺制度の目的からみて正に保護されるべき合理的なものである。そうだとすると、相殺権という観念は、かような地位を含み、「対立する同種の債権の当事者として将来相殺によって清算しうる合理的な期待をもつ者の地位」というべきである。右に反し、貸付債権の弁済期が預金債権の弁済期の後に到来するものであるときは、預金者は期限到来の後直ちに請求することができ、これに対し銀行は相殺することによって弁済を拒む権利はないのだから、——預金者が請求しないで放置するために銀行が事実上相殺しうることがあるとしても——合理的な期待をもつとはいえない(もっとも預金債権が定期預金であるときは、更に問題を生ずる(〔四八三〕Ⅳ参照))。

〔四六五〕 **第二**　相殺の原則的要件(相殺適状)

債務者が自分の債務を相殺によって消滅させることができるためには、(i)同一当事者間に債権の対立があること(但しこれには特殊の例外がある)、(ii)対立する両債権が同種の目的を有すること、(iii)両債権がともに弁済期にあること、(iv)債権の性質が相殺を許さないものでないこと、が必要である(五〇五条一項)。かような要件を充たす債権の対立のある状態を相殺適状という。相殺適状を生ずると、債務者は、相殺することができるようになるのが原則だが、当事者が相殺禁止の意思を表示しているときや、自働債権または受働債権が特殊の原因によって生じたものであるとき、または、それらについて特殊の事情があるときは、相殺することができない。そのことは次段に述べる。

なお、相殺適状を生じた後、その状態の存続する間は、相殺することができる。そして、相殺すると債務の対当額における消滅という効果は、相殺適状を生じた時に遡って生ずる。従って、相殺適状は、その時から相殺することが可能になるというだけでなく、その後になされた相殺の効果を定める上でも重要性をもつ。

〔四六六〕 (1)同一当事者間に債権の対立があること

(イ)乙が甲に対して負担する債務(甲の有する受働債権)を相殺によって消滅させるためには、乙が甲に対して債権(自働債権)を有する場合であること――いいかえれば、甲乙同一当事者が、それぞれ相手方を債務者とする債権を有すること――を必要とするのが原則である。然し、特殊の場合の例外がある。

(a)第三者の有する債権で相殺しうる例外的場合　右の例で、乙が、丙の甲に対する債権で相殺を主張しうる場合である。第一には、乙丙が甲に対して連帯債務を負担する場合であり(四三六条二項)、第二には、乙が丙の保証人である場合である(四五七条二項)。これらの場合に相殺の援用を許さないものとすると、乙は弁済した上で丙に対して求償し、丙は甲に対して自分の債権を請求することになる。この循環を絶ち切る便宜な決済を認めたわけである。但し、これらの場合に丙の反対債権が消滅してしまうと解することには疑問がある(後の〔五八六〕b参照)。

(b)第三者に対する債権で相殺しうる例外的場合　右の例で、乙が丙に対する債権で相殺して自分の甲に対する債務を免れうる場合である。民法上かような例の第一は、甲乙が丙に対して連帯債務を負担し、甲が乙に通知せずに丙に弁済して乙に対して求償する場合に生ずる。すなわち、乙は甲の求償に対して、丙に対して有する債権で、自分の負担部分だけ、相殺することができる。そして、乙が相殺に用いた丙に対する債権は甲に移転する(四四三条一項)。甲がもし弁済する前に通知したら、乙は丙に対する債権で相殺して自分の連帯債務を免れえたはずだから、乙のそのような利益を保護しようとする趣旨である。生ずる事例の第二は、乙が丙に対する主たる債務者で、甲がその保証人であるときに、甲が通知をしないで丙に弁済して乙に求償する場合である。主たる債務者乙について、右に述べた連帯債務者についてと同様のことが認められている（四六三条一項による四四三条の準用）。事例の第三は、債権譲渡に関連して生ずる。甲が丙から乙に対する債権を譲り受けて請求する場合に、乙が譲渡の通知を受ける前に丙に対して反対債権をもっていたときには、その債権で甲の譲受債権を相殺することができる（四六八条二項）。債権の譲渡がなければ、乙は丙との間で相殺によって清算しえたのだから、譲渡によってその利益を奪うべきではないという趣旨である。同様のことは、丙の乙に対する債権を甲が差し押えた場合にも生ずる。但し、この譲渡と差押については、その要件に関して議論が多いから、後に詳述する（〔四七八〕以下）。

（c）相手方の第三者に対する債権を受働債権として、自分の債権で相殺しうるか。甲の丙に対する債権を乙が――あたかも第三者として弁済するように――自分の甲に対する債権で相殺することができるであろうか。判例は常に否定する（大判昭和八・一二・五民二八一八頁（抵当不動産の第三取得者）、大判昭和一七・二・二四法学一一巻一一八一頁（当事者の和解の斡旋をした者））。一般的には、否定するのが正しいであろう。けだし、第三者が弁済をなしうるすべての場合に相殺することもできるとすることは、対立する両債権の当事者間の公平をはかる趣旨を逸脱するからである（受働債権の債権者の資産状態が悪化しているときにはこの者に対する債権者間の公平を害する）。然し、物上保証人、抵当不動産の第三取得者（抵当債務の引受のない場合に限る（担保〔五五五〕参照））のように、他人の債務について責任を負担する者についても否定することは、すこぶる疑問である。なるほど、相殺は、両債務の間に行われるもので、責任と債務の間に行われるものではない。そして、右の者は責任を負うが債務は負わない（〔九三〕参照）。然し、自分の責任を免れるために、その基礎たる他人の債務を自分の債権で相殺することだけは認めてよいと思われる。ドイツ民法は債務者でない抵当不動産の所有者について、明文をもって、相殺は可能と定める（一一四一条・一一四二条）。スイス民法は、右のような不動産所有者は、抵当債権者に満足を与えること（befriedigen（zahlen ではない)(ZGB, Art. 828))ができる旨を定めるので、相殺も可能と解されている(Oser, Art. 120, Nr. 6)。参考に値する(ほぼ同旨、前掲昭和七年の判決の山田評釈(判民一九七事件)、柚木(下)三一三頁。—旧版の説を修正する)。

〔四六七〕 (ロ)対立する債権が有効に存在すること

(a)自働債権は、履行を強制しうる効力を有するものでなければならない。従って、自然債務を有する債権者(〔八八〕参照)や、利息制限法に違反する超過利息債権を有する者(〔六四〕参照)は、自分の債務と相殺することはできない。弁済を強制すると同様の結果となるからである。債権の譲受人がこれを自働債権として相殺しうるのは、譲渡について対抗要件を具えた後でなければならない(相殺適状を生ずるのはその時であり、遡及効もその時までである)とされるのも、同一の趣旨による(大判昭和一五・九・二八民一七四四頁(時効で消滅した後の譲受について は五〇八条の適用なしとする判決だが、この理を述べる。後のc参照))。

(b)取り消しうる契約から生じた債権は、取り消される前は、自働債権として相殺に用いること(未成年者への売主が代金債権で自分の借金債務を相殺するなど)も、受働債権として相殺によって消滅させること(未成年者からの買主が代金債務を貸金債権で相殺するなど)もできる。然し、取消によって債権が遡及的に消滅したときは、相殺は効力を失い、他方の債権は消滅しなかったことになる。但し、取消権者がみずから相殺するときは、法定追認となる場合もあるであろう(一二五条の履行または履行の請求と同視すべきである)。解除によって債権が遡及的に消滅した場合も同様である(大判大正九・四・七新聞一六九六号二二頁(代金債権で相殺した後に売買が解除された事例))。

(c)自働債権が時効で消滅した場合には、債務者が時効の利益を放棄しない限り、——時効による債権消滅の効果は債務者の援用を停止条件として生ずるという説によっても(総則〔四四一〕参照)、債務者が援用すれば、——相殺は効力を生じないはずである。然し、民法は例外を設け、「其消滅以前ニ相殺ニ適シタル場合ニ於テハ」、なお相殺に用いることができると定めた(五〇八条)。すなわち、甲の債務者乙が、甲に対してすでに弁済期の到来した債権を有し何時でも相殺することができたにも拘らず、相殺の意思表示をしないでいる間に、その債権が時効で消滅し、自分の債務はまだ時効に罹らない、という場合にも、乙は、時効で消滅した債権で相殺して自分の債務を免れることができる。かような例外を設けたのは、対立する両債権の当事者が相殺することができる状態に達したときには、特に意思表示をしなくとも、ほとんど当然に清算されたように考えるから、この信頼を保護しようとしたのである（フランス民法のように当然に相殺の効果を生ずる立法例では、かような規定の必要はない。その限りでは、当然消滅とする立法にも存在理由のあることが示される（〔四六四〕参照））。従って、乙がすでに時効で消滅した丙の甲に対する債権を譲り受けても、これを自働債権として相殺することはできない。その債権の時効消滅前に甲乙間に相殺適状は存しないからである（大判昭和一五・九・二八民一七四四頁、最高判昭和三六・四・一四民七六五頁。通説も支持する）。問題となるのは、右の特則を連帯保証人に対する債権にも適用すべきかどうかである。乙が丙を主たる債務者、甲をその連帯保証人として、甲に対して債権を有する場合には、甲に対して債務を負担したときにこの債権で相殺しうることはいうまでもないが（保証人が弁済をしたことになる）、主たる債務者丙に対する債権が時効で消滅した後においてもなお甲に対して相殺することができるか。判例は肯定する（大判昭和八・一・三一民八三頁（判民九事件東））。然し、正当でないと思う。けだし、右の場合に甲の保証人としての債務が消滅するのは、保証債務の附従性によるのであって（主たる債務者が時効の利益を放棄しても連帯保証人は援用しうる（総則〔四四二〕参照））、債権者の保証人に対する債権が消滅時効にかかるからではない。のみならず、仮りに債権者が保証人に対して債務を負担した場合に主たる債務者に対する債権と清算されたと考えるとしても、この信頼を保護することは、おそらく保証人の予期に反し、不公平である（同旨東前掲評釈、及び同所引用の杉本正一判批、柚木(下)三一八頁など）。

なお、売主の担保責任のように除斥期間とされるものについて第五〇八条の適用があるかどうかも問題である。例えば、甲に対して借金債務を負担する乙が、甲から不動産を購入し、甲に対して瑕疵担保責任として損害賠償請求権を取得した場合に——乙は一年内に請求しなければならないのだが（五七〇条・五六六条三項参照）——除斥期間経過後になおこれを自働債権として相殺をすることができるか。判例は否定する（大判昭和三・一二・一二評論一八巻民四二七頁）。正当であろう。民法が右の請求権に除斥期間を設けたのは、紛争を速に解決しようとする趣旨だからである（債各〔四三〇〕c参照）。

（d）受働債権が弁済その他の事由で消滅した後、または、債務不履行を理由とする解除によって消滅した後に、相殺することができるか。以上述べてきた理論によれば、当然に否定すべきである。然し、この点は、相殺の遡及効と関連して更に問題となることだから、後に述べることにする（〔四九九〕以下）。

〔四六八〕 (2) 対立する両債権が同種の目的を有すること

（a）金銭を目的とする債権は、一般に相殺に適し、また最も普通に行われる。然し、消費貸借の予約による貸主となるべき者（予約義務者）の債務は、相殺によって消滅させることはできない。けだし、その債務は、単に金銭を交付することを目的とするのではなく、それによって消費貸借を成立させることを内容とするものであって、予約義務者が予約権利者に対して単なる金銭債権を有しても、それと目的は同じでないからである（大判大正二・六・一九民四五八頁（債各〔五二六〕参照））。受任者が委任事務の処理に当って自分で債務を負担した場合に、委任者に対して代って弁済すべき旨を請求したときに（六五〇条二項参照）、委任者は受任者に対する反対債権で相殺しうるかどうかも問題となる。外見的には両債権の目的は同一でないので、判例は否定するが、実質に従って肯定すべきものと思う（大判大正一四・九・八民四五八頁（債各〔一〇〇五〕参照））。

(b)金銭以外の物を目的とする債務でも、種類債権については相殺の行われることは少なくないであろう(フ民一二九一条は、相殺の生ずるのは、一定額の金銭または特定量の同種の代替物を目的とする債権それぞれの間であるのを原則とする)。特定物の給付を目的とする債権については、実際上稀であろうが、理論的に否定する必要はあるまい(第三者所有の特定物を甲が乙に売り、乙が甲に売った場合など)。

〔四六九〕 (3)「双方ノ債務ガ弁済期ニ在ル」こと

民法は、対立する両債務が「弁済期ニ在ル」ときに相殺ができるといっているが、弁済期の定のない債務もあり、また期限の利益を放棄しうる場合もあるのだから、弁済期を標準とする立言は適当でない。ドイツ民法(三八七条)は、「受くべき給付を請求することができ、負担する給付を履行することができるようになった時から」(sobald er die ihm gebührende Leistung fordern und die ihm obliegende Leistung bewirken kann.)と定める。民法の解釈としても同一に解すべきである。けだし、その時から対立する債権を清算しうるはずだからである。この理論は、判例・通説の認めるところであるが、受働債権が譲渡されまたは差し押えられたときに、これと関連していささか混乱を示す。そのことは後述する(〔四七八〕以下)。

〔四七〇〕 (イ)自働債権　甲の債務者乙が甲に対する反対債権(自働債権)で相殺しようとする場合に(乙の債務(受働債権)はすでに弁済期が到来していると仮定して)、その債権に——

(a)期限の定がないときは、乙は直ちに相殺することができる。乙が請求しない限り甲は遅滞に陥いらないが(四一二条三項)、乙が相殺するためには、請求しうる状態にあれば充分であって、相手方が遅滞にあることを必要としないからである(大判昭和一七・一一・一九民一〇七五頁(判民五四事件林)、弁済期の定のない貸金債権の例(五九一条参照))。

(b)確定期限が定められているときは、その期限の到来するまでは、相殺はできない。然し、債務者甲が法律の規定する事由（一三七条）または特約に定める一定の事由の発生によって、期限の利益を失うときは（総則〔四二八〕参照）、その事由の発生した時から、相殺することができる。期限の利益喪失の特約（約款）が、一定の事由（例えば受働債権の第三者による差押）が生じたら当然に期限の利益を失う趣旨であっても、乙の意思表示によって期限の利益を失わしめうる趣旨であっても、差異はない。けだし、後の場合にも、乙の期限の利益を失わしめる意思表示は、相殺を妨げる実質的な意味をもつものではなく、相殺の意思表示は期限の利益を失わしめる意思を包含する、とみるべきだからである（但し、相殺の効力の遡及する時点については差異を認むべきことは後述する（〔四九六〕b・c））。

〔四七一〕 (ロ)受働債権　右の場合に、乙の甲に対する債務についていえば（自働債権は右に述べるように相殺することができるようになっていると仮定して）——

(a)期限の定がないときは、乙は直ちに相殺することができる。けだし、乙は何時でも弁済しうるからである（大判昭和八・九・八民二一二四頁（判民一四四事件有泉）、弁済期の定のない預金債権が差押転付される前に、債務者（預金を受けた組合）が預金者に対して弁済期の到来した自働債権を有する事例）。

(b)期限の定があるときでも、期限の利益を放棄しうる場合には、これを放棄して相殺することができる（大判昭和七・二・二〇新聞三三七八号一一頁）。但し、利息附債権である場合に、期限が債務者だけの利益のためのものであれば、その時（期限の利益を放棄して相殺する時）までの利息を支払えば足りる（相殺による対当額消滅の効果をその時までの利息で打ち切る）が、両当事者の利益のためのものであれば、期限までの利息を支払わねばならない（総則〔四二七〕参照）。そして、債務者が、弁済期の来ない債務について相殺の意思を表示するときは、その時に期限の利益を放棄して清算する意思をも表示したものと解すべきである（大判昭和七・四・二〇新報二九二号一四頁）。けだし、期限の利益を放棄して相殺するというのは、利息を損してもその時に清算するという以上の独立の意味のないものだからである。

〔四七二〕 (4)「債務ノ性質」が相殺を許さないものでないこと（五〇五条一項但書）。

債務の性質が相殺を許さないとは、両債権について別々に現実に履行をしなければ、その債権を成立させた目的が達せられないものである。為す債務（収穫期に甲は乙のために、乙は甲のために、それぞれ三日間手伝うという債務など）、不作為債務（相互に競業をしない債務、両債務者ともに二〇時以後は静かにする債務など）は、多くの場合これに属する。

〔四七三〕 (5)以上の他には、一般的な要件はない。履行地の同一である必要のないことは、明文で定められている。但し、その場合には、相殺をなす者は、相殺で清算されたことによる相手方の損害（履行地までの運送費など）を賠償しなければならない（五〇七条）。なお、この規定は、相手方が一定の場所（地区）で債務の目的物を現実に給付されることについて利益を有する場合に適用されることになるであろうが、その利益が特に強く、そのことが両当事者に知られているときは、相殺禁止の特約があると認められることも少なくないであろう（ド民三九一条二項は、一定の時期に一定の場所で履行すべき旨が合意されている債務は、他の場所で履行すべき債務とは相殺しえない特約があるものと推定する）。さらに、債権の存在が争われまたはその額が明瞭でないものであっても妨げない。例えば、履行不能による損害賠償請求権なども、自働債権とすることも、受働債権とすることも、できる（ス債一二〇条二項は受動債権が争われているものでも妨げない旨を明言する。フ民は確定したもの（liquide）でなければならない、と定める（同法一二九一条）。相殺の効力は当然に生ずるものとすることによるのであろう）。もっとも、債権の存在が結局否定されるときは、相殺は効力を生ぜず、また後に確定されたときに、その数額によって対当額消滅の効果を生ずることはいうまでもない。

第三　相殺の許されない場合

〔四七四〕 一　意思表示による相殺の禁止

「当事者ガ反対ノ意思ヲ表示シタ場合」には、相殺はできない。但し、この場合にも「其意思表示ハ之ヲ以テ善意ノ第三者ニ対抗スルコトヲ得ズ」（五〇五条二項）とされる。

(イ)相殺禁止の意思表示は、契約によって生ずる債権については契約によることを要し、単独行為によって生ずる債権についてはその単独行為でできる（第三者の弁済を禁ずる意思表示と同様である〔三五四〕参照）。黙示の意思表示でよいことはいうまでもないが、契約の目的から当然そのような制限を認めるべき場合も少なくない。諾成的消費貸借の貸主の債務（債各〔五一四〕イ参照）、電報送金を受けた者の債権（第三者のためにする契約を含むと解する場合である（債各〔一六二〕ロ、判民大正一一年度八三事件我妻評釈参照））などがその例であろう。

(ロ)相殺禁止の内容は、(i)受働債権とすることの禁止（必ず現実に弁済するという意味をもつ）、(ii)自働債権とすることの禁止（他の債務を弁済する用に供しないという意味をもつ）、(iii)いずれに用いることをも禁止する、など、場合によって異なりうる。いずれの場合にも、禁止に反してなされた相殺は効力を生じない。但し、禁止の効果は善意の第三者に対抗しえない。従って、甲の乙に対する債権が受働債権とすることの禁止されているものであるときにも、乙からその債務を引き受けた善意の丙は、自分の甲に対する債権で相殺することができる。また、その債権が自働債権とすることの禁じられているものであるときにも、甲からその債権を譲り受けた善意の丙は、それを用いて自分の乙に対する債務と相殺することができる。

二　受働債権とすることができない場合

〔四七五〕(1)不法行為による損害賠償請求権（五〇九条）　乙が甲に対して不法行為による損害賠償債務を負担するときには、乙は甲に対する債権でこれを相殺することはできない（「相殺ヲ以テ債権者ニ対抗スルコトヲ得ズ」とは、請求を受けたときに相殺を主張して債務を免れることはできない、という意味）。不法行為の被害者には現実の弁済によって損害の塡補を受けさせようとする趣旨（「治療代は現金で」）であるが、同時に、自力救済を防ぐ趣旨ともなる（給料を支払わない雇主の物を横領し、これによって負担する損害賠償債務を給料請求権で相殺するなど)。自働債権も不法行為によって生じたものである場合はやや問題だが、本条を適用して、いずれの当事者からも相殺しえないとするのが正当である(通説・判例(大判昭和三・一〇・一三民七八〇頁。雇主が被用者を殴打して損害賠償請求を受けたときに、被用者の横領による損害賠償請求権で相殺することは許されない))。被用者の不法行為についての使用者の責任も同様と解すべきであろう(最高判昭和三二・四・三〇民六四六頁(使用者の七一五条による賠償義務を、被害者に対するその者の不法行為による賠償請求権で相殺することはできない))。

〔四七六〕 (2) 差押を禁止された債権(五一〇条) 甲の乙に対する債権が「法律上ノ養料」、労務者の「受クル報酬」その他差押を禁止されたものであるとき(民訴六一八条参照―その他、労働契約上の補償を受ける権利(労基法八三条)、社会保険上の保険給付を受ける権利(健保六八条、国健保六七条)など相当多数のものがある)は、乙は現実にこれを弁済すべきであって、甲に対する債権を有していても、相殺によってその債務を免れることはできない。差押禁止によってその債権者を保護する目的を徹底させようとする趣旨である。労働基準法は、更に、「使用者は、前借金その他労働することを条件とする前貸の債権と賃金を相殺してはならない」と定め(労基法一七条)、違反について罰則を定める(同法一一九条一号)。問題となるのは、労働者の賃金債権である。二重に問題とされる。第一に、労働基準法第二四条(「賃金は、通貨で、直接労働者に、その全額を支払わなければならない」(一項本文))は賃金全額について相殺を禁ずる趣旨か(民訴六一八条二項によれば四分の一は差押を許す)。第二に、労働者の不法行為による損害賠償請求権をもっても相殺しうるか。最高裁は前者を肯定し後者を否定する(最高判昭和三一・一一・二民一四一三頁(債務不履行による損害賠償請求権による相殺の事例)、最高判昭和三六・五・三一民一四八二頁(大法廷)(不法行為による損害賠償請求権による事例))。いささか疑問がないでもないが(後の判決には反対意見がある)、賃金保護の理想を徹底させて、判例を支持すべきものと思う(純理論的にいえば、第一の問題を肯定すれば、第二は問題とならないはずだが、賃金保護の理想をどこまで徹底させるべきかという観点からは、両者は関連して問題となる)。

〔四七七〕 (3) 株式払込請求権(商二〇〇条二項) 株式会社は株主の有限責任を基礎として成立しているものであって、払込金だけは現実に支払わせないと会社の基礎が空虚となるからである。従って、無限責任社員を包容する合名会社や合資会社の社員の出資義務については、相殺することは妨げないと解されている（大判大正五・五・一民八四一頁（合資会社についての傍論））。

(4) 受働債権が差し押えられたとき

〔四七八〕 (イ)「支払ノ差止ヲ受ケタル第三債務者ハ其後ニ取得シタル債権ニ依リ相殺ヲ以テ差押債権者ニ対抗スルコトヲ得ズ」（五一一条）。甲の乙に対する債権が甲の債権者丙によって差し押えられた場合には、第三債務者乙は、差押の前から甲に対して債権を有するときは、これを自働債権として相殺することができるが、差押後に債権を取得しても、その債権で相殺することはできない。かような制限を設けたのは、乙が差押前から甲に対して反対債権をもっているときは、甲に対する自分の債務は相殺で清算しうると予期しているから、差押によってこの期待を奪うべきではない（相殺権を侵害しえない、といってもよい（〔四六四〕参照））が、すでに差押えられたときは、差押債権者に弁済すべきことになり、従ってその後に反対債権を取得しても相殺によって清算しうると予期することは許されない、という趣旨である。そうだとすると、この規定を適用する要件として差押の時に問題とすべきことは、乙が将来相殺によって債務を免れうる合理的な期待をもっているかどうかであって、相殺することができたかどうかではないはずである。然るに、判例は、差押の後に相殺しうるのは、差押前か、少なくとも差押と同時に、相殺することができた——相殺適状が存在した——場合に限る、と解し、学説もこれに同調する傾向を示していた。思うに、この説は、差押前またはそれと同時に相殺することができた場合には、後に相殺することによって——その効果は、相殺をすることができた始めに遡る結果として——差押の目的たる債権を消滅させることができる、という点に第五一一条の根拠を求めるのであろう。然し、それは、同条の文理に反するのみならず、差押に対して第三債務者を保護すべきものは、相殺しうる合理的な期待(相殺権)であることを忘れたものといわねばならない。以下に、判例の態度を中心として、問題点を分説する。

〔四七九〕 (ロ)「支払ノ差止ヲ受ケタル」場合とは、受働債権が差押または仮差押を受けた場合である。すなわち、第四八一条におけると同様である(〔三八九〕参照)。この点については異論はない。ただ、そこでは、第三債務者は、爾後有効な弁済をすることができなくなる旨を定める。前記の判例・学説は、相殺もまた弁済に準ずべきものとし、差押の後は、相殺もできなくなるはずだが、ただその遡及効によって差押の時までに弁済したものとみられるときにだけ、相殺ができると考えるのかもしれない。然し、差押によって弁済を禁ずるのは、差押債権者に弁済すべきものとするだけであるのに反し、相殺を禁ずるのは、相殺によって清算しうる期待を奪うことである。両者は全くその意義を異にする。第五一一条は相殺に特有の独立の意味をもつものであって、第四八一条に即してその独立の意義を無視すべきではない。

〔四八〇〕 (ハ)最も問題となるのは、受働債権(差し押えられた債権)及び自働債権の弁済期と差押の時期との関係である。この問題につき、判例・学説は、債権譲渡についての第四六八条第二項「譲渡人ガ譲渡ノ通知ヲ為シタルニ止マルトキハ債務者ハ其通知ヲ受クルマデニ譲渡人ニ対シテ生ジタル事由ヲ以テ譲受人ニ対抗スルコトヲ得」と全く同様にとり扱う。すなわち、甲の乙に対する債権が丙に譲渡されてその通知があった場合に、乙が通知前に甲に対してもっていた反対債権で、丙の請求に対して相殺をもって対抗しうるかどうかは、甲の乙に対する債権が丙によって差し押えられた場合と全く同一のものとみる。この態度は正当である（ドイツ民法は、右二つの場合の相殺の可能性について全く同一の文字で後述のような規定をしている（同法三九二条・四〇六条））。従って、以下には、両者についての判例を掲げる。最初は譲渡に関する事例が多く、近時は差押に関する事例が多い。銀行が融資の見返りとする自行預金を差し押えられる（とりわけ税金によって）事例が多いためであろうと推測される（最高判大法廷昭和四五・六・二四民五八七頁によって、〔四八一〕―〔四八二〕に修正加筆する（巻末補注〔一〕参照））。

（a）受働債権（差し押えられまたは譲渡された債権）と自働債権とが共に、差押または譲渡の通知以前に、弁済期が到来し、または弁済期の定のないものである場合、すなわち、債務者乙がすでに相殺しうる状態にあった場合には、差押債権者または譲受人に対して、相殺をもって対抗しうることはいうまでもない。いいかえれば、相殺の意思表示までした場合に限るのではない。この点は判例も早くから認めたものであり（大判明治三一・二・八民二巻一一頁、大判昭和三・九・一四新聞二九〇七号一三頁（いずれも差押・転付の事例）等多数。なお〔四七〇〕a・〔四七一〕a参照）、通説も支持する。

〔四八一〕

（b）受働債権の弁済期が未到来だが債務者は期限の利益を放棄して弁済することができる場合については、判例の変遷がある。最初は、相殺を認めなかった（大判明治三八・三・一六民三六七頁、大判大正三・一二・四民一〇一〇頁（いずれも譲渡の事例）等多数）。後に、これを肯定する見解を示したものもあるが（大判昭和八・五・三〇民一三八一頁（判民九六事件菊井）、〔四七一〕b参照）、果して従来の見解を改めたものかどうか、必ずしも明瞭ではなかった。然し、最後に、最高裁は、問題を肯定し、大審院判例の動揺に終止符をうった（最高判昭和三二・七・一九民一二九七頁）。しかもこの判決は、差押の時に自働債権（手形貸付債権二口合計九五万円）の弁済期は到来していたが、受働債権（ホームラン定期預金一〇〇万円）の弁済期は差押の時から約四ヵ月後に到来するという事案につき、その四ヵ月のさらに後に行われた相殺の効力を認め、相殺の効果は受働債権の弁済期に生ずるとして、差押の時に遡って期限の利益を放棄して相殺することができた、ということを根拠としていない。従って、従来の大審院判例に更に一歩を進め、差押の時に相殺によって両債権を消滅させえたかどうかを判断の基準とせず、差押によって自働債権を有する者の相殺の期待を奪うべきでない、とする理論を明らかにしたことになる。但し、自働債権も期限未到来の場合にどうなるかには言及していない（この判決の河村大助裁判官の補足意見は〔四八三〕に述べるドイツ民法の規定と同様に解すべしという（第七刷で修正））。

〔四八二〕 （c）自働債権が差押の時に期限が未到来であれば、差し押えられた受働債権が弁済しうる状態にあっても、自働債権の弁済期が来たときに相殺して受働債権が差押の時に消滅したということはできない。従って、第三債務者が差押債権者に相殺をもって対抗しうる根拠を差押の時に受働債権が相殺によって消滅したといい得ることに求める説を前提とする限り、自働債権については、差押の時に弁済期が到来していなければならない。然らば、受働債権が差し押えられたときは自働債権について債務者は当然に期限の利益を失う旨の特約があればどうであろうか。判例の態度は必ずしも明らかでなく（東高判昭和三五・三・三〇高民集一三巻三号二九二頁は肯定するが、反対の判例も少なくない）、学説も分かれている（差押の方が観念的に先だから、差し押えられた債権を相殺によって消滅させることはできないという）。然し、相殺によって受働債権は消滅すると解して妨げないと思う。けだし、差押の時に相殺によって清算しようとする当事者の意思を認めても何等不都合はないからである。のみならず、このことは、自働債権について債務者が当然に期限の利益を失うのではなく、債権者において期限の利益を奪うことができる旨の特約がある場合も同様に解してよい。けだし、期限の利益を奪うということは、要するに、直ちに請求することができるというだけのことだからである（〔四七〇〕b参照）。そして、いずれの場合にも、差押の後に相殺するときは、差押の時に遡って効力を生じ、差し押えられた受働債権は差押の時に消滅したことになる（但し最高裁がこれを認めない趣旨とみるべきことは次段に述べる）。

〔四八三〕 （d）差し押えられた受働債権もこれに対する自働債権もともに、差押の時には弁済期未到来であり、自働債権について期限喪失約款の定もない場合はどうであろうか。以上に述べてきたように、第三債務者が相殺をもって差押債権者に対抗しうるのは、差し押えられた受働債権を差押の時に消滅したと主張しうる場合に限るとする説を前提とする限り、否定する他はない。然し、この説は、前に一言したように、第五一一条の文理に反し、かつその立法の趣旨を誤解するものである。けだし、(i)第五一一条は、第三債務者は差押の後に取得した債権によって相殺することができないという制限を加えているだけであって、差押の時に相殺をすることができた場合とはいっていない。(ii)のみならず、前記のように、相殺制度は、相互に債権を有し、将来相殺によって清算しうると信頼し合っている者を保護するものであり、一方の当事者の関知しない差押や債権の譲渡によってこの信頼ないし期待を奪うべきでないとすれば、差押ないし譲渡があっても、債務者はそれによって何らの影響を受けず、やがて両債権の弁済期の到来した時に相殺することができる——あえてその効力を差押の時まで遡及させる必要はない——というべきである。(iii)ドイツ民法は、差押によって第三債務者が相殺しえなくなるのは、第三債務者が差押後に反対債権を取得したすべての場合、及び差押以前から有する反対債権の弁済期が差押の後かつ差し押えられた債権の弁済期よりも更に後に来るものである場合に限る、と定める(同法三九二条、債権譲渡に関する同法四〇六条も同じ)。このことは、弁済期が先にくる債権を有する者は、その債務者に対して弁済期の後に来る債務を負担しても、相殺によって清算しうる確実な期待を有するものであって、差押または譲渡によってこの期待を奪うべきでないことを示すものということができる(〔四六四〕参照)。わが民法第五一一条は、右のドイツ民法の前段と同一である。従って、解釈によって後段の制限を加うべきかどうかが問題となる(ドイツ民法第一草案はわが民法と同じ。後段は第二草案で加えられたもの(Motive. II. S. 111 f.; Protokolle. I. S. 373 f.))。同様に解すべきものと思う。けだし、弁済期が後に来る自働債権を有する者の期待は一般的に合理性がないからである（〔四六四〕末段参照。但し第二草案の審議ではこの制限を加えることに反対論もあった。弁済期の遅速は当事者間の問題であり、第三者に対しては区別して考える必要なしというのである（Protokolle. op. cit.））。（iv）但し、更に考えるべきことは、自働債権が銀行の貸付債権であり、受働債権がその銀行の定期預金であるような場合である。定期預金の弁済期は、金融政策によって一定され（三ヵ月、六ヵ月、一年、一年六ヵ月の四種）、当事者が自由に定めえないものだから、定期預金の弁済期が貸付債権の弁済期より先に来る場合でも、銀行が預金債権によって相殺による清算を行いうるという期待をもつことを一律に合理性なしとはいえない。そうだとすると、銀行と融資を受ける者（定期預金者）との間に、貸付債権の弁済期が来るまで定期預金を継続する特約がある場合には、銀行は、定期預金を差し押えた債権者に相殺をもって対抗しうると解すべきである。

差し押えられた受働債権を差押の後に相殺しうる根拠を、相殺の遡及効による第四八一条の適用除外に求めたと推測される大審院の理論を棄て、第三債務者の相殺の期待の保護に求めた最高裁の前掲昭和三二年の判決の理論（〔四八〕（二））によれば、右のドイツ民法の規定と同一の帰結に達すべきは当然であろう。果して、最高裁は、数年の後、大法廷判決によってこれを認めた（最高判大法廷昭和三九・一二・二三民二二一七頁）。すなわち、差押（国税徴収法による）の当時には両債権ともに弁済期未到来の事案につき、受働債権（定期預金債権）より先に弁済期の来る自働債権（貸付債権）をもって相殺することができると判示した。この限りでは、わが国の金融取引界の混乱の大きな部分を救うもので極めて至当である（債各〔一一一〇〕参照）。だが、事案では、受働債権より後に弁済期が来る自働債権もあり、これについては、受働債権が差し押えられたときは自働債権の弁済期が到来したものとして差引き清算される旨の特約（相殺の予約）があったのだが、相殺を許さず、右の趣旨の特約は無効という（原審（東京高裁）は有効としたが、その部分について破棄自判。私人間の契約で差押禁止財産を作ることになって不当だというのが主たる理由）。然し、右の特約の実質は期限の利益喪失約款に過ぎない。無効とすべきではないと思う(〔五一三〕参照(第七刷で訂正加筆))。

〔四八四〕 (e)対立する債権を有し相殺によって清算することができると期待する当事者の一方が破産した場合(右の例で銀行から融資を受けている商人が破産したとき)にも、前に一言したように、その期待は保護され、相殺によって破産者に対する債務を消滅させることができる(銀行は貸付債権と定期預金を相殺しうる)。然し、破産法は、この結果を実現するために、破産宣告によって相殺適状を生じ、宣告後の相殺によって受働債権(定期預金債権)が宣告の時に遡って消滅し、破産財団の中に含まれないことになる、という理論構成をとっているとは考えられない。なるほど、破産者に対する自働債権(銀行の貸付債権)は、破産宣告の時に弁済期が到来したものとみなされる(破一七条)。然し、破産法は、さらに、自働債権・受働債権ともに破産宣告の時に期限未到来であっても相殺しうる旨を明言し(破九九条)、一方、破産手続の迅速簡明をはかるとともに、よって生ずる不公平を調整している(破一〇〇条以下、とくに一〇二条)からである。そうだとすると、その趣旨は、受働債権の差押について右に述べたことと同一に帰する。ただ、両者を比較するとつぎの差を生ずる。破産法の下で、自働債権(銀行の貸付債権)が破産宣告の時に弁済期が到来したものとみなされるのは、単に自働債権をもって相殺することができるようになるというだけではなく(これだけの意味なら民法一三七条一号で足りるのではあるまいか)、約定利息もそこで打ち切られ、相殺の数額には加えることができない(劣後債権として残るとしても)、という意味をもつのであろう。それに反し、受働債権(定期預金債権)の方には、何らの修正が加えられない。従って、——期限の利益を放棄しようがしまいが、それとは無関係に——契約通りの元利を計算しなければならない。その結果、銀行は、破産宣告後の利息を損することになる(定期預金の弁済期の来るまでには貸付債権の元利がほぼ預金債権の元利と等しくなる場合を考えよ)。然し、それは、破産の特質としてやむをえない、というのであろう。これに対し、受働債権の差押の場合には、銀行は右のような損失を受けない。但し、自働債権の弁済期が受働債権の弁済期より後に来るときは、相殺をもって差押債権者に対抗しえないのに反し、破産ではかような制限はない。

〔四八五〕 (二)差押の前から反対債権を有する第三債務者は、差押の後にも相殺をもって対抗しうるのは、受働債権の債務者の信頼を保護するためだとすると、弁済期以外の事由についても、差押の時を標準とすべきではないことになる。

(a)第一に、両債権は差押の時に同種の目的を有する必要はない。例えば、差し押えられた債権が金銭債権であり、第三債務者乙の有する債権が特定物の引渡ないしは特定の債権の移転を目的とする債権であり、差押後に履行不能によって金銭賠償請求権に変更した場合に、乙は相殺をもって対抗しうるか。判例は否定する(大判昭和七・六・一新聞三四四五号一八頁)。もっとも、金銭か玄米を給付するという選択債権であり相殺をなす者が選択権を有する場合には、肯定するが、その根拠を選択の遡及効(四一一条)に求め、差押の時に相殺適状にあったと説く(大判昭和一四・九・五民一〇四七頁(判民六七事件四宮)。事案は差し押えられた受働債権が選択債権である場合だが理論は同一であろう)。第五一一条の根拠を相殺の遡及効によって差押の効力を排斥しうることに求める判例理論の当然の帰結であろう。然し、この前提をとらない以上、第三債務者の右の債権が差押の後に金銭債権に変更した場合にも、その時期が差し押えられた債権の弁済期より先であれば、なお相殺することができるといわねばならない(ドイツ民法についてはこのように解するのが通説である(Oertmann. §406, 2))。

(b)さらに、自働債権に抗弁権がついている場合も問題となる。後に述べるように、抗弁権のついている債権を自働債権とすることはできない(〔四八八〕参照)。従って、判例理論によるときは、差押の後に抗弁権がなくなっても、相殺することはできないであろう。例えば、甲に対する債務者乙が甲の丙に対する債務の保証人となり予め求償することができる状態にあったとき（四六〇条参照）でも、甲の債権が差し押えられると、その後に乙が保証人として弁済し現実に求償権を取得しても、相殺をもって対抗しえないというのが判例の立場である（大判昭和一五・一一・二六民二〇八八頁（予め求償する権利には四六一条の抗弁権を伴うことを理由とする））。その結果は、主たる債務者甲に対して債務を負担するから確実に求償を行いうると考えた乙の期待を裏切ることになって不当であろう。本書の理論によれば、受働債権の弁済期までに抗弁権がなくなれば、なお相殺をもって対抗しうることになる。

〔四八六〕　(ホ)第三債務者が差押債権者に対して相殺を主張する場合に、相殺の意思表示は、何人に対してなすべきであろうか。債権の譲渡の場合には、譲受人に対してである。けだし、その時には受働債権は譲受人に帰属しているからである（ド民四〇六条は譲受人に対して相殺しうると定めるので明文上も明らかである）。従って、第三者に対する債権で相殺しうる例外的場合の一つとなる（〔四六六〕b参照）。差押の場合には、差押債権者が委付命令を取得しない間は、債権者（差押債務者）に対してであることはいうまでもないが、差押債権者が転付命令を取得した後は、この者に対してなすべきである。けだし、債権の法律による移転であって、譲渡と同視すべきだからである（前掲最高判昭和三一・七・一九民一二九七頁はこの点をも判示する）。差押債権者が取立命令を取得して請求する場合には、やや問題だが、同じく差押債権者に対してなすべきものと思う。けだし、債権を行使する権限を与えられている者だからである。

〔四八七〕　(5)受働債権に質権が設定されたとき

質権の設定は、目的たる債権の処分・弁済などの権利を奪うこと、あたかも差押と同様と解すべきである（担保〔二八〕(三)参照）。判例もこの理論を認めている。然し、ここでも、差押に関すると同一の態度をとり、自働債権が、質権設定の通知後に取得された場合（大判大正五・九・五民一六七〇頁はかような事例）だけでなく、以前に取得された場合でも、その弁済期が通知より後に来るものであるときは、相殺はできないという(大判大正七・一二・二五民二四三三頁(判民大正一五年度二二事件我妻評釈参照))。正当ではない。差押の場合と全く同様に解すべきである。

〔四八八〕 **三** 自働債権とすることのできない場合

自働債権について、その債権者が自由に処分することができない事情があるときは、これを相殺の用に供することはできない。民法に直接の明文はないが、つぎの諸場合はこれに該当する。

(1)自働債権に抗弁権がついているとき

甲に対して貸付債務を負担する乙が、甲に対する反対債権で相殺しようとする場合に、その債権が、売買代金債権であって、甲が同時履行の抗弁権を有するものであるとき(大判昭和一三・三・一民三一八頁(判民二〇事件林))、甲が第三者丙の乙に対する債務の保証人として負担するものであって、催告・検索の抗弁権を有するものであるとき(四五二条―四五五条参照、大判昭和五・一〇・二四民一〇四九頁(判民一〇三事件福井)、最高判昭和三二・二・二二民三五〇頁)などには、相殺はできない。けだし、これを許すと、相手方は理由なく抗弁権を失うことになるからである(通説(ド民三九〇条は明文で定める))。自働債権が保証人の主たる債務者に対して予め求償する債権である場合も同様に解してよいであろう(右の例で、乙が甲の丙に対する債務の保証人として予め求償しうるとき(四六〇条)。大判昭和一五・一一・二六民二〇八八頁は理論としてこれを認める。但しこの事案は差押に関する。その点では不当(〔四八五〕b参照))。

〔四八九〕 (2)自働債権が差し押えられたとき

自働債権が差し押えられたときは、相殺をしても差押債権者に対抗することはできない。けだし、差押は債権の処分を禁止する効果を有するものであるが(四八一条、民訴五九八条参照)、相殺は処分の一種に他ならないからである。かような場合にも、自働債権を有する者の将来相殺によって清算しうるという期待は裏切られることになりそうである。然し、差押債権者が転付命令を取得したときは、差し押えられた債権は券面額で(債権額そのまま)効果を発揮するのだから(民訴六〇一条参照)、差押債務者にとって不利益はない。またそうでない場合にも、差押債務者は、差押債権者に弁済することによって右の期待を回復することができる。期待が裏切られたといっても、別に問題とする必要はない。

〔四九〇〕 (3)自働債権に質権が設定されるとき

自働債権に質権を設定したときは、これを相殺の用に供することはできない。質権の設定は、設定者に対して質権の目的物の価値を減損する行為を禁ずる効力をもつものだからである(担保〔二八三〕参照)。その関係は、自働債権が差し押えられたときと同様に解してよい(大判大正一五・三・一八民一八五頁(質権者が後日になって相殺に承諾を与えても相殺は有効にならない、判民二二事件我妻))。

第四　相殺の方法

一　「相殺ハ当事者ノ一方ヨリ其相手方ニ対スル意思表示ニ依リテ之ヲ為ス但其意思表示ニハ条件又ハ期限ヲ附スルコトヲ得ズ」(五〇六条一項)。

〔四九一〕 (1)相殺は意思表示があって始めて効力を生ずる。(a)単に相殺に適する二つの債権の対立という事実だけでは相殺の効果を生じない(大判大正・七・一一・二一民二二二二頁)。近時多くの立法例はこの主義を採る(〔四六四〕前段参照)。(b)然し、この意思表示は、自働債権と受働債権の同一性を示せば足りる。それ以上、発生原因の証明はもとより、数額を明示する必要もない(大判昭和七・五・六民八八七頁(判民七〇事件福井)損害賠償請求権で相殺する事例)。のみならず、受働債権を指示して自働債権の残額を請求することは、一般に相殺の意思表示を含むとみるべきである(大判大正六・七・四民一二六九頁(訴訟上の請求の事例))。(c)ただ、手形債権で相殺する場合には、その受戻証券の性質から——弁済を請求する場合と同じく

――手形金額の全額で相殺するときは、手形の交付を要し（大判大正七・一〇・二民一九四七頁等）、一部で相殺するときは、呈示を要する（大判昭和七・二・五民七〇頁（判民一八事件石井））と解されている。手形債権の時効中断については、最高裁は、過日大法廷判決で呈示を要しないものとして、大審院の判例を改めたが（最高判昭和三八・一・三〇民集九九頁、総則〔四六三〕参照）、相殺については、同様に解しえないであろう。けだし、時効中断の事由としての請求は、手形債権の存在を主張することに重要性がある（六ヵ月内に他の強力な中断方法を講じなければならない（一五三条））のに反し、相殺は、手形債権を消滅させ、手形という証券を紙片にすぎないものとするからである。もっとも、手形の呈示・交付をしないで相殺しうる旨の特約があるときは、さらに問題となる。手形の受戻証券性は、主として手形債務者の保護（弁済された手形が流通することによる不利益の保護）を目的とするものであるから、手形債務者がこの利益をみずから放棄すること自体は無効とすべき理由はないであろう。然し、有効とするためには、呈示・交付を要しない手形を特定することが必要であり、債権者が所持する、相手方を債務者とするすべての手形について呈示・交付をせずに相殺に用いうるというような特約は無効といわねばならない。けだし、相手方に不当な不利益を強いるものだからである。

（d）相殺の意思表示は、裁判上することもできる。例えば、甲から乙に対する請求訴訟において、乙は甲に対する反対債権で相殺して訴の棄却を求めることができる（大判大正五・九・六民一六九九頁（反訴の必要なし）等）。かような相殺は、一面、私法上の効果を生ずるとともに、他面、訴訟法上の防禦方法としての性格をもつ（大判大正元・一二・二三民一〇七五頁（とくに委任を要しない））。以上の理論については、今日では、ほとんど反対説はない。もっとも、その訴訟法上の効果については、いろいろの重要な問題が残されているが、ここに説く限りではない（確定判決後の相殺については後に一言する（〔四九八〕後段））。

〔四九二〕　(2) 相殺の意思表示には、条件または期限をつけることはできない（五〇六条一項但書）。

（a）期限をつけることは――何時相殺しても相殺適状を生じたときに遡って清算されるのだから――無意味である（総則〔四二二〕ロ参照）。もっとも、将来の一定の時期における両債権の元利で清算する、という趣旨なら意味があるわけだが、それは相手方の期待を裏切ることになるから許されない。

（b）条件を許さないのは、法律関係を紛糾させ、相手方に不当な不利益を与えるからである（総則〔四一四〕2参照）。従って、相手方の請求に対して債務の存在を争い、仮りに、債務があるとすれば相殺するというのは、相殺の要件があればというだけだから（法定条件となる（総則〔四一三〕3参照））、もとより許される（大判昭和三・六・二三民四七二頁（判民四八事件小町谷）の傍論、但し、この判決が確定判決後には相殺はできないように説いていることについては後の〔四九八〕後段参照）。

〔四九三〕　二　当事者間の特約で、相互に対立する債権を生じ、相殺することが可能になったときには、両債権は対当額で消滅する、旨を定めることは有効であろうか。かような特約は、多くの場合、特定の事実（例えば、支払停止、手形交換所の取引停止処分）が生じたときは、一方の債務は期限の利益を失い、他方の債務についてはその時に期限の利益を放棄し、対当額で消滅するという内容をもつ。従って、第一に、かような特約は、――あたかも一定の債務不履行を生じたときは契約は失効する旨の特約も、原則として解除の意思表示を必要とする趣旨と解釈されると同様に（債各〔二四〇〕参照）――原則としては、なお相殺の意思表示を必要とする趣旨（従って、特約の内容は、相殺適状の成立を緩和するだけ（〔五一三〕参照））と解するのが適当である。然し、第二に、当事者の意思が明らかに意思表示を必要としない趣旨であるときにも、必ずしも無効というべきではあるまい。然し、その場合には、要件となる事実を客観的に特定されたものとし（債権保全のため必要と認められるとき、などは不可）、かつ、目的とされる債権またはその発生原因たる法律関係を個別的・具体的に特定・明示する必要がある（対立するすべての債権というのは不可）といわねばならない。けだし、右のような特約は、あたかもフランス民法またはわが旧民法の立法例と同様の効果を生じさせようとするものであるが、わが民法がドイツ民法やスイス債務法と同様に意思表示を必要としたのは、前記のように、右の立法が法律関係を紛糾させる弊害を除こうとしたものだから、民法の下で右の特約の効力を認めるためには、その弊害の生じない場合に限るのが至当だからである。

第五　相殺の効果

〔四九四〕一　受働債権と自働債権とは対当額で消滅する（五〇五条一項本文）。

(1) 相殺をするためには、両債権の数額の等しい必要のないことはもちろんのこと、相殺によって消滅する数額を示す必要もない。両債権は——つぎに述べる相殺適状を生じた時を標準として——対当額で消滅する。

（a）自働債権の額が受働債権の額より少ないときは、受働債権の一部が消滅する。その意味で、受働債権の債権者は一部弁済を強いられた結果となる。一部弁済の受領を強いることができないことの例外である（〔三一三〕a参照）。（b）もっとも、自働債権に残余があるにもかかわらず受働債権の一部を相殺することは許されない。但し、相手方が受働債権の一部について請求訴訟を提起したときは、その部分について相殺することは妨げない（大判大正四・三・一七民三四四頁）。けだし、請求者は、訴訟の関係では、受働債権を分割しその部分を特定したものというべきだからである。もっとも、債権額の一部の請求訴訟が、みずから相殺をして残額を請求する趣旨と解すべきときはもちろん別問題である。

（c）相殺によって受働債権の全部が消滅するときは、債権証書の返還を請求することができる（〔四三一〕参照）。

(d)一部の相殺が時効中断の事由とならないとするのが判例だが、不当であること民法総則に述べる通りである(総則〔四六三〕)。

〔四九五〕 (2)自働債権の額が受働債権の総額に及ばないときは、弁済についての充当の規定(四八八条―四九一条)に従って、相殺によって消滅する受働債権の順序を決定する(五一二条)。相殺充当といわれる。すなわち、受働債権が数個ある場合には、相殺をする者は、どの債権と相殺するかを指定することができる(四八八条一項の準用)。相殺をする者がこれを指定しなかったときは、相手方において、指定することができるが、相殺者がこれに対して遅滞なく異議を述べたときは、法定の順序で定められる(四八八条二項の準用)。但し、費用・利息・元本の順序は変更することができない(四九一条の準用)。

右の点に関連して問題となるのは、相殺者が全く自由に指定しうることが不公平な結果となりうることである。例えば、甲乙互に同額の無利息債権を有し、両債権が相殺適状に達した後に、甲が乙に対して利息附債権を取得したとする。乙は後者を指定して相殺することができるとすると、不公平な結果となろう。また、甲乙互に利息附債権を有し、両債権が相殺適状に達した後に、乙が甲に対して無利息債権を取得した場合に、乙はこれをもって甲の利息附債権と相殺しうるとすれば、同様に不公平となろう。後の場合は、正確にいえば、相殺充当の問題ではないであろうが、多数の対立債権間の相殺される債権の指定の問題ではある。ドイツ民法(三九六条)は、両者を合わせて、当事者の一方または他方が相殺に適した数個の債権を有するときは、相殺をなす者は、相殺されるべき債権を指定することができるが、これに対して相手方が遅滞なく異議を述べたときは、法定充当の順序によるべきものと定める。第一草案を改めたものである(第一草案は、弁済充当（同法三六六条）と同じく、相殺者の自由とした（Oertmann, § 396, 1）。相殺の充当と弁済の充当との間に差異のあることを示す点では極めて正当な態度である。然し、この規定だけでは、右のような不公平は除き切れない。なぜなら、右の第一の場合に法定充当の規定によるときは、乙は自分にとって弁済の利益の多い利息附債務と相殺することになるからである（四八九条二号の準用）。そこで、ドイツ民法学者は、すでに相殺適状に達した両債権が相殺によって清算されるものと考える当事者の期待は、他の当事者といえども侵害することをえない、という理論を前提として、同法の右の条文によっては除き切れない不公平を避けようとしている（Oertmann, § 396, 1）。わが民法の解釈としても同様であろう。すなわち、すでに相殺適状に達している両債権の一方について、後に弁済期が来るために相殺適状が後に生ずる債権との間の相殺をしても効力を生じない。従って、相手方は、更に相殺をなすことによって、それ以前の相殺適状を生じたときに消滅していることを主張することができる（なお、後の〔五〇一〕参照）。なお、相殺充当も、つぎに述べる相殺適状を生じた時を基準とした債権額について行われることを注意すべきである。

〔四九六〕 **二　相殺の遡及効**

相殺の意思表示がなされると、その効果は、「双方ノ債務ガ互ニ相殺ヲ為スニ適シタル始ニ遡リテ其効力ヲ生ズ」る（五〇六条二項）。相殺適状が生ずると両債権は当然に対当額において消滅するという主義を棄てて、意思表示を必要とした立法も、その効果に遡及効を認めて、当然消滅主義に近づいている。多くの場合の当事者の気持を尊重することであり、また公平でもあるからである（ド民三八九条、ス債一二四条も同旨の規定）。遡及効から生ずる具体的な内容は——

(1)相殺充当をするには、相殺適状を生じた時を基準とする。(a)例えば、受働債権の弁済期がすでに到来して遅滞を生じた後に自働債権の弁済期が到来し、その後に相殺の意思表示がなされたときは、相殺適状の生じた時(自働債権の弁済期到来の時)までの受働債権の約定利息及び遅延利息を計算し、自働債権についてはその時までの約定利息を計算し、後者によって、まず前者の約定・遅延両利息を消却し、残額をもって元本を消却する。そして、その残額については、その時から遅延利息が生ずる(大判大正一三・四・四新聞二二七〇号二〇頁、大判昭和一六・一〇・一〇新聞四七三五号九頁(相殺の意思表示のなされた時を基準とするのではない))。従って、数個の債権の請求訴訟において被告の相殺抗弁を認めるには、どの債権と相殺されたかを、当事者の意思及び法定充当の規定に従って、明確にする必要がある(大判昭和九・一〇・一二民一九八五頁(判民一四一事件有泉)。但し、事案は自働債権額が多い場合である)。

(b)自働債権の弁済期がまず到来した後に、受働債権について期限の利益を放棄して相殺する場合には(〔四七一〕b参照)、別段の意思表示のない限り、自働債権の弁済期を基準として(自働債権に遅延利息をつけないで)計算すべきであるが、相殺する際に期限の利益を放棄する時期を指定することもできる(その時までの遅延利息を加えて自働債権額を計算する)と解すべきものと思う。けだし、期限の利益は何時でも放棄しうるはずであり、相殺をする者にこれを許しても相手方に何ら不利益を与えないからである。そして、いずれの場合にも、受働債権については弁済期までの利息を計上しなければならない。

(c)自働債権について、一定の事由の生ずることによって債務者は当然に期限の利益を失う旨の特約があるときは、その事由の発生は右に述べた期限の到来と同一に取り扱うべきである。これに反し、一定の事由が生ずれば債権者は期限の利益を失わせることができる旨の特約のある場合には、その事由の発生後、本来の弁済期の到来するまでの間の任意の時期に、相手方に対する意思表示によって、期限の利益を失わせることができる——そして受働債権の期限の利益はその時に放棄して、その時をもって相殺適状の成立とする——と解してさしつかえないと思う。けだし、相手方に対して特別の不利益を加えることにはならないからである。

もっとも、以上は、銀行が貸付債権の見返りとした定期預金が差し押えられた場合には、相殺の結果としてその差押の時に定期預金債権が消滅したことにならないと銀行は相殺をもって差押債権者に対抗しえないという理論を前提としてはじめて実益のあることである(そのためには、右に任意の時期を指定しうるといった時期を差押の時としなければならないことはいうまでもない)。右の点について本書に述べたような理論をとれば、ほとんど実益のない特約となるであろう。

〔四九七〕 (2)右に述べたことからおのずから明らかなように、相殺適状を生じた以後は、相殺によって消滅する債権については、約定利息は生じない。また、自働債権の弁済期が受働債権の弁済期と同時であるか却って先であるときは、受働債権の消滅する部分については、遅滞は生じなかったことになる。自働債権の弁済期が後であるときは、その時から遅滞は終了する。違約罰についても同様である。

〔四九八〕 (3)請求の訴は、訴提起の前に相殺適状があったときは、最初から理由がなかったものとして棄却される。債権の一部について請求する訴に対しては、それに相当する反対債権額で相殺すれば足りる(〔四九四〕b参照)。

相殺適状に達した反対債権があっても、相殺の主張をしなければ、請求の訴は認められる。然し、判決が確定しても、相殺する権利はなくならない(大判明治四二・四・一七民三六〇頁、大判大正八・三・三民三六四頁)。けだし、給付の判決も、少なくとも私法関係では、債権の存在を確定するだけであって、相殺を禁ずる効力をもつものではないというべきだからである。従って、債権者が右の確定判決に基づいて強制執行に着手した後に相殺するときは、請求異議の訴（民訴五四五条）の理由となる（大連判明治四三・一一・二六民七六四頁以来の判例）。もっとも、この問題は、確定判決をえた債権の発生原因たる取消権との関連で論議され、判例は、取消権についても相殺と同様に解する（大判大正一四・三・二〇民一四一頁等）が、訴訟法学者の通説は、相殺については、大体において判例を支持し、取消については反対する（確定判決後は取り消しえないという（判民大正一四年度二三事件菊井評釈参照）。確定判決の本質に触れるものを含む問題だから、詳論を避ける（前掲判民昭和三年度四八事件小町谷評釈参照。評釈は、確定判決の効力を奪いえず、取消については不当利得返還請求、相殺については反対債権について請求すべしという。従って異議の訴を認めない）。

〔四九九〕 三　相殺適状を終了させる事由の発生と遡及効

相殺の遡及効といえども、相殺の意思表示をする以前に生じた事実を覆えすことはできない。すなわち、相殺適状を生じても、受働債権が弁済され、または受働債権の不履行によって、その発生原因となった契約が解除された後には、相殺することはできない。このことは、理論的にいえば、相殺適状として前に述べたことは、相殺をなしうる条件（相殺権の成立要件）であり、遡及効は、この条件を充たして有効になされた相殺の効果であって、両者を区別すべきものであることとの帰結である。然し、実際的にいえば、相殺適状を生じても当然には効力を生じないとする立法例も、その効果においては、当然生ずるものとする立法に近づこうとしていることから、問題とされるのである。

〔五〇〇〕 （イ）債務者が弁済した後は、これを受働債権として相殺することができない（通説・判例（大判大正四・四・一民四一八頁））。相殺適状によって当然に対当額における消滅の効果を認める立法にあっては、相殺の効果の黙示の放棄として、原則として当事者間においてのみ、弁済の効力を生ずる（反対債権は消滅しない）ものとする（フ民一二九九条）。意思表示を要するとする立法においても、相殺はなお効力を生じ非債弁済となるとする説を生ずる余地がある（ドイツの通説は相殺の効力を認めないが、有力な反対説もある。同法八一三条（滅却的抗弁の附着する債務を弁済した者は不当利得返還請求権を取得する）の勿論解釈を主たる理由とする（Oertmann, § 389, 1)）。然し、通説を正当としよう。けだし、相殺は意思表示によって効力を生ずるものとして法律関係の簡明を期した趣旨に適するからである（反対債権の存在を知らずに弁済したときも同様。ドイツには錯誤となるとする説もある）。

〔五〇二〕 （ロ）弁済以外の事由によって消滅した場合も同様に解すべきであるが、相殺については問題がある。すなわち、前に述べたように、先に相殺適状を生じた債権をさしおいて後に弁済期の到来する債権について相殺することは許されないと解するときは、一方の当事者がそれに反する相殺をしても、これを承認しない他方の当事者は、更に相殺をすることができる（〔四九五〕参照）。従って、その範囲では、一方の当事者が相殺をしても、他方の当事者の相殺する権利は奪われない。これに関連して更に問題となるのは、甲乙両当事者間で相殺適状に達している甲の債権を譲り受けた丙が、それを自働債権として乙に対する自分の債務と相殺した後は、乙は甲との間で相殺することができなくなるかどうかである。判例はできなくなるという（大判大正四・四・一民四一八頁。甲が倉敷料債権、乙が貸金債権を有し、相殺適状にある。乙の丙に対する手形金請求に対し、丙は甲の債権を譲り受けて相殺した後は、乙は甲との間で相殺しても効力なしという）。然し、これは不当であろう。けだし、第一に、甲乙間ですでに相殺適状にある債権の譲渡によって乙の有する相殺権を奪うことができない、という前記の理論に反するのみならず、第二に、一方が相殺をすれば、――相殺される債権の適状を生じた時期を問題にせずに、――他方は重ねて相殺しえないとすることも誤りである。仮りに甲丙間に譲渡がなく、甲自身が乙に対して手形債務を負担したのだとすると、右の判旨によれば、乙の手形金請求に対し、甲は倉敷料債権で相殺することを無条件で認めることになろう。それは正当でないこと前述の通りである（〔四九五〕）。

〔五〇二〕（八）債務不履行を理由として契約が解除された場合には、解除以前から反対債権を有し相殺適状にあったとしても、もはや相殺することはできない。いいかえれば、遅滞は生じなかったものであり解除は効力を生じない、と主張することはできない（通説であり判例も然り。大判大正一〇・一・一八民七九頁（判民二事件末弘）、最高判昭和三二・三・八民五一三頁。ともに賃料不払を理由として解除された場合。後者は、賃借人が反対債権の存在を知らなかった場合も同じという）。当然相殺の効果を生ずる立法例では、遅滞は生じない。然し、意思表示を要するとする立法例では、意思表示の時に相殺の要件が存在することを必要とするというべきだから、右の結果を認めねばならない（相殺権があっても、抗弁権と異なり、それだけでは債務不履行の責任を阻止しえない）。ドイツ民法は、二つの場合について特則を設け、解除前に相殺適状にあった反対債権を有する債務者が解除後に遅滞なく相殺するときは、解除は効力を生じないものとする。一つは、一方の不履行について解除権が保留された場合であり（同法三五七条）、もう一つは、賃貸借の解除についてである（同法五五四条二項―引き続き二期分以上の賃料の不払があれば、催告しないで解除しうるが、解除前に支払えば解除しえなくなる（同条一項）という原則の例外である）。右の二つの特例を除き、一般には、解除の後に相殺をしても解除の効果を阻止しえないものとされていることはいうまでもない。わが民法の解釈としては、当然にかような例外を認めることはできない。ただ、かような場合の解除が信義の原則によって制限されることを注意すべきであろう。すなわち、債権者が確実な反対債権の存在することを知悉しながら、債務不履行を理由として解除し、これに対して債務者が遅滞なく相殺を主張した場合、とりわけ、一定の債務不履行があれば催告を省略して解除しうるという特約のある場合の解除などには、信義則が強く作用するものといわねばなるまい。なお、賃貸借の解除（告知）のように遡及効のない場合には、解除後の賃借人の相殺は、解除を阻止しえないときでも、賃料債務を消滅させる効力だけは生ずる。

〔五〇三〕 **第六　相殺契約・相殺の予約**

対立する債権を対当額ないしは対当の評価額で消滅させることを目的とする相殺契約は、契約自由の原則によってその効力を認めるべきことというまでもない。将来の一定の時期または一定の事由を生じたときは相殺するという相殺の予約も同様である（ドイツ、スイスの学説も Aufrechnungsvertrag, Verrechnungsvertrag; vorgängiger Aufrechnungsvertrag, antizipierter Kompensationsvertrag などと呼びその効力を認める）。但し、相殺契約、相殺の予約、という語は、契約相殺などの語とともに、いろいろの意味に用いられ、ことに、将来の相殺可能性ないしは相殺権の保留を示すためにも種々の表現が用いられるから、その要件及び効力については、各場合について慎重に決することを要する。

一　相殺契約

〔五〇四〕 (1)相殺契約は、当事者間で、対立する債権を対当額ないしは対当の評価額で消滅させる契約である。その性質に関して、ドイツ民法学者の間に説が分かれているが、一般には、相互に債務を免除することを内容とする契約とされ、その無因性（一方の債権が存在しない場合にも他方の債権は消滅するかどうか）や、遡及効などについて論議されている（Oertmann, Vorbem. 2 zu § 387 ff.; Oser, Vorbem. Nr. 5 zu Art. 120 ff.）。わが民法の解釈としては、有因的な相互免除契約であって、当事者間では遡及効をもつことを原則とする、とみるのが、当事者の普通の意思に適すると思う。

〔五〇五〕 (2)相殺契約には、単独行為による相殺に必要な要件（相殺適状）は必要でない。契約の一般原則に従ってその要件を定めるべきである。主要な点を挙げれば――

(イ)同一の当事者間に対立する債権の存在することを必要としない。乙の甲に対する債権で甲の丙に対する債権と相殺することも、甲乙間の契約ですることができる（〔四六六〕c参照）。但し、乙が丙の債務を消滅させることについて利害の関係を有しないときは、丙の意思に反してすることはできないといわねばならない（四七四条二項類推、同旨柚木(下)三一一頁―大判大正六・五・一九民八八五頁は三当事者の合意を要するように説くが、事案は甲の同意なしとするものである）。また、多数の当事者の間の循環的に対立する債権（甲は乙に対し、乙は丙に対し、丙は甲に対し債権を有するとき）を全員の間の契約で消滅させることもできる。

〔五〇六〕（ロ）両債権が同一の目的を有することも必要ではない。金銭以外の物の引渡を目的とする債権と金銭債権とを、物の価格を評価し、対当額で相殺する契約も有効である（大判昭和一七・二・一八法学一一巻一一八七頁）。金銭以外の物の引渡債権を金銭債権に変更して相殺するのだ、という理論構成をする必要はない。その他、金銭を内容とする債権のうち、とくに相殺を許さないもの（〔四六八〕a参照）でも、債務の性質が相殺を許さないものでも（〔四七二〕参照）、相殺禁止の定めのあるものでも（〔四七四〕参照）、当事者がそのことを知ってなおこれを反対債権と相互的に消滅させようとする場合には、これを無効とすべき理由はない。

〔五〇七〕（ハ）弁済期についても、期限の利益の喪失や放棄をとくに問題とする必要はない（大判昭和一二・一〇・五新聞四二〇二号七頁（〔四六九〕―〔四七一〕参照））。問題となるのは、何時を標準として対等額を計算するかである。当事者間では、任意の時まで遡及させて計算することができる。然し、後に述べるように、この効果は、第三者に対抗しえない（〔五一二〕参照）。第三者に対抗しうるのは、契約の時以後の消滅である。但し契約の時以後の利息は打ち切るものとして第三者に対抗することはできる。

〔五〇八〕（ニ）受働債権とすることのできないものも、その相殺禁止の趣旨が単に債権者の意思によらずに相殺によって消滅させることを禁ずるものである場合には、契約によって相殺することは妨げない。すなわち、（a）不法行為から生じた債権（大判大正元・一二・一六民一〇三八頁（〔四七五〕参照））、（b）株金払込請求権（その発生前に予め相殺する旨を契約することは許されない（大判明治四五・三・五民一六一頁）が、現実に発生した後は妨げない（大判明治三六・九・二二民九八四頁、大判昭和一二・一〇・五新聞四二〇二号七頁等）は契約によって相殺することは妨げない。

（c）差押を禁止された債権は、一般には債権者の意思に反する消滅を禁ずる趣旨だから、債権者みずから契約によって相殺することは妨げない（〔四七六〕参照）。これに反し、さらに、債権者の意思によっても処分しえないものとされる債権については疑問だが、譲渡と異なり、債権者は債務を免れることによって現実に弁済を受けたと同様の利益を受けるのだから、一般に契約による相殺はできると解すべきであろう（扶養請求権（八八一条）につき我妻・親族法（法律学全集）四一二頁参照）。

（d）差し押えられた債権（〔四七八〕以下参照）、質権の設定されている債権（〔四八七〕参照）は、契約によっても消滅させることのできないのはいうまでもない。契約は第三者の権利を害しえないからである。譲渡されて対抗要件を備えた債権を原債権者（譲渡人）との契約で消滅させることができないのも同様である。

〔五〇九〕 （ホ）自働債権とすることのできないもののうち、抗弁権の附着する債権（〔四八八〕参照）を契約で相殺することは、もとより妨げない（相手方は抗弁権を放棄したことになる）。然し、差し押えられた債権及び質権の設定されている債権については、前段に述べた受働債権についてこれらの事由のある場合と全く同様である。けだし、契約による相殺には、自働債権・受働債権という観念は存在しないからである。

〔五一〇〕 (3) 相殺契約の効力

（イ）契約の目的とされた両債権は対当額で消滅する。相殺と呼ばれる意味はここにあるのだが、正確にいえば、目的物の授受を省略して差引計算をする、ということである。多数の債権・債務の存在する当事者の相殺契約でどの債権とどの債権とが相殺されるかは、専ら契約の内容によって定められる。費用・利息・元本の順序に従う必要のないことはいうまでもない(〔四九五〕参照)。

(ロ)問題となるのは、遡及効である。(a)当事者間では遡及効を与えること――過去の一定の時期を標準として両当事者の有する債権額の差し引き計算をすること――は、もとより可能である。そして、原則として遡及効をもたせる趣旨と解されている。相殺という語を用いることによるのであろう。然し、差し引き計算をする旨の合意はもとよりのこと、相殺という語を用いても、目的物の授受を省略して清算するという合意の内容は、つぎに述べる相殺の予約と異なり、とくに過去の一定時期を指示しない限り、遡及効がない趣旨と解するのが当事者の意思に合するのではないかと考える。少なくとも、債権の目的が種類を異にするとき、当事者が対立する両債権の主体でないとき、その他、弁済期以外の点について相殺の要件のない場合の相殺契約は、当事者間でも遡及効を与える趣旨でないのが原則であろうと思われる。

(b)当事者において遡及させる趣旨である場合にも、その遡及効は第三者に対抗しえないこと(例えば第三者の譲り受けまたは差押の以前に消滅したものとすること)はいうまでもない。けだし、相殺契約の効力は契約の効力の限界を出るものではなく、契約は第三者の権利を侵害しえないものだからである。その理は、例えば代物弁済(契約)をしてその効力を遡及させることによって第三者がその目的物について取得した権利を覆えすことができないのと全く同様である。

〔五一一〕

二　相殺の予約

将来一定の事由が生じたときには、当事者間の対立する債権について、相殺(差し引き計算)をすることができる旨、ないしは当然に相殺の効果を生ずる(差し引き計算となる)旨の合意を総称して相殺の予約と呼べば、その中には種々の内容のものがありうる。

〔五一二〕 (1) 前段に述べた相殺契約を、将来一定の事由が生じたときに、当事者の特定の一方またはいずれかの一方の意思表示によって効力を生じさせることができる、という内容を有するものがある。

かような契約は、民法の定める売買ないし有償契約の予約（五五六条・五五九条）の観念に最も適合したものである。従って、予約完結権者が完結の意思表示（相殺の意思表示と呼んでもよい）をすることによって、相殺契約は効力を生じ、差し引き計算をすべきことになる。然し、完結の意思表示によって成立する本契約の効力は、前段に述べた範囲に止まる。ただこの場合には、遡及効をもつのが原則であろう。けだし、当事者が将来一定の事由が発生すれば相殺するという契約をするのは、その事由が生じなければ平常の差し引き計算をするが、その事由を生じたら、遡及した時期を標準とする趣旨とみるのが適当だと考えられるからである（遡及の時期は契約によって定まるが、明示されていないときは、弁済期の遅い債権が弁済期に達した時）。然し、注意すべきことは、かような予約による遡及効も第三者に対抗しえないことである。けだし、予約によって効力を生ずるのは本契約であり、予約という方法をとることによって、より以上の効力を与えることはできないからである。もっとも、例えば、不動産を目的とする代物弁済（契約）の予約においては、その予約上の権利を仮登記することによって、本契約の成立前の第三者の権利を覆えすことができる（不登二条・七条、〔四三五〕ロ、債各〔四〇四〕参照）。然し、これは、将来不動産を取得する権利に公示方法を認めてそれについて排他性を与えたからである。予約そのものの効果ではないというべきである。従って、債権については、たとい予約によって遡及的に消滅する可能性を与えても、その効力は当事者間に限られなければならない。

〔五一三〕　(2)銀行と融資を受ける商人との間で締結される、将来商人が信用を失う一定の事由——商人が不渡手形を出すこと、預金債権を差し押えられることなど——を生じたときは、商人は期限の利益を失い銀行が相殺することができる旨の特約は、民法の相殺適状を生ずる要件を緩和する特約である。予約というに値しない。けだし、商人が貸付債権の期限の利益を失うときは、相殺適状を生じ、銀行が——見返りの定期預金債権の期限が来なくともその期限の利益を放棄して——相殺をすることができることは、民法の規定から当然のことであって、右の約款に相殺することができるという部分は、無意味なものだからである。いいかえれば、かような契約は、契約による相殺権(約定相殺権)の保留(設定)である(ドイツ学者は vertragsmässige Begründung der Aufrechenbarkeit という(Oertmann, a. a. O.; Weigelin, op. cit., S. 125 ff.))。あたかも、契約によって解除権を保留(設定)する場合と同じである(この解除権に基く解除も解除であって、解除の予約の完結とはいわない)。従って、その効力は、前段に述べた相殺契約の予約とは異なり、相殺の要件を緩和することが第三者に対しても効力をもちうるものかどうかによって判定すべきである。然るときは、期限の利益喪失約款は、——その対象となる債権債務の範囲があまりに漠然としていて、法律関係を不当に不明確にするか、または、あまりに広汎であって、相手方に不当な不利益を強いるものでない限り——有効であり、そしてその限りにおいて第三者に対しても効力を有する。従って、銀行は、約款に定められた条件が成就したときに、相殺の意思表示をすることによって、約款に定められたことを前提とする相殺適状の時における遡及的消滅を、第三者に対しても、主張することができる(但し最高裁が反対の趣旨を判示することにつき〔四八三〕後段参照)。

〔五一四〕　(3)将来一定の事由を生じたときは、対立する債権は、対当額において、当然に——意思表示をしないで——消滅する、という契約も、必ずしも無効ではない。そのことについてはすでに述べた(〔四九三〕)。

〔五一五〕 (4)二人あるいはそれ以上の当事者の間で、一定の取引から生ずる債権債務は一定の時期毎に差し引き計算をして、差額を弁済し、または差額を次期の計算に移してゆく契約も、相殺的要素を含んでいる。商法の定める交互計算はこの定型的な一種である(商五二九条以下、西原・商行為法(法律学全集)一六五頁参照)。その内容は、慣習と商法の規定によって定められる(ス債一二四条は、そこに定める相殺の効果に対し商人の交互計算についての慣行が優先する旨を定める。当然のことであろう)。かような契約は、当事者間で一定の時期に差し引き計算をすること自体を内容とするものだから、いかなる意味でも、予約と呼ぶべきではない(交互計算は商法上独自の契約とみるべきである。ここにいっていることは、相殺的側面をとり上げても、相殺の予約というのは当らない、という趣旨(西原前掲一六八頁註七参照))。

第六節　更　改

第一　意義とその性質

〔五一六〕 一　更改とは、新債務を成立させることによって、旧債務を消滅させる契約である(五一三条以下)。本来の給付と異なる対価を与えることによって債権を消滅させる点において代物弁済に似ているが、対価を現実に与えないで、これを与えるべき債務を負担するだけのものである点で異なること、前に述べた通りである(〔四九一〕参照)。

〔五一七〕 二　更改は、一個の契約によって旧債務を消滅させるとともに新債務を成立させるものである。別個の行為によって生じた債権を対価として交付することによって旧債務を消滅させるものではない。従って、旧債務が存在しかつその消滅することと、新債務が成立することとは、互に因果関係を有し、一方の効果を生じないときは、更改契約自体が無効となる。すなわち、旧債務が存在しないときは、新債務は成立せず、また、新債務が成立しないときは、旧債務は消滅しないのが本則である。

〔五一八〕 三　更改には三つの種類がある。債権者の交替による更改(甲の乙に対する一〇万円の債権を消滅させて丙の乙に対する一〇万円の債権を生じさせるなど)、債務者の交替による更改(甲の乙に対する一〇万円の債権を消滅させて甲の丙に対する一〇万円の債権を生じさせるなど)、及び、目的の変更による更改(甲の乙に対する一〇万円の債権を消滅させて甲の乙に対する特定の動産を目的とする債権を生じさせるなど)である。いずれの場合にも、新債務は、旧債務とその要素を異にし(五一三条参照)、同一性をもたない。従って、旧債務に伴なう担保も抗弁権も悉く消滅するのを本則とする。ところで、債権者にとっては、抗弁権の消滅することは有利であろうが、そのような場合は比較的少ない。重要なのは担保であって、それが消滅することは甚だしく不利である。取引界において、既存の債権について、当事者の変更または目的の変更をする場合には、多くはかような重大な効果を意図せず、債権の同一性を失わしめないでこれらの変更だけを意図するのが常である。すなわち、債権者の変更は債権譲渡であることが多く、債務者の変更は債務の引受であることが多い。目的の変更さえ、債権の同一性を失わしめない意図の下に行われることが多い。元来、更改は、債権について人的要素を重要視し、当事者の変更は債権の同一性を失わしめるものと考えられたローマ法の下において、債権譲渡及び債務引受に代る作用を営んだものである。然し、債権は同一性を失わずにその当事者を変更しうる、すなわち、債権の譲渡も債務の引受も可能だとする理論が承認されるに及び、更改は、これらの制度によってその作用を奪われることになった。これドイツ民法が、債権譲渡と債務引受の両制度を規定し、更改を規定しないゆえんである(但し同法の下においても契約自由の原則によって更改契約は有効と認められている(Oertmann, Vorbem. 3 a z. § 362 ff.))。わが民法は、債権譲渡の制度を認めたが、債務の引受については規定していない。そして、更改については、主としてフランス民法にならって、比較的詳細な規定を設けた。然し、わが民法の下においても、債務の引受を認めるべきことは後述の通りであり、また、わが国の取引界において更改の作用が少ないこともドイツにおけると同様である。従って、われわれは、実際上の取扱において、果して更改契約がなされたのであるかどうかを認定するに当っては、極めて慎重でなければならない。スイス債務法は、債務消滅の原因として、更改(Neuerung)について二個条を設けている(一一六条・一一七条)が、それは、既存債務について手形その他の証券を交付しても更改とならないことなど、むしろ旧債務の消滅を軽々に認めないように警告する趣旨の規定である。フランス民法の影響を受ける同法として極めて適当なことであって、わが民法の解釈についても、同様の態度をとるべきである。

第二　更改の成立要件

〔五一九〕 (1) 債権の存在すること　債権が存在しないときは、更改契約は無効であって、新債務も成立しないこと前に一言した通りである(大判大正八・三・七民四〇五頁(旧債務が利息制限法の制限を超過する場合)、〔六四〕参照)。但し、債権者交替による更改には、第四六八条第一項の規定が準用される結果、債務者が、債権がすでに消滅しているにも拘わらず異議を留めないで更改をしたときは、新債権は成立する。新債権者を保護しようとする特則である(五一六条(〔五二二〕イ参照))。

〔五二〇〕 (2) 新債務の成立すること　新債務が何らかの理由によって成立しないときは、更改契約は無効であって、旧債務も消滅しないのが本則であること、前に一言した通りである。第五一七条はこの当然の理を規定するものであるが、その文理上、この理論に多少の制限が加えられている。すなわち、(イ)新債務が不法の原因のため(例えば善良の風俗を害する給付を目的とするため)に成立しないときは、当事者がこれを知ると否とを問わず、旧債務は消滅しない（本則通り）。（ロ）新債務がその他の原因によって（例えば不能な給付を目的とするため）成立しないときは、当事者がこれを知らない場合には、本則通り、旧債務は消滅しないが、当事者（債権者だけでよいと解すべきであろう（岡村〔一一七〕））がこれを知っているときは、旧債務消滅の効果を生ずる。このことは、本則に反するものであるが、かような当事者は債権を放棄するものとみて妨げがないからである。（ハ）新債務が取り消されたとき（無能力、詐欺強迫などによって更改契約が取り消されて新債務も消滅する意味である）は、当事者が取消原因の存することを知ると否とに拘わらず、本則通り旧債務は常に消滅しない。新債務取消の場合にも、当事者がこれを知っているときは旧債務は消滅すると解する説が多いが（鳩山四六一頁、柚木（下）三三一頁等）、第五一七条の不法の原因または当事者の知らざる事由というのは、新債務不成立の場合に限ると解する説（岡村前掲）が文理上も実質上も正当であろうと思う。

〔五三一〕　(3)新債務は旧債務と要素を異にするものであること（五一三条一項）。（イ）債権者、債務者、債権の目的の三つのうちのどれかを変更することは、債務の要素の変更となりうる（五一四条以下参照）。然し、これらのものを変更することが常に要素の変更となるのではなく、当該債務におけるこれらのものの有する客観的意義に当事者の意思をも加えて判断し、新債務が旧債務と同一性のないものと認められる場合にだけ要素の変更があるものとみるべきである。すなわち、債権者もしくは債務者の交替があっても、当事者が抗弁権や担保の伴なわない新らしい債権を成立させようとする意思があると認めえないときは、一般にむしろ、債権譲渡もしくは債務の引受であって、更改ではないとみるのが至当である（大判大正一〇・六・二民一〇四八頁（判民九〇事件我妻）が売買代金債務について三面契約で債権者を交替したのを直ちに更改として、同時履行の抗弁権を喪失するものと認定したのは疑問である。大判明治四〇・一二・四民一一六一頁が連帯債務者を加えるのは更改ではないとしたのは正当）。また、債権の目的の変更も、利息を元本に組み入れて証書の書替をするような場合はもちろんのこと（大判明治三四・四・二六民四巻八七頁、大判昭和七・一〇・二九新聞三四八三号一七頁）、二口の消費貸借上の債務を一口にする場合なども、更改とならないものと解するのが正当である(大判大正四・四・八民四六四頁は更改とするが、不当であると思う)。ただ、目的が全然別種のものとなるときには更改となるのが常であろう。

(ロ)「条件附債務ヲ無条件債務トシ、無条件債務ニ条件ヲ附シ又ハ条件ヲ変更スル」ことは債務の要素を変更するものとみなされる(五一三条二項前段)。然し、この場合にも、右のような条件に関する変更が常に要素の変更となるのではなく、とくにこれを要素と認めるべき客観的及び主観的事情があるときにのみ要素の変更となると解するのが正当である。けだし、要素の変更とみなすという規定も、当事者が債権の同一性を保ちつつこれらの変更をなすことを許さない趣旨と解する必要はないからである。

(ハ)第五一三条第二項後段は「債務ノ履行ニ代ヘテ為替手形ヲ発行スル」こともこれを要素の変更とみなす旨を規定する。然し、既存債務のために為替手形を発行することは、一般には履行のためになされるものであり、とくに履行に代えてなされる場合には、これを代物弁済とみるべきであって、更改とみるべきものでないことは、前に詳述した通りである(〔四四〇〕―〔四四二〕)。

(ニ)手形債務を普通の債務に切り替える契約は、一般に更改とみるべきである(判例(大判大正二・一〇・二〇民八三三頁等)・通説(柚木(下)三三七頁等))。従って、(a)手形が無効であるときは、新債務は成立しない。もっとも、手形が要件を欠くために無効であるときに当事者がこれを手形債務者に返還して普通債務の成立を合意する場合などには、手形債務の原因関係を確認する趣旨――ないしは、手形の交付によって消滅した原因関係上の債務を復活させる趣旨――のことも少なくないと考えられる。そのような場合には、更改ではなく、従って、手形の有効・無効と関係なく新債務の成立を認めねばならない。(b)また、手形債務が更改によって消滅しても、手形が債権者の手許に保留され、善意の第三者に交付されたときには、手形理論から生ずる当然の結果として、債務者は、これに対して、更改による消滅——手形は紙片に過ぎないこと——を主張しえないこともいうまでもない。

〔五三二〕　(4) 更改契約の当事者は更改の種類によって異なる。

(イ) 債権者の交替による更改は、新旧両債権者と債務者との三面契約である。けだし、この三者のいずれの意思をも無視しえないものだからである(通説)。この種の更改は、債権の譲渡に類するので、確定日附ある証書をもってするのでなければ、これをもって第三者に対抗することができないものとされる(五一五条)。第二の更改契約の当事者の通謀によって、第一の更改契約による新債権者を害することを防止する趣旨であること、債権譲渡におけると同様である(〔七六三〕参照)。なお、債務者が異議を留めずに更改契約をするときは、旧債権が存在しなかった場合にも、更改契約の有効に成立すること、前に一言した通りだが(〔五一九〕末尾)、これまた、債権譲渡において、譲受人をして確実に債権を取得させようとするのと同一の趣旨によるものである(〔七五七〕参照)。

(ロ) 債務者の交替による更改は、債権者と新債務者との契約でできる。但し、旧債務者の意思に反する場合には無効である(五一四条)。第三者の弁済(四七四条二項)と同一の趣旨である(〔三五五〕以下参照)。意思に反することの挙証責任は、更改の無効であることを主張する者においてこれを負担する(大判明治四二・四・二二民三七一頁)。

(ハ) 目的の変更による更改は、同一当事者の契約でなされることはいうまでもない。

第三　更改の効果

〔五二三〕　旧債権は消滅し、これと同一性のない新債権が成立する。

(1)旧債権が消滅する結果、これに伴なう違約金・担保権などの従たる権利関係も悉く消滅する。但し、民法は、当事者間の特約によって、質権または抵当権を、旧債権の限度において、新債権に移すことができるものとした(五一八条本文)。一度消滅した後に新たに質権・抵当権を設定するときは、その順位を失うから、特に旧債権における順位で移転しうるものとしたのである。なお、質権または抵当権が第三者の供したものであるときはその承諾を必要とする(五一八条但書)。けだし、別個の債権に移すこととなるので、その意思を無視してはこれを認めることはできないからである。

〔五二四〕　(2)新債権は、別個の債権であるから、旧債権に伴なう抗弁権を伴なわないことはいうまでもない(大判大正一〇・六・二民一〇四八頁)。但し、民法は、特に第四六八条一項を債権者交替による更改に準用したので(五一六条)、債務者は異議を留めて抗弁権を留保しうると解すべきであろう(なおこの準用により旧債務不存在の場合にも更改が成立すると解すべきことは前述した〔五一九〕)。なお、旧債務が商事債務であっても、更改契約に商事性がないときは、新債務は商事性のないものとなることも当然であろう(大判明治四二・一〇・四民七〇七頁)。

〔五二五〕　(3)更改契約の取消・解除

(イ)更改契約に無能力、詐欺・強迫などの瑕疵があるときは、これを理由にして取り消しうることはいうまでもない。取消の効果は一般原則による。すなわち旧債務は復活する。債権者と新債務者との契約でなされた債務者の交替による更改契約を、新債務者の詐欺によることを理由にして債権者が取り消した場合には、債権者は、善意の旧債務者に対して旧債権の復活の効果を対抗しえない、とするのが判例だが(大判大正四・六・三〇民一〇八七頁）、誤りと思う。けだし、旧債務者は更改契約の当事者ではないが、第九六条三項の第三者――詐欺による意思表示によって生じた法律関係に基づいて新たに利害関係を取得した者――には当らないからである（総則〔三二八〕２ロ参照）。

（ロ）更改契約によって成立した債務について履行がないときは、更改契約を解除しうるであろうか。更改契約について当事者の合意で解除権が留保されたときは、それによって解除することを否定すべき理由はないであろうが、そうでない場合には、これを認めることはできないであろう。けだし、更改契約は、それによって新債務が成立する一種の処分行為（準物権行為）であって、新債務の履行を目的とする契約ではない。従って、新債務の不履行は更改契約の不履行ではないからである（同旨柚木(下)三三九頁）。判例は、この理を判示したこともある（大判大正五・五・八民九一八頁）が、更改契約にも解除の規定が適用されると判旨したこともあり（大判昭和三・三・一〇新聞二八四七号一五頁）、その態度は、必ずしも明瞭ではない。また、解除権が留保された場合の解除の効果についても、問題がある。債権各論に詳説する（債各〔二〇九〕・〔二一九八〕・〔三〇九〕参照）。

第七節　免　除

第一　意義とその性質

〔五三六〕一　免除は、債権を無償で消滅させる債権者の行為である（五一九条）。民法は、債務者の意思に関係なく、債権者の意思だけですることができるもの（単独行為）としている。債権の放棄であるから、権利者の意思だけでなしうるものとしたのであろう（鳩山四七二頁参照、立法論としても正当だという）。然し、他の立法例には免除を契約とするものが多い（ド民三九七条、ス債一一五条、フ民一二八五条・一二八七条）。債権のように義務者との間に緊密な関係を生ずる権利については、物権と異なり、義務者の意思に反して放棄しえないとするのが至当だと思う。

〔五二七〕 **二** 免除は、債権者の単独行為である。従って、債権者が、債務者と和解もしくは贈与契約をなし、または第三者との契約によって、特定の債務を免除すべき債務を負担することとは、これを区別することができる。然し、債務の免除には形式を必要としないから、実際上は、右のような契約における債権者の意思表示の中には免除の意思表示をも包含するものとみるべき場合が多いであろう。のみならず、契約によって債権消滅の効果を生じさせることも、もとより可能である（大判昭和四・三・二六新聞二九七六号一一頁。―大判大正五・六・二六民一二六八頁は第三者のためにする免除契約を認める）。従って、例えば、多数の債権者が債務者と協議して、確実な弁済方法を定めると共に、各債権者が三割の免除をなすべき旨の契約を締結したような場合には、普通、その契約自体によって債権の放棄すなわち免除の効果をも生ずるものと解するのが適当であろう。これに反し、右の契約において、各債権者が事情により一割ないし三割の免除をなすべき旨を約したような場合には、各債権者は、この契約によって免除をなすべき債務を負担し、改めて免除行為をなすべきものとみるのが適当であろう。

〔五二八〕 **第二　免除の方法**

(イ) 債務者に対する意思表示による。書面その他の形式を必要とせず、また、明示でも黙示でも（例えば債権証書を返還するなど）さしつかえない。

（ロ） 免除は、単独行為であるが、条件をつけてもよい（二割ずつ三年間遅滞せずに支払えば残額は免除となるというなど）。けだし、条件をつけても債務者を特に不利益にするものではないからである（総則〔四一四〕2参照）。

第三　免除の効果

〔五二九〕**一**　免除の効果として債権は消滅する。債務の一部を免除することももとより有効であって、その範囲において債権は消滅する。債権全部が消滅するときは、担保物権や保証債務なども消滅することはいうまでもない。

〔五三〇〕**二**　免除をすることは債権者の自由であるが、これによって第三者に不当な不利益を与えることは許されないと解さねばならない。けだし、権利の放棄も公序良俗に反してはこれをなしえないというべきだからである。もっとも、債権が差し押えられまたは質権の目的となっている場合のように、債権の上に第三者が権利を有するときは、これらの権利の効力として、その債権の放棄の効果を制限すべきことは当然であるから、公序良俗による権利放棄の制限として特に論ずる必要はない（〔三八九〕以下、担保〔二八三〕参照）。然し、第三者が債権自体については権利を有しないが、その債権の存続を基礎として正当な利益を有する場合、例えば、賃借地上の建物の上に抵当権を有する者があるような場合には、その賃借権を放棄することは、公序良俗に違反するものとして、制限を受けなければならない。判例も右のような事例について、債権の放棄はこれをもって正当な利益を有する第三者に対抗しえないものと判示している（大判大正一一・一一・二四民七三八頁、大判大正一四・七・一八新聞二四六三号一四頁（合意解除）、物権〔二四〇〕2参照）。

第八節　混同

〔五三一〕　**第一**　意義とその性質

混同とは、債権及び債務が同一人に帰すること——正確にいえば、一個の債権について、その債権者たる地位と債務者たる地位とが同一人に帰属すること——である。債務者が債権者を相続し、債権者たる会社が債務者たる会社と合併し、債務者が債権を譲り受ける場合などに生ずる。

混同は一つの事実であって、行為ではない。債務者が債権を譲り受けた場合にも、混同そのものは、債権譲渡の結果として生ずる事実であることは明らかであろう。混同の法律事実としての性質は「事件」と呼ばれるものである（総則〔二六六〕参照）。

第二　混同の効果

〔五三二〕　**一**　債権について混同を生ずるときは、その債権は、原則として、消滅する（五二〇条本文）。自分が自分に対して請求するということや、自分の財産の一方から他方に弁済するということは、普通には意味のないことだからである。債権の本質——債権者と債務者を結びつける法鎖が存立しなくなる、というような理論——から導かれることなのではない。従って、経済的に意味のある場合には、例外として債権の存続を認めるべきである。ドイツ民法には、混同によって債権は消滅するという一般的な規定はない。第一草案にあったのが削られたのだが、無意味な原則的規定よりも存続を認めるべき特別の場合の規定こそ必要なのだが、それは抽象的には定めえないとして、それぞれの場合について規定を設けることにされたのであった(Motive, II. § 291; Protokolle, I. S. 376)。そして、学者は、特殊の規定の合理的解釈によって、混同によって債権の消滅しない場合を広く認めようとしている(Staudinger, Einleitung z. Erlöschen der Schuldverhältnisse. III)。スイス債務法(一一八条)は、混同によって消滅するという一般規定をおくが、混同が解消するときは債権が復活する旨と、有価証券と土地債務が例外であることを明言する点は注目される(フランス民法一三〇〇条は消滅することだけを定め、一三〇一条は債務者の多数ある場合について定める)。

思うに、債権が特定人の間の財貨の移動を媒介する作用を営むに過ぎなかった時代には、混同によって債権は消滅するという原則が広く適用されても、不都合がなかったのであろう。ところが、債権が独立の財貨として流通するようになり、殊にそれが有価証券に化体する場合には、混同によって消滅する原則は後退しなければならない(前掲スイス債務法の例外)。のみならず、企業組織が複雑になり、経営が合理化されるに従って、法律的に同一主体に属する財産も、その者の企業活動が分化するに応じて経済的には別個の財産として管理されるようになると、自分の財産の一方から他方に弁済するということにも充分の意義があることになる。かような事情を考えると、第五二〇条の定める例外は狭きに失する(前掲ドイツ民法第一草案についての論議)。同条の趣旨を考慮して、例外の場合を広く認めることに努めるべきである。

〔五三三〕
二　混同によって消滅しない場合

(1) 混同した債権が「第三者ノ権利ノ目的タルトキ」(五二〇条但書)。(イ)例えば、甲の乙に対する債権の上に甲の債権者丙が債権質権を有するときは、乙がその債権を甲から譲り受けても、その債権は消滅しない(金銭債権のときは、質権者として乙から取り立てうる。金銭以外の物を目的とする債権のときは、その物の引き渡しを受けて質権を取得する(三六七条))。(ロ)丙がその債権を差し押えた後も同様に解すべきであろう。(ハ)さらに、第三者がその債権を停止条件附に譲り受けているときはもとよりのこと、譲渡を請求する債権を有するときも同様に解すべきである。被相続人が相続人に対する債権を第三者に遺贈した場合に、その遺贈が債権的効力しかもたないものであるとき(遺贈が効力を生ずると同時に当然に(物権的に)第三者に移転する原則的な場合には混同を生ずる余地はない)などは後者の例となろう(遺贈が債権的効果しかないドイツ民法は明文をおく(二一七五条)。スイス債務法では債権復活の例とされる(Oser, Art. 118 Nr. 7))。

〔五三四〕 (2)債権の帰属する財産と債務を負担する財産とが――法律的に同一人に帰属しているにしても――分離した存在を有する場合には、混同によって債権の消滅は生じない。

(イ)その適例は、分離して清算すべき相続の限定承認である。明文で認められている(九二五条)。財産分離(九四一条以下)については明文はないが、財産分離ということがすでに混同を排斥するとみるべきであろう。(ロ)組合員の一人が組合に対する第三者の債権を譲り受けても混同によって消滅するものではないというのも(大判昭和一一・二・二五民二八一頁)、同様の理に基づく。けだし、組合財産は、組合員各自の共有に属するにしても(六六八条)、各組合員がそれについて有する持分は、合有持分として、その者の個人財産とは別個の性質を有し、その意味で分離した存在だからである(債各〔一二〇四〕以下、〔一二二〇〕参照)。(ハ)同様の理は、債権者がその債権を債務者に信託した場合――例えば、登録債券の発行銀行が債権者からその債権(証券が発行されていない場合(昭和一七年法一一号社債等登録法四条参照)。発行されておれば次段の問題となる)の信託を受けた場合――にも適用される。信託法第一八条は、制限物権についての規定であろうが、信託の理論として当然のことであり、債権についても同様に解すべきである(四宮・信託法(法律学全集)七八頁以下参照)。(ニ)さらに進んでは、同一人ないしは同一会社が数個の企業を営み、それぞれについての財産が事業上分離して経理される場合、国や地方団体が数多の部局を分離して予算・決算を明らかにしている場合、大会社が本店と支店の経理を明瞭に分離する場合などにも、一方に対する第三者の債権を他方が取得しても、債権は当然に消滅するのではなく、決済手続を経るまでは存続する、と解することが、近代の合理的経営に適合するものであろうと考える。

〔五三五〕 (3) 証券化した債権　(イ)手形がその適例であって、明文がある(手形一一条三項・七七条一項一号、小切手一四条三項)。もっとも、手形・小切手が手形債務者に裏書譲渡(戻裏書)されても手形債権が消滅せず、従って更に裏書譲渡することができるという手形法・小切手法の右の規定は、満期日の到来前に限るかどうかについては、学説が分かれている(大判昭和六・一二・二三民一二七五頁(判民一三五事件鈴木)は肯定説だが、商法学者には反対が多い。鈴木評釈及び手形法 小切手法(法律学全集)二六一頁参照)。否定すべきだと考えるが、詳論はさし控える(肯定説も、有価証券についても混同を原則とすべしというのではない。手形理論と関係する)。(ロ)社債その他の有価証券については、前掲スイス債務法第一一八条三項のような一般的な規定はないが(手形法の規定の準用あるものは別として)、混同によって消滅するものでないことについては異説がない(ドイツにおいてもそうである(Staudinger, ibid.))。株券については、自己株式取得の制限(商二一〇条)があるが、会社の資本の充実を目的とする政策的な規定とみるべきことも通説である。(ハ)やや問題となるのは、前に例示した登録社債のように、必ずしも証券を伴わないものを発行銀行が取得した場合である(前段に述べたのは信託のための譲渡であるが、そうでない場合)。かような社債も、証券の発行されているものと同様に、その弁済資金は発行銀行において他の財産とは分離して経理されるものであり、債権は同一金額の多数のものに分割され、画一的な条件で大衆の間に転々流通されることを目的とするものであること(登録した者は、何時でも証券の発行を求めることができる)など――要するに、混同によって債権が消滅しない場合として右に述べた諸事情のいずれをも備えるのであること――を考慮すれば、たまたまその分割された社債権の一部を発行銀行が取得しても、消滅させる必要は少しもない。さらに他人に譲渡する可能性を認めても何人にも不当な損害を与えるおそれはない。

〔五三六〕 (4)賃貸借関係の当事者間に混同を生ずる事例は稀でない。しかし、ここでは、問題は主として賃貸不動産の所有権と物権化した賃借権の関係として現われる。従って、むしろ物権の混同の規定(一七九条)によって律するのが適当である。判例も、大体その傾向にある。例えば、買戻権を保留して不動産を譲渡し、ひき続きこれを賃借している者が、買戻権を行使して所有権を取得するときは、賃貸借は当然消滅することを判示するに当って(大判昭和五・六・一二民五三二頁(判民五四事件末弘))、その不動産が質権または地上権の目的となっていない限り、と留保しているのは、正に第一七九条一項但書に該当する。また、転借人が目的不動産の所有権を取得して賃貸人の地位と混同しても、転貸借関係は、当事者間でこれを消滅させる合意が成立しないかぎり消滅しないという(最高判昭和三五・六・二三民一五〇七頁、大判昭和八・九・二九民二三八四頁(判民一六三事件内田評釈)も同旨)のも、賃借権・転借権ともに所有権とは別の利用権であることを前提して、相互の関係を考慮するものとみることができる。

第五章　多数当事者の債権関係

第一節　総　説

第一　意義とその社会的作用

〔五三七〕 一　一個の債権関係について、数人の債権者があるもの、または数人の債務者があるものを多数当事者の債権関係（多数当事者の債権・複数主体の債権）という。甲乙丙三人が共同して自動車を買い、三人で九〇万円の代金債務を負担し、かつ三人で自動車の引渡を請求する債権を取得する場合、甲乙丙三人共有の自動車を九〇万円で売り、三人で九〇万円の代金債権を取得し、かつ三人で自動車を引き渡す債務を負担する場合、甲乙丙三人の組合が物を売って六〇万円の代金債権を取得し、資金を借りて九〇万円の債務を負担する場合、甲乙丙三人の共同相続人が被相続人の債権・債務を承継する場合など、その例はすこぶる多い。

(イ) かような場合も、経済的にみれば、一個の債権または一個の債務が多数の者に帰属する関係であることは、あたかも一個の物が多数の者の共同所有に属する場合と同様である。然し、債権関係にあっては、右のような場合にも、――給付が可分であって（右の例で金銭の給付を目的とする場合）各債権者または各債務者が分割した数額についての債権を取得し、または債務を負担する場合はもとよりのこと、給付が不可分であるため（右の例で自動車の給付を目的とする場合）または可分であっても全額を不可分のものとして給付すべき場合（特約によって不可分とされる場合や連帯債務はその例と考えてよい）にも——後に述べるように、債権または債務は主体の数だけ存在するものと考えられている。従って、多数当事者の債権を一個の債権または一個の債務が多数の者に帰属する場合というのは理論的に正確でないことになる。これ一個の債権関係についてというゆえんである（一個の「給付」について、というのは正確である。ドイツ民法は数人の者が一個の可分給付または一個の不可分給付を請求しうるときという（同法四二〇条））。それなら、つぎに、一個の債権関係であるかどうかは何によって定まるかが問題となるわけだが、それは、当該債権関係を発生させた法律要件——売買・貸借・相続など——が一つのものである場合といって妨げないであろう。

（ロ）然し、更に進んで考えると、一個の物が多数の者の共同所有に属する場合にも、理論的には、一個の所有権が数人に帰属すると考えられているわけではない。いわゆる共有において、各共同所有者の有する持分権は、縮限された所有権に他ならない。また、合有においても、各共同所有者は潜在的な持分権を有する。ただ、総有においては、共同所有者は、実在的綜合人として、一個の所有権を有する。そして、かような諸形態は、共同所有の主体間の結合の有無ないし強弱によって生ずるものである（物権〔三四〇〕—〔三四三〕参照）。多数当事者の債権関係においても、事情は全く同一である。すなわち、多数当事者の間にその共同所有が総有となるだけの結合が存するときは、その債権関係は総有的となり、合有となるだけの結合が存するときは、その債権関係は合有的となる。そして、何ら特別の結合がないために共有となる場合には、その債権関係は共有的となる。ただ、最後の場合には、共同所有においては共有という一つの類型があるだけなのに対し、多数当事者の債権関係にあっては、さらに多くの類型を生ずる。共有は、物権関係として、画一的な内容を与えられるのに反し、債権関係にあっては、当事者の意思によって違った類型を作ることができるからである。

要するに、(ｉ)一個の財産が多数人に帰属している、という意味では、多数当事者の債権関係も、共同所有と根本の趣旨を同じくし、そこにも、共有的なもの・合有的なもの・総有的なものの三種が存在する。(ii)民法の規定する「多数当事者ノ債権」(四二七条以下)は、共有的なものの中の類型である。その中には、主体間に共同関係の意識を伴なうもの(連帯債務や多くの場合の保証)もあるけれども、合有関係を生ずるほどの結合関係は存在しない。以下に、まず民法の定める各類型の特色を示し、ついで、民法に直接の規定のない総有的な帰属と合有的な帰属について略説する。

二　民法の規定する多数当事者の債権関係はつぎの四種である。

〔五三八〕　(イ)分割債権関係(四二七条)　各債権者が分割した独立の債権を有し(前掲の自動車を売る例で甲乙丙三人が各三〇万円ずつの代金債権を取得するとき)、各債務者が分割した独立の債務を負担する(前掲の自動車を買う例で甲乙丙三人が各三〇万円ずつの代金債務を負担するとき)関係である。従って、分割債権関係は、更に分割債権と分割債務の二態様を含む。これらの関係は、多数当事者の債権関係を生ずる場合における原則的な態様とされる点において主要な意義を有するだけであって、特殊の制度としての独立の意義は少ない。この態様においては、債権債務の関係は極めて明瞭である。然し、分割債権においては、一人の債権者が権利を行使しないときは他の債権者は債権全部の履行を求めることができず、また、債務者は各債権者に分割して給付する煩を免れえないから、債権者にとっても債務者にとっても不利益が少なくない。また、分割債務においては、一人の債務者が無資力なときにも、その者の負担する部分はこれを他の債務者から請求することができないので、債権者にとって甚だしく不利である。要するに、分割債権関係は多数当事者の債権関係における個人主義的思想の現われである。その長所も否定しえないであろうが、その適用範囲に慎重な制限を加えないで漫然と多数当事者の債権関係の原則とすることは、不都合な結果を生ずることを免れない（〔五五三〕以下に詳述する）。

〔五三九〕（ロ）不可分債権関係（四二八条—四三一条）　各債権者が目的たる給付の全部についてこれを請求する債権を有し（前掲の自動車を買う例で甲乙丙三人がいずれも目的たる自動車自体を請求する債権を有するとき）、各債務者が目的たる給付の全部についてこれを給付すべき債務を負担する（前掲の自動車を売る例で甲乙丙三人がいずれも目的たる自動車自体を給付すべき債務を負担するとき）関係である。従って、不可分債権関係は更に不可分債権と不可分債務の二態様を含む。給付がその性質上不可分であるときは、これを不可分債権関係とする他なく、この制度は主としてかような場合にその実益を有する。然し、性質上可分な給付も当事者の意思表示によってこれを不可分債権関係とすることができる。そして、不可分債権としたときは、債権者にとってその債権全部を行使することが容易となり、また、不可分債務としたときは、連帯債務と同じく、債権の効力を確実にする作用を営むことになる。

〔五四〇〕（ハ）連帯債務（四三二条—四四五条）　（a）債権者が各債務者に対して給付の全部を請求する権利を有するが、一人の債務者が弁済するとその範囲において全債務者の債務を消滅させる多数債務者の関係である。多数の債務者の一人でも資力があれば、債権者はこの者から全部の弁済を受けることができるから、債権の効力を強化する作用を有する。従ってこの関係が法律の規定によって生ずる場合には、可分債務の原則を破って、債権者の保護ないし多数債務者の責任の加重をはかることになる。また、この関係が契約によって生ずる場合には、保証債務と同じく、債権担保の作用をなすことになる。

(b)連帯債務に類似するものに、不真正連帯債務と呼ばれるものがある。連帯債務との差異は、一言にしていえば、多数の債務者間にそれほど緊密な関係がなく、債務者の一人について生じた事由(例えば免除・時効消滅・混同など)は他に影響を及ぼさないものである。従って、債権者にとって却って有利な場合がある。民法の規定からもしばしば生ずるものであるから、連帯債務と関連して考察しておかなければならない(〔六一三〕以下に説く)。

(c)連帯債務が多数の債務者の関係であるのに対し、多数の債権者間に存する類似の関係がある。すなわち、多数の債権者が、一人の債務者に対して、各自給付の全部を請求する権利を有するが、一人の債権者が受領するとその範囲において全債権者の債権を消滅させる多数債権者の関係である。これを連帯債権という。連帯関係の消極的なもの(連帯債務)に対し、その積極的なものとして、ローマ法以来両者は関連した制度とされ、現在の民法の中にもこれに関する規定を設ける例が少なくない(ド民四二八条―四三〇条、ス債一五〇条、フ民一二九七条―一二九九条)。わが民法はこれについて特別の規定を設けないだけでなく、民法の他の規定からかような関係を生ずる場合もないようである。然し、当事者の契約によってかような関係を生じさせることは可能である。一応考慮しておく必要があろう(〔六二六〕以下に説く)。

〔五四一〕　(二)保証債務(四四六条―四六五条)　債権者が各債務者に対して給付の全部を請求する権利を有するが、一人の債務者が弁済するとその範囲において全債務者の債務を消滅させる点においては連帯債務と同じだが、多数の債務の間に主従の別があり、従たる債務が主たる債務と運命を共にする点(附従性)においてこれと異なるものである。そして、この従たる債務を特に保証債務という。保証債務には、更に、主たる債務者に資力がないために弁済されない場合にだけ弁済すべき性質（補充性）を有するものと、そうでなく、主たる債務者の資力の有無に関係なく弁済すべきものとがある。前者を普通の保証債務といい、後者を連帯保証債務という。後者は連帯債務に似ている。保証債務の作用が専ら債権の担保にあることは説くまでもあるまい。民法はこれを多数当事者の債権関係の一態様とみているが、立法例においては、これを契約の一種として規定するものが少なくない（ド民七六五条以下、ス債四九二条以下、フ民二〇一一条以下参照）。理論的な体系としていずれを至当とするかは問題であろうが、多数当事者の債権関係をその債権担保という作用に重点を置いて観察しようとする本講義の立場からいえば、民法の態度が一層適当である。なお、債権の担保としてみるときは、多数当事者の債権関係は、いうまでもなく人的担保であるから、その作用においては、物的担保と対比されるべきである（担保〔二〕参照）。また、人的担保としては、類似した作用をも営む他の制度、すなわち、前述の相殺（〔四六〇〕以下）、後述の債務引受（〔八〇三〕以下）などをも念頭におくべきである。

第二　債権債務の総有的及び合有的帰属

〔五四二〕　一　多数の者が一個の物を共同に所有する法律関係には、民法の規定する共有の他に総有及び合有が存在するが、債権債務についても同様の関係を認めねばならないことは前述した（〔五三七〕）。少しく詳述する。例えば、実在的綜合人を構成するとみるべき入会権の主体たる部落団体（物権〔五一〇〕参照）が、入会権に関して債権を取得し、または債務を負担するときは、その債権債務はその部落団体に総有的に帰属するとみるべきである。また、共同目的のために拘束された結合的存在を構成するとみるべき民法上の組合及び共同相続人の共同に有する債権及び共同に負担する債務は、これらの結合体に合有的に帰属するとみるべきである。そして、これらの債権債務の総有的帰属及び合有的帰属は、民法の規定する前段の多数当事者の債権関係のいずれの態様とも異なる。けだし、民法の認める態様は、その原則とされる分割債権関係においてはもとより、その他のものにおいても、債権者は各自個々的の債権を有し、債務者は各自個々的に債務を負担し、その権利の間にも義務の間にも特に団体的拘束というべきものが存在しない。従って、主体間の団体的結合状態の反映する債権関係の総有的帰属または合有的帰属とは根本的に異なるべきものだからである。

〔五四三〕 **二　債権債務の総有的帰属**　債権債務の総有的帰属関係の内容を今日においていかに構成すべきかは、今日実在的綜合人をいかなる構成として認めるべきかと関連した困難な問題である。一応の考察を試みれば――

(1)第一に、債権の総有的帰属においては、債権は実在的綜合人に一個の権利として帰属し、その取立その他の処分は、実在的綜合人自身が――団体構成の規範に基づいて――これをすることができるだけである。そして、その取り立てえたものは、実在的綜合人の総有に属し、各員の個人的財産とはならない。従って、綜合人の各員は、その債権につき、分割的にも、全部的にも、直接に権利を有しないものである。なお、物の総有においては、綜合人の各構成員は、固有権として、目的物を使用収益する権能を有するが(物権〔三四二〕〔五一六〕参照)、目的物の使用収益を伴なわない債権の総有的帰属においては、かような固有権を認める余地はないであろう。

〔五四四〕 (2)第二に、債務の総有的帰属においても、債務は実在的綜合人に一個の義務として帰属し、綜合人自身がその総有に属する財産をもって弁済の責に任ずる。但し、この総有財産による責任の他に、綜合人の各構成員がいかなる債務ないし責任を負うかは疑問である。おそらくは、各員は何らの個人的債務ないし責任を負わないのを普通とするが、場合によっては、一定の条件の下に（例えば総有財産をもって弁済をするのにたりないとき）、一定の限度において、間接に債務ないし責任を負担することも絶無ではあるまい。そのいずれであるかは、実在的綜合人の性質によって定まることであり、後者だとしても、実在的綜合人の本質に反することにはならないであろう。

〔五四五〕 **三 債権債務の合有的帰属** 債権債務の合有的帰属の特質は、債権債務が合有の主体たる目的結合体の各構成員に直接に帰属するが、しかもこの各員に帰属する債権債務は、主体間における共同目的のための人的結合関係を反映し、個別的独立性を有しないものである点に存する。すなわち、——

(1) 第一に、債権の合有的帰属においては、各構成員の数に応じた数個の債権が存在するが、その内容は、各員の数に応じて分割されたものではなく、いずれもその全額に及ぶ。そして、その債権の取立その他の処分は、全員が共同してのみ行うことができ、その取り立ててえたものは、合有団体の合有財産となる。従って、各員はその全部に及ぶ債権を単独に取り立てまたは処分することができないものであることは、あたかも合有財産に属する物自体を合有団体の各員が単独で処分しえないと同様である。

つぎに、合有的債権に対する各員の持分なるものを、果して、また、いかなる態様において、認めるべきかは、困難な問題であるが、各員の持分は債権全部についての計算的な割合として考えられるに止まり、独立の権利たる性質を有せず、従って、取立、譲渡その他の処分をすることができないものとみるのが至当であろう。

〔五四六〕 (2)第二に、債務の合有的帰属においても、各構成員の数に応じた数個の債務が存在するが、その内容は、各員の数に応じて分割されたものではなく、いずれもその全部に及び、各員の持分はその全部についてただ計算的な割合として考えられるに止まる。従って、この債務には、各員が計算的割合をもって共同に所有する合有財産だけがその引き当て(責任・担保)となる。すなわち、債権者は、全員に対して共同に請求することによってのみ、合有財産に対して執行することができる。但し、この合有団体の債務について、合有団体の各員が、右の合有的債務を担保する意味で、別に個人的債務ないし責任をも負担するかどうかは別問題である。そして、ここでは、債務の総有的帰属と異なり、各員は、何らかの態様において、直接に個人的債務ないし責任を負担するのが普通である。ただその態様が、分割的であるか連帯的であるか(例えば各組合員が分割債務を負うこともあり、また連帯債務を負うこともある)、また、合有的債務と併存的であるか、これに対して第二次的であるか(合有財産の状態の良否を問わず個人的債務ないし責任を負うこともあり、また合有財産をもって弁済しえない場合にだけ個人的債務ないし責任を負うこともある)は、合有団体の種類によって異なりうる。

以上は合有的債権債務の理想形態を示しただけである。民法上、組合財産及び共同相続財産は合有の顕著な例とされるが、細かな点では、両者の間にも差異がある。組合の債権債務については、債権各論に詳説している(債各〔一二一四〕以下)。相続された債権と債務については、コンメンタールに一応の説明を試みているが(我妻立石・コンメンタール親族法相続法、八九八条〔2〕・八九九条〔3〕)、相続財産(相続が開始してから遺産の分割が決定するまでの間)の管理の問題と関連してなお一層の研究を要すると考えている(判例が、分割債権とすることにつき後の〔五五三〕、分割債務とすることにつき後の〔五五六〕参照)。

第三　多数当事者の債権関係に関する規定の概観

一　民法の規定する多数当事者の債権関係については、考察すべき三つの主要な問題がある。(i)債権者と債務者との間の請求・弁済を中心とする本体的な効力(対外的効力)、(ii)多数の債権者の一人と債務者との間、または債権者と多数の債務者の一人との間に生じた事由が、他の債権者または債務者にいかなる影響を及ぼすか、(iii)多数の債権者の一人が弁済を受領した場合、または多数の債務者の一人が弁済した場合に、他の者にいかに分配しまたはいかに分担させるか(内部関係)、の三つである。民法の詳説な規定を研究する前に、一応の概観を試みることにしよう。

〔五四七〕 (1) 対外的効力　各債権者と債務者、債権者と各債務者の間において、いかにして請求され、またいかにして弁済されるかの関係である。分割債権と分割債務――例えば、共同して自動車を購入した甲乙丙が九〇万円の代金について各自三〇万円の債務を負担するとき、または、共有の自動車を売った甲乙丙が九〇万円の代金について各自三〇万円の債権を取得するとき――においては、分割された債権または債務について、その債権者と債務者との間で、他とは全く無関係に個別的に請求されまた弁済される。これに対し、その他の多数当事者の債権関係においては、一人の債権者への弁済または一人の債務者の弁済は、他の債権・債務を消滅させる点は共通である。然し、その請求の要件・効力などについては、これらの債権関係の中にも差異がある。すなわち、不可分債権においては、民法は比較的自由に債権を行使することができるような効力を認めているが、この点は立法例の分かれるところである。連帯債務においては、各債務者に対する債権は極めて独立的でありまた強力である。これに反し、保証債務は、主たる債務に対する補充性によって、第二次的な債務とされる。但し、連帯保証債務は補充性がなく、連帯債務におけると同一の効力を持つ。そして、不可分債務は連帯債務と同一に取り扱われる。

〔五四八〕(2)債権者または債務者の一人について生じた事由の他の債権者または債務者に及ぼす影響　例えば、多数の債権者中の一人が請求をなし、または債権を放棄(免除)した場合、あるいは、多数の債務者中の一人に対して請求があり、または免除がなされた場合に、これらの事由は他の債権者または債務者に対していかなる影響を及ぼすか。分割債権と分割債務においては何らの影響を及ぼさないことは当然であろう。不可分債権と不可分債務においても、各債権者の債権及び各債務者の債務は、実質的には別個独立の債権であり債務であるとみられるので、同様に、何らの影響を認められない。これに反し、連帯債務においては、各債務者の間に共同の目的に協力しようとする主観的な関係があるものなので、すべての立法例は、程度の差こそあれ、一定の範囲において影響を認める。そして、わが民法は、その影響を認める範囲の比較的大きな立法例に属する。保証債務においては、専ら保証債務の附従性によって決すべきことである。すなわち、主たる債務者について生じた事由はすべて保証人に影響を及ぼすが、保証人について生じた事由は主たる債務者に影響を及ぼすべきではない。然し、民法が連帯保証をこの点において連帯債務と同様に取り扱うことは注意を要する。

〔五四九〕(3)内部関係　多数の債権者中の一人が受領したものを他の債権者に分与させるべきか、多数の債務者の中の一人が弁済その他債務を消滅させるためにした出捐を他の債務者にも分担させるべきか、という関係である。専ら多数の債権者または債務者の内部関係によって定まることであるから、分割債権と分割債務においてもこれを認めるべき特別の場合がないではない。その他の債権関係においては常にこれを認めるべきであり、殊に保証債務においては複雑重要な問題を提供する。

〔五五〇〕 **二** 以上の関係を表示すればつぎのようになる。

		対外的効力	一人について生じた理由		内部関係(求償関係)
(イ)分割	債権	個別的・無影響	無影響		特別の場合にのみ別に分配する
	債務	右に同じ	右に同じ		特別の場合にのみ別に分担する
(ロ)不可分	債権	一人で全員のために請求・受領(四二八条)	請求・弁済以外は無影響(四二九条)		平等分配と推定
	債務	連帯債務に同じ(四三〇条)	右に同じ(四三〇条)		連帯債務に同じ(四三〇条)
(ハ)連帯債務		債務者の一人又は数人に対して同時又は順次に全部又は一部を請求すること自由(四三二条・四四一条)	無影響を原則とするが(四四〇条)、相当の例外がある(四三四条—四三九条)		平等分担の立場で一定範囲の求償を認める(四四二条—四四五条)
(ニ)保証債務			〔主たる債務者〕	〔保証人〕	
	普通	催告及び検索の抗弁権がある(四五二条・四五三条)	原則として保証人に及ぶ(四五七条)	無影響	主たる債務者だけが負担するが、委託があるかないかによって求償の範囲が異なる(四五九条—四六五条)
	連帯	右の抗弁権がない(四五四条)	同右と解す	連帯債務と同一の影響がある(四五八条)	右に同じ

〔五五一〕 **三** 債権は財産権であるから、これについて多数の主体があるときは債権の準共有といってよい。従って、共有の規定を準用すべきことになる(二六四条本文)。然し、民法の多数当事者の債権に関する第四二七条ないし第

四二九条の規定は債権の準共有に関する特則とみるべきものであるから、この関係については、共有の規定を準用する前に、まずこの規定を適用し、然る後に必要があれば共有の規定を準用すべきである（二六四条但書、物権〔三七二〕参照）。さらにまた、多数の主体ある債務については、あたかもその総有的ないし合有的帰属を考えることができると同様に、その共有的帰属をも考えることができる。然し、これについては、多数当事者の債務に関する規定すなわち第四二七条及び第四三〇条ないし第四六五条の規定の適用で充分であって、別に共有の規定の準用ないし類推適用をする必要は、実際的にも理論的にもないものと考える（但し、債務の準共有なる観念を力説する説もある（勝本〔中1〕八〇頁））。

以上は、一般に説明されることであって、強いて反対する理由もない。然し、実際問題としては、共有の規定を準用する必要は絶無のようである。のみならず、理論としても、そのような説明をする必要があるかどうかすこぶる疑わしい。なぜなら、債権の上の所有権とは、給付の全面的支配、すなわち債権そのものに他ならず、従って、給付の共有は、多数債権者の関係そのものに帰するからである（我妻「権利の上の所有権という観念について」（法協五四巻三―五号）、同「無記名債権の動産性と債権性」（田中耕太郎記念論文集所収）参照）。

第二節　分割債権関係

第一　意義とその性質

〔五五二〕　一　分割債権関係とは、可分給付――分割的に実現することのできる給付（〔三〇〕、なお後の〔五六七〕参照）――を目的とし、その給付が各債権者または各債務者に分割される多数当事者の債権関係である。債権者の多数ある分割債権と債務者の多数ある分割債務とを含む。一個の可分給付について数人の債権者または数人の債務者が関与するときは、分割債権関係を生ずるのが原則である（四二七条）。かような原則は、ローマ法以来の伝統として、フランス民法（相続（一二二〇条）と組合（一八六二条・一八六三条）について分割債権関係となることを定めているが、一般的原則と解されている）、ドイツ民法（四二〇条は一般的規定、但し後述のように重要な例外を定める）にも明言されている（ス債には規定はないが最後の原則と認められている（Oser, Vorbem. z.Art. 143 ff., Nr.2））。然し、この原則を無制限に認めるときは、前に一言したように（〔五三八〕）、当該債権関係を生ずる制度の趣旨に反し、また当事者の意思にも適さないことが少なくない。解釈論としても、適当な制限を加えることが必要である。

二　分割債権を生ずる場合

一個の可分給付について数人の債権者が関与する事例はそれほど多くはない。

〔五五三〕 (1)民法上の組合が金銭債権を取得する場合、及び遺産に含まれる金銭債権が共同相続される場合は極めて多いが、これらは債権の合有的帰属を生ずるものとみるべきだから、分割債権とはならない（〔五四六〕参照）。もっとも、判例は、組合債権については、近時になって、大体においてこの理論を認めているが、相続債権については、まだこれを認めていない。すなわち、遺産の中の預金債権や貸金債権は、相続分に応じて分割された額で、各共同相続人に帰属する――従って、その額に限り、自由に譲渡しまたは弁済を受けることができる――という（大判大正九・一二・二二民二〇六二頁（生命保険金―相続人は各自単独で分割額の請求訴訟ができる）、大判昭和七・三・三〇裁例判（六）民九二頁（貸金債権―共同相続人の一人に全額を弁済しても、他の相続人に対する債務は消滅せず）、大判昭和一四・三・二四新聞四四〇九号一六頁（連帯債務者は各共同相続人に対し分割額の連帯債務を負うことになる））。然し、これを合有と解するときは、別異の取扱をなすべきこと、前に一言した通りである（〔五四六〕末尾）。

〔五五四〕 (2)共有物を収用された場合の対価（大連判大正三・三・一〇民一四七頁（共有者の一部の者が対価全部を受領したときは、他の者の債権を自分の名で行使したことになり、返還義務を負う）。連合部判決であるのは共有物分割の性質に関するようである）、共有物を第三者に毀損された場合の損害賠償請求権などのように、特別の結合関係のない多数の者につき、しかも直接それらの者の意思に基づかないで法律の規定によって生ずる債権は、分割債権となる、と解しても、一般に不都合はないであろう。然し、これら多数の者の共同の行為ないし出捐が不可分に結合して相手方に利益を与え、その費用ないし利得の償還を請求する権利を取得する場合（例えば共同してする他人の事務の管理による費用償還請求）の債権は、やはり不可分債権として成立する、というべきものと思う（後の〔五五七〕参照）。

〔五五五〕 (3)問題となるのは、数人の者が共同してする契約によって債権を取得する場合である。例えば、共有物を売却する場合などは、売却するには、全共有者の同意を要するのだから（二五一条）、代金債権が共有持分に応じて分割債権となるのではなく、売買当事者間に代金を一括して請求し、一括して弁済する特約が存在すると認めるべき場合が多いのではないかと考えられる。また、数人が共同して貸し付けた金銭の返還請求権なども、その数人の間で平等に分割された債権となるとするのが判例だが（大判大正七・六・二一新聞一四四四号二四頁（但し、二人で貸し付けたというだけで事情は不明））、甚だしく疑問である。もっとも、数個の銀行が共同して企業者に一定額の設備資金を融通するいわゆる協調融資などにあっては、多くの場合、――ほぼ同一の条件で一定の総額を分割して（同順位の抵当権を設定する例も少なくない）融資するという点に協定があるだけで――それぞれの銀行の分担額について別個の貸借契約が締結されるのだから、法律的には、全く別個の債権が成立するのであって、多数当事者の債権ではない。然し、数人の者が、所有する金銭を出し合って一定額として、それについて共同して一個の貸借契約を締結する場合には、むしろ不可分債権が成立するとみるのが契約当事者の意思に適するであろうと思われる。

三　分割債務を生ずる場合

一個の可分給付について数人の債務者が関与する事例はすこぶる多い。

〔五五六〕 (1)民法上の組合が金銭債務を負担する場合及び遺産の中の借財その他の金銭債務が共同相続される場合は、債務の合有的帰属とみるべきだから、分割債務とはならない(〔五四六〕参照)。もっとも、判例は、ここでも、組合の債務については、大体においてこの理論を認めているが、相続債務については、まだこれを認めていない。すなわち、被相続人の金銭債務は、共同相続人によって、相続分に応じた分割債務として承継されるという前提で、被相続人の負担していた連帯債務についても、分割額について他の債務者とともに連帯債務者となるという(大決昭和五・一二・四民一一一八頁(判民一一一事件穂積)、大判昭和一六・五・六新聞四七〇六号二五頁、最高判昭和三四・六・一九民七五七頁)。然し、これを合有的債務とみるときは、債権者は、全共同相続人を相手にして、分割前の遺産から全額の請求をすることができるとともに、各共同相続人に対しては、その相続分に応じた分割額について固有財産から請求することができる、というべきことになる(〔五四六〕参照)。

〔五五七〕 (2)当事者の直接の意思に基づかずに数人の者が共同債務を負担する著しい例は、共同不法行為であるが、それについては連帯債務となる旨の規定がある(七一九条、後の〔五七七〕参照)。

他人の事務管理によって数人の者が利益をえて費用償還債務を負担する場合(七〇二条)にも、その事務管理が、例えば共有物の修理や、共同経営事務の管理のように、数人の者に共同不可分の利益を与えるものである場合には、その利益の償還を目的とする債務も不可分債務となる、というべきであろう(賃貸借についての次段参照)。同様に、数人の者が共同して他人の財産または労務によって不当利得をした場合にも、その利得が数人の者に共同不可分に帰属するときには、利得の返還義務は不可分債務となるというべきものと考える。けだし、数人が不可分的にえた利益の償還は同じく不可分とすることが制度の趣旨に適するからである。

〔五五八〕 (3)最も問題となるのは、ここでも、数人の者が、共同してする契約によって債務を負担する場合である。ドイツ民法は「数人が、契約によって、共同して可分給付をなすべき義務を負う場合において、疑わしいときは、連帯債務者として責任を負う」という広い例外を定め(四二七条)、スイス債務法(三〇八条)及びフランス民法(一八八七条)は、数人が共同して一つの物を借用したときは連帯して責任を負う旨を定める(推定規定であることはいうまでもない)。然るに、わが法制では、商法に、「数人ガ其一人又ハ全員ノ為メニ商行為タル行為ニ因リテ債務ヲ負担シタルトキハ其債務ハ各自連帯シテ之ヲ負担ス」(商五一一条一項)というやや一般的な規定がある他には、分割債務となることを制限する規定がない(数人が保証人となる場合についての四五六条は分割債務の原則を更に徹底させている)。債権者にとって極めて不利益であるばかりでなく、当事者の普通の意思にも適さない場合が多い。各場合について合理的な判断を必要とする。

〔五五九〕 (イ)第一に、外観上数人の契約当事者があるようにみえる場合でも、実際には、一人が契約の当事者となり、他の者は事実上その契約上の利益を受ける地位を有するに過ぎない場合も少なくない。学生を伴ってレストランに入った紳士の注文はその例であるが、親子夫婦以外の親族(兄弟など)や友人同士が共同生活を営む場合にも、その中の一人を対外的代表者——単なる代理人ではなく、自分の名で契約をする権限を授与された者——とする例が稀ではないと思われる。そのような場合には、多数当事者の債権関係とはならない。契約の当事者だけが全部の債務を負担する。

〔五六〇〕 (ロ)第二に、数人の者の負担する債務が、各債務者が共同不可分に受ける利益の対価たる意義を有する場合には、原則として不可分債務になると解すべきである。けだし、前段に述べたように、数人が不可分的にえた利益の償還は不可分的な債務となすべきだとすると（〔五五七〕参照）、かような利益の対価が契約によって定められる場合にも、当事者の意思はこれを不可分債務とするものと解するのが適当だからである。判例もこの理を認め、通説も大体において支持する。すなわち、共有山林の監守料支払債務（大判昭和七・六・八裁判例(六)民一七九頁（各共有者は目的物のどの部分についても監守の利益を受けるから、という）。但し、大判昭和二・一〇・一四新報一三一号一一頁は、共同経営の漁場の雇人に対する給料債務は分割債務だと判示したが、変更されたとみるべきであろう）、共同して家屋を賃借した者の賃料支払債務及び明渡遅延による賃料相当額の賠償債務（大判昭和八・七・二九新報三三七号一二頁）などについて、不可分債務の成立を認める。

問題となるのは、賃借人が死亡して、同居者もしくは共同相続人が承継する場合である。元来、右に述べた不可分債務理論は、判例が賃借人の共同相続について認めたものである（大判大正一一・一一・二四民六七〇頁（判民一〇〇事件末弘））。賃借人たる母が死亡し四人の子が共同相続をして引き続き居住していたが、家賃を滞納したので、賃貸人は、長男一人に全額の支払いを催告して解除し、家屋の明渡と延滞賃料及び解除後の賃料相当額の支払を請求した事案である。原審は、賃料債務は分割債務となることを理由として、訴を棄却したが、判旨は、賃料債務が不可分債務であることを説き——解除は効力を生じないが（解除は全員に対してのみなすことができ（五四四条）、不可分債務者の一人に対する履行の請求は他の債務者に対して効力を生じない（四三〇条・四三四条）から）——賃料の請求は、全額について一人に対してすることができる（四三〇条・四三二条）と判示したのであった。共同賃借人の賃料債務の不可分性を説いた点は極めて正当であるが、相続と関連させるときは、注意すべき点を含む。けだし、賃料債務の不可分性は共同利用の対価である点に求むべきであって、共同相続の点に求むべきものではない（同旨柚木(下)一二頁—末弘前掲評釈は共同相続に根拠を求めているが賛し難い）。いいかえれば、相続開始までの延滞賃料は、金銭債務の共同相続理論に従う（合有的帰属）。相続開始後の賃料債務が不可分債務となるのは、共同相続人が共同に利用しているからである。本来一人の賃借人であった関係が、相続によって数人に承継され、数人の相続人の共同利用となるときは、その時から賃料債務は不可分債務となると考えることには、理論上の難点はないであろう。問題なのは、共同相続人の一部の者だけが承継して共同利用をするとき（兄弟姉妹中の一部の者が同居していたときなど）、または、法定相続権のない者が承継して共同利用をするとき（内縁の妻とその間の子だけが同居していたときなど）などの関係である。共同利用者の賃借権の承継が確定した後は、これらの者だけが不可分債務を負い、他の相続人は賃貸借関係から離脱すると解すべきものと思うが、賃貸借の承継と相続とに関係する困難な問題である（各債〔七〇〇〕に賃貸借の面からの一応の考察をしている）。

なお、本段に述べる不可分債務理論は、債権者が各債務者に対して全額の請求ができるというだけである。その限りでも――数人の債務者の中に一人でも資力のある者があれば、全額の満足を受けることができるから――債権者にとって有利であることはいうまでもない。然し、一人に対する請求は、連帯債務と異なり、他の者に対して効力を生じないから（四三〇条は四三四条を準用しない）、解除をするには、全員に対して個別的に催告しなければならない（前掲大正一一年の判決の事例を想起せよ）。

〔五六一〕　（ハ）第三に、共同して借財をする場合、物を購入する場合、などが問題になる。共同借財については、民法施行前は、明治八年の布告（四月二〇日六三号（借用証書の連印者は原則として全額弁済の義務ある趣旨））によって原則として連帯債務となるものとされた（大判明治三五・一一・二九民一〇巻二一五頁、大判明治四〇・一〇・二一民一〇〇四頁等）が、民法によるときは、原則として分割債務となるものとされる（このことを直接に明言した大審院判決は見当らないが、当然のこととされているといってよい）。売買代金についても同様である（大判大正四・九・二一民一四八六頁（売買証書に買主として氏名を連記しても連帯の推定をなすべきでない）、大判昭和二・八・三裁判例（二）民一三六頁（共同して買ったという事実だけで代金債務の連帯を認定するのは理由不備））。然し、債務者となる全員の資力が総合的に考慮されたとみるべき特殊の事情があるときは、――不可分債務という特殊の関係よりも、むしろ契約全体について共同責任を負うべき――連帯債務とする特約があると認めるべきである。

第二　分割債権関係の効力

一　対外的効力

〔五六二〕 (1)各債権者及び各債務者は一定の割合において分割された債権を有し、債務を負う。その割合は平等と推定される(四二七条)。なおこの平等分割債権・債務を原則とする理論は、訴訟関係においても貫ぬかれる。すなわち、数人の共同被告に対して一定金額を請求する訴は、――連帯債務ないし不可分債務である旨の主張をしないときは――各被告に対して平等に分割された数額を請求するものとみられる(最高判昭和三二・六・七民九四八頁)。そして、共同被告に対して一定額の支払を命ずる判決は、各自に対して頭数に応じて分割された額の支払を命ずる内容をもつ(大判昭和三・一〇・三一新聞二九二一号九頁(各自に対する額または分割率を示さなくともよい))。従ってまた、その執行に当り、一人に対し全額について差押をすることは違法であって、執行の方法に関する異議の訴(民訴五四四条)で阻止することができる(前掲大決昭和五・一二・四民一一一八頁(〔五五六〕参照)。但し、事案は連帯債務者の一人に対する確定判決のあった後に相続が開始し、共同相続人三人に対して承継執行文の付与を受け、一人に対して全額について執行した事例)。連帯債務者の一人が全額を弁済し、他の債務者に対する求償権に基づいて、債権者の有する公正証書の執行力を代位する場合も同様である(大決大正三・四・六民二七三頁(各債務者に対して執行しうる額を明示する必要はない。但し、求償しうる額は平等負担額に限る))。

〔五六三〕 (2)各債権者の権利及び各債務者の義務は独立のものであって、その請求にも履行にも、当事者が多数だということからの影響または拘束を受けない。但し、――例えば、甲乙丙が共同して丁から三〇万円で物を買い一〇万円ずつの債務を負い、または、甲乙丙共有の物を丁に三〇万円で売って一〇万円ずつの債権を有するときのように――、全債務が合して双務契約上の一方の債務となっているときには、反対給付を目的とする債務は分割債務の全部と同時履行の関係(五三三条)に立つ。すなわち、前例で、甲乙丙三人が全部履行しない以上、丁は同時履行の抗弁権をもつ。また丁は甲乙丙三人に全部履行しない以上、同時履行の抗弁権の対抗を受ける。さらにまた、一個の契約から分割債権関係を生ずるときにも、その契約の解除は、総債権者から総債務者に対してしなければならない(五四四条、前例で、甲乙丙全員に対してのみ、または甲乙丙全員からのみ解除をなしうる)。これらはいずれも双務契約または解除の性質から生ずる結果であるが、この意味においては、分割債権関係も一個の契約から生じた効果であるという性質はなおこれを失わないものである。

〔五六四〕 **二**　分割債権・分割債務の当事者の一人について生じた事由

各債権は独立した権利であるから、一人の債権者または一人の債務者について生じた履行不能、履行遅滞、免除、混同などは、その債権者・債務者の間でそれだけの効果を生ずるだけで、そのことは他の債権者または債務者に何らの影響を及ぼさない。同時履行の抗弁や解除についても、反対給付の額が増減するか、当事者の数が減じたことになるだけである。

〔五六五〕 **三**　内部関係

第四二七条は対外的効力を定めるものである。各債権者または各債務者の内部関係は、これとは別に定めることができる。もっとも、多くの場合には、対外関係と同じく、対内関係も平等であろう。然るときは、各債権者は、自分の取得したものを自分一人の所得として、他に分配する必要はない。また、各債務者は、自分の出捐したものについて他の債務者から求償することはできない。然し、内部関係が平等でないときは、自分の取得しうる割合以上の弁済を受領した債権者は、これを他の債権者に分与すべきである。共有持分の不平等な共有物を売却した場合などにかような事例を生ずるであろう。また、自分の負担すべき割合以上の弁済をした債務者は、これを他の債務者から求償することができる。数人の友人が共同で飲食をして平等の割合で支払債務を負担したが、内部では俸給に応じて分担する約束があった場合などに、かような事例を生ずるであろう。やや問題となるのは、右のような内部関係を相手方が知っているときは、この者に対する関係でも分割債権債務の分割率が違ってくるかどうかである。肯定すべきである。けだし、第四二七条の別段の意思表示とは、分割債権債務となるかどうかについてだけでなく、その割合についても意味を有すると解すべきであり、内部関係の分割率を知っている当事者間の契約は一般にそのような意思表示を含むとみるのが適当だからである。

第三節　不可分債権関係

第一　意義とその性質

〔五六六〕 一　不可分債権関係とは、不可分給付――分割的に実現することのできない給付（〔三〇〕参照）――を目的とする多数当事者の債権関係である。債権者の多数ある不可分債権と債務者の多数ある不可分債務とを含む。後に述べるように、給付が不可分だということには、給付の性質上不可分なものと、本来は可分だが当事者の意思表示によって特に不可分とされるものとがある。前者にあっては、給付の全部を請求し、給付の全部を履行するより他はないが、いかにして請求し、いかにして履行するかが問題となる。後者においては、債権者が多数あっても分割されない点で、債務者の履行を容易にし、また、債務者が多数あっても分割されない点で、債権者に有利となる。

〔五六七〕　二　不可分給付には二つの種類がある。(i)性質上の不可分給付と、(ii)意思表示による不可分給付である(四二八条参照)。これを目的とする多数当事者の債権関係は、いずれも不可分債権関係となる。

(イ)性質上の不可分給付　給付の目的物を分割して給付することが不可能なものである。(i)競業をしない債務、講演をする債務など、「為す債務」(〔二九〕参照)の多くは事実上分割給付の不能なものである。(ii)また、共有地上に地役権を設定する債務などは、法律的に分割給付の不能なものである(二八二条(物権〔四八三〕参照))。(iii)問題となるのは、一個の物の所有権の譲渡または占有の移転(引渡)を目的とする債務である。分割して給付することは、絶対に不可能なのではない。債権者が多数あるときは、逐次に共有持分または占有の一部(持分)を移すこと(債権者と債務者の共同占有となる)が可能であり、債務者が多数あるときは、各自の共有持分または共同占有持分を逐次に移転することが可能だからである。然し、取引の実際からみるときは、むしろ所有権・占有が不可分なものとして考えられているというべきである(意思表示による不可分とする説がある(鳩山二三四頁等)が、取引の実際に適さない)。判例もこの立場をとる(大決大正四・二・一五民一〇六頁(共同して供託した公債の取戻請求権)。大判大正一〇・三・一八民五四七頁(判民四一事件我妻)、大判大正一二・二・二三民一二七頁(判民二五事件末弘)、ともに共有者の共有物返還請求権。この点につき物権〔三五八〕ハ参照)。(iv)さらに、前に述べた共有物の事務管理によって利益をえた共有者の費用償還、共同して賃借・利用する対価たる賃料などのような、数人の者が共同不可分に利益をえることに対応する費用・利得・対価なども、性質上不可分給付とみるのが適当である(〔五五七〕・〔五六〇〕参照)。

（ロ）意思表示による不可分給付　右に述べたように、共同賃借人の賃料債務が不可分給付となるのは、その性質によるものと解するときは、意思表示による不可分給付の例は少ない。数人が共同して買う売買や数人が共同して借りる消費貸借などで、全員の資力が総合的に考慮されているとみるべき特殊の事情があるときは、不可分給付とするよりも連帯の特約を認定するのが適当だからである（〔五六二〕参照）。

〔五六八〕 三　不可分債権関係は、その主体の数に応じた多数の債権及び債務である。すなわち、甲乙丙三人が丁に対して家屋の引渡を求める不可分債権を有するときは、甲乙丙それぞれが丁に対して同一内容の債権を有する（三個の債権がある）。また、乙丙丁三人が甲に対し家屋を引き渡す不可分債務を負担するときは、乙丙丁それぞれが甲に対して同一内容の債務を負担する（三個の債務がある）。そして、各債権、各債務は、ただその目的が不可分であるという点において拘束を受け影響をこうむるだけであって、実質においては別個独立の債権であり債務であるべきものなのである。目的たる不可分給付が――右の例で家屋が債務者の責に帰すべき事由によって焼失して、塡補賠償義務となるように――可分給付に変ずるときは、不可分債権関係は当然に分割債権関係に変ずるとされる（四三一条）のはそのためである（大判明治四四・二・二四民七四頁（講会の共同世話人の債務不履行による賠償債務につき四三一条を適用する））。

第二　不可分債権

〔五六九〕 一　対外的効力

「各債権者ハ総債権者ノ為メニ履行ヲ請求シ又債務者ハ総債権者ノ為メ各債権者ニ対シ履行ヲ為スコトヲ得」る（四二八条）。総債権者のために履行を請求するとは、すべての債権者が履行を請求したと同様の効果を生ずる意味であり、総債権者のために履行するとは、すべての債権者に履行したと同様の効果を生ずる意味である。従って、多数の債権者の誰でも、単独に、自分に給付すべきことを請求することができ、また、債務者は多数の債権者の中の任意の一人を選んでこれに履行することができる。債権の行使は著しく便利であるが、他の債権者に損失をこうむらせるおそれがないではない。立法例としては、民法と正反対に、全債権者が共同してのみ請求することができるとするもの(プロイセン民法)、その中間にあって、各債権者が全員に履行すべきことを請求しまたは全員のために供託すべきことを請求しうるとするもの(ド民四三二条一項—但し、共有者全員に対して目的物の妨害を除去する債務のように一人の債権者への履行が同時に全員の満足を生ずる場合には、ドイツ民法の解釈においても、単独の請求を是認する(Oertmann §432, 1))などがある(スイス債七〇条一項はド民に近いが供託請求権を認めない)。いずれが妥当であるか考慮の余地があろう。

二　不可分債権者の一人について生じた事由

〔五七〇〕(1)絶対的効力を生ずる事由　各債権者は単独で請求し、また、債務者は各債権者に対して履行しうるものとされる結果、その範囲において絶対的効力を生ずる。すなわち、(イ)一人の債権者の請求は、全債権者のために効力を生じ、これを理由とする時効中断または履行遅滞などの効果もまた全債権者のために生ずることになる。また、(ロ)一人の債権者への弁済または弁済の提供は全債権者に対して効力を生じ、これを理由とする債権の消滅または受領遅滞などの効果もまた全債権者について生ずることになる。

〔五七一〕(2)相対的効力を生ずる事由　請求と履行以外の事由は、他の債権者に対して影響を及ぼさない。すなわち、相対的効力を生ずるに止まる(四二九条二項)。従って、一人の債権者と債務者との間に免除または更改があった場合にも、他の債権者は、債務の全部の履行を請求しうることはいうまでもない(四二九条一項本文)。例えば、甲乙丙三人が丁に対して自動車の引渡を請求する債権を有する場合に、甲が丁の債務を免除しまたは甲丁間で一〇万円の金銭債務に変更する更改がなされたときにも、乙丙は自動車全部の引渡を請求することができる（最高判昭和三六・三・二民三三七頁は数人の共同相続人が建物収去土地明渡請求権を有し債務者がその一人の権利を取得した場合について本条を類推する。正当である）。その結果としては、乙が自動車の引渡を受けたときは、内部関係の割合に従って甲にも自動車の所有・占有を分与し、然る後に、丁から甲に対して不当利得としてその返還を請求することになるはずである。然し、民法は、この循環的関係を簡易に決済するために、全部の弁済を受けた債権者は、免除または更改をした債権者に分与すべき利益を、直接に債務者に償還すべきものとした（四二九条一項但書）。問題となるのは、償還すべきものは、その債権者に分与すべきもの自体（自動車の所有・占有）か、その価額かの点である。価額とする多数説に従う。けだし、免除または更改をした甲丁の意思に適し、乙丙にとっても利益だからである。

〔五七二〕 三　内部関係

不可分債権について単独で履行を受けた債権者は、他のすべての債権者に対して、内部関係の割合に応じて、受領した給付を分与すべきである。民法に規定はないが当然のことであろう。その割合は、各場合の事情によって決すべきものであるが、特別の事情がなければ平等と推定すべきである。

第三　不可分債務

〔五七三〕 一　対外的効力

専ら連帯債務の規定に従う（四三〇条本文）。すなわち、債権者は、一人の債務者に対して、または総債務者に対して同時もしくは順次に、全部の請求をすることができる（四三二条の準用（一部の請求はできない））。詳細は連帯債務について述べる（〔五八二〕以下）。――第四三〇条は前条すなわち第四二九条と連帯債務に関する規定のうちの第四三四条ないし第四四〇条を除いたものを準用している。ところで、第四二九条は不可分債権における一人について生じた事由の効力を定めるものであり、第四三四条ないし第四四〇条は連帯債務における一人について生じた事由の効力を定めるものである。従って、不可分債務については、多数当事者の債権関係の三つの問題のうち、対外的効力と内部関係は連帯債務の規定に従い、一人について生じた事由の効力だけは不可分債権と同様にとり扱われることになるのである（〔五五〇〕の表を参照）。

〔五七四〕 **二　不可分債務者の一人について生じた事由**

(1)絶対的効力を生ずる事由　多数の債務者の中の一人が履行すれば全債務者の債務を消滅させる。従って、各債務者の履行の提供、これに基づく受領遅滞なども絶対的効力を生ずる。

〔五七五〕 (2)相対的効力を生ずる事由　履行、その提供などのような本来の意味での債権の満足を目的とする事由以外の事由については、連帯債務に関する規定（四三四条─四四〇条）を準用せず、不可分債権に関する規定（四二九条）を準用する（四三〇条）。従って、すべての事由は相対的効力を生ずるに止まる（四二九条二項の準用）。すなわち、多数の債務者中の一人のものが免除を受けまたは更改をしても、他の債務者は、全部を弁済すべき義務を免かれない。但し、全部の弁済をした債務者は、免除を受けまたは更改をした債務者の負担すべかりしものの価額の償還を、直接に債権者に対して請求することができる（四二九条一項の準用）。

〔五七六〕 **三　内部関係**

不可分債務の履行をした債務者は、他の各債務者に対して、内部関係（負担部分）の割合に応じて、求償することができる。これらの関係についても連帯債務の規定（四四二条─四四五条）が準用される（四三〇条）。

第四節　連帯債務

第一款　連帯債務の意義及び成立

第一　意義とその性質

〔五七七〕 **一**　連帯債務とは、数人の債務者が、同一内容の給付について、各自が独立に全部の給付をなすべき債務を負担し、しかもそのうちの一人の給付があれば他の債務者も債務を免かれる多数当事者の債務である。

連帯債務の性質に関しては、ドイツ普通法以来学説の争がある。第十九世紀前半においては、連帯債務の中に共同連帯(Korreal-obligation)と単純連帯(Blosssolidar-obligation)の二種を分け、前者は単一の債務について多数の債務者のあるもの(契約によって生ずる連帯は多くこれに属する)、後者は債務者の数に応じた多数の債務が存するもの(多数の者が同一の損害を賠償すべき債務を負う場合がその主要なもの)、となす説が学界を風靡した(Keller この説を唱え Ribbentrop (Zur Lehre von der Korrealobligation 1831) がこれを完成した)。然し、第十九世紀の中葉以後、この説は次第に勢力を失ない、二種共に多数の債務が存するものであって、ただ前者はその多数の債務の間により一層緊密な関係があるに過ぎない、とする説がこれに代った。そして、近世の立法はいずれも、連帯債務の中に二種を区別することをしない(フ民一一九七条以下、ド民四二一条以下、ス債一四三条以下―ドイツ民法、スイス債務法は単純連帯の主要な場合である共同不法行為もこれを連帯債務とする(ド民八三〇条、ス債五〇条)。但しフランス民法には規定はない)。わが民法もまたこれにならった(四三二条以下、七一九条―旧民法は連帯債務の他に連帯でない全部義務を認める(財三七八条・四三九条以下)。その差は、前者においては債務者間に代理関係があり、後者においてはそうでない点にある(債担五二条・七三条))。従って、現時の学説は、いずれも、連帯債務をもって複数債務であるとし、単一の債務関係によって構成される連帯債務なるものを認めない。然し、ドイツ民法の解釈として、学説は、一般に、民法の認める制度たる連帯債務の他に、民法の規定しない「不真正連帯債務」(unechte Solidarität)なる制度を認め、債務者の一人について生じた事由が他に影響を及ぼさない点に前者との主要な差異があるものとする(Oertmann, Vorbem. 5 c z. § 420 ff. und dort Zitierte.)。そして、わが民法の解釈としても、学者は大体においてこれに従っている(鳩山二八五頁、勝本(中1)二三五頁以下及び同所引用の諸著参照)。

思うに、連帯債務の中に共同連帯と単純連帯とを区別することには——ローマ法の法源解釈としての意義を度外視するときは——二つの意義があるということができる。その一は、いわゆる共同連帯債務において債務者の一人について生じた事由が他の債務者に影響を及ぼすことを説明するためには、これを単一の債務とすることが便宜だということである。その二は、多数の債務者が一人の給付によって悉く債務を免れる全部義務を負担する関係のうちにも、債務者の間に主観的な共同関係があるために、一人について生じた事由が他に影響を及ぼすものと、債務者の間にかような関係がないために、そのような影響を生じないものとの二つの種類があることを明瞭にしたことである。そうだとすると、第一に、現時の学説が、すべての連帯債務は複数債務であるとした上で、いわゆる共同連帯において、債務者の一人について生じた事由が他に影響を及ぼすことは、これを債務者間の主観的な共同関係またはこれに立脚する立法政策を根拠として説明すべきである、といっていることは、正当な態度であろう。けだし、かような法律効果は、決して債務が単一であるとしなければ説明しえないものではなく、これを単一の債務とするときは、却って各債務者に対する債権者の権利の独立性を説明しえないことになるからである。然し、第二に、現時の学説が、民法の認める連帯債務の他にいわゆる「不真正連帯債務」なるものを認め、連帯債務との主要な差異を債務者の一人について生じた事由が他に影響を及ぼさない点におこうとしていることは、ある意味において、共同連帯と単純連帯との差異を今日に伝承するものといわねばなるまい。そして、私はこれをも正当な態度であると思う。けだし、右のような客観的に単一の目的を有する全部義務を負う多数の債務者のある場合のうちにも、更にその多数の債務者の間に主観的な共同関係のある場合とない場合との二つの場合が存在するのであるから、前者だけを純粋の連帯債務とし、後者をこれから区別するのが正当だからである。殊に、ドイツ民法のように連帯債務者の一人について生じた事由の他に影響を及ぼす範囲の少ない(単純連帯の法理に傾く)法制の下においてはともかく、わが民法のようにその影響を広範囲に認める(共同連帯の法理に傾く)法制の下においては、その必要が大きいと考えられる。

〔五七八〕 **二** 前段に述べたことを要約すると、連帯債務の法律的性質はつぎのようなものとなる(椿「連帯債務」(総合判例民法16)は、各判決の理論を、その事案に即して吟味しながら、判例理論の進展を明らかにする。判例の総合研究として一つの模範を示す力作である)。

(イ)各債務者の債務は全部の給付を内容とする。不可分債務のように給付が不可分であるためにやむをえず全部の給付をするのではなく、給付は可分であるにも拘わらず、全部の給付をなすべき本質を有するものである。

(ロ)債務者のうちの誰か一人の給付があれば全部の債務は消滅する。各債務者の債務は客観的に単一の目的を達する手段だからである。

(ハ)各債務者の債務は主観的にも共同の目的をもって相関連し、その結果として、一人について生じた事由は、一定の範囲において、他の者にも影響を及ぼし、また、内部的に負担部分が定まり、互に共同して出捐を分担すべきものとされる。

(二)連帯債務は債務者の数に応じた数個の債務である。その結果、——

(a)債務者の一人に対する債権を譲渡することも可能である(〔六〇〇〕に詳説する)。

(b)債務者のうちの一人の債務だけについて保証債務を成立させることができる(四六四条参照)。

(c)各債務者の債務が態様を異にすることも妨げない。すなわち、各債務者の債務が期限または条件を異にしてもよい。債務の額が不同でも妨げない(〔五七九〕ロ参照)。また、一つが商事債務であって他が民事債務であることも可能である(但し、後の〔五七九〕イ参照)。

第二　連帯債務の成立

連帯債務は、意思表示または法律の規定によって成立する。

一　意思表示による連帯債務の成立

〔五七九〕 (1)連帯債務を成立させる意思表示は、契約であることが普通だが、遺言によって成立させることも可能であろう(特定の者に一定の金額を遺贈し、共同相続人の連帯債務とするなど)。

(イ)多数当事者の債務関係について個人主義的思想を貫ぬこうとする立法例においては、連帯の意思表示は明示になされるべきであって、推定すべきものではないと定める(フ民一二〇二条(La solidarité ne se présume point ; il faut qu'elle soit expressément stipulée.)、旧民財担五二条三項(同旨))。然し、民法はかような規定を設けていないから、黙示になしうるのはもちろんであるだけでなく、当事者がすべての債務者の資力を総合的に考慮したとみるべき特別の事情があるときは、むしろ連帯の推定をなすべきこと、前述の通りである(〔五五八〕・〔五六〇〕)。但し、判例は、民法が分割債務を原則としたことに基づき、連帯の推定は容易にこれをなすべきにあらずとしているようである(例えば大判昭和一二・三・二〇判決全集四輯七号四一頁は、共同借主として証書に署名した者につき連帯債務を認定するためには、債権者に対しいかなる方法で連帯の旨の意思表示をしたかを明らかにせよという)。なお、商法第五一一条一項が「数人ガ其一人又ハ全員ノ為メニ商行為タル行為ニ因リテ債務ヲ負担シタルトキハ其債務ハ各自連帯シテ之ヲ負担ス」と規定したことは、契約から連帯債務の生ずる場合の推定規定として重要な意義を有するものであることは、前に述べた通りである(〔五五八〕)。然し、連帯債務も、各債務者についての給付内容に態様の差があってもさしつかえないとされる結果(〔五七八〕ニc参照)、共同して金を借りた数人の債務者中に商人と非商人があるときは、商人についてだけ旧利息制限法五条が排斥され(大判大正四・五・二九民八五一頁)、また商事時効(商五二二条(五年))が適用されることになる(大判大正五・一一・二一民二二六四頁等多数)。このことは、法律関係を複雑にするだけでなく、商事関係を規律する理想にも適さない。そこで、昭和十三年の改正で商法総則編の第三条に「当事者ノ一方ガ数人アル場合ニ於テ其一人ノ為ニ商行為タル行為ニ付テハ本法ヲ其ノ全員ニ適用ス」という一項を追加した。従って、この改正の後は、右のような事例は生じないことになる。このことは、商取引における債権の強化と債務内容の画一化をはかるものとして、注目すべきことであるが、連帯債務の性質がこれを要求するのでないことは、改めていうまでもあるまい。

(ロ)連帯債務において各債務者が全額弁済の責任を負うのは、債権者に対する関係であって、債務者の内部関係では、その中の一人または数人だけが負担する場合があることは、もとより妨げない。ことに、保証の意味で連帯債務者となる者は、内部関係での負担部分は零である。従って、ある者が保証の意味で債務者に加わる場合に、それが真実に連帯債務者となったのか、連帯保証人となったのかの認定は、慎重でなければならない。然し、その認定は、債務者間の内部的な協定によるべきではなく、債権者に対する表示がどうであったかによるべきことはいうまでもない（大判昭和一二・一一・一裁判例（一一）民二七五頁（保証する意図で署名したことが明らかでも、連帯債務者として連署すれば原則として連帯債務者となる））。また、連帯して債務を負担する、という表現は、連帯保証を意味することもありうるから、当事者の主張がいずれか疑問のときは、釈明させた上で決定すべきである（大判昭和三・五・一評論一七巻民訴四四一頁）。

なお、連帯債務の各債務者の債務額や利率に差異があってもよいとされるから（連帯債務者の一人の共同相続人についての判例理論はこの可能性を前提とする（〔五五六〕参照））、例えば、丙が、乙の懇請により、乙が甲から五〇万円月一分五厘の利息で借りるのについて連帯債務者（実質上の保証人）となることを承諾したのに、乙が実際甲から七〇万円月二分の利息で、乙丙連帯として借りたときは、丙は自分の承諾した範囲内で連帯債務を負担する（大判大正七・七・三民一三三八頁）。もっとも、かような契約関係が成立するためには、丙の承諾した貸借契約と乙の実際に締結したものとが同一性を認めうるものでなければならないことはいうまでもない。ちなみに、各連帯債務者の負担する債務額が異なるときは、債務全額について未払額がある限り、自分の負担する債務額を弁済する責任を免かれない、と解すべきである。けだし、連帯債務は債務全額の支払を確実にすることを目的とする制度だからである。

〔五八〇〕　(2)契約によって連帯債務を生ずる場合にも、その契約は一個である必要はない。乙が甲に対して債務を負担した後に、丙が別の契約をして乙と連帯債務を負担することも妨げない。但し、債務の併存的引受によって生ずる関係については後に述べる（〔八二五〕）。

一個の契約によって数人が連帯債務を負担する場合に、債務者の一人について法律行為の無効（意思の欠缺または意思無能力など）または取消（無能力など）の原因があっても、他の債務者の債務の効力には影響を及ぼさない（四三三条）。けだし、連帯債務は各債務者が別個独立の債務を負担するものであって、ただその別個独立の債務が客観的に単一の目的を有しかつ主観的に共同の関連があるとされるにすぎないものであるとすれば、その成立原因はこれを個別的に取り扱うことが当事者の意思に適するからである（法律行為の一部の無効・取消が他に影響を及ぼさない例である（総則〔二九三〕参照））。但し、第四三三条は、連帯債務者の中の一人の債務が無効でありまたは取り消されても、そのことだけでは他に影響を及ぼさないという規定である。当事者がある特定の者について連帯債務が有効に成立することを条件とするときは、その者の債務についての無効または取消は、条件とした者の債務を成立させない。また、予期されていた特定の者が連帯債務者の一人に加わらないことが錯誤となることもありうる（大判昭和一〇・四・一一法学四巻一四五四頁（債権者も知っている場合である））。

〔五八一〕 二　法律の規定による連帯債務の成立

法律の規定によって多数の債務者が連帯債務を負担するものとされる例は、民法にも存するが（四四条二項（法人の社員・理事の賠償責任）・七一九条（共同不法行為）・七六一条（日常の家事について夫婦の責任）等）、商法に殊に多く（商八〇条（合名会社の社員の責任）・一九二条（株式会社の発起人の引受・払込の担保責任）・二〇三条（株式の共同引受人）・二六六条（取締役の会社に対する責任）・五三七条（匿名組合員の商号使用による責任）・五七九条（相次運送人の責任）等）、その他の法律にも稀ではない（無尽業法一一条（取締役の責任）、農業協同組合法三一条の二（理事の責任）、中小企業等協同組合法三八条の二（同上）等）。いずれも、共同の事務ないし事業に関与する者をして共同の責任を負担させることによって、その行動を慎重ならしめるとともに、債権者の保護を完うしようとする目的をもつものである。

なお、連帯債務者の一人を相続した共同相続人は、相続分に応じて分割された数額について、他の連帯債務者と連帯して責任を負う、とするのが、判例の態度であること（〔五五六〕）、また、法律が多数の者に客観的に同一な給付について全部義務を認める場合にも、その多数の者の間に主観的な共同関係の存在しない場合には、これを連帯債務となさず、不真正連帯債務となすべきこと(〔五七〕)などは前述の通りである。

第二款　連帯債務における債権者と債務者との間の効力

〔五八二〕 **第一**　連帯債務者に対する債権者の権利(連帯債務の対外的効力)

一　債権者は「其債務者ノ一人ニ対シ又ハ同時若クハ順次ニ総債務者ニ対シテ全部又ハ一部ノ履行ヲ請求スルコトヲ得」る(四三二条)。すなわち、甲に対して乙丙丁が六〇万円の連帯債務を負担するとすれば、――

(イ)甲は乙丙丁中の任意の一人に対して全部(六〇万円)または一部(例えば二〇万円)を訴求することができるのはもとよりのこと、

(ロ)乙丙丁に対して、同時に全部ずつを訴求し、または一部ずつ(例えば乙に二〇万円丙に三〇万円丁に三五万円)を訴求することもできる。同一の権利について数多の訴を提起したことにはならない。

(ハ)乙丙丁に対して、順次に全部または一部ずつを訴求することも妨げない。すでに係属している事件について重ねて訴えたことにはならない(民訴二三一条参照)。他の債務者に対して勝訴または敗訴の判決をえた後でも、同様である。前の判決の既判力を受けない。但し、一人の債務者に対して訴求する前に、すでに他の債務者によって一部の弁済がなされたときは、残額についてだけ訴求することができ、また、全部を訴求した後、判決前に同様の一部弁済があったときは、残額についてだけ勝訴の判決を受けることができる(この点はロにおいても同様)。けだし、一人の債務者の弁済があるときは、たとい一部弁済でも、その範囲において総債務者の債務は消滅するからである。

(ニ)もっとも、各連帯債務者の負担する債務額が異なるときは、債務残額のある限り、自分の負担する額については責任を免かれないことは前述の通りである(〔五七九〕ロ末尾)。

(ホ)なお、連帯債務者中の一人に対する債権が譲渡された場合の関係については後に述べる(〔六〇〇〕)

以上は、連帯債務者に対する債権者の請求の独立性を示すものであって、連帯債務を単一の債務関係とする前提を採っては説明し難い点である。

〔五八三〕 **二** 連帯債務者の全員または数人が破産の宣告を受けた場合には、右の請求の独立性の理論は特殊の適用を示す。

(イ)前段に挙げた例で、乙丙丁全員または乙丙両人が破産の宣告を受けた場合には、甲は、各破産財団に対し、全額をもってその配当に加入することができる(四四一条)。その後に一の破産財団から一部の弁済を受けても、他の破産財団に対する配当加入額を減額する必要はない。すなわち、例えば、乙の財団が三割の配当をしても、すでに丙丁の財団に加入している額を四二万円に減ずる必要はない。丙丁両財団共に三割の配当をすれば甲は結局五四万円をえることになる。

(ロ)然し、乙の破産手続が終了して甲が配当弁済を受けた後に、丙丁が破産の宣告を受けた場合にも、甲は、債権全額をもって各財団の配当に加入しうるかどうかは、第四四一条の文理からは必ずしも明瞭ではなく、学説は分かれていた(肯定説がむしろ多かった)。そこで、破産法第二四条は明文をもってこれを否定した。すなわち、債権者は「破産宣告ノ時ニ於テ有スル債権ノ全額ニ付」き破産債権者として配当に加入しうるに止まるものとされる。破産債権額は破産宣告の当時を標準とすべしという理論に従ったものである。然し、債権者に不利であることは疑いない。前例で乙の財団から一八万円の配当を受けた後に丙丁が破産すれば、甲は両財団に四二万円で加入しうるだけだから、結局四三万二千円をうけるだけになる。

(ハ) 連帯債務者の一人から破産手続によらずに一部弁済を受けた後に他の連帯債務者が破産した場合にも、残額についてだけ破産財団に加入しうることは、右の破産法の規定によって明らかであるが、この点は民法第四四一条の解釈としても多数説は同様に解していた。

連帯債務者の破産における債権の効力については立法例は分かれている。右の破産法の規定はドイツ法にならったものである(ド破六八条)。フランス法は右(ロ)の場合を肯定し(フ商五四二条以下)、スイス法は更に右(ハ)の場合をも肯定する(ス破二一六条・二一七条)。債権者は連帯債務者の何人からでも全額の請求をなしうるものであり、連帯債務者各自に対する他の債権者はこれを受忍すべきものであることから考えれば、破産において常に全額で加入しうるという特殊取扱をすることも、必ずしも他の債権者を不当に害するものではなく、しかも連帯債務者に対する債権の効力を確保するものである。立法論として考慮の余地があろう(フランス法につき巻末補注〔三〕参照)。

第二　連帯債務者の一人について生じた事由の効力

〔五八四〕 **一**　連帯債務は、客観的に単一の目的を有するものであるから、この目的を達成させる事由(例えば弁済)があるときは、どの債務者によってなされたかを問わず、すべての債務者のために効力を生ずること(絶対的効力)は当然である。これに反し、それ以外の事由は、他の債務者に影響を及ぼさないもの(相対的効力)とすることが、債権者にとって一般に有利である。然し、連帯債務は、債務者間に緊密な主観的関係があるものであるから、目的の到達以外の事由についても、ある程度の絶対的効力を認めることは、当事者間の法律関係を簡易に決済させ、または却って公平に適することもないではない。これ、連帯債務につき、ローマ法以来目的の到達以外の事由についてもある程度の絶対的効力を認めたゆえんであり、また、前述のように(〔五七七〕)、連帯債務の中に債務関係の単一なもの(いわゆる共同連帯)があるという説を生じた根拠である。そして、現代法は、連帯債務はすべて複数の債務関係であるとするが、しかもなお、右のような理由と沿革とに基づいて、目的の到達以外の事由についても一定の範囲において絶対的効力を認めるのである。但し、その絶対的効力を認める範囲は、立法例によって異なる。ドイツ民法(四二二条―四二五条)及びスイス債務法(一四五条―一四七条)はその範囲が甚だ狭いのに反し、フランス民法(一二〇〇条・一二〇五条―一二〇九条・一二八一条・一二八五条・一三〇一条・一三六五条)は相当に広く、わが民法はその中間に位する。この立法の態度の相違は、専ら債権者の地位を強大にすることを目的とするか、それとも、連帯債務者の間の緊密な関係に重きをおくかによって生ずることであるが、民法の態度はやや後者に傾き過ぎる嫌いがあるように思われる。検討の余地ある問題である。殊に、連帯債務者の間の負担部分なるものは、債権者にとって必ずしも明瞭なものではないから、この負担部分を基礎として絶対的効力を認める場合には、慎重な態度が必要であろう(絶対的効力を生ずるそれぞれの事由について述べる)。

〔五八五〕

二　絶対的効力を生ずる事由　連帯債務の性質から当然にかような効力を生ずる事由と、民法が何らかの理由によって特にかような効力を認めたものとの二つに分けることができる。

(1)連帯債務が単一の目的を有することから当然に絶対的効力を生ずるのはつぎの諸事由である。

(イ)弁済、及びこれと同視すべき、**(ロ)**代物弁済、**(ハ)**供託これらについては、明文はないが、当然である(ドイツ民法四二二条一項は三者及び相殺につき、スイス債務法一四七条一項は弁済と相殺につき、フランス民法一二〇〇条は弁済のみについて規定する)。なお、右の事由が絶対的効力を生ずるというのは、連帯債務者の一人がこれらの行為をしたときは、他の債務者も債務を免れる、という意味である。第三者の弁済が効力を生ずるために、債務者の意思に反しないものであることを要する場合(四七四条二項)に、連帯債務者中の一人の意思に反し他の者の意思に反しないときに、いかなる効果を生ずるかは、別問題である。後に述べる(〔五九九〕)。

〔五八六〕

(二)相殺　(a)連帯債務者の一人が、債権者に対して反対債権を有し、これを自働債権として相殺をするときは、他の債務者も債務を免れる(四三六条一項)。例えば、乙丙丁が甲に対して九〇万円の連帯債務を負担し、乙が甲に対して五〇万円の反対債権を有する場合に、乙がその五〇万円の債権で相殺をするときは、丙も丁も五〇万円だけ債務を免れる。すなわち、乙丙丁は四〇万円の連帯債務を負担することになる。相殺も債務者の出捐を伴ない、債権者に実質的な利益(五〇万円の債務の消滅)を与えるものであるから、絶対的効力を認めることは当然である(ドイツ民法、スイス債務法が同旨を規定することにつき〔五八五〕参照)。

(b)右に関連して問題となるのは、連帯債務者の一人が反対債権を有する場合に、他の連帯債務者がこれをもって相殺しうるかどうか——右の例で、丙または丁が乙の反対債権で相殺しうるかどうか——である。これを禁ずる立法例が多い(ドイツ民法四二二条二項、フランス民法一二九四条三項は直接に、スイス債務法一四五条は、連帯債務者の抗弁事由を制限することによって、いずれもこれを許さない)。これに反し、わが民法は、他の連帯債務者は、反対債権を有する債務者の負担部分について、「相殺ヲ援用スルコトヲ得」るものと定める(四三六条二項)。この規定が法律関係を簡易に決済しようとする趣旨(丙の相殺援用を認めないと、丙は九〇万円弁済し、乙と丁から三〇万円ずつ求償し、乙は甲から別に五〇万円請求することになるが、援用を認めれば、丙は、六〇万円弁済し、丁から三〇万円を求償するだけですむ)に、あわせて、反対債権を有する債務者を保護する趣旨を含むものであることは疑いない(乙は甲に対する債権のうち三〇万円は確実に弁済を受けることになる)。問題となるのは、丙が相殺を援用するという意味である。判例及び通説は、乙の反対債権をもって相殺する権限を与えるもの——従って、援用の結果、甲の債権は六〇万円に減じ、乙の反対債権は二〇万円に減ずる——と解している(大判昭和一二・一二・一一民一九四五頁(判民一三六事件兼子)はこの趣旨を含むように解される)。これに対し、乙の負担部分に相当する額だけ弁済を拒絶する抗弁権を与えたに止まり、乙に代って相殺の効果を生じさせる権能を与えたものではない、とする主張がある(兼子前掲評釈)。本条の立法趣旨からいって、それで充分であり、それ以上、他人の債権を処分する権限を与える必要はない、というのである。すこぶる適切なものであって、合名会社の社員の責任に関する商法の新規定(八一条(昭和一三年の改正で追加))もこの解釈を裏づける。従来の見解を改めて、これに同調しようと思う(〔四六六〕a参照—なお保証人についての同旨の規定(四五七条二項)についても同様に解することは〔六七六〕参照)。

なお、判例・通説の見解に従うときは、丙が乙の反対債権をもって相殺をなしうるのは、乙自身が相殺しうる場合に限ることになる。従って、例えば、甲の債権がAに譲渡され、乙の反対債権はBが甲に対してもっていたのを乙が譲り受けたものである場合に、甲から乙に対する譲渡の通知が、Bから甲に対する譲渡の通知より前であるときは、乙は相殺することはできない(債権譲渡の〔七五四〕参照)から、たとい甲から丙または丁に対する通知がBの通知より後であっても、丙も丁も乙の反対債権で相殺することはできない(右の昭和一二年の事案はかような例、しかも別訴で丙の相殺を認める判決が確定した場合に、その判決の既判力は乙を拘束するかどうかが問題とされたものである(後の〔六〇二〕ロ参照))。これに反し、抗弁権説によるときは、譲渡の通知は相対的効力を有するにすぎないから(後の〔六〇〇〕参照)、丙はなお、相殺を援用して、弁済を拒むことができるというべきである(乙はAの三〇万円の請求に対して相殺を主張することはできず、乙の甲に対する反対債権は消滅せず)。

なお、乙自身が相殺しうる場合には、たとい乙が破産宣告を受けた後でも、丙は相殺を援用しうる。このことは、右の両説のいずれによっても差はない。けだし、乙が破産すると、自身で相殺することができず、破産管財人がすることになるが、そのことは、乙の反対債権による相殺可能性を奪うものではないからである（大判昭和七・八・二九民二三八五頁（判民一八九事件菊井））。

〔五八七〕　（ホ）債権者遅滞　ドイツ民法はこれについて絶対的効力を認める（四二四条）。わが民法には規定はないが、同一に解すべきである（多数説といってよいであろう）。けだし、提供は、目的の到達でないことはいうまでもないが、一人の債務者の提供もこれを受領させることによってすべての債務者が債務を免かれるものであるから、これを受領しない効果もまたすべて債務者について生ずるものと解するのが正当だからである。

(2)民法が特に絶対的効力を認めたものはつぎの諸事由である。

〔五八八〕　（イ）履行の請求（四三四条）　連帯債務者の一人に対して請求すれば、全員に対して請求したと同一の効果を生ずる。従って、これを理由とする遅滞（四一二条三項参照）も、時効の中断（一四七条一号参照）もまた、絶対的効力を生ずる。

（a）遅滞が絶対的効力を生ずる結果、請求を受けなかった債務者も、遅延賠償を支払う責任を負う。然し、債権者が遅滞を理由として契約を解除する場合には、契約当事者である連帯債務者全員に対して解除の意思表示をなすべきであって、一人に対して意思表示をしただけでは、解除は効力を生じない、というべきである（五四四条）。けだし、解除の意思表示は、催告と結合してなされる場合にも、催告そのものとは別個のものだからである。

（b）請求が時効を中断する事由として絶対的効力をもつのは、裁判外の請求（催告）（一五三条）についても、裁判上の請求（訴の提起）（一四九条—一五二条）についても、同様である。従って、（i）連帯債務者の一人に対して催告すれば、その後の六ヵ月内は——たといその間に時効期間が満了しても——他の債務者に対しても訴の提起その他の手段を講ずることができることは疑いない。然し、さような手段が講じられたときに、その手段が催告によって一応生じた中断の効果を持続するかどうかは、そのとられた手段によって定むべきである。すなわち、承認はもとより、差押・仮差押・仮処分がなされた場合には、他の債務者に対しては中断の効力を及ぼさないと解すべきである（〔五九七〕イ参照）。

(ii)連帯債務者の一人に対する訴の提起は、他の債務者に対しても、裁判上の請求としての中断力をもつ。すなわち、一人に対する訴によって中断された時効が更に進行をはじめるのは、他の債務者に対しても、その裁判の確定した時からである（一五七条二項参照—大判昭和一三・一二・八民二六三二頁(判民一六〇事件来栖)）。

(iii)右のような訴が裁判上の和解または調停によって終結した場合には——たといその結果、訴訟手続上の要請によって訴が取り下げられても（一四九条参照）——和解または調停の成立するまで訴による中断の効力が継続するという効果は、他の債務者に対しても同様に生ずる（大判昭和一八・六・二九民五五七頁(判民三四事件吾妻)）。

請求について右のような効果を認めることは、専ら債権の効力を強大にする目的をもつものであるが、債務者の不利益が大きいから（請求を受けなかった債務者は不知の間に遅滞の責任を負うことになる。時効中断についても不利益であることは明らかであろう）、立法論として問題とされる（ド民四二四条二項は相対的効力をもつことを明言する。フ民一二〇六条・一二〇七条は訴による時効中断と遅滞について絶対的効力を認める）。批判は正当であろう。但し、その際には、時効完成の効果について絶対的効力を認めること（四三九条）と関連して、考えなければならない（後の〔五九六〕参照）。

〔五八九〕 **(ロ)**更改（四三五条） 連帯債務者の一人と債権者との間に更改が行われたときは、他の債務者は債務を免れる。前例で、乙が、九〇万円の連帯債務に代えて、特定の不動産を目的とする債務を負担する契約(更改)をしたときは、丙丁もともに債務を免れる（乙は丙丁から求償しうることはいうまでもない）。乙は、丙丁の意思に反して更改をすることもできる（大判大正四・九・二一新聞一〇五三号二七頁）。けだし、乙の丙丁に対する求償額は、本来の債務について免責を生ずる範囲内に止まり、更改によって負担する給付の価額が本来の債務の価額以上であっても、丙丁の不利益とはならないからである（〔六〇九〕イ参照）。

更改についての右のような解決が、法律関係を簡易に決済するものであることはいうまでもないが、民法がかような規定を設けたのは、主として、当事者の意思を推測したものとみるべきである（右の例で甲は乙から不動産を取得するだけで満足する意思であることが普通であろう）。従ってまた、更改をする当事者間において、他の債務者に影響がない旨の特約をすることも有効と解すべきである（フ民一二八一条はかような趣旨を明言する。―かような特約がある場合には、甲は、乙から不動産を、丙丁からは九〇万円を請求しうるが、いずれかを受領すれば他は消滅する）。

〔五九〇〕（八）免除（四三七条）　債権者が連帯債務者の一人に対してその債務を免除したときは、その債務者の負担部分について、他の債務者も債務を免かれる。例えば、甲に対して乙丙丁三人が九〇万円の連帯債務を負担する場合に、甲が乙の債務を免除するときは、丙丁も、乙の負担部分三〇万円（負担部分平等と仮定）について債務を免かれる（結局丙丁両人が六〇万円の連帯債務を負担することになる）。この規定は、当事者間の法律関係を簡易に決済しようとする――転償（求償の循環）を避ける――趣旨と説かれる（かような規定がなければ、甲は丙丁からなお九〇万円を請求し、弁済者は乙に三〇万円求償し、乙はこれを甲から不当利得として償還させることになるであろう）。そして、この規定は、債権の効力を弱めるものとして批判されている。

右の趣旨は、一応理解することができる。然し、そうだとすると、右の規定は、債権者が連帯債務者の一人の債務を免除することは、常に、その債務者だけを、対内関係においても負担を免かれさせる意思をもっているものと前提することになる。然し、債権者は、これと異なる意思をもっていることがあろう。

その場合にその意思に適した効果を認めえないかどうかが問題となる。

(a)債権者は、総債務者の債務を免除する意思で一人の債務者に免除の意思表示をすることもあろう。かような場合には、その一人の債務者が、他の債務者に対する免除の意思表示を受領する代理権を有するかどうかが問題となる。ドイツ民法は、債権者が債権全部を放棄する意思を有するときは、一人との免除契約によってその効果を生ずる旨を規定する(四二三条)。フランス民法は、原則として全員の免除となる旨を定める(一二八五条)。これらの法律は、免除を契約とするから、右のような規定も、契約の効果として是認することが容易であろう。わが民法は、免除を単独行為とするから、同様に解することは困難である。然し、債権者にその意思があるときは、債務者が全員のためにこれを受領する代理権がなくとも、他の債務者の追認によってこれを有効とすることができるであろう(一一八条末段(総則〔三八六〕2ロ参照))。

〔五九一〕 (b)債権者が免除した債務者だけが負担部分を有する場合には、他の債務者は債務の全額について責任を免かれることになる(大判明治三七・二・一民六五頁、大判明治四二・九・二七民六九七頁)。理論としては、その通りであろうが、債権者の予期に反することが多かろう。もっとも、これは、負担部分を全く債務者間の内部事情によって決し、債権者がこれを知っているかどうかとは全く無関係とすることの問題である(右の明治四二年の判決は債権者が不知を主張する事例)。負担部分一般の問題として後に述べる(後の〔六〇五〕参照)。

〔五九二〕 (c)債権者は、債務者の内部的の負担には関係なく、ただ自分からは請求しない、という趣旨(他の連帯債務者から弁済を受けた結果、その者から求償されることには関知しないという趣旨)で債務を免除することはできないであろうか。これを認めても少しもさしつかえはあるまい(そのようなものは債務免除でない、という反論があるかもしれないが、それは言葉の問題である)。ことに、一部の弁済を受けて残額を打ち切る(免除する)場合には、残額は他の債務者に対して請求する、という趣旨のことが多いと思われる。債権者が右のような措置をとるのは、多くは、他の債務者の資力が不充分な場合である。従って、右のような意味で一部の免除を受けることも、その債務者にとっては利益である（他の債務者が弁済したために、自分の一部弁済以上に求償される場合はほとんどないであろう）。然し、債権者としては、他の債務者に対する残額請求の権利を保留して請求を試みようとするに相違ない。そのときに、残額を免除することが他の債務者にも何ほどかの影響を及ぼし、残額の全部を請求することができなくなるとしては、著しく債権者の意思に反するであろう（ただ、打ち切られた額が大きく、弁済すべき額が負担部分にも充たないときは、別異の意思を推測すべきことは、一部免除の効果として、次段〔五九三〕に述べる）。判例に現われた事例に、債権者甲が連帯債務者の一人乙から一部の弁済を受けるに当って、乙との間で、他の債務者丙に残額を請求し弁済を受けられなかった場合には、乙に対して残額を免除する、という契約をしたものがある（大判大正九・一〇・三〇民一八一一頁（その契約の効力を認め、丙は免除による債務額の減少を主張しえないという））。右の事情を示すものであろう。

のみならず、更に進んで、内部的な負担をも免かれさせる意思で、しかも他の債務者の債務額には影響なしという趣旨の免除をすることもできると解してよいであろう。いいかえれば、第四三七条は強行規定と解する必要はないと思う（反対説が多いが、椿前掲六〇頁は「相対的免除」として同旨を強調する。なお同所引用の論著参照）。免除に相対的効力を認めるにすぎないドイツ民法の解釈としては、免除は一般に求償関係に影響しないが、免除契約の中に対内関係でも負担を負わせない旨の債権者の約束を含むことはありうる。そのときには、求償に応じた額について債権者みずから責任を負うべきだと解されている（Oertmann, §423, 4; Motive, II. S. 165（右のような約束を含むことは稀であり、しかもそれは契約の効力だから、特に規定する必要はない、という））。わが民法について右のように解するときは、ドイツ民法と原則例外を反対にするような結果となる（原則としては絶対的効力をもつが特に相対的な免除もできる。なお連帯の免除に関する後の〔六一七〕参照）。

〔五九三〕　（d）債権者が一人の債務者に対して債務の一部を免除した場合に、他の債務者に対していかなる影響を及ぼすであろうか。一部の弁済を受けて残額を免除した場合については前段に一言したが、一部免除という問題については、実は、学説はすこぶる分かれている。

（i）判例（大判昭和一五・九・二一民一七〇一頁（判民九七事件野田））に現われた事案は、甲に対して五万円の連帯債務を負担する乙丙丁戊四人のうちの一人乙が、三万円の免除を受けて二万円弁済し、他の連帯債務者丙に対して求償する場合に関する（正確にいえば、四人は連帯保証人であるが、便宜上連帯債務者として述べる（四六五条・四四二条参照））。ところが、判例は、この一部免除が他の債務者にいかなる影響を及ぼすかを論じ、これを基礎として乙の求償権の範囲を決定しようとする。すなわち、一部免除は、全額の免除を受けた場合に比例した割合で、――全額五万円の免除であればその四分の一だが、三万円の免除だから、その四分の一に当る七千五百円の限度で、――他の連帯債務者の債務を免かれさせる。そして、免除を受けた乙の負担額もそれだけ減少する。すなわち、本来一万二千五百円の負担額であったものが五千円となる。従って、乙は他の債務者に対しては、弁済した二万円から五千円を減じた残額一万五千円につき、三分の一ずつ求償することができる……という。この見解は、乙に対して三万円免除することにより、丙丁戊の負担する連帯債務額は四万二千五百円となり、これを乙は五千円、他の三人は一万二千五百円ずつ負担する、とみることになる。従って、乙の弁済する前に、丙が四万二千五百円弁済すれば、乙から五千円求償することになる。また、乙から二万円弁済を受けた後にも、債権者甲は、丙丁戊から、二万二千五百円の弁済を受けることができ、丙がこれを弁済したときは、丁戊はそれぞれ、乙から七千五百円、丙から五千円の求償を受けることになるであろう（なお次段〔五九四〕参照）。

然し、右の判例理論に対しては、ほとんど正反対の立場にある二つの別異な見解が主張される。

(ii)一つは、一部の免除も、その額だけ、免除を受けた債務者の負担部分を減少し、従って、他の債務者の債務額もそれだけ減少する、という見解である(柚木(下)三〇頁)。この見解によるときは、事案においては、乙の負担部分は零となり、丙丁戊は甲に対して三万七千五百円の債務しか負わず、これを三人だけで一万二千五百円ずつ負担することになる。従って、二万円弁済した乙は、負担部分のないものとして、丙丁戊から二万円の三分の一ずつ求償しうることになる(乙が一万円の免除をうけたときは、その負担部分は二千五百円となり、丙丁戊の債務は四万円となるのであろう)。

(iii)他の一つは、一部免除があっても、残額がその債務者の負担部分を越えている限り、その者の負担部分は減少せず、従って、他の債務者の債務額にも影響を及ぼさず、免除額が大きく残額が負担部分より少ないときに、はじめて、負担部分の減少を生じ、またその少ない額だけ他の債務者の債務額を減少させるとする見解である(野田前掲評釈)。この見解によるときは、事案では、免除を受けた乙の負担部分は依然として一万二千五百円であり、従って、二万円弁済したが、丙丁戊から求償しうるのは七千五百円の三分の一ずつにすぎないという(四六五条参照)。また、債権者甲は、乙から二万円の弁済を受けた後にも、丙丁戊から三万円請求することができ、丙が弁済したときは、丁と戊から一万円ずつ求償する(乙からはできないこと当然)ことになる。これに反し、甲が、乙に対して四万円免除したときは、残額は一万円となるから、二千五百円だけ乙の負担部分が減少し、同時に、丙丁戊の債務額もそれだけ減少して四万七千五百円となる。丙がこれを弁済すれば、乙から一万円、丁戊から各一万二千五百円求償することになる。乙が一万円弁済しても求償することはできず、丙丁戊の債務額が三万七千五百円となり丙丁戊三人でこれを負担することになる。

思うに、右の三説の見解の相違は、第四三七条の趣旨をいかに解するかによる。最後の第三説は、本条を、専ら、転償の回避——すなわち、免除を受けた債務者が弁済をする他の債務者から求償を受けた結果、免除した債権者に対して不当利得返還請求を生ずることを回避する——だけの規定とみる。これに反し、第二説は、債権者の免除は、常に負担部分の免除を伴なうものと見る。第一説は、その中間をゆくものといえるであろうか。然るときは、一部の免除が他の債務者にいかなる効果を及ぼすかという問題に関する限り、第三説を支持したい。けだし、前記のように、債権者が連帯債務者の一人に対して債務を免除する場合、とりわけ一部を免除する場合の多くは、その債務者に対しては請求しない、というだけで、他の債務者に対しては依然として全額を請求する趣旨である（〔五九二〕前段）。第三説は、この趣旨に忠実であり、ただ、免除額が大きく、弁済すべき額が負担部分にも及ばない稀な場合にだけ、その負担部分にくい込む限度で他の債務者に影響を及ぼすと解するものであって、当事者の意思に適する。のみならず、第四三七条が債権の効力を不当に弱めるものであること前記の如しとすれば、その適用の範囲を最少限度に止めようとする点でも妥当と思われる。第二説は、免除の対外的効果を不必要に拡張するものであって、債権者の普通の意思に反するであろう。第一説（判例理論）は、いささか技巧に過ぎ、債権者の普通の意思に適するかどうか疑問である（普通の意思に適するとの立場から判例理論を支持するものもある（西村民商一三巻四号））。要するに、債権者の一部免除は、残額がその者の負担部分以上である限り、他の債務者に対して請求しうる債務額には影響を及ぼさず（全額を弁済した債務者から求償されるに当っては免除は何の意味もないことになる）、残額が負担部分より少なくなるときにだけ、その少なくなった限度で他の債務者の債務額が減少する（この額を弁済した債務者からの求償に当って免除は意味をもつ）と解すべきものと考える。

以上は、債権者が連帯債務者の一人に対して一部の免除をし、その者から弁済を受けることなく、他の債務者から弁済を受ける場合の理論である。かような例は実際には少ない。一部を弁済することによって残額の免除を受けるのが普通である。然し、債権者が連帯債務者の一人と、債務額を減じて、裁判上の和解をする場合などはこれに当る（大判昭和二・一二・二四民七三三頁は、和解の中に債務免除の趣旨を含むときは、その点について四三七条の適用ありという）。なお、更に注意すべきことは、以上述べたことは、原則的な場合である。債権者は、一人の債務者に対する意思表示で他の債務者の債務を免除することができること前記の通りであるが（〔五九〇〕）、一部の免除についても、同様のことができるというべきである（第二説のような結果は右の事情があるときにだけ認めるべきである）。

〔五九四〕　（e）連帯債務者の一人が、一部の弁済をして、残額の免除を受けた場合に、他の債務者に対して求償しうる範囲はどうであろうか。連帯債務者の一人が一部弁済をした場合の一般原則によって解決すべきであって、残額の免除を受けたかどうか、または、受けた場合に、そのことが他の債務者の債務額を減少するかどうかを問題とすべきではないと考える（この範囲では第三説の態度にも賛成しない）。然るときは、後に述べるように、連帯債務者は、負担部分の数額に関係なく、弁済した額について負担部分の割合に応じて求償することができるが（〔六〇八〕参照）、共同した連帯保証人であるときは、負担部分の数額以上に弁済した部分についてだけ求償することができる（〔七一一〕ロ参照）。従って、前段所掲の事例では、乙丙丁戊は連帯保証人だから、二万円弁済した乙は、七千五百円について丙丁戊から（二千五百円ずつ）求償することができるだけである。これに反して、乙丙丁戊が連帯債務者であるときは、乙は、二万円につき、他の三人から四分の一（五千円）ずつ求償することができる（第三説が連帯保証人だけについて述べるのだとすると、結果は同一だが、連帯債務者についても述べる趣旨と解されるので、賛成しえないのである）。いずれの場合にも、乙の二万円の弁済により、丙丁戊の債務額は三万円に減少する。そして、それを支払った者は、乙に対しても求償することができる。その結果、乙が一部免除を受けたことが無意味になってもやむをえない（実際上は、乙が一部弁済について完全に求償し、後に他の債務者が残額を弁済して乙に求償する、というようなことは稀であろうと思う）。ただ、乙の免除を受けた残額が乙の本来の負担部分よりも少なくなる場合にだけ、前段の理論が適用されて、丙丁戊らの債務額も減少し、乙が免除を受けたことが対内関係でも意味をもつことになる。

〔五九五〕　(ニ) 混同（四三八条）　連帯債務者の一人と債権者との間に混同を生ずるときは、「其債務者ハ弁済ヲ為シタルモノト看做ス」。従って、債権者は他の債務者に対して求償権を行使することになる。甲に対して乙丙丁が九〇万円の連帯債務を負担する場合に、乙が甲の債権を譲り受けたときは、乙は丙丁に対して三分の一（三〇万円）ずつ求償することになる（大決大正三・四・六民二〇七三頁（〔三七六〕参照））。乙が甲を相続した場合も同様だが、乙が限定承認をしたときは、混同を生じないことはいうまでもない（九二五条参照）。この規定は、当事者間の法律関係を簡易に決済しようとするものであるが、債権の効力が弱くなることを否定しえない（ド民は相対的効力（四二五条二項）、フ民は負担部分についてだけ消滅する（一二〇九条・一三〇一条三項））。なお、連帯債務者の一人が自分を除く他の債務者に対する債権の転付を受けた場合の関係は後述する（〔六〇二〕b）。

〔五九六〕　(ホ) 時効の完成（四三九条）　連帯債務者の一人のために消滅時効が完成したときは、その債務者の負担部分については、他の債務者もまたその義務を免れる。前例で、乙に対する債権について消滅時効が完成するときは、丙丁ともに六〇万円の債務となる。時効の完成した債務者をして時効の利益を受けさせようとする趣旨であろう（かような規定がなければ丙または丁は九〇万円を弁済し、乙に求償するから、乙は結局時効の利益を受けないこととなるであろう）。然し、債権者が、連帯債務者のうちの資力のある者から弁済を受けるつもりで、この者に対する債権が消滅時効にかかることを防いでいる場合に、他の債務者に対する債権が時効によって消滅することによって、この者に対する債権もその影響を受けるものとすることは、果して妥当であろうか。疑問である（ド民四二五条は相対的効力と明言する）。請求について絶対的効力を認めたことは、債権者のこの不利益を軽減することにはなる。然し、その他の中断事由は相対的効力を生ずるに止まるのであるから（後の〔五九七〕参照）、例えば、資力ある債務者の承認を求めて時効を中断しておいても、他の者の承認を求めないと、全額についての時効中断とはならない。債権者が負担部分を知らない場合などに不測の不利益を被ることもないではないであろう（大判大正一二・二・一四民五一頁は一人の債務者だけが負担部分を有し、この者について消滅時効が完成した場合には他の債務者は承認していても債務を免かれるとする事例）。なお、連帯債務者の一人について消滅時効が完成し、従ってその者の負担部分だけ債務を免かれた者（前例の丙または丁）が、全額について承認したときは、時効利益の放棄となるかどうかは、時効完成後の承認に準じて解決されている（大判昭和一三・一一・一〇民二二〇二頁（判民一二九事件来栖評釈は反対）。総則〔四五〇〕参照）。

三　相対的効力を生ずる事由　以上の他の事由は、悉く相対的効力を生ずるだけである（四四〇条）。問題となるものは左の如くである。

〔五九七〕

(1) 時効の中断・停止・放棄

(イ) 請求が絶対的効力を生ずることは前述した（〔五八八〕b）。それ以外の中断事由は、相対的効力を生ずるだけである。すなわち――

(a) 承認（一四七条三号・一五六条）は、承認した債務者に対する債権の時効を中断するだけで、他の債務者に対する債権の消滅時効は進行を続ける。そして、他の債務者について時効が完成すれば、その者の負担部分については、承認した者も債務を免かれる（大判昭和二・一・三一新聞二六七二号一二頁）。債務者の一人が債権者から請求されて承認した場合も同様である（大判昭和五・五・一新聞三一二三号七頁）。請求は絶対的効力を生じ、それから六カ月内に訴その他の手段をとれば全員に対する時効を中断しうるが（〔五八八〕b参照）、請求の後に承認をえただけでは請求（催告）による中断力を維持しえないからである（総則〔四六〕〔二〕参照）。

（b）差押・仮差押・仮処分（一四七条二号・一五四条・一五五条）も、相対的効力を生ずるに止まる（大判大正三・一〇・一九民七七七頁等）。

立法例の中には、すべての時効中断事由について絶対的効力を認めるものもある（ド民四二五条は相対的効力を明言するが、フ民は絶対的効力を認め（二二四九条）、ス債（一三六条）はこれにならっている）。この事由は、これに絶対的効力を認めることが却って債権の効力を強大ならしめるものであるが、立法論としていずれが妥当であるかは、相当に問題であろう。

（ロ）時効の停止（一五八条—一六一条）は、各債務者のそれぞれについてその事由があるかどうかを決定すべきであって、一人についてその事由があっても、他の債務者に影響を及ぼさないことはいうまでもない。

（ハ）時効利益の放棄も、相対的効力を有するだけである。債務者の一人が放棄した後に他の者が援用することもできる（大判昭和六・六・四民四〇一頁）。

(2) 債務者の過失・遅滞・意思

〔五九八〕 （イ）連帯債務者の一人に過失があっても、他の債務者に過失があったことにはならない。また、（ロ）一人について遅滞を生じても、他の債務者は遅滞に陥いるのではない。但し、請求を原因とする場合を除くこと前述の通りである（〔五八八〕a）。過失と遅滞は立法例において問題とされるところである（ド民四二五条は相対的効力である旨を明言し、フ民一二〇五条は反対にやや絶対的効力を認める）。然し、連帯債務は、主として金銭債務について成立するのだから、——確定期限の到来によって当然遅滞の責任を生じ（四一二条一項）、不可抗力をもって抗弁となしえない（四一九条）関係上——相対的効力の実益を生ずる事例は多くはない。例えば、乙丙丁が連帯して、甲と、一定の報酬を払って演技させる契約を締結し、乙の責に帰すべき事由で履行不能となったときは、丙丁は報酬債務を免かれること（五三六条二項参照）などが、過失の例であり、また、乙丙丁が連帯して不確定期限ある債務を負担し、乙だけが期限の到来を知ったときは、乙だけが遅滞の責に任ずること（四一二条二項参照）などは、遅滞の例であろうか。

〔五九九〕（ハ）債務者の意思が主として問題となるのは、利害の関係のない第三者の弁済についてである（四七四条二項）。すなわち、第三者の弁済が、連帯債務者の一部の者の意思に反しないが、他の者の意思に反するときは、その弁済の効力はどうであろうか。意思に反しない者との関係において弁済は有効となるから、債権者は満足をえて、意思に反する者も債務を免かれる。然し、第三者は、意思に反する者に対しては、直接の求償権を取得しない、とするのが判例である（大判昭和一四・一〇・一三民一一六五頁（判民七四事件四宮）意思に反する者に対する求償を否定する事例）。この理論によるときは、弁済した第三者は、意思に反しなかった債務者に対して、全額求償し、この者から、あたかも自分が弁済したと同様に、他の債務者に対して求償することになろう（通説）。この求償の循環を避けるために、連帯債務者の一人のための保証人の求償権の規定（四六四条）を類推して、第三者は意思に反する者に対しても、その負担部分だけ、直接に求償しうると解そうとする説がある（四宮前掲評釈）。第四七四条二項が立法として妥当を欠くことを、解釈によって補正しようとするものであって（〔三五七〕参照―第三者がまず保証契約を締結してしかる後に弁済すれば、意思に反する者に対しても、四六四条は当然適用となる）、すこぶる示唆に富む。支持したいと思う。

(3) 連帯債務者の一部の者に対する債権の譲渡・転付

〔六〇〇〕（イ）連帯債務者乙丙丁の三人のうちの乙だけに対する甲の債権を戊に譲渡することができるか。

（a）取引関係上そうした譲渡をする必要があるかどうか疑問だが、理論としては、これを肯定すべきである。実際上問題となるのは、乙丙丁全部に対する債権が譲渡されたのだが、譲渡の通知が乙だけにされた場合である。かような場合にも、通知は相対的効力しかないといわねばならない。従って、譲受人戊は、乙に対しては、債権の移転——自分が債権者となったこと——を主張しうるが、丙丁に対しては主張しえず、丙丁は依然として甲を債権者とする、という関係を認めねばならない。然るときは、第一に、戊の取得する乙に対する債権は、連帯債務の全額であって、乙の負担部分に限られるものでないことはいうまでもない（大判大正八・一二・一五民二三〇三頁）。戊の取得したものは、全額弁済を目的とする連帯債務だからである。

第二に、乙が戊に弁済するか、丙または丁が甲に弁済すれば、乙丙丁のすべてが債務を免かれる。連帯債務が単一の目的を達する手段であるという性質は失われないからである。

第三に、甲と戊の関係は、譲渡契約によって定まる。全員に対する債権を譲渡した場合ならば、甲が受領したものを戊に交付すべきことはいうまでもない。のみならず、丙丁に通知しなかった責任、その他譲渡契約上の担保責任を負うべきである。これに反し、実質的にも乙に対する債権だけを譲渡したという特殊の場合には、その特殊の事情と譲渡契約の内容に従って、両者の関係を決定する他はないであろう。

第四に、乙丙丁の関係は問題となるが、内部関係（負担部分・求償関係）には変更を生じない。ただ、債権者・債務者の分裂を生ずるから、二重の弁済のおそれが多くなるであろう。然し、それは後に述べる弁済に当っての通知義務の規定（四四三条〔六一一〕—〔六一四〕）によって解決すべきことになる。

（b）なお、右の乙が甲の債権を譲り受けた場合には、混同を生じ、乙が弁済したものとみなされること、前記の通りであるが（四三八条〔〔五九五〕〕）、その際に、甲から丙に対してだけ譲渡の通知があったときの関係はどうであろうか。乙は、なお、丁に対しても、その甲に対する免責と負担部分の求償とを主張しうると解してよいであろう。けだし、甲から丁への通知は、丁をして債権者の変更を知らせる以上の意味をもつものではないから、乙がその免責と負担部分の求償を主張するのに対して、丁から異議を述べうるものとする必要は全く存在しないからである。なお、乙が甲の自分に対する債権だけを譲り受けることも、理論的には、可能であろう。その場合の効力は、免除を受けたと同一に取り扱ってよいであろう。

〔六〇一〕　(ロ)差押・転付　(a)連帯債務者乙丙丁に対する債権者甲の債権者戊が、甲(差押債務者)の乙(第三債務者)に対する債権だけを差し押えることは可能であろう。そして、差押債権者戊が取立命令を取得したときは、その取立については、大体において、前記の譲渡の通知が乙だけになされた場合に準じて解決すればよいであろう(甲の丙丁に対する債権は処分禁止の効力を受けない)。ただ、戊の取立前に甲が丙または丁から弁済を受けた場合に、それを実質的には戊に帰属すべきものとみることはできまい。むしろ、戊の差押は効を奏さなかったというべきものであろう。その他、甲は譲渡人としての責任も負担しない。

右に反し、戊が転付命令を取得することができるかどうかは、すこぶる疑問である。判例は、つぎに述べるように肯定し、支持する学説も少なくない。然し、否定するのが正当であろうと思う。けだし、右に述べたように――甲はなお丙丁から弁済を請求する債権を有し、従ってこれを甲の他の債権者が差し押えることもできるという――不確定な債権は、券面額を有しないものとして、その転付は認めないことが、転付命令制度の本旨に適するからである(同旨・吉川判例転付命令法一六〇頁以下)。

(b)さらに、連帯債務者の一人乙が、債権者甲に対する債権に基づいて、甲の他の連帯債務者丙丁に対する債権を差し押えかつ転付命令を取得することも可能だとするのが判例である。然し、そこで問題とされているのは、甲乙間に混同を生ずるかどうかであり、判例は、右のような転付命令によって乙に移転するのは、甲の丙丁に対する債権であって、甲の乙に対する債権は移転せず、従って混同は生じない、という（大判昭和一三・一二・二二民二五二二頁（判民一五四事件四宮）、大判昭和一四・七・一四新聞四四七四号七頁。なお椿前掲一二一頁以下参照）。転付命令の効果として、転付命令の基礎となった乙の債権が、弁済したものとみなされて、消滅するかどうかの点は必ずしも判明しない。然し、いずれにしても、かような不確実不明瞭な効果を伴なう関係について、転付命令を認めることは、いよいよ制度の趣旨に反し、また実際上の必要があろうとも思われない。

〔六〇二〕 (4) 判決　(イ)債権者と連帯債務者の一人との間の確定判決は、弁済義務なしとするものも、弁済義務ありとするものも、その既判力は、他の債務者を拘束しない（ドイツ普通法においては、債権者敗訴の判決だけが絶対的効力を生ずるとする説が多数だったが、ド民四二五条は相対的効力を明言する）。従って、債権者は、ある債務者に対する請求訴訟で、例えばすでに弁済されたという理由で、敗訴した後に、他の債務者を訴求して勝訴判決を受けることもありうる。さような場合に、求償関係がどうなるかは、各場合の事情によって決すべきであって、債権者に対して弁済義務なしとの確定判決をえたことは、直ちに内部関係で負担義務を免かれさせるものではない。

(ロ)右の原則に対してやや例外をなすものは、相殺である。(a)連帯債務者の一人が、訴訟において、自分の反対債権をもって相殺を主張したときは、その請求の成立または不成立の判断は、相殺をもって対抗した額について、その債務者を拘束する（既判力を有する（民訴一九九条二項））。従って、相殺が認められたときは、その後に訴求された他の債務者は、その既判力の事実的効果として、これを援用して全債務の消滅（四三六条一項）を抗弁することができる（兼子「連帯債務者の一人の受けた判決の効果」（民事法研究Ⅰ所収）三七九頁参照）。

（b）問題となるのは、連帯債務者の一人が他の債務者の有する反対債権で相殺を援用した場合（四三六条二項）の確定判決の既判力である。判例は、前に一言したように、その判決は、判断の当否に関係なく、他の債務者を拘束しないという（前掲大判昭和一二・一二・一一民一九四五頁〔五八六〕b参照）。然し、第四三六条二項による相殺の援用が、判例・通説の解するように、反対債権を有する債務者に代って相殺をする——対当額における債権債務の消滅を生じさせる——権限を与えたものだとすると、その既判力は本人を拘束する、と解すべきことになるであろう（民訴二〇一条二項—債権者代位権による判決の既判力と同様の理論である〔二四五〕参照）。これに反して、抗弁権を認めたにすぎないと解する説によるときは、既判力の問題を生じない（前掲昭和一二年の判決の兼子評釈（判民一三六事件）及び前掲民事法研究Ⅰ所収論文三八一頁参照）。

第三款　連帯債務者間の求償関係

第一　求償関係（連帯債務の内部関係）の基礎と負担部分

〔六〇三〕 **一**　連帯債務者の一人が、自分の出捐によって、総債務者の共同の免責をえたときは、他の債務者に対して、その負担部分に応じて、求償することができる。連帯債務は、債権者に対する関係においては、各自全額を支払うべき義務であるが、債務者の内部関係においては、出捐を分担するという主観的な関係を持つ。連帯債務者の間の求償権は、連帯債務のかような性質を根拠とするものである。もっとも、ある債務者の負担部分が零であることもあり、また、ただ一人の債務者が全部を負担し、他の債務者の負担部分がすべて零であることも稀ではない。然し、これらの場合にも、共同の免責をえるためになされた出捐は内部関係の割合に応じて負担されるべきものであるという性質には変りなく、ただ、その割合の零である者に対しては負担を請求しえないというだけである。

連帯債務者の求償権の基礎に関しては、右に述べたとは異なり、公平のために法律の特に認めた制度であると説くものも少なくない。連帯債務者は自分の債務として当然全部を弁済すべき義務を負うものであり、自分の義務を履行しても他人に求償しうる理由はないのだから、求償権は連帯債務の性質から当然に導かれるものではない、という理論を根拠とする。然し、債権者に対する関係で全部を弁済すべき義務があることは、内部関係でも全部を負担することを当然とするものではない。のみならず、民法は、連帯債務者間には当然に負担部分があるものと予定している。また、連帯債務が契約によって生ずる場合にはもちろんのこと、法律の規定から生ずる場合にも、債務者の内部関係としては共同分担という主観的な関係があるのが普通であるから、出捐分担の主観的関係を包容したものをもって連帯債務の性質と理解するのが適当である。

〔六〇四〕

二　連帯債務者間の負担部分

(1)負担部分は、(イ)割合であって、固定した数額ではないと解するのが正当である（後の〔六〇八〕参照）。但し、民法が負担部分以上と定めている場合（例えば四六五条）、その他、解釈理論としても、負担部分以上とか以下とかいう場合（例えば一部免除についての〔五九三〕参照）には、負担部分に相当する数額を意味することを注意すべきである。

(ロ)負担部分を決定する標準について民法に規定はないが、(a)第一に、当事者間の特約によって決定しうることは疑いない（大判大正五・六・三民一一三二頁。但し、利益を受けた割合とは別な特約があると主張する者が挙証責任を負う）。(b)第二に、特約がなくとも、連帯債務を負担することによって受けた利益の割合が異なるときは、負担部分もまたその割合に従う（通説・判例―大判大正四・四・一九民五二四頁（保証の意味で連帯債務者となった者の負担部分は零）など）。（c）右の二つの標準によって定まらないときは、第三に、平等の割合とする。けだし、共同分担の最後の標準として公平に適するからである（通説・判例）。なお、成立に当って定まった負担部分を後に合意で変更することも自由である。

〔六〇五〕　(2)右の標準によって定まる負担部分が、連帯債務者間の内部関係としては、絶対的な効力をもつことは少しも妨げないが、負担部分が債権者との関係でも効力を発揮する場合、とりわけ、免除や消滅時効が絶対的効力を生ずる場合には、債権者にとって不測の損害を生ずるおそれがある（〔五九一〕・〔五九六〕参照）。債権者に対する関係では、負担部分は、平等であることを第一の原則として、受益の割合や特約によってこれと異なる割合であることを主張しうるのは、債権者がこれを知りうべき場合に限ると解するのが妥当であろう（同旨柚木（下）三八頁）。かように解しても、債務者にとって不利益となることはあっても、求償循環の不都合は生じない（全額負担の債務者について免除または消滅時効が生じても、平等分担額で絶対的効力を生ずることになるだけだから）。ことに、連帯債務の成立に当って一度決定した負担部分を債務者間の合意で変更した場合には、債権譲渡の規定を類推適用して、債権者に通知するか債権者の承諾をえなければ、債権者に対抗しえないと解するのが正当であろう（同旨判民昭和七年度五四事件東評釈、柚木（下）三八頁など）。債権者に不利益な変更は債権者の承諾を要するとする説もあるが（勝本（中1）一八二頁、於保二一四頁）、それまでの必要はあるまい（負担部分の不平等は債権者の予測すべきことであり、不利益に変更されても、それに対処することは、それほど困難ではあるまい）。但し、判例は、債権者が知らなくとも、通知がなくとも、絶対的に効力を生ずるとしている（大判昭和七・四・一五民六五六頁（判民五四事件東）。但し、事案は、負担部分の変更が債務者にとって不利な事例である（変更の結果負担部分ゼロとなった債務者の債務の時効消滅））。

第二　求償権の成立要件と求償の範囲

〔六〇六〕 一　求償権の成立要件（四四二条一項）

（イ）連帯債務者の一人が共同の免責をえたこと　保証人は、一定の場合には、予め（主たる債務者を免責させる前に）求償することができる（四六〇条）が、連帯債務者は、まず共同の免責を生じさせなければ求償することはできない。

〔六〇七〕 （ロ）その者の出捐によること　弁済に限らず、代物弁済、供託、相殺（大判昭和八・二・二八新聞三五三〇号一〇頁）、更改（大判大正七・三・二五民五三一頁）などでもよい。然し、免除を受けたことは、求償の基礎とならないことはいうまでもない（大判昭和一三・一一・二五民二六〇三頁（判民一五八事件吾妻）。但し、事案は四四三条二項に関する（後の〔六一三〕参照））。もっとも、免除を受けるために一部の弁済をしたときは——その効果がいかなる範囲で他の債務者に対して影響を及ぼすかは、前述の通りだが（〔五九三〕）、一部弁済が全員の免責を生ずることは疑いないのだから、——その範囲で求償権を生ずる。全額の免除を受けるために費用を支出したとき（例えば、斡旋した者への謝礼とか、債権者に対して代物弁済といえない種類のサーヴィスをしたとか）は、その出費は、——事務管理の費用と考えることもできるが（Oertmann, § 423, 3）、むしろ——弁済に準じて求償権を認めるのが公平に適するであろうと思われる。

〔六〇八〕 （ハ）共同の免責をえた額が債務全額に対する負担部分以上であることを要するか。例えば、九〇万円の連帯債務を負担する乙丙丁が平等の負担部分を有する場合に、乙は、三〇万円を越える額（例えば六〇万円）の免責をえたときにはじめて、その越える額について（丙丁に一五万円ずつ）求償しうるだけ（一五万円弁済しても求償権なし）か。それとも、いやしくも共同の免責をえたときは、その額について（前例ならば丙丁に二〇万円ずつ。一五万円弁済したときも丙丁に五万円ずつ）求償することができるか。債務全額に対する負担部分以上であることを要するという有力な説があるが（鳩山二七三頁、勝本（中1）一八七頁等、対内関係においては乙丙丁各自三〇万円までが自分の債務であるということと、四六五条とを理由とする）、これを要しないとする判例（大判大正六・五・三民八六三頁、大判昭和八・二・二八新聞三五三〇号一〇頁）・多数説（柚木（下）三九頁など）に従う。けだし、連帯債務の求償権の基礎たる共同分担の思想からみるときは、連帯債務者の間の負担部分なるものは、これを一定の債務額とするよりも、一定の割合とみて、いやしくも共同免責のための出捐があれば、その割合で分担させることが公平に適すると考えられるからである(四六五条を根拠とすべきでないことについては〔七一一〕ロ参照)。

〔六〇九〕

二　求償しうる範囲(原則的な場合)

(1)求償しうる範囲は、原則として、つぎの三個のものを含む(四四二条二項)。

(イ)出捐した額　但し、出捐額が共同免責額を越えても共同免責額以上とはならず(前例で乙が価格一〇〇万円のもので代物弁済をしても、求償額は九〇万円)、また、反対の場合には、出捐額以上とはならない(乙が価格八〇万円のもので債務全額の代物弁済をしても求償額は八〇万円)。出捐が、代物弁済や株券の給付のように、金銭以外のものであるときは、出捐当時の時価による(前掲大判昭和一三・一一・二五民二六〇三頁(株券を連帯して借りた場合には返還当時の時価による。取得時の価格ではない))。

(ロ)免責のあった日以後の法定利息(免責の日にも利息を生ずるとするのが判例(大判昭和一一・二・二五新聞三九五九号一二頁))　法定利息は、当然に生ずる。弁済したことの通知または求償することの催告を必要としない(大判大正四・七・二六民一二三三頁)。

(ハ)「避クルコトヲ得ザリシ費用其他ノ損害ノ賠償」　弁済の費用、弁済のために財産を換価して被むった損害(大判昭和一四・五・一八民五六九頁(判民三九事件四宮)は、債権者から執行を受けこれを解除するために自分の不動産に抵当権を設定して借金して弁済した場合には抵当権設定の費用を含むという)、債権者から訴求されて負担させられた訴訟費用・執行費用(大判大正五・九・一六民一七一六頁、大判昭和九・七・五民一二六四頁(四五九条二項の事例))などである。「避くることを得なかった」というのは、当該事情の下でやむをえずとされる客観的事情の存すること(無過失)を要すと解すべきである。公平の立場から当然だからである。

〔六一〇〕 (2)右の総額を連帯債務者各自の負担部分(求償者自身を含めて)に応じて分割し、各自に対して求償することになる。

連帯債務者の保証人は、その求償権についても、出捐の全額について、総債務者を連帯債務者として求償することができる（後の〔六九五〕ロ参照）のに反し、連帯債務者の求償権は、負担部分のない者（実質上の保証人）が弁済した場合にも、負担部分に分割される。実質的な保証人の意味で連帯債務者となった者（負担部分ゼロ）も同様というべきである（この点にも連帯保証人との差を認むべきである）。

〔六一一〕 **三　通知を怠った場合の求償権の制限**

各連帯債務者は、共同の免責のための出捐行為をするに当っては、他の債務者に対して、事前及び事後に、通知をしなければならない。求償権成立の要件ではないが、これを怠るときは、求償権の制限を受ける。すなわちつぎのようになる。

(1) 事前の通知を怠るとき（四四三条一項）　弁済その他の出捐行為の前に通知することを怠った（法文は「債権者ヨリ請求ヲ受ケ」というが、請求を受けずに弁済する場合をも含むと解する（通説））場合に、他の債務者が「債権者ニ対抗スルコトヲ得ベキ事由」を有していたときは、その負担部分について、その事由をもって、求償者に対抗することができる。

（a）ここにいう債権者に対抗しうる事由とは、相殺しうる反対債権を有することが適例であって、民法も、これについて対抗の効果を規定する。すなわち、前例で、乙が、通知しないで九〇万円弁済して丙に三〇万円求償した場合に、丙が甲に対して五〇万円の反対債権を有しこれで甲に対して相殺することができたときには、丙は、自分の負担部分三〇万円だけは、甲に対する債権で、乙の求償権と相殺することができる（〔四六六〕b参照）。そして、丙がかような相殺をしたときは、丙の甲に対する債権は、その限度で乙に移転し、乙は甲に対して請求することができる。過失ある求償者乙よりも、過失のない他の債務者を保護しようとする趣旨である。

(b)相殺の他に、いかなる事由がこれに含まれるであろうか。右の趣旨からすれば、債権者から請求されても弁済を拒否することのできる事由であるから、丙がすでに弁済、更改、免除などによって債務を免れているという事由も含まれるように思われる。然し、丙についてかような事由が生じたときは、丙は事後の通知をなすべきである。そして、丙がそれをしたときは、乙の事前の通知の有無を問わず、丙について生じた事由が優先する(両方通知したときは、先になされた方の効力を維持すべきであるから)。また、丙がそれを怠った場合に、乙も通知を怠ったときは、丙の方が優先する(後の〔六一四〕参照)。乙が事前の通知をしたときは、乙の弁済が優先するが、それは、第四四三条二項の効果とすれば足り、同条一項の効果とみる必要はあるまい。そうだとすると、相殺以外に、いかなる事由が「対抗スルコトヲ得ベキ事由」なのか、判明しない(梅・要義四四三条の註第一は、免除を例とし、乙が通知しないで弁済すれば、乙から甲に対して不当利得の返還を請求することになるという。然し、丙の免除を乙に対抗しうるかどうか(本条二項)で問題は決定するであろう)。

〔六一三〕 (2)事後の通知を怠るとき(四四三条二項)

(イ)本項の適用される範囲　本項の適用される典型的な例は、連帯債務者の一人乙が弁済をし、通知をしないでいる間に、丙が、事前の通知をして——乙がそれに対して何も注意を与えなかったので、善意で——重ねて弁済した場合であろう(丙も事前の通知を怠った場合については後の〔六一四〕に述べる)。二重の弁済を受けた債権者甲は、不当利得をすることとなるから、返還すべきは当然だが、乙丙いずれがこれを請求すべきかを、過失の有無によって決定しようとするのが本項の趣旨である。

(a)然るときは、乙が事後の通知をなすべきものは、弁済其他「自己ノ出捐」をもって共同の免責を得たことに限るべきかどうかは、すこぶる疑問である。乙の通知がなかったために、弁済する必要がないのに弁済した丙を保護する趣旨からいえば、乙が免除をえたことも含まれるというべきものと思う（判例は反対—大判昭和一三・一一・二五民二六〇三頁（判民一五八事件吾妻）。株券の連帯賃借人の一人が一部免除をえて弁済したのを通知しなかったために、他の者が賃料を支払った事例（吾妻評釈は判例を支持するが反対評釈が多い。椿前掲九〇頁所掲参照））。そして、かように解するときは、免除をえた乙が通知を怠ったために、丙が善意で弁済し、乙に求償したときは、乙はこれに応じた上で、——甲の免除が求償関係でも乙を免責する趣旨である範囲において——甲に対して不当利得の返還を請求することになる。もっとも、丙が弁済するときに事前の通知を怠るときは、次段に述べるように、結局、丙は乙に対して求償することはできない（前掲昭和一三年の事例はこの場合に該当するのではないかと思われる）。

〔六一三〕 (b)「自己ノ弁済其他免責ノ行為ヲ有効ナリシモノト看做スコトヲ得」るのは、出捐によって共同の免責をえた者に限る。免除を受けた者などは含まれない。けだし、その者の求償を優先させようとする趣旨なのに、免除を受けた者が求償することはないからである（免除は無効。善意でも求償に応じなければならない。但し、免除をうるための出費については類推適用すべきか（〔六〇七〕末段参照））。

(ロ)本項による効果　善意で有償に免責をえた債務者は、「自己ノ弁済其他免責ノ行為ヲ有効ナリシモノト看做スコトヲ得」というが、みなした効果はどうか。債権者及び他の債務者を含めてすべての者に対する関係で、通知を怠った者の行為は効力を失い、後の債務者の免責行為が有効となるのか、それとも、通知を怠った債務者と後に善意で免責行為をした債務者との関係でだけ、後の行為が有効となるのか。例えば、乙丙丁が甲に対して九〇万円の連帯債務を負担し、乙が七二万円の価格の不動産で代物弁済をしたが（更改でも同じ）、通知を怠ったので、丙が善意で九〇万円の弁済をしたとする。前説によれば、丙は乙の求償を拒否して却って三〇万円求償しうるだけでなく、甲乙間の代物弁済は無効となって、甲は代物弁済の目的物を不当利得したことになり（乙に返還すべきである）、丁に対しては丙だけが三〇万円の求償をなしうる（丁がすでに乙の求償に応じて二四万円支払っておれば、自分で乙から返還を請求する他はない)。後説によれば、丙は乙の求償を拒否して却って三〇万円求償しうることは前説と同様だが、丁に対して求償しうるのは乙だけであり、代物弁済は効力を保有し、丙から受領した九〇万円が甲の不当利得となる。以前の多数説は前説であったが(鳩山二七八頁等。これに対し後説を強調したのは勝本(中1)二一三頁及び同所指示の論文)、判例は後説を採り(大判昭和七・九・三〇民二〇〇八頁(判民一五八事件戒能)。連帯債務者の一人Dを除き他の者ABCが更改契約をしたが通知しなかったため、Dが二重に弁済し、それを有効とみなして求償したときにも、更改は効力を失わず、Dの弁済したものの返還請求権は—甲の二重に弁済をえる行為が不法行為となるときはその損害賠償請求権も—ABCに移転すると判示)、現時の通説はそれを支持する。正当と思う。けだし、善意の二重弁済者を保護しようとする民法の目的を達するために、必要にして充分なものだからである(ことに丁の立場を考えればこの説が妥当であろう)。ただ、問題となるのは、甲の不当利得九〇万円の返還を誰が請求するかである。丙は、乙に対する関係では自分の九〇万円の弁済を有効とみなしうるのだから、乙に対して、乙自身の負担すべき三〇万円と丁の負担すべき三〇万円と合計六〇万円の求償をなし(自分は三〇万円負担する)、甲に対する九〇万円の不当利得返還請求権は、全額乙に移転する(前掲昭和七年の判決もこの趣旨と思われる。そして、移転する根拠を四二二条の類推に求める)と解するのが正当であろう(全額とする点で旧版を改める。乙は、この他に丁から二四万円求償するから、計数上は一八万円しか負担しないことになるが、それは丙が三〇万円負担するからである。丙は、この結果を不利とすれば、自分の弁済を有効とみなさずに乙に二四万円を支払い、甲から九〇万円求償すればよい)。

〔六一四〕　(3) 事前の通知、事後の通知ともに怠られたとき

一人の債務者が事後の通知を怠り、他の債務者が事前の通知を怠るときは、いかなる結果となるか(前例で、乙が代物弁済をして、事後の通知を怠るときに、丙が事前の通知をしないで九〇万円の弁済をしたときなど)。学説は分かれているが、第四四三条の第一項第二項ともに適用なく、一般の原則に従い、第一の弁済だけを有効とする説に従う(鳩山二七九頁等)。けだし、第四四三条は事前の通知か事後の通知のいずれか一方だけが怠られた場合に限って適用されるものと解するのが至当だからである(多数説といってよいであろう。第二項の適用ありとする説(石坂・岡村等)と両者の過失の大小によって区別すべしとする説(勝本(中1)二一六頁、学説は同所引用参照)とがある)。

四　無資力者がある場合の求償権者の保護（求償権の拡張）

〔六一五〕　(1)連帯債務者の中に償還をする資力のないものがあるときは、その償還をすることのできない部分は、求償者及び他の資力ある者の間において、各自の負担部分に応じて、これを分担する（四四四条本文）。但し、求償者に過失があるとき（例えば求償の時期を失しなければ無資力とならなかったときなど）は、他の債務者に対して分担を請求することはできない（四四四条但書）。

(イ)この規定の適用にあたり、連帯債務者の全員が負担部分を有するときは、疑問はない。すなわち、乙丙丁連帯して九〇万円の連帯債務を負担し、乙が全額を弁済した場合に、丁が無資力であれば、その負担部分は、乙と丙とでその負担部分に応じて（平等ならば、一五万円ずつ、一、二、三の割合ならば、丁の四五万円を乙一五万円（計三〇万円）、丙三〇万円（計六〇万円））分割して負担する。

〔六一六〕　**(ロ)**これに反し、連帯債務者の中に負担部分のないものがあるときは疑問を生ずる。

(a)負担部分ある者のうちの一部が無資力のとき　例えば、乙と丙だけが負担部分を有し、丁には負担部分がない場合に、乙が弁済し、丙が無資力なときに、乙は、丙から求償しえない部分について、丁にも分担を請求しうるか。判例は肯定するようである（大判昭和一二・一・二〇法学六巻五号一二一頁（乙と丙とが四と六の割合で負担し、丁と戊が負担部分のないものであるときに、丙が無資力であれば、全額を弁済した乙は丁戊に対して分担を請求しうるという））。第四四四条の負担部分は、本来の意味の（四四二条にいう）負担部分ではなく、償還不能の部分についての負担部分を意味するという理由である（乙も自分の負担部分を越える額については、四四四条にいう負担部分は零であり、丁戊と同じだという理論）。然し、すこぶる疑問である。負担部分のない連帯債務者は、多くの場合、実質的には保証人であること前に述べた通りだとすると、負担部分を有する連帯債務者（実質的な主たる債務者）が一人でもある以上、負担部分のない者には迷惑をかけない趣旨とみるべきである。従って、連帯債務者間に何か特別の特約ないし事情があれば別だが、原則として、負担部分のある者から負担部分のない者に対して求償することは、たとい無資力者があっても、できないと解すべきものと思う。

（b）負担部分ある者が全部無資力のとき　右に反し、負担部分を有する者全部が無資力であり、負担部分のないものが数人であって、そのうちの一人が弁済したとき——例えば、乙丙に負担部分なく、丁戊だけに負担部分がある場合に、丁戊無資力、乙が弁済したとき——には、乙は丙に対して平等分担を請求しうると解すべきである。第四四四条を文字通り解するときは、丙の負担部分は零なのだから、分担すべき額はないことになろう（従って、この理由から乙一人の損失に帰するとする説もある（石坂・日本民法債権（中）八八八頁））。然し、乙の負担部分も零なのだから、たまたま弁済したからといって、これに全額の負担を強いることは公平に反する。平等分担とすべきである。判例は、早くからこの説をとり（大判明治三九・五・二二民七九二頁、大判大正三・一〇・一三民七五一頁、大判大正一二・五・七新聞二一四七号二〇頁など）、現時の通説は、これを支持する（鳩山二八二頁の改説（信義則と公平を理由に四四四条の趣旨を拡張する）以来、同調者が多い）。この見解は、前段で、負担部分を有する者が一人でもあるときは、負担部分のない者に分担を請求しえないといったことと矛盾するものでないことは、説くまでもあるまい。

〔六一七〕

(2)連帯の免除と無資力者の負担部分　連帯債務者中に無資力者のある場合における求償権の拡張と連帯の免除との関係について、民法は特別の規定を設けた。

(イ)この規定の適用範囲を明らかにするためには、連帯の免除の意味を理解しなければならない。連帯の免除とは、債権者と債務者との関係において、債務額を負担部分に該当する額に限り、それ以上は請求しえない、とすることである。従って、二個の場合がありうる。その一は、総債務者について連帯の免除をすることである（絶対的連帯免除）。これによって、債務は、分割債務となり、求償関係もおのずから消減する（前例で乙丙丁各自三〇万円の債務となる）。その二は、一人または数人の債務者についてだけ連帯の免除をすることである（相対的連帯免除）。免除を受けた債務者だけが分割債務を負担し、他の者は、依然として、全額について連帯債務を負担する、従って求償関係も存続する（前例で乙だけが連帯の免除を受けるときは、乙は三〇万円の債務を負い、丙丁はなお九〇万円の連帯債務を負う。丙が九〇万円弁済すれば、乙からも三〇万円を求償しうる）。いずれの場合にも、一種の債務免除であるから、債権者の単独行為によってすることができる（五一九条）。かように、連帯の免除は、債権者に対する連帯関係——全額弁済義務——を解体するだけであって、債権総額には影響がない（乙が弁済すれば、それだけ丙丁の債務額が減少することはいうまでもない）。従って、債務そのものの免除が他の債務者の債務額を減少するのとは異なる（四三七条）。もっとも、いわゆる相対的債務免除には、類似点がある。すなわち、相対的債務免除は、まず連帯の免除をして、ついでその者の負担部分について債務を免除するものとして理解することもできるであろう（〔五九二〕参照）。

〔六一八〕（ロ）連帯の免除と求償権の拡張との関係を生ずるのは、相対的連帯免除の場合に限る。かような場合に、連帯の免除を受けない債務者が弁済をなし、他の債務者から求償するに当り、他の債務者のうちに無資力者があるため、連帯の免除を受けた債務者が、第四四四条によって、本来の負担部分に該当する額以上の分担をなすべき場合には、この拡張された部分は、債権者において負担すべきものとされる（四四五条）。前例で、乙だけが連帯の免除を受け、丙が九〇万円弁済し、丁が無資力のため、乙が四五万円負担しなければならない場合には、一五万円は甲が負担することになる（丙から甲に対して求償する）。連帯の免除を受けた債務者乙をして、対内関係においても負担部分に該当する額以上の負担をすることがないようにしようとする趣旨である。然し、連帯の免除をする債権者の意思は、普通には、むしろ外部関係に限り、内部関係に及ばないもの——

乙からは三〇万円以上の請求をしないというだけであって、乙をして、丁の無資力というような場合にも三〇万円以上の負担をさせないという意思ではない――とみるのが至当である。立法論として、当否大いに疑問であるが、解釈論としても、甲がそうした意思のもとに連帯の免除をしたときは、その意思通りの効果を認めるべきである。

第三　求償権者の代位権

〔六一九〕 一　連帯債務者が求償権を有するときは、その範囲において法定代位（五〇〇条）を生ずること、すでに述べた通りである。ドイツ（四二六条）・スイス（債一四九条）・フランス（一二五一条）の諸民法はこれを規定するが、わが民法には規定がないので、多少の反対説はあるが、これを認めることは、沿革に適するのみならず、連帯債務者の求償権の性質にも合する。けだし、連帯債務者は弁済のための出捐を共同して分担すべき内部関係に立つものであるから、他の債務者の分担すべき部分については、なおこれを他人の債務の弁済とみることができ、そして、連帯債務者が「弁済ヲ為スニ付キ正当ノ利益ヲ有スル者」であることも疑ないからである（通説であり判例であることにつき〔三六二〕イ参照）。

〔六二〇〕 二　成立の要件と効力

(1)連帯債務者の代位権は、求償権に伴なって生ずるのだから、出捐行為によって共同の免責をえることによって生ずる（〔六〇七〕参照）。弁済とみなされる混同の場合も同様であることはいうまでもない（〔三六三〕参照）。

(2)代位の効果は、一般の場合と異ならない（〔三六七〕参照）。負担部分のある債務者の設定した抵当権を実行することもできる（〔三七六〕参照）。また、債権者の有する公正証書の債務名義たる効力を代位するときは、負担部分に相応する額の執行文を受けることができる（〔五六二〕末尾参照）。

第四款　不真正連帯債務と連帯債権

第一　不真正連帯債務

〔六二一〕　一　意義とその性質

(1)多数の債務者が同一の内容の給付について全部を履行すべき義務を負い、しかも債務者のうちの一人が弁済をすれば全部の債務者が債務を免かれるという点で連帯債務と同様である多数主体の債務関係のうちにも、民法の連帯債務に包含されないものがある。これを不真正連帯債務（unechte Solidarität）と呼ぶこと前述の通りである（〔五七七〕）。不真正連帯債務は、主として、同一の損害を数人がそれぞれの立場において塡補すべき義務を負担する場合に生ずる。他人の家屋を焼いた者の不法行為に基づく賠償義務と保険会社の契約に基づく塡補義務、受寄物を不注意で盗まれた受寄者の債務不履行に基づく賠償義務と窃取者の不法行為に基づく賠償義務、法人の不法行為による賠償責任と代表機関個人の賠償責任（大判昭和七・五・二七民一〇六九頁（判民八五事件川島）。総則〔一七九〕参照）、被用者の加害行為についての被用者自身の賠償義務（七〇九条）と使用者または監督者の賠償義務（七一五条、大判昭和一二・六・三〇民一二八五頁（判民八九事件川島））、——さらに民法の規定から直接に生ずる例として——責任無能力者の加害行為についての法定監督義務者の賠償義務と代監督者のそれ（七一四条参照）、被用者の加害行為についての使用者の賠償義務と監督者のそれ（七一五条参照）、動物の加害行為についての占有者の賠償義務と保管者のそれ（七一八条参照）、などは不真正連帯債務の主要な例とされる。いわゆる共同不法行為については、民法はこれを連帯債務と明言している（七一九条）。

然し、これを普通の連帯債務として、一人について生じた事由についての絶対的効力に関する民法の規定を適用することには疑問が多い。従って、近時、これを不真正連帯債務と解そうとする説が有力になっているが、不法行為の章に譲る（加藤・不法行為（法律学全集）二〇五頁参照）。

右に列挙した不真正連帯債務の典型とされるものが、普通の連帯債務と異なる主要な点は二つある。一つは、債務者の一人について生じた事由が他に影響を及ぼさないことであり、二つは、債務者の内部関係において求償関係を生じないことである。不真正連帯債務なるものを認めない説は、ドイツにもわが国にも存在する（勝本（中1）二三七頁所掲参照）。この説は、結局、右に掲げた諸場合において、右の二つの点を普通の連帯債務と同一に取り扱うことが適当だとするのである。

〔六二二〕 (2)不真正連帯債務と普通の連帯債務とを区別する標準は、後者には債務者の間に共同目的による主観的な関連があるのに反し、前者にはかような関連を欠く点に求めるのが適当である。すなわち、両者は客観的に単一の目的を達する手段であることは同一だが（だから、一人が弁済すれば、他の債務者に対する債権も目的を達して消滅することは同一だが）、主観的な関連の有無により、後者は一定の事由が絶対的効力を有し、また求償関係を生ずるに反し、前者では、これらの効果を生じない。もっとも、この説に対して、両者の差を成立原因が単一であるかどうかに求めようとする説――前者は、各債務が別異の原因によって生じ、後者は、少なくとも実質的に同一の原因によって生ずるという（ドイツの多数説であり、わが国では石坂がこれに属する）――があるが、不真正連帯債務の特色を統一的に説明するためには、前説を適当とする（多数説）。

〔六二三〕 二　不真正連帯債務の効力

(1)各債務者に対する債権者の権利は、全然独立なものとしてその効力を定めるべきである。従って、この点においては、連帯債務者に対する債権者の権利と差異を生じない(〔五八二〕以下参照)。連帯債務の一種とされる理由は、専らこの点にある。

〔六二四〕 (2)債務者の一人について生じた事由のうち、——

(イ)債権者を満足させるものは絶対的効力を生ずる。けだし、不真正連帯債務においても、前記のように数個の債務は客観的に単一の目的を有し、一人に対する債権が満足させられるときは、他の者に対する債権もその目的を達して消滅するからである。そして、この点においても、不真正連帯債務は連帯債務と異ならない。

(ロ)債権者を満足させる事由以外の事由は、相対的効力を生ずるに止まる。すなわち、連帯債務に関する第四三四条ないし第四四〇条の規定の適用を受けない。けだし、不真正連帯債務者相互の間には何らの主観的関連はなく、各自ただ自分の関係する別異の法律事実によって責任を負うに止まる。一人の弁済によって他の者も債務を免れるのは、たまたま各自の債務が単一の目的を有したためである。従って、連帯債務のように一定の事由について絶対的効力を認めるべき根拠はない(〔五八四〕参照)。そして、不真正連帯債務を普通の連帯債務から区別する最も主要な意義はここにある(前出大判昭和一二・六・三〇民一二八五頁は、被用者に対する賠償請求権が消滅時効にかかっても、使用者の責任に影響しないという(四三九条参照))。

〔六二五〕 (3)不真正連帯債務者間においては、求償関係をその当然の内容とはしない。もっとも、不真正連帯債務者相互の間に特別の法律関係が存在するときは、これに基づいて求償関係を生ずる場合が多いであろう。

前に不真正連帯債務の典型として挙げた法定監督義務者と代監督者、使用者または監督者と被用者、使用者と監督者、占有者と保管者などの間においては、それらの者の間における契約関係を基礎として、前者が後者に対して求償権を有するのが常である（七一五条三項参照）。また、かような関係のない場合にも、各自の負担する全部義務の性質に差異があるために、ある債務者だけが終局の責任者と認められるときには、他の者はこれに対して求償権を行使すると同様の結果を生ずることも少なくない。前に挙げた例で、保険会社または受寄者が全部の賠償をするときは、不法行為者に対する債権者の権利に代位（四二二条）する。然し、これらの場合にも、その求償関係に類似した関係は、連帯債務におけるように、共同免責のための出捐の分担という主観的関連によるのではなく、たまたまそれらの債務者間に存在した別個の法律関係に基づくものであるから、連帯債務における求償関係とは性質を異にするものとみるのが至当である。

第二　連帯債権

〔六二六〕**一**　意義　連帯債権とは、数人の債権者が、一人の債務者に対し、同一内容の給付について、各自が独立に全部の給付を請求する権利を有し、しかもそのうちの一人がその給付を受領すれば他の債権者の権利も消滅するという多数当事者の債権である。わが民法上における意義の少ないことは前述した（〔五四〇〕c）。

〔六二七〕**二**　成立　民法その他の法律上当然に連帯債権関係を生ずる場合はないようである。契約によってかような関係を生じさせることは可能である。然し、実際にそうした例も見出しえない。経済的意義が少ないのであろう。ちなみに、連帯債務者の一人に対する債権が譲渡された場合には、債権者が複数となり、そのうちの一人に対する弁済は他の債権者の債権も消滅させる。然し、その場合には、別々の債権者に対し、債務者も別々となり、その債権者を異にする多数の債務者間の連帯関係が考慮されるのであるが(〔六〇〇〕参照)、連帯債権にあっては、一人の債務者に対する多数の債権者間の連帯が中心なのであるから、その点で両者は異なる。

〔六二八〕 **三** 連帯債権関係の効力　これを生じさせた当事者の意思と連帯債務の規定の類推とによってこれを決すべきである。

(1)各債権者の権利は独立のものとして取り扱われる。

(2)債権者の一人について生じた事由のうち、債権の満足を生ずるものが絶対的効力を有することはいうまでもないが、その他の事由についても、連帯債務の規定を類推して、一定の範囲において絶対的効力を認めるのが適当であろう(この点で不可分債権と異なる(〔五七一〕参照))。

(3)内部関係においては、受領したものの分配をなすことを本質とすると解すべきである。

第五節　保証債務

第一款　保証債務の意義及び性質

第一　意義とその性質

〔六二九〕 **一** 保証人は、主たる債務者がその債務を履行しない場合にその履行の責に任ずることによって、主たる債務を担保するものである(四四六条参照)。その法律構成においては多数主体の債務関係であるが、その作用においては専ら債権担保の目的を有する。

債権の担保においては、金融制度の独立と融資関係の拡大とに応じ、物的担保制度が次第に人的担保制度を凌駕する傾向を示す。然し、物的担保制度を利用するだけの資力のある者は比較的少ないため、消費信用においてはもとよりのこと、少額の生産ないし企業信用においても、保証の利用される範囲はなお相当に広い。殊にこれ等の信用授受について国家が積極的に助長の手を伸ばそうとする場合には、人的担保制度を改善してこれを利用する途を選ばねばならない。中小企業信用保険法(昭和二五年法二六四号)によって国が営む信用保険はその顕著な一例である。この制度は、信用保証協会(最初は民法上の法人として設立されたが、昭和二八年法一九六号信用保証協会法によって設立の準則その他の事項が定められた)が、中小企業者の銀行その他特定の金融機関からの借入についてした保証による損失を、保険の方法によって、中小企業信用保険公庫(昭和三三年法九三号(同法)によって設立された)をして塡補させようとするものである(債各〔五七〇〕参照)。保証することによる損失を補償するという意味では、求償保証(〔六三二〕参照)と同一であるが、保険制度が利用される点に重要な意義がある。

保証と質・抵当などとの法律的取扱における差異は、前者はあくまでも人的色彩を濃厚に保有するに反し、後者は次第にこれを抹消しようとすることである。すなわち、後者においては財貨の有する客観的な担保価値の一定量が把握され、これをもって投資の客体とされる。従って、債権に対する従たる地位を抜け出そうとする傾向をさえ示す(担保〔三二五〕以下参照)。然るに、保証においては、その存在意義は主たる債務の担保に尽きるため、これに附従して法律的運命を共にする。のみならず、主たる債務者の人格を信頼保証するという色彩をも伴ない、その範囲、存続、相続などにおいて、普通の債権関係以上の人的色彩を示すのである。

〔六三〇〕 **二** 保証債務は、主たる債務と同一の内容を有し、主たる債務が履行されない場合に、これを履行することによって、債権者に主たる債務が履行されたと同一の利益を与えようとするものである。主たる債務と保証債務とが同一の内容を有し、しかも一方が履行されることによって他方が消滅する点においては、連帯債務と同様である。然し、連帯債務にあっては、各債務は単一の目的を達するために併存する手段とされるので、各債務が自主独立の地位を有するに反し、保証債務と主たる債務に在っては、前者は専ら後者の履行を担保する手段とされるので、そこに主従の関係を生ずる。そして、この保証債務の附従性こそ保証債務を貫く特質である。

保証債務の性質に関しても、古くから学説が分かれていた。

(イ) 第一に、保証人は別個の債務を負うのではなく、債務としては主たる債務者の債務が一つ存在するだけだとする説がある。然し、この説が、これを理由として保証人の弁済によって主たる債務の消滅することや主たる債務者について生じた事由が保証人に影響を及ぼすことを説こうとするのであれば、それは保証債務の目的とその附従性によってこれを説こうとする説に遙かに及ばない。なぜなら、保証人の債務もある程度においては主たる債務者の債務とその態様を異にすることができ、またその消滅原因なども別個に考えられることなどは、この説によって説明することが困難だからである。

(ロ) もしまた、右の説が、保証人は債務(Schuld)を負うことなく責任(Haftung)を負うに止まると説くものであれば、ゲルマン法の沿革には適するであろうし、また、保証と他の担保制度の実質的な比較の上にも実益がある。然し、少なくともわが民法の解釈としては、保証人もまた別の保証債務を負うものと解するのが妥当である（〔九三二〕参照。ドイツ民法の解釈としては、保証人は主たる債務についての責任を負うものだとする説が多いが、しかも、保証人もまた別に保証債務を負うと説くのが常である（Gierke, III S. 774 f.））。

(ハ)第二に、保証人は別個の債務を負うものとする説の中にあっても、その内容に関して説くところは一致しない。前に述べたように、主たる債務と同一の内容の債務とする説（わが国近時の通説といいうるであろう）の他に、或いは、他人の債務を履行することを内容とするといい、或いは、他人の債務の履行を担保することを内容とするという。思うに、この三説は、その表現に差があるだけで、実際には大差がない。前二説は殊に近似する。ただ保証人の地位にある程度の独立性があることを説くには、第一説が優れているであろう（保証人が自分の債権をもって相殺しうることなどを説くに適するであろう）。また、第三説が、もし主たる債務について債務者の責に帰すべからざる債務不履行を生ずる場合にも保証人においてこれを担保するものだと説くときは、保証債務は附従性を有しないことになり、正当でないことはいうまでもない。然し、主たる債務者が不履行の責任を負うべき場合にのみ保証人がこれを担保するものだと説くときは、第一説との差はとりたてていう必要もないことになろう。ただ、一身専属的給付を目的とする主たる債務についての保証を、第一説は停止条件附保証債務とする（主たる債務が不履行に因って金銭債務となってはじめて同一内容の保証債務が効力を生じうるから）に反し、第三説は特別の保証ではないとする（保証人が負担する債務は主たる債務と内容が同じでなくとも妨げないとするのだから）ことになろう。然るときは、第一説の方が民法第四四六条の文理に近いこととなる。

〔六三一〕**三**　前段に述べたことを要約すると、保証債務の法律的性質はつぎのようなものとなる。

(イ)主たる債務と別個の債務である。

(ロ)主たる債務と同一の内容を有する。

(ハ)主たる債務に附従する。すなわち、——(a)主たる債務が無効であるかまたは取り消されたときは、保証債務も無効である(〔六三九〕以下参照)。また、(b)主たる債務の変更に応じてその内容を変更するのを原則とし(〔六四六〕—〔六四八〕参照)、(c)主たる債務が消滅するときは、その理由が何であろうとも、保証債務もまた消滅する(〔六七三〕参照)。なお、(d)保証債務はその態様において主たる債務より重いものであってはならないこと(〔六四七〕・〔六四八〕参照)、及び、(e)保証人が主たる債務者の抗弁権を援用しうること(〔六七二〕参照)もまた附従性の一内容とされる。けだし、保証債務の附従性とは、その主たる債務の担保を唯一の目的とすることから生ずる諸性質を総称したものであるが、保証人について主たる債務者の義務以上に強力な義務を認めることは右の目的に反するからである。

(ニ)主たる債務者に対する債権に随伴する。すなわち、主たる債務が移転されるときは、保証債務もこれと共に移転する。債権の担保であることから導かれる性質であって、この点は物的担保と同様である(担保〔一六四〕以下参照—但し債務引受にあっては当然には随伴しない(〔八一三〕参照))。

(ホ)保証債務は、原則として、補充性を有する。すなわち、主たる債務が履行されない場合に第二次的に履行すべき債務である。但し、主たる債務の不履行を積極的な要件とするのではなく、ただ、債権者が保証人に対して請求をした場合に催告・検索の抗弁をなしうるだけである。なお連帯保証においては、保証債務は補充性はなく、保証人は右の抗弁権を持たないものであることを注意すべきである。

〔六三二〕 **第二** 保証の種類

保証は、後に述べるように、債権者と保証人との間の契約で成立するから、その内容は、保証の本質に反しない限り、自由に定めることができる。また、保証は、これまた後に詳述するように、保証される債務(主たる債務)の存在を前提として成立する。然し、その債務の態様には、物的担保の場合ほどの制限もない。従って、保証は、種々の債務について、種々の内容のものとして成立しうる。この意味で、保証の種類はすこぶる多い。然し、実際上重要な意義を有し、民法も特則を設けたのは、連帯保証と共同保証である。これについては後に、特殊の保証として詳述する(〔六九八〕以下)。この他に、主たる債務の債務者が数人ある場合(分割債務・不可分債務・連帯債務)にも、保証人の求償権について特殊の関係を生じ、民法も特則を設けているが、保証の特別の種類というほどのものではないから、求償権の項に説く(〔六九五〕以下)。右の他に、学者が保証の種類として列挙するものとして、副保証(保証債務を更に保証するもの)、求償保証(主たる債務者が保証人に対して負担するその求償に応ずべき債務を保証するもの)、賠償保証(債権者が主たる債務者から履行を受けえないことを証明してこの部分に限り保証人から請求しうるもの)などがある。実際上行われることも稀ではないが、その保証契約の解釈によって内容を定めれば足りる。特別に研究すべき理論はないようである。実際上すこぶる重要な意義を有するのは、身元保証及び根保証・信用保証である。独立の種類というべきかどうかは別として、特殊の法律関係を生ずるから、一応の考察をする(〔六五三〕以下)。

第三　損害担保契約

〔六三三〕 一　保証と似ているが、本質的には異なるものに損害担保契約(Garantie-vertrag)と呼ばれるものがある。この契約は、広い意味では、一方の当事者が他方の当事者に対して、一定の事項についての危険を引き受け、これから生ずることあるべき損害を担保することを目的とする契約である。この意味では、国家が特殊の公共的企業に対し、その企業から生ずることあるべき損害について一定の補償をする場合などもこれに属する。戦時中に多く行われた特殊金融会社の融資についての補償、いわゆる国策会社の配当保証などはその例である（但し、戦後は「法人に対する政府の財政援助の制限に関する法律」（昭和二一年法二四号）でかような例は原則としてないことになった）。然し、これらの場合には、主たる債務者に該当する者が具体的に定まらないために、保証との類似性は比較的少ない。

〔六三四〕 二 保証と類似するのは、一定の債権関係に立つ具体的な当事者のある場合に、その債権者に対して、その債務関係から生ずることあるべき一切の損害を担保する損害担保契約であって、雇傭契約に伴なう身元保証ないし身元引受にその適例をみる。身元保証人ないし身元引受人の債務の内容は、被用者の負担する債務の内容（一定の労務を供すること）と同一ではないから、普通の保証ではない。然し、その内容が、もし、被用者が雇傭契約に関連して（契約の本旨に従って働かないことまたは雇主の所有物を毀損しまたは金銭を使い込む等の理由により）負担することあるべき損害賠償債務を担保するに止まるときは、なおこれを一種の停止条件附保証債務となすべきである。これに反し、もしその内容が、被用者に賠償義務を生ずると否とを問わず、その者を雇傭することによって雇主の被ることあるべき一切の損害を（例えば被用者の疾病などから生ずるものをも）担保するのであるときは、もはやいかなる意味においても保証債務ではなく、損害担保債務であるといわねばならない。けだし、主たる債務がないのに拘わらず存在する債務は、保証債務ではありえないからである。そして、身元保証契約は前の債務を生じ、身元引受契約は後の債務を生ずる。すなわち後者は一種の損害担保契約であるのが原則だといわれる（債各〔八二二〕以下参照）。

損害担保債務と保証債務との根本的な差異は、前者には附従性がないことである。実際の場合にいずれの契約がなされたかは契約解釈の問題であるが、この点について民法に推定規定のあることを注意すべきである（四四九条〔六四〇〕）。なお、ドイツ民法においては、保証契約には書面を必要とするが（同法七六六条）、損害担保契約にはこれを必要としないと解されているので、両者を区別することの意義はこの点からも重要とされる。わが国では保証契約も書面によることを必要としない。従って、ドイツ民法におけるような問題はない。然し、保証契約も損害担保契約もともに不要式の契約とされることは、保証と称せられる契約の内容を決定するに当っては更に一層慎重でなければならないことを意味するともいえる。

第二款　保証債務の成立（保証契約）

〔六三五〕　**第一**　保証債務の成立と保証契約

保証債務は、ほとんどすべての場合、保証人と債権者の間の契約（保証契約）によって成立する。もっとも、遺言によって成立させることを否定する理由もない（特定の者に一定の金額を遺贈し、長男を主たる債務者、その他の子を保証人とするなど）。また、法律の規定によって生ずる連帯債務（〔五八一〕参照）のうち、本来の債務者の履行または資力を担保する目的を有するもの（合名会社の社員の責任（商八〇条）、無尽会社の取締役の責任（無尽業法一一条）など）は、保証責任たる実質を有する。

保証契約の特色としてつぎの諸点が挙げられる。

第一に、保証契約は、債権者と保証人との間の契約であるから、保証人と主たる債務者との間の事情――保証人となることを依頼されたかどうか、主たる債務の数額や態様、保証人の責任などについて主たる債務者が保証人にどのように説明したかなど――は、保証債務の内容に直接の影響を及ぼすものではない。保証債務の内容は、専ら、保証契約の解釈によって定められるべきである。

第二に、保証債務の態様は、一方では、主たる債務の態様によって影響を受ける（附従性）。然し、他方では、保証契約で決定される。従って、両者の調和をどこに求めるべきかが問題となることがあるが、一般的には、保証契約に重きをおくべきものと思う。けだし、保証債務の態様についての附従性とは、要するに、保証人に対して主たる債務者よりも重い責任を負わせるべきではないという理論である。ところが、保証人は、保証契約によって自由に自分の責任を定めうるはずである（損害担保契約さえ有効であることを考えよ）。従って、態様における附従性なるものは、保証契約をする者の普通の意思の推定以上の意味をもたないといっても、必ずしも過言ではない。そうだとすると、保証契約の内容が保証人をして広い範囲の保証債務を負担させるものであるときは、附従性理論もこれに応じてゆるやかに解し、できるだけ契約の趣旨に従った保証債務の成立を認めなければならない。この点についての従来の判例の態度には、いささか妥当を欠くものがあるように思われる（〔六四二〕・〔六五一〕などに説くところ参照）。

第二　保証契約の成立要件

保証契約は、特定の債務（主たる債務）を保証する債務（保証債務）の成立を目的とする債権者と保証人との間の諾成・無方式の契約である。

〔六三六〕 一　保証契約の当事者

(1)保証契約は、債権者と保証人との間の契約である。

(イ)保証人は、債務者に懇請されその委託を受けて保証人となる場合が多い。然し、債務者の委託を受けることは保証契約の要件ではない。従って、委託が無効でも、当然には保証契約の効力に影響はない（大判大正六・九・二五民一三六四頁（監査役の承諾がないため委任契約が無効な事例））、また、委託のない保証も——主たる債務者の意思に反する場合でさえ——有効である（四六二条二項参照）。従ってまた、債務者が保証人に懇請する際に、主たる債務について虚偽の事実をつげ、保証人がこれを信じて保証契約をした場合にも、一般に、詐欺としては第三者の詐欺となり、錯誤としては単なる動機の錯誤となり、保証契約の効力には影響を及ぼさない（総則〔三二〇〕1・〔三二七〕参照。最高判昭和三二・一二・一九民二二九九頁（他に連帯保証人がある旨の債務者の虚言を信じても動機の錯誤にすぎない））。

〔六三七〕　(ロ)保証人が不完全な保証契約書（多くは、利息その他の条件や債権者の氏名を記載せず、ときには金額さえ白紙のままのもの）に署名捺印して債務者に与え、債務者がこれを債権者に交付して保証契約が締結される例も少なくない。かような場合には、保証人は、債務者に、保証契約締結についての代理権を与えたものとみるべきである（意思伝達の機関としたとみるべき場合もあろうが、不完全な契約証書の場合には代理権の授与とみるのが適当であろうと思う）。従って、債務者が保証人の承諾した範囲を越えた保証契約を締結しても、債権者が過失なくその事情を知らないときは、表見代理の規定（主として一一〇条）によって、保証人は契約通りの責任を負わなければならない（大判昭和五・二・一五新聞三一一四号九頁（金額を増した事例）。意思伝達機関の場合には表見代理の規定を類推適用してよい）。また、保証人が、保証契約が締結される前に、債務者に対して保証人となる意思を撤回しても、右の契約証書が利用されたときは、保証人は同じく表見代理の規定（主として一一二条）によって、責任を免かれることはできない（大判昭和六・一〇・二八民九七五頁（判民一〇二事件福井）、大判昭和九・二・七裁判例（八）民二一頁）。

〔六三八〕　(2)保証人となりうる者には制限はない。債権者は、適当と考える者と保証契約を締結すればよい。ただ、債務者が、法律または契約によって、保証人を立てる義務を負う場合には、一定の制限がある（大判大正四・八・一〇新聞一〇六九号一五頁は、保証人が他の保証人を立てることによって免責される契約をした場合についてこの制限規定を類推適用する。正当である）。すなわち、——

(イ)まず、つぎの二つの条件を備える者を保証人としなければならない（四五〇条一項）。(a)能力者であること。

(b)弁済の資力を有すること。——債務の履行地を管轄する控訴院の管轄内に住所を有するかまたは仮住所を定めたことという要件もあったが、実際には不要なので(民訴五条参照)削除された(昭和二二年法二二三号)。

(ロ)つぎに、保証人が右(b)の条件を欠くに至ったときは、債権者において、その条件を備える者を保証人となすべきことを請求することができる(四五〇条二項)。

(ハ)但し、以上は専ら債権者保護の趣旨であるから、債権者が保証人を指名した場合には、問題としない(四五〇条三項)。

(ニ) 債務者が右の条件を備える保証人を立て、またはかような保証人をもって代える義務がある場合にこれをすることができないときは、他の担保を供して保証に代えることができる(四五一条—他の担保は相当のものであることを要し、その当否は結局裁判所の認定によることになる)。

(ホ)債務者が不相当な保証人を立てても、この者と債権者との間の保証契約の効力には影響を及ぼさない。ただ債務者の担保を供すべき義務の不履行となる。そして、その結果、債務者が期限の利益を失うことは当然であるが(一三七条三号)、債権者は更に第五四一条によって契約(債務者との間の保証人を立てる約款を伴なう貸借、雇傭、売買その他の契約)を解除することができるものと解されている。保証人を立てることは基本たる契約を維持すべきかどうかを決するについて重要な意義を有することだからである。

なお、保証人を二人立てる義務がある場合に、債権者が一人だけで満足しても(例えば契約書の用紙にある保証人二人の署名捺印の個所の一方が空白になっている場合など)、成立した一つの保証契約が有効であることはいうまでもない(大判大正五・九・二七民一八三三頁(保証契約完成せずとした原審判決を破毀)。なお他にも保証人ありと誤信することも要素の錯誤とならない(〔六三六〕参照))。

二　保証される債務（主たる債務）の存在

〔六三九〕(1)保証契約が有効に成立するためには、保証される債務（主たる債務）の存在することが必要である。

(イ)保証契約の本質的内容は、保証債務を成立させることであるが、保証債務は、前記のように、主たる債務なしには成立しえないものだから（〔六三一〕八ａ）、主たる債務が存在しないときは保証契約も成立しえない。従って、例えば、主たる債務が条件不成就のために成立しなかったとき（大判大正八・三・二六民四九六頁）、偽造文書による貸借であって効力を生じないとき（大判昭和一五・二・二四新聞四五四四号七頁）などは、保証契約も効力を生じない（保証債務は成立しない）。但し、数人の連帯債務者のために保証した場合には、その数人中の署名の中に偽造のものがあっても、有効に成立した債務のための保証として効力をもつことはいうまでもない（大判昭和一四・五・九新聞四四三七号一二頁）。また、利息制限法の制限を越える消費貸借の借主の保証も、制限内において効力をもつ（大判大正八・二・六民二七六頁）。

〔六四〇〕(ロ)然し、主たる債務がなくとも、相手方に損失を被むらせないという趣旨の契約も、損害担保契約として効力をもちうること、前記の通りである（〔六三三〕〔六三四〕）。従って、保証契約として締結された契約が右のような損害担保契約として効力を生じないかどうかは、各場合の当事者の意思によって決定されなければならない。そして、この点について民法は重要な推定規定を設けている。すなわち、無能力によって取り消すことをうる債務を保証した者が、保証契約の当時その取消の原因を知ったときは、「主タル債務者ノ不履行又ハ其債務ノ取消ノ場合ニ付キ同一ノ目的ヲ有スル独立ノ債務ヲ負担シタルモノト推定」される（四四九条）。

(ａ)未成年者乙が法定代理人の同意をえずに甲から金を借りるについて、丙がその保証人となったが、丙はその保証契約締結の当時乙の債務の取り消しうるものであることを知っていたと仮定しよう。(ｉ)丙の意思は、乙がその貸借契約を取り消すことによって甲の被ることあるべき損害をも担保するというのであることも少なくあるまい。そのときは、丙は一種の損害担保契約をしたわけであるから、乙の債務が取り消されても、なお責任を負うべきは当然である。第四四九条は丙にかような意思があるのを普通とみて規定されたものである。(ii)丙は、乙の債務が有効に存続する間は普通の保証債務を負担し、乙の債務が取り消されたときは、遡及的に乙の債務と同一内容の債務を負担することになる（丙丁が連帯保証をしたときは連帯債務となる（大判大正六・三・六民四七三頁））。(iii)第四四九条は、保証契約としてなされたものについて、その附従性に反する内容を包含するものと推定するものであるから、その適用は慎重でなければならない。例えば、乙が甲から金を借りる消費貸借証書が、丁がほしいままに乙の氏名を冒用した偽造文書であるときは、これに保証人として署名した丙は、たといその事実を知っていても、損害担保契約をしたものと推定すべきではない（大判昭和五・一一・一三裁判例（四）民一〇七頁—但し、特殊の事情があればさような意思を認定されることもありうる。推定しないだけである）。

〔六四一〕　(b)第四四九条は、更に、右の例において、乙の不履行の場合にも丙は独立の債務を負担したものと推定する。然し、その意味は明瞭でない。乙の債務がその不履行を理由として損害賠償債務に変ずるときは、丙の保証債務もまた損害賠償債務に変ずるのであるから、丙をして、これに代ってまたはこれと共に、独立の債務を負担させる必要はない。これに反し、乙の不履行がその責に帰すべからざる事由に基づくため、乙が債務を免かれる場合には、丙をして独立の債務を負担させる意義がある。然し、保証債務の附従性からみて、主たる債務者の責に帰すべからざる事由による履行不能の場合にも保証人に責任ありと推定することは妥当ではあるまい。結局、第四四九条の「不履行」の場合なる文字はこれを無意義のものと解する説（多数説といいうるであろう）が正当であろうと思う（フ民二〇一二条にならったものと思われるが、同条は未成年者の債務を保証しうることを定めるだけである）。

〔六四二〕 (2) 保証契約が成立しうるためには、主たる債務が存在すればたり、その態様は、それほど大きな問題とはならない。けだし、保証債務が条件附に発生する場合にも、保証契約としては有効に成立するものとみて少しもさしつかえがないからである。

(イ) 主たる債務が債務者の一身専属的な給付を目的とし、保証人が代ってこれを実現しえないものである場合（例えば名工の絵を描く債務を仲介者が保証したような場合）には、その保証債務は、主たる債務が不履行によって損害賠償債務に変ずることを停止条件として効力を生ずる。然し、かような保証債務を発生させる契約も、これを保証契約と呼んで妨げないのみならず、普通の保証契約と別異の取り扱いをしなければならない点もない。

問題となるのは、その一身専属の給付とみるべき範囲である。例えば、特定物の給付を目的とする債務——特定の不動産の売主の債務など——は、常に一身専属の給付とみるべきであろうか。判例は、以前には、これを肯定し、保証人が後にその不動産を取得したときにも、その保証債務は損害賠償債務となり、債権者は、保証人に対してその不動産の移転を請求しえないものとした（大判大正五・四・六民五八四頁）。然し、売主の債務を保証するという保証契約の趣旨は、目的物の移転が可能なように保証するというのが中心的なものであって、ただその不能なときには損害賠償の手段によって損失を被むらせないようにする、というのであることは疑いない。そして、その趣旨に適した保証債務の成立を認めても、附従性に反するものではない。けだし、その場合に主たる債務者の目的物の移転を目的とする債務は履行不能となって損害賠償債務に変ずるとしても、本来の債務と同一性を失わないものであり、給付の価値においても同一であるべきだから、主たる債務者が塡補賠償債務を負担し、保証人が本来の給付を内容とする債務を負担しても、保証債務の附従性に反するというべきではないからである（〔六三五〕参照）。判例も後にこの趣旨を明示し（大決大正一三・一・三〇民五三頁（売主の保証人が目的物を競落して所有者となったときは、買主は、これに対して、所有権移転の仮登記仮処分申請ができる）。—判民一〇事件末弘評釈はこれを強く支持する）、近時の通説はこれを支持する。

〔六四三〕（ロ）主たる債務は、将来の債務・条件附債務、または将来増減する債務のある時期における総債務額であってもよい。

（a）主たる債務は、将来発生する特定の債務または特定の条件附債務でも妨げない（ドイツ民七六五条二項・スイス債四九二条二項は明言する）。将来発生する債務または一定の条件の成就によって発生する債務を保証する契約を無効とすべき理由は少しもないからである（大判明治三五・一二・二三民一一巻一五六頁等）。ただ、かような契約によって発生した保証債務の態様をいかにみるべきかについて説が分かれている。現実の保証債務が成立すると説く説もある。然し、主たる債務の態様に応じて保証債務もまた将来の債務または条件附債務となると解するのが至当であろう（大判明治三七・六・七民八一七頁）。質権・抵当権においては、被担保債権が将来の債権または条件附債権である場合にも、質権・抵当権は現実の権利として成立するという理論を採るべきである。けだし、そこでは、債権者は債権の現実に生ずる以前において、目的物の担保価値を現実に把握しその順位を保留する必要があるからである（担保〔一六五〕—〔一六七〕）。これに反し、保証においては、債権の現実に生ずる以前において保証債務だけが現実に生ずるものとすることは、その債権担保の目的からみて少しも必要のないことであるのみならず、保証債務はその態様において主たる債務のそれに従うとなすことが却ってその性質を明瞭ならしめるからである。

〔六四四〕（b）継続的な取引関係から生ずる数多の債務を一定の決算期において（多くは一定の限度まで）保証しようとする保証債

務、すなわち、根抵当に対応する保証(根保証・信用保証)は、いささか趣きを異にする。もっとも、これについても前段の理論によって説いても不都合はない。すなわち、これを保証の対象となった基本的関係から生ずる主たる債務の変動に附従するものであって、特殊の性質を有するものではない、とみるのである。もちろん、特定の債務のための保証では、主たる債務が一度弁済されるときは、保証債務は縮限し、債権者が更に新たな貸出をしても保証債務はこれに応じて拡大することはないのに反し、根保証・信用保証においては、保証債務は弁済によって一度縮限しても、更に新たな貸出しに応じて拡大するものであって、この点の差異は、あたかも、普通の抵当権と根抵当権との差と同じである。然し、抵当では、その差異は、物的担保価値の把握方法の差異となり、登記をもって公示すべき重要性を有する(担保〔七三〕(二)参照)に反し、保証では、単に保証の範囲について特殊の定があるものとみれば充分である。判例は、かような見解に立つものとみるべきであり(大判大正四・四・二四民五九五頁等)、私も従来そう説明した(旧版二二二頁、かような説明をする説は現在でも多数説といってよいであろう)。然し、現在は、右の説明に一歩を進めるべきものかと考えている。担保の附従性とは、最小限度の意義では、担保価値の帰属と数量とが被担保債権によって決定される、――担保を実現するに当って、被担保債権額が被担保債権者に帰属する――ということである。そして、根抵当においては、わが民法の解釈としても、この最少限度の附従性で満足し、かような作用をする債権を確定する可能性が定められている以上、特定の不動産の物的担保価値の一定量が現実の抵当権として把握されるとみるべきである。そうだとすると、根保証・信用保証においても、保証人の一般財産による責任が現実の担保価値として把握され、将来その保証が実現される際に、確定された債権によってその帰属と数量とが決定される――それまでの経過における被担保債権の変動とは無関係である――とみるのが、両者共通の理論として、事柄を明瞭にするであろう。

なお、根保証・信用保証においては、その責任の限度が実際上重要な問題とされるのだが、それは後述する(〔六五三〕以下)。

〔六四五〕 **三 保証文言**

保証契約は、保証する旨の契約である。然し、その保証する旨の表示(保証文言)は、書面による必要もなく、また一定の形式があるわけでもないから、諸般の事情から認定すべきものである。例えば、権利義務に関する証書に「証人」と肩書して署名捺印するのは、一般に保証の意思表示とみるべきである(大判大正二・六・七民三九六頁(立会人にすぎずという主張を排斥))。また、「引受け」という表現も、併存的債務の引受を意味するよりも、むしろ保証の意味の場合が多いであろう(大判昭和九・四・七裁判例(八)民一三四頁)。さらに、乙が、その振り出す手形を甲銀行に割り引いてもらって融資を受けるに当り、甲の要求によって丙銀行から乙に対する融資保証書(乙に対して右の手形金の弁済資金を融資する旨を記載する書面)の交付を受け、それを手形に添付して甲銀行に交付した場合には、単に乙丙間の関係を生ずるに止まらず、原則として、丙銀行と甲銀行の間に融資について保証契約が成立するとなすことも、金融界の慣行の正当な解釈として、注目に値するものである(最高判昭和三四・六・二三裁判集民三六号七六三頁)。

なお、不動産の登記手続に必要な登記済証(権利証)を紛失した場合には、「其登記所ニ於テ登記ヲ受ケタル成年者二人以上ガ登記義務者ノ人違ナキコトヲ保証シタル書面二通ヲ添付」して登記を申請することができるものとされている(不登四四条)。かような場合の「人違ナキコト」の保証とは、現に登記義務者として登記の申請をなす者が登記簿上の権利名義人と同一人であって登記申請がその意思に出たものであることを保証する意味に解すべきである。従って、乙が甲の文書を偽造して、その所有名義の不動産を自分が買い受けた旨の登記を申請するために右の保証書を提出し、登記を済ましてこれを転売したような場合には、転得者は、保証書を作成した者に対して、その損害の賠償を請求することができる（大判昭和二〇・一二・二二民一三七頁（判民一三事件加藤））。けだし、そう解釈しなければ保証書によって登記済証の代りにする立法の趣旨は貫ぬかれないからである。もっとも、わが国の社会では、右のような場合の保証は比較的軽易に考えられている傾向がある（多くの場合、登記手続を依頼された司法書士が保証をする。右の判決の事案もそうである）。従って、保証人に対して右の範囲にまでその責任を追及することは、いささか酷な感がないでもない（右の判決に対する舟橋評釈（民商二三巻一号）はこの点を強調して、責任を認めなかった原審判決を支持する）。然し、かような制度の当否については（登記の記載と真実の権利関係の不一致を生ずる場合一般についての問題として）、別に根本的な考慮を要するであろうが、司法書士という業務にたずさわる者に対しては、むしろ厳格な保証責任を要求するのが正当であろうと思う（前掲加藤評釈は同旨）。

第三款　債権者と保証人の間の関係

第一　保証債務の内容（債権者の保証人に対する権利）

〔四六六〕 **一**　保証債務の内容は、すでに一言したように、保証債務の附従性と保証契約とによって定まる。すなわち、**（イ）**第一に、保証債務は、その成立の時において主たる債務と同一の内容を有するだけでなく、その後においても、主たる債務が同一性を失わずにその目的、範囲などに変更を生ずるときは、保証債務もまたこれに応じて変更する。**（ロ）**第二に、保証契約によっても、保証債務の内容をして主たる債務の内容よりも重いものたらしめることはできないが、そうでない限り、自由にその内容を定めることができる（〔六三五〕末段参照）。以上の根本理論の適用については、いろいろの問題を生ずる。以下に分説する。なお、根保証（信用保証）については、さらに複雑な問題があるから別に述べる（〔六五三〕以下）。

二　保証債務の目的と態様

「保証人ノ負担ガ債務ノ目的又ハ態様ニ付キ主タル債務ヨリ重キトキハ之ヲ主タル債務ノ限度ニ減縮ス」（四四八条）。

〔六四七〕(1)保証債務の目的たる給付は、主たる債務のそれと同一である。そして、主たる債務が同一性を失わずに変更する（損害賠償債務に変ずる場合など）ときは、保証債務もまたこれに応じて変更する。但し、――

(イ)主たる債務と保証債務の給付が同一であるということは、形式的に考えずに、保証契約の目的と負担の実質的な軽重に従って解すべきであることは、すでに特定物の給付を目的とする保証債務について述べた通りである（〔六四二〕―主たる債務が塡補賠償、保証債務が本来の給付であっても、保証債務の目的が重いことにはならない）。

(ロ)また、保証債務が主たる債務の変更に応じて変更するのは、主たる債務が一般原則によって変更する場合に限る。債務者と債権者の契約によって主たる債務の内容が拡張ないし加重された場合には、たといそれが主たる債務の同一性を失わしめないものであっても（例えば利息の率を高め弁済期限を短縮するなど）、保証債務の内容はこれに応じて拡張ないし加重するものではない。けだし、新たな契約によって第三者の責任を重くすることはできないからである（利息の率を低くし、弁済期を延期することは、保証債務に影響する（〔六八〇〕参照））。このことは、債権者と債務者の間に締結された和解契約が保証人に効力を及ぼすかどうかについてしばしば問題となる。和解契約の内容を全体として実質的に判断して、責任を重くするものでないときは、保証人を拘束する、というべきである。

(2)保証債務の態様も主たる債務と同一であるのを原則とする。保証人について別な態様を定めることはできるが、主たる債務の態様より重くすることはできない（主たる債務が条件附であるのに保証債務が無条件だったり、前者より後者の期限が早くくることは許されない）。重い態様が定められたときは、主たる債務の態様と同一に減縮される。

〔六四八〕　右に関連して問題となるのは、保証人が他に連帯債務者があるか確実な担保があると誤信して保証契約をする場合である。前に、これらの誤信が主たる債務者の委託に関連して生じた場合について、錯誤ありとしても、原則として、単なる動機の錯誤に過ぎないと述べた（〔六三六〕）。この理は、錯誤が主たる債務者の行為とは無関係に生じた場合にも、——保証人と債権者が直接に交渉して保証契約を締結する場合には、右の錯誤は、事実上、債権者が知りまたは知りうべき場合が多いとはいえるにしても、根本においては——差異を生じない。然し、保証人がこれらの事情を条件として保証契約を締結するときは、その条件が欠けることによって保証契約が効力を生じないことになるのは、いうまでもない。従って、実際にどのような保証契約が締結されたかは、各場合における当事者の意思、保証の目的と取引界の慣行とを考慮して慎重に決すべきである。この点に関し問題とされるのは、荷為替手形の割引によって生ずる債務を保証する者の責任である。判例は、かような場合の保証人は、有効な船荷証券が担保して存在することを条件とするものであって、船荷証券が偽造（白米の運送を依頼しないで詐欺手段で発行させた空券）であるときは、手形債務について保証人は責任を負わないとしたことがある（大判昭和一五・六・二八民一〇八七頁（判民六〇事件小町谷））。すこぶる疑問である（右の小町谷評釈は判旨の不当なことを強調する）。要するに、物的担保と人的担保とが併存する場合には、両担保は、一般に平等な地位をもち、一方の存在または実行を条件として他方が存在し、ないしは実行されるものではない、とみるべきものと思う。

三　保証債務の範囲

元本の他に、原則として、「利息、違約金、損害賠償其他総テ其債務ニ従タルモノヲ包含ス」る（四四七条一項）。

〔六四九〕 (1) 一部保証　保証人は、元本の全額でなく、数額を限って保証することができる。百万円の債務について五〇万円だけ保証するなどである（継続的取引について一定の数額まで保証する（根保証）場合については後に述べる（〔六五七〕））。かような一部保証には、二つの場合がありうる。一は、その額までの弁済のあることを担保するものであって、債務者の任意弁済または債権者の執行（債務者の財産に対する）によって、その額の弁済があれば、保証人は責任を免かれる。二は、債務の残額のある限りその額までは弁済の責に任ずるものである。いずれの保証であるかは、各場合の契約について決定すべきであるが、特に明示されない限り、後者と解すべきものと思う。けだし、それが当事者の普通の意思でもあり、取引界の慣行にも適すると考えられるからである（ス債四九二条六項は同旨を定め、実際界に行われるのも前者（Teilbürgschaft）ではなく、後者（Limitbürgschaft）だといわれる（Oser, Art. 492, Nr. 73)）。

〔六五〇〕 (2) 特約のない場合に元本全額の他、利息、違約金、損害賠償その他すべてその債務に従たるもの（例えば費用）に及ぶものとされるのは、保証の目的に照して保証契約の解釈に標準を与えたものである。但し、利息、違約金などは——法律の規定に従って生ずるものの他は——保証契約成立の当時までにそれらを生ずべき特約のある場合に限る。最初から特約で定められておれば、予定賠償額も含まれる。

〔六五一〕 (3) 問題となるのは、一定の契約の当事者のための保証がその契約の解除による原状回復及び損害賠償の債務に及ぶかどうかである。判例の態度には、必ずしも一貫しないが、大体において二つの場合を分けているようにみえる。すなわち、売買契約の解除のように遡及効を生ずる場合には、その原状回復義務も損害賠償義務もともに本来の債務（売主の目的物を交付し、買主の代金を支払う債務）とは同一性のない別個の債務であるから、これについては原則として保証人の責任はなく（大判明治三六・四・二三民四八四頁（売主の保証人は解除による代金返還債務について責任なし）、大判大正六・一〇・二七民一八六七頁（請負契約が解除されたときは、保証人は原状回復義務について責任なし）等。但し、大判明治三八・七・一〇民一一五〇頁は明治三六年判決と同一事案につき保証人の責任を認めるが、この理論はその後の判例で否定されているように思われる）、ただ特約ある場合にのみこれに及ぶ（大判明治四二・五・一九民五〇四頁（玄米の委託販売契約が解除された場合の玄米返還債務について保証する特約を認定）、大判昭和六・三・二五新聞三二六一号八頁（売主の保証人について、解除された場合の代金返還債務に関する））。これに反し、賃貸借の解除のように遡及効のない場合には、賃借人の目的物返還債務も損害賠償債務もともに本来の債務またはその拡張にすぎないから、これについては保証人の責任は当然に及ぶ（大判昭和一三・一・三一民二七頁（判民三事件林）、最高判昭和三〇・一〇・二八民一七四八頁等）、とする。然し、思うに、契約の当事者のために保証をする場合においては、その契約から生ずる第一次的な債務（売主の目的物交付債務、買主の代金支払債務、賃借人の賃料支払債務と目的物保管・返還債務など）だけを保証する趣旨であることはむしろ例外であり、普通には、その契約当事者として負担する一切の債務を保証し、その契約の不履行によっては相手方に損失を被むらせない、という趣旨であると解すべきである。そうだとすると、解除の場合における原状回復義務と損害賠償義務の性質論に拘泥することなく、保証人は原則としてこれ等の債務をも保証するといわねばならない（判例と同一理論に立つ説が多かったが、現在では本書と同調する者が多くなっている（於保二三八頁及び同所引用の諸著））。

〔六五二〕　(4)保証債務の履行を確実にするために、その不履行の場合について違約金または損害賠償の額を予定することはさしつかえない（四四七条二項）。保証を立て（副保証）、担保物権を設定することも同様である。保証債務は主たる債務とは別個の債務であるから、これだけについてかような従たる権利関係を伴なうことはもとより妨げないのみならず、保証債務そのものの内容の拡張ではないから、附従性に反するものでもない。もっとも、実際的にみれば、保証人は、その債務を履行しないと、主たる債務者が履行しない場合よりも重い負担を負うことになる。然し、附従性はかような関係を否定するほどの意義を有するものではないと理解すべきである。

第二　根保証・信用保証

〔六五三〕 一　一定の法律関係から将来生ずる不特定の、多くの場合に多数の、債務を保証する例は、しばしばみられるところである。これを根保証と総称すれば、二つの種類に大別される。一つは、銀行と商人との間の手形割引、当座貸越その他の融資関係や、卸商と小売商の間の取引などのように、その取引の過程において債務が増減することが予定されるものの保証である。他の一つは、賃借人の債務、被用者の債務などのように、不履行によって増加するだけで、取引関係自体の中に増減が予定されないものの保証である。前者をとくに信用保証と呼ぶのが適当であろうか（Kreditbürgschaft という観念は、債務者に、融資者に対する信用を与えるための保証という意味のようであるが、ここにいう信用保証に似ている(Oertmann, §765, 3b)）。

かような保証契約が有効に成立しうるものであり、その法律構成は、根抵当・根質と同じく、保証人の一般財産による責任の一定額を把握するものと解するのが適当であることは、すでに述べた（〔六四四〕―この理論構成は信用保証について適切であるがその他の根保証でも同一に解してよいであろう）。ここには、その内容に関する詳細を述べる。もっとも、これらの関係についての判例理論は、身元保証と右の信用保証とについて特に顕著な進展を示したものであるが、身元保証については特別法が制定され、雇傭に関してその内容を詳述したから（債各〔八二二〕以下）、つぎには、まず信用保証について述べ、その後に賃借人の保証について説く。

二　信用保証

〔六五四〕 (1)ここに信用保証と呼ぶのは、銀行と商人との間の手形割引・手形貸付その他一切の信用取引によって生ずる債務を保証する、というような、一定の継続的取引関係から将来発生するすべての債務を保証する契約である。あたかも根抵当ないし根質にあたる。

(イ)かような保証契約が有効に成立するためには、保証される債務の範囲を確定しうるだけの基準が示されなければならないことはいうまでもないが、その基準は、根抵当におけるよりも緩やかでよく（根抵当について一切の債務とすること（包括根抵当）の当否は争われているが、根抵当でこれを不可とする立場をとるとしても、保証では支障なしというべきである）、また、保証する期間を定めなくともよく、さらに、保証する数額を定めることも要件ではない（最後の点は根抵当と異なる）。けだし、抵当権にあっては、物的担保価値の排他的把握を生ずるために、担保価値の合理的利用を図るという金融政策一般の立場からの考慮に基づいてこれを調整する必要を認めることにも相当の理由がある。これに反し、保証においては、そうした考慮を加える余地がない。ただ、保証人の責任が不当に過大となるおそれがあるだけである。そして、この弊害を除くためには、契約の内容に合理的な制限を加えて保証債務の範囲を各場合に即して適正なものとすれば足りる（大判大正一四・一〇・二八民六五六頁（判民一〇七事件平井）は期間と額の定のない事例につき、合理的制限を加えればよいという。なお最高判昭和三三・六・一九民一五六二頁も同旨）。

(ロ)信用保証によって保証される取引の範囲は、右に述べたように、保証契約によって定まるが、その解釈に当っては、取引慣行と当事者の取引状態とを顧慮する必要が特に大きい。当座貸越契約とか、銀行取引という観念は、ほぼ一定した内容をもつといってよいであろうが、その他の取引については、しばしば問題となる。判例に現われた事例のうち、損害保険会社の代理店主の保証は、代理店主が、契約締結の度ごとに会社の管轄支店出張所に通知する義務（会社の事務取扱心得書にこの義務が定められている）に違反して、会社をして再保険に附する機会を失わせたことによる損害には及ばない、とすること（大判昭和一〇・五・二七民九四九頁（判民五七事件石井））は、すこぶる疑問である。かような通知義務は、会社と代理店の間の内部的訓示の形式で定められているとしても、保険の代理店関係の慣行としてほぼ確立しているものであり、保証人は正にこれを予期すべきものと考えられるからである。なお、卸商と小売商の間の継続的な取引やメーカーと特約販売店との関係についての保証も一種の信用保証といえるが、ここでも、当該商品についてのさような取引の特殊性と、当事者の取引状態の変更（とりわけ債権者の態度がルーズになったことなど）に留意して、保証の範囲を決定すべきである（大判昭和一三・三・九判決全集五輯七号三頁は、酒類の特約販売店の保証につき、現金取引（検収後遅滞なく代金を支払うべきもの）の特約がいつしか延取引となり、債権者が理由なくこれを承認していたときは保証人の責任は及ばないとする）。なお、一定の取引関係から生ずる債務というときは、個々の取引行為の不履行による解除を理由とする原状回復や損害賠償の債務をも包含するものであることは、——普通の保証でこれを否定する判例理論を前提としても——疑問の余地はないであろう（〔六五一〕参照）。

〔六五五〕 (2)保証すべき取引関係についての期間

(イ)保証契約によってこの期間が定められたときは、債権者と主たる債務者の契約で期間が延長されても、保証人を拘束しないから、延長期間中に生じた債務については保証人が責任を負わないことはいうまでもない。然し、——

(a)債権者と主たる債務者との取引契約に、当初から、特別の事情がない限り期間を更新する旨の約款があり、これに基づいて延長された場合に、保証人がこの約款の存在を知っているときは、原則として更新後の取引による債務についても保証の効力は及ぶというべきであろう（大判昭和九・六・九裁判例（八）民一四二頁は反対の趣旨（売買取引上の債務で期間一年の事例）を説くが、妥当でない）。

(b)保証人は、期間満了の際に存した債務について責任を負うことはいうまでもないが、取引が継続されて、満了の際に存在した債務が弁済され他の債務を生じたときにも、それについて——保証すべき数額が定められているときはその数額だけ、数額が定められていないときは、満了の際の債務額だけ——責任を負うものであろうか。保証契約と取引の内容によって二つの場合があるように思われる。すなわち、(i)満了の際に存在した個々の債務が特定性を維持しているものであるときは、保証人は、それらの債務についてだけ責任を負う（それらの債務の残額がある限り責任を負うが、弁済によって残額が減ればその限度で責任は消滅する）。(ii)これに反し、取引の内容が一定の期間ごとに（例えば半年ごとに）清算され、債務が一本とされるものであるときは、保証期間満了の際に存した債務額を限度として責任を負い、その後の清算期にその額が減少すれば、保証人の責任はそれだけ減じ、その後に増加しても再び保証額まで増加するものではない。そうでないと、保証すべき取引に期間を切った意味がなくなるからである（大判大正九・一・二八民七二頁は、後のような事例において、延長後の計算による債務額について、常に保証期間満了の時の残額の限度で責任を負うように説いているのは正当ではあるまい）。

〔六五六〕(ロ)保証すべき取引の期間が保証契約で定められていないときは、——

(a)保証人は、保証契約締結後相当の期間を経過した後に、保証契約を解除(告知)することができる（大判昭和七・一二・一七民二三三四頁（判民一八四事件東）、二年半ほどの後債務者の営業方針が放漫となったので告知した事例。大判昭和九・五・一五新聞三七〇六号九頁（同旨））。かような解除があったときは、解除後相当の期間（債権者が債務者に対して他の担保を供することを要求するかどうかなどについて考慮する期間）を経過することによって、保証人はその後の取引について責任を負わないことになる。

(b)のみならず、債務者の資産状態が急激に悪化したような保証契約締結の際に予測しえなかった特別の事情があれば、相当の期間を経過しなくとも解除することができる（大判昭和九・二・二七民二一五頁（判民二一事件吾妻）、大判昭和九・五・一五新聞三七〇六号九頁等）。

この場合の解除の効果も、原則として、相当の期間後に効力を生ずると解すべきであるが、資産状態の悪化の程度、債権者の融資の態度などによっては、直ちに効力を生ずると解すべき場合もあるであろう（右の大判昭和九・五・一五はこの趣旨を述べる）。要するに、事情変更による解除権発生の一つの場合であることに留意して、各場合の事情に即して判断すべきである（債各〔一二六〕七b参照）。

(3) 保証すべき金額

〔六五七〕 (イ)保証人の責任を負うべき限度額が定められているときは、保証人が責任を負うべき時期、すなわち、保証すべき期間が満了したとき、保証契約が解除されたとき、または保証される基本たる契約関係が終了したときなどの時点において存在する債務について、保証すべき額だけの保証責任を負う。それ以前に成立した債務のうちに弁済されたものがあっても、保証人の責任に影響を及ぼさないことはいうまでもない（そこに特定の債務の保証との差がある）（大判大正六・七・二六民一二一七頁）。債務総額が保証すべき額を越えるときは、一種の一部保証の関係となり、保証人は、これらの債務の残額の存する限りその額だけの責任を負うことは明らかである（〔六四九〕参照）が、右の時点に存在した債務が特定性を持続するものであるときは、債権者と協定しない限り、すべての債務について比例的に一部保証が成立すると解する他はないであろう（〔六五五〕b参照）。

〔六五八〕 (ロ)保証人の責任を負うべき限度額が定められていないときにも、その責任は無限の額に及ぶと解すべきではなく、当該保証契約のなされた事情（大判昭和一三・一二・二八判決全集六輯四号三三頁労働者に対する食料品等の売掛代金を保証する使用者の責任は賃金を限度とする趣旨でありうることを説く）、保証される取引の実情などによって、そこにおのずから合理的な限度があるといわねばならない。従って、保証される債務が取引慣行に反して不合理に拡大したときは、保証の限度は合理的な範囲に制限されるべきである。例えば、当座貸越契約において、銀行の貸越の範囲を一応二千円と定め、事情によってはそれ以上貸越をすることがあり、その部分についても保証人が責任を負うものと定められていたときでも、貸越額が六万円近くになったときは、取引界の慣行を基準として合理的な制限を加えるべきである（大判大正一五・一二・二民七六九頁（判民一〇五事件末弘）はこの理を説き学者の支持をえている）。

〔六五九〕　(4) 身元保証契約は、原則として相続性がないものとされる（債各〔八三五〕参照。この点は「身元保証ニ関スル法律」に規定はなく、判例理論による）。そして、信用保証においてもほぼ同様の理論がとられている。すなわち、保証の限度と期間の定のないものについては、相続後に生じた債務には及ばないとすることは、ほぼ確定した判例理論といってよいようである。運送会社と運送取扱業者（大判大正一四・五・三〇新聞二四五九号四頁）、問屋と魚類小売商（大判昭和一〇・一〇・二三裁判例（九）民二五七頁）、当座貸越契約（大判昭和一一・四・二一裁判例（一〇）民八九頁）、質屋と親質屋間の転質取引（大判昭和一二・九・一八裁判例（一一）民二四八頁）などについて認められている。ただ、保証限度額が確定している場合に相続性を認めるものがないでもない（大判昭和一〇・三・二二法学四巻一四四一頁（事案の内容不明））。思うに、身元保証にあっては、保証人と被用者の間で被用者の人物を信用するという人的信頼関係以外には基礎がないのに反し、継続的な取引関係の保証にあっては、企業そのものを信頼するという客観的な基礎に立つべきものである。従って、相続性についても同一にみることについては、疑問の余地がある。然し、わが国の取引の実情は、後者についても、多分に人的な信頼関係のみの上に立っている。おそらく、被相続人がそのような保証契約をしていることを相続人が知らない場合も稀ではあるまい。従って、立法論としては、一方では、債権者から相続人に対して通知すべきものとし、他方では、相続人に告知権を認める、というような解決方法が合理的であろうかと考えられるが、解釈論としては、相続性を否定する判例理論を支持するのが穏当であろう（西村「保証債務の相続性」（総合判例民法14）は保証の種類を分析して判例理論を詳説する。一身専属性（相続性の否定）の理論的根拠の薄弱を衝く。示唆に富む。）。

相続と関連して注意すべきは、取引の継続中に、保証人が、債権者との契約で交替することである。会社の取引について社長個人が保証人となっている場合に、社長の改任の際などに行われることが多い。その内容は、もとより契約によって定められるべきだが、一般には、旧保証人はそれまでに生じた債務についても保証責任を免かれ、新保証人はその時までの債務についても責任を負うものとされているようである。

〔六六〇〕 (5)信用保証の効力について特に問題となるのは、債権者の請求の要件と、保証人の求償権とそれに基づく代位であろう。

(イ)信用保証は、基本たる取引関係から生ずる増減変動する多くの債務を全体として保証するものであるから、この基本関係が正常に継続している間は、債権者は、特別の定のない限り、個々の債務について保証人に請求することができず、基本関係が終了したとき、または保証人の保証期間が終了したときに、はじめて請求することができると解するのが、制度の趣旨にも、当事者の合理的な意思にも適するものと思う。

(ロ)信用保証によって保証される債務について、信用保証の他に、物的担保権（根抵当また根質）が設定されることもある。その場合には、取引関係が終了したときに、物的担保権によって満足をうるか、保証人に請求して弁済を受けるかは、債権者の自由である。そして、そのときに保証人が弁済すれば、債権者に代位することも当然である。問題は、基本たる取引関係の継続している間に、保証人が弁済して債権者に代位して物的担保権を行使しうるかどうかである。保証人は、たとい個々の債務について弁済をしても、代位権は行使しえないと解するのが正当であろう。けだし、前段に述べたように、信用保証は、取引関係が正常に継続する間は、発生変動する債務を全体として保証するものであって、債権者も保証人に対して個々の債務について請求しえないものと解するのが正しいとすれば、保証人もまた、その継続中は、その関係を全体として担保する物的担保権を債権者に代位して実行することはできないと解すべきことはむしろ当然だからである（一種の一部代位であるが、普通の場合にこれを否定しえないとしても、信用保証の場合にはこれを否定する充分の理由があるというのである〔三六九〕参照）。

三　賃貸借契約による賃借人の債務の保証

〔六六一〕(1)賃貸借契約から生ずる賃借人の債務の保証も、将来継続して生ずる債務の保証である点では、前段の信用保証と同一であるが、その債務の額がほぼ一定したものが累積してゆくだけで、保証人の予期しない数額のものを生ずるということがない点で異なる。そして、この点に、信用保証について援用された事情変更の原則をそのままに援用することを許さない重要な理由が存在すると考えられる（債各〔二九八〕・〔二六七〕参照）。判例の理論も、大局的にみれば、必ずしも不当とはいえないであろうが、その適用については遺憾な点もある。

〔六六二〕(2)保証の期間と金額の限度の定がなくとも保証契約は有効に成立するとなすことは、もとより正当であるが、賃貸借の期間が更新されたときは――更新が当初から特約されている場合の他は――更新後のものに及ばないとすること（大判大正五・七・一五民一五四九頁（黙示の更新後に及ばず）、大判昭和六・三・一一新聞三二五六号八頁（更新しうる旨の契約であっても更新後に及ばず））は、正当ではあるまい。ことに、特別法によって、期間の更新が原則とされるものについてそうである（債各〔六三三〕・〔六三四〕参照）。

〔六六三〕(3)保証人の解除については、一方では、期間と金額に限度がなくとも、相当の期間経過後に解除権を生ずるという原則は認めえないと判示しながら（大判昭和七・七・一九裁判例(六)民二二七頁、大判昭和七・一〇・一一新聞三四八七号七頁）、他方では、賃借人がしばしば賃料支払を怠っているのに保証人に通知もせず、将来支払う見込もないのに賃貸借の解除もせずに放置して、一時に多額の賃料を請求するようなことは信義に反しかつ保証契約の趣旨にも反するから、かような事情に立ち至るおそれがあるときには、保証人は保証契約を解除しうるという（大判昭和八・四・六民七九一頁（判民六〇事件山田）、大判昭和一四・四・一二民三五〇頁（判民二三事件折茂）等）。理論に矛盾するところはないが、少なくも今日の借家事情からみるときは、保証人の免責を認める特別の事情の認定は一層慎重であってほしいように感じられる。なお、例えば、使用者が自分の使用する労務者の住居の賃借について保証人となる場合のように、賃借人と保証人との間に特殊の関係があるときは、その関係の存続する間は解除権を生じない（大判昭和一五・一・一三評論二九巻民二九五頁）ことも注意すべき点であろう。

(4)賃借人のための保証は、相続性があるものとするのが判例である（大判昭和九・一・三〇民一〇三頁（判民一〇事件有泉））。身元保証ほど保証人と賃借人との間に人的信頼関係がなく、また信用保証ほど数額の予期しない増大がないという趣旨であろう。然し、解除権についての前段所掲の理論と果して一貫したものであるか、疑問の余地がある。

〔六六四〕

第三　保証人の抗弁権

保証人は、(i)催告の抗弁権と検索の抗弁権を有する。保証債務の補充性から生ずるものである。従って、連帯保証人はこの抗弁権をもたない（四五二条—四五五条）。(ii)この他、保証人は、主たる債務者の抗弁権を行使することができる。附従性から生ずるものであって、連帯保証人もこの抗弁権を有する。民法に規定はないが、解釈上認められるものである。

一　催告の抗弁権

〔六六五〕 (1)債権者が保証人に請求をした場合に、保証人は、「先ヅ主タル債務者ニ催告ヲ為スベキ旨」の抗弁をすることができる(四五二条本文)。然し、この抗弁権の行使を受けても、債権者は、裁判外の催告をなせば足りるのであるから、その効果は甚だ弱く、検索の抗弁権の他にこれを認める実益はないようである(ド民七七一条、ス債四九五条、フ民二〇二三条、多少の差があるが、いずれもまず債務者に対して執行すべきことを主眼とする点においてわが検索の抗弁権に似たものである。わが催告の抗弁権に類似するものは見当らない)。

〔六六六〕 (2)催告の抗弁権行使の要件と効果　(イ)抗弁権であるから、保証人から主張しなければ、債権者の請求は阻止されない。また、債権者が債務者と保証人とに対し同時に請求するときは、この抗弁権はない(大判大正九・一一・二四民一八七一頁(同時に訴えたときは、訴状が先に債務者に送達される必要なし))。

(ロ)有効に抗弁権が行使されたときは、(a)債権者は、主たる債務者に対して催告をしない以上保証人に対して請求することができない(裁判所は保証人に給付を命じえない。公正証書に基づいて執行をすれば違法となるであろう)。但し、いやしくも催告をすれば、裁判外であっても妨げなく、また、催告の結果を証明する必要もない(大判大正五・一一・四民二〇二一頁)。(b)なお、有効な催告の抗弁権の行使があったにも拘わらず債権者が主たる債務者に対して請求することを怠り、その後主たる債務者から全部の弁済を受けえないようになったときは、保証人は、債権者が直ちに請求すれば弁済を受けえたであろう限度においてその義務を免かれる(四五五条)。

〔六六七〕 (3)保証人が例外として催告の抗弁権をもたない場合がある。(イ)主たる債務者が破産の宣告を受けたとき(四五二条但書)。(ロ)主たる債務者の行方が知れないとき(四五二条但書)。(ハ)連帯保証(四五四条)。(ニ)なお、連帯保証でない場合にも、催告の抗弁権だけを放棄することは妨げないであろう（大判明治三七・九・二二民一一三九頁）。

二　検索の抗弁権

〔六六八〕 (1)債権者が主たる債務者に対して催告をした後に保証人に対して請求をした場合でも、保証人は、更に、「先ヅ主タル債務者ノ財産ニ付キ執行ヲ為ス」べき旨の抗弁をすることができる（四五三条）。債権者の保証人に対する権利はこのために重大な制限を受ける。連帯保証人がこの抗弁権をもたないことは、その普通の保証人と異なる最も重要な点である。なお、明治八年布告一〇二号一条は、保証人は、主たる債務者が資産の全部を弁済にあてた後に弁済すべきものと規定をしているが、結局民法の検索の抗弁権と同一趣旨と解されている（大判大正三・一〇・二六民八〇一頁、大判大正八・七・七民一二六七頁）。

〔六六九〕 (2)検索の抗弁権行使の要件　(イ)抗弁権であるから、保証人から主張しなければ債権者の請求を阻止しえないことは、催告の抗弁権と同じである（大判大正五・四・一七民七〇九頁（第一審で主張しても、第二審でしなければだめだという））。

(ロ)保証人が検索の抗弁権を行使するには、つぎの二点を証明しなければならない（四五三条）。

(a)主たる債務者に「弁済ノ資力」あること　判例は、最初、債務全額を完済するにたる資力があることを要するとし（大判明治三九・一二・一五民一六五〇頁、大判大正五・一〇・二五民一九七四頁等）、多数説の支持を受けていた。然るにその後、必ずしも全額を完済する資力あるを要せずという（大判昭和八・六・一三民一四七二頁（判民一〇二事件東評釈は判旨を支持する））。思うに、債務額に対して取引上相当と認められる程度の額を弁済する資力があれば、必ずしも完済の資力あることを必要としないと解することが、保証債務の補充性に適するものであろう（近時の通説は同調する（於保二四六頁及び同所引用の諸著参照））。

(b)主たる債務者の財産が執行の容易なものであること　執行が容易であるかどうかは、執行についての法律上の手続が容易であるかどうかによるべきではなく、現実に弁済を受けることが容易かどうかによって決すべきである(大判昭和五・四・二三新聞三一二二号一〇頁、前掲大判昭和八・六・一三民一四七二頁)。然るときは、債務者の住所にある有体動産(とりわけ有価証券)は一般に執行の容易なものといいうるが、遠隔の地にあるものはそうではない。また、不動産、指名債権などは、その所在に関係なく、執行の容易でないのが普通である。然し、結局は、各場合について判断する他はない(大判昭和一〇・七・一〇判決全集二輯(二〇)九頁は不動産につき執行を容易とした例)。なお、債務者の財産に抵当権が設定されていてもその実行が容易でないときは、直ちに保証人に対して請求しうることはいうまでもない(債権者はまず物的担保を執行すべき義務を負うものではない)。また、賃借人が敷金を提供していても、賃貸借の継続中は、それを充当しないで、保証人に対して延滞賃料を請求することも妨げない。敷金は、賃貸借終了の時における賃借人の債務の担保となるものだからである(大判昭和五・三・一〇民二五三頁(債各〔六八八〕参照))。

〔六七〇〕 (3)検索の抗弁権行使の効果　(イ)第一に、債権者はまず主たる債務者の財産について執行をしなければ、保証人に対して請求をすることができない。但し、一度執行すれば、効果がなくても妨げないのはもとよりのこと、後日資産状態が改まっても重ねて検索の抗弁をすることはできない(判例(前掲大判昭和八年の判決)、通説といってよい)。

(ロ)第二に、その執行を怠ったために主たる債務者から弁済を受けえないことになった部分について、保証人は責任を免かれる(四五五条)。理論的にみれば、催告の抗弁権の効果と同一であるが、実際上の威力は比べものにならない。

〔六七一〕 (4)保証人が例外として検索の抗弁権をもたない場合は、前述のように、連帯保証である(四五四条)。なお、連帯保証でない場合に検索の抗弁権だけを放棄することも妨げない。

三　主たる債務者の抗弁権を行使する権利

〔六七二〕 (1)保証人は、主たる債務者の有する抗弁権を援用することができる。このことを明言する立法例が多い(ド民七六八条一項、ス債五〇二条一項、フ民二〇三六条)。わが民法には規定はないが、同様に解すべきである。けだし、保証債務は、別個の債務だとしても、主たる債務の履行を担保することが目的なのだから、主たる債務の効力を制限する抗弁権は、保証人もまたこれを援用してその債務を制限することができると解さなければ、保証債務の附従性に反することになるからである。問題となるものは左の如くである。

〔六七三〕 (2)主たる債務の不存在または消滅の抗弁権

(イ)主たる債務を生じさせる契約が無効または取り消されたために、主たる債務が成立しなかったとか、消滅したという場合には、保証人はこの事由を立証して保証債務の存在しないことを主張することができる。但し、損害担保契約が成立したと認められる場合は別であることはいうまでもない(〔六三四〕・〔六四〇〕参照)。

〔六七四〕 (ロ)右に関聯して注意すべきことは、主たる債務の時効消滅である。(a)主たる債務が時効で消滅したときは、保証人は、自分に対する関係で、これを援用して保証債務の消滅を主張することができる(総則〔四四二〕参照)。主たる債務者が援用するかどうかとは関係がない(大判大正四・七・一三民一三八七頁、大判大正四・一二・一一民二〇五一頁、大判昭和八・一〇・一三民二五二〇頁(判民一七三事件吾妻)等)。主たる債務者が時効の利益を放棄するときは、保証のない債務となるだけである。

(b)保証人が保証債務について時効の利益を放棄したとき(例えば、時効完成後に債権者と弁済条件について和解をしたときなど)はどうであろうか。

(i)主たる債務者も、その前または後に、放棄したときは、保証人は改めて援用することはできないといわねばならない。けだし、保証人の右の放棄には、少なくとも、主たる債務者が放棄するときは保証人も責任を負う趣旨が含まれているとみるべきだからである。(ii)これに反して、主たる債務者が援用した場合には問題である（保証人が放棄しても主たる債務者が援用権を失なうものでないことは疑いないであろう）。主たる債務が時効で確定的に消滅する場合には、保証債務だけが存立することは不可能と解するときは、保証人は常に改めて援用することができるというべきことになる（大判昭和七・一二・二新聞三四九九号一四頁はこの理論に立つもののようにみえる）。然し、時効による債権の消滅は、これによって利益を受ける者の意思によって終局的な効果を生ずるものなのだから、主たる債務者がその利益を受けようとする場合にも、保証人だけがその利益を放棄するつもりなら、それを認めても、必ずしも保証債務の附従性に反するとはいえまい（主たる債務は保証人に対する関係で（保証債務の基礎となる関係で）なお存在するという理論構成をとることになる）。ただ、かような場合には、保証人は主たる債務者に対して求償しえないものというべきであるから、保証人の右のような意思は、それを認めるだけの特別の事情が存在する場合にだけこれを認定するのが正当であろう（大判昭和七・六・二一・民一一八六頁（判民九五事件吾妻）はこの趣旨とみるべきもののようである（この項は従来の説を修正した））。

〔六七五〕　(3)保証人が主たる債務者の有する同時履行の抗弁権を行使しうることはいうまでもない。買主の代金債務の保証人などにその適用が多いであろう。また、主たる債務の期限が到来しないときは、保証人もその旨の抗弁ができる。債権の成立の後に、債権者と主たる債務者との間で弁済期限を延長する合意が成立した場合も同様である（この合意の消滅時効に対する影響については、後の〔六八〇〕参照）。

〔六七六〕　(4)保証人は、主たる債務者の有する反対債権をもって相殺することができる（四五七条二項）。例えば、甲に対して九〇万円の債務を負担する主たる債務者乙が、甲に対して六〇万円の反対債権を有する場合に、保証人丙が甲から請求されたときは、右の反対債権で相殺して、三〇万円だけ弁済すればよい。保証人のこの相殺の意義及び効果については、連帯債務者の一人の有する反対債権で他の連帯債務者が相殺する場合（四三六条二項）と同様の問題がある。保証人についても、連帯債務におけると同様に、保証人は、主たる債務者の有する反対債権を処分する権限をもつのではなく、相殺によって消滅する限度で、単に弁済を拒絶する抗弁権をもつと解するのが正当であると考える（〔五八六〕b参照）。

〔六七七〕 (5)保証人は、主たる債務者の有する取消権を行使することができるか。ドイツ民法は、主たる債務者が取消権を有する間は、保証人は履行を拒絶しうるものと定める（同法七七〇条一項）。わが商法は、合名会社の社員の責任について「会社ガ其ノ債権者ニ対シ相殺権、取消権又ハ解除権ヲ有スル場合ニ於テハ社員ハ其ノ者ニ対シ債務ノ履行ヲ拒ムコトヲ得」（商八一条二項（昭和一三年法七二号で追加））という規定を追加した。類似の趣旨である。民法の解釈として、以前には、否定説が多かった。判例もそうである（大判昭和二〇・五・二一民九頁（判民二事件幾代）。準禁治産者が保佐人の同意をえないでした消費貸借の保証人に対する請求）。保証人は取消権者でない（一二〇条の承継人でないから（総則〔三九七〕4参照）。但し、梅・要義四四九条の註釈は保証人は特定承継人として、債務者が追認した後にも独立の取消権をもつという）ということと、保証人に債権者と主たる債務者との間の関係に干渉する権限を与うべきでない、ということを理由とする。これらの理由は正しい。従って、保証人が取消権を行使し、主たる債務者も債務を免かれる（追認することができなくなる）と解すべきでないことは明らかである。然し、保証人に対する関係だけで取り消す権利を認めえないかどうかは、別問題である。近時の学説の多くは、これを肯定する。だが、肯定説のうちにも、さらに説が分かれる。第一説、主たる債務者が追認しない間だけ取り消して弁済を拒絶することができるが、その効果は、暫定的であって、主たる債務者が追認すれば、取消の効果もなくなる（旧版の説）。第二説、保証人が取り消しうるのは主たる債務者が追認しない間に限ることは第一説と同じだが、取り消した以上、後に主たる債務者が追認しても、保証人は責任を負わない（末弘「主債務者の取消権と保証人」法律時報八巻一号（民法雑記帳下所収）、幾代前掲評釈）。第三説、保証人の取消権は、取り消しうる主債務について保証したことによって生ずるものであって、主たる債務者の追認と無関係に何時でも取り消しうる（兼子「連帯債務者の一人の受けた判決の効果」（民事法研究Ｉ所収）にこの趣旨が説かれる）。

思うに、いずれの説を採るべきかは、保証人の責任をどの程度に強く認むべきかの判断にかかる（保証人の責任は三説の後のものほど軽い）。第三説は、徹底しているが、保証の担保的作用を不当に弱くするものと思われる（主たる債務の時効消滅と同様の結果になるが、時効と取消とは異なるであろう）。第二説は、主たる債務者の追認の前後で区別する理由が明らかでない。従って、実質的には第一説が妥当だと考える。然し、そうだとすると、取消権という観念に拘泥せずに、主たる債務が取り消されるかどうか確定するまで弁済を拒絶することができる、それは附従性の内容として認められるものである、と端的な構成を与える方が平明であろう（柚木（下）八二頁はこの趣旨）。

なお、解除権についても全く同様に考えるべきである。

第四　主たる債務者または保証人について生じた事由の効力

〔六七八〕　**一**　主たる債務者について生じた事由　原則として、すべて保証人について効力を及ぼす。前に述べたように、保証債務は、主たる債務の変更に応じてその内容を変更し、常に現時における主たる債務の弁済を担保すべきものだからである。保証債務のこの性質もまた附従性の一内容とされる。但し、主たる債務の成立の後に、債権者と主たる債務者との合意によって特に加えられた変更は、主たる債務の目的または態様を軽くするもの（例えば約定利率の低減、弁済期限の猶予（後の〔六八〇〕参照））は、保証人に効力を及ぼしてその責任を軽くするが、これを重くするもの（例えば違約金の利率を高め、弁済期を短縮するなど）は保証人に効力を及ぼさない。けだし、保証人の債務は保証契約によって定まるものであるから、その時に予定された条項または法律の規定による変更ないし拡張以外には、その意思に基づかずに不利益を強いられるべきではないからである。いいかえれば、保証債務の附従性も、この限りでは制限される。注意すべきものを左に掲げる。

〔六七九〕

(1)主たる債務の消滅は、その原因を問わず、常に効力を及ぼす。但し、問題となるものがある(つぎに述べるものの他、時効消滅については〔六七四〕に述べた)。

(イ)主たる債務について限定相続が行われたとき　責任は制限されるが債務は制限されないから、保証人の責任には影響なしと解すべきであろう(下民七六八条一項に明文がある。〔九一二〕参照)。

(ロ)主たる債務者が会社であって破産の結果解散するときは、残債務についての保証はどうなるであろうか。保証人の責任を免かれさせるべきではないから、会社は、残債務の主体たる範囲において権利能力を持続し、保証される債務の存続を維持すると解すべきであろうと思う(大判大正一一・七・一七民四六〇頁(判民六八事件松本)は、保証人の責任の存続することを保証の目的から推論するが、理論構成は明快でない)。

(ハ)主たる債務者の破産は、これによって債務も責任も縮限されるものではないから、保証人に影響のないのはもちろんであるが、強制和議によって主たる債務者が債務の一部免除をえた場合などは問題である。破産法は明文をもって保証人に影響のない旨を規定した(破三二六条二項)。強制和議は責任を縮限するに止まるものと解すべきであろう(〔八七〕b参照)。かような場合に、保証人が、主たる債務者が免除を受けた部分を弁済しても、求償権を取得するものではないというのが判例である(大判昭和五・一二・二四民一二〇五頁(判民一二一事件加藤正治))。然し、右の免除が破産者の債務を縮減するものでないと解するときは、強制和議にとりこまれた責任財産以外の財産についてはなお求償権をもつと解する余地があるのではあるまいか（加藤前掲評釈は、立法論として、和議条件履行完了後において求償権を行使しうるものと規定すべしという）。

（二）会社更生法による更生手続の開始決定がなされても（会社更生法五三条参照）、保証人に対する請求は即時にすることができる（最高判昭和三二・四・一一裁判集民二六号民一一九頁）。のみならず、更生手続で一定の範囲外の債務について弁済を禁ずる旨の仮処分決定がなされても、その債務について保証人に請求することは妨げない（最高判昭和三三・六・一九民一五六二頁）。これらの手続は、主たる債務者の責任について制限を加えるだけで、債務には及ばないものであり、従って、保証債務には影響がないというべきであろうか。

〔六八〇〕　(2)主たる債務者について時効中断の事由を生ずるときは、常に保証人についても効力を及ぼす（四五七条一項）。請求はもちろんのこと、承認も同様である。承認が弁済期限の延期の方法によって行われ、それが債権者と主たる債務者との合意でなされる場合にはやや問題となるが、保証人もその影響を受け、消滅時効の起算点は新たな弁済期まで延期されると解するのが正しい。けだし、期限の猶予自体は保証人の責任を重くするものではないからである（大連判明治三七・一二・一三民一五九一頁で従来の態度を改め、その後同旨の判決が多い）。この点は連帯債務と異なるものであって（〔五九七〕参照）、連帯保証も保証として同様に解されていること後述の通りである（〔七〇二〕イ参照）。

〔六八一〕　(3)主たる債務者について債権譲渡の対抗要件（通知・承諾）を備えれば、保証人についても効力を生ずる。主たる債務の譲渡が債務者に対抗しうるものとなったときは、保証人もまた当然、新債権者について担保する責任を負うと解するのが正当だからである。従ってまた、確定日附によることも必要ではない（大判明治四〇・四・一一民四二一頁、大判大正元・一二・二七民一一一四頁、大判大正六・七・二民一二六五頁等（保証人は四六七条二項の第三者ではない））。問題となるのは、債務者の異議なき承諾である（四六八条参照）。判例は、債務者の意思表示によって保証人の責任を加重すべきではないとの理由で、保証人は不利益を受けないとする（大判昭和一五・一〇・九民一九六六頁（判民一〇七事件吾妻））。すこぶる疑問である。債務者の承諾に一種の公信力を認めて債権譲渡の安全を図ろうとする制度の趣旨からみるときは、保証人も拘束されると解するのが正当であろうと思う（吾妻前掲評釈は同旨、柚木（下）一六七頁は判例支持）。

〔六八二〕 二 保証人について生じた事由　主たる債務者に対して影響を及ぼさない。例えば、保証人に対して債権譲渡の通知をしても、主たる債務者に対する通知とはならず、従って保証人に対しても譲渡を対抗しえない（大判昭和九・三・二九民三二八頁（判民三二事件川島）連帯保証に関するものだが理論は同様である）。また、保証人が債務の承認をしても、主たる債務の消滅時効を中断することなく（大判明治三四・六・二七民六巻七〇頁、大判昭和五・九・一七新聞三一八四号九頁）、従って、消滅時効完成後に、保証人はこれを援用することができる（大判昭和一〇・一〇・一五新聞三九〇四号一三頁。時効完成後の放棄については少しく趣きを異にする（〔六七四〕b参照））。やや問題となるのは、保証人に対する訴の提起である。主たる債務者に対する請求とならないのだから、訴の係属中にも消滅時効は進行すると解すべきであろう。但し、連帯保証は、この点において、連帯債務と同一に取り扱われるために、そこに連帯保証と普通保証との重要な差異の一つがあること後述の通りである（〔七〇三〕参照）。

第四款　保証人の求償権

〔六八三〕 **第一**　保証人の求償権の基礎

保証人は、債権者に対する関係においては、自分の債務を弁済するものであるが、債務者に対する関係においては、他人の債務を弁済する実質を有するものであることは明らかである。ただその他人の債務を弁済する立場は、更に、保証人と債務者との関係がどうであるかによって同一ではない。保証人が債務者の委託を受けて保証人となったのであれば、弁済は委任事務の処理であり、弁済のための出捐は委任事務処理の費用としてその償還を請求しうることになる（六五〇条参照）。これに反し、債務者の委託を受けずに保証人となったのであれば、弁済は事務管理であり、弁済のための出捐は事務管理の費用としてその償還を請求しうることになる（七〇二条参照）。保証人の求償権は、かように、他人の事務を、委託を受けて、またはこれを受けずに、処理した者の費用償還請求権に該当するものである。民法は、求償権の範囲について特別の規定を設けたから、委任または事務管理の右の規定は、保証には適用されない。然し、民法の規定の内容は、大体この両制度を基礎としたものなのである。

なお、保証が商行為であるときは、弁済によって生ずる求償権も「商行為ニ因リテ生ジタル債権」として五年の消滅時効にかかる（商五二二条）ものとされる（大判昭和六・一〇・三民八五一頁（判民八七事件小町谷））。正当であろう。けだし、商行為に因って生ずるとは、商行為たる法律行為の直接的な効果に限るべきではなく、従って、保証契約が商行為である以上、それに基いてなされた弁済が、右に述べたように委任事務の処理または事務管理の費用の償還請求たる性質をもつものであっても、なお商事性ありというべきだからである。

第二　委託を受けた保証人の求償権

〔六八四〕 **一**　求償権成立の要件（四五九条一項後段）

(1)自分の出捐による主たる債務の消滅　例外として、保証人が予め求償することができることについては、後に述べる（〔六八九〕）。ここには、一般の場合、すなわち、事後の求償について説く。

(イ)保証人が債務の全部または一部を消滅させたこと　(a)主たる債務の弁済期前に弁済しても求償権

は成立するが、これを行使しうるのは弁済期後である（大判大正三・六・一五民四七六頁）。

（b）保証人は、主たる債務が不成立であることまたは消滅したことをもって抗弁しうること前記の通りである（〔六七〕（三））。のみならず、この抗弁をしないで支払っても、求償権を取得しない。けだし、主たる債務者に利益を与えないからである。もっとも、後述のように、保証人は弁済の前に予め通知する義務を負わされていることは、主たる債務者の弁済によって消滅した債務を保証人が重ねて弁済する不都合などを防ぐことになろう。

（c）債権者が保証人の財産に強制執行をして満足をえた場合にも求償権が生ずることは疑いない。従って「債務ヲ消滅セシムベキ行為ヲ為シタルトキ」という民法の表現は正確でない。これに関連して問題となるのは、債権者が保証人に対して債務を負担する場合に、これを受働債権として、保証人に対する債権で相殺することである。普通の保証では、保証人は催告及び検索の抗弁権をもっているから、相殺はできない（〔四八八〕参照）。これに反し、保証人がこの二つの抗弁権をもたない連帯保証ではできる。然し、主たる債務がすでに時効で消滅した後には、できないと解すべきこと、前に述べた通りである（〔四六七〕c（判例は反対））。

〔六八五〕 （ロ）保証人の出捐によること　（a）保証人が債権者に懇請して主たる債務の全部または一部の免除を受けても、求償権は成立しない。もっとも、そのために特別の費用を要したときは、なおこれを弁済の費用と同視してよいであろう。

（b）表面上保証人となっている者が実質的には主たる債務者であることもないとはいえない。そのような場合には、この者が弁済しても、表面上の主たる債務者に対して求償権を取得するものでないことはいうまでもない（大判昭和五・二・六新聞三一〇二号九頁）。求償権の成否は、あくまでも主たる債務者と保証人との内部的な実質的な関係に従って決すべきである。

（c）保証人が債権者に対して反対債権を有する場合に、これを自働債権として、保証債務と相殺すれば、主たる債務が消滅することはいうまでもないが、それも保証人の出捐による主たる債務の消滅である（保証人の反対債権が求償権である場合につき後の〔六九〇〕ハ参照）。

〔六八六〕　(2)通知を怠った場合の求償権の制限　主たる債務者と保証人が、二重に弁済したり、抗弁権があるのに弁済してしまう不利益を生ずることを避けるために、連帯債務におけると同様に、事前及び事後に通知をなすべき義務が課されている（四六三条による四四三条の準用）。

(イ)保証人は、委託を受けた者も、受けない者も、常に、事前及び事後の通知をなすべきである（同条一項）。それを怠るときは、保証人の求償権は、連帯債務者の求償権と同様の制限を受ける。すなわち、保証人が予め通知をしないで弁済その他の免責行為をしたときは、債務者は債権者に対抗することのできた事由をもって保証人に対抗することができる（四四三条一項準用）。また、保証人が、弁済その他の免責行為をした後に通知を怠り、債務者が、善意で二重に弁済その他の免責行為をしたときは、債務者は自分のした免責行為を有効とみなすことができる（四四三条二項の準用）。なお、みなした効果は相対的なものと解すべきことは、連帯債務におけると同様である（〔六一一〕・〔六一三〕参照）。

〔六八七〕　(ロ)保証人が委託を受けた者であるときは、右の連帯債務の規定は主たる債務者についても準用される（同条二項）。すなわち、主たる債務者が弁済その他の免責行為をした後に通知を怠り、保証人が、善意で二重に弁済その他の免責行為をしたときは、保証人は、自分のした免責行為を有効とみなすことができる（四四三条二項の準用）。主たる債務者と保証人の両方が通知を怠った場合の効果は、連帯債務におけると同様に解すべきである（〔六一四〕参照）。なお、民法に制限がないので、第四四三条一項も準用されると解する余地がないでもない。例えば、保証人が債権者に対して反対債権をもっている場合に、主たる債務者が事前の通知を怠って弁済してしまったときは、保証人は相殺の機会を失なうことになるが、それは不都合だから、第四四三条一項の準用を認めるべきか、という問題である。然し、保証人の右のような相殺の期待を保護する必要は、保証の性質からいって、少しもない。のみならず、同条同項は、弁済をした債務者からの求償を前提とするものだが（〔六一一〕a参照）、保証人については、主たる債務者から求償するということはありえない。従って、結局第四四三条一項の規定は、主たる債務者については準用されない、と解する他はない（通説）。

〔六八八〕 **二** 求償権の範囲　連帯債務者の求償権の範囲に関する規定を準用し、全くこれと同様に取り扱われる（四五九条二項による四四二条二項準用）。すなわち、弁済その他の免責行為のあった日以後の法定利息及び避けることをえなかった費用その他の損害の賠償（債権者から請求・執行されたための費用を含む（大判昭和九・七・五民一二六四頁））を包含する。そして、その範囲は、受任者の費用償還請求権の範囲ともほぼ一致する（六五〇条一項・三項参照）。

〔六八九〕 **三** 予め求償しうる場合

(1)委託を受けた保証人は、例外的に、予め、すなわち弁済その他の免責行為をしないうちに、求償することができる。受任者は費用の前払を請求しうるのが原則だが（六四九条）、保証人の求償については、特別の場合にだけこれを認めたのである。それはつぎの三つの場合である。

(イ)保証人が、過失なくして、債権者に弁済すべき裁判の言渡を受けたとき(四五九条一項前段)　民法はこれを予め求償をなしうる場合としていないが、理論上これに属する(フ民二〇三二条は予め求償の一場合とする)。なお、裁判の言渡を受けるとは、その判決が確定することを意味する。

(ロ)主たる債務者が破産の宣告を受け、かつ債権者がその財団の配当に加入しないとき(四六〇条一号)　保証人は求償権によって財団の配当に加入することができる。

(ハ)債務が弁済期にあるとき(四六〇条二号本文)　この弁済期は、保証契約成立の時の弁済期を標準とする。その後に債権者が債務者に期限の猶予を与えても、これを標準として保証人の求償権の行使を拒絶しえない(同号但書)。例えば昭和十四年十二月三十一日弁済期の債務を保証した者は、たとい債権者が半年の猶予を与えても、十五年の一月には弁済期にあるものとして求償をすることができる。保証人は、弁済期における債務者の一般財産を考慮に入れて保証したものであるから、債権者が期限の猶予をしても、これによって保証人の求償の時期を延期せしむべきではないという趣旨である。債権者から保証人に請求するには、右の期限の猶予に従うべきことはいうまでもない(〔六七五〕参照―大判大正九・三・二四民三九二頁は物上保証人に対する債権者の権利の消滅について傍論としてこのことを説く。なお〔六八〇〕参照)。

(ニ)債務の弁済期が不確定であって、かつその最長期をも確定することができない場合において、保証契約の後十年を経過したとき(四六〇条三号)　無期の年金債務を保証した場合などにその例をみるであろう。

〔六九〇〕 (2)予め求償された場合の主たる債務者の権利義務(四六一条)。

(イ)予め求償権を行使された場合には、主たる債務者は、求償に応じた上で、(a)保証人をして、担保を供せしめ(予め求償としてえたものを弁済に使用すべき保証人の債務の担保と解すべきである)、または、(b)保証人に対して、自分を免責させるように請求することができる(いうをまたないことで規定の意味はほとんどない)。

(ロ)予め求償権を行使された主たる債務者は、保証人に支払うべき金額を供託し、もしくはこれに相当する担保を供し、または債権者と交渉して保証人の免責をえさせて、求償に応ずる義務を免れることができる。いずれも当然のことであるが、これと関連して、債務者が保証人の求償権を担保するために、予め担保権(根抵当が多い)を設定しているときは、保証人は予め求償権を行使することはできない、とされることは注目に値する(大決昭和一五・八・二三判決全集七輯二九号九頁。但し、予め求償しうる場合には、この担保権によって配当に加入することができる(最高判昭和三四・六・二五民八一〇頁))。

(ハ)予め求償する権利は、右のように、主たる債務者から種々の抗弁をなしうるものであって、無条件に行使しうるものではない。従って、保証人は、主たる債務者に対して債務を負担する場合にも、予め求償する権利で相殺することはできない。然し、保証人が、自分の債務の弁済期前に、現実に保証債務を履行すれば、それまでの間に保証人に対する主たる債務者の債権が差し押えられまたは譲渡されても、保証人は、なお相殺することができると解すべきことは、すでに述べた通りである(〔四八五〕b(判例は反対))。

第三　委託を受けない保証人の求償権

〔六九一〕 一　求償権成立の要件(四六二条)

(1)自分の出捐による債務の消滅　(イ)保証人が債務の全部または一部を消滅させたこと、及び、(ロ)その保証人の出捐によるものであることを要するのは、委託を受けた場合と同様である。

〔六九二〕 (2)通知を怠った場合の求償権の制限　(イ)保証人が事前及び事後の通知を怠るときは、連帯債務者におけると同様の求償権の制限を受けることも、委託のある保証人と同様である(四六三条一項)。

(ロ)主たる債務者は、弁済その他の免責行為をした後にも委託のない保証人に通知をする義務はない。すなわち、これをしないために保証人が二重に免責行為をしても、保証人は、自分の免責行為を有効とみなすことはできない(四六三条二項参照)。委託のない保証人なるものは、債務者がその存在を知らないことさえありうるものだから、事後の通知義務を認めえないのは当然であろう(委託の有無による求償権成立の要件に関する唯一の差である)。

〔六九三〕二　求償権の範囲　保証人を委託の有無によって区別する重要な点は、その求償権の範囲に関する。委託のない保証人の求償権の範囲は、保証人となったことが主たる債務者の意思に反するかどうかによって異なる。意思に反するかどうかは、第三者の弁済におけると大体同様に解してよい。但し、ここでは、専ら主たる債務者と保証人との間の負担の分配に関することであるから、第三者の弁済におけるように、立法論として非難するには当らないであろう(〔三五六〕・〔三五七〕参照)。

(1)保証人となったことが主たる債務者の意思に反しないとき　主たる債務者が、保証人が免責行為をした「当時利益ヲ受ケタル限度」である(四六二条一項)。従って、利息及び損害賠償の請求を含まない(弁済した金額についてその後の法定利息を請求することもできない(大判昭和一一・六・一五判決全集三輯七号一五頁))。この範囲は、本人の意思に反しない事務管理人の費用償還請求権の範囲と同一である(七〇二条一項参照)。

〔六九四〕(2)保証人となったことが主たる債務者の意思に反するとき　求償をする時に主たる債務者が「現ニ利益ヲ受クル限度」である(四六二条二項本文)。従って、免責行為のあった後求償の時までに、主たる債務者が債権者に対して反対債権を取得したときにも、債務者は、これをもって保証人の求償に対抗することができる。そしてこれを対抗したときは、この債権は保証人に移転する(四六二条二項但書)。この保証人の求償の範囲は、本人の意思に反する事務管理人の費用償還請求権の範囲と同一である(七〇二条三項参照)。

第四　数人の主たる債務者ある場合の求償権

民法は、数人の主たる債務者のうちの一人のために保証をした場合で、しかもその主たる債務が連帯債務または不可分債務であるときの求償権について特則を設けた(四六四条)。この規定の意義を明らかにするために、すべての態様における数人の主たる債務者と保証人の求償権の関係を検討する。

〔六九五〕 **一**　全員のために保証人となった場合　　債権者甲、主たる債務者乙丙丁三人、保証人戊が乙丙丁全員のために保証人となった場合である。これについては民法に規定はない。然し、つぎのように解すべきである。

(イ) 主たる債務が分割債務であるときは、求償権も各債務者について分割債務となる。けだし、債務総額九〇万円としても、主たる債務者乙丙丁は、各自三〇万円の債務を負担するのであり、保証人戊が九〇万円弁済すれば、乙丙丁それぞれについて三〇万円の保証債務の弁済となるからである。

(ロ) 主たる債務が不可分債務または連帯債務であるときは、求償権も各債務者について不可分債務または連帯債務となる。けだし、保証人は、乙丙丁の各自に対して九〇万円の求償をすることができる。従って、その関係は、また不可分債務または連帯債務となると解すべきだからである。これに関連して問題となるのは、債権者が連帯の免除をし、乙丙丁が分割債務を負担するようになった場合である(〔六一七〕参照)。戊は、乙丙丁各自について、それぞれの債務額だけの保証人となる、と一応考えてよいであろう。然し、戊が連帯債務の保証人としての責任を負担した後の債権者の行為によって戊の責任を重くすることはできない。従って、戊は、乙丙丁が連帯債務者であることによって有する利益は失わないといわねばなるまい。然るときは、例えば、乙丙丁のうちの一人が自分の債務額を弁済したときでも、その者に弁済資力があるときは、戊は、なおそれを理由に検索の抗弁権を行使することができると解すべきである。また乙丙丁のうちの一人の債務を弁済したときにも、その求償権については、なお乙丙丁全員が連帯して責任を負うものと解さなければなるまい(七〇二口参照)。

〔六九六〕 **二**　債務者一人のために保証人となった場合　前段の例で、戊が丁だけのために保証人となった場合である。民法は、このうちの更に特別の場合について規定したことになる。

(イ) 主たる債務が分割債務であるときは、保証された債務者に対して、この者の負担する債務額についてだけ、保証人としての求償権を有することは明らかである。けだし、債務総額九〇万円としても、丁の債務は三〇万円で、戊はこれについてだけ保証したのだからである。従って、戊がそれ以上弁済して、乙、丙の債務を消滅させたときは、純粋に第三者の弁済となる。

(ロ) 主たる債務が不可分債務または連帯債務であるときは、保証された債務者に対して全額について求償をなしうることは明らかであるが、民法は、更に、他の債務者に対しても、その負担部分について求償をなしうるものと定めた(四六四条)。九〇万円が乙丙丁の連帯債務であるときは、戊は、丁だけの保証人としても、なお九〇万円弁済する責任を負う。そして、それは当然に乙丙の債務を消滅させる。そこに乙丙に対する直接の請求を認める理由がある。のみならず、戊は丁に対して全額を求償しうることはいうまでもないが、丁がそれに応じたときは、他の債務者乙丙に対してその負担部分だけの求償をなしうるのであるから、この関係を簡易に決済することにもなる。従って、連帯債務者乙丙丁のうち丁だけが負担部分を有する場合には、戊も乙丙に対して求償することはできない(大判大正一五・六・三民四四四頁)。

〔六九七〕 **第五** 保証人の代位権

保証人は、その求償権について債権者に代位することは、保証人の性質——実質的にみて、他人の債務について、これを弁済すべき正当の利益を有する者であること——からいっても、民法の規定からみても(五〇一条参照)、疑いはない。他の法定代位をなす者との関係はすでに述べた(〔三七一〕・〔三七二〕・〔三七五〕参照)。いわゆる信用保証人の代位については注意すべき点があることも、前述の通りである(〔六六〇〕)。保証人が数人ある場合の求償関係については後に述べる(〔七一〇〕)が、その範囲で代位しうる(〔三七七〕参照)。

第五款 特殊の保証

第一 連帯保証

〔六九八〕 **一** 意義とその性質　連帯保証とは、保証人が主たる債務者と連帯して債務を負担するものである。いいかえれば、主たる債務と保証債務とが連帯関係に立つ多数当事者の債務関係である。わが国の実際では、普通の保証よりもむしろ連帯保証の方が多く行われるようである。

普通の保証と連帯保証の差異は、(i)連帯保証人は、普通の保証人の有する固有の抗弁権(催告の抗弁権・検索の抗弁権)を失ない、債権者の権利が特に強力となること、及び、(ii)連帯保証人について生じた事由が主たる債務者に対しても効力を及ぼす場合があることである。前者は、保証債務からその補充性を奪うものであるが、なおその附従性を奪うものではないから、保証債務たる性質には影響がないというべきである(〔六三〇〕参照)。後者は、民法の認める特則であるが、立法論として妥当でないものである。

右に述べるように、連帯保証も、保証債務の中心的性質たる附従性から生ずる効果においては、普通の保証債務と全く同一である。従って、民法も、連帯保証については、普通の保証と異なる点について特則を設けただけである(四五四条・四五八条・四六五条二項)。本書においても、普通の保証と同一の点は省略して、特殊の点についてだけ述べる。

〔六九九〕 **二**　連帯保証の成立

(イ)連帯保証が成立するためには、保証契約において特に連帯である旨の特約がなされることを必要とする。そして、この特約の存否は、要するに、債権者と保証人との間の保証契約の解釈によって定まる(大判昭和六・三・四新聞三二四六号八頁(借用証書以外の事実から認定した事例)、大判昭和七・一一・二〇新聞三三七八号一一頁(借用証書に連帯保証の記載あるに拘わらず成立を否定した事例)。なお〔六四五〕参照)。また、連帯債務者となったのか連帯保証人となったのか疑問とされる場合もありうる。その場合にも、その者と債権者との間の契約の解釈によって決定されるべきものであることはいうまでもない(〔五七九〕ロ参照)。なお、商法は、主たる債務または保証債務に商事性があるときは、その保証は連帯保証となる旨を規定する(五一一条二項)。

(ロ)連帯保証の成立に関して、注意すべき点は、連帯債務の成立に関する第四三三条の規定が適用されないことである。すなわち、主たる債務者と債権者の間の法律行為の無効または取消によって主たる債務が効力を生じないときは、連帯保証債務も成立しない。けだし連帯保証もまた主たる債務に附従して成立するものだからである(大判明治四三・一一・二六民八一七頁(〔五八〇〕参照))。

〔七〇〇〕 三 連帯保証人と債権者の間の関係

連帯保証債務の内容が附従性と保証契約とによって定まることは、普通の保証と全く同一である（〔六四六〕以下参照）。一部保証もありうる（〔六四九〕参照）。信用保証がありうることもちろんである（〔六五三〕以下参照）。異なる点は、(i)連帯保証人が催告の抗弁権及び検索の抗弁権をもたないことである（四五四条）。これについては、すでに述べた（〔六六七〕・〔六七一〕）。なお、(ii)連帯保証人が数人あっても、いわゆる分別の利益をもたないことも、普通の保証と連帯保証の差異として重要な点であるが、これについては後段に述べる（〔七〇九〕）。(iii)ここに指摘すべき最も重要なことは、主たる債務者または連帯保証人について生じた事由の他に及ぼす影響である。次段に述べる。

四 主たる債務者または連帯保証人について生じた事由の効力

〔七〇一〕 (1)主たる債務者または連帯保証人について生じた事由の効力について、民法は、連帯債務に関する第四三四条ないし第四四〇条の規定を適用する旨を定めている（四五八条）。主たる債務者と連帯保証人は、「連帯した債務者」として、この点において連帯債務者相互間と同一の理論によって規律されるべきものと考えたのであろう。然し、連帯債務は、相互の間に主従の関係のないそれぞれ独立の債務であるのに反し、連帯保証は、主たる債務に附従するものである。従って、民法が「適用」といっているが、「準用」というべきであるのみならず、準用すべき規定の範囲は附従性によって制限されなければならない。

〔七〇二〕 (2)主たる債務者について生じた事由

(イ)かような事由は、すべてその効力を連帯保証人に及ぼすものと解すべきである。すなわち、連帯債務の規定を準用せず、専ら、すでに述べた附従性理論(〔六七八〕以下)によって決すべきである(通説であり、判例もこのことを明言する(大判昭和五・一〇・三一民一〇一八頁、〔判民九九事件福井〕等))。この点について最も重要な意義を有するのは時効の中断である。連帯債務の規定によるときは、請求以外の事由は連帯保証債務の消滅時効を中断しないことになる(四三四条・四四〇条(〔五九七〕参照))。これに反し、保証債務の規定によれば、すべての中断事由は、連帯保証人に対しても効力を生ずることになる(四五七条一項(〔六八〇〕参照))。いずれに従うべきであろうか。後者に従うべきである。けだし、連帯保証もまた保証として、主たる債務が消滅時効にかからない限り、なお存続してこれを担保するものというべきだからである。ずっと以前からの通説であり、判例も主たる債務者の承認に関して、しばしばこの理を明らかにしている(大判大正九・一〇・二三民一五八二頁、大判昭和五・一〇・三一民一〇一八頁(前掲)、大判昭和七・二・一六民一二五頁(判民一三事件福井)、大判昭和一三・二・四民八七頁(判民八事件勝本)など)。

(ロ)但し、主たる債務者について生ずる事由が、保証契約成立の後に、債権者と主たる債務者の行為によって、保証人と無関係に生じたものであるときは、連帯保証人に影響を及ぼさないことも、普通の保証と同様であることはいうまでもない(〔六七八〕以下参照)。やや問題となるのは、主たる債務が連帯債務である場合の連帯の免除であるが、すでに述べたように、保証人は、その求償権について不利益を受けないと解すべきことは、連帯保証においても同様である(〔六九五〕末尾参照)。例えば、九〇万円の連帯債務者乙丙丁について、債権者甲が連帯の免除をし、乙と丙から三〇万円ずつ弁済を受け、丁の債務について連帯保証人戊から請求をしたとしよう。丁が無資力であっても、戊は履行を拒むことはできない(大判昭和七・六・二五新聞三四四八号一二頁(四四四条・四四五条を準用すべしとの上告理由を却ける))。然し、戊は、弁済したときは、乙丙丁を連帯債務者として求償しうるといわねばならない(四四四条・四四五条は、しかる上で、求償に応じた乙または丙の他の連帯債務者に対する求償について適用される)。

〔七〇三〕 (3)連帯保証人について生じた事由が主たる債務者に対して効力を及ぼすかどうかについては、連帯債務に関する第四三四条から第四四〇条の規定に従う(四五八条)。然し、その意味は、つぎに述べるように、第一のものを除いては、それほど大きくはない。

(イ)連帯保証人に対する請求が主たる債務者についても効力を及ぼすこと(四三四条の準用)は、最も重要な点である。すなわち、連帯保証人に対して請求をすれば、主たる債務者に対して請求したと同一の効果を生ずる(〔五八八〕参照)。ここでも、消滅時効の中断が実際上大きな意味をもつが、連帯保証人に対する裁判上の請求(一四九条—大判昭和六・一・二九新聞三二三〇号一五頁)、破産債権の届出(一五二条—大判昭和一四・九・九新聞四四六八号一一頁)、裁判外の催告と同人に対する六カ月以内の支払命令の申請(一五三条・一五〇条—大判昭和三・二・一五新聞二八四七号一〇頁)などは、いずれも主たる債務の消滅時効を中断する。そして、訴の係属中は、主たる債務についても中断の効力は持続する(大判昭和一一・三・一七新聞三九六八号一七頁(総則〔四六四〕参照))。ちなみに、物上保証人(抵当権設定者)が同時に連帯保証人である場合にも、抵当権による競売申立は、主たる債務の消滅時効を中断しない(大判昭和一四・八・三〇新聞四四六五号七頁(請求ではなく、差押と同視すべきだから))。連帯保証人の承認も同様である(大判昭和一二・一一・二七判決全集四輯二三号一〇頁)。

(ロ)連帯保証人と債権者間の更改または連帯保証人の相殺は、主たる債務者についても効力を及ぼす(四三五条・四三六条一項の準用)。然し、保証人が相殺をなしうることはいうまでもなく(〔四六六〕c・〔六八七〕参照)、また更改の効力は主として意思の推測に基づくものだから(〔五八九〕参照)、特に準用の必要はあるまい(但し連帯保証人の更改には絶対的効力を生じさせない意思の場合も少なくないであろう)。

(ハ)連帯保証人と債権者との間に混同を生じたときは、弁済をしたものとみなされる(四三八条準用)。従って、連帯保証人は、求償権を取得し、それに基づいて債権者の権利を代位行使することになる。かような規定がなければ、連帯保証人は保証債務を免れ、債権者となる。それで少しもさしつかえないのではないかと考えられる。

（ニ）連帯保証人には負担部分がないから、負担部分の存在を前提する規定は準用されない。第四三六条第二項（連帯保証人の有する反対債権をもって債務者が相殺をすることはありえない）、第四三七条（連帯保証人を免除しても、債務者には影響はない）、及び第四三九条（連帯保証人についてのみ時効の完成することはありうるとしても、債務者に影響すべき余地はない）はこの意味において準用されない。

（ホ）以上特に効力を及ぼす事由以外は影響のないのを原則とする（四四〇条の準用）。保証債務としても当然である（〔六八二〕参照）。

〔七〇四〕 **五　求償関係**

連帯保証人が主たる債務者に対して求償権を取得する関係においては、普通の保証と少しも異なるところはない（〔六八三〕以下参照）。求償権に基づいて債権者に代位しうることも同様である（〔六九七〕参照）。

第二　共同保証

〔七〇五〕 **一**　意義とその性質　共同保証とは、同一の主たる債務について数人が保証債務を負担するものである。数人の保証人が、(i)普通の保証人である場合と、(ii)連帯保証人である場合と、さらに、(iii)普通の保証人であるがこれらの者の間に全額弁済の特約のある場合（保証連帯）との三つの場合がありうる。

共同保証にあっては、保証人の一人と債権者との間の関係と、共同保証人相互間の求償関係とについて、単独保証とは異なる特殊性を示す。民法は、前者については、右の(i)の場合に保証人がいわゆる分別の利益を有することを定めた（四五六条）。また、後者については、弁済をした保証人は、単独保証の場合と同様に主たる債務者に対して求償権を取得する他に、他の共同保証人に対しても一定の範囲で求償しうる旨を定めたが、その場合に、(i)と(ii)(iii)とを区別した(四五六条)。なお、共同保証人の右に述べた三つの態様が混合し、数人の保証人中の一部が普通の保証、他が連帯保証であることもあろうし、また、数人中の一部の者だけが保証連帯の特約をすることもないではあるまい。さらにまた、共同保証で保証される主たる債務が一人の債務者によって負担される場合もあろうが、数人の債務者による連帯債務のことも少なくはあるまいし、分割債務や不可分債務のこともないとはいえまい。しかも数人の主たる債務者のうちの一部の者についての共同保証もありうるであろう。従って、これらの組み合わせによって、共同保証の態様はすこぶる複雑なものとなるが、ここには、その基本的なもの——主たる債務者が一人、共同保証人の全員が(i)(ii)(iii)のいずれかである場合——を中心として述べる。

〔七〇六〕 **二** 共同保証の成立

共同保証の成立については、共同保証人が一個の契約で共同して保証人となる場合だけでなく、一部の者が、後に別個の保証契約で保証人となる場合も、民法の適用においては共同保証として取り扱われることを注意すれば足りる。なお、共同保証人のうちの一部の者の間にだけ保証連帯の特約がある場合や、主たる債務者が数人ある場合の一部の者についてだけの共同保証なども、理論としては特別のことはないが、実際には、かような特殊な態様の成立を認定するには、慎重な態度を必要とすることは改めていうまでもあるまい。

〔七〇七〕 **三** 共同保証人と債権者との関係(分別の利益)

共同保証人と債権者との関係については、保証人が、原則として、いわゆる分別の利益を有することが最も重要である。

その他、保証債務の内容、保証人の抗弁権、債務者と保証人の一方に生じた事由の効力などについては、当該の保証が普通保証か連帯保証かによって決すれば足りる。共同保証人の一部の者だけが連帯保証人である場合に、この者について生じた事由が債務者にも効力を及ぼす旨の規定(四五八条)も、その連帯保証人と債務者の間についてだけ適用すればよいであろう(連帯保証人に対する請求によって主たる債務の時効を中断しても普通の保証人に対しては中断の効力なしと解する)。

〔七〇八〕 (1)共同保証人は、原則として、分別の利益を有する。すなわち、各別の保証契約によって保証人となった場合にも(従って同時でなくとも(大判大正七・二・五民一三六頁―最初の保証人が責任額が半減したと主張して認められた事例))、債権者に対しては、平等の割合をもって分割された額についてのみ、保証債務を負担する(四五六条)。例えば、甲に対する乙の六〇万円の債務について、丙が保証人となった後に、丁が保証人となれば、各自三〇万円ずつ、更に戊が保証人となれば各自二〇万円ずつ保証債務を負担することになる。分別の利益(beneficium divisionis)は、ローマ法以来認められた制度であり、フランス・スイス両民法に承継されたが(フ民二〇二五条―二〇二七条、ス債四九七条。但し内容は少しく異る(分割額以上は後順位保証となる))、ドイツ民法(反対に保証連帯とする(七六九条))のようにこれにならわない近世法がむしろ多い。保証人を保護し、法律関係を簡明にするものではあるが、普通の場合の当事者の意思に合うかどうか、また保証制度の目的に適するかどうか、すこぶる疑問である。

なお、主たる債務が連帯債務である場合には、共同保証人は、連帯債務者の各自について共同保証人となるわけであるから、それについてなお分別の利益を有することになろう。

〔七〇九〕 (2)共同保証人は、例外として、分別の利益をもたない場合がある。民法は明言していないが、左の場合はこれに属する。

(イ) 主たる債務が不可分であるとき　主たる債務者が一人であっても、数人であっても、給付が分割しえないものであるときは、保証人も分別の利益をもちえないことはいうまでもあるまい。

(ロ) 保証人間に連帯関係があるとき(保証連帯)　共同保証人が債権者との間で、各自全額を弁済すべき旨、いいかえれば分別の利益を放棄する趣旨の契約をしているときは、その効果を認めるべきことはいうまでもない(ス債四九七条二項は明言する)。かような関係を保証連帯と呼ぶが、保証人の負担する債務は連帯保証債務ではない。従って、補充性があり、各保証人は催告・検索両抗弁権を有する。

(ハ) 共同保証人の各自が主たる債務者と連帯する(連帯保証)とき　この場合には、各保証人はそれぞれ全部を弁済すべき義務があるのだから、従ってまた、分割の利益をもちえないのは当然である(通説・判例(大判大正八・一一・一三民二〇〇五頁—四六五条の適用に関するものだが、理論としてこの趣旨を説く)。—ス債四九七条二項は明言する)。

〔七一〇〕 **四**　共同保証人の間の求償関係

共同保証人の一人が弁済その他の出捐行為によって主たる債務を消滅させたときは、主たる債務者に対して求償権を取得することは、単独保証の場合と全く差異はない。その要件や範囲が、委任を受けた保証か受けない保証かによって異なることも全く同様である。注意すべきことは、民法が、共同保証人は、右の他に、他の共同保証人に対しても求償しうると定めたことである。主たる債務者の資力が十分でないときに出捐をした保証人だけが損失を負担しなければならなくなっては、共同保証人間の公平に反すると考えたためである。但し、その求償しうる範囲は、保証人が分別の利益を有する場合とそうでない場合とで異なる。

〔七二〕　(1)分別の利益を有しない場合（四六五条一項）

(イ)「主タル債務ガ不可分ナル為メ又ハ各保証人ガ全額ヲ弁済スベキ特約アル為メ」という第四六五条一項の後段は、文字からいえば、前記の保証連帯を指す。然し、この条項は、共同保証人が、債権者に対する関係で全額を弁済すべき義務を負うために、いいかえれば、分別利益をもたないために、共同保証人の内部関係における負担部分以上を弁済した場合に関する。従って、共同保証人が連帯保証人であるときには、その上に各共同保証人の全額弁済の特約がなくとも、なおこの条項が適用される（通説・判例（〔七〇九〕ハ参照））。

(ロ)「全額其他自己ノ負担部分ヲ超ユル額ヲ弁済シタルトキ」　連帯債務者の求償権の成立要件としては、必ずしも負担部分以上の弁済をする必要はないと解した（四四二条一項の文字にも適する（〔六〇八〕参照））。然し、ここでは、負担部分を超える弁済をした場合に、その超える部分についてだけ、他の共同保証人に対する求償権を取得すると解するのが正しい。けだし、共同保証人は、負担部分（原則として平等だが事情によって差異あること連帯債務に同じ）については主たる債務者に対する求償だけで満足し、それを超えた部分は共同に負担すべきものとするのが共同保証の趣旨に適するからである。

なお、この求償権は、主たる債務者から求償して満足をうれば消滅することはいうまでもないが、主たる債務者から求償しても満足をえない事情の存在することは成立の要件ではない（大判大正元・一〇・二二民九一三頁（主たる債務者に対する求償請求を是認する確定判決をえても、それだけでは他の保証人に対する求償権は縮限しない））。なお、求償に応じた共同保証人がそれについて主たる債務者から求償しうることはいうまでもない。

(ハ)「第四四二条乃至第四四四条ノ規定ヲ準用ス」とは、共同保証人の一人の負担部分を越える弁済は、あたかも連帯債務者の一人のなす弁済と同様に、他の共同保証人に対して、負担部分に応じた求償権を生ずるものとし(四四二条一項の準用)、その範囲(四四二条二項の準用)、事前及び事後の通知(四四三条の準用)、共同保証人のうちに無資力者がある場合における他の共同保証人の負担の拡張(四四四条の準用)などについて連帯債務者相互間の関係と同一に取り扱う趣旨である。共同保証人の間の連帯の特約があるとき(保証連帯)はもとよりのこと、共同保証人各自が主たる債務者と連帯する場合(連帯保証)にも、共同保証人の弁済のための出捐は、結局主たる債務者から求償しうるものではあるが、これと並んで、かれらの間では、連帯して負担する関係にあるものと解するのが適当だから、民法の右の趣旨は妥当なものといえる。

なお、共同して連帯保証をする者の一人が一部の弁済をして残額の免除をえた場合に複雑な関係を生ずることは、すでに述べた(〔五九三〕・〔五九四〕。そこに掲げた大判昭和一五・九・二一民一七〇一頁は連帯保証の事例であることもそこに指摘した通り)。

〔七一二〕 (2)分別の利益を有する場合(四六五条二項)

(イ)「前項ノ場合ニ非ズシテ互ニ連帯セザル保証人」とは、要するに、分別の利益を有する場合の意味である(〔七一一〕イ参照)。

(ロ)共同保証人が分別の利益を有するときは、その分割負担額以上は、債権者に対する関係でも、これを弁済すべき義務はない。然し、共同保証人の一人がこの分割負担額を越える額を弁済するときは、主たる債務はそれだけ消滅し、従ってまた、他の共同保証人の分割負担額も縮減する(全額の弁済でないときは負担部分に応じて縮限すると解すべきであろう)。だから、あたかも委託のない保証人が弁済した場合の主たる債務者との関係に類似する(直接には事務管理となるわけだが参照）（〔六八三〕）。

（八）民法が、右の場合について、「第四六二条ノ規定ヲ準用ス」として、委託のない保証人の求償権の規定によって規律しようとしたことは、右に述べたところからこれを理解することができる。

なお、分別の利益を有する共同保証人が分割負担額を越える額を弁済したときにも、主たる債務者に対しては、全額について求償しうることはいうまでもない。その要件や範囲は、全部について、委託のある保証か委託のない保証かによって決すべきである（委託のある場合には分割負担額だけの委託とみるべきではない。一部保証とは異なる）。

第六章　債権譲渡と債務引受

第一節　総　説

第一　意義と法律的可能性

〔七一三〕 一　債権譲渡とは、債権を、その内容を変じないで移転する契約である。また、債務引受とは、債務を、その内容を変じないで移転する契約である。甲の乙に対する債権を、丙の乙に対する債権とするのが前者であり、丙の甲に対する債務とするのが後者であるが、いずれの場合にも、債権はその同一性を失わない点に、それぞれ、債権者の交替による更改、債務者の交替による更改との差異がある。かような制度が認められたのは比較的後のことである（〔五一六〕—〔五一八〕参照）。

〔七一四〕 二　元来、ローマ法においては、債権は債権者と債務者とを結びつける法鎖であってそのいずれの一端を変じても（債権者・債務者のいずれが代っても）、債権はその同一性を失うものとされたので、債権譲渡も認められなかった。然し、社会の経済的必要は債権者を変更することを要請したので、まず債権者の交替による更改、訴権の譲渡、取立を目的とする自己のための委任などの制度がこのために利用されることになり、ついで、次第に債権を法鎖とする観念に動揺を生じて、債権譲渡が認められるようになった。然るに、近世の資本主義経済組織の下においては、債権を譲渡することは、投下した資本の流動化を図るために極めて適切な手段であるばかりでなく、自分の有する債権を自分の債務の担保や弁済の手段とする必要も大きいので、近世法は、いずれも、ただに債権譲渡の法律的可能性を確認するだけでなく、進んで債権譲渡の自由を拡大し、かつその安全性を促進するに努めている。わが民法もこの潮流に従っている（〔七三二〕以下に詳述する）。要するに、資本主義経済取引においては、債権は一個の財産として取り扱われるようになったのである（〔三〕・〔一六〕参照）。

〔七一五〕　三　債権譲渡さえ認めなかったローマ法においては、債務引受を認めなかったのは当然である。けだし、債務者の何人であるかは、債権者の何人であるかよりも更に一層債務の内容・効力などと密接な関係をもつからである。然し、債務者を代えることは、その債権の経済的基礎たる責任（債務者の一般財産）を変更することとなり、債権の価値を増大する作用を営む。また、契約から生ずる債務は、同一契約から生ずる債権と合して一個の法律上の地位を構成し、これを一括して移転することは、契約関係に流動性を与える作用を営む。更に、近代における営業ないし企業が種々の法律関係及び事実関係と共に債務をもその構成部分とすることは顕著な事実であり、またその移転が経済上極めて重要な作用を営むこともいうをまたないところであるが、債務引受はその一内容として特殊の意義を有すべきことも容易に理解しうるであろう。かような経済的必要は、近世法をして債務引受という制度を公認させるに至った。すなわち、ドイツ民法（四一四条以下）に初めてこれを認め、スイス債務法（一七五条以下）がこれにならった（一九一一年の新法から）。

民法は、フランス民法と同様、これに関する規定をおかない。然し、学説・判例はその有効なことを疑わない。けだし、債権が債権者・債務者の人的色彩を抹消して一個の客観的な給付を内容とする財産と考えられるようになるときは、債務者の変更自体はもはや債権の同一性を失わしめるほど本質的な変更とみるべきではないからである。もちろん、債務者の変更は債権の経済的価値に影響を及ぼすものであるから、債権譲渡において債務者の意思を無視するように、債権者の意思を無視して自由にこれをすることを認めることはできない。然し、そのことも、債務の引受によって債権の経済的価値を損傷させないように注意すべし、というだけのことであって、債権者の積極的な関与がなければ債務引受は生じえないと解すべきものではない。

〔七一六〕 **四** 右に述べたことからおのずからわかるように、債務の移転は、多くの場合、それ自身として意義があるのではなく、その債務を包含する契約上の地位または営業ないしは企業の移転として意義をもつ。債権の譲渡についてもそうした意味をもつことが稀ではない。従って、法律制度としても、個々の債権の譲渡または債務の引受としてではなく、多くの債権と債務を含み、更に他の施設や華客関係などと結合した一個の企業(財産)の移転を認める必要がある。然し、この点については、——スイス債務法が相当の規定を設け(一八一条・一八二条)、改正商法が営業の譲渡に関連して注目すべき規定をおいたが(二六条—二九条(昭和一三年の改正))——一般的な理論としては、法律の規定もなく、学者の研究も充分ではない。将来の重要な課題である(総則〔二四〇〕、我妻・近代法における債権の優越的地位〔五九〕参照)。

第二 法律的可能性と実際上の問題点

〔七一七〕 **一** 債権の実質的な価値は、債務者の一般財産によって定まる。債務者の資産がゼロであったり、優先的効力をもつ債権が多い場合には、巨額の債権も、経済的価値は無に均しい。従って、債権が財産化したといい、その取引(譲渡・質入)の法律的可能が認められた、というだけでは、経済的要請は満たされない。経済的には、その債権が確実に存在し(その債権を成立させた契約が有効であり、弁済その他の事由で消滅していないこと)、転々譲渡される場合には、中間の譲渡行為に瑕疵がなく(従って譲渡人が真実に債権者であり)、かつ、債務者が充分資力をもつものであることが要請される。ところが、債権は、物(動産・不動産)と違って、その存在も、移転も、外部から認識することは極めて困難である。むろん、物についても、その存在は比較的容易に認識しえても、その権利の帰属や移転は充分に認識することはできない。然し、法律制度としては、占有ないしは登記という制度でこれを補充することができる。物権法における公示の原則はこの作用を営むものである(物権〔六一〕参照)。ところが、債権の存在や帰属については、かような意味での公示の原則を採用することは、ほとんど不可能である(民法は債権の譲渡についても対抗要件を定める。然し、物権の公示の原則に比していかに不完全なものかは後に述べる)。物権について公示の原則の必要な理由は、物権が排他性を有する権利であることに求められる。債権には排他性はない。然し、債権が一個の財産として取引の客体となる場合には、その帰属は排他的なものと考えねばならない。一個の債権について、本来の債権者と多くの譲受人とが平等の割合で請求するという関係を認めることは、債権を一個の財産として取引の客体とすることと両立しないであろう。

かように見てくると、普通の債権では、その財産性、ないし譲渡性は、実質的にみると、それほど大きなものではないといわねばならない。そこでこの欠陥を埋める作用を営むものは、他ならぬ証券化された債権である。ここでは、近世法の洗練された法技術によって、債権の存立及び流通に伴なう瑕疵の効果の多くのものが切断されている。有価証券の取引の安全は動産以上だといわれるのはそのためである。もちろん、ここでも、債務者の無資力はどうにも救われない。然し、証券の流通に関与する者をすべて債務者として重い責任を負わせるだけでなく、金融機関を介在させ、担保制度を利用することによって、その支払能力を確保することを努めているのである。

〔七一八〕 **二** 債務の引受が有効に行われるかどうかの問題は、それによって債権の担保力（債務者の一般財産）が弱くならないかどうかの点に集中する。

そのことから、第一に、債務引受の当事者の問題が考えられる。(i)債権者甲・債務者乙・引受人丙の三当事者の契約による場合には問題はない。(ii)乙を除外して、甲と丙との契約でなしうるということにも、あまり問題はない。乙は、利益を受けるだけで、不利益はないからである。ただ、その意思に反してなしうるかどうかが問題となるに過ぎない。(iii)問題は、甲を除外して、乙と丙との契約でなしうるかどうかである。最小限度において、甲が了承することを条件としなければならない、と考えられるのはそのためである。但し、その了承は、抽象的概括的に、しかも、ある場合には、了承したものと推定されるようになる。

つぎに、第二として、債務引受の態様が問題となる。(i)従来の債務者をそのままにして、引受人が——あたかも連帯債務者か連帯保証人のような立場で——加わるだけなら、乙と丙との間の契約で行われても、その有効であることに問題はない。甲の債権を強くするだけだからである。かような態様は、併存的債務引受（添加的債務引受）として、広い意味での債務引受の一種とされる。然し、債務者が交替するのではないから、真の意味での債務引受ではない。(ii)真の意味での債務引受を認めるためには、——債権者甲が具体的に了承すれば別だが、そうでない限りは、──債権の担保力の弱くならないことを保障しなければならない。然し、債権に充分な担保物権がついている場合に、その担保目的物を譲り受けるとともに債務を引き受ける場合には、この懸念は少なくなろう。また、債務者の営業施設や権利の全部を譲り受けるとともにその中の債務を引き受けた場合にも、同様のことがいえるであろう。もっとも、かような場合にも、債権者の意思を全然無視することはできないであろう。然し、その意思は、抽象的・概括的に推測され、その立場は次第に軽視されるようになる。そして、そこに、企業財産の一体性とその中に含まれる債務のいわば物化の傾向（人的色彩の止揚）がみられ、債務引受の最も近代的な現象が現われるのである。

第二節　債権譲渡

第一款　序　説

第一　意義と社会的作用

〔七一九〕 一　債権譲渡は、債権を一個の財産として取引の客体とすることであり、法律制度としては比較的後に認められたものであるが、現在の取引界においては重要な作用を営むものであることは、すでに述べた（〔七一四〕）。なお、そこで一言したように（〔七一七〕）、現在の取引界における要請は、証券化した債権によってはじめて充分に達成しうるのであって、普通の債権（指名債権）では、その要請は必ずしも充分に達することはできない。

然し、ひるがえって考えると、近世法の下においては、すべての債権はその財産性を増したとはいえ、債権は、物権と異なり、それぞれの取引関係に基づいて創造されるものであるから、その取引関係の特異性を反映して個別性を有する。そして、債権をして今日の複雑な取引関係の仲介者としての使命を達成させるためには、この個別性もまた決して無視しえないものである。ここにおいてか、一般の債権(指名債権)と証券化した債権とを分け、前者においてはなおその個別性をも尊重し、後者においてはこれを画一的に取り扱わんとするのが、債権の譲渡性に対する近世法の態度とみるべきである(〔一三〕参照)。以下に、譲受人の立場と債務者の立場のそれぞれから主要な点を考察しよう。

〔七二〇〕 二　丙が、甲から、その乙に対する一〇万円の債権を譲り受ける場合に、丙が確実に一〇万円の債権を取得しうるためには、(i)その債権が譲渡の可能なものであることの他に、(ii)その債権の成立及び存続に瑕疵がなく、(iii)転々譲渡されたものであるときは、中間の譲渡行為に瑕疵がないことが必要である。

(イ)甲乙間の合意でその債権が譲渡しえないものとされているときは、その合意の存在は必ずしも第三者に明瞭ではないから、丙の不利益となりうる。然し、この譲渡禁止の特約は善意の第三者に対抗しえないものとされるから(四六六条二項)、丙は不測の損害を被るおそれはない(ド民三九九条・四〇五条、ス債一六四条二項ともに類似の趣旨を定める)。然し、証券的債権においては、譲渡性は、さらに一層問題とならない。けだし、これらの債権は、画一的な方式による譲渡性を与えることを目的として考案された制度だからである。具体的にいえば、指名債権の場合には、丙はなお譲渡禁止の特約を知らなかったことを挙証する責任を免れないが、ここではそのことも問題とならない。

〔七三一〕　（ロ）その債権を成立させる甲乙間の法律行為、例えば消費貸借、売買などが有効であったかどうかは、丙にとって容易に知りえない。有効に成立し甲が一〇万円の債権を取得したとしても、その後弁済によって全部または一部が消滅していないか、乙から相殺その他の事由を主張しうるものでないかどうかなどについても同様である。しかも、もし債権の成立と存続についてこれらの瑕疵があれば、丙はそれらすべてを承継しなければならない。けだし、そうでなければ、債務者は著しい不利益に曝されることになる。いいかえれば、債務者の意思に関係なく、債権者と譲受人との契約で債権の移転を認める以上、それによって債務者の地位を不利益にすることは避けなければならないからである（四六八条二項（ド民四〇四条、ス債一六九条一項ともに同趣旨を定める））。ところが、民法は、右の原則に重大な制限を加えた。それは、債務者乙がその債権の譲渡について異議なき承諾をしたときは、譲渡人甲に対して主張しえた一切の抗弁は断ち切られ、丙は瑕疵のない一〇万円の債権を取得することである（四六八条一項）。異議なき承諾に一種の公信力を与えたものであるが、丙の譲り受けの安全性はこれによって著しく増大する。民法に特有の制度のようである（ド民は、譲受人保護としては、四〇五条に、債務に関する証書を作成した債務者は善意無過失の譲受人に対し債務負担行為が虚偽であることを主張しえないと定めるだけ）。

然し、証券的債権にあっては、債務者の譲受人に対する抗弁は画一的に制限される（四七二条・四七三条）。もっとも、この制限は、有効に成立した証券的債権の存続・内容に関する瑕疵だけである。証券的債権の成立を目的とする法律行為に瑕疵がある場合に、譲受人がいかなる保護を受けるかは、証券的債務の負担行為に関し意思表示理論（無能力、詐欺・強迫などの瑕疵の効果）がいかなる修正を受けるかという問題であって、民法にも商法にも直接の規定はない。主として手形行為に関連して研究されるべき重要かつ困難な問題である（我妻・近代法における債権の優越的地位〔一六〕に問題の所在を指摘している）。

〔七二〕 (ハ)甲の乙に対する債権が丙に譲渡され、丁が丙からこの債権を譲り受ける場合には、丁は、甲丙間の譲渡行為が有効に行われたことをも確かめなければならない。そしてこれまた譲受人丁にとってすこぶる困難なことである。もし仮りに、甲乙間の債権に関する証書（消費貸借証書または売買証書）を丙が所持し、丁がこれを信頼して譲り受けるときは、丁は債権を取得するという法理を認めるとすれば、あたかも動産取引に関する即時取得と同様に、債権取引の安全を大いに促進することになろう。然し、そうした制度は認められていない。

なお、右に関連して、二重譲渡も問題となる。すなわち、丁が甲から譲り受ける場合に、すでに丙に譲渡されておれば、丁は債権を取得することができない。これまた丁にとってすこぶる危険なことである。もっとも、この点については、民法は、丙に譲渡したことを確定日附ある証書によって債務者乙に通知しなければ、丙は丁より先に譲り受けたことを主張しえないものとして（四六七条二項）、甲乙丙三者の通謀によって丙への譲渡の日附を遡らせえないものとする。然し、丁にとってそれほど有力な味方となるものでないことは後に述べる（〔七七四〕—ド民ス債ともに債務者の第二の譲受人に対する弁済を保護するだけである（ド民四〇八条、ス債一六七条））。

然るに、証券的債権においては、証券の所持（占有）は動産の占有以上に強い公信力を与えられている。また、その譲渡は証券の交付（占有の移転）を要件とするから、二重譲渡の危険もない。

〔七三〕 三 債権の譲渡は、債務者にとって、直接にいかなる不利益をもたらすか。

(イ)第一に、本来の債権者が自分の関知しない契約で変更すること自体が不利益だともいえる。ことに、譲渡禁止の特約も、善意の譲受人には対抗しえない(〔七三二〕以下)のだから、その不利益は少なくないであろう。然し、債権者が変更することによって給付の内容に変更を生ずる場合には譲渡は許されないのだから(〔七三一〕)、債権者が変更しても、法律上とくに不利益が増さない限り、いいかえれば旧債権者に対して主張しえたすべてのことを新債権者に対しても主張しうる以上、事実上の不利益(例えば譲受人が譲渡人に比して厳しく権利の行使するというようなこと)はこれを忍ばねばならない。債権の譲渡性は、この限りでは、債務者の不利益を無視する制度だといわねばならない。

〔七三四〕 (ロ)債権者が変更しても、債務者が、これを知らないで、旧債権者にした弁済、その他旧債権者とその債権について行なった行為は、悉く新債権者に対しても効力をもつものとされなければならない。ドイツ民法、スイス債務法ともに、債務者が譲渡の事実を知ることをもって債権の移転が債務者に対する関係でも効力を生ずる要件としている(ド民四〇七条、ス債一六七条いずれも旧債権者への善意の弁済等を有効と定める)。然るに、わが民法は、譲渡人から債務者に対して譲渡の通知をするか、または債務者が譲渡について承諾することをもって、債務者に対する対抗要件とする(四六七条一項)。関係を画一的にとり扱う長所があるといえるであろう(ス債一六七条も通知があれば確定的に効力を生ずるものとする)。

証券的債権においては、債権の譲渡は証券の交付によって行われ、譲受人は、証券を呈示して弁済を請求するのであるから、債権者の変更は債務者にとって極めて明瞭である。

〔七三五〕 (ハ)債権者が変っても、債務者は法律的な不利益を受けてはならない。いいかえれば、旧債権者に対して主張しえた抗弁はすべて譲受人に対しても主張しえなければならないこと、すでに述べた通りである(〔七二一〕)。この点は、あたかも譲受人と債務者の利益の衝突するところであるが、民法が異議なき承諾という債務者の行為に公信力を与えて調和を図ったこともそこに述べた通りである。

なお、証券的債権においては、右の点は専ら譲受人の利益に解決されている。然し、それは、かような近代的制度を利用する債務者として最初から覚悟しなければならないことである。

〔七三六〕 (二)債権がしばしば譲渡されることになると、債務者は、債権者らしい外観を有するが真実債権者でない者に弁済することも免かれえないであろう。その場合に、これを債務者の責任としては、債務者にとってすこぶる酷であるだけでなく、債務者の弁済を著しく慎重ならしめて譲受人にとっても不利益となる。民法は、これを救うために、証券的債権について、証券の所持人に対する善意の弁済を有効とし、債務者の弁済を容易にした(四七〇条・四七一条)。

指名債権については、特別の規定はない。然し、すでに述べた債権の準占有者に対する弁済の保護の制度(四七八条(なお後の〔七五六〕参照))がこれを補充するのであろう。ドイツ民法は、債権者が債務者に対して譲渡の通知をしたとき、及び、譲受人の氏名を表示した譲渡証書を作り、譲受人が債務者にこれを呈示したときは、譲渡人は譲渡のなかったことを主張しえない旨を定める(四〇九条)。参考に値する。

第二 債権譲渡の法律的性質と態様

〔七三七〕 一 債権譲渡は、これによって債権の移転を生じさせる契約である。あたかも、動産や不動産を移転する契約(合意)と同様に、債権は一個の財産として、譲渡によって処分されるのである。学者は、この性質を示すために、債権譲渡は準物権契約だという(総則〔二八〇〕参照)。

このことに関連してつぎの諸問題がある。

(イ)債権を譲渡するには、何らかの原因がある。対価をえて(売買として)、無償で(贈与として)、譲受人に対する自分の債務を担保するために(譲渡担保として)、その他いろいろの場合がありうる。このことも動産や不動産の譲渡と全く同様である。従って、債権を目的とする売買・贈与などの契約と債権を移転すること自体を内容とする債権譲渡(契約)との関係は、動産や不動産を移転する契約とその動産・不動産の売買・贈与を目的とする契約との関係と全く同一である。但し、指名債権と証券的債権とでは差異があるから、後にそれぞれについて述べることにする(指名債権につき〔七三六〕、証券的債権につき〔七八八〕)。

〔七二八〕(ロ)指名債権の譲渡は、後に述べるように、譲渡人(従来の債権者)と譲受人(新債権者)との間の無方式の合意で効力を生ずる。然し、譲渡人から債務者に通知しないと(債務者が進んで承諾する場合は別として)、譲受人は債権の取得を債務者に対抗しえない。また、譲受人は、債権証書その他債権の存在を証明する資料の交付を受けないと、その債権の行使は実際上不便であろう。ドイツ民法は、債権の譲渡人は、譲受人に対して債権の実行に必要な報告をなし、かつその占有にある債権の証明に役立つ証書を交付すべき義務があるものと定める(四〇二条)(ド民では債務者に対する通知は対抗要件ではない)。スイス債務法にも同旨の規定がある(一七〇条二項)。わが民法においても同様に解してよいであろう。けだし、かような義務は、債権譲渡の原因たる行為から生ずるとみるだけで充分な場合が多いであろう(債権の売主または贈与者の義務であることは疑いない)。然し、債権譲渡契約そのものに附随する義務とみることがなお一層適切だからである(不動産の売主は売主として移転登記義務を負うが、同時に不動産所有権の移転に附随するものとしても同様の義務を負う、とする関係に似ている)。判例も債権譲渡契約に附随して通知義務を生ずることを認めている(大判大正八・六・二六民一一七八頁)。

証券的債権の譲渡では、証券の(裏書)交付が譲渡の成立要件だから、証券の交付を附随的義務とみる余地はない。然し、証明書類などについては同様に解すべきである。

〔七二九〕 **(八)** 譲渡された債権が存在しなかったり、債務者が無資力であったりした場合に、譲渡人はいかなる責任を負うかは、専ら原因たる売買・贈与などの担保責任の問題である。売主の責任については、民法にも規定がある(五六九条)。その他の場合については、物の贈与、譲渡担保などにおいて目的物に瑕疵があった場合に準じて考えればよい。

〔七三〇〕 **二** 債権譲渡は、右に述べるように、いろいろの目的で行われるが、そのうちの特殊のものとして、取立の目的でなされるものがある。これが特殊のものだというのは、純粋に取立を目的とする場合には、譲受人は、自分の名義で債務者から弁済を受けることができるが、取得したものはすべて譲渡人に交付すべきであって、債権の価値的な移転はない、といえるからである。然し、当事者が取立という経済的な目的をもって債権の譲渡をする場合にも、――すでに代理権の授与で足りるのを譲渡しているのだから――取り立てたものについての譲受人の権限も常に同一だとは限らない。そして、これに応じて、取立のための債権譲渡の法律的構成も変らざるをえない。ところが、証券的債権については、取立のための譲渡(取立裏書)は、ある程度まで制度化しているが、指名債権については規定はないので、判例学説は分かれている。後に述べることにする(〔七七八〕以下)。

第二款 指名債権の譲渡

第一 指名債権の譲渡性

債権は一般に譲渡性を有する(四六六条一項本文)。然し、指名債権――証券的債権に対する意味での普通の債権、すなわち債権者の特定している債権(いわゆる無記名定期預金も指名債権であることにつき債各〔一一〇〇〕参照)――においては、譲渡性を本質とする証券的債権と異なり、この原則的な性質に広い制限が伴なう。左の如くである。

〔七三一〕 (1)債権の性質が譲渡を許さないもの(四六六条一項但書)。

(イ)債権者を異にすることによってその給付内容の全然変更するもの、例えば、特定の人を教育させ、特定の人の肖像を描かせ、特定の人を扶養させる債権などは、絶対に譲渡性がない。従来の債権者と新債権者と債務者との三当事者の合意で移転の契約をしても、更改とみるべきである。

(ロ)特定の債権者に給付することに重要な意義を有する債権も、債務者の承諾なしには譲渡しえない。民法は、雇主の債権(六二五条一項参照)、賃借人の債権(六一二条一項参照)などがこの種のものであることを明言する。委任者の債権もまたこれに属すると解すべきである(大判大正六・九・二二民一四八八頁)。

(ハ)更に、特定の債権者に対して弁済させるか、または少なくともこの者との間に決済させることを必要とする特殊の理由ある債権もまた譲渡しえない。交互計算に組み入れられた債権(商五二九条以下参照)は、この意味で譲渡性がない(大判昭和一一・三・一一民三二〇頁)。当座貸越契約上の債権も同様である(大判昭和九・九・一判決全集一輯(九)一三頁(銀行が契約関係の存続中に貸越債権を譲渡しても無効。当座預金と交互計算の関係に立つから))。会社その他の資本団体の有する出資請求権の譲渡性が問題とされるのも、この点からである。すなわち、この請求権は、資本団体の資本の充実を目的とするものであるから、その点に重きをおくときは、譲渡性を否認すべきことになろう。然し、払込の催告によって具体的に発生した請求権についてまでこれを否定することは、今日の経済界の事情に適さない。判例は、最初否定したが、連合部判決で相当の対価をえて譲渡することは可能だとするに至った（大連判大正一四・五・二〇民二七七頁（判民四六事件田中誠二）、大判昭和三・三・二七民一七一頁（産業組合に関する（判民一六事件田中耕太郎））、大判昭和七・七・一五民一五四二頁（判民一二一事件田中誠二）その他）。然し、多くの学説は、さらに進んで、対価とは関係なしに譲渡を有効とすべしという。譲渡性の有無は債権自体の性質として画一的に決すべきだというのである（田中耕太郎、田中誠二前掲評釈その他同所に掲げられた学説参照）。最後の説が正当と思う。けだし、資本の充実をいかなる手段によって実現するかは資本団体の経営の衝に当る者の裁量にまかせ、その手段が不当であったときはその者の責任とすることが、今日の経済界の実情に適するからである。なお、この問題は、株式会社について全額払込主義がとられてからは（昭和二三年の改正による商法二一三条―二二二条の削除）重要性を失った。然し、債権の性質による譲渡制限という観念も経済界の事情に即応して決定されるべきものであることを示す点では、今日なお意義を有するといえるであろう。

現代の取引関係が次第に個人的要素を喪失し画一的な内容をもつようになるに従って、これを支持する債権もまた個別性を失う。殊に企業組織の中に包容される債権はますます非人格化する。然るときは、その債権の内容たる給付も画一的となり、譲渡性を取得することになる。借地・借家関係における賃借権がその譲渡性を促進され、企業の一内容を構成する雇主の債権や不作為債権（例えば競業をさせない債権）なども企業と共にするときはこれを譲渡することができると論じられることは、いずれもこの現象に基づくものである。要するに、債権の性質に基づく譲渡性の範囲も、時代の経済組織と相関的に定まるものであることに注意すべきである。

〔七三二〕 (2)当事者が譲渡禁止の意思表示をしたもの（四六六条二項）。

(イ)契約によって生ずる債権は同じく契約により、単独行為によって生ずる債権は同じく単独行為によって、その債権の譲渡性を奪うことができる。禁止の意思表示は債権が成立した後でもよい。また、一定の範囲外の者には譲渡しえないという譲渡の制限も有効である（大判昭和二・一二・一七・新報一三四号一一頁）。

〔七三三〕（ロ）譲渡禁止の特約は、（a）物権的効力を有する。すなわち、特約に違反して譲渡する債権者の義務違反を生ずるだけでなく、譲渡の効力を生じない（通説・判例、但し、杉之原判民大正一四年度三四事件評釈は債権的効果説を強調する）。（b）然し、この非譲渡性は絶対的なものではなく、善意の第三者が譲り受けるときは債権は移転する。債権の財産性とこれを創造する取引における特殊性との調和をはかったものである。一度悪意の者が譲り受け、その者から善意の者が譲り受けたときは、善意の者について譲渡の効果を生ずることはいうまでもない（大判昭和一三・五・一四民九三二頁（判民六二事件林））。譲受人が保護を受けるには無過失を要するかどうかは明らかでないが、無過失を要すると解するのが正当である。けだし、表見的なものの信頼を保護して取引の安全をはかる制度だからである（同旨林前掲評釈（ド民四〇五条は無過失を要件とする））。債権証書に譲渡禁止の記載があること（預金通帳や定期預金証書にその例が多い）は、少なくも過失を推定させる。

〔七三四〕（ハ）譲渡禁止の特約のある債権は差し押えることもできないか。判例は、差押債権者が転付命令をえた場合について、その命令を取得した時に善意であるときにのみ転付命令は有効だとする（大判大正一四・四・三〇民二〇九頁（判民三四事件杉之原）、大判昭和六・八・七民七八三頁（判民七九事件我妻）、大判昭和九・三・二九民三二八頁（判民三二事件川島）等）。然し、譲渡禁止の特約はその債権の差押可能性を奪うものにあらずと解するのが正当だと考える。けだし、（i）債務者の一般財産の中に差押禁止のものを作ることは私人の自由になしうることではない。これを認めることは、債権者の立場を害すること甚しい（すでに債務を負担する者が、その後に取得する債権について譲渡禁止の特約をすれば、債権者は差し押え得なくなる不都合を考えよ）。（ii）とくに債権者の生活のために必要な資金を積み立てるような特殊の場合には、民事訴訟法の定める要件を備えるようにすべきである（民訴六一八条一項二号参照）。（iii）転付命令の取得というような取引行為でないものについて善意・悪意を問題とすることは適当ではない(我妻「譲渡禁止の特約ある債権の差押」(志林三四巻七号参照)。学説には判例を支持する者が多かった(取立命令だけはよいとする説もある(兼子・増補強制執行法一九三頁など)。判例も取立命令はよいという趣旨であろうか)が、その後本書の趣旨に賛成するものを増し(川島前掲評釈、柚木(下)一四四頁、於保二七六頁など)、最高裁も過般これに同調した(最高判昭和四五・四・一〇民二四〇頁)。

〔七三五〕 (3) 法律上譲渡を禁止されるもの。

民法に規定はないが、当然である。民法上の扶養請求権(八八一条参照)、恩給請求権(恩給法一一条一項参照)などがこれに属する主要なものだが、特別法にその例が多い(労働基準法による災害補償請求権(同法八三条二項)、健康保険法による保険給付請求権(同法六八条)、国家公務員共済組合法による給付請求権(同法四九条)など)。本来の債権者自身に弁済させることを必要とする趣旨に基づく。

法律上譲渡を禁止された債権は差し押えることもできない。然し、差押を禁止されたものは必ずしも譲渡しえないものではない。けだし、差押禁止は、債権者の意思に基づかずにこれを奪うことを禁ずる趣旨に過ぎないからである。然し、差押禁止が本来の債権者自身に弁済させようとする強い要請に基づくときは、その譲渡をも禁じなければ目的を達しえない。これ特殊の債権については、その差押と譲渡とを共に禁止する例の多い理由である(恩給法その他前掲の諸例はいずれもそうである)。そして、このことに関連して注目すべきは、近時、官公吏の退職金(大判大正一五・七・二七民六五九頁(官吏に関し差押を許さず)。但し大判昭和七・七・二二民一五六七頁は大阪市吏員の退隠料を差し押えうるという)、俸給(大判昭和九・六・三〇新聞三七二五号七頁(大阪市立小学校教員に関し差押を許さず))、公共団体の共済組合規程による退職給与金(大判昭和一〇・一一・一九民一九一九頁(大阪市電気局共済組合に関し、差押を許さず)、大判昭和二・六・一新聞二七〇四号六頁(製鉄所共済組合に関し、譲渡をも許さず))、特殊の企業者に対する国家の奨励金(大判昭和一〇・一・一四民一頁(石油試掘奨励金交付請求権の差押を許さず)但し大判昭和一〇・九・二七民一六五五頁は開墾助成金の差押を認める)などに関し、法律の明文なしにその差押または譲渡を許さずとする判例の極めて多いことである。特殊の生活関係に対して国家が積極的な関与をするに当り、これから生ずる債権が、一般取引から生ずる債権と異なり、その完全な財産性を奪われることがあっても当然のこととしなければならない。われわれは、そこに、債権法の領域においても、自由の伸長の反面において社会的統制の度を加えつつあることを理解すべきである。然し、右のような特殊の債権でも、債権者の財産を構成し、間接には今日の経済取引の基礎をなすことは疑いない。従って、これからその流通性を奪うことは、経済取引の自由と安全とを損傷するおそれのあることも否定しえない。右の判例の態度にも一貫しないものがあり、これに対する学説の賛否も一致しない。各場合について、その債権を規律する法令を仔細に検討し、慎重にその債権の特殊性を明らかにして、問題を決すべきである（田中二郎「債権の差押禁止と其の理由」（公法と私法所収）参照）。

第二　指名債権譲渡（契約）の法律的性質（原因との関係）と効力発生要件

〔七三六〕　一　債権譲渡契約は、債権の移転を目的とする処分的な行為（準物権行為）だから、その原因が売買・贈与などの契約であるときには、両者の関係が問題となることは前に一言した通りである。然し、この関係は、そこにも述べたように、動産または不動産の売買または贈与において、売買契約・贈与契約と目的物の所有権を移転する契約（合意）との関係と全く同一である（〔七二七〕）。物権法に述べたところ（物権〔七九〕以下）の適用を簡単に指摘しよう。

（イ）第一に、債権譲渡契約は、債権の移転を生ずることだけを内容とするものであるから、売主または贈与者に債権を移転すべき債務を負担させることを本質とする債権の売買または贈与契約（原因行為）とは、理論上別個のものというべきことは明らかである。そして、この理論上別個の存在を有するものを、処分行為として、原因行為から区別し、またその性質を捉えて準物権行為と呼ぶことも正当である。

(ロ)然し、第二に、債権の売買または贈与の行われた場合に、実際上も、債権譲渡は必ずこの契約と別異にされなければならないというのは誤りである。専ら契約の解釈問題として実際に即して決すべきである。けだし、債権譲渡もまた売買・贈与などと同じく不要式の意思表示によってなされる以上、たとい理論上別個の存在を有するものであっても、実際上同一の行為によってこれをすることに何の支障もないからである。

(ハ)然らば、第三に、当事者の意思が不明な場合には、右の契約解釈の一般的標準をいかに定めるべきであろうか。指名債権については、所有権の移転におけると同様に、売買・贈与などのように、終局において債権を移転することを目的とする行為においては、債権譲渡の効果もまたこれとともに生ずるのが原則である。但し、当事者が特に債権移転の効果の発生を留保したとき、または目的たる債権が現存もしくは特定していないときは、後に改めて譲渡だけを内容とする契約をするか、または現存・特定するという条件の成就によって、移転の効果を生ずる(判例が、債権譲渡を含む契約の合意解除によって債権が当然復帰するという(大判昭和三・一二・一九民一一一九頁)のは右のような理論に立つ結果である(物権〔八〇〕参照))。

〔七三七〕

二　指名債権譲渡契約の効力発生要件

以上に述べたことを要約するとつぎのようになる。

(1)譲渡人が譲渡可能な債権をもたなければ、指名債権譲渡契約は効力を生じない。

(イ)但し、債権が現存・特定することを条件として予め譲渡契約をすることはできる(〔七三六〕(八)参照)。

(ロ)意思表示によって譲渡が禁止されているものであるときは、譲受人が善意・無過失である限り効力を生ずる(〔七三三〕参照—従って、禁止を知らなかったとしても錯誤による無効を主張する余地はない(大判大正一〇・五・二八民九七六頁))。

（ハ）譲渡人が処分の権限をもたない場合には、譲渡は効力を生じない。権限があると誤信しても譲受人は保護されない。例えば、他人の預金証書を預っている者から、譲渡を受けたものと告げられ、これを信頼しても、債権を取得しない（一九二条のような保護はない（物権〔一二八〕参照）。なお〔七二二〕参照）。

（ニ）譲渡の目的とされた債権の全部または一部が存在しない場合に譲渡人がいかなる責任を負うかは、原因行為に基く担保責任の問題である（〔七二九〕参照）。

〔七三八〕 (2)指名債権の譲渡は、従来の債権者と譲り受ける者との間の無方式の契約によって効力を生ずる。債権証書があっても、それを交付することは、法律的な要件ではない。スイス債務法は、書面を作成しなければ譲渡は効力を生じないと定める（一六五条、但し予約は書面を要しない）。ドイツ民法は、書面の作成を要件としない（三九八条）。然し、譲受人は公の認証ある譲渡証書の作成交付を請求する権利を有する（四〇三条）。また、債務者は、従来の債権者から書面による譲渡の通知を受けるか譲受人（新債権者）が譲渡に関する証書を呈示しない限り、新債権者への弁済を拒絶することができるものとされる（四一〇条）。わが民法は、後に述べるように、一定の場合には、確定日附ある証書による通知または承諾をもって対抗要件とするという厳格な態度をとるが、その他の場合について全くの無方式とすることは、物権変動に関する意思主義と調子を合わせたものであろうが、債権という存在の不明瞭なものの譲渡に関する立法としては、いささかルーズに過ぎるように思われる。

〔七三九〕 (3)債権譲渡は、無方式な合意だけで債権移転の効果を生ずるが、この効果を対抗するには、債務者への通知または債務者の承認を要する。民法は、この対抗要件を「債務者其他ノ第三者」に対するものと、「債務者以外ノ第三者」に対するものとに区別する（四六七条）。然し、債務者に対する対抗とは、要するに、債権者が変更したということを債務者自身に対して主張することである。これに対し、債務者以外の第三者に対抗するとは、同一債権について二重に譲り受けた二人の者、譲り受けた者と差し押えた者などのように、両立しない権利関係に立った者の間の優劣を決定することである。これを不動産物権の変動の対抗要件に比較すると、後者は、正に対抗の問題であるに反し(物権〔一四八〕以下参照)、前者は、必ずしもそうではない(地主に対抗することのできる借地人に対し土地の譲受人が地代を請求する関係と同一である(物権〔一五二〕参照))。然し、不動産物権の変動においては、ともに登記であるから、同一にとり扱ってもさまで混乱を生じないのに反し、債権の譲渡では、一方は確定日附を要し、形式が異なるので、その間にいささか混乱を免かれないようである。ドイツ民法やスイス債務法はかような区別を設けていない。両法が譲渡についての債務者の善意・悪意を標準とすることに対し、わが民法が通知・承諾という画一的標準をとったことは優れていると前に述べたが、債務者とその他の第三者とを区別する点は、果して適当なものかどうか疑わしい。

第三　債務者に対する対抗要件(指名債権譲渡の対抗要件の一)

〔七四〇〕 一　甲の乙に対する一〇万円の債権を丙に譲渡した場合には、「譲渡人(甲)ガ之ヲ債務者(乙)ニ通知シ又ハ債務者(乙)ガ之ヲ承諾スルニ非ザレバ之ヲ以テ債務者其他ノ第三者ニ対抗スルコトヲ得ズ」(四六七条一項)。債務者以外の第三者に対する対抗要件も通知または承諾だが、それは確定日附ある証書によることを必要とするのだから(四六七条二項)、次段に譲り、ここには、債務者に対する対抗要件だけについて述べる。

債権の譲渡を債務者に対抗するとは、すでに述べたように、譲受人が債務者に対して債権を行使することである。そのためには、債務者が債権者の変更した事実を認識していることが必要である。このことからいえば、債務者の承諾が一層確実な手段だが、債務者は承諾を与える義務はないから、債務者に関係なしに行ないうる通知は、その意味で簡易な手段となる。のみならず、民法は、債務者が異議を留めないで承諾した場合には、債務者は譲渡人に対して有していた抗弁権を失うものとして、譲受人を保護したから、通知と承諾とは、この点で大きな差異を生ずる。まず通知と承諾の性質や方法について述べ、ついでそれぞれの効果について述べる。

二　債務者に対する対抗要件としての通知と承諾

(1) 通　知

〔七四一〕　(イ) 通知は、債権が甲（譲渡人・従来の債権者）から乙（譲受人・新債権者）に譲渡されたという事実について通知することである。従って、その法律的性質は、いわゆる観念の通知である。然し、代理人によってなしうること、到達によって効力を生ずることなどは、意思表示と同様に解してよい（通説であり、判例も認めているといってよい）。

〔七四二〕　(ロ) 通知をなす者は、譲渡人である。法文の文字上そうであるばかりでなく、譲受人が勝手にやれるとしては、譲渡が有効に行われた場合にだけ通知されるとは限らないから、法律関係の安定を害するおそれがある（旧民財三四七条一項が譲受人から通知することにしているのを改めたもの（理由書四七〇条の説明参照））。従って、(i) 譲受人は譲渡人を代位して通知することも許されない（大判昭和五・一〇・一〇民九四八頁（判民九一事件戒能））。但し、譲渡人は通知する義務があり（〔七二八〕参照）、譲受人は、譲渡人に対して、債務者に通知すべき旨を訴求することはできる。そして、債権が甲から乙、乙から丙と逓次に譲渡された場合に、第二の譲受人が第一の譲受人の譲渡人に対する右の請求権を代位行使しうることはいうまでもない（〔一三二〕参照）。

(ii)なお、右のように、逓次に譲渡された場合に、最初の譲渡人甲から最後の譲受人丙に譲渡した旨の通知をすることも、甲乙丙三者の合意がある場合には——あたかも中間省略の登記と同様に——その効力を認めてよいであろう。

〔七四三〕 (ハ)通知の相手方は、債務者である。連帯債務・保証債務などのように多数の債務者のある債権で、一人に対する通知が他の債務者に対しても通知の効力を生ずるかどうかは、それらの債務関係の性質による(連帯債務者の一人に通知しても他に効力を及ぼさず(〔六〇〇〕)、主たる債務者に対する通知は保証人に効力を及ぼす(〔六八一〕・〔七〇二〕))。

〔七四四〕 (ニ)通知の内容は、特定の債権が特定の者に譲渡されたという事実である。債権は同一性を示す程度に指示されておればよい(大判大正一三・四・二五新聞二二七四号一七頁(誤って債権者でない者をも債権者のように表示した事例))。譲受人の氏名は特定されていなければならない(大判大正六・三・二六民五二一頁(乙他三名に譲渡したという通知は乙以外の者について効力を生ぜず))。

〔七四五〕 (ホ)通知の時期は譲渡と同時でなくともよい。(i)譲渡の後になされるときは、その時から対抗力を生ずる。従って、(ii)逓次譲渡の場合には、まず第二の譲渡について通知され、ついで第一の譲渡について通知されてもよい。但し、後の譲渡について対抗力を生ずるのは、その前の各譲渡についての通知が全部なされた時である(〔七五〇〕参照)。

(iii)譲渡をする前に予め通知しても対抗要件とはならない。けだし、譲渡したという事実の通知でなければ、果して、また何時に、譲渡が行われるか不明確であって、債務者にとって不当に不利益だからである。但し、一定の条件の下に将来当然に発生する債権を譲渡したときは、その旨の通知で足りる。条件が成就したときに重ねて通知する必要はない(譲受人から条件の成就を証明して債権を行使することができる)、と解すべきである(大判昭和九・一二・二八民二二六一頁(判民一六四事件有泉)、合名会社

（会社の解散によって受くべき残余財産請求権を譲渡し、確定日附による通知をして後に譲渡人が破産した事例）。なお、通知の時期と関連して、譲受人が譲受債権に基づいて訴の提起、執行の開始などをし、その訴訟手続の係属中に通知がなされた場合の効力が問題となるが、後に述べる（〔七五二〕）。

(2)承　諾

〔七四六〕　**(イ)**債権譲渡の対抗要件としての承諾は、債務者が、債権が譲渡された事実についての認識——譲渡の事実を了承する旨——を表明することである。従って、その性質は、通知と同じく、観念の表示である（通説）。判例は、かつて、異議を留めない承諾は意思表示であって、譲受人に対してすることを要する、といったことがある（大判大正六・一〇・二民一五一〇頁。但し傍論）。然し、その後は、異議を留めない承諾もすべて観念の通知としているようである（例えば、大判昭和九・七・一一民一五一六頁〔七五七〕に再出）。

観念の通知とするときは、債権譲渡の事実についての債務者の認識が表明されておれば充分であって、その意思には関係がないこととなる（大判昭和一六・八・二六民一一〇八頁（債権の存在について争があり、債務者が譲渡を欲しなかったとしても、承諾の効果に影響はない））。もっとも、観念の通知としても、代理人によって承諾させることもでき（大判昭和四・二・二三民三三七頁（譲渡人が債務者を代理して承諾しても一〇八条に違反せず））、使者によることももとより可能である（大判昭和八・五・二五新聞三五七一号一三頁）。

〔七四七〕　**(ロ)**承諾の相手方は、譲渡人・譲受人のいずれでもよい。右に一言したように、判例は、かつて、異議を留めない承諾は譲受人に対してなされることを要するといった。然し、その後は、異議を留めない承諾も譲渡人・譲受人のいずれに対してでもよいとしているようである。

〔七四八〕　**(ハ)**承諾の時期は譲渡の後でもよいことは、通知と同じである（〔七四五〕参照）。然し、譲渡のなされる前に予め承諾をすることについては、通知とやや趣きを異にする。最高裁は、債権者が、譲渡禁止の特約ある銀行預金債権を特定の第三者に譲渡しようとして、銀行に特約の解除を求め、銀行がこれを承諾し、ついで債権者がその預金債権を右の第三者に譲渡した事案につき、銀行が譲渡禁止の特約の解除を承諾したことは、同時に特定の第三者に対する譲渡を承諾したものであり、そして、譲渡の目的たる債権及びその譲受人がいずれも特定している場合には、予め承諾することも対抗要件となるという（最高判昭和二八・五・二九民六〇八頁（債務者にとって不利益なしという理由））。事案においては、債務者（銀行）は特定の者に対する譲渡を承諾したのだから、判旨の結論は、もとより正当であるが、一般的にいえば、予めなす承諾は、譲受人を特定しない場合にも、債務者に対する対抗要件となると解すべきものと思う。けだし、債務者に対する対抗要件は、専ら債務者を保護する目的のものであり、債務者がこれを予め放棄すること（対抗要件不要の特約をすること）さえ、これを無効とすべき理由のないものだからである（〔七六二〕参照）。

〔七四九〕 三　通知・承諾の債務者に対する対抗要件としての効力

(1) 共通の効力（通知・承諾のない場合の譲受人の地位）

(イ) 通知または承諾がなければ、債務者が悪意であっても、譲受人はこれに対して債権の譲り受けを主張することはできない（大判明治四五・二・九民八八頁、大判大正六・三・二六民五二一頁、大判昭和一三・五・二七新聞四二八七号一八頁等）。けだし、債務者をして譲渡の有無に関する危険を負担させず、画一的に取り扱うことが至当だからである（〔七二四〕参照）。

〔七五〇〕 (ロ) 譲受人が請求すれば、債務者は弁済を拒絶しうるのみならず、請求も時効中断の効力を生じない。前に述べたように、通知は必ずしも譲渡と同時に行われる必要はなく、譲渡の後に行われてもよいが、その場合にも、対抗力は通知の時から生ずる（遡及効なし）のだから、その通知のある前に譲受債権の消滅時効が完成すれば、その後に通知があっても時効中断の効力を生じない（大判大正三・五・二一民四〇七頁、大判大正八・一〇・一五民一八七一頁）。もっとも、譲渡された債権の利息などのように、債権の内容をなすものは、譲渡の時に遡って請求することができるようになることはいうまでもない（大判大正四・七・一〇民一二一一頁）。

〔七五一〕（八）同様に、譲受人のなす訴の提起、強制執行、破産の申立、抵当権の実行（大判大正一〇・二・九民二四四頁（但しこの事案は対抗要件不要の特約ある場合である。それについては後の〔七六一〕参照））などの裁判上の債権の行使は、通知のない以上、いずれも不適法である。もっとも、債務者が対抗要件のないことを主張して争い、これらの手続が裁判所に係属している間に通知または承諾があれば、手続は結局適法となる。けだし、これらの争についての裁判は、その裁判をする時の状態に基づいてなされるものだからである。すなわち、譲受人の提起した請求の訴（大判明治三六・三・一〇民二六八頁）、強制執行に対する債務者の異議の訴（大判大正四・五・二九民八五五頁）、破産の申立についての債務者の抗告（大決昭和四・一・一五民一頁）、競売手続に対する異議（大決昭和六・一二・九民一二〇四頁）などにおいても、それについての裁判のあるまでに通知があれば、譲受人の請求や申立は適法なものとされる（以上の判決はいずれもこの趣旨）。但し、右の争が裁判によって終結した後に債権譲渡の通知のないことを実体法上の理由として裁判の効力を争いうる場合には、通知のなかったことの瑕疵はもはや補完しえないものとなる。例えば、被担保債権の譲渡の通知のないままに競売手続が終結した場合にも、抵当不動産の第三取得者は、競落人に対して競売の無効を主張して自分の所有権の確認を訴求することができる（大連判大正一一・九・二三民五二五頁（判民七八事件我妻）。連合部判決であるのは確認の利益の有無に関する）。

〔七五二〕（二）通知または承諾は、譲受人が債権を行使するための積極的な要件ではなく、債務者においてその欠けていることを主張して譲受人の債権行使を阻止しうるだけである。対抗要件の性質からいって当然であろう(大判昭和二・一・二八新聞二六六六号一六頁)。

〔七五三〕 (2) 通知の対抗力

「譲渡人ガ譲渡ノ通知ヲ為シタルニ止マルトキハ、債務者ハ其通知ヲ受クルマデニ譲渡人ニ対シテ生ジタル事由ヲ以テ譲受人ニ対抗スルコトヲ得」(四六八条二項)。

(イ) 債権譲渡は、債権の同一性を失わせないで主体だけを変更することを本質とするものであることからいっても、債務者の立場からいっても、当然のことである(〔七二二〕参照)。すなわち、債務者は、譲受人に対して、(a)譲渡債権が成立していないこと(但し虚偽表示による仮装債権の善意の譲受人に対しては九四条二項が優先し、不成立を主張しえない(総則〔三一四〕2参照))、(b)取消または解除などによって消滅している(譲渡後に譲渡人に対して取消または解除をした場合を含むことはいうまでもない)こと(大判明治四二・五・一四民四九〇頁(譲受人に弁済した後に解除を理由にその返還を求める事例))、(c)弁済その他の事由によって全部または一部が消滅していること、(d)同時履行その他の抗弁権を伴なうことなどを主張しうる。

〔七五四〕 (ロ) 問題となるのは、相殺である。然し、これについては、受働債権が差し押えられた場合と全く同様に解すべきである。すなわち、甲の乙に対する債権が丙に譲渡されてその通知があった場合に、債務者乙が甲に対して有していた債権で、いかなる条件の下に相殺しうるかは、甲の乙に対する債権を甲の債権者丙が差し押えた場合と全く同様に解すべきである。そして、この問題は、第五一一条の解釈として、すでに詳説したから(〔四七八〕以下)、ここには、債権譲渡について特に問題となる主要な点を列記するに止める。

(a)譲渡の通知後に反対債権を取得しても、相殺をもって対抗することはできない(大判昭和一〇・五・二二新聞三八四六号九頁(後に生じた損害賠償請求権の事例）。譲渡人に対する債権を第三者から譲り受けた場合も同様である。そして、この場合には、譲渡と譲受の先後は、それぞれについての通知の前後によることはいうまでもない（大判昭和一〇・九・七民一五九七頁（判民一〇一事件川島））。抵当権附債権が譲渡された場合にも、通知の時を標準とすべきであって、抵当権移転の附記登記の時を標準とすべきではない（大判昭和九・九・一〇民一六三六頁）。なお、債務者が相殺しうる反対債権をもっていても、譲渡の通知後にこの反対債権を第三者に譲渡したときは、後に再譲渡を受けても相殺しえないことはいうまでもあるまい（大判昭和三・二・八民六五頁）。

（b）譲渡された債権（受働債権）と債務者の譲渡人に対する債権（自働債権）の弁済期は最も問題とされるものであるが、通知の時までに、（i）受働債権の弁済期が到来している必要がないだけでなく、期限の利益を放棄しうるものである必要もない。（ii）自働債権も弁済期が到来している必要がないだけでなく、期限の利益を失わせることができるものである必要もない。（iii）両債権の弁済期がともに通知後に到来するものであっても、自働債権の弁済期が受働債権の弁済期より前に来るものでありさえすればよい。そして、債務者は、両債権が弁済期に達した後に相殺すれば、相殺適状を生じた時（通知の後である）に遡って、両債権は対当額で消滅する（〔四八三〕参照）。

（c）債務者が譲受人に弁済したときは、たとい相殺しうる場合であっても、もはや相殺はできなくなる（〔五〇〇〕参照）。然し、譲受人が債務者に対して負担する自分の債務を譲受債権で相殺した場合には、債務者は、それにもかかわらず、譲渡人に対する債権で相殺して譲受人の相殺の効力をくつがえすことができる（〔五〇一〕参照）。

（d）債務者の相殺の意思表示は、譲受人に対して行なう。すなわち、債務者は、譲渡人に対する反対債権で、譲受人の債権を相殺することになる（〔四六六〕b末段参照）。

〔七五五〕（ハ）判決の既判力は、対抗しうる事由には含まれないとされる。例えば、甲の乙に対する債権が丙に譲渡され、丙が乙に対して請求の訴を提起して敗訴しても、丙からさらに譲り受けた丁が乙に対して請求する場合には、丙敗訴の判決の既判力をもって乙は丁に対抗することはできない（大判大正五・七・一七民一三八二頁（甲の債権は、乙名義の株式の払込金の返還を請求するものだが、甲の負担とする特約があるから債権は成立しないという理由で丙敗訴））。

〔七五六〕（ニ）債権者甲が、債務者乙に対して、その債権を丙に譲渡した旨の通知をしたが、実際は譲渡がなかったかまたは譲渡が無効であった場合に、通知を信頼して丙に弁済した乙は保護されるか。ドイツ民法が一定の形式を備えた通知の表見的効力を認めることは前述した（〔七二六〕後段）。民法の解釈としては、さような事情があるときは、丙は債権の準占有者となるというべきであろう（四七八条（〔三〕九八〕参照））。のみならず、第一〇九条の趣旨からいっても、善意無過失の債務者は保護されなければならない。

〔七五七〕(3)異議を留めない承諾の対抗力

「債務者ガ異議ヲ留メズシテ前条ノ承諾ヲ為シタルトキハ、譲渡人ニ対抗スルコトヲ得ベカリシ事由アルモ之ヲ以テ譲受人ニ対抗スルコトヲ得ズ」（四六八条一項本文）。

（イ）右の規定は、（a）債務者の異議を留めない承諾という事実に公信力を与えて譲受人を保護し、指名債権の譲渡の安全をはかろうとするものであることは前述した（〔七二一〕・〔七二五〕）。（b）従って、その承諾は、観念の通知であって、譲渡人・譲受人のいずれに対するものでもよく、譲受人に対する意思表示（譲受人に対して抗弁権のない債務を負担しようとする意思表示)ではない、と解すべきことも前に述べた(〔七四六〕に掲げた大判昭和九・七・一一民一五一六頁(判民一〇九事件有泉)はこの趣旨を強調する)。

(c)やや問題となるのは、異議を留めない承諾とは、異議を留めない旨を積極的に表示することを要するかどうかである。特定の債権(債権発生の原因、数額などを示して)が譲渡されることについての明瞭な承諾であれば、必ずしも、一切の抗弁をしないとか、異議を述べない、という積極的な表示を伴なう必要なしと解すべきであろう。けだし、譲受人を保護しようとする規定の趣旨からみてそう解することが妥当だからである(前出昭和九年度判民一〇九事件の有泉評釈は、譲渡人に対する承諾は積極的な表示を要するという。然し、それは解釈の標準の問題であろう)。

〔七五八〕(ロ)異議を留めない承諾がつぎに述べる効果を生ずるためには、譲受人の善意・無過失を要すると解すべきである。けだし、表見的なものへの信頼を保護する制度(公信の原則の適用)として当然だからである。但し、判例は、善意を要すると明言するが、無過失を要するとまではいっていないようである(大判昭和九・七・一一民一五一六頁の傍論、大判昭和一四・三・九判決全集六輯九号一二頁など。ド民四〇五条は善意・無過失と定める(〔七二一〕参照))。

(ハ)債務者は、単なる通知の場合に譲渡人に対抗しえた一切の事由(〔七五三〕・〔七五四〕参照)をもって譲受人に対抗しえなくなる。すなわち、(a)その債権が弁済その他の事由で消滅したこと(大決昭和六・一一・二一民一〇八一頁(判民一二三事件吾妻))、(b)債権発生の原因となった契約が取り消されまたは無効であるために債権が不成立であることなども主張しえない。その契約が違法で無効の場合も同様である(前出大判昭和九・七・一一民一五一六頁は、違法な場外取引契約から生ずる債権の譲渡に関する)。

〔七五九〕(c)やや問題となるのは、債権がすでに第三者に譲渡された後に異議を留めない承諾をした債務者は、すでに債権が譲渡されていることを主張して弁済を拒みえないかどうかである。譲受人保護の理想からいえば拒みえないというべきもののようだが、民法は債権の帰属についての優劣は、専ら次段に述べる確定日附ある証書によって決定しようとしているのだから、「譲渡人ニ対抗スルコトヲ得ベカリシ事由」の中には、譲渡（債権の帰属）は含まれない——債権の存否、内容などに限る——と解するのが正当である（なお後の〔七七三〕末段参照）。

（d）さらに問題となるのは、譲渡について異議なき承諾のあった債権を担保する抵当権である。この点に関する判例の態度は必ずしも明瞭ではないが、およそつぎのように解するものといえるようである。

（i）債務者に対する関係では、弁済その他の事由で債権が消滅するとともに消滅した抵当権も復活する（大決昭和八・八・一八民二一〇五頁（判民一四一事件吾妻）。抵当不動産の第三取得者をさしおいて債務者からした抗告を棄却する）。然し、債権が最初から発生しない場合には、——譲受人はそれにも拘わらず債権を取得するが（本段〔七五九〕b参照）——抵当権は取得されない（大判昭和一一・三・一三民四二三頁（判民二四事件吾妻、違法の原因で債権が成立しない事例）、大判昭和一五・一二・二四新聞四六七九号六頁）。

（ii）抵当権の消滅によって順位の上昇する後順位抵当権者は、後順位抵当権取得の時期に関係なく（大決昭和六・一一・二一民一〇八一頁、大決昭和七・九・一〇新聞三四六〇号一五頁）、また、抵当不動産の差押債権者は、差押の時期に関係なく（大決昭和八・三・三一民五三三頁（判民四一事件菊井））、抵当権の消滅を主張しうる。抵当不動産の第三者取得者についても、右の判例理論からすれば、取得の時期に関係なく抵当権の消滅を主張しうるというべきだと考えられるが（前掲判決にはその旨を説くものもある）、異議なき承諾のあった後の第三取得者は抵当権の消滅を主張しえないと判示するものもある（大決昭和五・四・一一新聞三一八六号一三頁）。

右の判例理論に対する学説は分かれている（吾妻「抵当権の譲渡と債権譲渡の承諾」（新報四四巻九号）参照）。思うに、（i）債務者に対する関係では、抵当権の存続・復活を認めるべきである（消滅と不成立を区別することは意味がない）。（ii）第三者に対する関係では、抵当不動産について利害関係を生じた時期によって区別すべきである。すなわち、債権の（従って抵当権の）不成立または消滅の後、異議なき承諾のあるまでの間に、後順位抵当権を取得した者、抵当不動産を取得した者、抵当不動産を差し押えた債権者などは、その後に債務者の異議を留めない承諾による譲渡があっても、譲受人の抵当権の取得を否認することができる。これに反し、異議を留めない承諾による譲渡があった後に右のような利害関係を取得した第三者は、譲受人の抵当権の取得を否認しえない。問題は、弁済その他による消滅以前から利害関係を有していた第三者、とりわけ後順位抵当権者である。私は、従来、先順位抵当権の消滅によって後順位抵当権者の受ける順位上昇の利益は、近代抵当権の性質からみて保護に値しないという理由から、これらの者も異議を留めない承諾による譲受人の抵当権の取得を否認しえない(上昇した順位は元に戻る)と解したが、いまは改めて、これらの者も譲受人の抵当権の取得を否認しうると解する((新訂)担保〔六三九〕に詳説している(第七刷で訂正))。

(e) 異議を留めない承諾によって譲渡された債権の保証人についても類似の問題を生ずる。判例は、保証人は債権の消滅その他の抗弁事由を主張しうると解しているが、疑問であることは前述した(〔六八一〕)。

(f) 債務者が譲受人に対して抗弁することができない場合には、第三者も債権そのものについては、債務者と同様に、一切の抗弁権を主張することはできない。例えば、債務者の財産に対して執行をした債権者は、異議を留めない承諾を信じて譲り受けた譲受人の債権が譲渡以前に弁済によって消滅したことを理由として配当加入を否認することはできない(大判大正五・八・一八民一六五七頁)。

〔七六〇〕 (二) 譲渡人に対して対抗することができる事由を譲受人に対抗しえなくなった債務者は、これによって受ける不利益を譲渡人との間で決済することができる。すなわち、「債務者ガ其債務ヲ消滅セシムル為メ、譲渡人ニ払渡シタルモノアルトキハ之ヲ取返シ、又譲渡人ニ対シテ負担シタル債務アルトキハ之ヲ成立セザルモノト看做スコトヲ妨ゲズ」(四六八条一項但書)。譲渡人が不当利得をすることになるからである。

〔七六一〕　四　債務者は、債権者との間で、通知または承諾をしなくともその債権の譲渡を債務者に対抗しうるという特約をすることはできないであろうか。判例は、対抗要件に関することは強行規定であり、右のような特約を認めると債務者は二重弁済の不利益を負い取引の安全を害する、という理由でこれを無効とする。そして、右の特約をした債務者が譲受人の抵当権実行に対して異議を述べることを認め（大判大正一〇・二・九民二四四頁（判民一六事件末弘））、また、同様の債務者が譲渡の後に譲渡人に弁済し、譲受人に対して抵当権の登記の抹消を請求することを肯定する（大判大正一〇・三・一二民五三二頁（判民三九事件末弘））。然し、債務者がみずから危険を負担しようとすることは、暴利行為とでもならない限り、無効とする必要はあるまい（同旨末弘右の評釈、柚木（下）一四七頁など）。債務者に対する対抗要件は、要するに、債務者をして新債権者が誰であるかを知らしめる以上の意義をもつものではない（前述〔七三九〕など参照）。但し、債務者以外の第三者相互間の優劣を定める対抗要件の規定は強行規定と解さねばならない（〔七七五〕参照）。

第四　債務者以外の第三者に対する対抗要件（指名債権譲渡の対抗要件の二）

〔七六二〕　一　甲の乙に対する一〇万円の債権を丙が譲り受けた場合に、同一の債権を丁が甲から二重に譲り受けたり、甲の債権者丁が差し押えることもありうる。そのような場合に、丙がその債権をすでに譲り受けていることを丁に対して主張することを民法は「債務者以外ノ第三者ニ対抗スル」という表現で示した。そして、その方法は、債務者に対すると同様に、通知または承諾であるが、それは「確定日附アル証書ヲ以テスル」ことを要するものとした（四六七条二項）。

指名債権の譲渡を「債務者以外ノ第三者」に対抗する、という民法の表現は、文字通りに解するときは、その範囲は広い。然し、これを広く解するときは、後に述べるように、法律関係が複雑となるだけでなく、指名債権の譲渡をすこぶる厄介なものとする。従って、判例は、これをいわば最小限度に限定しようとし、多数説もこれを支持している。かような態度は、他面からみれば、第三者の不利益となるおそれがある。然し、すでにしばしば述べたように、指名債権の譲渡は、それほどの安全性のあるものではない、として満足する他はないのである。

〔七六三〕**二**　債務者以外の第三者に対する対抗要件の方法

(1)「確定日附アル証書ヲ以テスル」通知または承諾である。例えば、甲の乙に対する債権を丙が譲り受けて甲から通知がなされた後に、丁が二重に譲り受けた場合に、甲乙丁が通謀して右の第二の譲渡が丙への譲渡よりも先に行われかつ対抗要件を備えたような証書を作成するときは、丙は、通謀の事実を挙証することは困難だから、不当な損害を被るおそれがある。この丙の不安を除去するために、丙丁間の優劣を決するためには、日附を遡らせることのできない確定日附のある証書によるべきものとした。これが民法の立法趣旨である。然し、その目的は必ずしも充分に達せられないことは後に述べる。

(2)確定日附ある証書をもってする通知または承諾とは、――

〔七六四〕(イ)通知または承諾という行為について確定日附のある証書(民施五条参照)があることである。通知または承諾があったということを別に確定日附ある証書で証明せよ、という意味ではない(大連判大正三・一二・二二民一一四六頁によって確立された)。内容証明の郵便で通知し、または公正証書によって承諾するなどが最も普通に行われる例であるが、債務者たる地方公共団体の権限ある職員が債権譲渡証書に承諾の趣旨を記入して公印を押捺した場合なども含まれる(民施五条五号参照)。なお、差押による第三債務者(差し押えられた債権の債務者)への送達(民訴五九八条参照)は、確定日附による通知と同視すべきことはいうまでもない。

〔七六五〕 (ロ)確定日附ある証書による通知または承諾といっても、通知または承諾と同時に確定日附をえる必要はない。普通の通知書または承諾書について後に確定日附をえるときは、その日附の時から対抗力を生ずる(大判大正四・二・九民九三頁)。甲から丙、丙から丁へと逓次に譲渡された場合に、第二の譲渡についての通知・承諾の確定日附におくれて第一の譲渡についての通知・承諾の確定日附ができてもよい。後の確定日附の時から対抗力を生ずる(大判昭和一〇・一・二三新聞三八〇二号七頁)。

〔七六六〕 (ハ)譲渡人は、確定日附ある証書によって通知しまたは承諾をえる義務があるか。通知をしまたは承諾をえる義務あることは前記の通りである(〔七二八〕)。確定日附をもってするまでの義務を認めることはやや疑問だが、特にこれを必要としない当事者間の了解のない限り、一般にはかような義務もあるというのが正当であろう。けだし、譲渡人としては、譲受人をして完全に債権を取得させる義務があるというべきだからである(大判昭和一六・二・二〇民八九頁(判民七事件戒能)。内容証明郵便による通知書の副本を交付すべき義務を肯定する際に一般的に説く)。

三 債務者以外の第三者に対する対抗力

(1)最も問題となることは、確定日附ある証書をもってする通知・承諾がなければ対抗しえない第三者の範囲である。前に一言したように、立法の趣旨に従って、限定して解釈すべきである。すなわち——

〔七六七〕 (イ)譲渡された債権そのものについて両立しえない法律的地位を取得した第三者に限る。判例は、譲渡された債権そのものに対し法律上の利益を有する者というが(例えば大判大正四・三・二七民四四四頁)、同一の趣旨である。

(a)典型的な例は、二重譲受人と譲渡債権を差し押えて転付命令をえた譲渡人の債権者である。すなわち――

(i)第一の譲受人丙について確定日附ある証書によらない通知・承諾があっても、その後の第二の譲受人丁について確定日附ある証書による通知・承諾がある場合には、丙は丁に対して債権の取得を対抗しえず、丁が優先して債権者となる(大連判大正八・三・二八民四一頁(後の〔七七三〕に再出))。右の場合に、第一の譲受人丙の債権者が譲受債権を差し押えても、丁に優先することはできない(大判昭和一一・七・一一民一三八三頁(判民九二事件有泉))。

(ii)同様に、丙の譲り受けについての通知・承諾が確定日附ある証書によらないときに、譲渡人甲の債権者丁が、その債権がまだ甲に帰属するものとして差し押え転付命令を取得するときは、丁は丙に優先して債権者となる(大判大正八・一一・六民一九七二頁、大判昭和七・六・二八民一二四七頁(判民九九事件川島))。譲渡人甲が破産したときも、丙は破産財団に対して債権の取得を対抗しえない。破産は破産債権者全体のための差押の効力をもつものだからである(大判昭和八・一一・三〇民二七八一頁(判民一九四事件有泉))。

(iii)債権の上の質権の設定も債権の譲渡と同視し、二重に質権の設定を受けた者相互の間や、質権の設定を受けた者と譲渡を受けた者の間の優劣は、同様に解すべきである(三六四条一項(担保〔二七四〕参照))。

〔七六八〕(b)前後二つの譲渡についてともに確定日附ある証書による通知・承諾があるとき、または、一方には確定日附ある証書による通知・承諾があり他方が差押であるときは、その日附の先の方が優先する(大決昭和六・一一・六新聞三三四一号一一頁(確定日附ある通知の後の差押は効力なし)、大判昭和七・五・二四民一〇二一頁(判民八〇事件我妻、差押転付後の確定日附ある通知は効力なし))。

〔七六九〕(c)両方の譲渡(または質権設定)についての通知・承諾が確定日附ある証書によらない場合はいかに解すべきものであろうか。両譲受人相互の間では、いずれも自分の債権取得が優先することを主張しえないこと、あたかも不動産の数人の譲受人がいずれも登記をしない場合と同様であろう（物権〔一一四四〕参照）。然し、債務者に対する関係では、登記と同一に解することはできない。けだし、確定日附ある証書によらない通知・承諾も債務者に対しては対抗力を有するものだからである。判例の態度は必ずしも明瞭ではないが、かような場合には、第一の譲受人に弁済すべきものとするようである（大判大正八・八・二五民一五一三頁（前に設定した質権者からの弁済請求を拒みえない））。然し、債務者はいずれの債権者に弁済しても——その譲渡が真実有効に行われたものであれば（二重譲渡はいずれも有効であるが、譲渡行為自体に瑕疵があれば譲渡は効力を生じない）——責任を免れるが、債務者が、二重に通知・承諾が行われたことによって債権譲渡が真実有効に行われたかどうか疑問を抱く場合には、いずれに対しても弁済を拒むことができると解すべきものと考える。けだし、(i)確定日附ある証書によらない通知・承諾も債務者に対しては対抗力をもつが、それが二重に行われるときは、いずれの対抗力も優先的なものではなくなる——他の譲受人への弁済を拒否して自分へだけ弁済すべき旨を主張しえなくなる——とみるのが至当であろう。(ii)のみならず、譲渡人の通知は譲渡の事実を推定させるものであり、これを信頼して譲受人に弁済した債務者は原則として保護されること前述の通りであるが〔七五六〕、二重に行われた場合には、推定も保護も及ばないといわねばなるまい。そうだとすると、債務者の危険において、真実有効な譲渡が前に行われた譲受人にのみ弁済すべしということは、債務者に対して不当な不利益を与えることになろう。

〔七七〇〕 (ロ)譲渡された債権によって間接の影響を受ける第三者は含まれない。すなわち、かような第三者に対しては、譲受人は、通知・承諾が確定日附ある証書によらなくとも、債権が自分に帰属したことを主張することができる。

（a）最も問題となるのは、譲受人が、譲り受けた債権をもって債務者に対する自分の債務と相殺した場合の受働債権の譲受人やそれを差し押えた債権者である。例えば、甲の乙に対する債権を丙が譲り受けて、自分が乙に対して負担する債務と相殺した場合には、その後にその受働債権を差し押えた乙の債権者丁は、甲丙間の譲渡に確定日附ある証書による通知・承諾がなくとも、相殺の無効を主張しえない（大判大正四・三・二七民四四四頁、大判昭和八・四・一八民六八九頁（判民五二事件有泉）。いずれも差押転付命令送達前の契約による相殺の例。他にも同旨の判決がある）。丁が相殺の後に受働債権を譲り受けた者である場合も同様である。

なお、丙が甲の乙に対する債権を譲り受けたのが、丙の甲に対する債権の代物弁済としてである場合には、その譲渡について確定日附ある証書による通知・承諾がなくとも、その後に丙から甲に対する右の債権を譲り受けた丁はもちろんのこと、これを差し押えた丙の債権者丁も、代物弁済による消滅を否認することはできない（大判昭和九・六・二六民一一七六頁（判民八八事件川島））、というのも、同様の趣旨といえる。

〔七七一〕

（b）譲渡された債権の債務者に対する他の債権者は、譲受人がその債権を行使するのに対して、通知・承諾が確定日附ある証書によらないことを理由にその行使を拒むことはできない（大判大正八・六・三〇民一一九二頁（執行した一般債権者は、抵当債権の譲受人の優先弁済を拒否しえない）、大判昭和一四・八・三〇新聞四四六五号七頁（破産債権届出人の例））。

なお、抵当権によって担保される債権の譲渡についての通知に確定日附がなく、抵当権について移転登記がある場合には、譲受人は、その後に抵当不動産を取得した第三者に対し抵当権附債権の取得を対抗しうるというのも（大判昭和七・一一・二四新聞三四九六号一七頁）同様の趣旨といえよう。

以上ａｂ二つの場合にも、第三者は譲渡についての通知・承諾が確定日附ある証書によらないことを主張してその譲渡の効力を否認することができるものとすれば、第三者の地位はそれだけ安定することは確かである。然し、そう解しては、確定日附ある証書による通知・承諾をしていない譲受人は、いついかなる関係の第三者が出現して譲渡の効力を否認されるか分からず、限りない不安に置かれ、確定日附ある証書によらない通知・承諾も債務者に対する関係では完全な対抗力をもつものとした民法の趣旨は全く失われることになろう。ことに、aの場合には、譲受人は、すでに、相殺または代物弁済によって、譲り受けた債権の決済をしたのだから、その意味からいっても、その後に対抗を理由として譲渡の効力を否定されることはないといわねばならない（この点については後の〔七七四〕を参照せよ）。

〔七七二〕 (2)債務者以外の第三者に対抗することができないとは、前段に述べたことからおのずから明らかなように、確定日附ある証書による通知・承諾を備えた者は、これを備えない者、または、備えてもその日附の後の者への債権の帰属を否認して、自分への帰属を主張しうることである。

(イ)確定日附ある証書による通知・承諾は、債務者以外の第三者に対抗する積極的要件ではなく、譲受人の債権取得を争いうる者、——譲受人に優先する第三者、また債務者がこれを理由に弁済を拒絶する場合には債務者（つぎの〔七七三〕参照）——がその譲渡を否認してはじめて譲渡を主張しえなくなる。この点は、債務者に対する対抗要件と同一である（〔七五二〕参照。大判大正九・二・一四民一二八頁（第二審の口頭弁論の終結までになすべし））。

〔七七三〕 (ロ)債務者以外の第三者が数人生じた場合には、その間の優劣は、債務者にもその効力を及ぼし、債務者もまた優先する第三者だけを債権者と認めてこれに弁済しなければならない。例えば、甲の乙に対する債権を丙が譲り受け、普通の書面で通知された後に、丁が二重に譲り受け、確定日附ある証書で通知されたとき、または、甲の債権者丁がこの債権を差し押え転付命令が送達されたときは、債務者乙は、丙の請求を拒絶して丁に弁済しなければならない（前掲大連判大正八・三・二八民四四一頁は丁に弁済しなければならない旨を判示するもの。また大判昭和七・六・二八民一二四七頁は丙に対して弁済を拒絶しうると判示するもの。いずれも他に同旨のもの多数）。もし、債務者以外の第三者に対する対抗要件という観念を債務者に全然影響を及ぼさないものと解するときは、債務者に対して請求しうるのは、確定日附ある証書によると否とを問わず、先に通知・承諾を備えた譲受人だけであり、この譲受を否認しうる第三者は、ただこの者に対して不当利得としてその受領したものの返還を請求しうるだけだといわねばならないようにも考えられる。然し、民法が債務者以外の第三者間において対抗要件によって決定しようとしたのは、債権の帰属であり、従って、その範囲では債務者にも前記のような影響を及ぼすと解するのが正当である。

なお、右の関係は、債務者乙が異議を留めない承諾をした場合でも異なることはない。例えば、甲の乙に対する債権が丙に譲渡されて確定日附ある証書で通知され、または、甲の債権者丙に差し押えられた後に、乙が丁への譲渡について異議を留めない承諾をしても、丁は債権を取得することはできない。けだし、異議を留めない承諾が公信力をもつのは、前に一言したように、債務者が本来の債権者に対して主張しうる抗弁についてだけであって、債権の帰属には及ばないものだからである（〔七五九〕c参照）。

〔七七四〕（八）おわりに最も注意すべきことは、確定日附ある証書による通知・承諾のない者の譲り受けを否認することのできるのは、債権がその者に帰属して存在している間に限り、弁済その他の事由で消滅した後には、もはや否認する余地はないことである。例えば、丙が甲からその乙に対する債権を譲り受け、普通の書面で通知した場合でも、丙が乙から弁済を受けまたはこれを免除し、その債権が消滅した後は、丁が二重に譲り受けて確定日附ある証書によって通知しても、丁はもはや丙の譲り受けを否認しその弁済を無効とすることはできない（大判昭和七・一二・六民二四一四頁（判民一九〇事件有泉、免除の事例））。けだし、対抗とは、一方が他方を否認しうるという不完全な状態で存在する数個の権利関係についていうことであって、一方が消滅した後には、対抗を問題とする余地がないものだからである。のみならず、実際からいっても、丙は弁済を受けた後にも、確定日附ある証書による対抗要件を備える者によってその債権取得を否認されるとすれば、確定日附によらない対抗要件なるものは何らの意義をもたないことになるであろう。

以上の関係は、第一の譲受人丙が譲受債権を相殺契約によって消滅させた場合も同様である。この場合には、相殺によって消滅する反対債権を差し押えたものは第三者に含まれるかどうかとして問題とされた（〔七七〇〕参照）。然し、すでに消滅した後は対抗の問題なしという理由でも、解決されたことなのである（〔七七一〕末尾参照）。

もっとも、以上のように解する結果として、確定日附ある証書を要求した前述の立法の目的（〔七六三〕参照）は達せられなくなるおそれはある。なぜなら、そこで述べた甲乙丁が通謀して、丁への第二の譲渡が丙への譲渡より前に行われたような証書を作成するだけでなく、進んで弁済もすでに行われたような証書を作成すれば、確定日附ある証書による必要はない、ということになるからである。然し、それは、幾度も述べたように、やむをえない、と考える他はない。要するに、指名債権の譲渡は、結局においては、債務者を信頼する他に安全な途はないのである。

〔七七五〕 **四**　債務者以外の第三者に対する対抗要件に関する規定は——債務者に対するものと異なり——強行規定と解すべきである。けだし、一般取引の安全をはかろうとする制度だからである（通説）。従って、例えば、債務者が債権者に対し、特定の債権について、譲渡するときも通知は不要と特約した場合には、譲受人は、通知なしに弁済を請求しうるが（〔七六一〕参照）、他に確定日附ある証書によって通知された第二の譲受人が出現するときは、第二の譲受人が優先する。

〔七七六〕

第五　債権譲渡の効果

債権譲渡の効果として、(i)債権は同一性を失わないで移転することを本則とし、(ii)従たる権利はこれに伴なって当然に移転する。然し、——

(1)同一性を失わない、すなわち一切の抗弁権を伴なう、という原則は、債権者から通知されただけの場合には維持されている（四六八条二項）が、債務者が異議を留めない承諾をした場合には、全く修正されている（四六八条一項）。対抗要件に関連して詳細に述べた通りである（通知につき〔七五三〕以下、承諾につき〔七五七〕以下）。

〔七七七〕 (2)債権に従たる権利、すなわち、利息債権（〔五二一〕c・〔五三二〕c参照—なお対抗要件が譲渡の期日の後になされた場合につき〔七五〇〕末尾参照）だけでなく、担保物権、保証債務なども随伴する。但し、債務者の異議を留めない承諾によって一度消滅した債権が復活し、または債権に伴なう抗弁権がなくなる場合については問題のあることは前述した（〔七五九〕d・e）。

第六　取立のためにする指名債権の譲渡

〔七七八〕 一　債権者は、みずから債権を取り立てる煩を避けるために、第三者に債権を譲渡して取立を依頼することも稀ではない。かような場合には、債権取立の代理権を与えるだけでも目的を達しうるわけだが、譲受人自身の名で取り立てることが便宜なので、譲渡の手段に訴えるのである（〔七三〇〕参照）。

判例は、かような場合の法律関係には二つの型があるという。一は、債権を譲受人に譲渡し、譲受人をして、取立のためにのみ行使する債務を負担させるもの（あたかも譲渡担保と同様の関係）であり、他は、債権の帰属には変更を生ぜず、譲受人に自分の名で債権を取り立てる権限（自分の名で他人の権利を行使する権限）だけを与えるものである。そして、そのいずれの場合にも有効だという。この判例の根本的な態度は正当と思う。けだし、前者が有効であることには問題はない（脱法行為で無効だという議論は、今日では問題にする必要はあるまい）。後者は、あたかもローマ法で債権譲渡が認められなかった時代にその代用制度として利用されたものであって、今日ではその必要がないようであるが、当事者がこれを意図し、第三者に不利を被らせないときは、その効力を認めてさしつかえない（ドイツにおいても Einziehungsermächtigung の授与として認められている (Oertmann, Vorb. zu § 398 ff., 2; Enneccerus, § 79 IV)）。

もっとも、信託法は、「信託ハ訴訟行為ヲ為サシムルコトヲ主タル目的トシテ此ヲ為スコトヲ得ズ」と定める（同法一一条）。だから、この禁止に触れる場合には、右のいずれの法律関係によるときでも、無効である。信託法の右の規定は、いわゆる三百代言の横行による濫訴の弊を防ごうとするものであって、無償で譲渡を受けて直ちに訴を提起する場合、とりわけ、そうした事務を専門にする者などについて適用されるが、その適用の範囲はそれほど広くはない（大判昭和二・七・二七新聞二七四〇号一四頁、大判昭和六・一〇・二八評論二〇巻商八二二頁、いずれも否定の例。但し下級審には適用した例が少なくない）。けだし、取立の目的で譲渡された者は、裁判外の請求が効を奏さないときは、訴を提起することは当然であり、また、真に取立の目的であるときは、譲渡には対価を伴わず、手数料を取得するのがむしろ常道だともいえるからである。

〔七七九〕

二 判例は、右の二つの型における効果を区別する。

（イ） 取立権限だけを与えたときには、債権はなお譲渡人に帰属し、（ａ）その処分権限は譲渡人（本来の債権者）だけが保有する。すなわち、その免除は有効である（大判大正六・一二・八民二〇六六頁）。(b)その債権を行使する権限も失わない（権利行使の代理権を与えても本人の行使する権限がなくならないのと同様）。すなわち、その訴の提起は、消滅時効を中断する（大判昭和九・三・二裁判例(八)民四四頁）。(c)債務者は、権限授与の通知を受けた後に本来の債権者に対して取得した反対債権で相殺することができる（四六八条二項の適用なし、大判大正一五・七・二〇民六三六頁（判民八四事件平井））。(d)権限の授与を受けた者は、自分の名で訴を提起することができるのはいうまでもないが（大判昭和五・一・二九新聞三一二一号一三頁）、債権を処分する権限はなく、この取立権限を第三者に譲渡することもできない（大判昭和二・四・五民一九三頁（判民三四事件我妻）。第二の譲受人からの請求の訴を否認）。(e)債権者はいつでも取立権限を撤回しうる（但し、債務者に対する関係につき後の〔七八二〕参照）。

〔七八〇〕 (ロ)右に対し、取立を目的とする債権の譲渡にあっては、譲受人は、取立の目的の範囲内で行使する債務を負うだけで、対外的には、債権はこの者に帰属する。従って、(a)その者のなす免除は有効である（大判昭和九・八・七民一五八八頁（判民一二一事件我妻）。譲受人が数回弁済を受け残額を免除した後に、譲渡人が債権残額の再譲渡を受けたとして訴える事例）。(b)さらに第三者に譲渡することも有効である（大判昭和一七・六・八新聞四七八二号一九頁（準消費貸借をして譲渡した事例））。(c)本来の債権者は、処分権だけでなく、行使する権限をも失なう。(d)債務者は、譲渡の通知後に取得した反対債権で相殺することはできない（四六八条二項の適用がある）。(e)譲渡人は理由なく譲渡を解除することはできない。

〔七八一〕 **三** 以上の判例理論は正当である。前者は、あたかも取立代理権の授与に比すべきものであり、後者は、譲渡担保の法律関係についての理論に相当するものである。問題は、実際に行われる取立のための譲渡につき、当事者の意思が明瞭でないときにいずれと推定すべきか、また、取立権限の授与の場合に債務者その他第三者の利益をいかに考慮すべきかである。

（イ）いずれに推定すべきかについて判例の態度は必ずしも明瞭でない。取立権限の授与と推定すべしとはっきりいったこともあるが（前掲大正一五年及び昭和二年の判決）、その後、その点を問題としないものもある（前掲昭和九年の判決。その我妻評釈参照）。然し、大体において、なお取立権能の授与を原則とするもののように思われる。そうだとすると、賛成しえない。当事者は、その債権が果して完全に弁済されるかどうか不明な場合、従ってその経済的価値を確定的に評価しえない場合に、取立のために譲渡するということが稀でない。そのような場合には、譲受人はまず取り立て、弁済をえた上で、それを自分の譲渡人に対する債権の弁済に充当し、その他譲受人自身の利益に処分する。判例は、そのような場合は、弁済その他譲受人の利益のための譲渡であって、純粋の取立のための譲渡ではないというのであろう。然し、当事者は、それほど明瞭に法律関係を意識していないのが普通であるだけでなく、今日の複雑な取引関係においては、譲受人は、譲り受けた債権について、少なくとも事実上自分の利益を有するのが常であって、全く譲渡人の利益のためという事例はむしろ例外である。要するに、今日の経済取引の実情からみるときは、信託的な債権譲渡と推定するのが適当であると考える（同旨於保二七〇頁。—柚木（下）一二八頁以下は、取立権能の授与なる旨の通知・承諾のあるときにのみその効果を認むべしという。結論において大差はない）。

〔七八二〕

（ロ）取立権限の授与についても、通知または承諾をもって対抗要件とすべきことはいうまでもあるまい。判例もこれを認めている。ただ、判例は、取立権限の授与である場合にも、単純の通知・承諾でよいとしているようである。原則として取立権限の授与と推定する結果であろう。もっとも、単純な譲渡通知の場合には、譲渡人が授与した権限を一方的に撤回してその旨を通知しても、譲受人の権限の消滅を債務者に対抗しえないと判示したこともある（大判昭和一七・九・一一法学一二巻三一六頁（通知後の譲受人との和解と弁済を有効とする））。

思うに、取立のための債権譲渡は原則として信託的な債権譲渡とみるときは、取立権限だけの授与という特別の場合は、その旨を明示した通知または承諾がなければ、特殊の場合であることを第三者に対抗しえないと論断すべきことは当然であろう。のみならず、民法は債権譲渡制度について規定を設けているのだから、これによって達成しうる目的を、取立権限の授与という特殊の手段に訴える場合には、たといその法律的効果を認めるにしても、それはその旨が第三者に示された場合に限るというべきこともまた当然の事理であろう。

第三款　証券的債権の譲渡

第一　証券的債権の譲渡性

〔七八三〕 一　証券的債権とは、証券に化体し、その債権の成立・存続・譲渡・行使などが、原則として、証券によってなされるものである（但し、証券化の程度の強弱によって、種々の例外を生ずる）。債権者を決定する方法の如何によって、指図債権・無記名債権及び記名式所持人払債権（選択持参人払債権）の三種に分れる。

これらの債権は、現代の資本主義経済における商取引の媒介者として重要な作用を営むものなので、その典型的なもの――手形・小切手・倉庫証券・貨物引換証・船荷証券など――については、商法に詳細な規定がある（もっとも、手形・小切手は、以前には商法典の中に規定されていたが、現在は手形法・小切手法という独立した法律に定められている）。のみならず、商法には、証券的債権（有価証券）について、数カ条の総則的規定がおかれている（商五一六条―五一九条）。ところが、民法は、これらの債権の譲渡に関して五カ条の規定を定めた。しかも、商法と民法との間には理論的に矛盾するものを含んでいる。民法は、証券に化体している抽象的な債権の面から規定している（証券の交付を譲渡の対抗要件とするのはその理論の現われである）のに対し、商法は、化体した有形的な証券の面から規定している、といえるからである。

のみならず、後に述べるように、民法と商法の右の規定をもってしても、なお不充分な点もある。証券的債権ないし有価証券については、統一的な研究の下に、統一的な規定を設ける必要がある。本書には、民法の定める規定が、証券的債権の譲渡について生ずる諸問題のいかなる部分にあたるかを略説する他は、民法の規定を説明するに止める。

二　証券的債権の譲渡の安全性が、法律上及び実際上いかなる程度に保障されているかは、指名債権の譲渡と対比して、すでに一応の説明をした（〔七二〇〕以下）。左にその要点を列記する。

(1) 譲受人の立場からみれば、――

〔七八四〕 **(イ)** 証券的債権は、画一的に譲渡性をもつ。指図債権については、裏書禁止ということも認められているが、いうまでもなく証券面にその旨の記載があり、第三者も明瞭に知ることができる。のみならず、かような指図債権も、指名債権の譲渡の方法によって譲渡することができるとされている（〔七二〇〕―手形法一一条、鈴木・手形法小切手法二二五頁参照）。無記名債権については、譲渡しえない特約をしても、債権的効果を生ずるに止まる。

〔七八五〕 **(ロ)** 証券に化体した債権が、証券に示されている通りに真実有効なものとして存在しているかどうかについては、――

(a) 第一に、証券の作成によって債務を負担する意思表示そのものに瑕疵がないことが必要である。そうでないと、少なくとも証券発行者の債務は成立しないから、その限りでは、証券は無価値な紙片にすぎないことになる。然し、この問題は、意思表示理論が証券的債務負担行為についてどのような修正を受けるかという理論であって、民法にも商法にも規定はない（〔七二一〕参照）。但し、手形については、右のような理由で無効なものについても、裏書譲渡した者は、その意思表示の効果として、証券面の記載に従って責任を負うから、その限りでは、無価値な紙片とはならない（鈴木前掲一二一頁参照）。

（b）第二に、有効に成立した証券的債権が、その後に弁済その他の事由で消滅したことや、抗弁権を伴なうことなどが、譲受人の不利益となるかどうかは、譲受人に対する債務者の抗弁権の問題であるが、民法第四七二条（指図債権につき）と第四七三条（無記名債権につき）は、これを譲受人に有利に解決している（〔七二一〕・〔七二五〕参照）。

〔七八六〕　（八）証券的債権が転々譲渡される場合には、——

（a）第一に、中間の譲渡が無効または取消によってその譲受人が債権を取得しえない場合に、その者から以下の譲渡が効力を生じないことになっては、譲受人の地位は甚しく不安となる。この点は、いわゆる証券の公信力（有価証券の善意取得）の問題であって、民法には——無記名債権が動産とみなされる結果（八六条三項）第一九二条以下の規定が適用されると考えられる他は——規定がない。商法第五一九条によって小切手法第二一条を準用することによって解決されている。動産的債権の即時取得の問題として物権法で詳述したから、ここには述べない（物権〔二三〇〕—〔二三六〕）。なお、無記名債権証書が債権の移転を伴わずに占有だけ移転されているとき（例えば預けておいたとき）に、真実の権利者と信じてこの者から譲り受けた者も、右の善意取得の制度によって保護されることは、改めて説くまでもあるまい。

（b）なお、証券的債権の二重譲渡は格別困難な問題を生じない。けだし、証券的債権の譲渡は証券の占有移転を対抗要件とする（指図債権に関しては四六九条の明文がある。無記名債権に関しては八六条三項・一七八条による）。後述するように、証券の移転を効力発生要件となすべきであるが、対抗要件とする民法の規定によっても、確定日附ある証書による通知・承諾というような、いくつでも行ないうることを対抗要件とする指名債権の場合のような混乱を生じないことは明らかであろう（〔七二二〕参照）。

〔七八七〕 (2)つぎに債務者の立場からみれば、債権者が転々と変更することは、最終の真実の債権者に弁済することを困難ならしめるおそれがある。然し、（a）第一に、最終の真実の債権者が弁済を請求するには、必ず証券を呈示してしなければならない。この点は商法第五一七条は指図債権及び無記名債権に関する一般的規定として定めている（〔七二四〕参照）。（b）第二に、証券を呈示した者に弁済するときは、たといその者が真実の債権者でなくとも、一定の条件の下に、債務者は、強く保護される。この点は、民法第四七〇条に指図債権に関する規定として定められ、第四七一条で記名式所持人払債権に準用されている（〔七二六〕参照—無記名債権については規定がない）。

三　証券的債権の譲渡の法律的性質

〔七八八〕 (1)証券的債権の譲渡契約も、指名債権の譲渡契約と同じく、処分的な行為（準物権行為）である（〔七三六〕参照）。この準物権行為と原因たる債権契約との関係は、民法のように、証券的債権も意思表示だけで移転し、証券の交付は対抗要件にすぎないものとするときは、例えば証券の売買契約などによっても、債権は移転するとみることになろう。然し、後に述べるように、民法のこの態度は証券的債権の性質に反する（〔七九一〕）。証券的債権の譲渡の意思表示は、証券の交付という外形的な事実を伴なうことによって効力を生ずるものと解すべきである。そして、そう解するときは、証券的債権の売買は、売主に証券的債権を移転する債務を負担させるだけだ、といわねばならないことになる。同様に、売買によって証券的債権が移転された後に、その売買が取り消されまたは解除されても、証券的債権は当然に復帰するのではなく、買主に証券的債権を返還する債務を負担させるだけとみなければならない。

〔七八九〕　(2)証券的債権の譲渡は、右に述べたように、原因たる行為とは別個の、外形を伴なう行為によってなされるものとすると、原因行為の瑕疵も、当然には、その効力を左右しないことになる。証券的債権の譲渡は、既存債務の弁済のためであったり（手形・小切手にその例が多い）、売買の結果であったり（無記名社債の売出発行がその例だが、手形割引も手形の売買とみられている）、担保のためであったり（証券的債権が譲渡担保の目的とされることは非常に多いが、手形貸付もその一例といえる）、その他、いろいろの原因による。かような場合には、原因が法律上効力をもたないものであっても、証券的債権の譲渡行為の有効・無効は、その証券的債権の譲渡行為自体について判断すべきであって、原因についての瑕疵によってその効力を奪われるものではない。手形については、その無因性として強調されることであるが（鈴木・手形法小切手法二一九頁参照）、他の証券的債権についても同様に解すべきである。

第二　指図債権の譲渡

〔七九〇〕　一　指図債権とは、特定の人甲、またはその人から順次に——甲から丙、丙から丁へと——指図される人に弁済されるべき証券的債権である。普通には、債務者乙がその旨を記載した証書を作成して甲に交付することによって成立する。もっとも、甲への交付も乙の意思に基づくことを要するかどうかの問題は、有価証券に関する契約説と創造説の対立する中心問題の一つであるが、ここに詳説すべき限りではない（鈴木・手形法小切手法九一頁以下参照）。

商法の定める典型的有価証券たる手形（手形法一一条・七七条）、小切手（小切手法一四条）、倉庫証券（預証券・質入証券・倉荷証券）（商六〇三条・六二七条）、貨物引換証（商五七四条）、船荷証券（商七七六条）は、いずれも法律上当然に指図債権とされる。この他に専ら民法の適用を受ける指図債権を発行することもできると考えられるけれども、実際上その例をみないようである（民法起草者は米などについても行われると予期したようである（梅・要義四六九条の註参照）。なお、我妻前掲債権の優越的地位〔一四ノ五・六〕参照）。なお、保険証券を指図式になしうるやに関し、大審院はこれを否定したが（大判昭和一〇・五・二二民九二三頁（判民五六事件小町谷））、学説には反対が多い（小町谷前掲評釈は反対の理由を有力に詳説する）。反対説を支持したいと思うが、保険契約の性質に及ぶ問題であるから詳説しない。

〔七九一〕 二　指図債権の譲渡と対抗要件

「指図債権ノ譲渡ハ其証書ニ譲渡ノ裏書ヲ為シテ之ヲ譲受人ニ交付スルニ非ザレバ之ヲ以テ債務者其他ノ第三者ニ対抗スルコトヲ得ズ」（四六九条）。

(1)右の規定は、指図債権の譲渡も意思表示だけで効力を生じ、裏書・交付をもって対抗要件とする趣旨であろう。然し、証券に化体した債権が意思表示だけで証券から抜け出して他の主体に帰属すると考えることは、証券的債権の本質に反する。前に掲げた商法上の典型的有価証券は、いずれも、裏書（交付）によって譲渡の効力を生ずるものと定められている（そこに挙げた条項はいずれも「裏書によって譲渡する」という）。民法の右の規定も、修正して解釈するか、少なくとも、当事者の意思は証券の交付によって効力を生じさせる趣旨とみるべきであろう。

〔七九二〕 (2)対抗要件としての裏書・交付

（イ）裏書の方式は、手形に関し手形法が詳細を規定し（手一三条（七七条で約束手形に準用））、他の有価証券に準用されている（商五一九条、小切手法は別に定めるが、大差はない（小一六条））。民法の規定の解釈としても、大体においてこれに従うべきものといってよいであろう。

〔七九三〕 (ロ)裏書・交付が対抗要件とされるのは、債務者に対する関係(債権者が変ったことを知らせる趣旨)でも、債務者以外の第三者に対する関係(指図債権の帰属を決定する関係)でも、差異はない。裏書・交付を効力発生要件とすれば、この関係は一層簡明となろう。

〔七九四〕 (ハ)譲受人に対する債務者の抗弁権は大いに制限される。「其証書ニ記載シタル事項及ビ其証書ノ性質ヨリ当然生ズル結果ヲ除ク外原債権者ニ対抗スルコトヲ得ベカリシ事由ヲ以テ善意ノ譲受人ニ対抗スルコトヲ得ズ」(四七二条)とされるからである。すなわち、債務者が譲受人に対抗しうる事由はつぎの三つに限られる。

(a)その証券に記載された事項　一部または全部の弁済があった旨の記載がその適例。

(b)その証書の性質から当然生ずる結果　裏書の連続が欠けていること(手一六条参照)、証券の呈示がなければ支払わないこと(商五一七条参照)などがその適例である。

(c)譲受人の知っている事実　一部弁済の記載がなくとも、譲受人が知っているときは、その旨を主張しうる。

〔七九五〕 三　債務者の弁済の保護

債務者は、指図債権の債権者に弁済するときには、「其証書ノ所持人及ビ其署名、捺印ノ真偽ヲ調査スル権利ヲ有スルモ其義務ヲ負フコトナシ。但債務者ニ悪意又ハ重大ナ過失アルトキハ其弁済ハ無効トス」と規定されている(四七〇条)。

(イ)証書の所持人の真偽とは、証書の裏書の記載によって債権者たるべき者と現に証書を所持して弁済を請求する者とが同一人であるかどうかである。

(ロ)其署名、捺印の真偽とは、その証書にあるすべての署名と捺印の真偽と解するのが通説である(其署名捺印の「其」は所持人だけを指すという反対説もある)。

(ハ)権利を有するとは、疑念を抱いて、調査するために必要な期間弁済を拒絶しても、遅滞の責を負わない、ということであり、義務を負うことなしとは——悪意または重過失なき限り(その挙証責任は譲受人が負担する)——調査しないで弁済し、それが真実の債権者でない場合にも、弁済は効力を生ずるという意味である。

第三　無記名債権の譲渡

〔七九六〕 一　無記名債権とは、債権を化体する証書の正当な所持人に弁済すべき証券的債権である。正当な所持人とは、その証書について所有権その他の処分権を取得した者であって、窃取した者、拾得した者、受寄者などは含まれない。民法はこれを動産とみなしている(八六条三項、総則〔二五二〕以下—なお我妻「無記名債権の動産性と債権性」(民法研究Ⅱ所収)参照)。商法の典型的な有価証券(無記名社債(商三〇八条))・持参人払式小切手(小切手法二〇条)など)がわが国の社会で流通している主要なものだが、その他、商品切手などもその例である。

無記名債権、例えば無記名社債についても、債務者(社債発行の権限ある者)が証券を作成したときに債務証券として成立するか、それとも、最初の取得者(売出の方法によるときは、最初の買主)に交付したときに成立するかは、やや問題であるが、ドイツ民法は、この点に関し、無記名債務証券の発行人は、その証券が窃取されまたはこれを喪失し、その他自分の意思に基づかずに流通する場合でも、なおその正当な所持人に対して責任を負うべき旨を規定した（ド民七九四条）。いわゆる創造説を採ったものとして注目すべきものであり、わが法制の下でも同一に解すべきものと思うが、詳説を避ける（我妻前掲債権の優越的地位二〇参照）。

〔七九七〕 二　無記名債権の譲渡と対抗要件

無記名債権の譲渡の対抗要件については、民法は直接の規定をおかず、ただ債務者の抗弁権についてだけ規定している。

（イ）おそらく、これを動産とみなし、すべて動産に関する規定に従って規律するつもりであろう。然るときは、譲渡の意思表示だけで債権は移転し（一七六条）、証券の引渡をもって対抗要件とする（一七八条）ことになる。然し、かような理論が証券的債権の性質に反することは、指図債権におけると同様である。従って、ここでも、証券の交付をもって無記名債権譲渡の効力発生要件と解すべきである（〔七九二〕参照）。

（ロ）譲受人に対する債務者の抗弁権の制限に関しては、民法は、指図債権に関する規定（四七二条）を準用した（四七三条）。従って、譲受人は、（i）証書に記載した事項、（ii）その証書の性質から当然に生ずる事項、及び、（iii）譲受人の知っている事項の三つの事項以外の事項を対抗されることはない（〔七九四〕参照）。

〔七九八〕 三　債務者の弁済の保護

無記名債権の債務者の弁済が保護されることについても、民法に直接の規定はない。おそらく、無記名債権証券の所持人は、一般に、その無記名債権の準占有者とみられ（二〇五条（物権〔六三八〕参照））、従って準占有者に対する弁済として保護される（四七八条）、という趣旨であろう。然し、一般論としては、債権の準占有者への弁済が保護されるためには、すでに述べたように、弁済者が善意であるだけでなく、無過失であることを必要とすると解すべきである(四〇)。そうだとすると、無記名債権証書の正当な権限のない所持人に弁済したときに、その弁済が有効となるためには、債務者の善意無過失を要することになり、指図債権と権衡を失する。解釈としては——準占有者に対する弁済の保護に関する第四七八条は、無記名債権に適用される場合には無過失であることを必要としない、と解する余地もあろうが、むしろ——指図債権に関する第四七〇条を類推して、所持人の真偽を調査する権利を有するも義務を負わず、ただ悪意または重大な過失がある場合にだけ保護を受けないと解するのが妥当であろうと考える(〔七九五〕参照)。

第四　記名式所持人払債権の譲渡

〔七九九〕 一　記名式所持人払債権とは、証券に表示された特定の人またはその証券の正当な所持人に弁済すべき証券的債権である(四七一条参照)。無記名債権の変形とみるべきものである。商法の典型的有価証券、とりわけ小切手以外には、その実例が少ないようである。

二　記名式所持人払債権の譲渡と対抗要件

(イ)記名式所持人払債権の譲渡の方法と対抗要件については、民法に規定がない。然し、無記名債権の一種として、これと同様に、証券の交付をもって効力発生要件とすると解すべきである(〔七九七〕イ参照)。判例も認めている(大判大正九・四・一二民五二七頁(質権設定に関する))。

(ロ)記名式所持人払債権の譲受人に対し、債務者はいかなる事項を対抗しうるかについても、民法に規定はない。然し、無記名債権と同様に、指図債権に関する第四七二条を類推適用すべきである。判例もこれを認めている(大判大正五・一二・一九民二四五〇頁、大判大正九・四・一二民五二七頁)

〔八〇一〕 三　債務者の弁済の保護

この点については、民法は、指図債権に関する第四七〇条を準用している（四七一条（〔一七九五〕）参照）。

〔八〇二〕 四　記名式所持人払債権に類似するものに、免責証券（Legitimations-papier）と呼ばれるものがある。その証券の所持人に弁済するときは、その者がたとい真正の債権者でない場合にも、債務者が善意である限り、その責任を免れさせるものである。鉄道旅客の手荷物引換証、百貨店・劇場等の携帯品預証、下足札などがその例である。これらは、債務者の弁済が保護される点においては、記名式所持人払債権と同一である。のみならず、これらの債権は、その証券面に債権者の氏名は表示されていないが、特定の人を債権者として成立し、しかもその証券の所持人に弁済することができる点で、記名式所持人払債権に似ている。然し、これらの証券は、――債権者をして、自分が正当な権利者であることを証明する煩を免れさせて――債権の行使を軽易にする目的を有するだけであって、債権の流通性を増すために発行されるものではない。従って、その譲渡は、証券の交付を対抗要件とするものではない（指名債権の規定に従う。但し、目的物の所有権をも譲渡する場合には所有権移転の方法によらねばならない）。また譲受人の保護（抗弁権の制限）もない。要するに、この種の債権は、証券に化体するものではない。すなわち、行使には証券を要件とせず（他の方法で証明すれば請求しうる）、また紛失しても公示催告によって無効とする必要はない（民施五七条参照）。ことに、第四七一条所定のものは、所持人に「弁済スベキ」ものであるのに反し、免責証券は「弁済しうる」ものであるにすぎない。従って、有価証券の一種たる民法第四七一条所定のものとは別種のものとみるべきである。もっとも、かつての多数説は、これをも記名式所持人払債権の一種となし（有価証券たる記名式所持人払債権に対し、有価証券たらざるそれとなす）、これに第四七一条を適用し、その他の点では別に取り扱う（鳩山三七六頁等）。然し、性質の異なるものを同一に取り扱うことは妥当でない。この種の債権における債務者の弁済の保護されることは（四七一条によることなく）、その免責証券たる性質から直接にこれを説明すべきである（同旨末弘二四六頁、於保二九七頁、柚木（下）一八六頁など近時の多数説）。そして、債務者が保護されるのは、理論としては、善意かつ無過失の場合に限ると解し、ただその過失の認定は、当該の事情――有償か無償か、多数の者に同時に引き渡す必要があるかどうかなど――に即して適当になすべきものと思う。

第三節　債務引受

〔八〇三〕

第一　意義と社会的作用

債務引受とは、乙の甲に対する債務を丙が引き受けて甲の債務者となり、乙がそれによって債務を免かれることであるが、広い意味では、乙が債務を免かれずに依然として債務者であり、丙もこれと並んで同一内容の債務を負担する場合もこれに含まれる。後者を併存的債務引受（重畳的債務引受・添加的債務引受）と呼び、これと区別する意味で、前者を免責的債務引受と呼ぶこともある。

民法には、債務引受に関する規定はないが、すでに一言したように、判例・通説はこれを認めている。その際、とくに注意すべきは、債務の引受は、それによって債権の担保力を不当に弱くすることを避けねばならないこと、そして、そのためには、債権者の意思を全然無視することができないこと、である。

債務は、経済的にはマイナスであるから、それだけを切り離しては経済的価値がない。然し、現在の複雑な取引関係では、引受人丙は、乙の債務を引き受けて乙に利益を与えることによって、自分と乙との間の債務関係を決済する便宜も少なくない。例えば、丙が乙から元利合計五〇万円の借金をしている場合に、乙が甲から石炭一定量を五〇万円で買ったとする。丙は、乙の甲に対する代金債務を引き受けることによって、自分の乙に対する消費貸借による債務の弁済にあてるときは、甲乙丙間の債務関係は簡易に決済されるであろう。

また、乙が甲から購入する石炭を丙に転売する目的であったときには、乙の売主甲に対する石炭引渡請求権をも丙に譲渡して、乙は売買関係から脱退し、甲丙間の直接関係として処理させることが便宜な場合もあろう。もっとも、かような場合には、買主という契約上の地位が一体として丙に移転されることになる(〔八三二〕以下に改めて説く)。

さらに、乙が特定の目的財産ないしは企業(営業)を丙に譲渡しようとするときは、その中に含まれる債務は、全体としての評価に当ってマイナスと計算されれば充分だから、独立の存在をもたないことになる。従って、その債務の引受は、目的財産ないしは企業の譲渡という立場から一括して考察されなければならない(〔八三二〕以下にある程度の考案をする)。

かように考えてくると、債務という消極的なものの移転も、現在の取引関係においては、重要な作用を営むものであることがわかる。然し、前にも一言したように、これについてのわが国の法制はなお完備されておらず(〔七一五〕・〔七一六〕)、学者の研究もまだ充分ではない。本節には、基本的な理論を説くに止める他はない(四宮「債務の引受」(総合判例民法14)は判例の精緻な総合的分析であり、椿「判例債務引受法」(大阪府立大経済研究六号・一一号、近大法学六巻二・三号、一各独立した一連の研究)はすこぶる示唆に富むもの)。

〔八〇四〕 **第二**　債務引受（免責的債務引受）の要件

(1)債務引受が可能なためには、債務の内容が債務者以外の者によっても実現することのできるものでなければならない（債務の移転性）。金銭債務は、一般に、移転性を有する。不特定物の給付を目的とする債務（種類債務）も、一般にこれに属するが、契約上の地位の譲渡となる場合も少なくないであろう（例えば石炭の売主の地位の譲渡）。特定物の引渡を目的とする債務も、事情によっては、引き受けが可能である（他人の物の売主の債務をその物の所有者が引き受けるなど）。要するに、債務の移転可能性の有無は、各場合について、取引観念と当事者の意思によって定められる。なお、当事者の意思が、乙を免責し、丙だけが債務者となることを目的としていなければならないことは、いうまでもない（併存的債務引受といずれを認むべきかにつき〔八二〇〕以下参照）。

〔八〇五〕 (2)引受契約の当事者は問題である（〔七一八〕前段参照）。

(イ)債権者甲・債務者乙・引受人丙の三当事者の契約でなしうることについては問題はない。

〔八〇六〕 (ロ)債権者甲と引受人丙との契約でなしうることについても異論はない。債務者乙に利益を与えるだけだからである。もっとも、民法は、利害の関係のない第三者の弁済（四七四条）及び債務者の交替による更改（五一四条）は、債務者の意思に反してはできない、と定めるので、これとの関係上、甲と丙との契約による債務引受も乙の意思に反するときは効力を生じないと解するのが妥当であろう（判例（大判大正一〇・五・九民八九九頁など）多数説だが、少数の反対説もある）。但し、すでに第三者の弁済に関して述べたように、民法の制限には合理性がない（〔三五七〕）。債務者の意思は引受契約の当時のものによるべきはいうまでもなく（大判昭和一二・六・二五判決全集四輯一二号九頁）、また、その挙証責任は、意思に反したことを主張する者が負担することも当然だが（大判昭和一〇・三・六新聞三八四四号九頁）、さらに、その意思の認定は、合理的標準によるべきである（ド民、ス債ともに、甲丙間の契約による債務引受について、債務者の意思を問題としない）。

〔八〇七〕（ハ）債務者乙と引受人丙との契約でもできるかどうかは問題とされるところであるが、債権者甲がこれを承認することを条件とし、承認したときは、遡及的に（引受契約がなされたときに遡って）効力を生ずる、と解するのが正当である（近時の通説—私は承認を停止条件とすると説いた。結果は異ならないが、通説に従うことにする）。

（a）ドイツの普通法時代の学説は——おそらく、債権の処分は権利者の意思によるべしという理由で——債権者との契約を要すると解した。そして、引受人から、またはその代理人として債務者から、債権者に対して通知するのは、引受契約の申込であり、債権者がこれを承認するのは、その承諾だと説いた。スイス債務法は、大体においてこの理論に立っている（一七六条）。然し、ドイツ民法は、債務者または引受人からの通知（Mitteilung）に対して債権者が承認（Genehmigung）を与えることによって効力を生ずると定める（同法四一五条—但し、この解釈についても、契約説がないではない（Oertmann, §415, 1））。他人の権利を処分する権限のない者の処分行為も、権利者の承認によって効力を生ずる、という同法の規定（一八五条）と同一の思想に基づくものであろう。

思うに、債務の引受に当って債権者の意思を考慮する必要のあるのは、前に幾度も述べたように、債権の担保力が不当に弱められることを防ぐだけのためである。そうだとすると、債権者の契約を必要とするスイス債務法の態度は、不必要な要件のために事実をまげるものと評されるであろう。民法の解釈としても、債権者の承認をもって必要にして充分の要件となすべきである。無効な行為も、第三者に影響を及ぼさない範囲では、追認によって遡及的に有効となしうることは、わが民法でも認められた原理である（総則〔三九一〕参照）。

〔八〇八〕（b）債権者の承認は、（i）黙示になしうることはいうまでもない。債権者が引受人に対して請求、相殺その他債権者としての権限を行使することは、当然に承認を含む。

(ii)承認は、多くの場合、債務者または引受人の通知があった後に、これに対してなされるであろう。然し、債務者または引受人から通知があることは、承認の要件とすべきではなく、また事前に承認することも妨げないと解すべきものと思う(ド民四一五条一項は通知があることを要件とするが、その理由は明らかでない。ス債は債権者との契約とみるのだから、申込の性質をもつ通知が必要なことは当然であろう)。

(iii)乙の債務が丙によって引き受けられ、さらに丙から丁によって引き受けられたときは、甲は直接に丁に対して承認することもできる。乙の債務を丙が引き受け、これに対する債権者甲の承認またはその拒絶のない間に、丁が二重に引き受けた場合は問題だが、甲はいずれでも好む方を承認しうると解すべきであろう(ス債一七七条二項は、前の引受申込人は拘束を免れると定めるが、そうすべき理由はないように思う)。

〔八〇九〕 (c)ドイツ民法(四一五条二項)及びスイス債務法(一七七条一項)は、債務者または引受人は、債権者に対し、一定の期間を定めて、債務引受を承認するかどうか確答すべき旨を催告し、債権者がその間に回答しないときは、承認を拒絶したものとみなす旨を定める。わが民法の解釈としても、第一一四条を類推して、同様の趣旨を認めるべきである(通説)。

〔八一〇〕 (d)債権者の承認は、(i)遡及効をもつ。けだし、乙丙間で行われた債務引受をそのまま承認する趣旨のものだからである。そして、(ii)乙が債務者でなくなり、これに代って丙が債務者となるという効果が確定する。従って、(iii)甲の承認のあるまでは、乙丙は債務引受契約を変更しまた解約することは自由だといわねばならない(ド民四一五条一項は明文で定める。わが民法五三八条は同一の思想に基づく規定)。(iv)なお、債権者が承認を拒否するときは、債務引受が効果を生じないことに確定することはいうまでもないが、その場合の乙丙間の関係については後に述べる（〔八一〕〔四〕）。

第三　債務引受の効果

〔八二〕 一　債務引受の本体的な効果は、債務が同一性を失わずに引受人に移転することである。問題となるものは、引受人の抗弁権と従たる権利の移転とである。

(1)引受人の抗弁権

(イ)旧債務者乙がその債務関係に基づいてもっていた抗弁権は、すべて引受人に移る（ドイツ民法四一七条一項、スイス債務法一七九条一項・二項はその趣旨を定める）。債務が成立しなかったこと、取り消されたこと（取消権は移らないが）、債務の一部弁済、同時履行の抗弁権（買主乙の代金債務を引き受けた丙は、売主甲が乙に目的物を引き渡すまでは履行を拒絶しうる）などは、これに属する。但し、丙が乙の甲に対して有していた反対債権で相殺することはできない（他人の権利の処分となるから。ドイツ民法四一七条一項後段に明文があるが当然）。

〔八三〕 (ロ)引受人と旧債務者との間の原因関係から生ずる事由については、問題はやや複雑である。例えば、丙が乙から抵当不動産を買い、代金の一部を支払い、残額は乙の甲に対する抵当債務を引き受けることによって弁済にあてることにしたとしよう。

(ⅰ)債務引受が甲丙間の契約でなされる場合には、乙丙間に右のような事情があったとしても、そのことが甲丙間の引受契約の条件とされるか、少なくとも内容とされない以上、この売買契約に関する瑕疵（例えばその無効・取消・解除など）は、甲丙間の債務引受契約に影響を及ぼさないことは、当然であろう。けだし、この場合の甲丙間の債務引受契約は、乙の甲に対する債務が存在することと、民法の解釈としてそれが乙の意思に反しないことだけを要件とする契約であり、その効力は専らこの要件について考察されるべきだからである。

(ii)右に反し、債務引受が乙丙間の契約でなされる場合には、――あたかも指名債権譲渡におけると同じく(〔七二七〕参照)――原因関係についての瑕疵は、原則として、当然に債務引受の効果に影響を及ぼし、丙はその範囲で甲に対してもこれを主張しうるといわねばならない。すなわち、乙丙間の債務引受を含む右の売買契約が無効であれば、債務引受は効果を生ぜず、取り消されまたは解除されるときは、債務は当然乙に復帰する。そして、そのことは、甲が債務引受を承認した後でも同様だといわなければならない。ドイツ民法(四一七条二項)及びスイス債務法(一七九条三項)は、ともに、引受人は、債務者と引受人との間の債務引受の基礎となる法律関係から生ずる抗弁権(aus dem der Schuldübernahme zugrunde liegenden Schuldverhältnisse)を主張しえないと定める(但し、その範囲について学説は必ずしも一致していない(Oertmann, §417 3; Oser, Art. 179, Nr. 5 ff.))。然し、特別の規定がなく、処分行為と原因との切断(無因行為)を考えていないわが民法の下では、同一に解すべきではないと考える。

もっとも、前に挙げた例のように、丙が乙の甲に対する売買代金債務を引き受けて乙に対する借金の弁済にあてるような場合(〔八〇三〕)には、消費貸借と代金債務の引受とは、実際上も別個の行為として存在するのだから、そのときには、債務引受は、あたかも債務の弁済として物の所有権を移転する場合と同様に、独立してその要件と効力とが判定されなければならない(物権〔八七〕参照)。従って、右の例で消費貸借の債務が存在しない場合にも、債務引受は効力を生ずることになる。

〔八一三〕 (2)従たる権利も移転するのが原則だが、保証債務及び引受契約当事者以外の者の所有物の上の担保物権は、保証人またはその所有者の同意なしには移転しない。債務者の変更は、債権の実質的な価値を変更するからである(通説・判例(大判大正一一・三・一民八〇頁判民一四事件我妻―保証に関する)。ド民四一八条一項、ス債一七八条二項は同旨の規定)。

二　その他の効果

〔八一四〕(1)債務者と引受契約をした引受人は、債務者に対しても、これを免責させる義務を負うのが原則である。いいかえれば、債務者・引受人の間の債務引受契約は、原則として、後に述べる履行の引受を含むと解すべきである。けだし、乙の債務を引き受けるという乙丙間の契約は、乙を免責させるという趣旨を含むというべきだからである(ス債一七五条はこの趣旨といえる)。従って、免責的引受について債権者の承認をえられなかった場合にも、現実の弁済をして、債務者をして債務を免れさせる義務がある(ド民四一五条三項はこの趣旨を定める)。債務者の交替することを承認しない債権者も、引受人の現実の弁済はこれを受領することが多かろう。のみならず、引受人が利害の関係を有する第三者であるときは、債権者は弁済を拒絶することができないこと、すでに述べた通りである(四七四条二項)。

〔八一五〕(2)引受人と債務者の間の原因関係から生ずる効果――丙の乙に対する債務が消滅する場合もあり、丙が乙に対して求償権を取得する場合もあるということ――は、各場合の事情によって定まる。一律にはいえない。一般的な問題となるのは、丙が乙の委任を受けて債務を引き受けた場合に、予め求償することができるかどうかである。委任の一般理論からいえば、乙の委任があれば直ちに前払を請求しうるようにと思われるが(六四九条)、委任による保証人の求償権(四六〇条)に準じ、債権者が承認すれば、弁済する前に求償することができると解するのが正当であろう(四宮前掲一九頁は同旨?大判明治三六・一〇・三民一〇四六頁は現実の弁済を必要とする趣旨のようである)。

第四　併存的債務引受(重畳的債務引受・添加的債務引受)

〔八一六〕一　併存的債務引受とは、第三者が債務関係に加入して更に債務者となり、従来の債務者は債務を免かれずに、両者が併立して同一内容の債務を負担するものである。債務の移転を生ずるのではないから、正確な意味での債務引受ではないが、広い意味では債務引受の一種とされること、前に述べた通りである(〔八〇三〕)。債権者にとって不利益がないので、免責的債務引受よりも要件がゆるやかであり、実際に行われるのもこの方が多い。免責的債務引受と対比しながら、要点を述べることにする。

二　併存的債務引受の要件

〔八一七〕 (1)当事者　併存的債務引受も契約によって行われるが、当事者が問題である。

(イ)債権者甲・従来の債務者乙・引受人丙の三当事者の契約でなしうることについては問題はない。

〔八一八〕 (ロ)債権者甲と引受人丙との契約でなしうることについても異論はない(通説・判例(大判大正一五・三・二五民二一九頁〔判民二八事件穂積〕その他同旨多数))。ただ多少問題となるのは、原債務者乙の意思に反してもなしうるかどうかである。利害の関係のない第三者は債務者の意思に反しては弁済しえない(四七四条)が、保証人となることは、債務者の意思に反してもなしうるのであり(四六二条二項)、併存的債務引受は、それだけでは債務者の免責を生ずるのではないから、保証に準じて、原債務者の意思に反してもなしうる、と解するのが正当である(現在の判例(前掲大正一五年の判決はこの趣旨、その他同旨多数)であり、通説も支持する)。

〔八一九〕 (ハ)従来の債務者と引受人との契約でなしうるか。

(a)債権者をして引受人に対する債権を取得させる効果をもつ契約だから、第三者(債権者)のためにする契約の一種である。従って、これを有効と認めることは、むしろ当然であろう(債各〔一六二〕ロ参照)。判例は、以前には、第三者のためにする契約は、債権者に全然新らしい債権を取得させるものでなければならない、という理由で、これを否定したが、後にこれを改めて肯定するようになった(大判大正六・一一・一民一七一五頁、大判昭和一〇・一〇・一九新聞三九〇九号一八頁、大判昭和一四・一二・二三新聞四五二一号七頁など)。引受人の負担する債務は、原債務者の債務と内容は同じだが、法律的には別個の債務である。否定すべき理由とはならない(現在の通説)。

(b)なお、第三者のためにする契約と解するときは、債権者の受益の意思表示を要する(五三七条二項)。然し、債権者が引受人に対して請求その他債権者としての権利を行使すれば受益の意思表示となることも当然である。

〔八三〇〕(2)併存的債務引受契約は、債権者をして引受人に対する債権を取得させる内容をもつことが必要であることはいうまでもないが、実際上の問題として、この意思表示の認定は、相当に微妙である。一方では、免責的債務引受と区別し、他方では、つぎに述べる履行の引受と区別しなければならないからである。

(イ)債権者甲・従来の債務者乙・引受人丙の三当事者の契約でなされるときは、債権者が加入しているのだから、履行の引受であることは稀であり、免責的引受となることが少なくないであろうと推測される。

〔八三一〕(ロ)債権者と引受人の契約でなされる場合にも、履行の引受であることは稀であろう。のみならず、——免責的債務引受について最も注意すべき債権の担保力の減少という点の顧慮は少なくてすむのだから——債権者がとくに従来の債務者に対する債権を保留する趣旨を示さない限り、免責的債務引受を認めてよいと思う。

〔八三二〕(ハ)　最も問題なのは、従来の債務者と引受人の契約による場合である。

(a)第一に、免責的債務引受と認定することは、相当に慎重でなければならない。そこで要求される債権者の承認(八〇八参照)は、従来の債務者を債務の拘束から離脱させることを認識してなされることを必要とする。もっとも、債権者と従来の債務者との関係よりも、債権者と引受人の関係が一層緊密で、信頼関係が強いとき（例えば一切の取引について充分な担保があるなど）などは、免責的債務引受と認定すべき場合も少なくないと推測される。

〔八二三〕（b）第二に、履行の引受との区別が一層問題となる。従来の債務者を免責させない場合にも、必ずしも債権者をして引受人に対する直接の請求権を取得させる趣旨とは限らない。引受人が、単に債務者に対してその債務を代って弁済すべき趣旨のことも少なくない。理論としては、併存的債務引受が成立するためには、第三者（債権者）をして、諾約者（引受人）に対する直接の債権を取得させる意思が特に表示されることを要する、といえば足りるが、実際問題としては、その認定は容易でないであろう。ドイツ民法（旧法三二九条）は、契約当事者の一方が、免責的債務引受をすることなしに、相手方の特定の債権者に対する債務を免かれさせることを約束した場合には、そのことが明瞭でない限り、債権者はこの者に対して直接に債権を取得しないものと解すべき旨を定める。わが国の判例も大体においてかような態度をとっている（大判昭和一一・七・四民一三〇四頁（判民八七事件東）は、丙が乙の財産を整理するために乙の債務を「引き受けた」事実を認定しただけでは併存的債務引受と断じえないという）。学説は、併存的債務引受と認定すべき基準を、判例よりやや広く認めるようである（四宮前掲四五頁以下に判例の分析と学説の総合がある）。すなわち——

（i）営業の譲渡とともにその資産に含まれる債務の引受が行われたとき（最高判昭和二九・一〇・七民一七九五頁は肯定の事例、大判大正八・一一・二五民二一八六頁は否定の事例）、賃貸物の譲渡とともに賃貸人の債務（目的物を賃貸する債務・敷金返還債務など）の引受が行われるとき（この点は賃借権の物権化と関連して判例も広く認める（債各〔六四九〕・〔六五〇〕参照））、抵当不動産の譲渡とともに担保される債務の引受が行われるとき（大判昭和五・三・一二新報二一八号一三頁は否定の事例）などのように、引受の対象とされる債務の責任を構成する権利関係も一緒に譲渡される場合には、併存的債務引受であるのが普通とされる。

これに反し、(ii)債務だけが切り離して引き受けられる場合には、引受人がこの不利益(財産の出捐)をあえてするのが、債務者に対する謝恩、慈善心などのためであるときには、一般に、単なる履行の引受とみられる(大判昭和一四・一二・二三新聞四五二一号七頁は債務者が困っているのを気の毒に思って弁済を引き受けた事例)。のみならず、(iii)何らかの意味で債務者から対価にあたるものを取得したとき、例えば債務を引き受けるとともに財産をも取得したとき(大判昭和七・三・二六新聞三三九六号一一頁は肯定。但し、前掲大判昭和一一・七・四民一三〇四頁は特別の事情の有無を認定せよという)、または、自分の債務を免かれる目的である場合(大判昭和九・一二・一〇裁判例(八)民二八六頁は代金の一部で債務の弁済を引き受けた事例で肯定。但し大判大正四・七・一六民一二二七頁は類似の事例で否定)などにも、単なる履行の引受とみられることが多い。

思うに、右の学説の態度もいささか狭いように感じられる。(ii)はおそらく正当であろうが、(iii)は、むしろ、原則として併存的債務引受の成立を推定すべきものと思う。事例の多くは、債権者が受益の意思表示をして引受人に請求する場合である。これを否定すべき根拠は弱い。ことに、引受人が同時に債務者の財産を取得した場合などには、これを否定することは、債権の担保力に影響するであろう。また、引受人が引き受けることによって債務者に対する自分の債務を決済した場合などは、債権者の直接請求を認めることは――たとい債務者を免責させないにしても、なお――債務者の利益でもあろう(判例・学説の消極的な態度は第三者のためにする契約を認めることの消極的なのと相通じるものであろうか(債各〔一五九〕・〔一六二〕参照))。

〔八二四〕 (3)併存的債務引受の対象となりうる債務は、引受人において同一内容の債務を負担しうる性質を有するものでなければならないことはいうまでもない。然し、引受人の負担する債務は、その範囲(大判大正八・六・二五民一一三九頁債務の一部引受を有効とする事例)、態様(履行期など)に多少の差があっても、債務の同一性を失わない限り、なお併存的債務引受となりうる。連帯債務や保証債務が多少内容を異にしてもよいのと同様である。

〔八二五〕 **三　併存的債務引受の効果**

(1)債権者は引受人に対して債権を取得する。引受人と従来の債務者は併存して債務を負担する。一方が弁済すれば、他方も消滅する。この関係は、連帯債務に似ている。判例は、常に連帯関係が成立するという（大判昭和一一・四・一五民七八一頁(判民五〇事件有泉)、大判昭和一四・八・二四新聞四四六七号九頁など）。学説も以前はこれを支持した（本書の旧版も然り）。然し、わが民法の連帯債務は、債務者の一人について生じた事由が他に影響を及ぼす場合が多いので、併存的債務引受を一律に連帯債務とすることは、当事者の予期に反する不都合を生ずることもある。例えば、債権者が引受人に期限の猶予を与えても、従来の債務者の債務が時効で消滅すれば、引受人はなお従来の債務者の負担部分について時効消滅を主張しうる（四三九条、〔五九六〕参照。前掲昭和一四年の判決はかような例。但し、債権者と引受人との契約）。従来の債務者と引受人との間で併存的債務引受が行われた場合などは、たとい債権者が受益の意思表示をしたとしても、そこまでの結果を予期しないのが普通であろう。そこで、近時の多くの学説は、不真正連帯債務に近い関係を生ずるものとする（有泉前掲評釈、四宮前掲五七頁参照）。正当な態度と思う。いいかえれば、当事者が連帯債務関係を成立させる意思を表示しない限り、単なる不真正連帯債務関係とみるのが正当であろう。

〔八二六〕 (2)併存的債務引受人は、債権者に対して、いかなる抗弁権を有するか。免責的債務引受と同一の理論に従って解すべきものと思う（〔八一二〕以下参照）。すなわち――

(イ)従来の債務者がその債務関係に基づいてもっていた抗弁権は、すべてこれを主張することができる。引受人の負担する債務は、従来の債務者の債務と同一のものだからである。

〔八二七〕　(ロ)引受人と従来の債務者との間の原因関係から生ずる事由については、(a)引受契約が債権者と引受人との間で行なわれた場合には、原則として、抗弁事由とすることはできない。但し、その原因関係が引受契約の条件ないし内容とされた特別の場合は別である。そして、従来の債務者を加えた三当事者の契約でなされた場合には、内容となることがむしろ多いのではないかと思われる。例えば、丙が、乙から不動産を購入し、代金支払の方法として乙の甲に対する債務を併存的に引き受ける契約を甲乙丙で締結した場合には、丙は、原則として、乙丙間の売買契約に起因する事由をもって、甲に抗弁することができる。かような場合に、買主丙の乙に対する債務不履行によって売買契約が解除されたときは丙は甲に対し引受契約の失効を主張しえないとする判決がある(大判大正一五・一〇・一四評論一六巻民一五二頁)。引受人自身の不誠意による解除という特殊の事例だから、その理由で肯定しうるとしても、一般論としては当否すこぶる疑わしい(右の判決も乙の不履行で解除されたときは別だとするようである)。但し、学説は、すべての場合に影響なしとする傾向を示す(四宮前掲五三頁参照)。処分的な行為の無因性に関する見解の相違に基づく。

(b)右に反し、債務引受が従来の債務者と引受人との間の契約でなされた場合には、その引受契約と合体して存在する事由は、原則として、なおこれをもって抗弁事由とすることができる。このことは、右の引受契約が第三者のためにする契約の性質を有することからも当然であろう(五三九条(債各〔一八二〕・〔一六九〕ハ参照))。

第五　履行の引受

〔八二八〕　一　債務者に対して、その者の負担する特定の債務を弁済する義務を負う契約を履行の引受という。引受人は、債権者に第三者として弁済するだけであって、債権者はこれを請求する債権を取得しない。債務の移転があるのでないのはもとよりのこと、引受人が債権者に対し併存的に債務を引き受けるのでもないが、最も広い意味では、債務引受の一種とされ、とくに履行の引受と呼ばれる。

〔八二九〕 **二** 履行の引受の要件

債務者と引受人との間の契約でなされることはいうまでもない。いかなる場合に履行の引受を認むべきかは、すでに、併存的債務引受と関連して述べた。ただ注意すべきことは、免責的債務引受及び併存的債務引受の場合にも、――債権者の承認または受益の意思表示をえられないために効力を生じない場合にも――引受人は原則として、第三者として履行すべき債務を負うと解すべきことである（〔八一四〕は免責的債務引受についてて述べているが、併存的債務引受でも事情は同一である）。

〔八三〇〕 **三** 履行の引受の効果

(1)引受人は、第三者として弁済すべき義務を、債務者に対して負担する。債権者の方から請求する権利はないのだから、これに対する抗弁権は問題とならない。

(2)債務者は、引受人に対して、債権者に弁済すべきことを請求することができる（大判昭一一・一・二八新聞三九五六号一一頁（強制執行をして、引受人の財産を取得して債権者に引き渡すことができる））。弁済しない引受人が、損害賠償責任を負うこともいうまでもない（大判明治四〇・一二・二四民一二二九頁）。

第六 契約上の地位の引受

〔八三一〕 **一** 売買契約における売主または買主の地位、根抵当を伴なう継続的取引関係上の貸主（主として銀行）の地位などのような契約上の地位、すなわち、単にその契約から生じた個々の債権・債務だけでなく、契約に伴なう取消権・解除権、さらには、その契約が反覆的ないしは継続的な場合には、それを反覆・継続することによって生ずる債権債務のすべてを譲渡することもできる。

すでに述べた債務の引受にあっても、例えば賃貸人の債務（使用収益させる債務）が賃貸不動産の所有権と一緒に移転される場合には、賃貸人の地位の譲渡という色彩が強い。また他方、営業の譲渡が行われるときは、その営業を構成するすべての契約についてその契約上の地位が譲渡されることになる。契約上の地位の譲渡は、かように、一個の法的関係から生ずる個々の債権債務の全部の個別的な移転と、一個の目的財産ないしは営業に含まれる多くの契約上の地位の包括的な移転との中間にあって、経済的な需要に答えているものである。

〔八三二〕 **二　契約上の地位の譲渡の要件**

ここでも当事者が最も重要な問題である。契約上の両当事者と譲受人との三面契約でやれば、有効なことは疑ない。問題なのは、契約の一方の当事者と譲受人との間の契約によって、他方の当事者の承認を条件として、効力を生じさせることができるかどうかである。

判例の態度は必ずしも明瞭ではない。他方当事者の承諾なくしてはこれに対して効力を生じない、というが、その承諾は、これによって三面契約を生じさせるまでの重要性あるものとするのか、それとも、――債務者と引受人との間の免責的債務引受における債権者の承諾のように（〔八〇七〕以下参照）――単に承認でよいとするのか、判明しない。然し、大体において、承認をもって足りるとする方向に進んでいるといえるようである（四宮前掲八五頁参照）。すなわち、営業譲渡とみられる場合にはその傾向がとくに顕著であるが（大判昭和一〇・一〇・二判決全集二輯（一二）二五頁（前営業主の債務を引き継ぐという以上債権者の承認によって効力を生ずるという））、継続的な売買契約上の地位の譲渡に関してもこの傾向を示す（前掲大判大正一四・一

二・一五民七一〇頁(判民一一五事件乾、買主の地位)、大判昭和二・一二・一六民七〇六頁(判民一〇八事件末弘、売主の地位)、大判昭和五・三・二九評論一九巻民五一二頁(買主の地位)、最高判昭和三〇・九・二九民一四七二頁(売買類似の契約の買主の地位))。

極めて正当な態度である。けだし、経済取引が客観化し、契約は債権者・債務者の個人よりも、その契約の生じた経済的な基礎に着目されるようになったときには、その契約上の地位も、相手方に不当な不利益を与えない限り、自由に移転しうるというべきであり、その不当な不利益を防止する手段としては、相手方の承認で足りるというべきだからである。

〔八三三〕 三　契約上の地位の譲渡の効果

その契約からすでに生じた債権・債務が移転するだけでなく、その契約の趣旨に従って将来生ずる債権債務は、譲受人を主体として発生する。さらに、その契約に伴なう取消権や解除権も移転する(取消権・解除権の移転の有無が、債務引受と契約上の地位の移転の重要な差とされる)。

問題なのは、契約上の地位の移転される時に譲渡人の負担していた個々の債務について、譲渡人は全く免責されるかどうかである。スイス債務法は、財産または営業の譲渡人は、二年間譲受人と連帯して責任を負うものと定める(同法一八一条)。わが商法も、営業譲渡人は二年間類似の責任を負うものと定める(商二九条(昭和一三年の改正による))。すこぶる適切な規定であるが、民法の解釈としては、契約上の地位の譲渡の際に生じていた債務については、原則として、併存的債務引受の関係を生ずるものとし、債権者が譲渡人の債務を免責した場合にはじめて譲受人だけの責任となる、というべきであろう(免責が黙示に行われうることも稀ではあるまい)。

〔一〕(昭和四七年一二月第一〇刷)　利息制限法の制限をこえる利息の支払いの効果について、最高裁は、つぎの(i)と(iii)二つの連合部判決によって、その態度を百八十度転回した。事案の要点と判旨を列記する。なお(ii)は、その中間的な意義をもつ。

(i)最高判大法廷昭和三九・一一・一八(民一八六八頁(破棄差戻))　乙は、甲から、四口合計七〇万円の借金をし、利息制限法違反の高利(三口は月三分(年三割六分)、一口は月二分(年二割四分)、弁済期日二カ月先)を約束し(いずれも天引)、弁済期後になお利息の名義で二七万ほど支払った。甲は、それは全部利息に充当されたので、元本はそのまま残っているとして、七〇万円とこれに対する利息制限法の制限内の未払い利息を請求。

原審は、本文(〔六〕五)引用の昭和三七年の大法廷判決に依拠して、請求を認めた。右の大法廷判決はこれを破棄差戻していう。「債務者が利息制限法所定の制限を超える金銭消費貸借上の利息、損害金を任意に支払ったときは、右制限をこえる部分は、民法第四九一条により、残存元本に充当されるものと解すべきである」(判決要旨)。

(ii)最高判昭和四〇・九・一七(民一五三三頁(破棄差戻))　乙は、甲から、合計一一〇万円の借金をし、利息制限法違反の高利(日歩一〇銭(年三割六分余))を約束した(弁済期日一年先)が、乙死亡し、丙他一〇人が共同相続人となった。その後、丙は、日歩一〇銭の割の利息と元本の一部を弁済したが、支払った利息額を利息制限法の制限内に引き直して計算し、超過部分を元本に充当すると、債務の残額は一四万六千余円しかない、と主張して、その確認を求めた。

原審は、(i)の原審と同様に、昭和三七年の大法廷判決に依拠して、丙の請求を退けたが、右の最高裁判決は、これを破棄差戻して、利息制限法の制限をこえる利息を支払った場合には、たとい利息として任意に支払ったときでも、超過額は元本に充当されるとした(i)の大法廷判決を援用し、丙の主張は、約定の表面上に存在する債権額からその存在を自認する金額を控除した残額についての不存在確認を求めるものだから、正当だと判示した。

(iii)最高判大法廷昭和四三・一一・一三(民二五二六頁)　乙は、甲から、昭和三一年五月一日に五〇万円を借金し、利息制限法違反の高利(月七分(年八割四分))を約束し(弁済期日同年六月一日)、一カ月分の利息を天引きして四六万五千円の交付を受け、所有建物に抵当権を設定した上に、代物弁済予約の仮登記、債務不履行を停止条件とする賃貸借の仮登記をした。乙はその後相当額を弁済し、原審が利息制限法の利率に引き直して計算したところによると、三二年一二月一一日(約一年後)には、元利を完済してなお一万六千余円の過払いとなった。しかも、その後約一年間に、更に合計約一九万円を三回に支払ったので、結局二〇万一千余円の過払いとなった。ところが、甲は、原審が完済になったと認めた右の時点(昭和三二・一二・一一)の後、三三年四月一八日に、代物弁済の予約を完結した。乙から甲に対して、これらの登記(右の抵当権設定登記と二つの仮登記の他に、所有権移転登記もなされている)の抹消と、過払いされた二〇万一千余円の返還を請求する。なお甲の方から乙に対し、目的建物の明渡を訴えているが、その詳細は省略する。第一審は、乙の登記抹消請求を否定し、甲の明渡請求を認め、ただ甲の代物弁済の予約完結の後に乙が支払った金額の返還請求を認容したが、原審は、乙の請求を全面的に認め、甲の請求を否定した。

最高裁は原審判決を肯認していう。「債務者が利息制限法所定の制限をこえて任意に利息・損害金の支払を継続し、その制限超過部分を元本に充当すると、計算上元本が完済となったとき、その後に支払われた金額は、債務が存在しないのにその弁済として支払われたものに外ならないから、この場合には、右利息制限法の法条の適用はなく、民法の規定するところにより、不当利得の返還を請求することができるものと解するのが相当である」。

本文(〔六五〕)に述べるように、最高裁は、利息制限法の制限をこえる利息を任意に支払った場合の効力を元本への充当の問題として論じている。すなわち、(α)超過部分を元本に充当することは、それだけ、貸主の元本請求権(請求訴訟を認められる範囲)を縮限するから、利息制限法が「返還を請求することができない」といっていること(同法一条二項)と矛盾するというべきか、それとも、(β)元本に充当して貸主の元本請求権を縮限させるだけなら矛盾はしない、むしろ天引について超過部分を「元本の支払に充てたものとみなす」と定めること(同法二条)と調和する、と解すべきか、という観点から論議された。そして、本文に引用している昭和三七年六月一三日の大法廷判決では、α説が多数を占め、制限超過利息をいかに多額に収受した貸主も、なお元本全額を請求しうると判示した。ところが、この補注の最初(i)に挙げた昭和三九年一一月一八日の連合部判決では、逆転して(β)説が多数を占め、貸主は、利息制限法に従って計算をやり直して、なお残る元本額の請求をすることができるだけだと判示することになった。ただし、注目すべきは、計算をやり直すと元本全額を弁済してそれ以上に過払いになった場合でも債務者はその返還を請求することはできない、と前提していたことである。というのは、その判決の中に「右の解釈のもとでは、元本債権の残存する債務者とその残存しない債務者の間に不均衡を生ずることを免かれないとしても、それを理由として元本債権の残存する債務者の保護を放擲するような解釈をすることは、本法の立法精神に反するものといわなければならない」といっているからである。

しかし、利息制限法の制限をこえる利息は元本に充当しうるのだという論法をとる以上、充当した結果元本も完済となったときは、その後の弁済は、いかなる名義であろうと、非債弁済となり、その返還請求ができるというべきことになろう(七〇五条)。言いかえれば、論理の一貫を求めて(i)の判決で保留した「不均衡」を放擲すべきことになろう。(iii)に挙げた昭和四三年一一月一三日の判決は、正にこの道を進んだものである。

だが、私は、この最高裁が論理を一貫させたことには賛成しえない。本文に述べるように、利息制限法は、旧法と同じく、制限超過の利息が事実上授受されることは放任し、裁判所は力を貸さない、という趣旨だと解する。だから、貸主は、いやしくも裁判所に請求の訴を提起する場合には、利息制限法に従って計算をし直した上でなければならない。その意味で、(i)の判決と結論を同じくする。と同時に、借主もまた、いやしくも任意に支払ったものは、いかなる計算の下にも返還請求はできない。かような解釈は、おそらく、理論的根拠が不明だ、という批判と、債務者を保護しようとする立法の趣旨が通らない、という非難を受けるであろう。だが、わが国の金融事情——経済的弱者のために安全な融資の途を開く政策が一向に効果を挙げない現状では、利息制限法の制限を「放任」と解することは必ずしも不当といえないのではないかと思う。論理的根拠を強いて求めよといわれれば、広い意味での自然債務の一種といいたい。充当論は、利息制限法第二条に適するというが、それなら、第一条の二項とどう調和させるのであろうか。超過利息を利息としてその返還を請求することができない、という趣旨だといったのでは、ほとんど意味はあるまい。一方では返還請求はできない、といい、他方では「元本の支払に充てたもの」とみなすというのは、伝統的な理論からみれば、矛盾かもしれない。だが、私は、だから一種の自然債務となる、というのである。従って、第二条の「元本の支払に充てたものとみなす」というのは、「交付しない超過金額は元本とはならない」というぐらいの常識的な意味である。これを法定充当を認めたものだというのは、形式的な論理の行き過ぎといいたい。

なお、私のように解しても、代物弁済の予約を完結して制限をこえる高利の弁済に充てることは、利息の任意の弁済とはいえない。あたかも、譲渡担保目的物の売却代金から制限超過の利息を控除することができない(〔六五〕(iii)参照)のと同様である。

この補注の(ii)に挙げた昭和四〇年九月一七日の判決(第二小法廷)は、(i)の判決の裏ともいうべきものである。超過利息を元本に充当し、貸主の請求権は縮限されるのだから、その額だけの不存在確認を訴求することはできる、というのは理論として一貫する。ただ、確認の利益の有無が多少問題になりはしまいかと思われないでもない。それはともかくとして、私のように制限超過の利息債権を一種の自然債務とみるときは、それについて不存在確認の訴を認めるべきか、という問題に当面する。訴えることのできる債権は存在していない、という意味での確認を求めることができる――だがその判決のあった後にも、任意の弁済は自然債務の弁済となる(非債弁済とはならない)――と解してよいのではないか、と考えるが、自然債務の研究として保留しておこう(〔八八〕参照)。

なお、私は「不当利得」(債各〔一七五五〕)の項では、昭和四三年一一月一三日の連合部判決(iii所掲)などは、あるいは暴利行為として判決と同一の結論に達すべきかもしれない、と述べたが、なお確信に到達しえない。金融界の事情や庶民金融政策の進展を研究した上で再考したいと思う。

〔一二〕(昭和四七年一二月第一〇刷)　最高裁は、昭和四五年六月二四日の大法廷判決(民五八七頁)で、本文(〔四八三〕後段)に引用した昭和三九年一二月二三日の大法廷判決(民二二一七頁)をさらに修正した。事案は、甲と乙銀行との間の約定書で、甲の乙銀行に対する預金その他の債権について差押の申立があったときは、乙銀行の甲に対して有する貸付その他の債権はすべて弁済期が到来したものとし、甲の債権と乙銀行の債権は「弁済期の到否にかかわらず、任意相殺されても異議がなく、請求次第債務を弁済する」旨が定められていた。そして、甲の預金債権が滞納処分で差押えられたときに、乙銀行が、当日甲に対して有していた総額六五〇万円余の債権と甲に対して負担していた総額六一〇万円余の債務とを、弁済期未到来のものは当日到来したものとして、対当額で相殺したのであった。これについて、右の大法廷判決は、つぎの二つの要旨を判示した。(i)相殺制度の担保的作用は合理的なものであるから、受働債権(預金債権)が差押えられた場合に相殺ができなくなるのは、第五一一条の文字通り、自働債権(貸付債権)が差押後に取得されたものである場合に限り、その弁済期が先に来るものであることを必要としない。(ii)受働債権が差押えられた場合には、自働債権について当然に弁済期が来る旨の特約(期限の利益喪失約款)は有効である。

右の二点のうち、(ii)は、本文に同旨を説いている(〔四八二〕)。(i)については、ドイツ民法と同じく、自働債権(貸付債権)の弁済期が差押えられた受働債権(預金債権)より先に来る場合にだけ相殺が可能と解すべきであって、ただ、定期預金債権に当然継続の特約がある場合にだけ、例外とすべきだと説いている(〔四八三〕前段)。しかし、説を改めて、最高裁の右の大法廷判決に同調する。けだし、相殺の担保的作用を考えるときは、第五一一条の文理を制限してまでドイツ民法に倣う必要はないからである。なお、自働債権(貸付債権)の弁済期到来前に、差押えられた債権(預金債権)の弁済期が到来し、差押債権者(国その他徴税主体)から、銀行が弁済の請求を受けたときは、相殺可能な反対債権を有することを理由に請求を拒絶することができると解すべきであろう。

なお、大法廷判決の(i)の理論が確認されれば、(ii)の特約は、利息の計算を複雑にするだけで、かくべつ実益のないものになるように想像されるが、金融界の実際はどのように動くものであろうか。自働債権の弁済期が後に来る場合などには、受働債権の弁済期の到来の時に清算してしまうことを望むものであろうか。

念のために、本文に即して、修正した理論を述べれば、〔四八〇〕には、変更なし。

〔四八一〕　定期預金の弁済期未到来、貸付債権の弁済期到来の場合には、定期預金の弁済期到来を待って（それまでの遅延利息を計算して）相殺してよい、というのであって、本文に変更なし。

〔四八二〕　期限喪失約款を有効とみる点で判例が変更されたわけだが、貸付債権の弁済期到来を待って相殺ができるという理論が認められる以上、かような特約はなお存在理由があるかどうか疑問だというわけである。

〔四八三〕前段　ドイツ民法の定める制限を不要とする点で本文を修正する。

〔四八三〕後段　本文を維持して最高裁の判例変更を歓迎することになる。

なお、差押と相殺に関する判例理論の動揺は、その度毎に多くの学者・実務家によって論評された。その全体を知るには、好美「銀行預金の差押と相殺」（判例タイムズ二六五号（昭和四六・二・一五））が優れたものである。

〔三〕（昭和四七年一二月第一〇刷）　フランスの商法典の破産法に関する規定は、一九五五年五月二〇日の「破産並びに裁判上の整理及び復権に関する法律」によって代わられ、この法律は、さらに一九六七年七月一三日の「裁判上の整理、財産の清算、個人破産及び破産犯罪に関する法律」Loi no. 67-563 du 13 juillet 1967, Sur la règlement judiciaire, la liquidation des biens, la faillite personnelle et la banqueroutes となった。しかし、本文（〔五八〕〔三〕ハ）に述べた点については変更はない（同法四六条以下）。この補注は、一読者の教示によって加える。

■岩波オンデマンドブックス■

新訂 債権総論 （民法講義Ⅳ）

1940 年 5 月31日 第 1 刷発行
1964 年 3 月25日 新訂第 1 刷発行
2012 年 12月 5 日 第46刷発行
2019 年 6 月11日 オンデマンド版発行

著 者 我妻《わがつま》 栄《さかえ》

発行者 岡本 厚

発行所 株式会社 岩波書店
〒101-8002 東京都千代田区一ツ橋 2-5-5
電話案内 03-5210-4000
https://www.iwanami.co.jp/

印刷／製本・法令印刷

ISBN 978-4-00-730888-8 Printed in Japan

条 文 索 引

左方の数字は条数(Ⅰ,Ⅱ……は項，1,2……は号)，右方の〔 〕内は本書の通し番号，〔 〕のゴチは主要な説明個所を示す.

民　法

民法施行法

利息制限法

出資の受入，預り金及び金利等の取締に関する法律

臨時金利調整法

供 託 法

供託物取扱規則

信 託 法

不動産登記法

遺 失 物 法

農 地 法

建物保護法

借 家 法

罹災都市借地借家臨時処理法

旧 民 法

明治8年布告102号

商　法

商法施行法

手 形 法

小切手法

貨 幣 法

日 銀 法

旧日本勧業銀行法

民事訴訟法

破 産 法

和 議 法

非訟事件手続法

労働基準法

事項索引

配列は五十音順.〔 〕内の数字は本書の通し番号.大きな事項については全部の個所を挙げるのを避け,その部分の頭初の〔 〕のみを挙げた,例えば債権譲渡〔713〕のごとし.

し

す

せ

そ